近世京都における都市秩序の系譜

牧 知宏

Genealogy of the Urban Order in Early Modern Kyoto

Tomohiro Maki

Shibunkaku Publishing Co., Ltd. 2025
ISBN 978-4-7842-2109-7

近世京都における都市秩序の系譜◆目次

序　章……3
第一節　本書の研究視角……3
第二節　近世都市史研究の動向と課題……10
第三節　近世都市・京都の特殊性と本書の前提……17
第四節　本書の課題と構成……28

第一章　京都における《惣町》（上京・下京）の位置……45
――「御朱印」に注目して――
第一節　《惣町》の系譜的つながり……45
第二節　豊臣秀吉・徳川家康の「御朱印」……52
第三節　「御朱印」をめぐる町代との確執……60
第四節　近世後期の「御朱印」と《惣町》……67

第二章　近世前期における都市秩序──徳川将軍家に対する拝謁・献上儀礼の参加者選定にみる──……81
第一節　徳川将軍家との間の儀礼関係……81
第二節　近世統一権力に対する儀礼の形成……85
第三節　年頭御礼の具体的様相……96
第四節　儀礼の参加者──年頭御礼江戸下り番の決め方──……104
第五節　京都町奉行所の関与の展開……114
第三章　近世前・中期、都市行政の展開──年寄と町代の関係をめぐって──……129
第一節　都市行政の構造的把握……129
第二節　下京町代の系譜と年寄……133
第三節　町代（仲間）の都市行政処理……145
第四節　年寄による都市運営と町代……155
第五節　京都町奉行所の都市行政改革と町代……166
第四章　近世京都の都市歴史叙述──「京都旧記録」類の成立と伝播──……185
第一節　「京都旧記録」類とは……185

第二節　淵源としての加舎家本「下古京委細帳」……188
第三節　「京都旧記録」類成立の背景……195
第四節　「下古京委細帳」の内容構成……207
第五節　「京都旧記録」類の伝播と系統……214
［「京都旧記録」類の類本一覧］……232

第五章　近世京都における徳川由緒の語られ方……239

第一節　京都の徳川由緒……239
第二節　西村近江の批判……243
第三節　年頭御礼の由緒調査……251
第四節　町代の語る由緒……263
第五節　文政町代改儀一件――徳川由緒をめぐる相剋の行方――……272

第六章　近世中後期における都市秩序の転換
――「惣町運動」と徳川将軍家に対する拝謁・献上儀礼――……291

第一節　重層構造のとらえ返し……291
第二節　《町組―町》の自己主張と儀礼の肥大化……298

第三節　《惣町》の結束強化と新規願反対運動……307
第四節　文政町代改儀一件……317
第五節　茶屋一件……330

第七章　近世後期、都市行政の変容——地域住民組織の動向を中心に——……347
第一節　文政町代改儀一件後の都市行政……347
第二節　文政町代改儀一件後の地域住民組織……352
第三節　都市行政と地域住民組織の結びつき……359
第四節　都市行政への地域住民組織の位置づけ……363
第五節　都市行政の中で機能する地域住民組織……371

第八章　近世京都の都市秩序における《惣町》の意義——飢饉への対応からみる——……401
第一節　近世前期の飢饉対応……401
第二節　近世中期の飢饉対応——天明飢饉——……413
第三節　近世後期の飢饉対応——籾年番——……420
第四節　幕末期の飢饉対応……443

終　章……465
第一節　近代京都への継承……465
第二節　支配—被支配をめぐる都市秩序と「特権の体系」……483
第三節　残された課題……497

あとがき
[年頭御礼関係一覧表]
索引

近世京都における都市秩序の系譜

序章

第一節　本書の研究視角

本書は、「近世京都における都市秩序の系譜」と題し、近世都市京都における支配―被支配の関係（支配する側―される側）の間で形成される秩序について考察したものである。都市の秩序、あるいは支配―被支配の関係と言った場合、さまざまな要素が考え得るが、本書では、近世の支配権力としての徳川政権、江戸幕府による支配と、被支配者たる住民の地縁的組織、との間の支配―被支配の関係に焦点を当てている。このため、近世京都における権力関係としては、例えば朝廷・公家や寺社、あるいは社会的権力などとの関係も想定し得るが、本書の対象外である。また、江戸幕府による支配―被支配の関係としては、例えば朝幕関係、宗教政策上での関係、あるいは住民に対しても経済・流通政策に関わって株仲間などが支配される存在として想定されるが、本書はあくまで被支配住民の地縁的組織との間の支配―被支配の関係に限定される。

近世の京都において、江戸幕府による支配と被支配住民の地縁的組織の間の関係が、都市秩序を決する唯一の要素でないことはもちろんであるが、主要な関係の一つではある。このような関係については、これまでの研究史においても、都市支配や都市自治の問題として数多くの研究がなされ、重要な研究成果が残されている。本書は、近世日本に関するこれらの研究を前提にしつつ、独自の研究視角で、近世都市京都の都市秩序像を提示することを試みたい（もちろん、独自の研究視角といっても、これまでの近世史研究の流れを受け止めて考察したものである）。以下、研究史との関係に触れながら、具体的に四つの研究視角について説明する。

（一）儀礼などの象徴的行為に注目

本書では、近世日本における支配権力と被支配者の間における行政行為など直接的な支配関係だけではなく、現代的価値観からでは非合理的にも見える儀礼などの象徴的行為にも注目する。儀礼行為に注目するのは、支配権力と被支配住民との間で行われる儀礼が、支配―被支配の関係を象徴的に示すものだからである。

近年の近世史研究では、支配―被支配の関係について、一方的に支配権力が被支配者を抑圧するような関係ではなく、被支配側の意向を踏まえて政策決定を行う権力の姿が描かれるようになっている。支配―被支配を一方的な関係として理解するのではない視点は、近世史研究のパラダイムの転換として位置づけられている(1)。特に、この視点に関して、近世都市史研究においては、後述する塚本明氏の研究(2)により都市行政における公共的な側面、支配権力による行政を中間支配機構や住民と協同で果たす点などが明らかにされたことが重要な画期となっている。こうした見方は、都市行政にも民間の活力を導入しようという現代的課題とも無関係ではないだろうが、支配―被支配の関係を一方的なものとしてではなく、双方向的な関係としてとらえようとする研究動向の中で生まれたものである。

このような研究段階を踏まえた上で、本書では、支配―被支配の関係の中で生じる矛盾や認識のズレに留意したい。支配―被支配の間の軋轢については、民衆運動史研究などとしてさまざまに研究されてきたが、上記の研究史におけるパラダイムの転換を踏まえた上で、改めて支配―被支配の間の軋轢を検討し直すということである。もちろん、本書も近世史研究のパラダイムを元に戻そうというのではなく、支配―被支配の関係を双方向的な関係としてとらえるものだが、被支配側の意向を踏まえた政策決定が行われながらも、一方で住民運動などの形で支配—被支配の間の矛盾が表出したことの意味を改めて考えてみたいのである。
　このような支配—被支配の間で生じる矛盾や認識のズレについて検討するためには、身分制社会としての近世における支配—被支配の関係を前提として考える必要がある。民意を踏まえた権力による公共性を強調するか、あくまで支配—被支配の関係を前提として置くのかは、いかなる視点に立つか、すなわち、描こうとする歴史像の違いによる。(3)本書で支配—被支配の関係に焦点を当てているのは、近世身分制社会という規定性が生み出した限界の中での都市秩序を描きたいと考えたからである。
　そこで本書は、支配—被支配の関係を象徴的に示すものとして指摘されてきた儀礼行為に注目する。江戸城における武家集団内の秩序を象徴する殿中儀礼や国家間の服属儀礼など、近世における儀礼行為についても豊富な研究(4)が存在するが、本書では支配権力と被支配者の間の儀礼行為を取り上げる。(5)儀礼などの象徴的行為は、民意を踏まえた権力による公共的な行政行為の対局にあって、支配—被支配の関係を固定化したものとして象徴するものともいえる。このため、支配—被支配の関係を安定的なものとして描くことにもつながる訳だが、身分制社会たる近世における支配—被支配の関係を前提に置いて考えることができる素材である。そして、この儀礼上での関係が、行政上の関係にも影響を及ぼし、公共的な関係に軋轢をもたらすケースもある。支配—被支配の関係を象徴的に示す儀礼行為を検討対象に含めることにより、あくまで支配—被支配の関係を前提とした規定性を踏まえて検討することができるので、身分制社会ならではの近世都市の秩序の特徴を明らかにできるのではないかと考える。
　具体的には、近世都市京都を事例とする本書では、近世京都を支配する権力である徳川将軍家と被支配住民との間で行われた儀礼に注目する。近世の京都において、被支配住民に対して行政などを通じた直接的な支配関係を有していたのは、天皇や朝廷・公家、寺社ではなく、主には徳川将軍権力と考える。(6)そして、近世京都において直接被支配住民と対峙したのは主として江戸幕府の遠国支配機構（所司代・京都町奉行所）であったが、所司代・京都奉行所との間の行政関係においても、徳川将軍家との間の儀礼などの象徴的行為が影響を及ぼすことを手がかりに、支配―被支配の関係の中で形成される近世京都の都市秩序を、近代都市京都とは異なる像として提示してみたい。なお、江戸幕府の直轄都市の住民と徳川将軍家との間の儀礼から近世都市を分析した研究として、甲府を事例とした望月良親氏の研究(7)があり、特に支配―被支配の間をつなぐ中間支配機構である町役人の役割に関する議論などは、本書とも研究関心を共有している。

（二）被支配住民の集団が語る由緒に注目

本書では、（一）の視点として儀礼などの象徴的行為に注目するが、支配―被支配の関係を一方的な抑圧のみで、被支配側は服従するのみであったというようにはとらえない。被支配住民により語られる由緒などの言説にも注目することで、被支配側が支配―被支配の関係をどう認識していたのかという点にも留意したい。支配―被支配の関係を、協調・安定という側面ではなく、さまざまなズレや矛盾を含んだ関係として検討するためには、由緒書などの中で語られる被支配者側の認識が重要になってくるからである。

一九八〇年代後半以降に行われた、近世において語られる由緒や歴史叙述に注目した研究成果の一つとして、支配権力に対する訴願運動などの中で用いられる由緒書を分析して、権力側の論理をとらえ返す形で運動が行われたことを被支配側の主体性として評価した研究(8)がある。また、集団が由緒を語る背景として、その集団なりのアイデンティティの確認（＝差異の明確化）という側面があったことを明らかにした研究(9)も重要である。

本書も、支配―被支配の関係の中で語られる由緒を分析することで、被支配側が支配―被支配の関係をとらえ返した形の秩序像を探りたい。また、その集団のアイデンティティの確認という形で他の集団に対する自らの優位性を示すことを目的に語られる由緒の分析により、支配―被支配の間や集団同士の間で生じるせめぎあいや矛盾を浮かび上らせることができる。

具体的には、（一）の徳川将軍家と京都の被支配住民との間の儀礼に関わる由緒に注目する。こうした支配権力との間の関係を軸とする由緒は、被支配側が権力側の支配に取り込まれていることを示すものでもあるから、近世身分制社会における支配―被支配の関係に規定された秩序を考えることができる。その一方で、被支配者が語る由緒に注目することで、支配権力が儀礼によって象徴させようとする秩序とは異なる、支配―被支配の間や集団同士におけるせめぎあいや矛盾を明らかにすることができる。このような形で、被支配側によりとらえ返された点も踏まえた秩序も考慮に入れることで、近世を通じた都市秩序の変容・展開を固定的ではなく、時期による性格変化を伴うものとして提示したい。

さらに、近世後期の京都で行われた被支配住民による権力に対する訴願運動である「新規願反対運動」や文政町代改儀一件といった、直接的には都市行政をめぐる住民運動の中でも、徳川将軍家との間の儀礼をめぐる由緒が被支配住民側や支配―被支配を取り次ぐ中間支配機構において語られ、運動の中で争点となっていたことに注目したい。このような支配―被支配の間で生じる桎梏や矛盾の顕れとして、これらの住民運動を位置づけることにより、民意を踏まえた公共的な関係とは異なる形で都市秩序を評価したいと考えるからである。

（三）近世身分制社会の特質として「特権の体系」に注目

本書では、支配―被支配の関係を、近世における身分制社会の特質たる「特権の体系」に注目することにより評価を試みる。

近年の近世史研究においては、身分制社会に対する理解が深まりつつある[10]。特に注目される論点として、近世の社会諸集団は絶えず支配権力による公認を求め特権を獲得しようとする動きをみせるとされる。塚田孝氏[11]は、近世のどの社会集団も「「政治社会」レベルで公認される方向をめざすこと、言いかえれば、特権の体系として成り立つ身分制社会での確固とした位置を占めようとする」と述べている。

そこで、(一)・(二)の儀礼・由緒との関わりで、この「特権」に注目する。支配―被支配の関係を前提とする儀礼において、そもそも被支配側が支配権力とのつながりを持つこと自体が、近世身分制社会の中で「特権」になったと考える。そして、被支配側にとっては負担という側面もある儀礼が、支配権力とのつながりという点で特権として被支配側によりとらえ返され、由緒の中で主張される。さらに、被支配側内部においても、支配権力との接点となることが特権として自らの立場の優位性を示すことにもなるため、特権をめぐって被支配側内部においても集団同士の間で駆け引きが行われる。このような形で、近世身分制社会は「特権の体系」として秩序化されると想定できるのではないか。そして、民意を踏まえた権力による公共的な行政なども、「特権の体系」の中に置いて考察することで、近世ならではの都市秩序の中に位置づけて再評価することができるだろう。

このような近世身分制社会に対する理解は、周縁的な身分集団に注目する研究潮流の中で導き出されたものであるが、近世身分制社会全般への示唆を含むものであり、町人身分の地縁集団についても検討することのできる論点であると考える。そして、後に説明するように、周縁的な身分集団に注目しながら身分制社会としての近世都市の特質が研究されるようになった一つのきっかけとして、近世京都の都市社会をめぐる議論が存在していた。しかし、近世身分制社会に対する理解が深まる中、そもそもの議論の対象であった近世京都における支配権力による都市行政と被支配側の地縁的組織の関係をめぐっては、このような観点からの議論は停滞していたようにも思われる。

本書は、これまでの近世都市京都における支配―被支配の関係をめぐる研究を一歩でも前に進めるため、(一)・(二)の儀礼や由緒といった、これまでの研究では注目されなかった研究視角を導入し、さらに、これまでの研究史で理解の深まった近世身分制社会の特質としての「特権の体系」という視角により評価することで、支配―被支配の間で形成される都市秩序像を、近世ならではのものとして提示することを試みる。

（四）支配―被支配の接点となる枠組みに注目

さらに本書では、上記（一）〜（三）の研究視角から近世都市京都を対象として分析する際に、支配―被支配の接点となる枠組みに注目する。都市における支配―被支配の関係を分析する上で、支配権力は被支配側の組織や領域をどのような枠組みで掌握したのか、これに対して被支配者側はどのような枠組みによる結合で支配権力に対峙したのか、という点を考えることが必要になる。

このように考えるのは、支配―被支配の接点となる枠組みは、支配権力が行政区画などとして意図するものと、被支配者側が結合する枠組みとして意図するものが必ずしも一致する訳ではなく、両者でズレが生じるケースが想定できるからである。例えば、小島道裕氏[12]は、「都市の建設・再興によって成立或いは復活した町人の共同体」が、「都市の建設時に上から与えられた都市法を単純に守ったのではなく、それに仮託することで自らの要求を通し領主との新たな関係を結んだ」ことを明らかにしている。つまり、支配権力により設定された行政区画がそのまま機能するのではなく、被支配者がその枠組みに仮託することで支配―被支配の関係を形成していったということもあるということである。

また、菅原憲二氏の「都市会所論」[13]では、都市会所の二つの理念系として「町人側の会所の論理」と「支配側の会所の論理」があり、「支配側の会所」が「御用之会所」、すなわち行政機構として上から設定されるのに対し、「町人側の会所」は、地縁を基礎として、下からの都市運営を志向することを指摘している。つまり、権力の行政区画として機能する側面と、被支配住民による結合組織の側面があり、この両側面が、同一の空間の上で併存することもあるということである。これらの研究が示唆するのは、支配側の志向する行政区画としての枠組みと、被支配者側自身が志向する結合の枠組みは、たとえ同一の空間の上でも、その機能や認識において両者の間には齟齬やズレが生じることもあるということではないか。

そして、このような支配―被支配間の齟齬、ズレを分析する上で、本書の研究視角である（一）・（二）の儀礼や由緒への注目が有効だと考える。すなわち、支配権力が行政区画として機能させようとしていた枠組みが、被支配側によりとらえ返された儀礼上の関係として別の意味を持つようになり、由緒などで語られる。このような形で、支配権力と被支配者の間で生じる認識のズレ、齟齬に注目することで、近世身分制社会の特質たる「特権の体系」という形で支配―被支配の間で形成される都市秩序を描き、近世都市史を議論する素材として提示することが本書の目的である。

第二節　近世都市史研究の動向と課題

以上に示してきたような研究視角で本書が近世都市を分析しようとする背景として、以下のような近世都市史研究の展開があった。全ての都市史研究に関する潮流、成果にここで言及することはできないが、本書が上記のような視点から近世都市京都の都市秩序を明らかにしようとする背景となった研究史の流れを、以下にまとめておく。

一九八〇年代に、朝尾直弘氏(14)が近世都市の基礎単位として、街区の中で通りの両側に立ち並ぶ家々により構成される「町（ちょう）」（「町共同体」、個別町）の存在を指摘した。また、吉田伸之氏(15)や塚田孝氏(16)が近世都市の下層社会や周縁身分の研究を行うなど、近世都市について、都市に対する権力支配の一方的な貫徹という理解から、都市を構造的に分析する視角が主流となった。さらに、仲村研氏・朝尾直弘氏を中心として『京都町触集成』の編纂が進められるのと並行して、京都については、「町共同体」を基礎単位とする住民と、町触の発給主体である都市行政当局（所司代・京都町奉行所）や、町触の伝達に関わる中間支配機構である町代などとの関係として、支配―被支配の関係がさまざまに議論された[17]。

こうした中で、一九八〇年代後半以降の塚本明氏の研究が、近世都市京都をめぐる重要な議論を提示し、近世史研究全体へもインパクトを与えるものとなった。塚本氏は、一九八七年の論文「近世中期京都の都市構造の転換[18]」において、近世中期の京都において仲間関係者から京都町奉行所に対して相次いで出された都市の「公共業務」を担う会所の設立に関する願い出（＝「新規願」）が「町の枠組みを越え、都市社会全体を展望する論理」を持っており、これに反対する運動も、「新規願」の「都市を単位とする会所の論理に対するため」、「町組の独自性を乗り越え、上京も下京も運動し（中略）京中全町が共動した」「惣町的運動」として「都市全体へ視野を拡大」したとして、近世京都における「個別町を単位とする体制の動揺」から「新規願」に反対する「惣町的運動」を経、「惣町的結合」＝「一円的都市社会」が成立するというシェーマを提示した。これは、「都市全体」・「一円的都市社会」という場において、「新規願」のような住民参加も得て行われる支配権力による都市行政と、「新規願」に反対する被支配住民の結合組織の対応を結びつけたという点で、近世京都の支配―被支配の問題に関し、特に、被支配者の行政参加という論点において大きな問題提起となった。支配―被支配の関係を一方的な関係としてとらえるのではなく、住民の行政参加を明らかにした塚本氏の研究は近世史研究のパラダイムの転換として位置づけられるものである。さらに、塚本氏[19]は、京都において支配―被支配を取り次ぐ中間支配機構たる「町代」についても、「町奉行所機構の中で都市政策を進める主体、自律的な「行政官」の一員としての性格を持った」として積極的に評価した。

但し、塚本氏の一九八七年の論文では、都市住民の行政参加自体については、「新規願」に対する反対運動などの結果も踏まえた形で否定的な評価を下しているが、その後の塚本氏の研究において、この住民の行政関与に対する評価は少し揺れ動いていたことが、小林信也氏[20]によって指摘されている。すなわち、一九八七年の論文では、都市住民の行政関与を否定的に評価し、京都町奉行所による「支配の深化」があったと主張する。これに対して、一九九〇年の論文「近世後期の都市の住民構造と都市政策」[21]では、右の論文に対する自己批判（「結果としての支配政策の転換（支配の深化）について指摘するのみで、その中での住民側の、特に意識面における新たな達成、成長という視角が不十分であった」）から、「確かに支配側の管轄領域は拡大したが、都市全体に対する関与という点において、住民側が一方的に撤退したわけではない」として、近世後期の京都における住民の「政策立案」や都市入用の管理体制について、近世後期の都市住民の行政関与として積極的に評価する。しかし、一九九五年の論文「都市構造の転換」[22]では、再び近世後期の都市住民の行政関与に対して否定的な評価が下されることになった。

そして、このような塚本氏の研究に対して、吉田伸之氏[23]は、都市下層社会論を欠如させたまま「一円的都市社会」・「都市社会全体」を議論することはできないとして、また、塚田孝氏[24]は、「新規願」の「都市社会全体を展望する論理」に関し、公共性としてではなく私的利害によるものとして理解すべきであるとして、塚本明氏が「都市の全体」と述べたことをめぐって、それぞれ批判がなされた。これ以降、「都市の全体」を単純にとらえるのではなく、都市の内部を「分節」された社会としてとらえる視角[25]や、あくまで近世身分制社会の中で、都市の周縁的な身分に着目する研究[26]が二〇〇〇年代以降は主流になった。

このような二〇〇〇年代以降の研究潮流の中では、近世京都を事例としても、塚本明氏が明らかにされた点について顧みられることはなくなった。これは、例えば、吉田伸之氏などが提唱する都市を分節された社会としてとらえる研究においては、都市の権力について経済的ヘゲモニーなどに注目する一方、支配権力について充分に議論できていないという批判[27]もあることとも関係すると思われる。

しかし、身分制社会たる近世都市において、支配身分たる武士による支配と被支配者である住民の属する地縁的組織との間の支配―被支配の関係が、都市の秩序に与える影響は大きいと考える。そして、近世京都の支配―

被支配の問題を考えるにあたっては、塚本氏が検討した事例はいずれも近世都市としての京都を考える上で重要なものであり、都市住民の行政参加と支配の深化の関係も含めて、塚本明氏が検討した点を改めて検討することなしに前進はありえないと考える。

確かに、塚本氏が「都市の全体」として評価した点には課題があり、二〇〇〇年代以降の都市史研究が多様な社会集団を丁寧に分析してきたように、地縁的組織や都市権力についても、それぞれの性格を明確に定めて分析する必要がある。本書では、近世京都における支配権力と被支配住民の地縁的組織との間の関係を、それぞれが拠って立つ枠組みに注目して分析する。

そして、近世都市における支配権力と地縁的組織に拠る被支配住民の間に支配―被支配の関係が存在することを前提にして、その中で形成される秩序の展開を明らかにする。もちろん、近世史のパラダイムを元に戻そうというのではなく、支配―被支配の関係を一方的なものとしてではなく双方向的な関係としてとらえるが、塚本明氏の議論を乗り越えるために課題とすべきは、被支配住民の参加も得ながら行われる支配権力による都市行政と、被支配者の地縁的組織との間の関係について、塚本氏が「都市全体」という場で直結した点を改めて考え直してみるということである。また、先述の通り、塚本氏の研究における住民の行政関与に関する評価のゆれについても、「都市全体に対する関与」という形ではない視点によって再検討したい。

本書研究視角の（四）で述べたように、支配側の志向する行政区画としての枠組みと、被支配者側が志向する結合の枠組みの間には齟齬やズレが生じることもあることを踏まえれば、支配―被支配の関係が「都市全体」で直結すると評価することには慎重でなければならない。また、都市住民の行政関与について積極的に評価するにしても、否定的に評価するにしても、あるいは中間支配機構である町代の評価をめぐっても、支配―被支配の関係で生じるズレや矛盾の顕れとして、「新規願反対運動」や文政町代改儀一件という住民運動が行われたことも事実である。このような被支配住民側の反発についても支配―被支配の関係を前提とした近世身分制社会の中で位置づけて評価することが、塚本氏に対する批判を踏まえて研究を進める上でも課題になると考える。この点から、本書では研究視角（一）～（三）の儀礼、由緒、「特権」に注目する。

そして、このような課題を解決するためのキーワードが「惣町」である。塚本明氏の研究でも「都市全体」と関わって出てくる言葉で、「新規願反対運動」や文政町代改儀一件という「惣町運動」にも関わってくる。本書では、被支配側の地縁的組織の枠組みとしての「惣町」に注目したい。「惣町」の枠組みは、近世京都の特殊性を示し、「権力による支配が展開する時、被支配側の組織や領域をどのような枠組みで掌握したのか、これに対して被支配側では、どのような枠組みによる結合で支配権力に対峙したのか」を具体的に分析する際に手がかりとなるからである。

しかし、この「惣町」という言葉は、これまでの近世都市史研究の中で、さまざまな意味で用いられてきたように思われる。以下、この点を、「都市騒擾」に関する研究と「都市行政」に関する研究の二点において確認したい。

まず、「都市騒擾」研究に関しては、民衆運動史の研究の中で、原田伴彦氏(28)が、上中層町民と下層町民の共同闘争を「惣町一揆」として、江戸の打ちこわしなどを評価していたが、その後、吉田伸之氏(29)が、正確な意味での上中層町民と下層町民が共同するような「惣町一揆」は三都には存在しなかったと主張し、特に、京都の文政町代改儀一件は「都市下層民衆とは無縁なのであって、惣町一揆とはみなしえない」とする。

この吉田氏の主張に従い、岩田浩太郎氏(30)が享保期の江戸の打ちこわしについて、以下のように述べている。「享保期江戸の騒擾は、惣町的結合を有して運動が展開したという意味での惣町一揆、と規定することは難しいと考えます。百組町々をはじめとする江戸市中各地の広範な階層による「強訴」的な訴願運動（→高間伝兵衛に対する制裁行為＝打ちこわし）の展開と、惣町中名主層の訴願運動の展開からなる、いわば惣町的規模の諸階層による複合的な運動であった」。この中でさまざまに使われている「惣町」あるいは「惣町的」という言葉が何を指しているのかについて、「惣町的結合」という所では、おそらく階層的な結合関係が述べられているのに対し、「惣町的規模」というところでは、空間的あるいは町々の集合の範囲という面が問題とされているのだろう(31)。

次に、「都市行政」に関する研究の方をみていきたい。これは、都市の公共権力の「作為」によって「都市の骨格」が成り立つとする小路田泰直氏(32)の理解とも関係があるが、この点に関しては、一九八四年の時点で、早くから「町自治論」の狭隘性を指摘し、「都市全体を視野にいれた都市政策」、「都市行政」の独自の意味を重視する横田冬彦氏(33)による議論が重要である。朝尾直弘氏による「町共同体論」の提起により、「町自治」が重視されるようになるが、こうした研究状況に対して、横田氏は、近世京都を事例に、「町自治」には限界があり、それと対比する形で、都市行政当局（所司代・京都町奉行所）の都市行政を評価する必要があると主張した。そして、「町自治」に対するものとして「それが集合した惣町＝都市（マチ）」や、「惣町＝都市全体」と表現しているのである(34)。

つまり、「都市騒擾」の観点においても、「都市行政」の観点においても、近世都市史研究の中で、「惣町」という言葉は、都市、あるいは町人地全体、ないしは町の集合、及びその範囲というような意味で用いられているが、必ずしもこの「惣町」という言葉が、それぞれの都市で具体的にどのような枠組みを示す言葉なのかについては、あまり注意が払われていない。そして、塚本明氏の研究も、このような状況を背景に、特に「町自治」の限界に対して、支配権力による都市行政と、被支配住民の運動が、「都市全体」＝「惣町」という場で直結したと評価したのである。

そもそも「惣町」は、中世史で研究されてきた「惣村」との関連で、全体性を意味するものとして「惣」の字が用いられているのだろう[35]。このため、右に述べたように「都市全体」としても理解されてきたと思われる。

一方で、「惣町」に関しては、渡辺浩一氏[36]の研究のように、「個別町」(「町」)―「町組」―「惣町」という形での重層的な構造を持つ地縁による住民結合組織として理解する「惣町」がある。「個別町」が複数組み合わされ「町組」が構成され、「町組」が複数組み合わされたものが「惣町」となるという重層構造の中で「個別町」・「町組」を包括し、これに優先するという意味での全体性を表す「惣町」という表現である。

このような形で「惣町」という表現をめぐってズレが生じるのは、先述したように、支配権力が行政区画などとして意図するものと、被支配者側が地縁により結合する枠組みとして意図するものが、必ずしも一致するとは限らないことの顕れともいえる。

本書で「惣町」という表現をする際は、あくまで被支配者たる住民の地縁的結合組織の枠組みとして限定しておきたい。そこで、本書では、被支配者住民が結合する地縁的組織の枠組みは、《惣町》、《町組》、《個別町》のように、《 》を付して表現することで、あくまで地縁的住民組織の枠組みであることを示すことにする[37]。

このような形で《惣町》の枠組みを限定的にとらえた上で、「支配権力は、被支配側の組織や領域をどのような枠組みで掌握したのか、これに対して被支配側では、どのような枠組みによる結合で支配権力に対峙したのか」を丁寧に分析するには、都市の支配―被支配の接点における枠組みを整理しておかなければならない。そのためには、分析する都市の固有性を充分考慮する必要がある。特に、近世都市京都については、他の都市と較べて、《惣町》のあり方に関して特殊な点も存在する。そこで、次にこの《惣町》の枠組みとも関連する近世都市京都の概要と特殊性について説明しておく。

第三節　近世都市・京都の特殊性と本書の前提

近世都市京都の研究史において、朝尾直弘氏により、近世京都の基本的な住民の共同体として「町（ちょう）」《個別町》という単位が指摘されたことが一つの画期となる。京都では《個別町》は戦国時代の末期に形成されたもので、碁盤目状に通りが並ぶ街区において、各通りの両側に立ち並ぶ家々によって構成され、交叉点から交叉点までの間の一区画が一つの《個別町》となる。

そして、先述の通り、近隣の《個別町》が複数組み合わされて《町組》に、複数の《町組》が組み合わされて《惣町》に、という形で重層構造をなしていた(38)。「町共同体論」の論理では、まず《個別町》が成立して、次にその集合体として《町組》、《惣町》が形成されるとイメージされるが、朝尾直弘氏(39)は、京都と堺については別のイメージを提示している。すなわち、「古代に都城制をもち、中世には荘園公領制下の本所領主居住都市、あるいは全国からそこへ求心的に集中する物資の中継地となった首都外港都市を生み、早期に巨大な都市居住人口を形成」したとし、「日本社会の歴史的特質が中世後期において独自に、かつ早熟的に町の大集合体、すなわち惣町をつくりだした」と、《惣町》の早熟的な成立という形で京都の特殊性を論じているのである。

この「独自に、かつ早熟的」な《惣町》の成立という論点に関しては、仁木宏氏や河内将芳氏による中世京都研究で議論された、京都における《惣町―町組―町》の重層構造の再検討に注目する必要がある。仁木宏氏(40)は、「十六世紀初頭において、町（もちろん町組も）を下部組織としない、上京・下京を単位とする都市民の集団が存在した」とし、《惣町》・《町組》・《個別町》の「三つのレベルの共同体は、それぞれ結集原理を異にしていたし、成立の時期もずれている」と述べている。つまり、京都における《惣町》・《町組》・《個別町》の枠組みは、それぞれ独自に、異なる結集原理のもとに形成されたものであり、成立時期についてもズレを指摘している。さらに、河内将芳氏[41]は、「成立期の惣町と個別町における地縁的結合」について、「それらを多分に質の異なるものとして理解すれば、その中間に存在する町組の成立を説明することができるのではないか」として、その質の差について、「地縁以外の人的結合を選び得ない人々によって最も先鋭的に支えられた」《個別町》に対して、《惣町》は「公家・武家・寺社など諸領主・諸権力との個別的垂直的関係」を「相対化するためのひとつの方法」、つまり、中世的な諸権力との複雑な関係を相対化するための枠組みであったと評価している。

このような京都における《個別町》・《町組》・《惣町》の成立に関する特殊性を考慮すれば、特に、京都における《惣町》の枠組みは、独自の意味を持つ枠組みとして理解すべきである。これまでの近世京都に関する研究史においては、必ずしも《惣町》と《町組》の区別は明確ではなかった。例えば、塚本明氏は、先に紹介した論文「近世中期京都の都市構造の転換」の中では、「上・下京という町組の最大の枠組[42]」としている。しかし、右のような戦国期における成立期の《惣町》の枠組みの系譜的前提を踏まえて、本書では、《惣町》の枠組みを即「都市全体」とするのではなく、「上京」、「下京」という個性を持つ、《町組》とも異なる独自の枠組みとして取り扱うことにしたい。

ここで中世から織豊期にかけての京都における上京・下京の歴史をこれまでの研究をもとに簡単に整理すると、まず、平安京の左京に展開した市街地を南北二つに区分した、中世における「上辺・下辺」という呼称が、室町時代以降に「上京・下京」と呼ばれるようになる[43]。そして、戦国時代に京都が戦乱の舞台となると人口は大きく減少して、市街地も狭められ、さらに防衛を目的とした惣構により囲まれた「上京」・「下京」の二つの空間が、室町通りで唯一接する形で形成された[44]。先述の仁木氏らの研究で明らかにされたように、この「上京」・「下京」において、住民の地縁的集団としての《惣町》の枠組みが形成され始める。

豊臣秀吉により天下統一がなされ、京都がその首都の一つとなり、聚楽第の建設により城下町化[45]すると、人口は急速に増大し、市街地も広がっていった。[46]さらに、豊臣秀吉は、内外からの防衛を目的に京都を囲繞する御土居堀を築造したが、[47]この御土居堀が洛中・洛外の境界となり、「洛中」が豊臣政権の支配領域として設定された。この一方で、戦後期以来の系譜を持つ「上京」・「下京」という地縁的集団としての枠組みである《惣町》も維持された。本書第一章で取り上げるように、豊臣政権が天正十九年（一五九一）に洛中を検地し、地子免除を認めた際には、地子免許状たる「御朱印」が《惣町》である上京・下京・聚楽町・禁裏六丁町にそれぞれ宛てて出された。このような形で、「洛中」（京中）内に、複数の《惣町》が併存することになり、《惣町》＝「都市全体」ということにはならなくなっているが、これは、戦国期に成立した《惣町》を超える範囲で都市域が拡大したことに原因がある。

さらに、徳川家康が政権を担うようになると、京都は江戸幕府の直轄都市として、幕府の遠国支配機構による支配が行われるようになる。初期は、織豊政権期からの流れを汲む所司代が担当したが、寛文八年（一六六八）以降は、京都町奉行所が被支配者たる住民に対する支配を担当する都市行政当局となった。また、徳川政権の最上位権力たる徳川将軍は、三代将軍家光が寛永十一年（一六三四）に上洛したのを最後に、幕末まで京都で直接政務を執ることはなくなるが、この家光の上洛の際に、この時点で市街地が展開していた洛外に対する地子免除が認められる。そして、「洛中洛外町続」と称される領域が、都市行政当局たる京都町奉行所によって発給される町触の対象範囲[48]となった。

この「洛中洛外町続」という支配領域も《惣町》を超える範囲であり、豊臣政権期と同様に、その内部に複数の《惣町》が併存した。徳川政権期における《惣町》は、上京・下京・禁裏六丁町・東西本願寺の門前町の五つとなった。[49]《惣町》＝「都市全体」とはならない点で、近世の他の都市と異なるあり方をしている。このように、近世の京都における《惣町》の枠組みは、近世都市京都の特殊性を示す、独自の意味を持つ枠組みとして本書では扱っていきたい。特に、戦国期に形成された住民の地縁的な結合関係とともに、近世統一権力との間の支配―被支配の関係に規定される形で成立した上京・下京の二つの《惣町》が本書の分析の中心となる。

また、戦国期に形成された時点よりも市街地が拡大したことで上京・下京の《惣町》の領域も戦国期から拡大し、《惣町―町組―町》の重層構造にも影響を及ぼした。つまり、上京・下京の内に、古町／親町と新町／枝町の差が《個別町》間で存在するようになった。戦国期以来の系譜を持ち、古くから町並が存在した所と、その後町並が新しく展開した所の間で生じた、成立時期の差に起因する格式の差であり、少なくとも近世期においては、社会階層の差を直接示すものではなかった。新町／枝町が古町／親町に従属するという関係であるが、これは《個別町》同士の関係というよりは、古町／親町で構成される《町組》に新町／枝町で構成される《町組》が従属するという《町組》同士の関係である。

こうした従属関係によって、《惣町》レベルの枠組みにおける住民の自律的な都市運営への関わりは、古町／親町の《町組》、具体的には、上京の十二組、下京の八組に限定されていた。本書では、古町／親町（の《町組》）による《惣町》レベルでの都市運営の分析が中心となり、新町／枝町の動向については充分に触れることができない。

上京十二組・下京八組に所属する《町組》の位置を図0-1に示し、各《町組》内の《個別町》の町数を、従属する新町／枝町も含めて一覧にした（表0-1）。下京の場合、《惣町》としての下京の運営を中心的に担う古町により構成される八組の領域は、図0-1にも示したように、上京十二組と比べると空間的には中心に位置する少数の《個別町》により構成されていた。本書は、《惣町》に注目するが、被支配住民側の都市運営を中心的に担う古町が分析の中心となるため、より限定された範囲での分析となる。しかし、近世京都の都市秩序においては、この限定された範囲の動向が大きな影響を与えたのである。

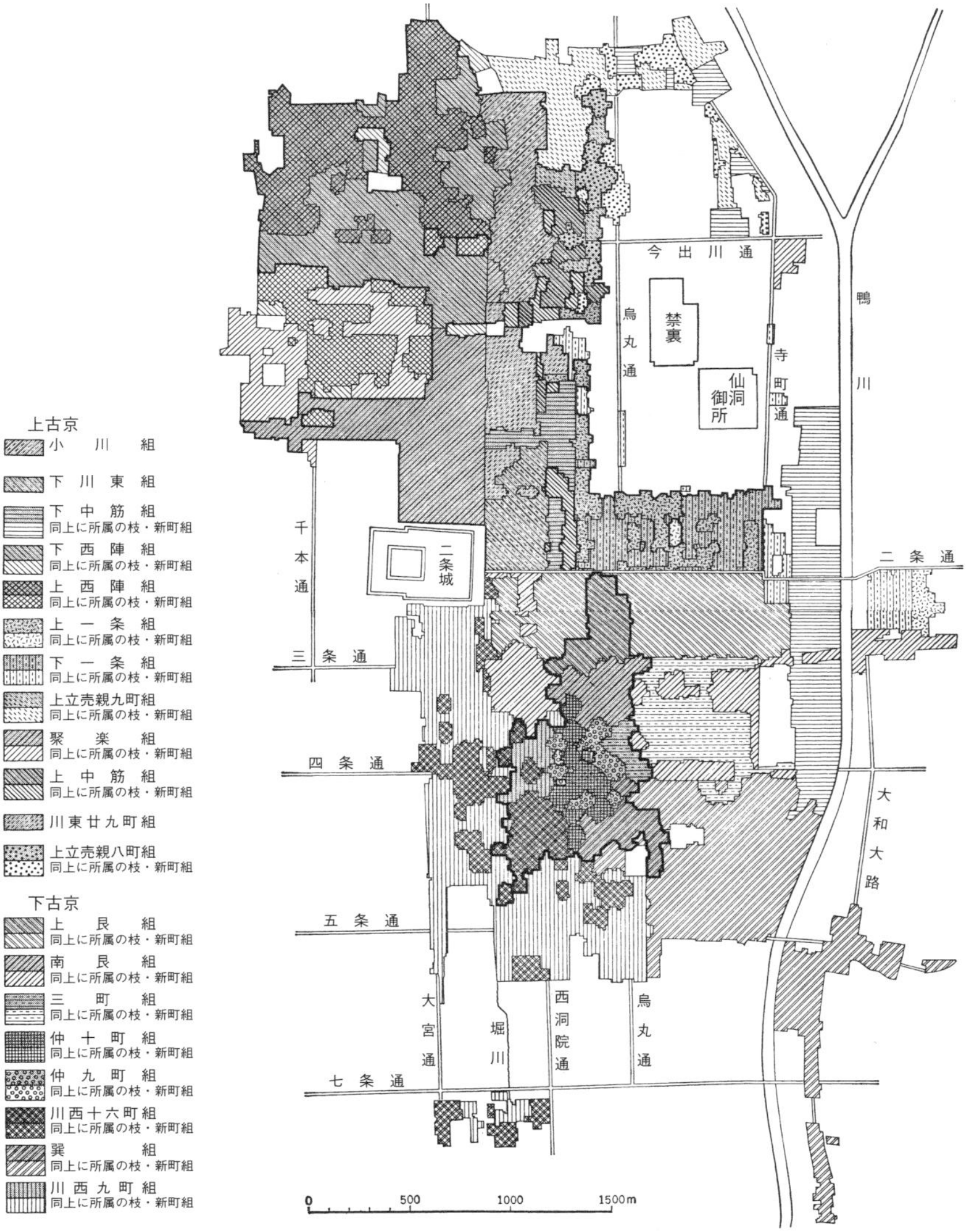

図０－１　近世京都の町組

註：『京都の歴史６　伝統の定着』（学芸書林、1973年）448～449頁に掲載の図より作成。

表０－１　上京・下京《惣町―町組―町》の概要

上京				
町組	親町／古町	枝町	新町	その他
上立売親八町組	８町	18町（３組）		
上立売親九町組	９町	38町（７組）		17町
上中筋組	12町	22町		
下中筋組	16町			73町（８組）
上一条組	41町（５組）	５町		２町
下一条組	43町（８組）	11町	12町（３組）	４町
小川組	34町（３組）			
上川東組（川東廿九町組）	29町（３組）			
下川東組	24町			
上西陣組	81町（12組）		48町（７組）	６町
下西陣組	77町（10組）			５町
聚楽組	88町（５組）	６町	38町（６組）	

下京				
町組	親町／古町	枝町	新町	その他
上艮組	14町		88町（６組）	
南艮組（下艮組）	12町		50町（７組）	
三町組	４町		37町（５組）	１町
中九町組（仲九町組）	９町	２町		
中十町組（仲十町組）	12町	２町		
巽組（辰巳組）	11町	11町	111町（８組）	５町
川西十六町組	16町		50町（９組）	１町
川西九町組	11町		138町（23組）	22町

註：文政３年「上古京拾弐組幷枝新ン町離町門前境内組々銘町名軒役附」（占出山町文書ＤⅠ14・京都市歴史資料館架蔵写真版）・文政２年「下古京八組之分町代内分場所古町枝町幷新ン町軒役分割」（占出山町文書ＤⅠ30・京都市歴史資料館架蔵写真版）を使用して作成された「近世京都町名一覧」（『史料京都の歴史　4市街・生業』、平凡社、1981年）を参考に作成した。

また、上京と下京も同じ《惣町》として位置づけられるが、両者の間には微妙な違いも存在する。《惣町》としての成立期以来の展開、地理的・経済的環境などに起因するものとも考えられる。本書では、必要な限りで、上京と下京の差にも留意しながら分析を行うが、支配―被支配の関係における都市秩序の中では、同質の《惣町》として考察する。いずれにしても、《惣町》のあり方については、こうした形の近世京都の特殊性・固有性・限定性に留意する必要があると考える。

以上のように、近世京都に特殊・固有な分析対象である《惣町》に注目した非常に限られた研究視角からではあるが、本書では、中世末に成立した《惣町》の枠組みの系譜をたどりながら、近世を通じた都市秩序の変容・展開を分析し、近代都市京都に《惣町》の枠組みの何が受け継がれて、何が受け継がれなかったのかについても見通してみたい。

また、限られた視点であるがゆえに、近世京都の政治、経済、社会状況との関わりについては、充分に言及できていない。京都の歴史に関しては、近世に限っても秋山國三氏による戦前の先駆的な研究[50]や一九七〇年代に編纂された『京都の歴史』[51]や、一九八〇年代以降に秋山國三氏・仲村研氏・朝尾直弘氏を中心に編纂・刊行が開始された『京都町触集成』編纂の中で出された研究成果[52]を始めとして、その後も数多くの研究史が存在する。本書における考察も当然これらの研究の土台の上で行われるものであるので、ここで簡略にではあるが、これまでの研究を参考にして、本書で中心に取り上げる時期に限って、近世京都における政治、経済、社会状況の変遷の中での、本書の位置づけを確認しておきたい。

中世末、戦国期の社会秩序の混乱期に成立した《惣町》の枠組みについては、本書第一章で取り上げるように近世統一権力との関係が形成され、第二章で取り上げる儀礼的な関係も生まれた。一方、中世末の戦乱による荒廃から立ち直った京都は、豊臣政権期の城下町化や徳川政権期の都市政策により市街地を拡大させ、徳川政権期の京都町奉行所による都市行政のもとでは、「洛中洛外町続」という範囲が町触の対象範囲となった。

そして、徳川政権期には政権の中心が江戸へ移り、将軍の上洛も途絶えると、幕府直轄都市たる京都に対する支配は幕府の遠国支配機構により直接的には担われることになる。織豊政権期を引き継ぐ所司代、寛文八年以降は京都町奉行所が都市行政当局となった。(53)

このような所司代、京都町奉行所による都市行政において、明暦期から寛文期にかけて、次第に都市行政の担当区分や地縁的組織を通じた支配の仕組みが出来上がってくる。都市行政当局と被支配住民の間を取り次ぐ中間支配機構として、洛外地域については、中世以来の系譜を持つ雑色が四地域に分割して担当し、洛中地域は「町代」が担当することになった。(54)町代については、第三章でも取り上げるが、研究の進展により、その出自として、従来の研究で言われていたような被支配住民の使用人的存在ではなく、むしろ被支配住民を代表するような層であったことが杉森哲也氏などにより明らかにされている。(55)また、第二章でも取り上げるが、地縁的組織としての《個別町》の責任者として「町年寄」が設定されるなど、《個別町》に基礎を置く支配が整備されたことについては、鎌田道隆氏(56)や菅原憲二氏(57)の研究がある。

この明暦から寛文にかけての時期は、西陣を中心とした経済的な発展もある中で、寛文八年(一六六八)の京都町奉行の設置のような江戸幕府による西国支配の整備など、京都に対する幕府の遠国支配機構を通じた支配の体制が整えられていった段階といえる。しかし、一方で、第一・二章で取り上げる徳川将軍との関係も、儀礼を通じた関係として近世を通じて維持されていたことを本書では重視する。この儀礼とも関わる形での近世京都の歴史を語る「旧記」の成立や徳川将軍家との間の由緒については、第四・五章で取り上げる。

続く元禄から享保期にかけても、都市行政をめぐる動きが宇佐美英機氏(58)や安国良一氏(59)によって検討されている(60)が、特に、幕府政治における享保の改革が行われる中、京都・大坂を中心とする上方支配機構の再編が行われるとともに、京都の都市行政をめぐっても改革が行われた。第二・三章で取り上げるように、享保八年（一七二三）に都市行政改革が行われている。この改革についても多くの先行研究が存在しているが[61]、この改革は明暦・寛文期に形成された《個別町》を通じた都市行政の均質化を目指したものであった。この改革の背景として、第八章で取り上げるが、近世前期を通じて米不足による飢饉状況が散発し、行政当局として対応していたが、享保期の飢饉は全国的なもので、社会的にも大きな影響を与えたため、飢饉対応を一段と深化させる中で改革の必要性が認識されたとも考えられる。

京都における享保八年の都市行政改革は、第三・四章で取り上げるように、従来の地縁的な結合を弛緩させるように作用したが、さらに宝暦・天明期になると社会の流動化はより一層進展し、享保期の改革で重視された《個別町》の枠組みでも対処できないような形で都市問題が都市の内外から発生する。京都の外から流入する人・モノが経済、社会に動揺をもたらしたが、こうした問題に対して《個別町》を通じた対処には限界があった。このような状況の中、先述した塚本明氏[62]が明らかにしたように、都市行政当局たる京都町奉行所は、「新規願」と呼ばれる民意を踏まえた行政対応として、仲間の公認による商業の保護とともに、会所組織を通じた都市問題への対処を企図した。こうした対処に二面性が存在したことは近年の藤本仁文氏の研究[63]が示唆するところだが、「新規願」による会所を通じた都市問題への対処についても、「新規願反対運動」として被支配住民側からは反発されたという点を本書では重視して、第六章では、その背景にある都市秩序を考えている。

この点で、中間支配機構としての町代についても、享保八年の都市行政改革以後、町代が都市行政上で役割を増大させていったが、これが被支配住民側の反発を招いていた。これが近世後期の文政期に頂点に達して、文化十四年（一八一七）から翌々文政二年（一八一九）にかけて、「文政町代改儀一件」と呼ばれる被支配住民による訴願運動に発展したのである。この文政町代改儀一件については、これまでも辻ミチ子氏を始め数多くの研究[64]で

表0－2　文政町代改儀一件内済状の内容

	住民側が問題視した事柄	内済の結果
1	権威ニ募リ組町々江之仕向不宜、不束之儀共段々増長いたし町意ニ不相叶	左之ケ条之通相守、向後心底相改、心得違之儀無之様実躰相勤
2	御公用申立、権威ニ募、町役を蔑ニ致し、段々不実意増長仕	聊不敬之儀無之様急度相慎、大切ニ相勤
3	上古京之儀往古者御公用幷町用等之節町代ともへ法被を着せ立付ケをはかせ差出候儀	向後平常綿服ニ仕、花麗之衣服等決而相用申間敷
4	御触書之儀者町代共…近来者廻状ニ致し候故自然与遅く奉承知甚不束	少も無遅滞本人持参仕、急度相達
5	諸御願ニ付御役所江罷出候節…外組町代とも一向取次不仕頼状取ニ帰し自然与遅刻	詰合ハせ町代とも少茂為滞候儀決而仕間敷
6	御巡見御触…御見込町迄も可相触義…御道筋町分より申通為致候儀者不都合	御見込町々迄も無遅様早速持参可仕
7	年頭御礼其外入用銀…両替包ニ仕町代会所へ差出候処入目に欠を立候故不法	入目之儀向後正路に可仕
8	家屋敷買得之節町代へ礼銀之外吟味料…買主ゟ差出来候得共…家代銀引足り不申候而茂吟味料差出候儀…売主之難渋者勿論町分まて難儀	吟味料幷町代共加判之義御差止…帳切之売券状御役所様江入御高覧候間於御役所様御糺之上御印被下
9	軒役不差出、何れも区々	向後区々に不相成候様町代共居宅軒役ならひに町入用とも可差出
10	年寄役交代之節御役所様江奉差上候御受状之外ニ町代とも方へ町役ゟ一札を取候儀	町代とも一札不申受…町役之印形有之書付類向後申請間敷
11	御触書ニ町代与計相記候処近来苗字書記候	向後御触書仰通書之写ニ名字名前等不認…町方へ対し苗字相用申間敷
12	町代共名跡相続之節…勝手儘ニ取計、見習御願済之趣申参候儀全心得違	向後見習幷死跡相続之儀ハ組町ゟ御役所様江御願申上
13	町代共自分宗旨帳幷居宅譲等之儀勝手儘ニ御役所様江差上	万事前々之通町並ニ仕、町役之差図を受、聊違背仕間敷
14	年頭御礼江戸下り入用幷町代仲ケ間役料小番給銀部屋入用…町代共計勘定仕候ニ付疑惑…御触之節給分を役料与御座候、何卒以前之通給分与御認被成下候様仕度	上下古京年寄立会之上明白ニ勘定仕、御役所様江町代共ゟ御触之儀奉伺…町代共給分之儀を役料与町代共ゟ申上御触書ニ御書出…御願申上間敷
15	町代共之内近来我儘ニ玄関式台を拵へ、高張を立置	以来玄関式台等者勿論高挑灯立置候儀仕間敷
16	毎年町代共へ宗門帳写差遣来	町代共儀御奉行様宛ニ而調印仕候扣取来候儀者不相当…已来申請間敷
17	小番之儀者是迄町代共勝手儘ニ召抱	已来小番共召抱候節者人柄実躰成者相撰、組町々へ町代共ゟ相届
18	自然与御役人様方与同様之心得ニ相成…御役人様方御詰所先へ帯釼ニ而罷出御用承り候儀如何鋪奉存…無刀ニ而御召遣ひ被成下候様仕度	向後御役所様江罷出候節之帯釼之儀者是迄之通…組町々へ罷越候節幷自分用ニ而罷出候節ハ無刀

註：文政元年12月「乍恐済証文之事」(下京文書・イエール大学蔵)により作成した。

言及されてきたが、主に住民自治の達成という視点から評価された。本書では、都市秩序の展開の中に位置づけ、第五・六章で取り上げて考察する。この文政町代改儀一件で争点となった事柄は、表0-2として示しているように多岐にわたっているが、その大元の原因は、冒頭に記される町代の「権威ケ間敷」態度が問題にされた点にあった。本書ではこの点を重視するが、第五・六章で取り上げるように、町代の帯びる「権威」への対処として、徳川将軍との間の由緒や、徳川将軍家に対する儀礼が直接問題となっていたからである。

そして、文政町代改儀一件は最終的に被支配住民側に有利な形で決着し、被支配住民側では、これまでの研究では「大仲」と呼ばれるような体制が成立した。これも住民自治として研究されてきたが[65]、第六章で取り上げるように、その成立には徳川将軍家との間の関係が存在し、都市秩序の中で位置づける必要がある。

さらに、文政町代改儀一件後の近世後期における京都町奉行所による都市支配については、先述の通り、塚本明氏の研究があるが、評価にゆれが見られた。一方、近世後期には、第八章で取り上げるように飢饉の発生や、困窮人の集まる地域の発生など[66]、地域内の経済格差を伴う都市問題が深刻化した。そして、幕末期に京都は「政治都市」化したと評価されるように[67]、約二百三十年ぶりの徳川将軍の上洛など朝幕関係の展開による政治史上の動きの中で、大名など武士の存在感が増すとともに、経済、社会的な混乱が災害や戦乱などで引き起こされる状況にあった。近年は、幕末期にかけての都市行政における、改革派の与力の活動や「新たな公共機能の担い手」としての有力町人の動きに関する小林丈広氏の研究[68]があり、近代京都へのつながりが検討されている。

本書では、第七・八章において、あくまで《惣町》の枠組みに拠る地縁的組織の動向にこだわって、近世後期から幕末期にかけての都市秩序の展開を分析する。本書で論じるのは、近世身分制社会の規定性の中にあって、近代へと受け継がれるというよりも、近代へと展開するためには解決されなければならない矛盾はどこにあるのかという点である。そして、最終的に明治初期の京都に関する研究史[69]との接続をはかり、慶応四年（一八六八）

から翌明治二年（一八六九）にかけて行われた「町組改正」によって近世的な都市秩序がどのように「改正」されたのかを確認し、そこから逆照射して近世的な特徴を考えてみたい。

第四節　本書の課題と構成

以上のような、近世京都における特殊性・固有性と、政治、経済、社会における歴史的展開を前提とした上で、本書では、これまでの近世京都研究で明らかにされてきた事例についても再検討しながら[70]、具体的には、以下の四つの課題を設定し、近世都市京都における支配—被支配の関係の中で形成される都市秩序として、本書独自の都市秩序像を提示してみたい。

（A）中世末から近代へと至る近世京都における《惣町》の系譜を明らかにする

近世京都における被支配者たる住民の地縁集団として、これまでの研究では、基礎的共同体と位置づけられた《個別町》と、この町の連合である《町組》が主に研究対象とされてきた。本書では、これまでの研究では充分検討されてこなかった《惣町》の枠組み、特に上京・下京のあり方について明らかにする。

先述の通り、《惣町》の枠組みは中世末に形成され、近代初期の「町組改正」によって上京・下京は「大組」として改正される。この間、近世を通じて《惣町》の枠組みは被支配者たる住民の地縁集団としての意味を有し続けた。もちろん、その意味については近世の中でも変遷が見られ、本書で明らかにするように、その組織としての機能を大きく希薄化させる時期もあるが、全く存在を消してしまうことなく、逆に近世後期には「惣町運動」を経て、再びその組織が整備されたことは、これまでの近世京都研究において「大仲」として分析されてきたことでも明らかである。

このように、中世末から近代初期に至る《惣町》の系譜をたどることで、《惣町》を軸とした定点観測を通じて、近世京都における都市秩序の変容・展開を明らかにすることを目指したい。

（B）支配権力による行政回路と被支配住民の地縁的結合の関係を支配―被支配の間のズレとして分析

前提として、被支配者たる住民の地縁的結合組織の枠組み（組織）と、権力の支配領域となる枠組み（領域）は別物だと考える。組織と領域を区別することにより、権力による支配領域の掌握＝［領域的掌握］と、住民の地縁的結合組織の掌握＝［組織的掌握］を区別することが可能になる。これは、近世京都の事例で、朝尾直弘氏[71]が、京都の町触の成立に関し、町触を「受け取る町（チョウ）共同体の成立が第一次のかつ基本的な条件としてあるが、ここでは、近世の町奉行所の行政対象となった町（マチ）の成立を第二次の、そして、この際の決定的な前提」と述べていることが参考になる。つまり、町触を受け取る側の被支配者たる住民の「町共同体」という組織とは異なる、「京都町奉行所の行政対象」としての「洛中洛外町続」という枠組みが支配領域としてあるということであり、［権力に掌握された支配領域］と［権力に掌握された住民の地縁的結合組織］、この二つの枠組みが重層的に存在する訳である。近世京都の特殊性として指摘した、「洛中洛外町続」の中に複数の《惣町》が併存することにもつながる。

そして、組織と領域の区別から、空間的には同じでも、権力の支配領域に対応して設置された行政区画としての枠組みと、被支配住民の地縁的結合組織としての枠組みは、原理的に異なるものと考えることも可能である。つまり、支配権力による行政区画として機能する側面と、被支配住民による組織結合の側面の間で、同じ空間であっても支配―被支配の間ではズレが生じると考えるのである。

この点から、行政回路という把握の仕方で、支配権力たる都市行政当局から被支配者たる住民の地縁的組織を結ぶ回路を検討する際に、都市行政当局（京都町奉行所など）が利用しようとする地縁的組織と、被支配者による自律的な運営の枠組みとしての地縁的組織との間にも、支配―被支配の間でズレが見いだせるだろう。このズレに注目することで、都市行政当局と被支配者たる住民の接点において行政行為を取り次いだ中間支配機構たる「町代」に関しても、さまざまな矛盾が顕わになり、近世後期に町代の位置づけをめぐり住民運動となった「文政町代改儀一件」の意味について再検討することができる。

（C）江戸城で行われる徳川将軍家と京都の被支配住民との間の儀礼について明らかにする

以上を検討する上で、本書では一見関係なさそうな儀礼について検討する。具体的には、近世京都において、被支配者たる住民の代表者が江戸城に赴き、徳川政権の最上位権力たる徳川将軍に対して拝謁・献上を行う儀礼が近世を通じて行われていた。本書は、徳川将軍家との間の儀礼上の関係を、近世京都の都市秩序を決定づける一つの重要な要素として考える。

江戸城で行われる徳川将軍家との間の儀礼上の関係は、京都町奉行所など行政当局による都市行政上の関係とは異なる位相における支配―被支配の関係としてとらえることができる。さらに、儀礼上の関係が行政上の関係に影響を及ぼすことを明らかにし、あくまで近世身分制社会という規定性という限定の中での、支配―被支配の関係を前提とした都市秩序を検討してみたい。

特に、この儀礼に参加する住民の代表者も支配―被支配の接点に位置すると言えることから、その位置づけのあり方をを検討することで、支配―被支配の関係を前提とした都市秩序の特質を浮かび上がらせたい(72)。つまり、多数の住民の中から代表者が選ばれるということは、その都市における支配―被支配の関係が反映されるとともに、被支配者たる住民の自律的な都市運営のあり方にも影響を受ける。また、近世京都の都市行政の上で支配―被支配の接点において中間支配機構となる町代についても、徳川将軍家との間の儀礼上の関係を踏まえることで、これまでの研究とは異なる形での位置づけを提示したい。

（D）徳川将軍に関する由緒の語られ方に注目して「特権の体系」としての都市秩序のあり方を考察する

一方、この儀礼に関わる由緒の語られ方に注目することで、支配―被支配の関係を双方向的な関係でとらえることができる。近世の京都では《惣町》の枠組みに関する由緒を記す旧記類が作成され、数多く流布した。これら旧記類の作成は、《惣町》の枠組をめぐる支配―被支配の間での認識のズレを反映したものであった。（B）の視点も踏まえる形で、旧記類について分析することで、支配―被支配の関係を一方的なものとしてではなく、被支配者たる住民の側の認識も踏まえて分析することが可能となる。

また、儀礼に関わる由緒に注目すると、近世中期から後期にかけて、被支配住民が儀礼上の関係をとらえ返し、被支配住民が都市行政上においても儀礼上の関係を利用しようとする動きが見られる。これは、支配権力が都市行政の上で志向するものと、それまで被支配者たる住民による自律的な都市運営の上で機能していたものとの間で矛盾が生じた結果、被支配者による住民運動が訴訟などの形で引き起こされた時に、被支配者側が都市行政上での支配―被支配の関係に、儀礼上の関係を反映させようとしたということである。この点では、被支配者側も支配―被支配の関係を前提としての動きであり、権力による支配を否定しようとするものではなかったし、住民自治としての評価は限定的なものとなるだろう。

具体的には、この動きは、近世京都ではこれまで数多く研究されてきた文政町代改儀一件など、中間支配機構をめぐる住民運動の中で見られるものである。中間支配機構の位置づけをめぐる都市行政の志向性との間でズレが生じた結果、被支配者たる住民側が起こした「惣町運動」として位置づけて分析する上で、（C）の徳川将軍家との間の儀礼上の関係が、被支配者による住民運動のあり方においても重要な論点となる。また、この儀礼に関わる由緒をめぐる相剋や、被支配者によって語られる由緒は支配権力側によってどのように取り扱われるのかという点も、都市行政をめぐる住民運動に大きな影響を与えた。

これらは、先述の通り、近世の身分制社会においては、諸社会集団が絶えず権力により公認されるため特権の獲得を求めるという特色を反映するものでもある。儀礼上の関係を有することは特権としてもとらえられ、由緒の中で主張された。また、先述の塚田孝氏[73]が指摘するように、権力による公認を求め、特権を獲得しようとする社会集団においては、権力による公認を得るために、自らの社会的有用性の根拠として、「身分〈集団〉内の内部秩序の維持そのもの」を御用として主張したことを踏まえれば、町役人として行政行為を取り次ぐ中間支配機構や住民の地縁集団による自律的な都市運営を中心的に担う年寄など、支配―被支配の接点に位置する部分で、特権をめぐる軋轢や矛盾が生じやすくなる。特権を求める社会集団として町役人だけでなく地縁的組織も含めて分析し、「特権の大系」としての都市秩序の中に地縁的組織を位置づけることで、都市行政上の関係や「自治」に対して、これと無関係に見える儀礼上の関係が及ぼす影響を明らかにすることができるのではないか。

このような形で、身分制社会としての近世においては諸社会集団が特権によって秩序づけられるという特徴を踏まえて、儀礼や由緒に注目して分析することで、「特権の体系」の中での位置づけをめぐる動きとして、支配―被支配の関係の中で形成される都市秩序のあり方を考察してみたい。

以上の課題に少しでも迫るために、本書は、以下の八章において、具体的に近世京都の事例を分析していく。各章の内容は以下の通りである。

◆本書の構成

第一章では、中世・戦国期の京都に関する研究史との接続をはかり、本書の見取図を示すことを目的に、近世初期における《惣町》の枠組みの成立事情を説明し、さらに近世後期の住民運動でも、近世初期以来の《惣町》の枠組みが系譜的につながっていることを論じる。特に、注目したのが、近世統一権力より《惣町》に宛てて発給された「御朱印」という文書が、近世後期の住民運動〈文政町代改儀一件〉の中でも意味を持ったことである。

第二章では、近世を通じて、京都の被支配住民が最上位権力である徳川将軍に対して、年頭の拝謁・献上儀礼

（年頭御礼）を行っていたことに注目し、儀礼の実態や被支配者がどのように参加したのかを検討する。儀礼に参加する被支配者側の枠組みとしての《惣町》において、参加者がどのように選定されたのかを明らかにする。この参加者選定のあり方に享保八年の都市行政改革が与えた影響を分析することで、京都における都市行政の場と江戸城における儀礼の場という形で存在した、支配―被支配をめぐる複層的な都市秩序を論じる。

第三章では、第二章で明らかにした近世前期の都市秩序の展開と深く関わる、都市行政の展開を検討する。京都町奉行所による都市行政の志向性を中間支配機構たる町代の機能などを検討することで探り、一方、町代の出自の問題などから浮かび上がる《惣町》の枠組みにおける被支配者の自律的な都市運営について明らかにする。京都町奉行所の都市行政、年寄を中心とする自律的な都市運営、それぞれにおける町代の位置づけをめぐって、享保期に明らかになる支配―被支配のズレに注目し、近世京都の都市行政の構造的特質を論じる。

第四章では、第二・三章の論述の典拠史料でもある「京都旧記録」類という、近世京都の歴史叙述について、史料学的分析を行う。同種の史料が書写により伝播し、現在も数多く残されている中で、その淵源とされる史料を特定する。特に、旧記成立の背景となる都市秩序の動向や内容の特質を論じる。

第五章では、被支配者たる京都の住民と徳川将軍家との間の儀礼の淵源となる、初代将軍徳川家康との結びつきの起点をめぐる徳川由緒について、その語られ方を検討する。近世中期には徳川将軍家との間の儀礼を負担とも特権とも認識されるようになる中で、被支配者によって語られる由緒とはどのようなものか。特に、中間支配機構たる町代との間で生じた都市行政上での相剋という状況の中で語られる由緒に注目し、被支配側による支配―被支配関係のとらえ返しを論じる。

第六章では、近世後期の住民運動として、新規願反対運動・文政町代改儀一件・茶屋一件という、京都町奉行所に対する訴願運動を分析する。都市行政上で支配―被支配の中間に立ち、被支配者たる住民に対して権威的に振る舞う存在に対する反発から引き起こされた住民運動において、第五章で明らかにした儀礼のとらえ返しと並行して、徳川将軍家との間の儀礼の枠組みである《惣町》の枠組みが運動の中でとらえ返されていったことを論じる。

第七章では、第六章で検討した「惣町運動」後において、京都町奉行所による都市行政と被支配者たる住民による自律的な都市運営がどのような関係にあったのかを考察する。文政町代改儀一件は、町代と被支配住民の立場を逆転させる形で決着したが、町代自体は廃止されることなく京都町奉行所の都市行政回路上でこれまで通り機能する一方、文政町代改儀一件後に形成された《惣町―町組―町》の地域住民組織が、都市行政上でも機能を果たしていく過程から近世後期の都市行政の構造的特質を論じる。

第八章は、第二～七章の議論をまとめながら、住民の生存に深く関わる飢饉という危機への対応に《惣町》の枠組みがどのように関わったのかを検討する。第二～七章で検討してきた各時期を通じて、都市たる京都においても米が不足することによる飢饉が何度か発生した。この飢饉に対して、これまでの研究が明らかにした京都町奉行所による対応を確認するとともに、これに対して被支配住民の地縁的組織、特に《惣町》の枠組みの関わりを検討する。第二～七章で検討する各時期の都市秩序の展開を踏まえた形で、《惣町》の関わりも変化するが、住民の生存に関して《惣町》の枠組みがどのような意味を持ったのかを論じる。

終章では、第七・八章の末尾で明らかにする幕末期の状況が明治初年の状況にどのように継承されるのかを検討し、近代京都に関する研究史の成果とのつながりを確認する。近代京都への接続を検討した上で、本書の最後に、近世京都を事例とした支配―被支配の関係の中で形成される都市秩序についてまとめる。特に、身分制社会たる近世における秩序として評価するために、「特権の体系」という観点から、支配―被支配の距離が近い都市であるが故の、「特権の体系」としての秩序のあり方について、今後の課題も含めて論じる。

◆本書で使用する史料について

近世京都に関わる史料については、『京都の歴史』編纂の過程で調査・撮影された、《個別町》や各家で保存されてきた古文書の紙焼き複製が、京都市歴史資料館で閲覧できるようになっており、本書でも多く利用している。京都市歴史資料館架蔵の写真版の一部については、目録が『史料京都の歴史』[74]に掲載されている。本書で京都市歴史資料館架蔵の写真版を典拠とする際は、『史料京都の歴史』の目録に掲載されているものについては、出典の史料名として同目録の史料名と番号を示した。

また、京都府立京都学・歴彩館（旧名、京都府立総合資料館）にも、《個別町》や各家で保存されてきた古文書の原本、紙焼き複製が保管され、閲覧できるようになっている[75]。中でも、町代を務めた古久保家の文書はこれまでの研究でも数多く利用されてきたものである。

なお、《個別町》の文書の内には、「文政町代改儀一件」に際して提出された願書の写しなどの関連文書に文書番号を付すなどして整理された史料群が、下京の三町組に所属する《個別町》を中心に複数残されている[76]。この他にも同内容の願書などの写しが複数の町文書に残されているケースがある。書写の過程で字句には異同も見られるが、内容に大きな違いはないため、本書では、特に断らない限り、直接引用した史料を典拠として示した。

さらに、本書では京都市歴史資料館・京都府立京都学・歴彩館以外でも、近世京都に関わる史料を調査の上で利用している。特に、第四章で「京都旧記録」類として分析した旧記類については、全国の大学図書館、自治体の図書館、博物館、史資料館などを調査した。

以上のように、原史料（紙焼き製本を含む）を典拠とする場合は、註において、――「史料名（年代、作成者を補う場合あり）」（所収文書名・所蔵機関及び写真版や刊行された史料集などを利用した場合はその利用形態）――の形で、出典を示した。

一方で、近世京都に関しては、先述した通り『京都町触集成』(77)として、京都町奉行所によって発給された町触の翻刻を編年集成した史料集が刊行されており、近世京都研究の進展に大きな役割を果たしている。本書で典拠として『京都町触集成』掲載の町触を利用する際には、出典の出版情報を省略し、巻の番号と巻ごとに付された連番のみを記した。例えば、『京都町触集成　第一巻』五六号の町触であれば、「『町触一』五六」と示した。また、上京の冷泉町で保管されてきた古文書の翻刻を収載した、『京都冷泉町文書』(78)も刊行されている。本書で同文書を典拠とする場合は、『京都冷泉町文書』の文書番号・頁数なども出典として示した。この他、本書で史料の翻刻を掲載した刊行史料集を参考にした場合は、出版情報を典拠に示している。

なお、本書では、論述の中で必要があれば、史料の翻刻を引用するが、願書などの文書を引用する際に、差出として、例えば上京十二組・下京八組の全ての《町組》の代表者（年寄）などが連署している場合、各代表者の所属する《個別町》や年寄の名前などを全て引用するのは繁雑になるので、差出の情報は省略して示したものもある。史料の翻刻は書き下しなどはせずに、適宜読点を補い、基本的に常用漢字を用いて示した。

（1）平川新氏による研究が代表的なものである。その研究史的立場については、同『世論政治としての江戸時代』（東京大学出版会、二〇二二年）の序章「新しい江戸時代像をめざして」を参照。

（2）塚本明「近世中期京都の都市構造の転換」（史学研究会『史林』七〇-五、一九八七年）。なお、平川新氏は、「転換する近世史のパラダイム」（『九州史学』一二三、一九九九年）において、この塚本氏の研究を評価して、近世史のパラダイムの転換に位置づけていたが、『九州史学』の論考も初出の一つとされる前掲註(1)『世論政治としての江戸時代』の序章「新しい江戸時代像をめざして」では、塚本氏の研究については言及していない。

（3）前掲註(1)「新しい江戸時代像をめざして」二六～二七頁において、平川氏は、寄せられる批判に対して、自らの研究との間に描こうとする歴史像の違いがあること、違う視点を切り開いたと理解したほうがよいことを指摘している。

本書も、直接的には塚本明氏の研究と関連するが、その視点を批判するものではなく、別の研究視角で本書独自の近世京都の都市秩序像を描こうとするものである。

（4）近世における儀礼行為については、政治思想史的な観点から儀礼の意義を考察した、渡辺浩「「御威光」と象徴――徳川政治体制の一側面――」（同『東アジアの王権と思想』、東京大学出版会、一九九七年・初出一九八六年）や、江戸城における殿中儀礼について詳細に検討した、深井雅海『江戸城御殿の構造と儀礼の研究』（吉川弘文館、二〇二一年）などを参照。

（5）支配権力と被支配者の間の儀礼に関して、本書の議論においても重要な研究が、久留島浩「祭礼の空間構造」（高橋康夫・吉田伸之編『日本都市史入門Ⅰ　空間』、東京大学出版会、一九八九年）などの城下町祭礼の研究である。

（6）近世京都においては、天皇・朝廷の存在と儀礼などを通じた京都住民との関わりも重要な論点である。しかし、支配―被支配という観点からは、徳川将軍家との関係が見過ごせないはずだが、これまでの研究では充分に検討されてこなかったようにも思われる。

（7）望月良親『日本近世社会と町役人』（勉誠出版、二〇二〇年）。

（8）大友一雄『日本近世国家の権威と儀礼』（吉川弘文館、一九九九年）、井上攻『由緒書と近世の村社会』（大河書房、二〇〇三年）など。

（9）久留島浩「村が「由緒」を語るとき――「村の由緒」についての研究ノート――」（久留島浩・吉田伸之編『近世の社会集団――由緒と言説――』、山川出版社、一九九五年）。

（10）近世身分制社会については、小野将「身分制社会論という視角――近世日本史研究から考える――」（『歴史評論』五六四、一九九七年）、大橋幸泰・深谷克己編『シリーズ〈江戸〉の人と身分6　身分論をひろげる』（吉川弘文館、二〇一一年）、横山百合子「身分論の新展開」（歴史学研究会編『第四次　現代歴史学の成果と課題　第二巻　世界史像の再構成』、績文堂出版、二〇一七年）、森下徹「日本近世の身分と社会」（高澤紀恵・ギヨーム・カレ編『「身分」を交差させる――日本とフランスの近世――』、東京大学出版会、二〇二三年）などを参照。

（11）塚田孝「身分制の構造」（同『近世身分制と周縁社会』、東京大学出版会、一九九七年・初出一九九四年）三九頁。他に、同「都市社会の分節的把握――吉原を事例に――」（前掲『近世身分制と周縁社会』・初出一九九三年）、同『近世

身分社会の捉え方　山川出版社高校日本史教科書を通して』（部落問題研究所、二〇一〇年）も参照。

(12) 小島道裕「織豊期の都市法と都市遺構」（同『戦国・織豊期の都市と地域』、青史出版、二〇〇五年・初出一九八五年）一六二頁。

(13) 菅原憲二「日本近世都市会所論のこころみ」（朝尾直弘教授退官記念会編『日本社会の史的構造　近世・近代』、思文閣出版、一九九五年）。

(14) 朝尾直弘「近世の身分制と賤民」（同『朝尾直弘著作集第七巻　身分制社会論』、岩波書店、二〇〇四年・初出一九八一年）、同「元禄期京都の町代触と町代」（同『朝尾直弘著作集第六巻　近世都市論』、岩波書店、二〇〇四年・初出一九八五年）、同「惣村から町へ」（前掲『朝尾直弘著作集第六巻　近世都市論』・初出一九八八年）。

(15) 吉田伸之『近世巨大都市の社会構造』（東京大学出版会、一九九一年）、同『近世都市社会の身分構造』（東京大学出版会、一九九八年）など。

(16) 塚田孝『近世日本身分制の研究』（兵庫部落問題研究所、一九八七年）、同『近世身分制と周縁社会』（東京大学出版会、一九九七年）など。

(17) 宇佐美英機「近世前期の町触と触留」（同『近世京都の金銀出入と社会慣習』、清文堂、二〇〇八年・初出一九八七年）、同「「板倉二十一か条」の伝来状態」（前掲『近世京都の金銀出入と社会慣習』・初出一九八八年）、塚本明「町代――京都町奉行所の「行政官」として――」（京都町触研究会編『京都町触の研究』、岩波書店、一九九六年）、同「近世中期京都の町代機構の改編」（前掲『日本社会の史的構造　近世・近代』）、田口泰久「享保期　京都の民政について」（津田秀夫先生古稀記念会編『封建社会と近代』、同朋舎出版、一九八九年）など。

(18) 前掲註(2)塚本明「近世中期京都の都市構造の転換」。

(19) 前掲註(17)塚本明「町代」二二七頁。

(20) 小林信也「近世江戸市中における道路・水路の管理」の補注（同『江戸の民衆世界と近代化』、山川出版社、二〇〇二年）二三七～二四〇頁。

(21) 塚本明「近世後期の都市の住民構造と都市政策」（『日本史研究』三三一、一九九〇年）。

(22) 塚本明「都市構造の転換」（『岩波講座日本通史14　近世4』、岩波書店、一九九五年）。

（23）　吉田伸之「近世の都市」（同『近世都市社会の身分構造』、東京大学出版会、一九九八年・初出一九八九年）三一六～三一八頁。
（24）　前掲註（11）塚田孝「都市社会の分節的把握――吉原を事例に――」一八六～一九〇頁。
（25）　吉田伸之『巨大城下町江戸の分節構造』（山川出版社、二〇〇〇年）、同「編集に参加して」（塚田孝・吉田伸之編『近世大坂の都市空間と社会構造』、山川出版社、二〇〇一年）、佐藤信・吉田伸之編『新体系日本史6　都市社会史』（山川出版社、二〇〇一年）、同『日本の歴史17　成熟する江戸』（講談社、二〇〇二年）など。
（26）　吉田伸之『身分的周縁と社会＝文化構造』（部落問題研究所、二〇〇三年）、塚田孝『近世大坂の非人と身分的周縁』（部落問題研究所、二〇〇七年）など。
（27）　吉田伸之「問題提起　〃都市の権力と社会＝空間〃に向けて」（都市史研究会編『年報都市史研究14　都市の権力と社会＝空間』、山川出版社、二〇〇六年）二～三頁。
（28）　原田伴彦「近世都市騒擾覚書」（同『日本封建都市研究』、東京大学出版会、一九五七年・初出一九五六年）。
（29）　吉田伸之「近世都市と諸闘争」（同『近世巨大都市の社会構造』、東京大学出版会、一九九一年・初出一九八一年）二七二～二七七頁。
（30）　岩田浩太郎「都市経済と騒擾――高間伝兵衛打ちこわしの構造――」（同『近世都市騒擾の研究――民衆運動史における構造と主体――』、吉川弘文館、二〇〇四年・初出一九九五年）二七八頁。
（31）　吉田伸之氏は、岩田氏の著書『近世都市騒擾の研究』の書評（吉田伸之「書評　岩田浩太郎著『近世都市騒擾の研究――民衆運動史における構造と主体――』」（都市史研究会編『年報都市史研究13　東アジア古代都市論』、山川出版社、二〇〇五年）一三二頁）において、「惣町中名主層の訴願運動」に関して、「①この訴願運動は元禄末期以来の惣町レベルの結合の系譜をもつこと、②その結合は本来、支配名主化を遂げつつあった惣町中名主の共同組織を軸に形成されたこと」を指摘している。このように、「都市騒擾」研究においても、被支配住民の地縁的結合組織としての「惣町」の枠組みに注目する必要があると考える。
（32）　小路田泰直「『日本の近世9　都市の時代』を読んで――批判に応えて――」（『リベルス』八、柏書房、一九九三年）二七頁。

(33) 横田冬彦「一九八四年度歴史学研究会大会報告批判（近世史部会）」（『歴史学研究』五三六、一九八四年）、同「城郭と権威」（『岩波講座日本通史11　近世1』、岩波書店、一九九三年）。
(34) 横田冬彦「解題」（前掲『朝尾直弘著作集第六巻　近世都市論』）三九七〜三九八頁。
(35) 中世史における「惣村」の「惣」の意味については、似鳥雄一「「惣」の用法と意味　補集合の「惣」」（『鎌倉遺文研究』四八、二〇二一年）、同「中世荘園制の終焉と村落の自治」（『歴史学研究』一〇一五、二〇二一年）を参照。
(36) 渡辺浩一「解題」（人間文化研究機構国文学研究資料館編『史料叢書8　近世都市の組織体』、名著出版、二〇〇五年）一四頁。また、同氏の『近世日本の都市と民衆　住民結合と序列意識』（吉川弘文館、一九九九年）を参照。
(37) 「惣町」・「町組」を「町共同体」の延長としての「共同体」としてとらえることもできるだろうが、これを共同体と捉えて、その特質の一つたる閉鎖性などが指摘される中では、権力など他との関係についてこぼれ落ちてしまう論点もあると思われる。本書では、これをいったん被支配住民の地縁的な結合組織としてのみ捉えて、支配—被支配の間の関係を考察していきたい。
(38) 朝尾直弘「「洛中洛外町続」の成立——京都町触の前提としての——」（前掲『朝尾直弘著作集第六巻　近世都市論』、初出一九九六年）二九一頁。
(39) 前掲註(14)朝尾直弘「惣村から町へ」一五二頁。
(40) 仁木宏『京都の都市共同体と権力』（思文閣出版、二〇一〇年）二〇〇・二五三頁。
(41) 河内将芳「「上京地下人」「下京地下人」——室町幕府関係史料を中心に——」（同『中世京都の民衆と社会』、思文閣出版、二〇〇〇年・初出一九九三年）二七五・二七七頁。
(42) 前掲註(2)塚本明「近世中期京都の都市構造の転換」四一頁。
(43) 川嶋将生「上ノ町・下ノ町」（京都市編『京都　歴史と文化2　[宗教・民衆]』、平凡社、一九九四年）一六四〜一六五頁。
(44) 高橋康夫「戦国動乱と京の都市空間」（同『京都中世都市史研究』、思文閣出版、一九八三年）。
(45) 小野晃嗣「京都の近世都市化」（『社会経済史学』一〇—七、一九四〇年）、杉森哲也「近世京都の成立——京都改造を中心に——」（同『近世京都の都市と社会』、東京大学出版会、二〇〇八年・初出二〇〇一年）、同「聚楽町の成立と展開」（前掲『近世京都の都市と社会』・初出一九九五年）、中村武生「豊臣政権の京都都市改造」（日本史研究会編『豊臣秀吉と京都』、文理閣、二〇〇一年）、谷徹也「豊臣政権の京都政策」（『日本史研究』六七七、二〇一九年）。
(46)　木下政雄「京都における町組の地域的発展――上京立売組を中心として――」（『日本史研究』九二、一九六七年）、杉森哲也「町組の発展過程――上京・西陣組を事例として――」（前掲『近世京都の都市と社会』・初出一九八三年）、前掲註(33)横田冬彦「城郭と権威」、同「近世社会の成立と京都」（『日本史研究』四〇四、一九九六年）、土本俊和『中近世都市形態史論』（中央公論美術出版、二〇〇三年）など。
(47)　中村武生「京都惣曲輪「御土居」跡の推定」（『佛教大学大学院紀要』二三、一九九五年）、同「豊臣期京都惣構の復元的考察――「土居堀」・虎口・都市民――」（『日本史研究』四二〇、一九九七年）。
(48)　前掲註(38)朝尾直弘「「洛中洛外町続」の成立――京都町触の前提としての――」。
(49)　杉森哲也「町組と町」（前掲『近世京都の都市と社会』・初出一九九〇年）一四一頁。
(50)　秋山國三『公同沿革史　上』（元京都市公同組合聯合会事務所、一九四四年・のち『近世京都町組発達史〈新版公同沿革史〉』、法政大学出版局、一九八〇年）。
(51)　一九六八年から一九七六年にかけて、京都市編、学芸書林の発行で全十冊刊行された。本書に直接関係するのは、『京都の歴史3　近世の胎動』（学芸書林、一九六八年）、『京都の歴史4　桃山の開花』（学芸書林、一九六九年）、『京都の歴史5　近世の展開』（学芸書林、一九七二年）、『京都の歴史6　伝統の定着』（学芸書林、一九七三年）、『京都の歴史7　維新の激動』（学芸書林、一九七四年）。『京都の歴史』編纂については、佐野方郁「林屋辰三郎と戦後京都の日本史研究の環境」（小林丈広編『京都における歴史学の誕生――日本史研究の創造者たち――』、ミネルヴァ書房、二〇一四年）も参照。
(52)　京都町触研究会編『京都町触の研究』（岩波書店、一九九六年）。
(53)　朝尾直弘「京都所司代」（前掲『朝尾直弘著作集第六巻　近世都市論』・初出一九六九年）、鎌田道隆『近世都市・京都』（角川書店、一九七六年）、藤井讓治「徳川政権成立期の京都所司代」（同『近世史小論集――古文書と共に――』、思文閣出版、二〇一二年・初出一九八三年）、同「京都町奉行の成立過程」（前掲『近世史小論集――古文書と共に――』・初出一九九六年）など。

(54) 辻ミチ子「京都における四座雑色」(『部落問題研究』四、一九五九年)、朝尾直弘「解題」(京都大学文学部日本史研究室編『京都大学史料叢書9 京都雑色記録三』(思文閣出版、二〇一二年)などを参照。

(55) 杉森哲也「町代の系譜――十七世紀上京における町組と町代――」(前掲『近世京都の都市と社会』・初出一九八七年)、同「町代の成立」(前掲『近世京都の都市と社会』・初出一九八九年)、谷直樹「初期町代についての一考察」(『京都市史編さん通信』一四五、一九八一年)など。

(56) 鎌田道隆「町の成立と町規制」(同『近世京都の都市と民衆』、思文閣出版、二〇〇〇年・初出一九九六年)同「京都における十人組・五人組の再検討」(前掲『近世京都の都市と民衆』・初出一九八六年)。

(57) 菅原憲二「近世京都の町と用人」(高橋康夫・吉田伸之編『日本都市史入門Ⅲ 人』、東京大学出版会、一九九〇年)。

(58) 宇佐美英機「近世京都の相対済し令――元禄一五年令以降を素材に――」(秋山國三先生追悼会編『京都地域史の研究』、国書刊行会、一九七九年)、同「京都町奉行所における金銀出入取捌主法」(『日本史研究』二二五、一九八一年)、同「近世都市の権力と公事訴訟」(『日本史研究』二八三、一九八六年)。以上の論考は、同『近世京都の金銀出入と社会慣習』(清文堂、二〇〇八年)に加筆、再構成して収載されている。

(59) 安国良一「近世京都の町と家屋敷所持」(『日本史研究』二八三、一九八六年)、同「京都の都市社会と町の自治」(岩崎信彦他編『町内会の研究』、御茶の水書房、一九八九年)。

(60) 村田路人「享保期における幕府上方支配機構の再編」(同『近世畿内近国支配論』、塙書房、二〇一九年・初出二〇〇三年)、小倉宗『江戸幕府上方支配機構の研究』(塙書房、二〇一一年)、同「幕府役人と享保期の改革」(杉森哲也編『シリーズ三都 京都巻』、東京大学出版会、二〇一九年)など。

(61) 京都市編『京都の歴史6 伝統の定着』(学芸書林、一九七三年)第一章第二節、前掲註(17)田口泰久「享保期 京都の民政について」、前掲註(59)安国良一「京都の都市社会と町の自治」など。

(62) 前掲註(2)塚本明「近世中期京都の都市構造の転換」。

(63) 藤本仁文「一八世紀の社会変動と三都」(『日本史研究』六三一、二〇一五年)、同「近世中期京都における「一円的都市社会」の成立――「新規願」と惣町運動――」(『史林』一〇七-三、二〇二四年)。

(64) 辻ミチ子「民衆と町自治――町組と小学校――」(同『転生の都市・京都――民衆の社会と生活――』、阿吽社、一九九九年・初出一九七七年）。

(65) 前掲註(64)辻ミチ子「民衆と町自治――町組と小学校――」、前掲註(49)杉森哲也「町組と町」。

(66) 前掲註(21)塚本明「近世後期の都市の住民構造と都市政策」、小林丈広「『大仏前』考」（『キリスト教社会問題研究』五一、二〇〇二年）、宇佐美英機「都市の変容と社会慣習」（前掲『近世京都の金銀出入と社会慣習』・初出一九八六年）が取り上げた「難渋町」や、杉森哲哉「近世京都と身分的周縁――宝暦四年西陣筬屋仲間一件を素材として――」（前掲『近世京都の都市と社会』・初出一九九四年）が取り上げた「一貫町」など。

(67) 鎌田道隆「幕末京都の政治都市化」（前掲『近世京都の都市と民衆』・初出一九九二年）、森谷剋久『上洛』（角川書店、一九七九年）。

(68) 小林丈広「幕末維新期京都の都市行政」（伊藤之雄編『近代京都の改造』、ミネルヴァ書房、二〇〇六年）、同「幕末維新期の都市社会――都市行政の変容と町奉行所与力――」（宇佐美英機・藪田貫編『都市の身分願望』、吉川弘文館、二〇一〇年）、同「幕末維新期京都における都市振興策と公共性――近世都市経営論の可能性――」（『日本史研究』六〇六、二〇一三年）、同「幕末維新期の都市社会・再論」（『新しい歴史学のために』二九二、二〇一八年）。

(69) 前掲註(64)辻ミチ子「民衆と町自治――町組と小学校――」、前掲註(49)杉森哲也「町組と町」、奥村弘「近代地方権力と「国民」の形成――明治初年の「公論」を中心に――」（『歴史学研究』六三八、一九九二年）、荒木田岳「「大区小区制」の成立過程と学校行政」（『歴史学研究』七二〇、一九九九年）、前掲註(68)小林丈広「幕末維新期京都の都市行政」、秋元せき「明治期京都の自治と連合区会・区会」（前掲『近代京都の改造』）、小林丈広「明治維新期の「市長」」（『奈良史学』二九、二〇一一年）。

(70) 取り上げる事例は、これまでの研究と重複するものもあるが、研究史の上では都市自治の発展という視角からのものであったのに対し、本書では叙上の研究視角から都市秩序を考察する事例として取り上げる。

(71) 前掲註(38)朝尾直弘「「洛中洛外町続」の成立――京都町触の前提としての――」。

(72) 前掲註(7)望月良親『日本近世社会と町役人』も、徳川将軍家との間の儀礼に甲府町人を代表して参加する町役人の家を検討したものとして本書とも研究関心を共有している。しかし、甲府では一つの家に儀礼への参加が固定化されるのに対して、本書で明らかにするように京都ではそうはならないので、各都市における特徴を検討する上でも、儀礼の参加のあり方を検討することには意味があると考える。
(73) 前掲註(11)塚田孝『近世身分社会の捉え方　山川出版社高校日本史教科書を通して』三二頁。
(74) 一九七九年から一九九四年にかけて、京都市編、平凡社発行で全十六冊刊行された。本書で使用する京都市歴史資料館架蔵写真版の文書目録は、『史料京都の歴史7　上京区』(平凡社、一九八〇年)、『史料京都の歴史9　中京区』(平凡社、一九八五年)、『史料京都の歴史12　下京区』(平凡社、一九八一年)に掲載のもの。
(75) 京都府立京都学・歴彩館所蔵史料を典拠とする際は、出典の史料名として「京都府立京都学・歴彩館デジタルアーカイブ」(https://www.archives.kyoto.jp/websearchpe/)に掲載の史料名と番号を示した。
(76) 占出山町文書・長刀鉾町文書、さらに中九町組の善長寺町文書にも文政町代改儀一件関係文書が整理されている。近年調査された、下村(忠)家文書には、下京三町組に属する笋町で編纂された「古街録」という史料の中で、やはり文政町代改儀一件の記録が参照されていたことがわかっている(平野寿則「下村(忠)家文書の『古街録』について」(京都市古文書調査会・京都市歴史資料館『京都市内個人所有古文書調査報告書Ⅰ――「下村(忠)家文書」・「熊谷(純)家文書」(一)――』、京都市、二〇二三年)も参照)。
(77) 一九八三年から一九八七年にかけて、第一巻から第十三巻まで全十三冊が、一九八八年に別巻一、一九八九年に別巻二、二〇一七年に別巻三が、京都町触研究会編で岩波書店より刊行された。
(78) 一九九一年から二〇〇〇年にかけて、京都冷泉町文書研究会(代表・吉田伸之)編で思文閣出版より全七冊刊行された。

第一章　京都における《惣町》（上京・下京）の位置

――「御朱印」に注目して――

第一節　《惣町》の系譜的つながり

本章では、近世都市京都の支配―被支配をめぐる秩序の展開を考察する手がかりとして、京都の「御朱印」について検討する。「御朱印」とは、近世統一権力たる織田信長・豊臣秀吉・徳川家康が上京・下京などの《惣町》に宛てて発給した朱印状・判物などの文書を、近世京都の史料で「御朱印」と称したものである。この「御朱印」が宛てられた《惣町》に注目し、近世京都における《惣町》の位置づけを明らかにしたい。序章で述べたように、「支配権力は、被支配側の組織や領域をどのような枠組みで掌握したのか、これに対して被支配側では、どのような枠組みによる結合で支配権力に対峙したのか」を検討する上で、《惣町》の枠組みが鍵になるからである。

まず、本章では、中世末に成立した《惣町》の枠組みについて、中世史の研究成果をまとめる。特に、中世から近世への移行期に近世統一権力が発給した「御朱印」が《惣町》に宛てられたということが、支配権力が《惣町》の枠組みで被支配側を掌握したことを示し、これが近世京都における《惣町》の枠組みを規定した点を確認する。これにより、近世京都の《惣町》の枠組みを限定的にとらえる視角を提示する。あわせて、織田・豊臣政権期から徳川政権初期の京都支配の展開についても、これまでの研究成果を踏まえながら、《惣町》・《町組》・

《個別町》、それぞれの枠組みの成立と、《惣町—町組—町》の重層構造の性格について押さえる。

　そして、京都における《惣町》の枠組みの位置づけを考えるにあたって、織田・豊臣政権期から徳川政権初期に《惣町》に宛てて発給された「御朱印」を検討する訳だが、さらに注目したいのが、この「御朱印」は、河内将芳氏の研究[1]で明らかにされているように、近世を通じて保存・管理されていた点である。河内氏の研究も参考にして、京都における「御朱印」、及びその関連文書（政権の配下武将より発給された文書）として把握される文書を一覧にしたのが、表1-1である。[2]近世統一権力により発給された「御朱印」の主な内容は、①《惣町》と統一権力との間の儀礼関係の中で作成されたもの（織田信長・豊臣秀吉への音信・贈答に対しての礼状）、②経済的特権として地子免除を認めたもの（豊臣秀吉による地子免許状）、③関ヶ原の陣後の京都の治安維持を目的に発給されたもの（徳川家康禁制）である。

　これらの「御朱印」に関して、河内氏は、近世における「御朱印」の伝来や保存・管理を明らかにしている。具体的には、「御朱印預り」や「虫干」といった保存体制が存在していた。そして、近世後期になると「御朱印」が再び脚光を浴びることになる。序章でも触れたが、近世中期から後期にかけて被支配住民側の自律的な都市運営と町代との間で対立が生じた時に「御朱印」の帰属が問題となり、特に、文政町代改儀一件という「惣町運動」に際しては、後述するように、「御朱印」の中でも徳川家康が発給した禁制の取り扱いが、町代との間でも、被支配住民側内部でも問題となった。そして、河内氏が明らかにしているように、「御朱印」の保存体制としては、上京上立売組による管理が先行していたが、文政町代改儀一件の結果として町代から「御朱印」を取り戻したことで、下京などにおいても、「御朱印」の保存体制が近世後期になってさらに強化されたという。

　つまり、「御朱印」は発給された近世初期段階だけでなく、近世後期になっても何らかの意味を有していたのである。それは、「御朱印」の宛先が《惣町》であったからであり、「惣町運動」に際しては「御朱印」の宛先である《惣町》の枠組みで支配権力に対峙したことを示している。

このような形で、《惣町》の枠組みが近世初期から後期へと系譜的につながっていたと考える。もちろん、本書第二章から第七章で詳述するように、《惣町》の枠組みも一様ではなく、紆余曲折を経るので、近世初期の《惣町》と近世後期の《惣町》が全く同じ性格というのではない。しかし、《惣町》の系譜から近世京都の都市秩序を考えようとする本書の目的に照らし、まずは、「御朱印」を手がかりにして、近世京都における《惣町》の系譜を概観することが本章の目的である。

本章では、中世京都から近世都市京都への移行に関わる豊富な中世史の研究成果との接続をはかりながら、特に、「御朱印」が《惣町》宛てに発給された意義を検討する。また、近世前期から後期への系譜的つながりの一つの顕れとして、文政町代改儀一件という「惣町運動」の中で「御朱印」が焦点化したことに注目し、近世後期においても《惣町》の枠組みに意義があったことを明らかにしたい。この点では、第二章から第七章での検討に先行して、本章でも近世中後期の展開に触れるが、同じ「御朱印」を素材として、近世初期の《惣町》と近世後期の《惣町》の系譜的つながりを確認し、近世京都における支配─被支配をめぐる都市秩序の系譜について見取り図を示すことにしたい。

まず、戦国期から織田政権期の《惣町》については、《惣町》の早熟的な形成のあり方が問題になる。序章でも述べたように、平安京の左京に展開した市街地を二つに区分した中世における「上辺・下辺」という呼称が、室町時代以降、「上京・下京」と呼ばれるようになる(3)。仁木宏氏(4)は、天文年間（一五三〇年代）に生まれた《個別町》が「上京、下京の領域レベルで結びつき、上京中・下京中の惣町共同体を形成してゆく」とし、室町幕府の都市支配に関して、「個別町が町人を規制し、上京中や下京中がそうした個別町を規制する力を有するような、都市共同体の重層的自律性が成立した段階にいたってはじめて、幕府は法令を惣町宛に発給して、町共同体によ

②	天正19.9.25	前田玄以書下	下京中	地子銭免除
③	(年未詳).8.朔	豊臣秀吉朱印状	下京中	八朔礼儀
④	(天正18).5.5	豊臣秀吉朱印状	下京町中	関東在陣音信
⑤	(天正15).5.5	豊臣秀吉朱印状	下京惣中	九州在陣音信
⑥	(年未詳).卯.12	豊臣秀吉朱印状	下京中	音信
⑦	(天正13).9.8	加藤清正等連署書状	下京惣中	書物・六角堂
⑧	(天正16).5.13	前田玄以書下	下京中	大仏のおどり
⑨	(天正16).5.8	前田玄以書下	下京中	大仏建立
⑩	(年未詳).9.18	前田玄以書下	下京中	町々掃除
⑪	(年未詳).2.2	前田玄以書下	与助	公儀御用
⑫	天正20.5.12	前田玄以定書	下京	家屋敷・借銭・商人
⑬	元和元.12.26	太田忠兵衛等口上	下京五条通中之町町代・年寄中	家屋敷売渡
・上京聚楽組保管				
①	天正19.9.22	豊臣秀吉朱印状	聚楽町	地子銭免除
②	慶長5.9.16	徳川家康禁制	(宛所欠)	
・禁裏六丁町保管				
①	天正12.8.6	前田玄以書下	六町中	
②	天正13.3.	豊臣秀吉禁制	六町	
③	天正19.9.22	豊臣秀吉朱印状	六丁町	地子銭免除
④	寛永21.正.2	板倉重宗書下	六丁町町代	禁中掃除

註：本書第一章註(2)に掲げた史料により作成した。

表1－1　「御朱印」と関連文書

	年月日	文書名	宛所	内容
・上京にて保管 （上立売親九町組・上立売親八町組保管）				
①	元亀4.7.	織田信長朱印状	上京	免許五ヶ条
②	天正2.正.	織田信長朱印状	上京中	寄宿免許
③	（天正10）.4.4	織田信長黒印状	上京中	東国在陣音信
④	（天正13）.閏8.12	豊臣秀吉朱印状	上京中	越中在陣音信
⑤	（天正15）.5.5	豊臣秀吉朱印状	上京惣中	九州在陣音信
⑥	（天正15）.8.朔	豊臣秀吉朱印状	上京中	八朔礼儀
⑦	（天正18）.5.5	豊臣秀吉朱印状	上京町中	関東在陣音信
⑧	（年未詳）.卯.12	豊臣秀吉朱印状	上京中	音信
⑨	（年未詳）.卯.3	豊臣秀吉朱印状	上京中	音信
⑩	（年未詳）.6.28	豊臣秀吉朱印状	上京中	音信
⑪	天正19.9.22	豊臣秀吉朱印状	上京中	地子銭免除
⑫	（天正20）.6.8	豊臣秀吉朱印状	上京惣中	名護屋在陣音信
⑬	（年未詳）.7.5	豊臣秀長書状	上京老中	在陣音信
⑭	天正19.9.25	前田玄以書下	上京中	地子銭免除
⑮	（年未詳）.2.10	浅野長吉書状	上京中	在陣音信
⑯	（天正20）.8.9	浅野長吉書状	上京惣中	名護屋在陣音信
⑰	天正19.10.3	牧野右兵衛書状	上京下京之老中	札の金子
⑱	天正19.12.28	山中長俊・木下吉隆連署書状	民部卿法印	地子銭免除の朱印状筆耕銭
（上京十二組にて保管）				
⑲	慶長20.5.26	太田忠兵衛等口上	室町清和寺町町代・年寄中	家屋敷売渡
⑳	慶安元.12.29	板倉重宗書下	上下京町中	佐和山欠落人成敗
㉑	寛文8.12.6	宮崎重成・雨宮正種連署触	上京	公事訴訟
・上京・下京にて保管				
①	慶長5.9.16	徳川家康禁制	（宛所欠）	
・下京にて保管				
①	天正19.9.22	豊臣秀吉朱印状	下京中	地子銭免除

る法の遵行を期待できた」と指摘し、これは戦国期の三好政権においても同様であるとする。これに対して、早島大祐氏は、[5]「戦国期の惣町は、上京・下京全体の問題が発生した場合に、その都度、個別町や宿老が結集したもの」であり、「恒常性を有するものとまでは評価できず、町や宿老のあいだでの緩やかな社会関係の存在を前提にした、あくまで臨時的な結合にすぎない」と主張して、戦国期段階における《惣町》の枠組みの組織化には否定的である。この点に関しては、序章でも触れたように、支配側の志向する枠組みと、被支配者側の意図する結合の枠組みは、たとえ同一の空間の上でも、その機能や認識において両者の間には齟齬やズレが生じることもあると考えると、両者の見解は相対的な評価の問題となろう。

本章で注目したいのは、室町幕府や三好政権が《惣町》を枠組みとする法令を発給し、組織そのものではなくても《惣町》の枠組みを掌握〔「領域的な掌握」〕することで、《惣町》の枠組みにおける被支配住民側の組織化がさらに進展するのではないかという点である。こうした《惣町》の枠組みにおける住民の組織化の動きは、織田政権下においてより明確にうかがえる。

織田政権も、次の織田信長朱印状のように、《惣町》宛ての「都市法」を出している。

【史料1-1】[6]

精撰追加条々　　上京

（中略）

一、銭定違犯之輩あらハ、其一町切ニ可為成敗、其段不相届ハ、残惣町一味同心に可申付、猶其上ニ至ても
　手余之族にをいてハ、可令注進、同背法度族於告知ハ、為褒美要脚伍百疋可充行之事

永禄十二年（一五六九）三月十六日　　弾正忠（織田信長）（朱印）

仁木宏氏は、「信長は「上京中」宛と「下京中」宛の二通をそれぞれの惣町に与えただけであり、それらを惣

町共同体の執行機関（宿老中心）が筆写して各町組に配付したのであろう。すなわち政権側と実際に対応したのは惣町だと考えられる」[7]としている。つまり、織田政権は、このような法令により、《惣町》の枠組みにおいて被支配住民を組織的に掌握し、被支配住民側も《惣町》の枠組みで対応したのである。そして、このような信長と《惣町》の枠組みの間では、儀礼上の関係も取り結ばれた。次の【史料1-2】は、「御朱印」の一つである織田信長黒印状である。

【史料1-2】（表1-1上京③）[8]

此面為音信、革袖細十到来、遥々懇情喜入候、東国之為躰上洛之刻可申聞候也

（天正十年（一五八二））四月四日　（織田信長）（黒印）

上京中

このように、統一権力に対して音信・贈答儀礼を行うことができる段階まで《惣町》の枠組みにおける組織化が進展していたといえる。こうした住民の組織化に対応して、織田政権は儀礼を通じて《惣町》の枠組みで住民の掌握（[組織的な掌握]）を進展させたのである。

この《惣町》の枠組みにおける住民の組織化に関しては、高橋康夫氏による、「六町」という朝廷との関係の中で成立する《惣町》の分析[9]が注目される。高橋氏は、社会集団が組織化するのを促すのは、「外界の要求」と「共同目標」であり、「六町」の場合は「禁裏役の賦課」という権力の要求と、「諸役の免除特権」の確保という共同の目標であったとしている[10]。つまり、高橋氏の指摘を踏まえると、上京・下京の場合は、第二章で詳述するように、焼き討ちも辞さない信長の要求があり、これに対して、上京・下京の《惣町》の枠組みにより行われた音信・贈答を通じた織田政権への対応が、上京・下京の組織化のきっかけとなったと考えることができるだろう。

第二節　豊臣秀吉・徳川家康の「御朱印」

さらに、こうした動きは、豊臣秀吉政権期にも引き続き見られる。そして、《惣町》の枠組みにおける住民の組織化と、これに応じた豊臣政権による《惣町》の枠組みの［組織的掌握］が、最終的に達成されるのが、天正十九年（一五九一）の地子免除であったと考える。

この地子免除については、三鬼清一郎氏が[11]、「中世における錯綜した土地所有関係をただし」、在地領主層が種々の名目で確保していた地子得分権を剝奪することによって、「権力の側からの支配の一元化」をはかる「豊臣政権の都市支配の原則」を確立したものと述べる。さらに脇田晴子氏が[12]、堺などに対する地子徴収と比較して、「城下町ではなかった堺や平野郷は、地子、諸役、諸公事とも徴収されたように、地子免許は城下町優遇政策であるが、それと同時に、屋地子納入が不入を意味し、自治権をもたらした中世以来の伝統の否定のための、都市の領主掌握の代替物」であったと述べる。これらの先行研究の理解によれば、秀吉による地子免除は豊臣政権による都市掌握の進展を意味するものといえる。そして、序章でも触れたように、河内将芳氏が[13]、《惣町》は「公家・武家・寺社など諸領主・諸権力との個別的・垂直的関係」を「相対化するためのひとつの方法」、つまり、中世的な諸権力との複雑な関係を相対化するための枠組みであったと評価したことを踏まえれば、この掌握された枠組み、すなわち地子免許状の宛先が《惣町》であったという点が大きな意味を持つと考える。【史料1-3～6】が、《惣町》宛ての地子免許状である。

【史料1-3】（表1-1上京⑪）[14]

京中屋地子事、被成御免許訖、永代不可有相違之条、可存其旨者也

天正十九
九月廿二日（豊臣秀吉）（朱印）
上京中

【史料1‐4】（表1‐1下京①）[15]

京中屋地子事、被成御免許畢、永代不可有相違之条、可存其旨者也

天正十九
九月廿二日（豊臣秀吉）（朱印影）
下京中

【史料1‐5】（表1‐1聚楽組①）[16]

京中地子、被成御免許之訖、永代不可有相違候之条、可令存其旨候也

天正十九
九月廿二日（豊臣秀吉）（朱印）
聚楽町

【史料1‐6】（表1‐1六丁町③）[17]

京中地子、被成御免許之訖、永代不可有相違候之条、可令存其旨候也

天正十九
九月廿二日（豊臣秀吉）（朱印）
六丁町

上京・下京以外に「聚楽町」・「六丁町」に宛てられたものも含めて四つの地子免許状が残されている。まず、「聚楽町」については、杉森哲也氏の研究[18]で明らかにされているように、秀吉が京都に建設した城郭「聚楽第に

対して特別な役を果たすなど、何らかの関係」を持つ「独自の惣町」である。また、「六丁町」については、先に触れた高橋康夫氏[19]が明らかにしたように、戦国期の「六町」から場所は移るものの、その組織の名称・機能・伝統を継承した、朝廷との関係を持つ《惣町》である。このような聚楽町・六丁町（禁裏六丁町）と同様に、上京・下京それぞれに宛てて秀吉の地子免許状が出されている。これは、豊臣政権により上京・下京の《惣町》の枠組みが組織的に掌握されたことを示す。つまり、先述の「六町」に関する高橋氏の理解にあるように、地子免除の確保という「共同の目標」が、織田政権より続く《惣町》の枠組みにおける住民の組織化をより促進したということである。

さらに、豊臣政権との間でも儀礼関係を持っていたことは、「御朱印」の中に豊臣秀吉に対する音信・贈答に対する礼状が多く含まれていることからもわかる。この豊臣政権との間の儀礼は、次の【史料1-7】がそうであるように年頭・八朔の儀礼として恒常化していく。

【史料1-7】（表1-1上京⑥）[20]

為八朔礼儀、縮羅拾端到来、悦覚候、猶民部卿法印可申候也

（天正十五年（一五八七））八月朔日（朱印）（豊臣秀吉）

上京中

以上のように、「御朱印」にみられる関係を通じ、上京・下京の《惣町》の枠組みにおける住民の結合組織は、織田・豊臣政権に対して一元的な関係を取り結んでいったのである。このような形で、京都の《惣町》の枠組みにおける地縁的組織結合は、統一政権との関係を通じ、早熟的に形成されていったものと考える。

次に、《惣町》の枠組みの展開とも関連して、重要な問題である《惣町―町組―個別町》の重層構造について見ていきたい。序章で触れたように、《惣町》の枠組みが「独自に、かつ早熟的に」[21]形成されていったように、

京都においては、「町共同体」[22]あるいは「自治組織としての町組」[23]も「独自に、かつ早熟的に」形成された。特に、脇田晴子氏[24]が述べるように、「京都における「町」共同体の形成は、南北朝・室町期に見られるにもかかわらず、惣町結合への結集は比較的おそく、戦国期、明応から天文の間に見られる」とし、その理由として、「堺や大山崎が、地下請などによって、市政機構の存在を不可欠にしたのに対し、京都では個々の領主的土地所有は、個々の地下請ともいうべき屋地子契約によって地主的土地所有に後退させられたとはいえ、公権力としての使庁—幕府の支配下に組み込まれたこと」、特に、「個別的領主の支配をこえて使庁—幕府が、市政権、刑事・民事裁判権を掌握した結果として、各座や各町、さらに御用商工業者が直接に、権力に結びついた結果、みずからの権力組織確立の方向へと向わ」なかったことがあげられている。

つまり、《個別町》の中には、室町・戦国期に、権力と直接的な結びつきを持ったものもあった。しかし、織田政権は、【史料1-1】の中で、「銭定違反之輩あらハ、其一町切ニ可為成敗、其段不相届ハ、残惣町一味同心に可申付」とあるように、撰銭令の違反者の処罰をまずは《個別町》にゆだね、それができない場合に「惣町」がその責任を負わされた[25]。このような形で《惣町—個別町》の重層構造として「組織的掌握」を行い、また、早島氏[26]が述べるように、住民側の《惣町—町組—個別町》という重層構造を通じた対応もみられた。こうした関係は、豊臣政権にも引き継がれ、第二章で詳述するように、〈豊臣政権と《惣町—町組—町》の重層構造〉として「縦系列で」秩序化していった様子を、豊臣政権との間の儀礼に関する費用負担をめぐる「大割勘定—配符—切符」の関係からうかがうことができる。

こうして《惣町—町組—町》の重層構造に対する「組織的掌握」が進展する一方、豊臣政権期には、新たな展開が見られる。これは、朝尾直弘氏[27]や水本邦彦氏[28]が述べているように、天正十二年の小牧・長久手の戦いを契機とし、「天皇権威に寄りかかりながら、ミヤコを武家の首都につくりかえようとした」秀吉による「首都城下町

かになる。

化」、すなわち「京都改造」の中で、洛中検地や、先に述べた地子免除、さらに御土居の建設などを通じて明らかになる。

まず、天正十五・十七年の洛中検地に関わって、朝尾氏[29]は、「惣町をも介することなく、町を直接に把握する」姿勢がみられることを指摘する。これにより、〈豊臣政権と《惣町—町組—町》の重層構造との関係〉、〈豊臣政権と《惣町》の枠組みとの関係（先に触れた地子免除や儀礼関係）〉、さらに〈豊臣政権と《個別町》との直接的関係（洛中検地）〉という形で、豊臣政権による［組織的掌握］が重層化していたと考えられる。

さらに、この時期の人口流入や、新町の成立を背景とした「都市域の拡大」に対応し、横田冬彦氏[30]が指摘する「都市全体に対する都市行政」が行われる。ここでいう「都市全体」は、具体的には、御土居堀の建設により、御土居堀を境界として、その内を指す「洛中」、あるいは、先に見た地子免許状に「京中地子」、「京中屋地子」と記される「京中」のように、豊臣政権による支配対象となった領域[31]を指すものと考える。つまり、豊臣政権により《惣町》の枠組みを超えた範囲で［領域的掌握］が拡大され、［領域的掌握］と［組織的掌握］との間にズレが生じ、すなわち「洛中」あるいは「京中」という領域的な掌握の内に、組織として掌握された複数の《惣町》が併存するという形となったのである。

こうした［組織的掌握］の重層化と、［領域的掌握］と［組織的掌握］のズレという新たな展開は、豊臣政権が一度は京都の内に聚楽第という権力の中枢となる城郭を築き、御土居堀の建設による「城下町化」を目指したことに端を発するものである。

そして、統一権力が豊臣から徳川政権へと移行すると、また新たな段階を迎えることになる。まず、徳川家康については、表1-1にあるように、「御朱印」として把握される徳川家康の文書は、慶長五年（一六〇〇）の禁制のみである。この禁制については、慶長五年の関ヶ原の陣後の治安維持を目的としたもので、聚楽町に宛てたものとされる聚楽教育会所蔵のものが、次の【史料1‐8】である。

【史料1‐8】（表1‐1聚楽組②）[32]

禁制

一、軍勢甲乙人等濫妨狼藉之事

一、放火之事

一、田畠作毛苅取事　付竹木剪取事

右堅令停止畢、若於違犯之輩者、速可処厳科者也、仍下知如件

慶長五年九月十六日（徳川家康朱印）

また、現在原本を確認することはできないが、大正五年（一九一六）に刊行された地誌である『京都坊目誌』に「下京所伝文書」として記されたものが、次の【史料1‐9】である。

【史料1‐9】（表1‐1上京・下京①）[33]

下京所傳古文書今竹村タカ蔵徳川家康下知状

禁制

一、軍勢甲乙人等濫妨狼藉之事

一、放火之事

一、田畠作毛苅取事　付竹木剪取事

右堅令停止訖、若於違乱之輩者、速可處厳科者也、依下知如件

慶長五年九月十六日 慶長の文字に係り家康の朱印を押す

この慶長五年の徳川家康禁制の内容は、あくまで徳川軍による濫妨狼藉を禁ずることによって京都の治安維持を保証したものであり、地子免除など特定の特権を証明する文言は一つも記されていない。また、注目すべきは、聚楽教育会所蔵のものも、下京所伝のものも、宛先が見られないという点である。この点で、徳川家康禁制は、他の「御朱印」とは異なり、統一権力たる徳川家康と《惣町》の枠組みとのつながりを示す文書とはいえない。また、終章で触れる他都市の事例からも、徳川政権は、地子免除の付与などに際して、被支配住民に対して文書を発給することに積極的でなかった可能性がある。都市としての京都に対しても、徳川家康から発給された文書として確認できるのはこの禁制のみである。しかし、そうであるがゆえに、この徳川家康禁制が、徳川将軍家との関係を示す唯一の文書として近世後期において大きな意味を有するようになる。但し、先に触れた通り、宛先が確認できないことが、《惣町》の枠組みにとっては別の問題を惹起することにもなる。

そして、統一権力が徳川政権に移ると、京都の位置づけにも変化が生じた。特に、徳川政権においては、政権の中枢が江戸に移ってしまったことが重要である。京都は、徳川政権下における幕府直轄都市であったが、政権の中枢たる江戸からは遠く離れていたため、徳川政権による京都支配は、幕府の遠国支配機構によって担われることになる。豊臣政権においても、前田玄以などの配下武将が京都支配を担当していたが、徳川政権による支配が安定した結果、近世初期を除けば、徳川将軍の上洛は幕末まで行われず、序章で触れた通り、恒常的には江戸幕府の遠国奉行（所司代・京都町奉行）による支配となった。

また、寛永十一年（一六三四）、近世初期の将軍上洛としては最後となる徳川家光の上洛に際して、「洛外町続」に対する地子免除が行われるが、この地子免除に関して「御朱印」のような文書が発給されたことは確認されていない(34)。先述の通り、徳川政権においては、被支配住民に対して地子免除に関する文書を発給することに積極的でなかったことは、この点からもうかがうことができる。この寛永十一年の地子免除を一つの契機として、幕府遠国奉行（所司代・京都町奉行所）の行政対象としての「洛中洛外町続」の枠組みが成立したことが、朝尾直弘氏によって指摘されている。(35)つまり、遠国奉行が発給する「町触」の対象範囲である「洛中洛外町続」を枠組みとする［領域的掌握］が展開することになったのである。

そして、この「洛中洛外町続」の領域内に複数の《惣町》が併存する点では豊臣政権期と同様だが、徳川政権期以降においては《惣町》の構成が異なる。まず、聚楽第という豊臣政権の拠点との関係が深い聚楽町は、豊臣政権下では秀吉の地子免許状を単独で発給された《惣町》であったが、徳川政権においては、「聚楽組」として《惣町》たる上京に所属する一つの《町組》となった。一方、京都に東西本願寺が移されたことに伴い、両本願寺の周囲が門前町として、それぞれ《惣町》という扱いになった。(36)このような形で、前代から続く上京・下京・六丁町（禁裏六丁町）と東西本願寺門前町の五つの《惣町》が併存することになったのである。

なお、本書では、五つの《惣町》の内でも、上京・下京について中心に検討する。近世後期に「御朱印」が注目されたのが、上京・下京であり、第二章でも取り上げる通り、上京と下京のみが徳川将軍家との間で儀礼上の関係を持ち、徳川将軍と幕府の遠国奉行（所司代・京都町奉行所）という支配権力の中での重層構造と、被支配住民側での《惣町―町組―町》の重層構造との関係を考察する素材を提供できるのが上京・下京の枠組みだからである。東西本願寺門前町は本願寺との関係、禁裏六丁町は朝廷との関係が重要な要素となるが、これは別の視角から検討しなければならないと考える。この点で、豊臣政権期の「聚楽町」については、位置づけが複雑になるが、「聚楽町」を引き継ぐ「聚楽組」が上京の《町組》となったことで、近世後期においては、上京《惣町》の問題として「聚楽町」宛ての「御朱印」が取り扱われることになった。

このような形で、江戸幕府の遠国奉行による「洛中洛外町続」の枠組みでの［領域的掌握］が展開していく中、(37)第二・三章で明らかにするように、所司代・京都町奉行所の政策により、《町組》ごとに設置された町代、あるいは《個別町》ごとに設定された町年寄[38]が、支配―被支配を取り次ぐ存在として設定され、《町組》・《個別町》の枠組みに対する［組織的掌握］が進展していく。これに対し、所司代・京都町奉行所による都市行政の場における《惣町》の枠組みの［組織的掌握］は後退することになった。

しかし、《惣町》の枠組みは徳川政権との関係で意味を無くしてしまったかというとそうではない。第二章で詳述するように、徳川将軍家との間で行われた儀礼の場では《惣町》の枠組みが機能し続けた。信長や秀吉のような「御朱印」としての文書のやり取りはないが、江戸城で行われる儀礼として《惣町》（上京・下京）の枠組みで徳川将軍に対する拝謁・献上が行われた。こうした形で近世を通じて徳川将軍家と《惣町》の間の一元的な関係は維持されていた。これは、中世末以来の京都の都市秩序の系譜を考える時、徳川政権期の京都の特徴を示すものとして注目すべき点である。そして、統一政権との間の儀礼を通じた支配―被支配の関係が、政権の中心が京都を空間的に遠く離れても維持され、特に、統一政権との間の儀礼の枠組みであった《惣町》の枠組みが江戸城の儀礼の場でも機能し続けたことが、近世後期においても「御朱印」が何らかの意味を持つことにつながるのである。

第三節　「御朱印」をめぐる町代との確執

近世初期に織田信長・豊臣秀吉から発給された「御朱印」は、【史料1-7】のような、統一権力への贈答に対する礼状が多く、内容としては徳川政権下において直接関係するものではない。また、京中の地子免除[39]の許可を文字として明記したのは前政権たる豊臣秀吉朱印状で、徳川政権は地子免除を文書で保証することはなかった。徳川家康が発給した「御朱印」は慶長五年（一六〇〇）の禁制のみで、内容は関ヶ原の陣後における京都の治安を保証したものである。つまり、「御朱印」は、そこに記された内容が直接的に後世において機能するような性格のものではなかった。

しかし、近世の京都においては、これら前政権から発給された文書も含めて、そこに記された内容に関係なく「御朱印」として保存・管理されていた。

「御朱印」に関する河内将芳氏の研究[40]において明らかにされているように、上京では、上立売親九町組・同八町組内の《個別町》が交替で保管していた（表1-1上京①〜⑱）。上京という《惣町》宛ての文書を、上京を構成する《町組》の内、この二つの《町組》が保管することになった経緯は不明であるが、これら《町組》を構成する《個別町》が順番に「御朱印預り」を一年交替で務め、「虫干」も行うなど厳重な管理体制が存在していた。また、第四章で詳述するが、この上京宛ての「御朱印」は、近世中期に下京で成立したと推定される「京都旧記録」類にも書写されており、この旧記類がさらに書写されて広く伝播したので、「上京御朱印」に関する情報はある程度知られるようになっていたと思われる。

こうした状況下、近世中後期には、上京以外の「御朱印」についても注目されるようになる。特に、織田・豊臣・徳川の統一政権により発給された「御朱印」の保管・管理をめぐって、町代との間に確執が生じるようになっており、近世後期の「惣町運動」として行われた文政町代改儀一件の過程でも、「御朱印」の帰属をめぐる問題が町代との間の争点の一つとなったのである。以下、近世中後期の「御朱印」の帰属をめぐる被支配住民側の動向を、時系列に従って確認しておきたい。

「御朱印」をめぐる近世中期の動きは、まず宝暦十四年（一七六四）に上京聚楽組内の下立売組により、「聚楽町」宛ての「御朱印」（豊臣秀吉が地子免除を許可した朱印状と徳川家康の慶長五年の禁制、表1-1聚楽組①・②、【史料1-5・8】）を町代から取り戻したいという願い出があったことが、後の文政町代改儀一件時の史料から判明する[41]。「聚楽組之内下立売組より宝暦十四年四月、右　御朱印先前之通組町ニ而守護等之義ニ付御願申上」とあるように、《町組》内の《個別町》が順番に「御朱印」を保管する体制に戻したいという願い出であった。この願い出は、京都町奉行所での裁許の結果、「前々　御朱印箱町々相廻し候与申儀証拠曾而無之、申伝迄」とあるように確かな証拠がないこと、「聚楽五組不残相談之上、　御朱印守護等願立候儀ニも無之、下立売組ゟ之願筋相立かたく」と、聚楽組全体での願い出ではなかったこともあり、願い下げとなったようである。

これが、文政町代改儀一件の過程で再燃することになる。文化十五年（一八一八）正月、「聚楽町」宛ての「御朱印」を取り戻したいという願い出が聚楽組からなされた(42)。そして、第五章でも述べるように、文政町代改儀一件は、直接の契機は《町組》と町代との間の確執にありながら、《惣町》の枠組みの運動として展開するようになる。これを反映して、聚楽組は上京の他の《町組》へ願書の奥印を依頼した(43)。最終的に上京の他の《町組》の同意を得たため、文化十五年正月二十一日付けで、次のような上京の枠組みでの願い出がなされた。

【史料1―10(44)】

乍恐奉願口上書

一、私共儀聚楽五組六拾八町之者共ニ御座候、則古町ニ而今ニ御拝礼等相勤来、殊更往古乍恐　従東照宮様御朱印奉頂戴、誠以冥加至極難有仕合奉存候、其已前従豊臣秀吉公頂戴仕候　御朱印有之、右二品　御判物、其砌ゟ私共町々之内大行事町与唱、順番ヲ以奉守護候儀ニ御座候所、寛永十一戌年山口や清兵衛ト申者を給銀差遣シ、私共組内江町代ニ相抱候ニ付、其後清兵衛ニ　御判物弐品共守護申付置候儀ニ御座候、右清兵衛子孫相続致来り候処、元文年中ニ至り勤向不埒之儀共相重り、町意相叶不申段達御聴候趣ニて、私共組町年寄共壱人宛被召出、　嶋長門守様、馬場讃岐守様御立会ニ而町代清兵衛義、身之分限を失ひ勤方不埒ニ付、町代被　召放候旨被　仰渡候、依之跡替り之儀者、最寄町代新四郎甥助八与申者を新ニ相抱、町代相勤させ候ニ付、　御判物之儀助八江尚又守護申付置候、右助八ゟ当喜八迄四代相続仕、其侭守護い

たし来候儀ニ御座候、然ル所町代共義近来追々古格ヲ致忘却、身之分限を不弁、恣ニ権威ニ誇り候儀者喜八方ニ奉守護候　御品ニ相泥ミ候故歟、元来町々ゟ給銀ヲ与江候程之身分之物、右躰相募り候段奉対　御上様何共恐多、此上如何躰ニ増長可仕も難計、其侭難差置候ニ付、不得止事、旧冬古町中ゟ町代共一躰之儀御願奉申上置候儀ニ御座候、右之通町代共之風儀悪敷成行候故、　御判物之儀喜八ニ守護申付置候儀不安心ニ候得ハ、旧例之通私共組町々ニ而奉守護度奉存候ニ付、段々喜八方へ懸ケ合候処、先祖ゟ家ニ伝来仕候抔と以之外理不尽申募り候、前文奉申上候通、寛永年中ニ山口屋清兵衛ヲ初而町代ニ相抱候所、元文年中御取放ニ相成、其後新ニ当喜八四代先助八を相抱候儀ニ而、右介八者不及申、譬清兵衛年数ニ引当テ候而も、御判物之年暦与ハ遥ニ時代相違仕候而、彼等か家ニ直々可奉頂戴由緒有之間敷候処、伝来仕候抔と申立候ハ一円難得其意不相当之様ニ奉存候、前段之通私共組町江奉頂戴置候御品ニ相違無御座候処、右之仕合故甚以歎ヶ敷奉存候ニ付、不得止事御願奉申上候、御慈悲御憐愍を以、右之趣被為　聞召分、町代喜八義御糺被成下候上、旧例之通　御判物弐品共私共町々ニ而守護候様被為　仰付被下候ハヽ、六拾八町之者共ハ不及申、上下京共如何計難有仕合可奉存候、依之上京中惣代連印ヲ以奉願上候、以上

文化十五年寅正月廿一日　　　（聚楽組各町年寄、上京町組年寄連印略）

御奉行様

宝暦十四年の願い出と同様に、この願い出では、元々は聚楽組内で順番に保管していた「御朱印」がいつの頃からか町代に預けられていたとし、町代が「風儀悪敷成行」ことを問題視する文政町代改儀一件の過程において、「御朱印」を町代が保管するのは「不安心」なので「旧例」の通りに聚楽組で保管したいと願い出ている。

また、右の願書（【史料1-10】）の末尾に「上下京共如何計難有仕合可奉存候」とあるように、この「御朱印」は、上京・下京共通の問題として認識された。そして、この上京の願い出に触発される形で、下京の枠組みでも

文政元年（一八一八）十一月、下京宛ての「御朱印」を町代から取り戻したいという願い出を行っている（後掲の【史料1-12】）。

このような被支配住民側へ町代から「御朱印」を取り戻したいという願い出は、第六章でも触れるように文政町代改儀一件自体が被支配住民側に有利な形で決着したこともあり、「御朱印」の住民側への帰属が認められる形で決着する。聚楽組の「御朱印」については、文政元年十二月に内済となり、聚楽組と上京の他の《町組》の年寄に加え町代も連印して済証文が作成された[45]。同時に、下京宛ての「御朱印」についても、住民側に取り戻すことを町代に認めさせる形で内済が成立し、上京・下京の年寄と町代が連印で次のような書面を京都町奉行所に提出した。

【史料1-11[46]】

乍恐奉願口上書

権現様御制禁　御朱印之儀者関ヶ原御陣後草津駅江古京之もの共罷出恐悦奉申上頂戴仕候趣、年来承伝、上下京古町ニ書留御座候得共、天明之度火災之砌書留多分焼失仕、難相分御座候、然ル処此度町代共相手取古格取失ひ候出入ニ付、町代共より　権現様御朱印者佐兵衛方ニ奉守護、　秀吉公御朱印、前田玄以法印様、板倉周防守（重宗）様御書御判物等、町代仲ヶ間幷下京町代共護持仕候旨ニ而奉入　御覧候処、右　秀吉公御朱印幷玄以法印様、　周防守様御書御判物等者上京ニ而者古町々ニ同様之　御朱印御書等護持仕候儀、此度初而奉承知候旨、町代共ゟ御答申上候由申聞候、然ル処町代儀八郎方ニ奉守護候　権現様、　秀吉公御朱印之儀者旧例之通儀八郎ゟ熟談之上聚楽組ニ而奉守護候積、済証文奉差上候付、右　権現様御朱印之儀も儀八郎方同様之趣意ニ而いつれゟ歟申付奉守護、其外御書等も夫々江可相渡　御品を先町代共預り置候儀ニも可有之哉、起立之証拠も無之、右躰御太切之　御品々町代共勝手侭ニ取扱候儀共奉恐入候付、　権現様御朱印者上下古京ニ而奉守護、　秀吉公御朱印、玄以法印様、　周防守様御書判等有之候御書付者上下京江御宛被成下候分、幷室町清和寺町宛書付共上古京江引渡、下京江御宛之分ハ下京江引渡、五条通仲之町宛、与助宛、其外下京宛之御書付御触状等下京江是又可引渡旨、佐兵衛始町代共一同申聞候付、夫々仕分ケ仕、上下京ニ而相納置候積熟談相納、以来互ニ聊何之申分等無御座、重而違乱ヶ間敷儀毛頭不仕候間、右之趣御聞届被成下候ハ、冥加至極如何計難有仕合可奉存候、此段町代共連印を以奉願上候、以上

文政元年寅十二月

（上下京年寄・町代連印略）

御奉行様

後掲の【史料1-12】にあるように、下京宛てに発給された「御朱印」については、時期不明ながら、被支配住民側で保管しなくなったと認識していたところ、文政町代改儀一件の過程で、「町代仲ヶ間幷下京町代共」が下京宛ての「御朱印」などを保管していることが判明した。聚楽組の「御朱印」（表1-1聚楽組①・②）は、町代ではなく聚楽組で保管することになったのと同様に、町代が保管している「御朱印」はすべて宛先ごとに仕分けして、「上下京ニ而」、すなわち《惣町》の枠組みで被支配住民側が保管することで決着したのである。

こうして、《惣町》の枠組みによる「御朱印」の「守護」が認められ、町代が保管していた「御朱印」が引き渡された。「御朱印」が被支配住民側に引き渡される際には、「御朱印其外御判物等組町々へ相送候途中、唐櫃へ入、舁人ニ白丁ヲ着セ、先払等相立、多人数付添罷越、組町之内ニハ小宮等へ相納、鏡餅・神酒相備へ、多人数寄集り拝見為仕、大業之取計仕候」と、まるで神のように扱われて、「御朱印」を拝見するために多くの人々が集まったことに対して、京都町奉行所から咎められてもいる(47)。

以上みてきたように、「御朱印」の「守護」をめぐって町代との間に確執があり、文政町代改儀一件の結果、それまで町代が保管していた「御朱印」は被支配住民側において保管することになった。それでは、なぜ被支配

住民側は町代から「御朱印」を取り戻そうとしたのか。被支配住民側にとって町代が「御朱印」を保管することを不安視したのは、「御朱印」の持つ「権威」に原因があった。文化十五年正月に出された上京の枠組みによる願書中（【史料1-10】）に、「町代共義近来追々古格ヲ致忘却、身之分限を不弁、恣ニ権威ニ誇り候儀者喜八方ニ奉守護候御品ニ相泥ミ候故歟」とある。(48) つまり、町代の「喜八」は、自身が守護している「御朱印」に泥み、「権威」に誇っているのではないかという。

あるいは、文政元年四月に、「御朱印」について町代が「権現様御制禁之　御朱印奉頂戴、京都町中江相触、古来ゟ御用向承り罷在候趣意ニも相拘り、歎ヶ敷旨」を申し立て、この町代の主張に対して、上京側では「御朱印之儀者聚楽組ゟ御願奉申上置候御品ニ可有御座与奉存候、左候得者聚楽組之御品を彼等か物ニいたし、剰御用承り候趣意ニも相拘り候抔と申義、一円難得其意奉存候」と回答した。(49) すなわち、町代においても町触の伝達など京都町奉行所の御用を務める背後に「権現様御制禁」があるかのように主張しているのであり、これに対して、本来は聚楽組に帰属すべき「御朱印」が持つ「権威」を町代が我が物にしていると反論しているのである。

文政町代改儀一件は、第六章で明らかにするように、そもそも京都町奉行所の都市行政上での公的位置づけを背景とする町代の「権威ケ間敷儀」を問題としたことに原因があったが、町代の「権威ケ間敷儀」を増長させる根拠として「御朱印」をとらえ、その「権威」の帰属をめぐり町代との間で確執が生じたといえる。逆に言えば、この「御朱印」を被支配住民側に取り戻すことで、町代との関係で自らの立場を優位なものにしようとした訳である。

この点では、第五章で取り上げる徳川由緒をめぐる町代との間の相克と同様である。また、同じく第五章で検討するように、徳川将軍家との間の儀礼に関する由緒調査が被支配住民側で進められる中で、徳川将軍家との間の儀礼を通じたつながりの根拠としても「御朱印」、中でも徳川家康禁制が重要視され、これを被支配住民側に帰属させようとしたといえる。

この点で、「御朱印」の内容自体は大きな意味を持たなくなっている点が注意される。豊臣秀吉の「御朱印」について特に地子免除が特別視されている様子もないし、直接的には関ヶ原の陣後の治安維持としてしか機能しない徳川家康禁制であっても、近世後期においては、統一権力関係者が（《惣町》に宛てて）発給したものであることに意味があったのである。

第四節　近世後期の「御朱印」と《惣町》

次に、この「御朱印」が持つ「権威」の帰属を目指す運動の枠組みに注目したい。右の経過からわかるように、「御朱印」の帰属は、最終的に《惣町》の枠組みにおける運動として目指されている。これは、第六章で明らかにするような、近世中後期の都市秩序の展開と歩調を合わせたものであり、これには、「御朱印」の持つ権威による《惣町》の枠組みの結合の強化という側面もあった。

例えば、文政元年（一八一八）十一月の下京の枠組みによる願い出には、次のように記されている。

【史料1-12】[50]

乍恐奉願上口上書

一、慶長五年(一六〇〇)関ヶ原御陣之御時、下京年寄共草津之駅御本陣へ罷出恐悦奉申上、依之下京中江乍恐従　御神
君様御制禁之御朱印奉頂戴難有仕合奉存候、其已前天正年中ニも秀吉公ゟ御朱印頂戴仕、其外御判物等
夫々被下置、下京ニ守護致居候趣ニ御座候処、右御朱印幷御判物等下京中ニ何之比ゟ歟守護不仕候趣ニ承
伝へ一同恐入、年来歎ヶ敷奉存罷在候、然ル処町代共方ニ右　御朱印其外御書類所持罷在候趣ニも粗承り、
如何之訳合ニ而所持罷在候哉不奉存候得共、前段奉申上候、下京中江被下置候　御朱印其外御書類ニ御座

候ハヽ、何卒以御慈悲ヲ下京中如旧例之奉守護候様被為仰付被成下候様偏ニ奉願上候、右願之通御聞届被成下候ハヽ、下京中規矩相立、広太之御恩と一同如何計難有仕合可奉存候、以上

文政元年
寅十一月九日

（下京年寄連印略）

御――

つまり、下京へ発給された「御朱印」であれば下京で保管したいと願っているのである。そして、これは、次の【史料1－13】に見えるように、河内氏により指摘された、上京において先行して行われていた「御朱印」の保管を意識したものでもあった。

【史料1－13】(51)

一札

此度町代共古格取失ひ候儀御願申上候一件ニ付、秀吉公御朱印、前田玄以法印様、其外御書御判物下京御宛之分町代共所持罷在候処、上京江御宛之分者立売親八町組、親九町組ニ年来大切ニ護持被成候ニ付、御紀ニ相成候処、下京御宛之向、多分其御組中ニ護持被成候御同様之御事ニ付、町代共所持可仕御品ニ無御座候儀与明白ニ相分り、町代共ゟ下京八組江相渡候様相成、永世下古京之規矩相立、組中一同忝奉存候、仍而八組連印如件

文政元年寅十二月

下京八組連印

上京拾壱組ノ宛

これは、下京宛ての「御朱印」を町代から取り戻した後に、下京の年寄から上京の年寄に宛てた礼状である。上京に宛てられた「御朱印」（表1－1上京①～⑱）を上京の被支配住民側で保管していた先例があったため、同様

に下京宛ての「御朱印」についても町代が保管するのではなく、被支配住民側で保管することになったというのである。そして、「御朱印」の帰属が町代から下京に移ったことに対して、「永世下古京之規矩相立」としていることからわかるように、「御朱印」の宛先であった《惣町》の枠組みが被支配住民側でとらえ返され、近世後期においても《惣町》の枠組みが意味を持つことになり、第六章で明らかにするような《惣町》の枠組みにおける結合強化につながるのである。

近世後期における「御朱印」をめぐる動向を《惣町》の系譜という観点から、本書第二章から第七章を先取りする形でまとめると、次のようになる。第三章で明らかにするように、《個別町》を基礎に据える一方、「洛中洛外町続」を領域として展開する京都町奉行所の都市行政において、支配―被支配の間を取り次ぐ形で都市行政の回路上に位置づけられた町代がその役割を増大させていく。こうした状況の中で、近世中期以降に被支配住民と町代との間での軋轢が深刻化した帰結として、第六章で明らかにするように、徳川将軍家との間の儀礼の枠組みとして機能していた《惣町》の枠組みによる訴願として文政町代改儀一件などの「惣町運動」が行われた。

そして、第二～四章で明らかにするように、この「惣町運動」の背景に、所司代・京都町奉行所による都市行政の展開があり、京都における《惣町―町組―町》の重層構造にも影響を与えた。特に《惣町》の枠組みにおける結合の弛緩という《惣町》の危機と言い得るような、近世中期の状況がもたらされた。こうした状況に対して、第五・六章で明らかにするように、町代との間の徳川由緒をめぐる相剋を契機に、江戸城の儀礼の場で機能していた徳川将軍家との間の儀礼関係がとらえ返され、この儀礼の参加者が《惣町》の枠組みにおける結束強化の軸となる。さらに《惣町―町組―町》の枠組みでの代表者として位置づけられるという形で《惣町》の枠組みもとらえ返された。このように、文政町代改儀一件など、「惣町運動」における枠組みとしての《惣町》の展開には、近世統一権力の系譜を引く徳川政権との間の儀礼関係が重要な要素となっていたのである。

このような《惣町》の系譜の中で、近世統一権力と《惣町》との関係を示す「御朱印」が、近世後期においても大きな意味を持つことになった。先述の通り、これは「御朱印」の持つ「権威」、すなわち統一権力との関係を示す根拠が求められたということであり、さらにこれが《惣町》宛てであったことが、「惣町運動」の枠組みなど、被支配住民側の結束強化にとって重要な要素となった。

そこで、町代から取り戻した「御朱印」は、その宛先ごとにふさわしい形で保管されることになる。【史料1-11】の済状にも記されているように、豊臣秀吉朱印状や前田玄以、板倉重宗の関連文書については、「上下京江御宛被成下候分、幷室町清和寺町宛書付共」（表1-1上京⑲・⑳）は上京、「下京江御宛之分」及び「五条通仲之町宛、与助宛、其外下京宛之御書付御触状等」（表1-1下京①〜⑬）は下京にて保管することとした。このように、文政町代改儀一件という「惣町運動」の枠組みとなった《惣町》が、「御朱印」を保管する主体となり、また、「室町清和寺町」宛て（表1-1上京⑲）や「五条通仲之町」宛て（表1-1下京⑬）のように、《個別町》宛ての関連文書もそれぞれが属する《惣町》が主体となって保管することになった。

さらに、下京で保管することになった文書（表1-1下京①〜⑬）は、それぞれ下京の各《町組》が交替で保管した[52]。この点は、第六・七章で明らかにする、儀礼関係や権威をとらえ返した形での《惣町》の枠組みの結束強化、《惣町—町組—町》組織の形成とも関連するだろう。なお、「聚楽町」宛ての「御朱印」（表1-1聚楽組①・②）については、【史料1-11】に記されているように、「聚楽組ニ而奉守護」[53]という形で内済が成立していた。

そして、注目されるのが、徳川家康禁制の取り扱いである。徳川家康禁制は、先行して上京立売親九町組・同八町組が保管していた「御朱印」の中には含まれていなかった。一方、第五章で取り上げる町代の語る徳川由緒の中で、例えば、享保十一年（一七二六）四月の町代由緒書では、「権現様関ヶ原御陣之砌、御禁制之御朱印弐通被為下置頂戴仕罷在候」[54]と記し、寛政四年（一七九二）の町代由緒書では、「権現様　御禁制之　御朱印頂戴仕、唯今ニ私共仲ケ間上下京之者とも弐通奉守護罷在候」[55]とあるように、町代側では徳川家康禁制を二通保管していると主張していた。この内一通は文政町代改儀一件の結果、聚楽組が町代から取り戻した徳川家康禁制であろう。そして、もう一通が先述した【史料1-13】にある仕分けられた「御朱印」の内、「上下京ニ而」保管することになった「権現様御朱印」（表1-1上京・下京①）である。

それでは、なぜ徳川家康禁制は「上下京ニ而」保管することになったのかというと、これが先述の通り、徳川家康禁制には宛先が確認できないことと関連すると思われる。つまり、宛先が無いということが、徳川家康禁制の「守護」をめぐり上京と下京の《惣町》間の連携をもたらしたのである。そこで、上京・下京の間の取り決めで、次の【史料1-14】にあるように、上京で三年、下京で二年、という形で、上京・下京交替で「守護」することになった[56]。

【史料1-14】[57]

為取替一札之事

権現様御朱印之儀来卯年より三ケ年之間上京拾壱組ニ而奉守護、右年限相満候得者弐ケ年之間下京八組ニ而奉守護、其後ハ永々右年割之通奉守護候、依之右規定為無遺失連印如件

文政元年寅十二月

（上京十二組年寄連印略）

（下京八組年寄宛名略）

これは、第六章で述べるように、文政町代改儀一件の過程では、上京と下京が連合して、「市中一体」という枠組みも意識されるようになったこととも関連すると思われる。また、上京・下京では、「御朱印」（徳川家康禁制）の保管にあたり、「守護当番」という形で《町組》が一年ごとに交替で「守護」している点も重要である。「御制禁御朱印封印鑑」[58]によれば、毎年十二月に「御朱印」の立会封印が行われるが、これに立ち会うのが、第

七章で明らかにする近世後期に成立した《惣町—町組—町》組織の代表者で、「上封印」をするのが上京・下京それぞれの代表者と一年ごとに交替する「守護当番」の《町組》の代表者の三名であった。先述の上京・下京それぞれの《惣町》で保管することになった文書と同様、上京で保管する年でも下京でも、《惣町》内の《町組》が交替で保管する形になっている。これは、文政町代改儀一件の過程において、《惣町—町組—町》の重層構造の中で、《町組》の連合という形で《惣町》の枠組みがとらえ返されたことを反映していると考える。

一方で、この徳川家康禁制の「守護」をめぐっては、上京と下京の《惣町》間の関係も問題となった。つまり、それぞれの《惣町》の枠組みに固執するような動きも見られたのである。徳川家康禁制の「守護」をめぐって、下京より次のような願書が出されていた。

【史料1-15(59)】

権現様御朱印之儀下京町代佐兵衛方ニ奉守護候趣ニ付、昨夜南艮組ニ而佐兵衛義呼寄、右　御品奉守護候義、是迄一応之沙汰茂不仕不束之段申聞、且如何様之義ニ而年暦ハいつの比より奉守護候哉佐兵衛へ相尋候処、如何様之訳ニ而奉守護候哉之義ハ不奉存候得共、場之荘兵衛奉守護、其後庄兵衛不埒ニ付御追放ニ相成、跡式相続仕候ニ付、私先代ゟ奉守護候趣、左候得ハ全下京へ奉頂戴候御品ニ奉存候、下京へ二ケ年上京へ三ケ年奉守護候趣示談相調候得共、右之訳合奉承知候得ハ、猶更一統存念不相晴候ニ付、町代佐兵衛御召寄手続之義御糺被成下、何卒下京へ御下ケ被成下候ハ、如何計難有可奉存候、已上

文政元年
寅十二月十二日　　下京

御

つまり、徳川家康禁制を持っていた下京の町代が、近世初期に下京の町代を務めた「場之庄兵衛」(第三章参

照）から伝来したものであると言っていることを理由に、下京へ頂戴したのであるから下京に引き渡して欲しいという願い出がなされたのである。

一方、上京側では、文政元年十一月九日に、京都町奉行所からの諮問に対して次のように回答している。

【史料1-16[60]】

乍恐口上書

一、東照宮様御制禁　御朱印壱通

右上京ニ而承伝罷在候者、慶長五子年関ヶ原御陣後草津駅江御嘉儀奉申上、同八卯年　将軍宣下　右御朱印其節年寄役相勤居候上立売町針屋宗春与申者上京為惣代罷出頂戴仕候由、宗春家元録（禄）之後迄連綿相続仕、守護罷在候処、其後右　御朱印何方ニ而守護いたし候哉難相分、歎ヶ敷趣古老之者共ゟ申伝承知仕罷在、年来右之始末承り相歎居候儀ニ御座候、乍恐御朱印濫觴御尋ニ付此段奉申上候、以上

文政元寅年十一月九日　（上立売親八町組・親九町組・上中筋組年寄連印）

御奉行様

上京では、上立売町の針屋宗春[61]が上京の惣代として徳川家康禁制を頂戴したという由緒を語っている。茶人として著名な針屋宗春が上京の年寄を務めていたかは定かではない。関ヶ原の陣後に徳川家康に対するご機嫌伺いに出向いて禁制を頂戴したのが誰であったのかについては、第五章で検討する徳川由緒をめぐる町代との相克においても主張されるところである[62]。いずれにせよ、上京側では上京の代表者が頂戴したものだから上京で保管すべきという考えもあったと思われる。

しかし、徳川家康禁制には宛先が確認できないことから、上京・下京いずれの主張にも決め手を欠いたため、最終的には先述の通り、上京と下京が交替で保管する形となった。このように、文政町代改儀一件の経過の中で、

上京と下京が連合し「市中一体」という枠組みも意識されるようになるのであるが、「惣町運動」を通じた《惣町》の枠組みにおける結束の強化は、「市中一体」での結合の障碍ともなったのである。さらに、第六章で取り上げる「茶屋一件」の経過を含め、こうした近世京都における《惣町》の系譜を踏まえれば、序章で触れたように、《惣町》を超える「都市全体」で被支配住民が結合することは容易なことではなかったと思われる。

ここまで見てきたように、近世初期に統一権力により発給された「御朱印」は、近世初期における《惣町》を規定した。具体的には、《惣町》の枠組みが「御朱印」の宛先となることにより、権力による「組織的掌握」と、これに対応した被支配住民の組織化が進展した。また、近世後期の「惣町運動」、特に町代との対立の中で「御朱印」が持ち出されたことは、近世後期においてもその宛先としての《惣町》の枠組みが意味を持っていたことを示す。具体的には、「御朱印」の持つ近世統一権力との関係という「権威」の帰属が焦点となったのであり、この権威の帰属が町代と被支配住民の立場をめぐる対立に持ち込まれた。このため、「御朱印」の宛先である《惣町》の枠組みで運動を展開する中で、《惣町》の枠組みの結束が強化されることにもなった。

一方で、冒頭で紹介したように、京都においては《惣町》の枠組みが早熟的に形成されたこともあり、その後の都市域の発展により、豊臣政権による京都の城下町化、あるいは徳川政権の遠国奉行による支配においては、《惣町》の枠組みを超える範囲を領域として掌握することになった。こうして「京中」や「洛中洛外町続」の「領域的掌握」と《惣町》の「組織的掌握」の間にズレが生じることになり、支配権力による行政の対象となる枠組みと、被支配住民側の自律的な都市運営の枠組みとの間における齟齬が、近世を通じてさまざまな都市秩序における矛盾を生み出した。第三章で明らかにするように、町代との対立もこの矛盾の顕れの一つであり、文政町代改儀一件という《惣町》の枠組みによる運動へと帰結した。この文政町代改儀一件の過程では、上京と下京の《惣町》が連合して、「市中一体」というような理解も生まれるが、運動の過程における《惣町》の枠組みの結束強化が足かせともなって、上京・下京それぞれの自己主張も見られ、容易に「都市全体」での結束が達成された訳でもなかった。

以上のように、「御朱印」の宛先となる《惣町》の枠組みの系譜的つながりに注目することで、中世末・近世初期から近世後期にかけての、京都における支配―被支配をめぐる都市秩序の展開を追うことができる。もちろん、本章では、近世初期と後期を直結させているが、この間には紆余曲折があり、近世前期の《惣町》と後期の《惣町》では違いがある。本書の第二章から第七章では、近世前期から後期にかけて、徳川将軍家との間の儀礼やこれに関わる旧記、由緒の問題と、京都町奉行所による行政の問題などを検討して、本章の空白期間を具体的な事例を取り上げて埋めていきたい。その際には、本章と同様に、《惣町》の枠組みの系譜的なつながりに注目して、その性格の変化に注意しながら、京都における支配―被支配をめぐる都市秩序の展開を明らかにしていきたい。

（1）河内将芳「町共有文書の保存と伝来について――「御朱印」を中心に――」（同『中世京都の民衆と社会』、思文閣出版、二〇〇〇年・初出一九九二年）、同「都市史料の管理をめぐって――「上京文書」を中心に――」（前掲『中世京都の民衆と社会』・初出一九九七年）。

（2）表1-1に「御朱印」及びその関連文書として掲出したものは、豊臣政権期の四つの《惣町》宛ての文書で、文政町代改儀一件後の時点で被支配住民側の帰属として把握されていたものである。この内には、本章で詳述する文政町代改儀一件を経て、町代から被支配住民側へと帰属が移動したものを含む。このため、現在確認される織豊政権～徳川政権初期の《惣町》宛て文書を網羅したものではない。

上京については河内氏の研究で取り上げられる上立売親九町組・同八町組で保管していたものと、後述する文政町代改儀一件後に上京十二組で所蔵するようになったものがあり、上立売親九町組・同八町組保管のものは親九町組文書・

京都国立博物館寄託の原本を、文政町代改儀一件後に上京十二組が保管するようになったものは、「上下京町々古書明細記」（親九町組文書・京都国立博物館寄託・『日本都市生活史料集成　三都編Ⅰ』（学習研究社、一九七七年）を使用）中の「上古京大仲十二組所蔵之部」を典拠とした。

下京については、五島邦治「下京惣町文書」（同『京都　町共同体成立史の研究』、岩田書院、二〇〇四年・初出二〇〇〇年）でも分析されている占出山町文書中の、表紙に「権現様御朱印写／秀吉公御朱印五通」以下、書写した文書を箇条書きに列記した冊子（占出山町文書DⅡ17・京都市歴史資料館架蔵写真版）を典拠とした。

聚楽町宛てのものは、占出山町文書中の表紙に「上京御朱印幷御判物拾八通之写」以下、書写した文書を箇条書きに列記した冊子（占出山町文書DⅡ18・京都市歴史資料館架蔵写真版）中に「聚楽中へ御下ケ被下候」として掲載される二点の文書について、聚楽教育会所蔵文書中の原本（『聚楽教育会三十年誌』（一九七三年）掲載図版）を典拠とした。

六丁町宛てのものは、聚楽町宛てと同じ占出山町文書中の冊子（占出山町文書DⅡ18・京都市歴史資料館架蔵写真版）に「禁裏六町之御朱印幷御判物四通」として掲載される四点の文書について、川端道喜文書中の原本（『国民精神文化文献一三　立入宗継文書・川端道喜文書』（国民精神文化研究所、一九三七年）掲載図版）を典拠とした。

（3）川嶋将生「上ノ町・下ノ町」（京都市編『京都　歴史と文化2［宗教・民衆］』、平凡社、一九九四年）一六四～一六五頁。

（4）仁木宏『京都の都市共同体と権力』（思文閣出版、二〇一〇年）一三四、一四七、二五二頁。

（5）早島大祐「戦国期京都の惣町と町組」（同『首都の経済と室町幕府』、吉川弘文館、二〇〇六年）三〇六頁。

（6）室町頭町文書・京都国立博物館寄託。『町触別二』二〇〇。

（7）前掲註（4）仁木宏『京都の都市共同体と権力』二七七頁。

（8）親九町組文書・京都国立博物館寄託。『町触別二』二二二。

（9）高橋康夫「「六町」の結成と展開」（同『京都中世都市史研究』、思文閣出版、一九八三年・初出一九七八年）四五六～四六八頁。

（10）高橋康夫氏は、「六町」を「町組」として分析しているが、近世期には「六町」は《惣町》として把握できること、及び、権力との関係性や組織の形成のあり方、地子免除の単位になっていることなどを踏まえれば、《惣町》としての特徴を述べたものとみなせる。

(11) 三鬼清一郎「豊臣政権の市場構造」（同『織豊期の国家と秩序』、青史出版、二〇一二年・初出一九七二年）二三七～二三八頁。

(12) 脇田晴子『日本中世都市論』（東京大学出版会、一九八一年）三八四頁。

(13) 河内将芳「「上京地下人」「下京地下人」――室町幕府関係史料を中心に――」（同『中世京都の民衆と社会』、思文閣出版、二〇〇〇年・初出一九九三年）二七七頁。

(14) 親九町組文書・京都国立博物館寄託。『町触別二』二四六。

(15) 前掲註(2)占出山文書中の表紙に「権現様御朱印写／秀吉公御朱印五通」以下、書写した文書を箇条書きに列記した冊子（占出山町文書DⅡ17・京都市歴史資料館架蔵写真版）。

(16) 聚楽教育会所蔵文書・前掲註(2)『聚楽教育会三十年誌』掲載図版。

(17) 川端道喜文書・前掲註(2)『国民精神文化文献一三　立入宗継文書・川端道喜文書』掲載図版。

(18) 杉森哲也「聚楽町の成立と展開」（同『近世京都の都市と社会』、東京大学出版会、二〇〇八年・初出一九九五年）。

(19) 前掲註(9)高橋康夫「「六町」の結成と展開」四八一頁。

(20) 親九町組文書・京都国立博物館寄託。『町触別二』二三九。

(21) 朝尾直弘「「洛中洛外町続」の成立――京都町触の前提としての――」（同『朝尾直弘著作集第六巻　近世都市論』、岩波書店、二〇〇四年・初出一九九六年）二九一頁。

(22) 「町共同体」の成立については、秋山國三「条坊制の「町」の変容過程――平安京から京都へ――」（秋山國三・仲村研『京都「町」の研究』、法政大学出版局、一九七五年・初出一九七一年）を参照。

(23) 町組の成立については、仁木宏「惣町・町組の形成過程をめぐって」（前掲『京都の都市共同体と権力』・初出一九九九年）、河内将芳「「町衆」の風流踊――都市における権力と民衆の交流をめぐって――」（前掲『中世京都の民衆と社会』・初出一九九五年）、前掲註(5)早島大祐「戦国期京都の惣町と町組」を参照。

(24) 前掲註(12)脇田晴子『日本中世都市論』三八～三九・二九六～二九七頁。

(25) この史料の「其一町切ニ」の解釈については、朝尾直弘「惣村から町へ」（前掲『朝尾直弘著作集第六巻　近世都市論』・初出一九八八年）一五四～一五六頁で指摘されているように「一町ごとに」とするのが正しく、ゆえに「残惣町一味同心」は「惣町が協力して申し付けなければならない」と、《惣町》の強制力を介して《個別町》を掌握しようとしたものと考える。
(26) 前掲註(5)早島大祐「戦国期京都の惣町と町組」三〇八～三〇九頁。
(27) 朝尾直弘「豊臣政権の問題点」（同『朝尾直弘著作集第四巻　豊臣・徳川の政治権力』、岩波書店、二〇〇四年・初出一九六二年）二五頁。
(28) 水本邦彦『全集日本の歴史第10巻　徳川の国家デザイン』（小学館、二〇〇八年）四九頁。
(29) 前掲註(25)朝尾直弘「惣村から町へ」一五六～一五七頁。
(30) 横田冬彦「城郭と権威」（『岩波講座日本通史11　近世1』、岩波書店、一九九三年）二六七～二六八頁。
(31) 前掲註(21)朝尾直弘「「洛中洛外町続」の成立――京都町触の前提としての――」二九三～二九四頁。
(32) 聚楽教育会所蔵文書・前掲註(2)『聚楽教育会三十年誌』掲載図版。
(33) 碓井小三郎編『京都坊目誌　下巻』（『新修京都叢書　第二十巻』（臨川書店、一九九五年）四～五頁。
(34) 寛永十一年の地子免除については、前掲註(21)朝尾直弘「「洛中洛外町続」の成立――京都町触の前提としての――」二九六～二九七頁を参照。「洛外町続町」の地子を免除したことは、朝尾氏の引用する正徳四年（一七一四）の年記のある丹後田辺藩郡奉行所の記録した「京都町役人心得書写」に「寛永十一年洛外之家続之地子御免被遊候事」との記事により確認できる。また、朝尾氏が同論文にて「このことは「京都町家旧記」などの記録に記されており」と述べるのは、本書第四章で取り上げる「京都旧記録」類のことで、第四章にて詳述するようにこの旧記の淵源と考えられる「下古京委細帳」（高辻堀之内町加舎家文書・関西大学図書館蔵）中にも、同様の記載が見られる。なお、朝尾氏は同論文中で寛永十一年に「家光は京中の地子を免除し」、「同時に「洛外町続町」の地子を免許した」と記しているが、寛永十一年に「京中の地子を免除」したことは管見の史料では確認できず、前述の史料はあくまで「洛外町続町」の地子免除が認められたことを記すのみである。
「京中」の地子免除については、豊臣秀吉による地子免除を徳川政権も追認する一方で、それを明確に被支配住民に提示することはなかったのではないかと考える。

(35) 前掲註(21)朝尾直弘「「洛中洛外町続」の成立――京都町触の前提としての――」三〇二～三〇九頁。
(36) 杉森哲也「町組と町」（前掲『近世京都の都市と社会』・初出一九九〇年）一四一頁。
(37) 町代については、杉森哲也「町代の成立」（前掲『近世京都の都市と社会』・初出一九八九年）、及び本書第三章を参照。
(38) 町年寄については、鎌田道隆「町の成立と町規制」（同『近世京都の都市と民衆』、思文閣出版、二〇〇〇年・初出一九九六年）を参照。
(39) 地子免除については、明智光秀によりなされたという言説も存在するが、村上紀夫『江戸時代の明智光秀』（創元社、二〇二〇年）で指摘されているように、同時代の史料では確認できず、伝承の中で語られてきたものである。
(40) 前掲註(1)河内将芳「町共有文書の保存と伝来について――「御朱印」を中心に――」。
(41) 「聚楽組江先年喜八より差入候書付留」・「聚楽組御朱印頂戴済状」（長刀鉾町文書DⅡ13・京都市歴史資料館架蔵写真版）。
(42) 「聚楽組御朱印願書」（長刀鉾町文書DⅡ13・京都市歴史資料館架蔵写真版）。
(43) 「上京中申合幷聚楽組朱印紦明願書奥印頼書写」（花車町文書DⅡ4・京都市歴史資料館架蔵写真版）。
(44) 「聚楽組御朱印願書」（長刀鉾町文書DⅡ13・京都市歴史資料館架蔵写真版）。
(45) 「上古京十二組御朱印持廻につき済状写」（花車町文書DⅡ21・京都市歴史資料館架蔵写真版）。
(46) 「上下古京幷上下京町代、御朱印等持廻願書写」（花車町文書DⅡ20・京都市歴史資料館架蔵写真版）。
(47) 「御朱印御下ケ之砌御請書」（長刀鉾町文書DⅡ8・京都市歴史資料館架蔵写真版を使用）。この引き渡し後の「御朱印」を運ぶ様子を描いたのが、「台文再還祝絵巻」（京都古文書・イエール大学蔵）である。
(48) 前掲註(44)「聚楽組御朱印願書」（長刀鉾町文書DⅡ13・京都市歴史資料館架蔵写真版）。
(49) 「町代共返答書につき上京町中御答書写」（冷泉町文書・『京都冷泉町文書　第四巻』（思文閣出版、一九九四年）四八二号）。
(50) 「御朱印願書」（長刀鉾町文書DⅡ8・京都市歴史資料館架蔵写真版）。
(51) 「御朱印等受け渡しにつき礼一札」（冷泉町文書・前掲『京都冷泉町文書　第四巻』四九八号）。

(52) 三ヶ月交替で、決められた《町組》順に守護することを文政二年二月に取り決めている（「御朱印守護八組定法写」（長刀鉾町文書DⅡ8・京都市歴史資料館架蔵写真版））。

(53) 前掲註(46)「上下古京幷上下京町代、御朱印等持廻願書写」（花車町文書DⅡ6・京都市歴史資料館架蔵写真版）。

(54) 享保十一年四月六日「京都東町奉行之尋ニ付町代中返答書写」（古久保家文書一九五・京都府立京都学・歴彩館蔵）。

(55) 「寛政四子冬、全躰ケ様被申儀愈奉御承知置、宜折在之候ハヽ、何卒此趣ニも被仰上被下候様申之、茶屋四郎次郎へ於江戸内々指出置候書付之うつし」（古久保家文書一二五「町代由緒書上」・京都府立京都学・歴彩館蔵）。

(56) 上京と下京で年数が違うのは、上京十二組・下京八組という《町組》数の違いを反映したものだろう。

(57) 「御朱印守護につき上下古京取交証文控帳」（花車町文書DⅡ22・京都市歴史資料館架蔵写真版）。下京から上京宛ての一札も書き写されている。

(58) 北観音山町文書DⅠ15・京都市歴史資料館架蔵写真版・人間文化研究機構国文学研究資料館編『史料叢書8　近世都市の組織体』（名著出版、二〇〇五年）一七三～二三三頁の翻刻を使用。

(59) 「御朱印佐兵衛方ニ所持仕候趣ニ付南艮組より引合候願書」（長刀鉾町文書DⅡ8・京都市歴史資料館架蔵写真版）。

(60) 「御朱印濫觴お尋ねにつき口上書」（冷泉町文書・前掲『京都冷泉町文書　第四巻』四九三号）。

(61) 針屋宗春が関ヶ原の陣後に草津にて徳川家康に拝謁して禁制を頂戴したとする説は、前掲註(2)「上下京町々古書明細記」にも記され、文政町代改儀一件後に上京で流布したと思われる。

(62) 文政町代改儀一件以前においては、「御朱印」が町代のもとに保管されていたこともあり、町代側の語る徳川由緒の中で、町代「先祖之者」が禁制を頂戴したと主張された（明和三年（一七六六）十一月「諸事覚」（古久保家文書五九・京都府立京都学・歴彩館蔵））。【史料5-13】）。本書第五章も参照。

第二章　近世前期における都市秩序

――徳川将軍家に対する拝謁・献上儀礼の参加者選定にみる――

第一節　徳川将軍家との間の儀礼関係

本章では、近世前期京都における支配―被支配の関係の中で形成される秩序について検討する。

近世、徳川政権下の京都を支配する権力として、所司代・京都町奉行といった、京都において直接都市行政を担当した幕府の遠国支配機構との関係が存在する。一方で、序章で述べたように、織豊政権以来の近世統一権力との関係を有し、また、幕藩制構造論・国家論の中で言及されてきたように国家支配の環としての役割を果たすとされる京都のような幕府直轄都市については、所司代・京都町奉行という遠国奉行の上位にある徳川将軍との関係についても踏まえる必要がある。近世の権力側にも幕府機構や儀礼を通じた上位・下位の重層構造があり、その頂点にある徳川将軍家と近世の京都など幕府直轄都市は直接に結びついていた。第一章で検討した「御朱印」の内、徳川家康禁制は徳川将軍家につながる権威を示すものとして、近世後期の京都でもその帰属が問題となったが、そもそも近世の京都においては、被支配住民が徳川将軍家と直接つながる儀礼を行っていた。[1]

本章では、徳川将軍家との間の関係で行われる儀礼に注目することで、徳川将軍家―所司代―京都町奉行といった、支配権力側の重層構造をも組み込むような形での近世京都の都市秩序について考察する。さらに、こうした支配側の重層構造が、住民側の《惣町―町組―町》という街区組織の重層構造とリンクする。一方で、徳川将軍家とつながる際の住民側の組織と、所司代や京都町奉行が都市行政として組織的に掌握する住民側の組織にはズレも生じる。こうした点を踏まえながら、本章では、特に享保期における京都町奉行所の都市行政改革により都市秩序が展開していったことを明らかにしたい。儀礼上の関係も含めることで、都市行政のみでは見えない秩序のあり方を指摘したい。

本章で取り上げる徳川将軍家と幕府直轄都市との間での儀礼とは、毎年正月三日、江戸城において各都市の代表者が徳川将軍家に対して行う拝謁・献上儀礼（年頭御礼）のことである。徳川将軍家、幕府側の史料として、明治になって編纂されたものであるが、江戸幕府の儀礼について記した「徳川礼典録」の中で、「文政天保年間」の事例とされている記事（正月三日条）に次のようにある。

【史料2-1】(2)

一、巳中刻御白書院　出御　公方様　内府様御上段　御着座御長袴　御先立老中月番万石以上無官之面々、幷三千石以上寄合、同以下諸大夫、布衣幷小普請不勤之者をいふ之面々並居、御祝儀申上、老中披露、後座榊原式部大輔、奥平大膳大夫、井伊兵部少輔家老並居、御礼、御白書院御次之御襖障子老中開之、御縁ニ江戸町イ町之年寄、上京、下京、大坂、堺、奈良、伏見、過書淀川過書、船支配、過書座年寄、銀座、朱座、五ケ所割符之者共糸割符、年寄、各所町年寄、惣町中、右之者共一同御礼、御奏者番披露、畢而岩松満次郎　御目見、披露同前、相済而　入御

正月三日の巳中刻に江戸城内白書院に出御した将軍は上段に着座し、居並ぶ大名、旗本らの祝儀を老中が披露した後、白書院の襖障子を老中が開くと、縁側で江戸・京都（上京・下京）・大坂・堺・奈良・伏見の各都市の代表者と、淀川過書船、銀座、朱座、糸割符を担う者の代表者が「一同御礼」をし、これを奏者番が披露した。武家が徳川将軍に対して儀礼を行う場に、将軍のお膝元である江戸に加え、京都・大坂・堺・奈良・伏見の畿内幕

府直轄都市の代表者も加わっていたのである。

近世都市は国家支配の環としての役割を果たすために、幕藩権力によって地子免除などを認められていたが、この江戸城における年頭の「御礼」は、地子免除に対する「冥加」として認識されていた(3)。そこで、この儀礼は単なる将軍への拝謁のみではなく、各都市から将軍に対する献上品とこれに対する将軍からの下賜品を伴う贈答儀礼として行われた。そもそも贈与交換をさして「御礼」と称することは、十五世紀以降のこととされ、武士の世界を中心に、室町殿を頂点とする政治秩序が「礼の秩序」として、「主従制的関係を基底的な要素としながらも、それのみに局限されないより高次のレベルの秩序原理として中世後期社会を覆っていた」という(4)。第一章で見たように、織豊政権以来の都市支配の中でも、その支配下に組織的に掌握された都市では音信・贈答儀礼を行うようになっていた。江戸幕府の武家儀礼も基本的に服属儀礼として「礼の秩序」の中にあることを踏まえれば(5)、幕府の直轄都市から徳川将軍家に対して行われる拝謁・献上儀礼にも、「直轄」の語が意味する徳川将軍と都市との間の支配―被支配の関係をうかがうことができ、贈与交換を伴うこの儀礼が年頭の「御礼」と称された意味もここにあると考える。

この徳川将軍家との間の儀礼は、「各所町年寄、惣町中、右之者共一同御礼」とされるように、各都市の「年寄」(=町役人)と「惣町中」が行った「御礼」である。つまり、各都市の町役人だけが徳川将軍家とつながりを持つのではなく、その都市として(「惣町中」)、徳川将軍家との間で行った儀礼といえる。

この幕府直轄都市と徳川将軍家との間で行われる儀礼で注目されるのが、他の都市は、江戸・大坂・堺・奈良・伏見と記載されるのに対し、京都については、「上京・下京」と記されているように、上京・下京という枠組みでの参加であったという点である。これまでの近世京都に関する研究の中でも、この儀礼行為自身についてはいまだは断片的に言及されてきたが(6)、徳川将軍家に対する拝謁・献上儀礼の成立や近世を通じた展開については多くのことが明らかになっていない。特に、これまでの研究史では、上京・下京という《惣町》の枠組みと徳川将軍家との間の儀礼であったという点に十分な注意が払われてこなかった。しかし、第一章の「御朱印」の事例で見たような、儀礼を通じた織豊政権との関係と同様に、徳川将軍との間の儀礼を通じた関係からは、徳川政権の京都支配において、支配権力が《惣町》の枠組みを掌握し、被支配住民側も《惣町》の枠組みで対峙していたことが読み取れる。

一方、「惣町中」による音信・贈答儀礼とはいえ、拝謁儀礼の場に参加するのは各都市の限られた人物であることも確かである。そこで、徳川将軍と都市との間の支配―被支配の接点に位置する存在に注目する必要がある。江戸城における徳川将軍家との間の儀礼に参加する都市の代表者は、【史料1-1】に「各所町年寄」とあるように、町役人が参加した。特に、畿内幕府直轄都市の京都・大坂・堺・奈良・伏見の各都市における参加者について、望月良親氏の研究(7)や各地方史誌の記述(8)などを参考に確認すると、大坂・奈良・堺・伏見の各都市では《惣町》レベルの「惣年寄」や「惣代」といった町役人が参加する。

これに対して、京都では、次の寛政四年(一七九二)時点の町代の認識(9)に見るように少し事情が異なる。まず、「町々廻り年寄之内上下京ゟ壱人ツ、参上拝礼申上候」とあり、「廻り年寄」、すなわち「其一町内限り取〆」とされる《個別町》単位の町年寄が「上下京ゟ壱人ツ、」参加し、さらに、「上京より町代弐人、下京ヨリ町代弐人罷下り申候」と、《町組》ごとに担当を持つ役である町代も参加していることがわかる。つまり、上京・下京という各《惣町》ごとに「町年寄一名・町代二名」という体制での参加であり、特に《惣町》の枠組みと徳川将軍家との間の関係で行われる儀礼に《個別町》レベルの町年寄と《町組》レベルの町代が参加するという点で、他都市とは異なる近世京都の特殊性をみることができるのである。なお、序章でも断っているように、この儀礼に参加する町年寄は、親町/古町の町年寄に限定されている。

本章で詳述する町年寄を通じた《個別町》の組織的掌握や、第三章で検討する町代を通じた《町組》の組織的掌握は、徳川政権下で実際に京都の都市行政を担う遠国支配機構としての所司代や京都町奉行所のもとで推進された。これら都市行政の位相とは異なる「礼の秩序」という位相である儀礼における参加者の位置づけに注目する時、近世都市京都における《惣町—町組—個別町》という、被支配側の地縁的結合を基礎とする住民結合組織の重層構造と支配側の徳川将軍—所司代—京都町奉行という重層構造とのリンクが重要な論点となる。このような形で、支配—被支配双方の重層性を踏まえて、その関係を検討することで、近世京都における支配—被支配をめぐって形成される都市秩序について、より立体的に描くことができると考える。

つまり、儀礼の参加者たる近世京都における町役人としての町年寄と町代は、所司代や京都町奉行所の都市行政によって支配—被支配をつなぐ存在として位置づけられたが、徳川将軍家に対する儀礼への参加のあり方も、その位置づけに規定されていく。特に、享保期における京都町奉行所の都市行政改革は、町年寄と町代の位置づけに変更をもたらすものであり、儀礼への参加者の性格を変化させ、ひいては儀礼に参加する枠組みとしての《惣町》のあり方にも影響を与えた。

そこで、以下では、この《惣町》の枠組み（上京・下京）と徳川将軍家との間の儀礼に参加する代表者の位置づけの特殊性が持つ意味を追究することを通して、徳川将軍家—所司代—京都町奉行という支配権力側の重層構造と、都市内における被支配の側の《惣町—町組—町》という重層構造との間で、支配—被支配をめぐって形成される秩序について、織豊政権期から享保期にかけてどのように展開していくのかを検討していきたい。

第二節　近世統一権力に対する儀礼の形成

ここでは、中世末・戦国期の京都に成立した上京・下京の《惣町》の枠組みと近世統一権力との間で行われる儀礼について、織豊政権から徳川政権に至る過程を確認する。序章と第一章で確認した中世末・戦国期以来の《惣町》の枠組みに関わる歴史的特質を踏まえた上で、以下では、近世統一権力との間の儀礼という観点から整理する。

まず、織田信長との関係については、『言継卿記』永禄十三年（一五七〇）二月三十日条に、「織田弾正忠信長中刻上洛、（中略）上下京地下人一町に五人宛、吉田迄迎に罷向」と記されている[10]。この信長の上洛を出迎えた、《惣町》の名を冠する「上下京地下人」とは、河内将芳氏[11]が「土一揆との戦闘やまた権力との交渉など様々な集団的行動を通じて自律的にしかも上下京という惣町レベルの地縁をもとに結集した酒屋・土倉集団」と述べたものと同一の存在であろう。

さらに、元亀四年（一五七三）の信長による上京焼討ちについて記したイエズス会宣教師フロイスの書簡[12]に、「極力之を焼払はざらんことを信長に請ひ、上の都は之が為め銀千三百枚を、下の都は五百枚を信長に、三百枚を其部将に贈りたり」とある。あくまでフロイスの目を通したものではあるが、「上の都」（上京）、「下の都」（下京）という《惣町》の枠組みが、信長に対する音信・贈答を行っていたという。

また、焼討ちを免れた下京の対応として、同じフロイスの書簡に「下の都を焼かざりし恩恵に対する感謝の為之（銀）を美濃国に持参すること然るべく、（中略）之が為め大小の町に銀十三枚を課したり。（中略）彼等に課せられたる所を払ふこと能はざる者は、暴力を以て貧家より追はれ、其家の売却代金の内より彼等に課したるものを徴収せられたり」とある。これは、《惣町》の枠組み（下京）による音信・贈答に関わる費用が各《個別町》に割り掛けられ、暴力的ともいえる徴収が行われたことを示す。この点は、これまでの研究史[13]の中でも、《惣町》が《個別町》に優先する構造を示すものとして評価されてきたものである。特に、仁木宏氏[14]は「一五三〇年代には（中略）前代にみえる上京・下京単位の都市民のまとまりが惣町に転生して町共同体と重層的な構造をとった」

とし、「惣町―町の重層的な都市共同体は、都市民にとって従うべき「公」として認識されていった」と述べ、そして「惣町―町の重層的な都市共同体の上位に自らを位置づけ、公権としての性格を体現して見せた」信長の都市支配について指摘している。

これを右に述べた儀礼行為の観点から見ると、次のように言えるだろう。第一章で見たように中世における諸権力との関係を相対化した形成期の《惣町》の枠組みは、近世統一権力たる信長の支配の中に位置づけられていくと同時に、信長との間で儀礼を通じた関係をも早熟的に成立させることで統一権力に対して一元的な関係を結ぶ。一方、《惣町―個別町》の関係の中では、下位の《個別町》の枠組みに対して、上位の強制力として存在するようになったということである。

次に、豊臣政権期については、第一章で取り上げた「御朱印」と呼ばれる豊臣秀吉などが発給した文書群には、例えば「為名護屋見舞差越年寄共、生絹帷二、遣帷百、遠路到来悦思食候」[15]など、豊臣政権関係者への音信・贈答に対する返礼状となっているものが多く含まれている。その宛先は「上京中」、「下京中」などであり、《惣町》の枠組みでの音信・贈答儀礼が行われていたことがわかる。

また、「十四町与惣帳」[16]と題された、天正から文禄期における上京の《町組》の一つである立売組の入用帳中の音信・贈答に関する記述を表2-1にまとめた。断片的ではあるが、「関白様八朔の御礼」や「太閤様、（中略）御ひろい様、（中略）方々御年頭入用」など、秀吉などに対する音信、贈答儀礼の費用負担に関わる記述が見られる。特に、「年頭」や「八朔」など年中儀礼として音信・贈答の恒常化を指摘できる。

そして、ここでは《町組》の枠組みの関わりが注意される。序章で述べたように、《町組》については、河内氏[17]が、「惣町レベルと個別町レベルにおける地縁的結合の一種のせめぎ合いの結晶」であり、《惣町》レベルの存在である「地下人」が「自らの位置を実質化するため、その居住町（中略）において年寄の位置を確保するとと

表2－1　天正・文禄期における音信・贈答(「十四町与惣帳」中の記述から)

年	月・日	内容	備考(朱筆書)
天正13	閏8・29	上様(秀吉)御陣御音信入用	佐々内蔵助成政征伐
〃	10・29	上様(秀吉)御上りの時方々御礼の入目	
〃	11・30	大政所様御迎の時入目	
〃	12・30	年頭御礼銭	
天正14	4・4	関白殿様(秀吉)御普請場江御音信之時入目	
〃	7・30	関白(秀吉)などへ八朔御礼入目	
〃	12・晦	上様(秀吉)御年頭礼入目	
天正15	3・29	上様(秀吉)西国へ御陣御音信の事	薩州嶋津征伐
(天正15)	6・30	上様(秀吉)西国より御帰陣御迎之入目	
(天正15)	7・27	上様(秀吉)など八朔ノ御入目	
天正15	9・晦	関白様(秀吉)御移徙御進上物入目	秀吉公大坂より聚楽城へ御移り
天正16	4・29	御行幸御樽関白様(秀吉)・美濃守殿(秀長)・孫七郎殿(秀次)へ	後陽成帝聚楽城行幸
〃	7・晦	関白様(秀吉)など八朔の御礼	
〃	10・晦	大政所様御酒迎入目	
〃	12・29	年頭之御礼くゝり	
天正17	7・29	八朔の御礼色々入目	
〃	9・12	聚楽北の政所様進上　御移徙ニ	
〃	9・20	大坂若君様(秀次)へ御礼入目	
〃	12・25	上様(秀吉)への年頭の御礼	
天正18	正・15	年頭ノ入用覚帳	
〃	2・晦	年頭の礼	
〃	4・29	上様など御帷子の代	
〃	5・晦	若君様(秀次)・大政所様御留守の御音信	
〃	9・	上様(秀吉)御帰陣御礼	相州小田原北条征伐御帰陣
〃	12・晦	上様(秀吉)年頭之御礼の入目	
天正19	12・26	上様(秀吉)年頭の礼	
天正20	7・晦	八朔の入用	
文禄3	7・晦	八朔之御入目	
〃	8・晦	太閤様・関白様(秀次)進物入用	
〃	11・晦	御ひろい様御礼	
文禄4	12・晦	太閤様・御ひろい様など方々御年頭入用	

註：「上下京町々古書明細記」所収「十四町与惣帳」(『日本都市生活史料集成　三都編Ⅰ』(学習研究社、1977年)を使用)より作成。

もにその町を基礎として成立せしめた」と述べている。さらに、仁木氏も、[18] 元亀年間以降、「町組として組織・公認し、権力の都市支配制度の中に」も位置づけられた、と指摘している。このような形で、《惣町―町組―町》の重層構造が成立した訳だが、この点に関して、統一権力との間の儀礼に関わる「配符」と呼ばれる史料に注目したい。一例として、慶長十年（一六〇五）という豊臣政権から徳川政権への移行期に属するため、政権側の微妙な政治状況を反映して、伏見の「将軍」（徳川家康）と大坂の豊臣秀頼などに対して行われた八朔の音信・贈答儀礼に関わる「配符」が次のものである。

【史料2―2】[19]

八朔大坂伏見京御礼入用之事

但、上のへにのたん
将軍様　板物拾端
但、上のへにのたん
秀頼様　板物拾端
但、同
板倉殿　板物五たん
合弐百弐拾五貫弐百五十文
廿五端の代
卅四貫七百文　方々礼銭也
八貫文　大坂へ年寄路銭
弐貫文　同人足
弐貫五百文　同舟ちんのたちん共ニ

三貫文　　　　使衆五人
壱貫文　　　　使衆かたひら代
壱貫五百文　　伏見へ年寄路銭
五百文　　　　同馬
五百文　　　　使衆五人
百文　　　　　人足
百文　　　　　のし
五十文　　　　水引
弐百文　　　　かみ
六百文　　　　たい三つ
弐貫文　　　　しゆらい
右之内六百文八年頭引かへ
壱貫　　　　　よと使
　物都合弐百八拾三貫文
慶長拾年七月廿日

小川組当行事
　福左衛門（花押）
　立売組
　甚七
同行事
久和

中筋くみ
宗善
同
浄管
同行事
紹心
同行事
彦左衛門
西ちんくみ
重賀
同
常通
同行事
遊庵
一条くみ
宗賀
同
有右衛門

この史料は、将軍（徳川家康）と豊臣秀頼などへ献上する「板物」や、大坂・伏見への「年寄路銭」などの勘定書であり、「一条くみ宗賀」など、上京内の各《町組》の名を脇に付した被支配住民代表者（年寄）による連署がなされている。このような史料に関しては、既に研究史において、《惣町》と統一権力との間の儀礼に関わる費用負担を《惣町》内の各《町組》に割り当てる「大割勘定（寄合）」において作成されたものとして言及がなされている。(20)

さらに、この【史料2-2】に対応する記述が、冷泉町の史料にある。

【史料2-3】(21)

将軍様　　八朔日ノ御礼方々にて入用事

　　　　　公方役壱間ニ百八十七文ツヽ、

七月廿四日ニ渡申候

　　　　　但、八百五十五文にしかわより出

秀頼様　　又人足せん四百文也

巳慶長十年七月廿一日

一条組宗加

ここに名前のある「一条組宗加」は、【史料2-2】の連署者の一人「一条くみ宗賀」と同一人物であろう。この記述は、【史料2-3】の七月二十日付けの配符によって各《町組》に割り当てられた儀礼関係の費用負担が、翌七月二十一日に一条組の住民代表者である「宗加」の名前で、《町組》内の各《個別町》(ここでは上京一条組内の冷泉町)に割り当てられ、これを冷泉町では住民から「公方役壱間ニ百八十七文ツヽ、」という基準で徴収し、七月二十四日に(《町組》に)渡したということである。《町組》を代表して儀礼に関わった者(年寄)が、組内の各《個別町》に対して儀礼に関わる費用負担を割り当てる形になっている。

このような形で《町組》に割り当てられた負担を《町組》内の各《個別町》に対して割り当てるために《町組》の代表者(年寄)から出された文書は「切符」と呼ばれ、冷泉町文書の中に確認することができる(22)。つまり、《惣町》と統一権力との間の儀礼に際して、《町組》の代表者が集まる《惣町》レベルの寄合で決定された費用負担が、《惣町》から各《町組》、《町組》から各《個別町》へと割り掛けられたのである。こうした「大割勘定」

―「配符」―「切符」を通して形成される《惣町―町組―町》の重層的なあり方については、これまでの研究でも、豊臣政権期以降近世を通じて「惣町・町組・町が縦系列で結合」したものとして評価されてきた(23)。豊臣政権期、統一権力との間で、音信・贈答儀礼を通じ、統一権力―《惣町―町組―町》が「縦系列で結合」した形での秩序化がなされたと考えることができるのである。

続いて豊臣政権から徳川政権への展開について、冷泉町東側の入用帳(24)中の音信・贈答に関する断片的な記述をまとめると表2-2のようになる。「将軍様・秀頼様八朔之御礼入用」、「江戸、するか、秀頼様御礼」などの記述のように、秀吉の死から大坂の陣までは、政権側の微妙な政治状況を反映して、豊臣秀頼側（大阪）、徳川家康側（江戸、将軍）双方に音信・贈答が行われている。大阪の陣以降は、徳川家に対する儀礼に一本化され、「八朔之御礼」や「将軍様御上洛御迎之時入用」、「江戸御礼入用」などの記述となる。

さらに、寛永期に入ると、次第に「年頭ノきっふ」、「ねんとう入用」という記述のみになり、八朔における音信・贈答について確認することができなくなる。この点についての詳細は不明であるが、江戸時代初期における江戸城中での武家儀礼の展開に関する研究(25)の中で八朔の儀礼の性格変化が指摘されていることをあわせて考えると、直轄都市と徳川将軍家との間の儀礼も、一連の江戸城での儀礼全体の中に位置づけられていく中で、八朔の儀礼が行われなくなったものと推定しておきたい。しかし、徳川家光が最後の上洛を行う寛永十一年（一六三四）以降も、江戸城における徳川将軍家に対する年頭の儀礼（年頭御礼）という形で、直接的に徳川将軍とつながる関係が継続していることが重要である(26)。

寛永期における江戸城中での年頭の儀礼について、幕府側の史料である江戸幕府日記（「右筆所日記」）の寛永十二年正月三日条には、「入御尅津軽左馬助父子、鈴木近江、江戸、京、大坂、堺、奈良、伏見、淀過書、町人并五ケ所之年寄、其外諸職人等、御白書院次之間ヨリ御小姓組番所御縁頬迄并居進物前ニ置、一同御礼申上」と

〃	11・	大御所ノ御迎ニ行事衆あわた口にて入用
〃	11・	大御所様御上洛之時二条之御城にてノ御礼ノきつふ
〃	12・23	大坂ノ御ちん場江、大御所様・将軍様などへ礼銭ノきつふ
〃	12・23	大御所さま・将軍様年頭之御礼入用
慶長20	6・16	大御所さま・将軍様御陣より御かへりさまニ二条御城にて御祝儀
元和2	8・	八朔之御礼　門なミノきつふ
〃	〃	八朔之御礼　公方役ノきつふ
〃	12・11	江戸方へノ御礼
〃	〃	同公方役ノきつふ
元和3	10・14	八朔之きつふ
〃	12・7	江戸入用・御取次衆又ハ路せん、年頭之御礼入用
元和4	2・19	江戸の若君さまへ御たる入用
〃	8・14	八朔之きつふ
元和5	5・27	将軍様御上洛御迎之時入用
〃	10・1	上様御上洛又ハ八朔之入用
元和6	閏12・28	江戸江歳暮之御礼方々ノ入用
元和7	12・14	年頭ノ入用　公方様・御前様など
元和8	12・5	年頭之江戸三所万之きつふ
元和9	6・8	公方様御上洛御迎入用
〃	7・13	若将軍様御上洛御迎之入用
〃	12・24	江戸御礼入用
寛永2	8・	八朔之きつふ
寛永3	6・20	公方様御上洛御迎ニ山科迄まいり候入用
寛永4	2・27	若みたい様御礼せん
〃	7・29	八朔の礼せん
寛永5	7・22	八朔日ノきっふ
〃	12・12	年頭ノきっふ
寛永6	12・6	ねんとう入用

註：冷泉町文書の天正10年7月～慶長12年12月「大福帳(東側)」、慶長12年1月～寛永7年7月「大福帳(東側)」(京都冷泉町文書研究会編『京都冷泉町文書　第一巻』(思文閣出版、1990年)1号・22号を使用)より作成。

表２－２　慶長～寛永期における音信・贈答（冷泉町東側大福帳の記述から）

年	月・日	内容
慶長元	—	太閤様・御拾様へ御礼
慶長２	７・晦	上京へ八月朔日までの御礼銭渡申候
慶長３	７・22	八朔日ノ入用之事　太閤様・秀頼様……御礼ノ入用
〃	12・27	慶長四年頭御礼
慶長４	12・17	年とうのくゝりニ
慶長５	11・５	八朔入用
慶長６	８・２	上京へ　八朔日御れいのくゝり
慶長７	９・22	秀頼様・内府様江八朔之入用
〃	12・20	内府様・秀頼さま　御礼出
慶長８	９・22	秀頼様・大内様など御祝儀ニ其外之入用ニ上京江出申候
〃	12・24	上京ゟ年頭之入用
慶長９	10・５	秀頼様おとりの時、米くたされ候時、大坂江御礼ニ参候時入用
〃	12・23	将軍様・秀頼様八朔之御礼入用、秀頼様年頭へ入用
慶長12	３・20	江戸江将軍様江御礼ノ入用
〃	12・23	秀頼さま年頭之御礼入用
慶長13	12・22	秀頼様年頭御礼入用
慶長14	４・７	江戸するか御礼入用
〃	７・26	上京八月朔日ノ御礼
〃	12・21	年頭之御礼、秀頼様方之分有也
慶長15	閏２・29	大御所様・将軍様などするか江戸ノ御礼入用
〃	７・晦	八朔之礼銭
〃	12・25	秀頼様御礼入用
慶長16	12・	秀頼様礼せん
慶長17	３・16	江戸するか礼せん入用
〃	８・	秀頼様八朔之御礼入用
〃	12・21	秀頼様など年頭之御礼ノ入用
慶長18	２・７	江戸するか・秀頼様御礼上京へくゝり
〃	12・６	秀頼様年頭之御礼ノきつふ
慶長19	２・29	大御所さま・将軍さま……するか江戸ノ御礼入用
〃	８・10	上京より八朔之くゝりせん

記されている。[27] これは先に掲げた【史料2-1】の近世後期の事例と同様、正月三日に江戸や畿内幕府直轄都市の代表者が白書院に出御した将軍に対して「御礼」を行うというものである。このような年頭における徳川将軍家と京都との間の儀礼が、幕末期再び将軍が上洛するまでの間、近世を通じて行われ続けていた訳である。次に、こうした年頭における徳川将軍家に対する拝謁・献上儀礼（年頭御礼）の具体的な様相について見ていきたい。

第三節　年頭御礼の具体的様相

近世中後期のものが中心であるが、年頭御礼に参加した年寄が記した年頭御礼に関する記録が、京都の町文書などの中に複数残されている。[28] 以下では、それらの記録から年頭御礼の具体的な手順を整理して作成した表2-3により、年頭御礼に関する、京都での様々な準備過程を経、江戸城での儀礼に至る一連の過程について確認したい。本節の結論を先取りする形になるが、江戸時代中後期の徳川将軍家との間の儀礼については、豊臣政権の時代のように、徳川将軍―《惣町―町組―町》が「縦系列で結合」したとは単純には言えないのである。

そこで、この一連の手順を、京都での準備過程と、江戸に赴いてからの動きに分けて検討していきたい。順番が前後するが、まず、江戸での様相について見ていく。

年頭御礼の参加者である年寄と町代は、江戸到着後、まず、老中などに対し廻勤を行う。そして、正月三日、江戸城に登城し、将軍に対する拝謁・献上儀礼を行うが、おおむねはじめに掲げた「徳川礼典録」の記述と同様の形式で行われた。安永二年（一七七三）に年頭御礼に参加した寺田宇兵衛の「御年頭江戸下り日記」では次のように記されている。

【史料2-4】[29]

朝八時起支度仕、衣服上下改足袋一足草履一足懐中いたし、六尺三人乗物ニ而四郎次郎へ参り、玄関ニ而手

表２－３　年頭御礼の手順

	月	日	内容
京	~10		《町組》寄合により年頭御礼下り番の選定
	11	1	「町代御仲間衆中」宛に「口上書」・「江戸下年寄式法」の提出
	11		役人立会による人柄吟味(「商売何を仕候、年幾ツニ相成候」と尋)
	11		《町組》中・《町》中・町内借家衆より餞別持参
	11		町代振舞
	11		町代会所にて江戸御年頭路用銀を請取る
	12	1	京都町奉行・所司代に対して「暇乞」の御礼
	12		他《町組》座上への挨拶
	12		《町組》中・《町》中・町内借家衆の見送りのもと京発足
江戸	12		江戸着、宿木屋忠右衛門
	12		廻勤(老中・若年寄・寺社奉行・茶屋四郎次郎・尾州茶屋家・所司代・京都町奉行)
	1	1	茶屋四郎次郎・尾州茶屋家に銀三枚ツヽ持参
	1	3	朝七つ時：茶屋四郎次郎方に畿内幕府直轄都市五ヶ所が揃う 明六つ時：茶屋手代案内にて登城、帝鑑之間敷居ぎわに着座 五つ半過：将軍出御、拝謁、奏者番による披露、退出後廻勤(前同)
	1	9	朝七つ時：茶屋四郎次郎方に畿内幕府直轄都市の五ヶ所が揃い、茶屋四郎次郎より膳の饗応 六つ過　：登城、蘇鉄之間にて寺社奉行により 御暇、御銀を下さる、茶屋四郎次郎による披露、退出後廻勤(前同)
	1		江戸出立
京	1		《町》中の迎えにて京着
	1		他《町組》座上、《町組》中・《町》中へ京着の挨拶
	2	1	京都町奉行・所司代に対して帰京の御礼

註１：近世中期の年頭御礼に参加した年寄が記した記録(註(28))を整理して作成した。
註２：それぞれの史料では、各項目の順序が前後することもあるが、日付欄に記載のあるものは、ほぼその日程で行われている。

代へ挨拶、夫ゟ座敷床ノ前ゟ上京下京着座、大坂ハ向座五ヶ所相揃居申候、四郎次郎出挨拶有、後刻御城ニ而可得御意と申、勝手ニ入被申候、頓而手代案内ニ而大下馬ゟ入、大御門七重通りテ、大玄関之中之口左之縁より上り、御廊下真直ニ行、帝鑑之御間之敷居ゟ二間手前之敷居極ニ着座仕相待居申候、此間ニ諸大名方之若殿方太刀折紙御持被成往来被成候、何れも熨斗目長上下也、左ノ方之御庭ヲ唐木之御庭と申候、左ノ方柳之御間ニ御献上物並被申候、天気なれハ御縁側ニ並ひ申候よし、向松之間之御廊下ニ而若殿方御礼相済候と、御老中方、御若年寄方、大御目付、寺社奉行方、御奏者方段々御例座有之、追付真向之御襖左右へ明キ申候

将軍様左之方ゟ御出被為遊、御小袖金色熨斗目栗梅小紋長上下ろしや刀ニて御立被遊御座候、跡ゟ御太刀御持セ被遊候、出礼之もの平伏仕候と御奏者牧野越中守様御書附ニて上京、下京、大坂、奈良、伏見御年頭と御披露、次ニ銀座、糸割符、過（書）上之年寄、当地町中、其外御年頭と御披露被遊候、此間ニ御尊顔得と拝仕、右御披露相済候得ハ、右之方へ御入被為遊候、段々退出仕、元之御廊下中之口ゟ下城仕、大下馬ゟ乗物ニ乗、六人同道ニて御老中方、御役屋敷方年頭御礼ニ相廻り申候、手札町代ゟ差上申候、七前ニ帰宅仕候

「諸大名方之若殿方」の御礼と一連の過程の中で、奏者番による披露[30]も行われるなど、江戸城における殿中儀礼の中に正式に位置づけられていたといえる。また、例えば寛政二年（一七九〇）の年頭御礼の記録である「御拝礼江戸下向」[31]に記された、儀礼が行われる際の着座図（図2－1）に見えるように、この正月三日の儀礼行為は、白書院に出御した将軍に対して、上京・下京を始めとする畿内幕府直轄都市からの参加者は、帝鑑之間の敷居際で拝謁するというもので、将軍の身体からはかなり隔絶された形での拝謁であった。そして、上京・下京共に、年寄から「綾嶋」を、惣代（町代）から「熨斗目」を献上するのが通例であった。

この拝謁・献上儀礼が済んだ六日後の正月九日に、江戸城内の蘇鉄之間において寺社奉行より御暇を下され、

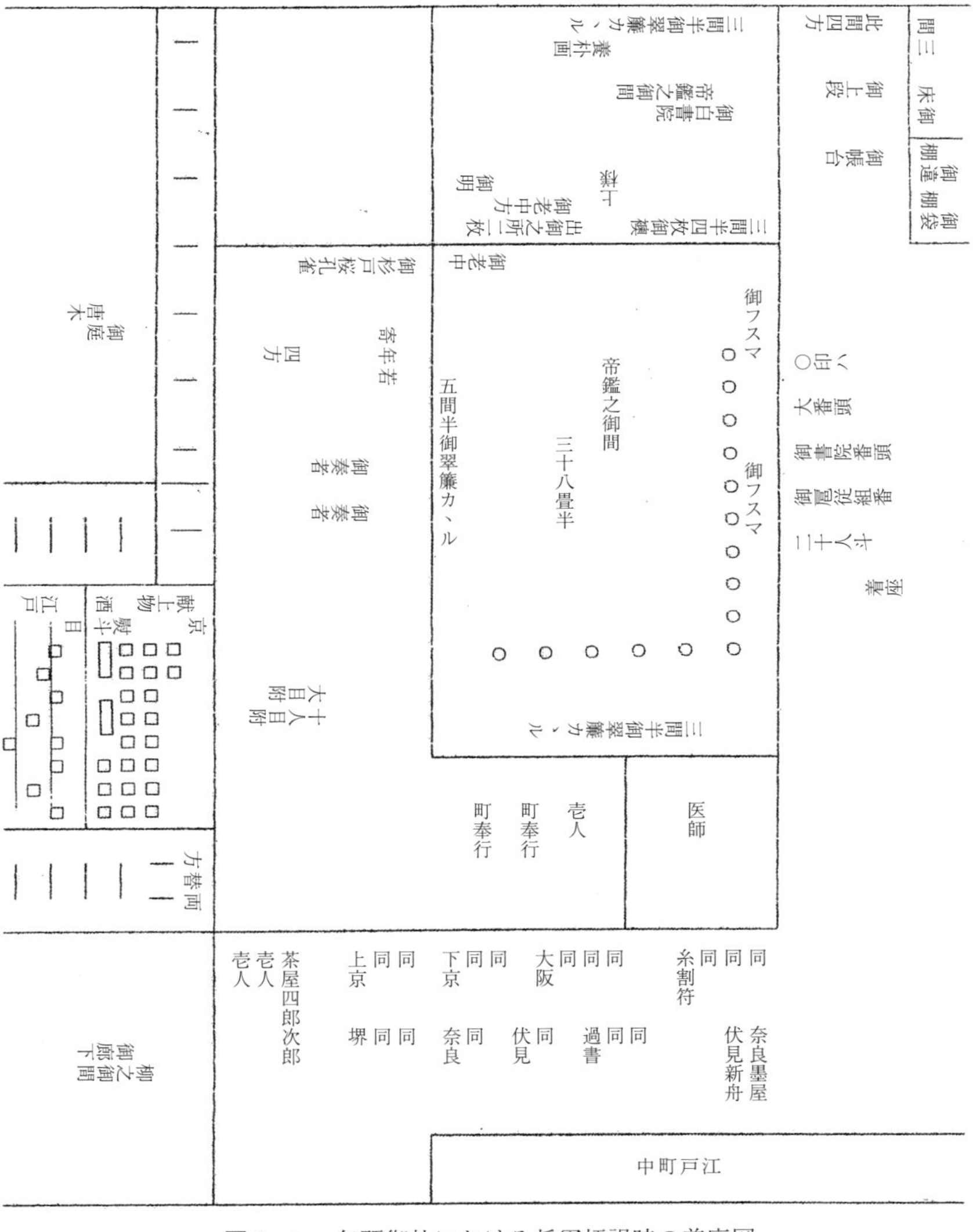

図２−１　年頭御礼における将軍拝謁時の着座図

註：「御拝礼江戸下向」（「古京遺録」所収・京都大学附属図書館蔵）により作成した。

拝領銀を頂戴する。[32] 寛政七年（一七九五）の年頭御礼に参加した増田次兵衛の「年頭御拝礼一件」では、

【史料2-5】

一、九日正六つ時、乗物ニ而上下一統ニ箱灯燈為持、茶屋四郎次郎殿へ行、玄関ゟ上り、直ニ白院へ通り、先段之通り上京床之次ニ座ス、其次ニ下京座ス、五ヶ所相揃候而、本膳出ル（中略、膳中に茶屋四郎次郎より御用があるので先に登城する旨の挨拶あり）膳相済、茶屋手代案内ニ而一統乗物ニ而大下馬迄行、大下馬ゟ下り、大手御門ゟ登城致、中ノ口ゟ上り、直ニ蘇鉄之御間へ通、扣居候、（中略）

一、正四つ時　青山下野守様（寺社奉行）御着座被遊、一統平伏致、茶屋四郎次郎殿一統罷出候様被申渡、正面へ出候時、下野守様　御暇拝領物被下旨被為　仰渡、一統ニハット申、元之座江直候、其時四郎次郎殿、上京年寄壱人、惣代弐人と被呼出候、三人罷出御礼致シ、摺り寄、台ヲ戴き片手ヲ付、摺り下り、又下ニ置、御礼致、台持、元之座江着、又下京年寄壱人、惣代弐人と被呼出候、三人共罷出、前段之通り拝領致ス、夫ゟ段々同然ニ拝領相済、又四郎次郎殿一統罷出候様被申、一統正面へ出候、四郎次郎殿ゟ　御暇拝領物被下置、有難一統御礼申上候旨被申上候而　下野守御入被遊候也、四郎次郎殿も一統目出度由被申、奥へ被入候

と記されている。将軍への献上品に対する「拝領物」を寺社奉行[33]から頂戴し、茶屋四郎次郎が披露の役を務めた。

以上、江戸での様相からは、着座図に見えるように正月三日の将軍拝謁の場でも、あるいは寺社奉行よりの御暇・拝領銀頂戴の場においても、上京、下京という《惣町》が、他の大坂や堺などの都市と同レベルの枠組みで、徳川将軍家に対して儀礼を行っている点が確認される。ここに、織豊政権以来の統一権力との間の儀礼関係の中で機能していた《惣町》の枠組みが近世中期においても維持されていることを指摘することができる。

さらに、この江戸における、《惣町》の枠組みと徳川将軍家との間での儀礼行為の過程において、表2-3に見られるように、茶屋四郎次郎の存在が注目される。[34] 廻勤の相手として、[35] また、正月三日・九日ともに、畿内直轄

都市の代表者が一度茶屋四郎次郎宅に揃った上で登城している。また、九日に寺社奉行から御暇・拝領銀を頂戴する際には、【史料2-5】にあるように寺社奉行との間を取り次いでいる。このように、江戸での儀礼は、徳川将軍家（―寺社奉行）―茶屋四郎次郎―《惣町》（上京・下京）という関係の中で行われているといえる。

続いて、年頭御礼に参加するにあたり事前に京都でなされたさまざまな準備の様子について確認したい。この点については、第六・七章で述べるように、近世後期の文政町代改儀一件の結果、その手続きなどについて少し変化がみられる。ここでは、主に文政町代改儀一件以前の様子について確認しておきたい。

まず、参加する年寄の決定に関して、例えば宝暦二年の「江戸御年頭往来記」[36]では、前年九月十二日の下京の川西十六町組の寄合において、川西十六町組を担当する町代竹内助九郎より「当御組内江戸御年頭下り番ニ御座候間、座上ゟ御下り可被成候様ニ」と、川西十六町組が年頭御礼の下り番であるから、川西十六町組の「座上」が参加（「御下り」）するようにと指示がなされている。これを受け、「組内一同ニ拙者ニ罷下り申候様被申候」と、当時木賊山町の町年寄であった小村宗伝に川西十六町組より要請があり、木賊山町での相談も経て決定している。

別の史料では、町代の指示の無い内に《町組》内で参加者の選定を行ってしまっている事例[37]も見られるものの、いずれにしても、参加者の決定後は、《町組》から担当する町代に対して年頭御礼の参加者を報告している。この際には、「町代御仲間衆中」宛に「口上書」（【史料2-6】）と「江戸下年寄式法」（【史料2-7】）が提出された。例えば、次のようなものである。

【史料2-6】[38]

口上

一、来巳御年頭為　御礼江戸へ参上仕候下京年寄之儀、中之十町組当り番ニて御座候、就夫当町年寄寺田宇兵衛与申四拾六才ニ成候者、呉服商売仕、下人等も召仕、筋目能ク、外ゟ何之構も無之者ニ御座候ニ付、

此度差下シ申度奉存候、右之趣御窺被成可被下候、以上

明和九年（一七七二）辰十月八日

新町通南袋屋町
五人組升屋忠介印
同　一文字屋勘七印

町代御仲ヶ間衆中

町中

【史料2-7】

江戸下年寄式法

一、来巳御年頭為御礼私江戸へ参上仕候、御格式之儀先例之通致承知候、万端相慎勤可申候

一、私年齢四拾六才ニ罷成申候、尤筋目正敷儀明白ニ御座候事

一、正月三日御礼、同御暇被為下置候節、右両度新敷衣服用意之事

一、御老中様方へ上下着御届ケ、并京都御奉行様方へ参上仕候節衣服用意之事

一、道中乗物六尺三人乗掛馬壱駄手代之者召連可申事

一、道中并江戸逗留中草履取壱人召連可申事

一、道中并逗留中諸事見苦敷儀ハ勿論、綿服着用申間鋪事

右恒例之通承届、如式法相勤可申候、以上

新町通南袋屋町
年寄寺田宇兵衛印

明和九年辰十月十四日

町代御仲ヶ間衆中

【史料2-6】では、参加者が確かな人物であることを参加者の所属する《個別町》が保証し、【史料2-7】では、儀礼に参加する際や道中における衣服などについて、先例の式法通りに守ることを誓約している。これらの書面が年頭御礼に参加する年寄から町代仲間に対して提出される形になっていることは、年頭御礼に参加する町年寄は町代仲間の下位に位置づけられていたことを示すものといえる。

また、京都町奉行所役人（与力）の吟味や、京都町奉行・所司代に対する暇乞の御目見も行われている。京都町奉行所設置以降は、直接京都住民に対する行政には関わらなくなった所司代に対しても暇乞の御目見を行うのは、所司代が、年頭御礼に参加する年寄・町代に対して、次のような「道中船川渡証文」を発給していることによる。

【史料2-8】(39)

斎藤宗達
本間又右衛門
山内清兵衛
岩田浄栄
奥田佐兵衛
松原幸助

右之者共卯ノ年頭為御礼罷下り申候路次中所々舟川渡無滞肝煎可申者也

（享保八年（一七二三））
寅十二月　伊賀在判
（松平忠周）

所々
肝煎

以上のように、所司代—京都町奉行—与力という、京都における徳川政権の遠国支配機構との関係や、支配—被支配をつなぐ町役人である町代仲間との間で指示や「口上書」・「江戸下年寄式法」の提出という関係が確認できる。

次に、この京都での準備過程における、《惣町—町組—町》の重層構造との関係について確認すると、表2-3にも見えるように、出発に際しての餞別、見送りや、先述の参加者の決定過程において、いずれも《町組—町》の枠組み内のみで行われている。一方で、《惣町》の枠組みについては、唯一、他の《町組》へ参加者について報知するというような形での関わりしかうかがうことができないのである。

このように、近世中後期には、江戸において徳川将軍家—茶屋四郎次郎—《惣町》という関係の中で行われる儀礼に関して、その京都での準備過程が、所司代—京都町奉行—与力といった都市行政支配機構や中間支配機構たる町代と、被支配住民側の《町組—町》との関係の中でなされていたといえる。それでは、この支配—被支配をめぐる、江戸での徳川将軍家との間の儀礼を通じた関係と、京都での都市行政機構との関係はどのような形でリンクし、秩序化されているのか、特に、《惣町》はどのような位置にあるのか。この点に関して、次に、儀礼の参加者の位置づけから検討してみたい。

第四節　儀礼の参加者——年頭御礼江戸下り番の決め方——

ここでは、《惣町》の枠組みと統一権力との間の儀礼行為に《惣町》を代表して具体的に誰が参加したのかという点について検討していきたい。

まずはじめに、徳川政権以前の様子については、杉森哲也氏の研究[40]からその一端を確認しておく。杉森氏は、

「十四町与物帳」の記述から、「浄円」という人物について、浄円が「肥前名護屋へ陣中見舞に出かけており、それは上京を代表してのものである」とする。一方、別の史料から、上京各《町組》の年寄衆の中に中筋組の「浄円」の名が確認でき、杉森氏はこれらのことから、「浄円は中筋組年寄として中筋組を代表すると同時に、さらに上京五組を代表する人物なのである」と指摘する。《町組》年寄として《町組》を基盤にしながら、《惣町》の代表者として統一政権との間の儀礼に参加しているといえるだろう。

次に、徳川政権となった近世前~中期には、本章冒頭で触れたように、上京・下京それぞれ「町年寄一名・町代二名」という形で徳川将軍家に対する年頭御礼に参加していた。どのような経緯でこの参加体制になったのかについては第三章で少し検討するが、史料の残存状況から具体的に明らかにすることは難しい[41]。但し、近世初期、特に所司代による都市行政の展開が、近世中期における上京・下京それぞれ「町年寄一名・町代二名」という形での年頭御礼への参加の背景にあったと考える。町代の成立などについては第三章でも検討するが、ここでは、町年寄・町代をめぐる所司代の支配政策を先行研究の成果から確認しておきたい。

《個別町》の年寄（町年寄）の設定に関しては、鎌田道隆氏の研究がある[42]。京都において天文期頃に成立したといわれる《個別町（町共同体）》では、「内部的な統率の責任者であり対外的な代表者でもある」町年寄を「なかなか選任することができない」という状況があり、これに対して、徳川政権において「権力による町の代表者選任」の政策が採られたとする。つまり、明暦二年（一六五六）、所司代牧野親成により「京都町之年寄可相定触状」という触が出され[43]、また別の触で、「年寄役ハ町ニ而も歴々家老ᄼ中老以上之者、出生身上商売筋宜者ニ為相勤可申事」とする[44]。さらに、年寄は《個別町》内の家主・借屋の者から請状を取り[45]、一方「奉行所」に対して請状を提出するというように、町年寄は「内部的な統率者であり、対外的な代表者」として、所司代の支配に関わる役割を担わされるようになる。このように、所司代による町年寄を通じた支配の単位として、《個別町》の枠組みが重視されていくことになった。

さらに、これと並行して行われた所司代の支配政策として、町代の設定がある。上京町代の系譜について明らかにした杉森氏[46]によれば、「徳川政権が町組の年寄ないしはそれに相当する有力者を掌握し」、「町組の触頭として確定した」ものが町代であるとする。つまり、《町組》を代表する「町組の年寄」が《町組》ごとの「触頭」というような形で所司代の支配の中に位置づけられたということであり、町代を通じた支配の単位として《町組》の枠組みも重視されることになった。下京の町代の場合は、第三章で明らかにするように、上京とは系譜が若干異なるが、《町組》単位で「触頭」としての役割を担当するようになる点では上京と共通である。

これに関連して注目されるのが、慶長六年（一六〇一）に茶屋四郎次郎が「惣町頭役」に任命されたとされる点である。[47]第三章でも触れるが、朝尾直弘氏[48]は、豊臣政権下において松原法春が任命されたとされる「町年寄頭」の地位に、「呉服所商人の茶屋四郎次郎を置き、年寄を棚上げにして実質は町代をつうじた支配を強化しようとの意思」が認められ、これが「惣町をぬきにして町組を把握」するものであったと評価している。茶屋四郎次郎については、第三節でみた通り、江戸城における儀礼の中では、《惣町》と徳川将軍家との間を取り次ぐ重要な存在となっていた。つまり、茶屋四郎次郎の「惣町頭役」任命は、徳川将軍家と《惣町》の枠組みとの間で行われる儀礼において、支配―被支配をつなぐ存在として位置づけられたという意味を持つと同時に、これは朝尾氏が述べるように、「惣町をぬきにして町組を把握」するという形で、所司代による都市支配においては、《惣町》と徳川将軍家との間の儀礼関係を「棚上げ」にするという性格があったと考える。[49]

以上述べたような支配政策を背景として、つまり、所司代の支配の中では《惣町》の枠組みは「棚上げ」にされ、町代・町年寄を通じた《町組》・《個別町》の掌握を重視した支配が行われたため、徳川将軍家と《惣町》の枠組みとの間の儀礼に、上京・下京の各《惣町》ごとに［《個別町》レベルの町年寄一名・《町組》レベルの町代二名」が参加するという、他の畿内幕府直轄都市とは異なる参加体制になったと推定しておきたい。

それでは、この年頭御礼に参加する上京・下京それぞれの［町年寄一名・町代二名］は、どのように選ばれるのか。この点については、京都町奉行所設置以降の上京の事例が明確に分かるので、以下、具体的に見ていく。

まず、町年寄については、上京の西陣組の町代を務めた古久保家に残された「江戸下年寄番指口覚」(50)という史料がある。年ごとの年頭御礼の参加者について、町年寄の名前・その町年寄が担当する《個別町》・その《個別町》が所属する《町組》・その《町組》を担当する町代の名前、が書き留められている。冒頭には、京都町奉行設置間もない、寛文十一年（一六七二）に上京の町代仲間十名が「江戸下年寄番指口次第」として上京の《町組》の順番を、それぞれ担当する町代の順番という形で定めた申し合わせが記されている。「指口」という言葉については、第三章で詳しく検討するが、町代の行政処理の過程で、町代が京都町奉行所（与力）の指示を住民に対して取り次ぐ際に、町代からの指示を受ける対象を示す言葉である。つまり、町代は京都町奉行所の都市行政の中で、《町組》ごとに担当を持つ形で、《個別町》との間での事務処理を担ったが、徳川将軍家との間の儀礼に参加する町年寄（「江戸下年寄番」）についても「指口」として町代の指示の対象とされたのである。

さらに、この順番が、町代の申し合わせによって、町代の順番、すなわち、その町代が担当する《町組》の順番という形で定められた点に注意する必要がある。つまり、徳川将軍家と《惣町》との間の儀礼に参加する町年寄に関しては、「指口」となる町代の順番としてあらかじめ順番が上から設定された《町組》からの参加と見ることができるのである。「江戸下番年寄指口次第」の町代の順番を、《町組》の順番に直すと、〈上西陣―下西陣―上一条―小川―川東―下一条―立売親九町―立売親八町―川西（聚楽）―上中筋―下中筋―（最初に戻る）〉となる。但し、実際の参加者をまとめた巻末の［年頭御礼関係一覧表］にも見られるように、必ずしも順番通りになっていないが、これは、町代の事情、あるいは「可罷下人柄も無之断」という《町組》側の事情から、町代が相対で順番を振り替えるということがあったためである。この点に関し、寛文十一年の申し合わせでは、「但、番指替之義依断相対たるへき者也」とあり、この順番に対する町代の関与の大きさをうかがうこともできる。

一方、年頭御礼に参加する町代二名については、古久保家文書中に「中ケ間江戸下番定帳」[51]という、京都町奉行所が設置された翌年の寛文九年以降について、年頭御礼に参加した町代の名前を書き留めた帳面がある。この史料の冒頭には、寛文九年に上京の町代仲間十名が、参加する順番を定めた申し合わせが記されている。序章でも触れたように、寛文八年の京都町奉行所設置以降の町代は、京都町奉行所（与力）との関係の中で支配―被支配を取り次ぐ立場から、町代仲間として京都町奉行所の都市行政の事務処理をする役割をも担うようになる。そして、年頭御礼に参加する町代二名は、右に述べた年頭御礼に参加する町年寄の「指口」となる町代とは別に決められていた。「指口」となる町代が必ず年頭御礼に参加する訳ではなく、年頭御礼に参加する町年寄の所属する《町組》と年頭御礼に参加する町代が都市行政上で担当する《町組》は一致しない。町代は被支配住民側の《町組》とは関わりなく、仲間として独自に参加の順番を定めていたのである。但し、実際の参加者をまとめた巻末の「年頭御礼関係一覧表」にも見られるように、町代仲間が取り決めたこの順番も、交替などをしているため遵守されている訳ではないようである。[52]

以上の上京に対して、下京については町年寄・町代の参加の順番を取り決めた史料などは確認できていないが、町年寄の参加については、三条衣棚町文書「考定永代覚帳」[53]の中に下京から年頭御礼に参加する《町組》の順番を記した「御年頭下り順番図」がある（図2-2）。この図の表記は少し分かりにくいが、〈川西九町―中十町―上艮―巽―川西十六町―中九町―南艮―巽（最初に戻る）〉という順番であり、[54]《町組》の順番があらかじめ決められている点は上京と同様である。なお、この図の説明に「巽組ハ一組ナルユヘニ五年目ニ廻リ、余ノ六組ハ何レモ九年目ニ廻ル」とあるように、巽組に当たる年が多くなるが、これは第三章でも述べる通り、下京《町組》の

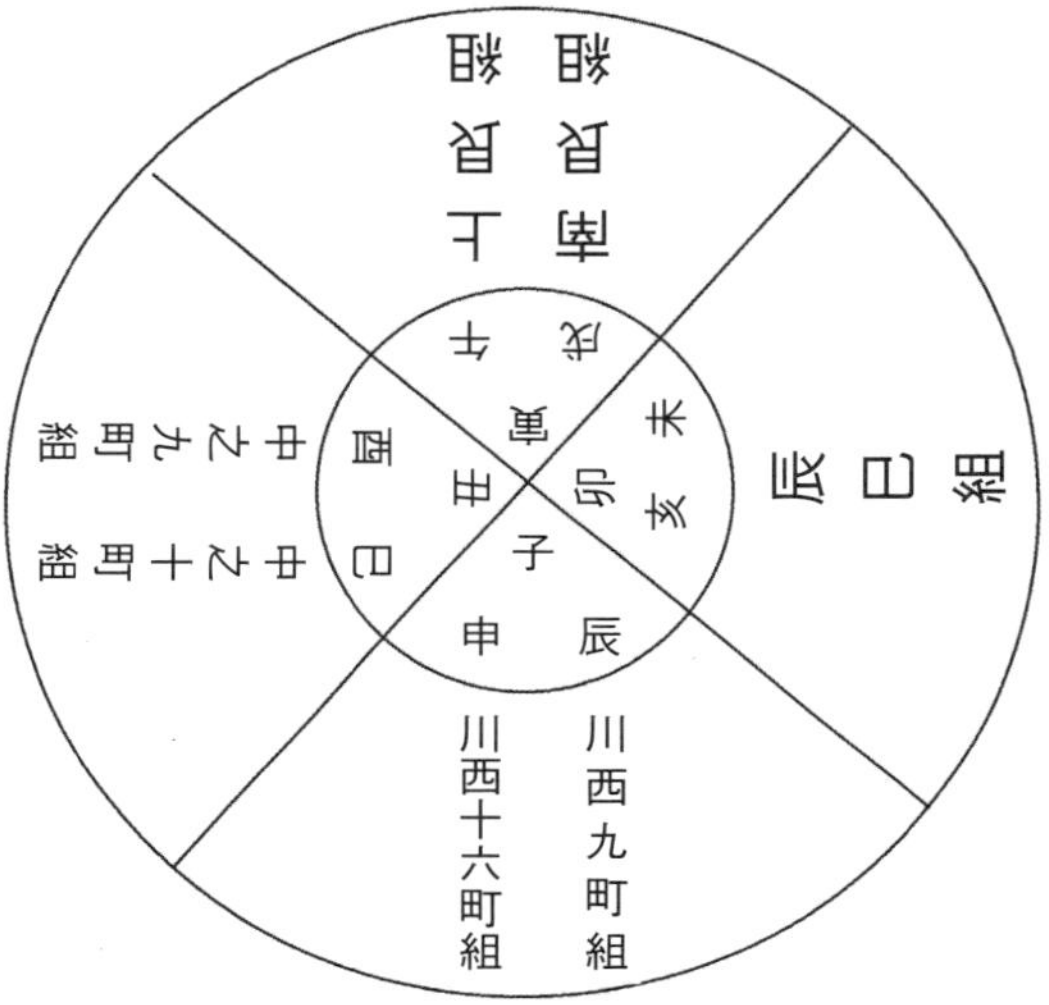

図2－2　下京の年頭御礼参加者の順番

註1：「考定永代覚帳」（三条衣棚町文書5017・京都府立京都学・歴彩館蔵）に掲載の「御年頭下り順番図」より作成。

註2：この図の上部に「右順番図中ニ記ス如ク十二支ノ次第ニ七組中へ順廻ス、但巽組ハ一組ナルユヘ二五年目ニ廻リ、余ノ六組ハ何レモ九年目ニ廻ルト知ヘシ」と記されている。

成立の事情を反映して、川西組・中組・艮組がそれぞれ二つに分かれる前の順番では〈川西―中―艮―巽〉となっていたからであろう。

そして、下京では、この定められた《町組》の順番がほぼ守られており、上京と下京では、順番の運用の仕方に違いがあるように見える。あるいは、《町組》とこれを担当する町代の対応関係が、上京と様相を異にすることに要因があったのではないか。第三章で明らかにするように、下京では《町組》の枠組みと町代の担当する枠組みは別物であり、町代の順番という形で《町組》の順番が設定されている訳ではないようである。但し、第三節でみた宝暦二年の「江戸年頭往来記」の事例においては、町代竹内助九郎が担当《町組》の川西十六町組に指示をしており、下京も「指口」として町代の指示の対象とされた点では上京と同様であったことがわかる。一方、下京の町代については、巻末の［年頭御礼関係一覧表］をみる限り、明確な順番が存在していないように見えるが、上京と同様、交替しているケースが多いのかもしれない。

《惣町》と徳川将軍家との間の儀礼の参加者について、町代は京都町奉行所の都市行政上の役割を担う町代仲間の順番として独自に参加の順番を決めていたのに対し、町年寄は、あらかじめ設定された《町組》の順番に、町代の「指口」という指示の対象として、《町組》の中から参加する《個別町》の町年寄が決定されていたことが明らかになった。それでは、次に、順番にあたった《町組》の中からどのように参加する《個別町》の町年寄が選定されたのかという点をみていきたい。

古久保家文書の「江戸御年頭御礼ニ付一件」と題された史料には、寛延三年（一七五〇）の年頭御礼に関わるもめ事に際して、その前例となる事例が町代により書き留められている。この中で、元禄十六年（一七〇三）に下京の川西十六町組で起きた次のような事例が記されている。

【史料2－9】(55)

元禄十六年未七月八日

来申之御年頭御礼下京江戸下り番、竹内助五郎支配川西組十六町之内江当り申候、然所先座綾西洞院丁年寄宗悦与申者ニ而候処、宗悦儀祇園新坊之手下ニ而、諸方江致勧進渡世仕日勧進之由ニ而、筋目等難計、請合申儀難成旨ニ而、組丁年寄共ゟ右之趣相認候而、御窺申上呉候様ニと申差越申候、宗悦并町中祇園新坊ゟ書付差越申候者、宗悦儀筋目役儀等卑劣成者ニ而無之旨、由緒書助五郎方江差出し申候付、下京中ケ間中此方江呼寄見せ申候、尤上京中ケ間江も致披露、其上ニ而御窺申上候様相談相極、未九月十七日御役人方様江差上申候、且又中ケ間中ゟも御伺書、別紙ニ相認上申候、右段々書付共之覚

組ゟ書付出候扣

乍恐口上書

一、私共儀下京之内川西組十六丁之年寄共ニ而御座候、然者例年江戸御年頭御礼ニ、下京為惣名代八組之内ゟ年寄壱人宛罷下り御礼申上候、尤筋目等吟味仕、由緒慥成訳証文差出し申候、依之来申之御年頭御礼江戸下番私共十六丁組江当り申候、尤組町中ニ而筋目致吟味慥成上者、其組々ニ而年寄先座之者罷下り相勤

申候、此度私共組之内西洞院通綾小路下町宗悦と申仁、年寄之先座ニ而者御座候得共、右宗悦儀祇園新坊手下ニ而、則新坊旦那方、御堂上方、在々所々江札を賦り、致願心渡世仕仁ニ而御座候故、大切成御礼ニ罷下り申儀ニ御座候付、乍恐御窺奉申上候、然上者組之内ニ而筋目慥成者吟味仕差下シ可申候哉、又者不苦被思召候ハヽ、右宗悦指下し可申候哉、如何様共御下知奉願候、以上

元禄十六年未九月

（川西十六町組年寄連印略）

御奉行様

翌元禄十七年の年頭御礼「江戸下番」として順番が廻ってきた川西十六町組では、年頭御礼に参加する年寄を選ぶにあたって、「組町中ニ而筋目致吟味慥成上者、其組々ニ而年寄先座之者罷下り相勤」ることになっていたが、「年寄之先座」である小野宗悦という人物が「祇園新坊手下」であり「筋目等難計」(56)というので、宗悦を年頭御礼の参加者としてよいかどうか、川西十六町組の町年寄が連名で京都町奉行に対して下知を伺っている。ここから、この元禄十六年の時点では、順番が廻ってきた《町組》では、その《町組》内で筋目を吟味した上で、その時点の「年寄之先座」の者が《町組》の代表者として年頭御礼に参加することになっていたことがわかる。

「先座」とは、この宗悦が自身の口上書で「祇園新坊方江私由緒依有之名代役勤申候得共、町年寄役多有之候ニ付、十五年以前ニ新坊方江遂断、役目を除キ、末子真悦ニ新坊名代役為勤、私義ハ惣領倅染物細工致させ仕候、拙者儀年来年寄役相勤、川西組年寄中ニ而者御存知之通、先座ニ罷成相勤来候」と述べている。つまり、宗悦が祇園新坊の名代役を務めたことは確かだが、町年寄役を務めるため末子に名代役は譲り、長く町年寄役を務める中で、川西十六町組内の「先座」となったという。「先座」については、第三章で詳しく見るように、後世の旧記類の記事に(57)「久敷年寄相勤候を先座と致」すとあることから、《個別町》の町年寄役を長く務めることで、《町組》内における《個別町》の町年寄の座順で「先座」となり、《町組》を代表するようになった存在と考える。

すなわち、《個別町》の町年寄として《個別町》を基盤としながら、「年寄之先座」として《町組》を代表する者が、《惣町》と徳川将軍家との間の儀礼に参加していたということである。

そして、この年頭御礼に参加した「年寄之先座」は、これも第三章で検討するが、《町組》レベルでの寄合は勿論、「八組」すなわち下京《惣町》レベルの寄合の中でも「初座」として、中心的な存在に位置づけられた。つまり、《惣町》の枠組みにおける「対外的な代表者」として徳川将軍家との間の儀礼に参加する町年寄（「年寄之先座」）は、《惣町—町組—個別町》の重層構造において、その自律的な都市運営の中でも「内部的な統率者」として位置づけることのできる存在であった。町代の「指口」という指示の対象とされ、《町組》の順番で参加する《個別町》の町年寄ではあるが、徳川将軍家に対して《惣町—町組—個別町》という枠組みで対峙していたといえるのである。

このような形で、徳川将軍家—《惣町—町組—個別町》という織豊期以来の統一権力と《惣町》の枠組みとの関係が継続していたと考えられる。一方で、右にみた元禄十六年の一件に関して、寛延三年十月の時点で町代が次のように記している。

【史料2-10[58]】

覚

一、御年頭御礼江戸下り年寄之儀、往古より町方組々順番御座候而、順々相廻り下り番ニ当り候組町之内ニ而、上座下座ニ不拘筋目人柄等兼而見極、其者、幷町中ニも指問も無之哉承合、差障無御座候得者組町江披露仕、其上ニ而御役所江相伺候儀も、御役人方江人柄御目ニ掛候儀も無御座、御暇之御目見申上候迄ニ而相済申候を、元禄十六年未年下京年寄川西組差口ニ而、上座西洞院綾小路下ル町年寄宗悦儀筋目等難計旨ニ而、組町ゟ御伺申上候処、宗悦下り候儀御聞届無御座、其次ニ当り候油小路蛸薬師町下ル年寄細井玄碩と申者、御伺申上候得者差下候様被仰付罷下申候、其節より向後者御役所江相伺候様被仰渡、夫より下京者年々相伺、人柄をも御覧之上相極申候、然れ共上京ハ何之差障無之候故、古格之通ニ而済来候処、享保十三申年東御役所ニ而上田権右衛門殿被仰渡、下京相伺人柄をも掛御目候儀を、上京計不相伺候而も不済事候間、向後者相伺可然旨被仰渡、夫より下京同事ニ相伺人柄も掛御目候、然共上京者前々之通下り番ニ当り候組町之内ニ而、兼而筋目人柄を見立相極候上、相極候と申儀を申上候御事ニ御座候、下京者差口ニ当り候者何某と申ものニ御座候、相極可申哉と相伺候事ニ御座候、下京三年持之内上座差口ニ相当り候而も、人柄又ハ商売筋不宜ものニ御座候得者、御伺申上候而御下知次第仕候事ニ御座候而、其次之座上之もの罷下候儀ニ御座候

右之通、前例ニ御座候、以上

まず、元禄十六年の一件については、川西十六町組からの下知伺いに対して、京都町奉行所は宗悦の参加を許可しないと下知した。そして、元禄十六年以前においては、年頭御礼に参加する町年寄について京都町奉行所が人柄を確かめることはせず、「御暇之御目見」のみであったが、この一件を受け、「其節より向後者御役所江相伺候様被仰渡、夫より下京者年々相伺、人柄をも御覧之上相極申候」とあるように、以降、下京では、順番が廻ってきた《町組》の中で年頭御礼に参加する町年寄を選ぶにあたり、《町組》内での筋目吟味に加えて、京都町奉行所に伺い出た上で京都町奉行所の「下知次第」で決定するという形で京都町奉行所の介入を招くことになった（上京も享保十三年（一七二八）から同様の扱いとなった）。このような徳川将軍家との間の儀礼の参加者に対する京都町奉行所の関与は、次に検討する享保期になるとさらに展開する。

第五節　京都町奉行所の関与の展開

享保八年（一七二三）に京都町奉行所による都市行政改革が行われた[59]。その内の一つに、《個別町》の町年寄に関する政策がある。近世前期における「権力による町の代表者選任」の政策が浸透した結果、次の段階として、享保八年に触れられたのが「年寄・五人組定書」[60]である。この触によって、町年寄に関して、以後「定員一名・任期三年」と規定された。鎌田道隆氏[61]は、この規定を「統一的な町年寄制度」と評価している。

この町年寄任期三年制は、年頭御礼に参加する町年寄の決め方に大きな影響を与えた。つまり、これまでは、順番にあたった《町組》内の「年寄之先座」、すなわち「久敷」町年寄役を務めていたものが代表者として年頭御礼に参加していたが、町年寄の任期が三年となることで「久敷」の上限が統一的に三年に限定されてしまった訳である。ここでは、享保十六年に下京の川西九町組で起きた、年頭御礼江戸下り番の町年寄に関する争論を取り上げ、その影響を検討していきたい。次に引用するのは、この争論に対する京都町奉行所の裁許である。

【史料2-11[62]】

一、川西九町組之内、半町之年寄共訴出候者、西綾小路町市右衛門儀、来ル子年江戸御礼下り順ニ相当り候処、半町之年寄下り候例一切無之由、丸町之年寄共相妨候、先年ゟ座頭之年寄御礼ニ罷下り来候由、半町之もの共申之候

一、川西九町組之内、丸町之年寄共答候者、此度西綾小路町東半町年寄市右衛門年寄役為持越候而、先座仕座頭ニ候間、罷下り度由申候得共、古来ゟ半町之年寄罷下り候格式無御座候、四拾年已前、丸町之内より下り候年齢相応之者無之ニ付、半町之内古西町ゟ罷下り候由申之

右出入令吟味之処、双方申立候趣其品雖有之、九年以前卯年ゟ江戸下り之儀者、惣町中ゟ御礼之儀ニ候間、

入用銀古例之無構、洛中洛外、寺社門前境内迄茂平等ニ可差出之旨相触、町家数之多少ニ無構、出銀家別ニ差出候間、半町・丸町之無差別、順番ニ当り候へば罷下ル事ニ候、四年以前申之年、中組之内錦小路新町西入町年寄佐次兵衛与申者、半町之年寄ニ候得共罷下り候近例有之事ニ候得者、此度当り口市右衛門江戸御礼相勤可申候、且又年寄役三年相勤候上、町無人ニ付、只今迄之年寄其侭ニ相勤させ申度由願出、年寄役人柄実躰宜敷もの之内、町中申候へ者、願之通り年寄役持越勝手次第之旨申渡候、右持越願之儀多ク者半町之町中申出候、持越之年数相用候得者、丸町之年寄江戸下り当り口遠ク可有之候間、先達而三年限り与申付置候上者、以後丸町・半町共持越之年数者相不用、三年ヅヽニ而相改、末座へ相戻し可申候、然ル上者組内之町江順番相当り候年寄、年数同事之者有之節者、御鬮取ニ而可罷下り候事

翌享保十七年の年頭御礼江戸下り番に川西九町組が当たった。この時「先座」であった市右衛門が半町（路次により二つに分けられている両側町）である西綾小路東半町の町年寄であったことに対して、川西九町組内の他町（丸町）が「半町之年寄下り候例一切無之」と異議を申し立てたことで争論になったのである。まず、《町組》内の各古町の間にも年頭御礼の参加に関して、権利面での格差が存在していたことをうかがうことができるが、京都町奉行所の裁許は、「丸町・半町之無差別」という判断により、《町組》内の古町間の格差を平等化させる判断を下した。さらに、注目したいのが、この西綾小路東半町の町年寄市右衛門が「年寄役持越候而先座」となっていたという点である。つまり、町年寄任期三年制の中で、町年寄役を三年務めた上、その次に町年寄になる者がなく、三年の任期を「持越」して町年寄役を務めていたため、町年寄役を「久敷」務め、「先座」となっていたのである。この点に関する京都町奉行所の裁許は次のようになった。まず「年寄役持越勝手次第」と任期三年を延長することについては願い出の上で認めることを確認した上で、町年寄の任期延長を願い出るのは家数の少ない半町が多く、すると半町の者が町年寄役を「久敷」務め「先座」となることが多くなり、他の丸町にとって

は「先座」として年頭御礼江戸下り番となることが「遠ク」なるので、今後は「丸町・半町共持越之年数者相不用、三年ヅ、ニ而相改、末座へ相戻し可申候」と、「持越」した場合は「末座」、すなわちまた一年目として扱うことにしたのである。

このように、あくまでも町年寄任期三年制という統一的町年寄制度の範囲内で、最も長く町年寄を務めたものが《町組》の代表者として年頭御礼を務める、という原則を示したのである。これは、京都町奉行所が統一的町年寄制度との関連で、年頭御礼江戸下り番の町年寄についても、〈三ケ年の内上座〉という原則のもと統一的に把握しようとしたものであったと考える。そして、この一件以後、京都町奉行所は、年頭御礼江戸下り番の町年寄に関しては、この〈三ケ年の内上座〉の原則を貫いていくことになる。

しかし、この原則は《町組》側の、あくまで《町組―町》の自律的な運営の中で、その代表者が徳川将軍家に対する拝謁・献上儀礼に参加したいという意向と異なるものであった。古久保家文書「江戸御年頭御礼ニ付一件」が記されるきっかけとなった寛延三年（一七五〇）の事例では、下京の巽組から「向後者年寄役三ヶ年之内ニ不限、持越之御願申上候而、年久敷相勤候組中勝手等能存知候もの差下申度」との願書が出されたが、この願い出も〈三ケ年之内上座〉の原則によって認められなかった(63)。つまり、享保八年の町年寄任期三年制という政策は、徳川将軍家との間の儀礼に参加する《町組》の代表者に対しても、京都町奉行所が統一的な原則を設定することで、「組中勝手等能存知」する《町組―町》における「内部的な統率者」が、《惣町》の枠組みにおける「対外的な代表者」となることを封じるものであったといえるのではないか。

こうして、統一的町年寄制としての町年寄任期三年制の設定という京都町奉行所による都市行政改革は、《惣町》の枠組みにおける「対外的な代表者」として徳川将軍家との間の儀礼に参加する町年寄の位置づけに大きな変化をもたらした。これは儀礼の参加者について次のように語る町代の認識の中に端的に示されている。

【史料2―12】（宝暦四年（一七五四）の寺社奉行からの諮問に対する返答(64)）

毎年頭幷不時御祝儀之節京都年寄参上之儀者、京都ニ而惣年寄と申儀往古より無之ニ付、毎年上下京ニ而平年寄之内ゟ人柄筋目相改、町代仲間之者ゟ御奉行所へ相伺、御役人を以人柄御覧相済候上被仰渡候付、京都先格在之町々之規模ニ仕候、依之同し者再度参上ハ不仕候

【史料2―13】（宝暦五年の京都町奉行所からの諮問に対する返答(65)）

年寄洛中洛外共町別ニ有之、其町限り取捌、御役所江御訴申上候程之儀、不依何事相勤候役、其品々分テ難申上候、勤方と申立候時者、毎御年頭江戸表江罷下り、御拝礼奉申上候義第一之勤ニ而御座候、依之洛中不残下シ不申、頭町・古町と申町有之、其分計人柄を見立、又者差口等ニ而順番ニ罷下り申候

【史料2―14】（寛政四年（一七九二）に茶屋四郎次郎へ提出した書付(66)）

京都之外大坂・堺・奈良・伏見等之儀者惣年寄と申家筋之者罷下り候得共、京都之儀者拝礼之節計廻り年寄を他所之惣年寄格ニ仕立、五ケ所同様ニ罷下り候儀ニ御座候、依之年寄役者一度限りニ而、右帰京之上ハ町並元之廻年寄ニ御座候

つまり、「惣年寄」という《惣町》レベルで設定された町役人が年頭御礼に参加する他の畿内幕府直轄都市と異なり、京都の場合、あくまで「平年寄」、「廻年寄」の内から町代の「差口等ニ而順番ニ」、京都町奉行所役人が「人柄」を見立てて参加者が選ばれるというのである。《惣町―町組―町》の重層構造における「内部的な統率者」が、《惣町》の枠組みにおける「対外的な代表者」として徳川将軍家との間の儀礼に参加するのではなく、京都町奉行所による都市行政の中で、あくまで統一的町年寄制のもとに規定された《個別町》レベルの町年寄が決められた順番で参加すると、町代は認識しているのである。

このような形で徳川将軍家との間の儀礼に参加する者の性格が変化したことに関連して、第五章で取り上げる

寛政四年（一七九二）の由緒調査の際に、下京から提出された文書には、次のように記されている。

【史料2-15】(67)

乍恐口上書

一、毎歳御江戸　御拝礼ニ罷下候年寄共、前々剃髪ニ而御礼相勤来候処、下京之儀者剃髪ニ而罷下り候而者、帰京之上家業等仕候ニ乍恐難儀ニ存候者有之候ニ付、向後有髪ニ而　御拝礼相勤奉申上度段御願申上候処、享保八年卯十二月五日　御奉行河野豊前守様江下古町之者とも被召出、願之通此已後法躰・俗躰御構無之候間、勝手次第ニ仕、相務候様被為　仰渡、難有奉存候、仍而下京之儀者有髪ニ而相勤申候、又は罷下候もの剃髪ニ而相務候儀御座候、依乍恐右之趣奉申上候、已上

寛政四年子十月十九日　　右三人

御奉行様

享保八年以前においては、年頭御礼に参加する町年寄は剃髪して法体で参加した。しかし、享保八年の京都町奉行所による都市行政改革に際し、下京では今後は「有髪」でも（すなわち法体ではなく俗体でも）年頭御礼に参加したいと願い出て、これが認められたという。実際に、巻末の［年頭御礼関係一覧表］でも、享保八年より前に下京から参加した町年寄は名前が漢字二字の法名になっているが、享保八年以後は俗名となっている者が多い。この理由として、【史料2-15】では、年頭御礼に参加して帰京した後に家業をするのに差し障りがあるとしているのは、年頭御礼に参加する町年寄は町役人であるが、町役人を専業としている訳ではなく、他の商売を有していたということである。まして享保八年以降は三年で町年寄は交替することを義務づけられた訳だから、町年寄が特定の個人・家に固定されることは無く、年頭御礼の参加者も固定されないので、【史料2-12】の町代の認識の中で、他の畿内幕府直轄都市と比較して、京都では同一人物が二度参加することはないとされた。このような

形で、徳川将軍家との間の儀礼に参加する《個別町》の町年寄がその見た目としても法体のような形で他と区別されないようになったことは、《惣町》の枠組みにおける「対外的な代表者」としての性格も希薄化させることになったと考える。但し、上京については、法体での参加を続けたようだから、上京と下京では経済的環境などが異なる点も関係しているのかもしれない。

以上、本章でこれまで検討してきた点から、織豊政権期に形成された統一権力—《惣町—町組—町》という京都における都市秩序は、徳川政権による直轄支配の下で、次のように展開した。つまり、統一権力との間の一元的な関係を維持した、江戸城の儀礼の場における、徳川将軍家—茶屋四郎次郎—《惣町》という関係に加え、所司代—京都町奉行—与力—町代—《町組》—町年寄—《個別町》という形で、京都における行政支配上の関係も展開するようになった。

そして、徳川将軍家—所司代—京都町奉行所という支配側の重層構造と、住民側の《惣町—町組—町》という街区組織の重層構造がリンクして、江戸城における儀礼を主たる場とする徳川将軍家—《惣町》という関係と、京都の都市行政の場における所司代—京都町奉行所—《町組》—《個別町》という関係の二層構造となったのである。

儀礼上の関係に注目することで、こうした支配—被支配をめぐる秩序の二つの位相が明らかになった。さらに、この二つの位相において、徳川将軍家とつながる際の住民側の組織と、所司代や京都町奉行所が都市行政として組織的に掌握する住民側の組織にズレを確認することができる。

すなわち、織田・豊臣政権との間で成立した一元的な関係を引き継ぐ形で、徳川将軍家との間の儀礼を通じた対応として、対外的には《惣町》の枠組みが持つ意味・機能は維持された。幕府直轄都市として、幕府遠国支配機構との間で都市行政上の支配—被支配の関係を持つとともに、これら幕府機構の上に支配権力側の重層構造の頂点に立つ徳川将軍家との間で直接の服属儀礼を通じた支配─被支配の関係をも有し続けた。

一方で、京都町奉行所の都市行政が組織掌握の深化（統一的町年寄制）という形で展開する中、被支配住民の《惣町─町組─町》の重層構造も影響を受けた。《惣町》の枠組みと徳川将軍家との間の関係で行われる儀礼に、京都町奉行所の都市行政において均一的に掌握された《個別町》レベルの存在である町年寄が、町代の「指口」という指示の対象とされ、《町組》順に参加する形になった。《惣町》の枠組みにおける「対外的な代表者」として徳川将軍家との間の儀礼に《個別町》の町年寄が参加するという京都の特殊性は、他の畿内幕府直轄都市と異なり、同一人物が二度参加しない点にも表れている。こうした特徴は、徳川将軍家との間の儀礼を通じたつながりが、特定の《惣町》レベルの町役人に限定されるということがなかったことも示す。

さらに、享保期の京都町奉行所による都市行政改革の結果、町代側の認識として、あくまで《個別町》レベルで統一的町年寄制度に規定された存在である町年寄が決められた順番で参加すると位置づけられたことが被支配住民側にも影響を与えた。第五章でも触れるが、天明八年（一七八八）に年頭御礼の由緒調査が行われた際の下京からの返答中に、年頭御礼の参加について、「下京惣代為御拝礼相勤候儀とハ不奉存、古京年寄共之内ゟ順番を以壱人宛罷下御拝礼相勤候儀と相心得罷在候」(68)とある（【史料5-7】）。つまり、年頭御礼に参加する町年寄が持っていた《惣町》の枠組みにおける「対外的な代表者」という性格をも希薄化させたのである。このような形で、徳川将軍家との間の儀礼に参加する者の性格変化が《惣町》の位置づけにも影響を与えることになった。

一方で、京都から年頭御礼に参加する町代は世襲で、同一人物が何度も参加していた。さらに、享保十六年の争論に際し、京都町奉行所から諮問を受けた町代は、「下京年寄江戸下り之儀、（中略）順番ニ当り候而も筋目人柄等吟味仕、町中ゟ私共仲ケ間へ証文取、其上ニ而御窺申上、御番所江其者を出し御下知を請、相極メ来申候事」という見解のもと、争論の対象となった市右衛門については、「人柄等も見不申候得者私共ゟ人柄見申、其上ニ而下り之儀被仰付被下候様、乍憚奉存候」と回答した[69]。すなわち、町代は、年頭御礼に参加する町年寄の「人柄」を見立てるとともに、第二節でも触れたように、町代仲間宛ての証文（「口上書」・「江戸下年寄式法」、【史料2-6・7】）を町年寄から提出させたことなどに、同じ徳川将軍家に対する拝謁・献上儀礼の参加者である町代と町年寄の関係が表れている。これは年頭御礼に参加する者の「対外的な代表者」としての性格と齟齬するものでもあった。そして、こうしたズレが町代と町年寄の関係に影響を与えることになったのである。この点を第三章で検討していきたい。

（1）松本四郎「都市と国家支配」（同『日本近世都市論』、東京大学出版会、一九八三年・初出一九七五年）四六～四七・五八～五九頁。
（2）徳川黎明会編『徳川禮典録　上』（原書房、一九八二年・一九四〇年刊の復刻）四頁。
（3）京都の例では、文政町代改儀一件の際に出された願書中に、「御当地町中之儀者従古来屋地子御免許被為成下、（中略）、為御冥加関東御表江毎歳御年頭御拝礼、并臨時御祝義恐悦ニ年寄共出府仕候」（「御拝礼一条につき願書之控」〈小結棚町文書DⅣ36・京都市歴史資料館架蔵写真版〉）とある。
（4）金子拓「室町殿をめぐる「御礼」参賀の成立」（同『中世武家政権と政治秩序』、吉川弘文館、一九九八年・初出一九九七年）二四七頁。
（5）小宮木代良「近世武家政治社会形成期における儀礼について」（同『江戸幕府の日記と儀礼史料』、吉川弘文館、二〇〇六年）三三〇頁。
（6）秋山國三『近世京都町組発達史〈新版公同沿革史〉』（法政大学出版局、一九八〇年・初出一九四四年）三二一～三二三頁、朝尾直弘「近世の身分制と賤民」（同『朝尾直弘著作集第七巻　身分制社会論』、岩波書店、二〇〇四年・初出一九八一年）四五頁。
（7）望月良親『日本近世社会と町役人』（勉誠出版、二〇二〇年）、特に、第六章「移動する将軍と町役人の将軍年始参上」。

(8) 新修大阪市史編纂委員会編『新修大阪市史』三（大阪市、一九八九年）、小葉田淳編集『堺市史』続編一（堺市、一九七一年）、伏見町役場編『京都府伏見町誌』（臨川書店、一九七二年・一九二九年刊の複製）、奈良市史編集審議会編『奈良市史』通史三（奈良市、一九八八年）。

(9) 「寛政四子冬、全体ケ様被申儀愈奉御承知置、宜折在之候ハ、何卒此趣ニも被仰上被下候様申之、茶屋四郎次郎へ於江戸内々指出置候書付之うつし」（古久保家文書一二五「町代由緒書上」・京都府立京都学・歴彩館蔵）。

(10) 「言継卿記」永禄十三年二月三十日条（『言継卿記　第四巻』（続群書類従完成会、一九九八年）三九三頁）。

(11) 河内将芳「「上京地下人」「下京地下人」――室町幕府関係史料を中心に――」（同『中世京都の民衆と社会』、思文閣出版、二〇〇〇年・初出一九九三年）二六九頁。

(12) 「一五七三年五月二十七日附、都発、パードレ・ルイス・フロイスよりパードレ・フランシスコ・カブラルに贈りし書翰」（『異国叢書　耶蘇会士日本通信　下巻』（雄松堂書店、一九九六年・改定復刻版）二七七～二七八・二九〇～二九一頁）。

(13) 安国良一「京都の都市社会と町の自治」（岩崎信彦他編『町内会の研究』、御茶の水書房、一九八九年）、五島邦治「下京石井筒町記録から」（同『京都　町共同体成立史の研究』、岩田書院、二〇〇四年・初出二〇〇〇年）など参照。

(14) 仁木宏「京都研究と中近世移行論」（同『京都の都市共同体と権力』、思文閣出版、二〇一〇年）二五二・二五五頁。

(15) 天正二十年（一五九二）六月八日［上京惣中宛豊臣秀吉朱印状］（親九町組文書・京都国立博物館寄託、『町触別二』二五二、表1-1上京⑫）。

(16) 「十四町与惣帳」（親九町組文書・京都国立博物館寄託・「上下京町々古書明細記」（『日本都市生活史料集成　三都編Ⅰ』、学習研究社、一九七七年）所収分を使用）。

(17) 前掲註(11)河内将芳「「上京地下人」「下京地下人」――室町幕府関係史料を中心に――」二七六頁。

(18) 仁木宏「惣町・町組の形成過程をめぐって」（前掲『京都の都市共同体と権力』・初出一九九九年）一九八頁。

(19) 「豊臣・徳川両家宛京都町人衆年預《(ママ)》八朔祝儀記録」所収（国立国会図書館所蔵）。

(20) 杉森哲也「町代の系譜――十七世紀上京における町組と町代――」（同『近世京都の都市と社会』、東京大学出版会、二〇〇八年・初出一九八七年）を参照。

(21) 慶長十年「万遺日記」（冷泉町文書・『京都冷泉町文書　第一巻』（思文閣出版、一九九〇年）二一号、六八頁）。
(22) 慶長五年七月「上京五組中切符等写」（前掲『京都冷泉町文書　第一巻』一六号）など。
(23) 塚本明「近世中期京都の都市構造の転換」（『史林』七〇-五、一九八七年）五頁。
(24) 天正十年七月～慶長十二年十二月「大福帳（東側）」（冷泉町文書・前掲『京都冷泉町文書　第一巻』一号）、慶長十二年一月～寛永七年七月「大福帳（東側）」（冷泉町文書・前掲『京都冷泉町文書　第一巻』二二号）。
(25) 二木謙一「江戸幕府八朔参賀儀礼の成立」（同『武家儀礼格式の研究』、吉川弘文館、二〇〇三年・初出一九八六年）によれば、江戸幕府型八朔儀礼は、寛永期の参勤交代制の確立にともなう大名出仕の規定と並行して儀礼化がなされたとする。
(26) 年頭の拝謁・献上儀礼以外にも、代替わりや将軍継嗣の誕生など将軍家の慶事に際し、「臨時恐悦」「浮下り」という形で、拝謁・献上儀礼を行っている。また、将軍の上洛が寛永十一年以降、文久三年（一八六三）まで行われなくなるため、近世を通じての徳川将軍家と京都住民との間の儀礼関係は、江戸城を主要な場とすることになった。
(27) 藤井譲治監修『江戸幕府日記　姫路酒井家本　第四巻』（ゆまに書房、二〇〇三年）五一～五二頁。
(28) 近世中期までの年頭御礼の記録として、以下の年次のものが残されており、表2-3、および本節の記述に際しては、これらの史料を使用した。宝暦二年（一七五二）「江戸御年頭往来記」（京都府立京都学・歴彩館架蔵写真版）、安永二年（一七七三）「御年頭江戸下り日記」（小結棚町文書DV3・京都市歴史資料館架蔵写真版）、天明二年（一七八二）［従京都江戸年頭下り扣書］（「青菰雑誌」五六巻所収・国立国会図書館蔵）、天明四年「江戸年頭御拝礼雑書」（塩瀬家文書・京都市歴史資料館架蔵写真版）、天明九年「御年頭御拝礼諸事扣」（北観音山町文書DI9・京都市歴史資料館架蔵写真版）、寛政二年（一七九〇）「御拝礼江戸下向」（「古京遺録」所収・京都大学附属図書館蔵）、寛政七年［年頭拝礼江戸下り一件留帳］（塩見佐一郎家文書・京都市歴史資料館架蔵写真版）、寛政七年「年頭御拝礼一件」（「西京町会所記録」所収・東京大学法学部法制史資料室蔵）、寛政十二年「御歳頭拝礼一件」（高辻堀之内町加舎家文書・関西大学総合図書館蔵）。
(29) 「御年頭江戸下り日記」（小結棚町文書DV3・京都市歴史資料館架蔵写真版）。
(30) 奏者番の日記「御奏者番勤向自筆留日記」（土屋家文書・国文学研究資料館蔵）明和二年（一七六五）正月三日条に、

「夫ゟ帝鑑間御ふすま老衆被開之、入御節上京・下京之御披露、当番伊賀殿（松平忠順）、当所町年寄御披露、美濃殿（板倉勝武）被勤、無滞相済」とある。同じ土屋家文書の奏者番関係の勤方席図（「御本丸席図　年始席図　天」）中の「御白書院御次　正月三日披露席之図」や、奏者番の勤方手鑑（「（奏者番規式例書）」正月三日の項）からも、奏者番が上京・下京の披露を行う場所や台詞がわかる（深井雅海編『江戸時代武家行事儀礼図譜　第一巻（奏者番勤方席図　一）』（東洋書林、二〇〇一年）三一八・五二八頁）。

(31)「御拝礼江戸下向」（「古京遺録」所収・京都大学附属図書館蔵）。

(32)「年頭御拝礼一件」（「西京町会所記録」所収・東京大学法学部法制史資料室蔵）。

(33) なぜ寺社奉行から拝領品を受け取る形になっていたかは不明であるが、寺社奉行は殿中儀礼を担当する奏者番の中から選ばれ、寺社奉行就任後も奏者番から離職せず兼職する者がいることと関連しているかもしれない（大友一雄『江戸幕府と情報管理』（臨川書店、二〇〇三年）一二二頁を参照）。

(34) 茶屋四郎次郎については、牧知宏「町役人としての茶屋四郎次郎家」（杉森哲也編『シリーズ三都　京都巻』、東京大学出版会、二〇一九年）でも、儀礼上での役割などを明らかにしている。

(35) 廻勤の相手にある尾州茶屋家は、近世初期に分かれた茶屋家の一族で御三家の尾張徳川家の呉服御用などを務めた。尾州茶屋家の日記（尾州茶屋家文書・蓬左文庫蔵）宝永四年（一七〇七）正月三日条に、「公方様江上京・下京・大坂・堺・奈良・伏見、五ケ所町人御目見、依而御城へ罷出候、四郎次郎同道也」とあるように、年頭御礼に四郎次郎に同道して参加することもあったようである。

(36)「江戸御年頭往来記」（京都府立京都学・歴彩館架蔵写真版）。

(37) 前掲註(29)「御年頭江戸下り日記」（小結棚町文書ＤＶ３・京都市歴史資料館架蔵写真版）の事例では、二月〜四月の間に《町組》（中十町組）の寄合で参加する年寄が決定、町代にも報告されていた。十月になって改めて町代より指示があり、参加する年寄の名を届け出ている。

(38) 前掲註(29)「御年頭江戸下り日記」（小結棚町文書ＤＶ３・京都市歴史資料館架蔵写真版）。

(39) この所司代証文は、第四章で取り上げる京都旧記録類に書き写されている。ここでは、「下古京委細帳」（高辻堀之内町加舎家文書・関西大学総合図書館蔵）に書き写されている、享保八年（一七二三）の「道中船川渡証文」を引用した。

なお、この所司代証文については、「京都町奉行所書札覚書」（『京都町触集成　別巻一』、岩波書店、一九八八年）や「京都御役所向大概覚書」（『清文堂史料叢書第五刊　京都御役所向大概覚書　上巻』、清文堂出版、一九七三年）といった京都町奉行所の行政マニュアルにも掲載されており、京都町奉行所も何らかの形で関わっていたようである。

(40)　杉森哲也「町代の成立」（前掲『近世京都の都市と社会』・初出一九八九年）一八八頁。

(41)　巻末の［年頭御礼関係一覧表］では、近世初期には年寄一名、町代三名になっている事例が見られるが詳細は不明である。また、代替わりや将軍家の慶事などに際しての「臨時恐悦」では、町年寄一名・町代一名の参加になっていたようである。

(42)　鎌田道隆「町の成立と町規制」（同『近世京都の都市と民衆』、思文閣出版、二〇〇〇年・初出一九九六年）一二五～一二九頁。

(43)　『町触別二』四〇六。

(44)　『町触別二』四一〇。

(45)　『町触別二』四〇七・四〇九。

(46)　前掲註(40)杉森哲也「町代の成立」二〇八頁。

(47)　「呉服師由緒書」（『徳川時代商業叢書　第一巻』（国書刊行会、一九一三年）三七一頁）。

(48)　朝尾直弘「「洛中洛外町続」の成立――京都町触の前提としての――」（前掲『朝尾直弘著作集第六巻　近世都市論』・初出一九九六年）二九五～二九六頁。

(49)　但し、前掲(34)牧知宏「町役人としての茶屋四郎次郎家」でも述べた通り、近世を通じて、京都町奉行所による都市行政の上では茶屋四郎次郎家が「惣町頭役」としての役割を果たしていたことは確認できない。一方、江戸城における徳川将軍家との間の儀礼や所司代の初上京を迎える儀礼などを取り次ぐ役割は近世を通じて果たしていた。

(50)　寛文十一年十二月五日「江戸下番年寄指口次第」（古久保家文書一三三・京都府立京都学・歴彩館蔵）。

(51)　寛文九年十一月二十七日「中ケ間江戸下番定帳」（古久保家文書九二・京都府立京都学・歴彩館蔵）。

(52)　なお、文政町代改儀一件後の文政二年（一八一九）に、上京では、年頭御礼に参加する《町組》の順番を、改めて〈下一条―上一条―上西陣―上川東―聚楽―下中筋―立売親八町―下川東―上中筋―立売親九町―小川―下西陣〉という形で取り決めている（「大年番幷組々心得大意」（歓喜町文書Ｄ17・京都市歴史資料館架蔵写真版）。

(53) 文化二年（一八〇五）十一月「考定永代覚帳」（三条衣棚町文書五〇一七・京都府立京都学・歴彩館蔵）。

(54) なお、下京の古町の《町組》の一つである三町組は徳川将軍家に対する拝謁・献上儀礼には参加しなかった。三町組については、その内に長刀鉾町を含み、中心部に位置する古格を誇る《町組》であるが、少数の《個別町》で構成されていたことが関係するのか、下京の中での位置づけについて詳細は不明である。

(55) 寛延三年十月「江戸御年頭御礼ニ付一件」（古久保家文書九八・京都府立京都学・歴彩館蔵）。

(56) なぜ「祇園新坊手下」であると、「筋目等難計」いのか、その詳細は不明である。

(57) 「下古京定幷五組極り申覚書」占出山町文書ＤⅡ45・京都市歴史資料館架蔵写真版）、「古京雑記」（長刀鉾町文書ＤⅡ38・京都市歴史資料館架蔵写真版）などの町代改儀一件関係史料に書き写された「下京組之事」という記事。

(58) 前掲註(55)「江戸御年頭御礼ニ付一件」（古久保家文書九八・京都府立京都学・歴彩館蔵）。

(59) 京都市編『京都の歴史6　伝統の定着』（学芸書林、一九七三年）第一章第二節、田口泰久「享保期　京都の民政について」（津田秀夫先生古稀記念会編『封建社会と近代』、同朋舎出版、一九八九年）など参照。

(60) 『町触二』一四〇三。

(61) 前掲註(42)鎌田道隆「町の成立と町規制」一二九～一三〇頁。鎌田氏は、町年寄任期三年制が導入されたことについて、「町年寄らの長期在職による専横や腐敗を排除しようとしたものであるが、一面では町年寄の単数化が定着してきたこと、町年寄への権力などの集中がすすんできたことをものがたるものであろう」と述べている。

(62) 「川西九町組半町の年頭江戸拝礼に付争論裁許写」（古西町文書Ｄ2・京都市歴史資料館架蔵写真版）。前掲註(55)「江戸御年頭御礼ニ付一件」（古久保家文書九八・京都府立京都学・歴彩館蔵）にも書写されている。

(63) 前掲註(55)「江戸御年頭御礼ニ付一件」（古久保家文書九八・京都府立京都学・歴彩館蔵）。

(64) 明和三年（一七六八）「慶長巳来献上留並臨時恐悦事書抜書」（古久保家文書一〇二・京都府立京都学・歴彩館蔵）。

(65) 「宝暦五年亥六月　仲ケ間勤方、幷年寄・町用人勤方御尋ニ付書上候扣」（古久保家文書一一八・京都府立京都学・歴彩館蔵）。

(66) 前掲註(9)「寛政四子冬、全体ケ様被申儀愈奉御承知置、宜折在之候ハ、何卒此趣ニも被仰上被下候様申之、茶屋四郎次郎へ於江戸内々指出置候書付之うつし」（古久保家文書一二五「町代由緒書上」・京都府立京都学・歴彩館蔵）。

（67）　町代改儀一件を契機として作られたと推測される「京都旧記録」類の類書である「古京雑記」に書き写されている（古出山町文書DⅡ38・長刀鉾町文書DⅡ38・いずれも京都市歴史資料館架蔵写真版）。

（68）　天明八年二月四日「乍恐差上奉返答書」（三条衣棚町文書六一四三・京都府立京都学・歴彩館蔵）、『町触六』一七四一。

（69）　前掲註（55）「江戸御年頭御礼ニ付一件」（古久保家文書九八・京都府立京都学・歴彩館蔵）。

第三章　近世前・中期、都市行政の展開——年寄と町代の関係をめぐって——

第一節　都市行政の構造的把握

本章は、近世都市京都における支配—被支配を取り次ぐ存在としての年寄と町代の関係について分析し、特に近世前・中期の京都における都市行政の展開を考察したものである。ポイントとなるのが、吉田伸之氏[1]が述べるように、「行政の主体である幕府＝町奉行所と地縁的な自治団体である町との接点の構造的特質」である。近世京都において、このような支配—被支配の接点に位置していたのが、年寄と町代という町役人である。本章では特に、戦国期以来早熟的に《惣町》の枠組みでの「自治」を成立させ、第二章で明らかにしたように徳川将軍家との間で儀礼を通じたつながりを有した被支配住民による自律的な都市運営と、幕府の遠国支配機構たる所司代・京都町奉行所の都市行政との関係に注目する。

この年寄と町代の関係をめぐるこれまでの研究史を振り返ると、この論点をめぐる議論の中心となっているのが、文化十四年（一八一七）から翌々文政二年（一八一九）にかけて、年寄を中心とする被支配住民と町代との確執が京都町奉行所における訴訟にまで発展した文政町代改儀一件である。この一件において展開した町代と年寄の対立の歴史的性格については、戦前の秋山國三氏[2]以来さまざまな研究が行われてきた。近世京都における年寄と町代の関係の展開についての研究史上の理解として、林屋辰三郎氏によるまとめを次に引用する[3]。林屋氏は、近世における「支配者と町組との具体的な関係」として、「年寄が一本の責任者として登場しても、実際上の事務がかならずしも円滑に運ぶわけではなかったから、その事務担当者として雇傭されたものがすなわち「町代」と称するものであった。この町代を通じて幕府と町との関係をうかがうことは、きわめて興味ふかい。（中略）町役としての年寄に対して町代が成立すると、幕府としては事務的にも町代を通すことが都合がよいので、しだいにこれを重視するようになった。（中略）年寄は町役として存置しながら、町代が町組の代表者として公定されてゆく動きがしだいにつよめられたのは、とりもなおさず、幕府の権力によって町代の地位を高めることであった。すなわち、町組側の利害とはかならずしも関係のない雇傭者で、奉行所にも月番する町代をして町組を支配せしめ、町組の形骸化を推進してゆく政策にほかならない。すると、この政策の進行につれて、町代じしんとしても町組に対する支配者的意識をもつに至り、その元来の役目である事務雑用のことは新たに部下として配置した下町代とか小番といったものに委せるようになってしまう。かかる状態に対しては、やがて町代の苗字帯刀問題をきっかけに、それは古格をやぶる僭上であるという年寄町役からの不満の爆発となり、ついに抗議が訴訟としてうち出されるのだが、これがようやくある程度是正されたのは、幕末に近い文化・文政期になってからのことであった」と述べている。

このような理解を元に、これまでの研究史においては、次の三点を中心に分析が行われてきた。①近世初期における「町代が町組の代表者として公定されてゆく動き」(4)、②元禄・享保期における京都町奉行所の役人的地位への町代の上昇転化、末端役人化(5)、③町代の支配者的立場に対する住民の抵抗運動(6)の三点である。

これに対して、朝尾直弘氏(7)は、「町」〈個別町〉を都市を構成する基礎単位としてとらえること、「町自治」を基礎とする「都市行政の構造的把握」を課題として、京都において「奉行所と町との接点」に位置した町代について分析し、従来の「奉行所の手先対組町の自治という構図の設定は、国家や権力が都市にとって外在的であった社会や時代にとっては有効であるが、近世日本のように、都市が統一権力による体制的な分業編成の重要な環として組み込まれているところでは、都市構造研究の問題として十分ではない」とし、町代が「自治体である下部の町の意見を反映させる回路を構成し、下からの官僚制形成の可能性を萌芽的に有した」点を評価した。

この「都市行政の構造的把握」という問題提起を契機として、その後の研究においては、町代を《町組》住民の対抗物として見るのではなく、都市行政上で果たした役割についてさまざまに議論されるようになり[8]、特に塚本明氏[9]は、町代について、「町奉行所機構の中で都市政策を進める主体、自律的な「行政官」の一員としての性格を持った」と評価している。さらに、谷直樹氏[10]や杉森哲也氏[11]の実証的な研究によって、町代の出自が《町組》を代表する階層の者にあることが明らかにされ、従来言われてきた、本来《町組》の使用人であったものが上昇転化したという理解も否定されるようになった。

さらに、京都の町代の行政上の役割、特に「町の意見を反映させる回路」としての側面が明らかにされたことを契機に、近世都市史研究の中で、行政への住民の主体的な参加という視点からの議論が盛んになった。塚本明氏[12]は、近世都市の行政を「領主による都市住民支配と同義ではない」とし、元禄・享保期にかけての三都における町役人の再編成について、「領主意志を徹底させるために上意下達的な支配機構として組み込んだと評価すべきものではなく、むしろ民意を吸収し、円滑な行政を遂行するための改編」であり、「住民の代表者を町奉行所行政に関与させる」ものとの理解を示した。

本章では、このような研究史の成果を踏まえた上で、文政町代改儀一件につながるような町代と年寄との間の矛盾について改めて注目したい。文政町代改儀一件として町代との対立が表面化したことは事実であり、「住民の代表者を町奉行所行政に関与」させ、「円滑な行政」が遂行される中、都市行政上に位置づけられた町代との間で、文政町代改儀一件として帰結するような対立を生む矛盾がなぜ生じることになったのか、改めて問い直す必要もあるのではないか。

そこで、本章では、朝尾氏の提起する「都市行政の構造的把握」という方法を継承して、この方法についての横田冬彦氏による解説[13]をも参考にしながら、次の二つの視点から町代と年寄との間の矛盾について検討していきたい。特に、横田氏が指摘する、「惣町の自治」の行き先が、即町代の「下からの官僚制形成」につながるのかどうかについては、具体的な分析をもとに評価する必要があるだろう。

まずは、「早熟的に形成された」「惣町の自治は近世都市の中にどのようにもち越されたのか」という点である。中世末・戦国期には独自に上京・下京という《惣町》の枠組みでの「自治」を形成させていた京都の都市住民は、近世統一権力との間に儀礼関係を一方に持ちながら、幕府直轄都市として所司代・京都町奉行所による都市行政の中に位置づけられていった。この過程において、「惣町の自治」の行方はいかなるものだったのか。これまでの町代の成立に関する研究は、上京の事例を中心に行われたことから、《町組》の年寄が町代に転じたという点に注目して「下からの官僚制形成」を論じていたと思われる。しかし、後述するように下京における町代の成立を検討すると、上京とは異なる状況が見られる。特に、「惣町の自治」の近世的展開としての《惣町》の枠組みにおける自律的な都市運営の要素について、これまでの研究では見過ごされてきたのではないか。第一・二章で明らかにしたように、徳川将軍家との間の儀礼を通じ、《惣町》の枠組みが持つ意味・機能は継続していたのである。

次に、右の関心とも関わって、「〈町共同体〉から組町、惣町、そして都市当局（町奉行所）にいたるまでを公権の重層的構造と見」る視点についてである。町年寄や町代といった町役人は、こうした《惣町―町組―町》の被支配住民側の街区組織と、都市当局（所司代・京都町奉行所）との間を、それぞれの枠組みに対応しながらつなぐ存在であった。所司代・京都町奉行所による都市行政は、これら町役人を、〔所司代―京都町奉行所―惣町―

町組（町代）―個別町（年寄）という支配―被支配をつなぐ回路（上申―下達のルート）上で、どのように位置づけ、機能させようとしたのか。その志向性を見極めることが「都市行政の構造的把握」にもつながると考える。そして、こうした都市行政の志向性を踏まえた上で、被支配住民側の自律的な都市運営との間でどのような矛盾が生じることになったのか。これらの問題を検討することが、文政町代改儀一件へと至る過程を検討する前提にもなると考える。

第二節　下京町代の系譜と年寄

本節では、近世初期における町代と年寄との関係について、特に下京町代の系譜から検討する。

町代の出自の問題と関わって、まず戦国期以来の《惣町》や《町組》の年寄について、これまでの研究成果を確認する。河内将芳氏(14)の研究では、戦国期の京都における、「上下京地下人」という《惣町》の名を冠した存在について、「酒屋・土倉によって形成された上下京という地縁を前面に出した職縁集団が、同時期に顕著となる個別町との接点をもちつつも惣町レベルでひとつの階層として移行」したものであるとし、さらにこの「「地下人」に系譜をひく者たちの残映」として、「杉森哲也氏によって解明された町代（上町代）に転成してゆく惣町年寄や町組年寄の存在」をあげる。

そこで、杉森氏の研究(15)を確認すると、第二章でも触れたように、豊臣政権期における《町組》を代表する年寄の存在、特に中筋組年寄の「浄円」に注目して、浄円が「肥前名護屋へ陣中見舞に出かけており、それは上京を代表してのものである」とし、浄円が「上京レベルの存在」でもあったことを指摘して、各《町組》を基盤とする《惣町》年寄のあり方について明らかにした。このように、豊臣政権期においては、《町組》を基盤としながら、《惣町》を代表する《惣町》年寄が存在し、彼らが豊臣政権との間の儀礼に参加していたのである。

そして杉森氏[16]は、町代について「徳川政権が町組の年寄ないしはそれに相当する有力者を掌握し」、町組の触頭として確定して、「徳川政権から町に至る基本的な支配ルートの中に位置づけ」たものであり、「各町組ごとに一人ずつ触頭として町代が設定された」とする。これは、《町組》を基盤とする「町組の年寄」を各《町組》ごとの担当者とすることにより、《町組》の枠組みでの掌握がなされ、彼らを通じた支配を行おうとしていたことを意味する。

さらに、慶長六年（一六〇一）に、茶屋四郎次郎家の二代清忠が「惣町頭役」に任命された[17]とされる点が注目される。朝尾直弘氏[18]は、「惣町頭役」として「呉服所商人の茶屋四郎次郎を置き、年寄を棚上げにして実質は町代をつうじた支配を強化しようとの意思」が認められ、これが「惣町をぬきにして町組を把握」するものであったと評価している。但し、この「惣町頭役」は茶屋家二代清忠のみ、当該期のみに任じられたもので、後の時代にも「惣町頭役」という固定された役職として継承されたものではなかったことは別稿[19]で述べたが、第二章でも触れたように、茶屋四郎次郎は、上京・下京及び畿内幕府直轄都市と徳川将軍家との間の儀礼においては、これを取り次ぐ役割を果たしていた。

つまり、徳川政権期の京都においては、初期を除き茶屋四郎次郎が都市行政に関わることはなく、《惣町》と徳川将軍家との間の儀礼のみに関わり、一方、遠国奉行による都市行政の場では、《惣町》をぬきにして被支配住民側における《町組》レベルの代表者（年寄）を町代という町役人とすることで、《町組》を通じた支配を志向したといえよう。

しかし、この町代の成立に関する分析は、杉森氏も問題としているように、上京の事例に限られたものである。この点に関わって、次の史料に注目したい。

【史料3−1[20]】

急度申入候、如毎年上下京ゟ為年頭御礼罷下候、従上京此以前ハ以町代御礼申上候儀如何と申、従当年者上京ニ而人も存候年寄両人罷下り候間、其元可然様ニ御取成頼入存候、猶此者共可申入候、恐惶謹言

極月十九日　　　　　板倉伊賀守（勝重）
　　　　　　　　　　　御書判

大久保相州様
　人々御中

この史料は文政町代改儀一件の過程で、町代より出された証拠物として書き写されたものである。徳川将軍家に対する拝謁・献上儀礼に関して、本来町代のみの参加であり、所司代板倉勝重の命によって「人も存候年寄」も参加するようになったとする主張の根拠とされている。この史料の正確な年代や出された背景は不明であるが[21]、慶長・元和期の所司代板倉勝重の治政期（慶長八年（一六〇三）～元和五年（一六一九））の状況を示しているものと考える。この史料で述べられていることは、年頭御礼の参加者について、これ以前は上京からは町代が参加していたが、これは問題があるので、この年からは「人も存候年寄」と町代の両人が参加するようにしたいということである。杉森氏の研究成果にあるように、上京の町代は、豊臣政権との間の儀礼に参加した年寄が転じた者であるから、徳川将軍家との間の年頭御礼にも参加していたことが、この史料からわかる。このように、《町組》を基盤としながら《惣町》を代表し、統一政権との間の儀礼行為に参加するような《町組》の年寄が町代として設定されていく一方で、町代とは異なる「人も存候年寄」が存在する状況も、この史料は示唆している。

特にここで注目されるのは、「上京此以前ハ」、「上京ニ而」とある点である。つまり、これはあくまで上京の状況についてのみ述べているということである。これに対し、下京では状況が、特に「人も存候年寄」と町代との関係が異なっていたのではないかと推察される。

そこで、上京に比べると極めて史料の残存状況が限られているため、主に後世の記録類による被支配住民側の

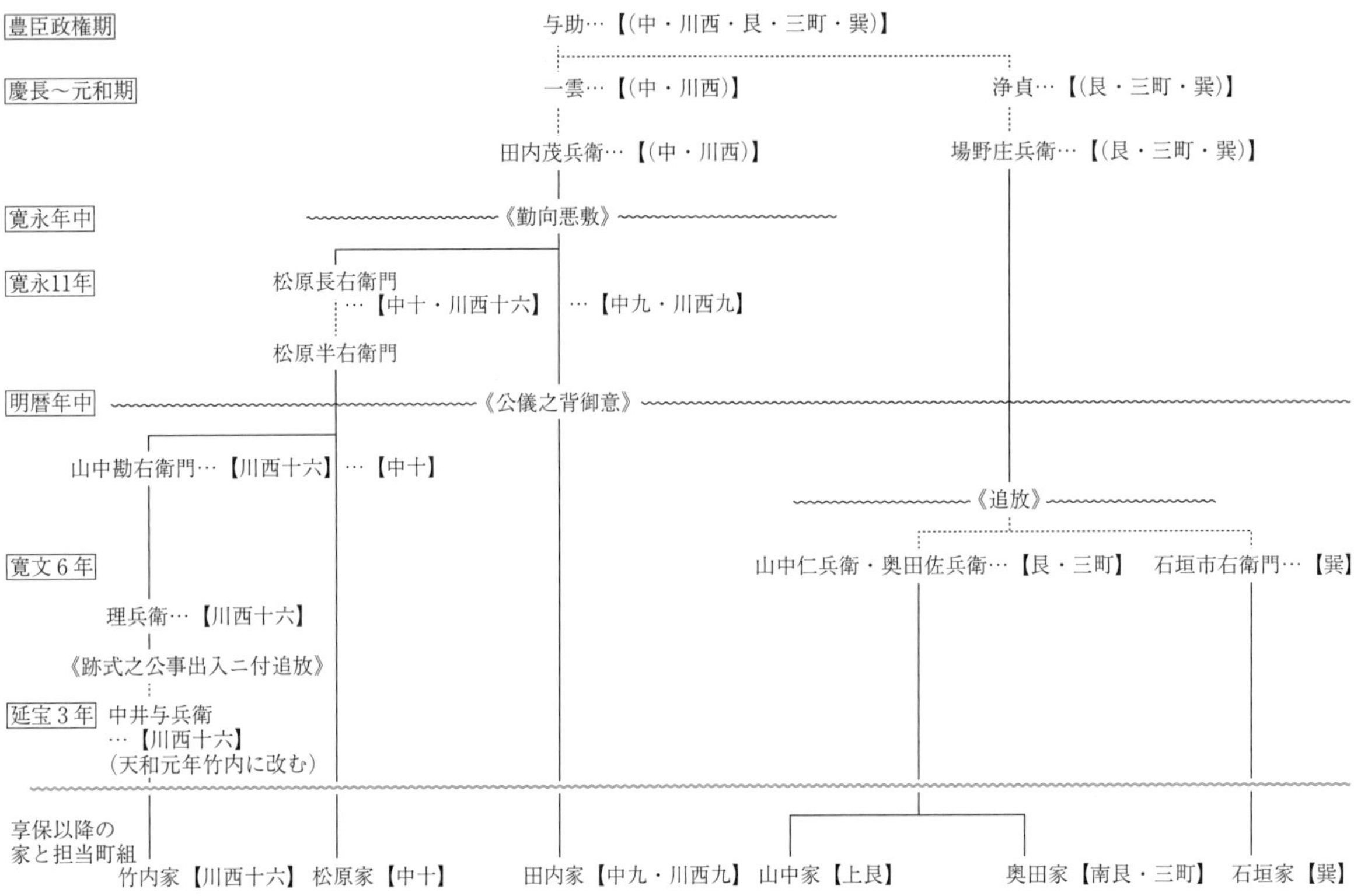

図3－1　下京における町代と担当町組の展開

註：下記の史料の記述により作成した。「下京町代之覚」(「下古京委細帳」高辻通堀之内町加舎家文書・関西大学総合図書館蔵)「知恩院御寺へ指置申大工衆之事」(知恩院文書)「駕輿丁左近府内猪熊座中次第不同」(壬生文書)
「中組古来留帳」・「将軍家家光公御上洛之時洛中之者共え被下置候銀子相渡目録」(北観音山町文書)、「町代場野庄兵衛申伝書幷田内一雲申伝再調書」・「正徳三年　下古京定幷五組極り申覚書」(長刀鉾町文書)、「下古京御朱印幷御判之物類留」・「寛永十年十月中拾町、同九町、川西宛町代一札」・「寛文六年三月、七月上艮組之願書、町代請状」・「同(寛文六年)四月、六月巽組之請状三通」(善長寺町文書)・「太閤様御借日記張」(三条町文書)、いずれも京都市歴史資料館架蔵写真版

認識を中心にしたものであるが、町代と担当《町組》の展開を示した図3-1をもとに、京都町奉行成立以前における下京町代の系譜から、下京における町代と年寄の関係について検討したい。

まず、豊臣政権期の史料として次のものがある。

【史料3-2】[22]

公儀御用等幷政道方之儀ニ付申出候事、諸事下京之者共令由断候、種々沙汰之限ニ候、自今以後由断之輩、無用捨可申上候、五組之内雖為何之与、悪事従此方聞出候ハヽ、年寄共可為曲事候間、万事不可有用捨候也

二月十二日　　玄以　花押

与助

宛先の「与助」は、後に一雲と称し、町代田内家の初代とされる人物である。[23]この与助に対して、豊臣政権下、所司代として京都支配を担った前田玄以が、「公儀御用等幷政道方之儀」につき、「五組」の「年寄共」の油断が無いよう注進を求めたものである。下京では、豊臣政権の時代には、中組・川西組・艮組・三町組・辰巳組の五つの《町組》が成立しており、各《町組》の「年寄」が存在していたが、与助は豊臣政権と「五組」、すなわち下京《惣町》の枠組みとの間を取り次いだことがわかる。後世の認識ではあるが、慶長から寛永初期において、一雲が「肝煎とも申候儀ニ御座候而御公用之取次」を行っていたとする史料もある。[24]

また、町代が自らの由緒を語る中では、第五章で取り上げる明和三年（一七六六）の「諸事覚」[25]に次のように記している。

【史料3-3】

一、天正之比只今町代松原長右衛門先祖法春儀、町年寄頭相勤、町中之取次支配可仕候旨　御朱印頂戴仕、幷京中地子御免之　御朱印仲ケ間ニ所持仕候、其時之　御所司様ゟ御政道方之儀下京悪事無用捨可申上旨、

与助宛御書付唯今町代仲ケ間ニ所持仕候
一、右御時代小田原御陣、薩州御陣、高麗御陣場江為御見舞、与助・法春参上仕候、但、（与助・法春と申者、其砌之町代ニ而御座候）

与助に対して与えられた「御書付」＝【史料3-2】を町代仲間で所持していることを記すとともに、秀吉に対する儀礼には、松原法春と与助が参加したとしている。(26)あくまで後世の認識によるものではあるが、与助は、下京《惣町》の枠組みと統一権力との間を取り次ぐ「肝煎」で、(27)豊臣政権との間の儀礼行為にも参加する存在として位置づけられている。

さらに、杉森氏も取り上げている慶長十八年（一六一三）の四府駕輿丁座に属する猪熊座の座人を書き上げた史料の中には、(28)「下京組町代一雲」と並んで「下京組町代浄貞」の名が見られる。その詳細については不明であるが、(29)慶長期の町代が二名存在し、後世の認識とも符号する。すなわち、一雲が中組・川西組、（場野）庄兵衛という人物が艮組・三町組・辰巳組という形で、下京五組をそれぞれ担当したとする。(30)つまり、浄貞とは場野庄兵衛のことを指すのではないか。(31)豊臣政権期の与助（田内一雲）と合わせて、この時点で下京の町代は二名になっていたと考えられる。

そして、この田内一雲（茂兵衛）と場野庄兵衛については、その出自を戦国期に「惣町結合の中核、上下京の寄合の場として重要な役割をになった」(32)とされる六角堂に関連付けている史料がある。つまり、田内については「六角寄合之下働、亦者鐘撞抔も仕候者」とし、場野は「六角堂之辺ニ住居」し、その手代が六角堂の鐘を撞いたとする。(33)この情報は文政町代改儀一件の際に調査されたものなので、「下働キ」というような表現には、町代と対立した《町組》年寄の認識が反映されている可能性があり、実態としては【史料3-2】のように「御公用之取次」を行う「肝煎」のような存在であったと考える。このように、下京町代の出自が下京《惣町》の結合の核であった六角堂と関連して認識されている点が注目される。つまり、上京とは異なり、下京における成立期の町代は、《惣町》に基礎を持つ存在が所司代との間で「御公用之取次」を行っていたといえるのではないか。

また、豊臣政権期には、与助（田内一雲）が一人で五つの《町組》＝下京《惣町》を担当していたのが、慶長期には、一雲（田内）が二つの《町組》、浄貞（場野）が三つの町組という形で、町代二名で五つの《町組》を分担している。さらに後の展開を示した図3-1から結論を先取りすれば、近世初期の下京における町代は、豊臣政権期には一名だったのに対し、寛文・延宝期には複数の町代がそれぞれ一、ないし二つの《町組》を担当しており、時代が下るに従って、町代の担当する《町組》数が少なくなっていく。これは、杉森氏が明らかにした「慶長・元和期には各町組毎に一人ずつ専任の町代が存在」するが、「寛永期以降は一人の町代が同時に複数の町組を担当する」ようになるという上京の展開[34]とは異なっている。つまり、下京では当所は《惣町》に基礎を持つ存在が町代となっているように、《惣町》の枠組みでの掌握がなされ、その後、複数の町代が存在するようになって、それぞれ担当の《町組》を持つ形に位置づけられていく。このように、町代と《町組》との関係のあり方が上京とは異なるのである。

加えて右のことから、もともと下京では中組・川西組・艮組・三町組・辰巳組という五組の《町組》組織[35]と、町代の「公儀御用」など支配に関わる区画は上京のように一対一で対応していたのではなかったことが指摘できる。こうした《町組》組織と町代の関係については、寛永年中（一六二四～一六四四）における下京の町代をめぐる展開からもわかる。その経緯は、次の旧記の記述に見られる。

【史料3-4[36]】

下京町代之覚

一、下京町代之儀者板倉周防守様御時者漸二三人ニ而相勤申候、其後次第ニ勤方宜敷成而、牧野佐渡守様之御時者町代田内茂兵衛・場野庄兵衛・松原半左衛門と申者共三人相応之手代を持候而相勤申候、板倉周防

守様御代寛永年中ニ町代田内者組町へ之勤段々悪敷御座候、因之組々之年寄衆相談之上ニ而、田内ニ暇を遣シ可申ニ相極リ候ニ付、段々相詫申候得共、組之年寄中承引無之捨置雖有之、町々にも口々意々ニ而、当川西組も弐ツに割レ、中組も弐ツニ割申面々別々之様に成申候、然共新町・枝町共多ハ当川西拾六町組へ参相談を受ル衆有之候、其時外ゟ被申候者上京町代松原長右衛門と申者之勤方宜敷候、此者ハ如何候哉と御座候ニ付、因茲右長右衛門を川西・中組之立会之中へ呼寄セ申聞せ候に者、下京ニ而町代取立候も心易候得共、下京両組新町・枝町共ニ其方町代役勤可申哉と尋申候処ニ自分にも欲ニ而忝急度相勤可申由受合申候也、然ニ其後長右衛門組々へ来て願申候者、下京之役儀相勤候而者宿も遠ク御座候故難儀仕申候、尤宿引越可参筈ニ存候得共上京之勤疎略ニ成候間、此義御料簡ニ願度奉存候、慥成手代ヲ抱申両組之御近所ニ置申度願候ニ付、組々も皆被聞届候、依之山内勘右衛門と申者を抱、新町四条下町ニ家を借り置申候、頭ノ長右衛門者式日ヲ勤申候

務め向きが問題とされた田内の処遇をめぐって、田内担当の中組と川西組の内部で意見が割れ、それぞれ二つ（中十町組と中九町組・川西十六町組と川西九町組）に分裂したとする。そして、分裂した内、中十町組と川西十六町組は、当時上京上一条組の町代であった松原長右衛門が「勤方宜敷」というので、松原を町代とすることにした。この際に松原から次の一札が出されている。

【史料3-5】(37)

町代之儀御預ヶ可被成候由被懸仰候ニ付同心仕候覚

一、下京仲之組・川西組幷新京之町代被仰下候ニ付、我等宿之義下京仲之組・川西組之内へ罷越可申事

一、我等給分之義惣町中御計ひ次第ニ御座候、抑留無御座候事

一、我等惣町中御気ニ違候ハヽ、一ヶ年、弐ヶ年ニ而茂下京之町代仕間鋪候、何時ニ而も町代ニ構ひ申間鋪

候事

右之通相定申候間、以来少茂異議申間敷候、為後日之状如件

寛永十年（一六三三）
酉十一月三日

下京町代
松原長右衛門
書判

下京仲之組
川西与
中参

このように、「勤方宜敷」という観点から、自らの組織と関係の薄い、しかも上京の《町組》の町代を務めていた人物との間で、一札という形によって町代が設定されているのである。

さらに、所司代牧野親成治政期（承応三年（一六五四）～寛文八年（一六六八））の寛文年間に、田内・場野・松原の三人の町代の務め向きが所司代によって問題視された。【史料3-3】の記述に続ける形で次のように記されている。

【史料3-6】(38)

然ニ明暦年中ニ町代田内茂兵衛・松原半左衛門・場野庄兵衛与申三人之町代共、牧野佐渡守様（親成）之御時公儀之背御意、御役所へ出間敷由被為仰付候、因之下京五組之公儀用難弁候故、五組之年寄中御訴訟ニ被出、右三人之者共之下町代共を遣ひ申度候由奉願候得者、勝手次第ニ可仕と被仰出候、因而町代山内勘右衛門を呼付申、御前之様子申聞せ候得者、勘右衛門申候者有難次第奉願候所ニ御座候与川西十六町幷ニ外之組へも段々廻申礼儀を勤申候、扨中組ニ者此時に右三人之茂兵衛・半左衛門・庄兵衛ニ被頼三人之者之咎を御赦免之御訴訟ニ出可申由、川西拾六町組へ被申候、当組之年寄中被申候者先達而下町代之訴訟ニ出又左様之事申出候儀、組々之思入も如何ニ候間、左様之惑敷儀ニ者得同心申間敷候とて出不申候而、当組之町代ハ山内勘右衛

門ニ窮申候、枝町出屋敷も弐ツニ別れ被退申、中組と間も悪敷成申候、然ルニ川西九町組、中組三人之者共之御訴訟数度申上候処ニ田内茂兵衛・松原半左衛門両人者御赦免被遊候得共、場野庄兵衛儀者追放被為仰付候、右之通段々承伝申候事、自是組々之町代御奉行宮崎対馬守様、雨宮若狭守様之御時寛文年中迄ニ相窮、丑寅弐組・四条三町組ニハ奥田佐兵衛・山中仁兵衛を為町代、辰巳組ニハ石垣市右衛門を取立為町代、松原半左衛門ハ下京ニ而漸々中組十二町計之支配ニ成申候事、然者下京町代奥田佐兵衛・山中仁兵衛・田内茂兵衛・松原半左衛門・石垣市右衛門、川西十六町組取立之山内勘右衛門六人ニ窮り申候、然ニ右勘右衛門相続而利兵衛相勤申候処、此利兵衛自分ニ跡職之公事仕り、公事ニ者勝申候得共右利兵衛伯父姪夫婦ニ而か様之裁許ニ及役人之不届成とて、乍勝京追放ニ被為仰付候時に、其跡竹内与兵衛と申仁町代役之様子も存候由申立、川西拾六町組年寄中へ目見へ仕勤申候、然ニ此時迄上下京町代帯刀仕、役所へも相勤申候得共、両町御奉行前田安芸守様・井上志摩守様天和年中ニ急度停止ニ被為仰付候、依而帯刀成不申候、則与兵衛相継而助九郎勤来申候事

つまり、田内ら三人の町代が「公儀之背御意」出仕を止められる事態となった。これに対して、「公儀用」に差し支えるとして、下京の年寄中より「三人之者共之下町代共」を町代としたいと願い、「勝手次第」とされたため、中十町組と川西十六町組では、松原の下町代であった山内勘右衛門を町代とすることにした。しかし、田内・場野・松原からの嘆願もあり、下京の年寄中は「蒙御勘気候三人之町代共御慈悲ニ御赦免」の訴訟を行い、結果、田内・松原は赦免、場野は追放となった。これにより、田内は引き続き中九町組と川西九町組を、松原は中十町組を担当、川西十六町組は「又町代之義混乱可仕」として訴訟には出なかったため、山内が町代となった。そして、追放された場野の担当の内、艮組と三町組では、場野の下町代であった山中仁兵衛と奥田佐兵衛を、辰巳組では石垣市右衛門(39)をそれぞれ町代とすることにし、寛文六年(一六六六)に艮組・辰巳組に対してそれぞれ

出された一札の写しも確認できる。[40]【史料3-5】と同様に、下京における町代と担当する《町組》の関係は、上京のようにその《町組》に基盤を持つ者が町代に転ずるのではなく、《町組》組織と町代との間の契約ともいえる一札によって形成されたものといえる。

また、この際に、艮・辰巳両組の年寄より次のような願書が提出された。

【史料3-7】[41]

乍恐言上

去年霜月十六日御前江下京年寄共被為　召出、被為　仰付候御意之趣奉承知候、然共町代用等承候組町艮組之分与三百七八拾町余り御座候、只今御訴訟申上候者共ハ巽と申組頭町之年寄共ニ而御座候、然ル処ニ下京之分四組先規ゟ割付御座候間、此四組とし而御江戸御年頭之御礼も四組之年寄共隔年ニ罷下リ御拝礼相勤申候、左様ニ御座候得共巽組と申ハ町数漸々弐拾町余ニ御座候故、此分とし而御江戸江罷下り御年頭相勤可申様茂、又々小組と割、町代壱人抱　御公儀様御用等為相勤可申様も無御座候ニ付乍憚言上仕候、只今迄庄兵衛用等承り候艮組と巽組与之町数乍恐両組へ御分被為成被為　仰付被下候ハ、難有可奉存候、以上

寛文六年
午三月十三日　（艮組・巽組年寄連印略）

御奉行様

つまり、これまで辰巳組としては単独で「御江戸御年頭之御礼」に参加したり、町代を設定することはなく、艮組と巽組の二つの《町組》はセットで扱われていたという。しかし、今後は艮組と辰巳組と分かれてそれぞれ町代の設定などを行いたいと願っているのである。【史料3-4】で見たように、この時に艮組は山中仁兵衛と奥田佐兵衛を、辰巳組は石垣市右衛門を町代として設定することになったが、町代の設定、すなわち支配に関わる

区画を二つに分けるにあたっては、所司代に対して願い出るという形をとっていた。これは、町代の設定が町代と《町組》の間の一札だけで決定されるのではなく、「御公儀様御用等」を取り次ぐのだから、当然〈所司代―町代―《町組》〉の間で決定されるものであったことを示す。

以上、下京町代の展開の分析からは、杉森氏の明らかにされた上京の展開と異なり[42]、成立期においては、まず《惣町》の枠組みで設定され、後に複数の区画に分割されていったと指摘できる。また、こうして分割された町代の担当する区画と先行する《町組》組織との関係については、寛永から寛文期にかけて、所司代への願い出、及び町代と《町組》の間の一札という形を通じて、後になって位置づけられたものであった。

また、【史料3-5】に「御江戸御年頭之御礼ニも四組之年寄共隔年ニ罷下」とあるように、下京では徳川将軍に対する年頭御礼は、《町組》年寄が順番で参加していたのであり、これが【史料3-1】でいう「人も存候年寄」であり、【史料3-2】にある「五組」の「年寄」を引き継ぐ存在であったと考える。つまり、下京においては、「人も存候年寄」、すなわち《町組》を基盤としながら《惣町》を代表する年寄が年頭御礼に参加する一方、支配に関わる町代は《町組》組織とは異なる枠組みを基盤とする存在であり、《町組》との関係は後から位置づけられた。これに対し、上京では《町組》年寄が町代となったため町代が年頭御礼に参加していたが、これが問題視され、下京と同様に「人も存候年寄」が参加するようになったということであろう。すなわち、「対外的な代表者」としての年頭御礼参加者が町代（のみ）で良いのかが問題とされたのであり、住民側の自律的な都市運営の中で「内部的な統率者」といえる「人も存候年寄」の参加が求められたということである。

ここからは、上京においては「内部的な統率者」たる年寄が町代に転じた後、町代が「御公儀様御用」という支配権力との間の取り次ぎを務める中で、住民の「内部的な統率者」的性格を喪失していったこと、その一方で、住民側では町代とは別の「内部的な統率者」＝「人も存候年寄」が存在し、自律的な都市運営も継続していたことが指摘できる。下京では、そもそも《町組》年寄と町代とは別々の存在であり、【史料3―1】のような事態は起こらなかったといえる。以上のように、これまでの研究では見過ごされていた自律的な都市運営の要素にも注目する必要があると考える。

この一方で、徳川将軍家との間の儀礼に町代も参加し続けたのは、これまで見てきたように、上京においても下京においても町代と「人も存候年寄」の出自は近似的なものであり、都市行政を担う所司代・京都町奉行所が町代を町役人として「対外的な代表者」と位置づけていたからであろう。そして、これが被支配住民側の自律的な都市運営と齟齬をきたし、ここに矛盾が焦点化することになる。

以下では、まず所司代・京都町奉行所による町代を通じた都市行政がどのような回路で支配権力と被支配住民の間を取り次ごうとしていたかを検討して、町代を通じた都市行政上の事務処理と住民の自律的な都市運営との間でどこに齟齬が生じるのかを確認していきたい。

第三節　町代（仲間）の都市行政処理

前節でみたように、所司代の治政のもと、町代は被支配住民との間で「公儀御用」の取次に関わった。ここでは、所司代、寛文八年（一六六八）以降は京都町奉行所と被支配住民の間で処理される「公儀御用」の具体的な内容と、それが処理される回路について検討する。これにより、支配権力は都市行政の上で町代という町役人をどのように位置づけていたのかを明らかにしたい。

所司代の治世期に関しては、これまでの研究(43)では、町触の宛所に町代がなっていくことから、「触頭」を務めるようになったことが明らかにされている。例えば、『京都町触集成　別巻二』掲載の町代宛ての町触に以下のものがある。

【史料3-8】(44)

以上、若又音羽はしくるまとをり候ハすハ、其あたりの町人足申付、橋をもちこし可通也

二条水道之御用ニ大仏ニ有之足代木取寄候、音羽橋車とをし、いそき二条へ可相着者也

（元和元年（一六一五））卯十二月二日　（板倉勝重）伊賀　御印

町代
勝兵衛
かたへ

【史料3-9】(45)

急度申遣候、院御所石垣入札ニ而三条升屋町白河屋九左衛門、三本木三町目木部善左衛門と申もの請人ニ相立候間、何様ニも将監殿次第、其町へ預ケ置可申也

（寛永五年（一六二八））辰二月十七日　（板倉重宗）周防　御印

上下京
町代

【史料3-10】(46)

中宮様衆切手米五百六拾七石壱斗弐升五合、二条御蔵ニ而相渡候間、いつものことく馬を出し、三宅玄蕃殿へ可相渡候、為其如此也

（寛永六年）巳十二月十二日　周防　御印

町代
庄兵衛
かたへ

町人足の賦課、入札、触達、公家に対する賄米の二条御蔵よりの受取など様々な事柄に関わって、所司代からの指示を町代個人の名前に宛てて出し(47)、事務処理をしている例が見られる。

表3-1　「町代日記」の記事分類

A―[町代(仲間)自身の活動]	a…夜廻り・町廻り b…検使 c…与力の見分への随行 d…与力より命じられた調査などに対する報告 e…仰付(与力より町代へ命じられた御用の処理) f…儀礼関係
B―[公事訴訟に関わる事実関係]…審理・裁許など	
C―[与力→町代→被支配住民]	a…触(入札触など) b…呼物(御用・裁許の申渡など) c…仰付(相場書・身体書の提出、武士の寄宿など、与力より被支配住民へ命じられた御用の伝達) d…書状の配達
D―[被支配住民→町代→与力]…断書・願書	
E―[その他]	

註：「延宝三卯春日記」(古久保家文書・京都府立京都学・歴彩館蔵)・「貞享四卯歳春諸日記」(松野公明氏所蔵文書・京都市歴史資料館架蔵写真版)の記事を分類。

そして、所司代より市中支配の権限を委譲された京都町奉行の治政のもとでは、町代仲間という中間支配機構として位置づけられた町代（仲間）の京都町奉行所の都市行政に対する関わりについては、これまでにも町代の職務規程や町触などに注目した研究が行われている[48]。ここでは、いわゆる「町代日記」を使用し、具体的な行政処理の過程を確認していきたい。「町代日記」については、塚本明氏[49]、山田洋一氏[50]によって、現在残されている「町代日記」のタイプ分けや内容分析がなされている。ここでは特に、「基本的に町方と町奉行所（与力）との関係に係るものであり、町代にとって、両者の間を取り次ぐ立場から記したもの」とされる「京都町奉行所番所（公事番所）下町代勤番日記」であるAタイプの内、延宝三年（一六七五）・貞享四年（一六八七）・正徳元年（一七一一）の「町代日記」を主に使用する[51]。これらの「町代日記」には、当番の下町代によって、京都町奉行所の都市行政に関する事項が、町代の動向を中心に記されている。この「町代日記」の記事について内容を分類したものが表3-1である。以下、この分類に従い、具体的に町代の日常的な行政上の事務処理に関わる活動を見ていきたい。

まず、A［町代（仲間）自身の活動］としては、「夜廻り」、「町廻り」、変死体の「検使」、与力の見分への随行や、与力への報告、及び与力より命じられた調査に対する返答などの記事を見ることができる。また、B［公事訴訟に関わる事実関係］の記事として、京都町奉行が聞いた公事訴訟の数など審理に関わるものと、裁許の内容を記したものなどがある。

そして、これ以外の記事は、ほぼ〔京都町奉行所（与力）―町代―《個別町》（町年寄・被支配住民）〕の関係における事務の処理に関するものである。まず、C［与力→町代→被支配住人］という形で行われる事項について検討する。この関係では、C・a触達（入札触など）が「触頭」としての機能を受け継ぐものである。「町代日記」の中では、触達に際して次のような記事が見られる。

【史料3-11】

・延宝三年三月十七日条

一、賀茂川堤御修復杭木御入用之由入札之触状、上下京へ弐通、本多新左衛門様御出被成候ニ付、中間へ廻し申候、但留帳ニ写置

京都町奉行から与力を通じて出された町触は、町代仲間に回覧され、仲間の触留に書き留められた。この中で「上下京へ弐通」とある点については、杉森哲哉氏による町触正文の分析[52]が明らかにしているように、「「上京町代」「下京町代」を宛所とする二通の触書をまとめて記載する表記方法」であり、「町触正文は、京都町奉行の下で基本的に二通作成される。そして与力から町代部屋に届けられ、触留に記載された後、そこで保管される」。つまり、町触は上京・下京の《惣町》の枠組みで出されているともいえるのだが、この上京・下京は、上京町代・下京町代という町代の担当区分の意味でしかなく、住民組織としての《惣町》の枠組みではなかった。これは、町触正本が町代のもとに保管され、住民側には渡されなかったことからもわかる。

また、「町代日記」は番所に詰める下町代が記したものなので、番所の留帳に町触を書き写すところまでしか記さないが、杉森氏が「町触の伝達の順次」として「所司代または町奉行→町代→町組→組町→町」としている[53]ように、町代が担当の《町組》に町触（の写し）を回達していた。この点については、これまでの町触の伝達に関する研究が明らかにしているように、「町代が受けとった「触」は、町代より町組（中略）の月行事に伝達され、受けとった月行事は、町組を構成する各町へ伝達する」、「町組の月行事から各町組構成の町への「触」の伝達には、各町へ一通ずつの「触」が出される場合と、数町の町を順々に廻す場合とがある」。さらに、「枝町への「触」は、享保十八年（一七三三）九月以前は、親町組同様町代より直接に伝達されたが、以降は親町より伝達されることになった」[54]という点からすると、《町組》内での伝達においては、住民組織としての《町組》が関わっていたことがうかがえる。

次に、C・a触達以外の、C［与力→町代→被支配住民］の関係で行われる事務処理の記事に注目したい。

【史料3-12】

・貞享四年四月十五日条

覚

水戸宰相殿家来　山辺右衛門尉

同　相川伝八

右者今度　御即位御祝儀使被申付、上京仕候、在京中致借宅候間、宿御証文被下候様、奉頼候、以上

貞享四年卯四月十五日　秋元佐五右衛門印

井上志摩守様（京都町奉行井上正貞）

御役人衆中

下立売通油小路東へ入西大路町桔梗屋又作家
　　山辺右衛門尉本宿

（中略）

右之御宿無相違仕候様ニ申遣候へと、平塚彦右衛門《（与力）》様被仰付候、支配方へ申遣候

・貞享四年四月二十日条

一、本多下野守家来水野四郎右衛門与申者、今度就御即位御太刀献上之為使者罷越候、大宮通仏光寺下ル町針屋町丹波屋彦兵衛家ニ、五六日之間借用証文不及宿仕候得と、小川甚左衛門《（与力）》様被仰付候、右之御支配方へ申遣候

・延宝三年閏四月二十四日条

一、松平大膳大夫様御屋敷之留守居井上平右衛門殿へ飯室十右衛門《（与力）》様ゟ御状被遣候、宿証文出来仕候間、明朝取ニ御出可被成由被仰遣候由、不及返事ニハ候間、此状相届ケ候へと被仰候ニ付、則五左衛門《（町代）》殿もたセ遣候

・延宝三年五月一日条

一、立花左近様呉服所ふし屋六兵へニ宿御証文出来候間唯今取ニ参候へと飯室十右衛門《（与力）》殿被仰候ニ付、六丁町久兵へ《（町代）》殿へ申遣候

右の記事からは、武士が、天皇の即位儀礼の上使などの形で京都に来て寄宿するにあたって、京都町奉行所との間での「宿手形」の発給（あるいは「京都町奉行所書札覚書」[55]に、「奉公人在京之時五三日逗留之由断有之時者、町代を以其町中へ致宿候様ニ申付事茂有之」とあるように、「宿手形」の発給の無い際の町中への指示）、これに関する「呉服所」の町人を通じた書状の配達というような事務処理についてうかがうことができる。「統一権力による体制的な分

業編成の重要な環として組み込まれている」中で行われる京都町奉行所の都市行政において、与力が宿所や「呉服所」となる住民にアクセスするにあたって、「支配方」の町代が取り次いでいるのである。

他にも、次のような記事がある。

【史料3－13】（括弧内は内容分類）

・貞享四年三月八日条（C・b）

一、高瀬新屋敷市之町捨子之儀ニ付御用有之候間、年寄町中ニ今昼九ツ時分ニ参候へと、松井善右衛門《与力》様被
仰付候ニ付、御支配方へ申遣し候

・延宝三年二月四日条（C・c）

覚

仁兵衛《町代》殿支配　　請負指物屋
一、西洞院通おいけの角　　孫右衛門

（中略）

卯二月四日

右ハ禁裏御道具請負人身躰書也、支配ゟいつもの通取候へと被仰付候

・延宝三年閏四月二十二日条（C・d）

一、永井右近殿御留《主脱カ》居篠原伊左衛門殿へ　村上市兵へ《与力》
「　」丹後宮津魚屋町鮨屋茂右衛門　村上市兵へ
右両通之状御出し候へと、右近様留主居伊左衛門殿江其支配ゟ届ケ承候へとて御出被成候

C・b呼物（御用、裁許の申渡など）、C・c仰付（相場書・身体書の提出、武士の宿など）、C・d書状の配達など

の事務処理に際して、それぞれ傍線を付したように、［与力→町代→被支配住民］という関係の中で、「支配」という言葉が見られる。これは、町代の担当する《町組》のことである。つまり、京都町奉行所が事務処理の上で住民にアクセスする際には、その住民が所属する《町組》担当の町代を通じてなされたのである。

この町代の「支配」に関連して「指口」という表現がみられる。これは、第二章でも触れたが、年頭御礼に参加する町年寄について町代からの指示を受ける対象であったことを示す言葉であった。この「指口」という言葉は、町代が取り次ぐ事務処理に関わって「町代日記」に幅広く見られる表現で、例えば次の記事に見られる。

【史料3-14】

・貞享四年二月十五日条

一、五畿内寅年米、田舎寅年米上中下、正月四日ゟ二月十五日迄之相場、毎日之書付致させ明後十七日ニ上ケ候へと被仰渡候ニ付、指口大宮通松原下ル丁鳥羽屋与兵衛方ニて、御支配彦兵衛（町代）殿へ申遣し候

・正徳元年十二月十日条

一、田舎米当卯八月九日ゟ十一月廿四日迄毎日京都相場書相認させ、一両日中ニ差上ケ候様ニと渡部（与力）甚五左衛門様被仰付候、米屋差口千本通五辻下ル町丸や庄兵衛・同町丸や長三郎両人組合ニ付、早速小早川（町代）新四郎殿方へ申遣ス

右申遣候得共、差口違候由ニ而、又々古久保（町代）勘左衛門殿へ申遣ス

つまり、「指口」という言葉は、与力が住民に対して行う指示を町代が取り次ぐ際に、指示を受ける住民を指すものとして使用され、正徳元年の事例に見られるように、「差口違」の際には、「支配」の町代が替わっていることから、この「指口」は《町組》ごとの町代の「支配」と対応したものであったと考える。

このような「支配」、「指口」を通じた町代と《町組》の関係については、宇佐美英機氏(56)が、「町代の支配町数、

給分等」に関して、「元禄期から次第に町代の行政事務が町奉行所によって把握整理」されていったとしていることからも、成立期以来の一札を通じた《町組》と町代の関係を京都町奉行所が利用していったものといえる。但し、ここでいう《町組》は、住民組織としての《町組》ではなく、あくまで「支配」の区画として京都町奉行所による都市行政の中ではとらえられていたものであるという点に注意する必要がある。

この点に関わって、次に、D［《個別町》（被支配住民―町年寄）↓町代↓与力（京都町奉行所）］という形で行われる事務処理について確認したい。この事項については、山田洋一氏も「町からの家出、火事、自殺等の諸届けである「断り」の記事が圧倒的に多い」(57)とされるように、住民からの「断り」に関わる記事として、「町代日記」の多くの部分を占めている。例えば、次の【史料3―13】は、延宝三年の「町代日記」に記されている、住民から出された断書である。

【史料3―15】（延宝三年三月六日条）

乍恐書付差上ケ申候

一、上木下町ぬし屋甚兵へと申者之屋敷之裏へ灰ヲ捨置申所、灰ゟ火出申候而藪垣弐尺ほともへ申候故早速けし申候、昨日六日之七つ過ニ而御座候、為御断書付差上ケ申候

延宝三年卯三月七日

上木下町年寄
七郎右衛門

行事
吉兵へ

ぬし屋甚兵衛

御奉行様

町内の火事に際して、《個別町》の町年寄・行事などより「御奉行様」に宛てて断書が提出されている。この

断書は、山田氏の研究(58)にあるように、与力や町代が勤番で詰める番所において受理され、【史料3-15】の断書に対しては、「右之御取次戸沢五兵衛様被仰付候ハ、火之用心随分念入仕候得と被仰付候、安芸守様へも書付壱通差上ケ申候」という対応がとられた。つまり、町内の火事や捨子などの届出において、住民から与力へアクセスする際に、京都町奉行所で直接応対したのは、住民の所属する《町組》を担当する町代ではなく、番所に勤番する町代が、あくまで町代仲間として応対したといえる。一方、捨子に関する研究(59)で明らかにされているように、捨子の「奉行所への届け出の関係で上下町代への心付け」が、所属《町組》担当の町代に遣わされていることからすれば、住民が事務処理の上で京都町奉行所にアクセスする際には、その住民が所属する《町組》を担当する町代も関わることにはなっていたのだろう。但し、これは先述した町代の「支配」に対応したものであり、いずれにしても、この関係においては、基本的に《個別町》の枠組み（町年寄・被支配住民）での届出となっているのであり、住民組織としての《町組》は関わらなかったと考える。また、この京都町奉行所の対応において、古町／親町と新町／枝町の間で取り扱いに差はなかった。

このように、京都町奉行所の都市行政は、〔京都町奉行所―与力―町代―《個別町》（町年寄・被支配住民）〕という回路を通じて処理されたと考えることができる。特に、町代を通じた支配を志向する京都町奉行所の都市行政においては、《惣町》や《町組》の枠組みは、《町組》内での町触の回達を除けば、町代の担当区画としてのみ機能し、住民組織としての《惣町》・《町組》は関わらない形になっていたのである。それでは、こうした回路を志向した都市行政が展開される中、第二節でその存在を指摘した年寄による自律的な都市運営はどのような影響を受けたのであろうか。

第四節　年寄による都市運営と町代

近世前期における住民組織の運営に関わって注目されるのが、「先座之年寄」と呼ばれる存在である。これは先述の《町組》を基盤としながら《惣町》を代表する「人も存候年寄」の系譜を引き、第二章で取り上げた徳川将軍家との間の儀礼に参加するとともに、「内部的な統率者」として自律的な都市運営を中心的に担った。ここでは、この「先座之年寄」による都市運営と町代との関係について下京の事例を中心に検討していく。

「先座之年寄」とは、第二章でも述べたように、《個別町》の町年寄役を長く務めることで、《町組》内における《個別町》の町年寄の座順で「先座」となり、《町組》を代表するようになった年寄のことである。これこそ第二節で触れた、徳川政権初期の「人も存候年寄」の系譜を継ぐ存在であると考える。所司代・京都町奉行所による《個別町》の枠組みを重視する都市行政が進められた結果として、《個別町》を基盤とする町年寄が「先座之年寄」として《町組》の代表者となり、《惣町》と徳川将軍家との間の儀礼に参加する「対外的な代表者」になったということである。(60)

「先座之年寄」について記した史料はあまり残されていないが、「下京組之事」という旧記中には次のような記述がある。

【史料3-16】(61)

一、惣而古京ト申候者八組ニ而五拾三町也、江戸御年頭御礼者七組ゟ相勤、三町組除申候、先座之年寄ハ右御年頭御勤候法躰之仁ヲ先座と申候へ者、当町ニ者無之候得共、諸事参会ニ不残出被申候、此三町組茂其例ニまかせ、四町之内ニて久敷年寄相勤候を先座と致、何事ニ茂当町ニかぎらす七組ゟ申来候ニ付諸事参会ニ出申候これは、下京の八つの《町組》の内、年頭御礼に参加者を出さない「三町組」の立場から記されたものだが、「先座之年寄」は他の《町組》では「御年頭御勤候法躰之仁」であるとする。そして、三町組は年頭御礼には参加しないが、他の《町組》と同じように《町組》内の《個別町》の中で「久敷年寄相勤候」、すなわち長く町年寄役を務めていた者が「先座」となったという。

そして、この【史料3-16】にもあるように、「先座之年寄」は「諸事参会ニ不残出被申候」と、「参会」に出ていたことがわかる。「三町組」も、他の七《町組》から求められ、《町組》内で寄合の当番となる「当町」の町年寄だけでなく「先座」も「諸事参会」に出席した。この「参会」とは、「下京組之事」の別の箇所では、「万事申合之為ニて古京先座、当町之年寄、其外勝手次第と相定、三月十二日・八月十二日両度に霊山へ参会有之候」とある。下京《惣町》では、「先座」や当番町の町年寄による年二回の「万事申合セ」のための「参会」が開催されていた。別の旧記(62)では、「江戸勤候年寄ハ組内者不及申、八組参会之節初座ニ致候、尤先ニ勤候方有之候へ者その次座也」とある。つまり、「八組参会」の参加者の中でも年頭御礼に参加した年寄＝「先座」は「初座」に位置づけられていたのであり、《惣町》を代表して徳川将軍家との間の儀礼に参加した「先座之年寄」は、《町組》内はもちろん、《惣町》の寄合においても「内部的な統率者」として位置づけられていたといえる。このように《個別町》を基盤とする町年寄が「先座之年寄」として《町組》・《惣町》においても「内部的な統率者」となり、《惣町―町組―町》の枠組みにおける自律的な都市運営を担っていたのである。

この《惣町》寄合の一つとして、「大割勘定寄合」と呼ばれる、上京・下京それぞれ、年頭御礼関係の費用を《町組》ごとに割り当てるための寄合がある(63)。これは、第二章で取り上げた統一権力との間の音信・贈答儀礼に関わる費用負担を《惣町》内の各《町組》に割り当てるための寄合が徳川政権下も引き続き行われていたもので、この「大割勘定寄合」について「中組古来留帳」という旧記中には次のような記述がある。

【史料3-17㊹】

従先規毎歳大割小割勘定之覚

一、江戸御表御年頭之御礼下京中より差上申御献上物之代銀、京都両　御奉行様江御年礼ニ差上ヶ候下京之地役銭、且又年寄町代江戸道中登り下り造用銀、右之外万入用銀迄、毎年二月古町五組之年寄幷下京町代中寄会致勘定下京中江割付、銀子町代衆集候ヲ大割与申候事

毎年二月に「古町五組」＝下京の《町組》年寄と下京の町代が集まって、年頭御礼の献上物代や江戸と京都の往復費用に加え、京都町奉行に対する年礼の「地役銭」などの費用について負担割合を決めるための寄合を「大割」と呼ぶとしている。つまり、徳川政権下で行われる《惣町》の「大割勘定寄合」には、各《町組》の年寄に加えて町代も参加しているのである。これは、「銀子町代衆集候」とあるように、割り当てられた費用を町代が徴収するからだろう。

この寄合では、第二章で取り上げた【史料2-2】のような「配符」も作成されていたことが次の史料からわかる。

【史料3-18㊺】

二月ニ、五組当町之年寄尤下り番九人町代下代共ニ、東山へ寄会、大割仕、古京之分ハ壱町ゟ何拾何匁、新京之分ハ壱軒役ニ何匁何分、目録尻ニ当町之年寄判形致、六人之上町代へ壱枚宛相渡シ、銀子集メさせ申候

つまり、下京では、古町（古京）の場合は《個別町》単位、新町（新京）は一軒役単位での負担額を示した「目録」＝「配符」が作成され、これに各《町組》の「当町年寄」、すなわち当番の《個別町》の町年寄が連署したという。近世前期の「配符」の例として、延宝八年（一六八〇）の臨時恐悦献上の際の下京の「配符」を次に掲げる。

【史料3－19】(66)

公方様御代替之御礼万入用

一、銀三貫五百七拾目　熨斗目　三拾端代
壱反ニ付、百拾九匁宛

上様江御進物

一、銀七百目　白紗綾拾端之代

一、同九百四拾目　緋紗綾拾端之代

御台様江御進物

一、銀五百拾匁　綾嶋六端之代
壱反ニ付、八拾五匁宛

方々江御進物

一、銀六拾目　馬氈之代

一、同三貫目　江戸下り上下・逗留共ニ萬小遣

一、同四百八拾三匁　小者共給分

一、同弐百七拾匁　借銀三貫目ノ利
申ノ七月ゟ同霜月迄

一、同弐百目　申ノ九月十日ノ集来

一、同三拾弐匁　番屋共江
但、銭弐人分之代

合、九貫七百六拾五匁

内、三貫参百八拾七匁六分　端之門前、境内、両寺内共ニ

但シ、壱軒ニ付九分宛
引残テ、六貫三百七拾七匁四分
内、弐百拾五匁　川原町中ゟ加ル
引残テ、六貫百六拾弐匁四分
内、弐貫四百六拾四匁九分五厘　古京之分
但、壱町ニ付、四拾壱匁七分八厘宛
町数合、五拾九町
同、三貫六百九拾七匁四分四厘　新京之分
但、壱軒ニ付九分宛
一、銀六百六拾八匁四分八厘　中ノ組拾六町
一、同六百五匁八分壱厘　丑寅組拾四町半
一、同四百五拾九匁五分八厘　川西組拾壱町
一、同百四匁四分五厘　三町与弐丁半
一、同弐百五拾匁六分八厘　辰巳組六町
一、同六拾弐匁六分七厘　四條立売一町半
一、同三百拾三匁三分五厘　七町半之組
合、町数五拾九町
右ハ下京五組行事町寄会相究申候、以上
延宝八庚申年九月十日　中ノ組当町白楽天町

年寄　道意判
同組当町童侍者町
同　長兵衛判
丑寅組当町圓福寺町
同　伊兵衛判
同組当町鯉山町
同　半右衛門判
川西組当町西綾小路町
同　八郎兵衛判
同組当町芦刈山町
同　利右衛門判
辰巳与当町大政所町
同　仁左衛門判
三町与当町長刀鉾町
同　林徳判

このように、下京の大割勘定目録（配符）には、各《町組》の「当町」（当番町）年寄のみが連署しているが、一方、上京の例として、天和二年（一六八二）の年頭御礼の配符を次に示す。

【史料3-20(67)】

御年頭御礼江戸下万入用之事
公方様　上々熨斗目三拾端
銀三貫五百八拾五匁　のしめ三拾端之代
但壱端ニ付壱百拾九匁五分宛

銀五百弐拾八匁　　綾嶋六端之代
　但壱端ニ付八拾八匁宛
銀七百五拾目　　年寄路銭
銀壱貫百六拾目　　惣代弐人路銭
銀七百五拾目　　逗留之分
銀弐百弐拾目　　若キ者弐人
銀百拾四匁六分　　台のし紙水引
銀百目　　御進物之馬
銀弐百拾五匁　　集来
銀壱貫三拾目　　年寄惣代路銭増
銀合八貫四百五拾弐匁六分
　但壱家ニ付壱匁壱厘宛
天和二壬戌年十一月十九日
　　立売組行事町下柳原上半町
　　　次郎右衛門判
　　立売八町組行事町裏築地町
　　　祝安判
　　小川組行事町うつほや町
　　　立安判
　西陣組

小早川新四郎判

西陣組行事町安居院中之町
仁右衛門判
利兵衛判
西陣組
古久保勘左衛門判

西陣組行事桐木町
七郎兵衛判
上中筋組
安藤又右衛門判

上中筋組行事町御霊之図子町
七郎右衛門判
下中筋組
山内五左衛門判

下中筋組行事町本立売町
宗固判
一条組
梅村四郎兵衛判
同組
松原長右衛門判
川西組
山内清兵衛判

川西組行事町橋西二丁目
六左衛門判

同組行事町森中町
宗元判
川東組行事町油小路鶴屋町
久兵衛判
同組行事町堀川二丁目
八郎兵衛判
上京中

つまり、上京の場合は各《町組》の行事町年寄とともに町代も連署している（苗字のある者が町代）。この点で上京と下京では違いも見られるが、年頭御礼には年寄と共に町代も参加している訳だから、これに関する費用を計算する大割勘定寄合に町代が関わっていたことは確かである。下京でも町代が寄合に参加して、費用の計算にも携わっていたことは、次の事例でも確認することができる。

正徳二年（一七一二）、この大割勘定寄合において、下京の年寄と町代との間で対立が生じた。「下京組之事」(68)中には、「然ル所ニ近年目録之割銀不足ニ御座候ニ付、古京年寄衆寄会吟味仕候得ハ、弥不埒ニ紛無御座候ニ付、正徳三年巳二月十八日之割ゟ当町ニ先座之年寄壱人ツヽ出、万事吟味仕候」と記される。つまり、「目録」で割り当てられた「割銀不足」を年寄が調査したところ、「弥不埒ニ紛無御座」ということになったため、正徳三年の「大割勘定寄合」からは、《町組》から当番町の年寄だけでなく「先座之年寄」も出席するようになったというのである。(69)

この間の事情については、別の旧記中に次のような記事がある。

【史料3-21(70)】

一、正徳二年辰ノ二月大割目録勘定之表少茂違無之候得共、前々大割之勘定保寿考候ヘハ、当辰之年銀子壱

貫弐百目余町代仲ケ間ニあまり候様ニ集メ候段不届ニ候と保寿吟味致候へハ、以来急度念入可申候と、達而相詫候ニ付言上不仕、下ニ而相済候、然者三月ゟ十月迄永々町代仲ケ間と保寿致詮義候、委敷義ハ致略済口計書記候事

一、正徳三年巳正月保寿町代仲ケ間江申候者、当二月之大割之寄会ゟ大割之目録一枚、古町八組之内へ取可申候と申、町代仲ケ間之返答ニ、左様之筋先規より無之候所ニ、目録御取可被成候之義、新法ニ聞へ申候間、今迄之通ニ被成被置可然と申、保寿答ニ、前々之年寄衆心付無之故也、保寿ハ以来之儀宜様と存、何茂へ申談候と申、町代仲ケ間より又申、左候ハ、、いつれ之組へ目録被遣候哉と問、保寿返答ニ、尋被申候儀ニ不及候、先規ゟ大割之寄会ニ当中之組座上ニ而目録之判頭也、拙者目録取始メ申、向後者此方組江請取可申と申候ニ付、此上ハ御指図次第ニ可仕候と、大割之目録一枚保寿江相渡シ請取申候、但先前より毎年二月二日、三日ニ大割之寄会町代衆致候処ニ、右之詮義故段々目録相延、二月十九日ニ大割之寄会相済候事

つまり、正徳二年の「大割目録」の計算上、町代仲間に有利になるような不正が発覚した。この不正に気が付き、町代仲間を問い質したのが小西保寿という人物である。この小西保寿は、元禄十四年（一七〇一）に下京を代表して中十町組の矢田町から徳川将軍家との間の年頭御礼に参加していた「先座之年寄」であった(71)。そして、小西保寿は、翌正徳三年、「大割之目録一枚」を「古町八組」に渡すよう主張する。これに対して、町代はそのような先例は無いとして反発するが、最終的には小西保寿の元に目録が渡されることになったという。

この経緯において主導的な役割を果たした「先座之年寄」である矢田町の小西保寿、すなわち《惣町》の代表者として徳川将軍家との間の儀礼に参加した人物が、《個別町》を基盤として《個別町》を代表する町年寄役を長く務めることで、「先座之年寄」として《町組》の枠組みにおける代表者となり、《惣町》・《町組》の自律的な

運営を主導していることが確認できる。このような、《惣町―町組―町》の自律的な都市運営における「内部的な統率者」であり、「対外的な代表者」だからこそ、この目録をめぐる不正が問題となった「大割勘定寄合」に、正徳三年以降、「先座之年寄」も出席するようになったのであろう。

さらに、この小西保寿については、第八章でも取り上げるが、享保期（一七一六～一七三五）に次のような行動に出たことが旧記に記されている。

【史料3―22(72)】

中組之年寄芳寿と申者ニ願を立、毎年御年頭之入用町代支配ニ仕候事心得難し、古京年寄ゟ支配可致候事、其外拾ヶ条余之訴状ヲ調へ連判仕、御公儀之出シ箱ニ入置、箱訴訟と申者ニ致申者ニ候、然共御取上も無之候、其故ハ直ニ願ニ出申而茂不苦事をか様ニ箱訴訟ニ致候との御事也

年頭御礼の入用が「町代支配」であることに小西保寿などが異議を唱え、京都町奉行所に箱訴に及んだという。この記述からすると、「大割勘定寄合」においては、町代の方に主導権があったと推測される。上京のように、配符に連署していた《町組》年寄が町代となったこと、下京の旧記に見えるように目録で割り当てられた費用の徴収を町代が担ったことなど、「大割勘定」に町代が深く関わっていたことは確かである。一方で、第二節で見たように、上京においても「人も存候年寄」が年頭御礼に参加するようになり、下京の例のように年頭御礼に参加した「先座之年寄」を中心とする自律的な都市運営も行われていたため、小西保寿のように「大割勘定寄合」を「古京年寄ゟ支配」、すなわち年寄側が主導権を持つようにしたいと考えたのだろう。この主張は京都町奉行所に受け入れられることはなかったようだが、このような形で年頭御礼に共に参加している年寄と町代の間での確執が「大割勘定」をめぐって焦点化していたのである。

第五節　京都町奉行所の都市行政改革と町代

このような状況の中で、享保八年（一七二三）に京都町奉行所により都市行政改革[73]が行われた。第二章で取り上げた町年寄任期三年制の他に、右で問題となっていた年頭御礼関係の費用負担を割り当てる「大割勘定」についても改革がなされた。すなわち、《惣町》の枠組みで行われていた「大割勘定寄合」が廃止され、代りに京都町奉行所主導で新軒役が設定され、年頭御礼関係の費用などを新軒役を基準に各《個別町》に割り当て、これを京都町奉行所―町代のもとへと徴収するという形で改革が行われたのである。

そして、この新軒役による負担基準は、第四章でも触れるが、「平等」になった。安国良一氏は、「旧来の軒役よりも平等な負担基準」であるとし、「大割勘定にみられた町間の序列の差が解消し、古町―新町、親町―枝町のいずれの町に対しても統一的規準で費用を割掛ける体制」であり、「権力による上からの町の均質化」と評価している[74]。この点で、第二章で指摘した町年寄任期三年制と同様に、本章三節で明らかにした、京都町奉行所の都市行政における《個別町》の枠組みに対する組織的掌握の深化を志向した改革であった。

そして、この「大割勘定（寄合）」の廃止という政策は、《惣町》の枠組みにおける「先座之年寄」による自律的な都市運営にとっても大きな変化をもたらした。この「大割勘定（寄合）」の廃止という京都町奉行所の改革が住民に対して申し渡された際の様子について、旧記中の「御年頭御礼入用割之事」という記事に次のように記されている。

【史料3-23】[75]

扨事過而十一月六日御呼出シ、上京ニ而年寄弐人・中京ニ而年寄弐人・下京ニ而年寄弐人宛、河野豊前守（通重）殿相役本多筑後守、当四日上京候得共いまだ立会も無之被仰出候ハ、向後年寄共罷出候ニハ下縁を許シ可申由、又年寄共江戸へ御年頭ニ罷下候ニ不自由成様子ニ相聞申候、道中不自由無之様ニ致可申候と被仰候、又向後ハ洛中洛外・寺社門前不残取集メ可申旨、古京年寄共ニ宜敷割付可遣旨を被仰付候、其次ニ洛外・両寺内之者共も御呼出被仰付候処、洛外ゟも御年頭勤度由申上候得共、御年頭者前々ゟ古京之者勤来候と御叱り被成、出物計冥加之為に出シ可申旨被仰付候、然ルに此時丑寅組道閑・川西組浄三、此弐人呼出シニ出申候ニ付、右之仰を承り十方ニくれ申、愚才難及存候而、御前を立而後番所へ罷出、我々之力ニ而ハ洛中洛外之仕方難及候間、御触を奉願候由ヲ申置帰り被申候、此番所へ之願、誤り之由評判有之候、其後豊前守殿ゟ条目出申、其上年寄ハ三年替り、五人組ハ弐年ニ替可申由被仰出候、又十二月五日従　公儀御年頭之割之御触状出申候

ここには、京都町奉行所による改革に関して、重要な事柄がいくつも記されている。まず注目されるのは、この改革を申し渡す際に、京都町奉行河野通重は、「上京ニ而年寄弐人・中京ニ而年寄弐人・下京ニ而年寄弐人宛」を呼び出した。ここにある上京・中京・下京は、第八章でも触れるが、単純に空間的な区画を示すものであり、これまでの《惣町》や《町組》の枠組みとは異なる。すなわち、京都町奉行所の支配する領域を空間的に区画した上で、その内から《個別町》の年寄を二人づつ便宜的に選択したものと考えられる。さらに、この町年寄たちに対して、今後京都町奉行所に出頭する際は「下縁」を許すとして、京都町奉行所との関係を密接化させたのは、《個別町》に対する組織的掌握の深化を示すものだろう。

そして、年頭御礼についても、年寄が江戸との往復の道中において不自由がないように、今後は「洛中洛外・寺社門前」に費用を負担させると申し渡した。つまり、「洛中洛外町続」という序章や第一章でも触れたような、京都町奉行所が領域的に掌握した枠組みで、京都と徳川将軍家との間の儀礼の費用を負担させようとしたのである。こうなれば当然、その費用を負担することになる洛外・寺社門前の住民も年頭御礼への参加を求めたのだが、これは許可されなかった。京都町奉行所においても、古町（古京）の年寄が年頭御礼に参加するという認識であ

り、確かに費用負担の基準という点では「権力による上からの町の均質化」であったが、年頭御礼の参加という点では、古町／親町と新町／枝町、さらには洛外・寺社門前との間の格差は前提とされていたといえる。

そこで、京都町奉行所は「洛中洛外・寺社門前」に負担させる費用の割当について、「古京年寄共ニ宜敷割付可遣旨」とあるように、古町（古京）年寄に洛外・寺社門前から費用を徴収させようとして、年頭御礼参加経験者である「先座之年寄」の内、道閑、浄三を呼び出して申し渡したところ、彼らは途方に暮れてしまったという。(76)「我々之力ニ而ハ洛中洛外之仕方難及」とあるように、古町（古京）の年寄はあくまで《惣町—町組—町》の枠組みにおいて自律的な都市運営を担ったが、「洛外・寺社門前」については費用を徴収する方法を持たないので、「洛中洛外町続」を領域的に掌握する京都町奉行所の「御触」を願うことにしたというのである。このような形で、確かに「洛外・寺社門前」にも費用を負担させることで年頭御礼の道中不自由が無くなったが、これと引き替えに、住民組織側が依拠する《惣町—町組—町》の枠組みにおける年寄による自律的な都市運営は、年頭御礼関係の費用の徴収という面では関わりを弱めることとなり、逆に京都町奉行所の都市行政への依存を高めることにもなったと考える。

こうして、「十二月五日従　公儀御年頭之割之御触状出申候」と、年頭御礼関係の費用を徴収するための次の「御触」が享保八年十二月五日に出された。

【史料3-24(77)】

覚

年頭御礼惣町中為名代江戸下り入用

洛中洛外惣寺社門前境内幷町中之分

壱軒役ニ付

三分四厘三毛つゝ可出之

町代中ヶ間役料幷小番給銀部屋入用

但、寺社門前除之

洛中之分

壱軒役ニ付
八分九厘六毛弐宛

〆壱匁弐分三厘九毛二つゝ　洛中ゟ可出之

六角堂前鐘つき給銀、下京ゟ出候付

外ニ壱軒役ニ付六毛余宛　下京ゟ可出之

右者吟味之上申渡候間、当卯八月改候役数之通町切ニ取集、堀川通夷川上町町代惣会所迄、行事町ゟ致持参、請取を取可申候、且又右出銀取集之儀ニ付、町々ニ而寄会等いたし、入用掛候義一切可為無用候、以上

卯十二月

この町触は、第三節で取り上げたような町代の活動の中で伝達された。右の町触に添えて、各町代からは次のように指示された。

【史料3－25】[78]

右御触之通、壱軒役ニ壱匁弐分四り五毛弐余宛、町切ニ取集メ、来ル八日九日両日之内昼時迄ニ、行事町ゟ御持参可被成候、以上

卯十二月五日　町代山中仁兵衛

「町切ニ取集」とあるように、軒役として示された負担額も《個別町》単位で徴収されることになっていた。

さらに、次の「行事町請取」という形で、《町組》の行事町が各《個別町》から徴収した。

【史料3−26[79]】

覚　　拾七軒分

一、銀弐拾壱匁壱分六厘八毛四　包ノまゝ

右者年頭御礼幷其外懸り割慥受取申候、以上

卯十二月

町頭南町
行事

衣棚南町

ここでは《町組》の枠組みも機能しているとはいえるが、第三節で述べたように、あくまで「支配」の区画として都市行政の回路の中で把握されたものであり、少なくとも《惣町》との関係は断ち切られていたといえる。そして、【史料3−22】の町触で「堀川通夷川上町町代惣会所迄、行事町ゟ致持参、請取を取可申候」と指示されているように、行事町は「町代惣会所[80]」へ持参することになっていた。実際に、次の冷泉町の事例のように、町代惣会所からの請取書が出された。

【史料3−27[81]】

覚

一、（割印）銀三百目七分五厘六毛

右者年頭幷役料割、其外入用銀御触書之通慥請取候処、如件

天明元年《一七八一》丑十一月

町代惣会所（印）

室町弐丁組行事

つまり、年頭御礼の費用の徴収は、先述のように「大割勘定寄合」が行われていた時期にも町代が行っていた訳だが、この享保八年の町触以降は、第三節で述べたような京都町奉行所の志向する京都町奉行所—町代という都市行政の回路上で年頭御礼の費用が徴収されるようになった。そして、このような年頭御礼の徴収において古町と新町の間に差は無く、《個別町》は均質化され、「平等」に負担することになった。

このように、享保八年の京都町奉行所による都市行政改革は、これまでの「先座之年寄」を核とする《惣町—町組—町》の自律的な都市運営の枠組みにとらわれることなく、「洛中洛外町続」を領域として町代仲間が取り次ぐ形の行政回路を通じ、《個別町》の枠組みとの間の平等なつながりを重視（「町の均質化」）する京都町奉行所の都市行政を貫徹させようとしたものであったと考えることができる。

このため、先述の【史料3-23】にあるように、「先座之年寄」の内、道鑑、浄三が京都町奉行所の町触による年頭御礼の費用の徴収を願った判断は「誤り之由評判」と、住民組織側には納得しない者もいたのである。この点に、近世前期以来の都市行政における、「洛中洛外町続」を領域とする〔京都町奉行所—町代—《個別町》〕という行政回路と、《惣町—町組—個別町》の住民組織との間の矛盾の顕れを認めることができる。

そして、以上見てきた享保八年の都市行政改革以降、京都町奉行所の都市行政の中で、中間支配機構としての町代仲間の公的位置づけがより一層進められることになった。町代の収入面での再生産に関するこれまでの研究(82)を参考にすると、元禄十三年（一七〇〇）に認められた家屋敷売買時の吟味料取得(83)は、享保八年に一旦廃止されるが(84)、同十年復活するというように(85)、紆余曲折はあるが、住民同士の取り引きに介入する形で町代の収入が認められた。さらに、町代の成立期以来、町代に対しては《町組》より給分が支給されていたが、それでは町代の再生産にとって十分でなかったため、享保八年の京都町奉行所による都市行政改革に際し、「町代中ケ間役料幷小番給銀部屋入用」として上下京平均で各《個別町》に割り掛け、《町組》ごとに町代惣会所へ持参することになった[86]。これは、【史料3‐22】として示した年頭御礼の費用負担を伝達する町触の中で一緒に提示され、「年頭御礼惣町中為名代江戸下り入用」と合わせて町代惣会所で徴収することになった。ここでは、享保期には町代（仲間）の収入が「役料」として京都町奉行所により位置づけられた点が重要である。

但し、「町代役料」については、享保十年に上下京平均での割り当てを止め、「町代持之町ゟ取集」とあるように、以後は町代の担当《町組》ごとに割り当てることになった[87]（「町代部屋幷小番給銀入用」は上下京平均での割り当てとされた）。このように、《町組》と町代との関係は享保期以降も続くが、町代の位置づけが公的なものとなることによって、近世初期以来の給分の支給に見られたような《町組》との間の一札を通じた関係にも変化が生じることになる。

町代の相続に際して、例えば、寛延三年（一七五〇）の下京の事例では、石垣家三代目甚内の家督を倅甚蔵に譲るにあたり、次のような確執が石垣担当の巽組との間で生じている。

【史料3‐28[88]】

一、右四代甚内義、初名甚蔵と申候、親甚内義寛延三午年三月四日相果候ニ付、組町へ相届候様、下町代西村権兵衛へ申渡候処、其返答も不仕、同月十日甚内家督倅甚蔵へ被　仰付候段申出候ニ付、夫ゟ組町度々寄合等仕、先規之通町代奉公請状可仕様申聞候処、其ころ御凶事有之、御穏便中ニ付暫差扣、同年五月廿日甚蔵呼寄、先達而申渡候通、奉公請状可仕哉否返答可仕段申聞候処、中ケ間之者へ相談之上返答可仕趣ニ而、同月廿三日申出候ハ、仲ケ間之者へ相談仕候処、請状之義ハ御断可申様申聞候ニ付、御断申候段申出候、右ニ付六月ニ至、寄合等仕、色々申聞候処、請状之義ハ幾重ニも相断申候段手堅く申出候ニ付、依之一向町代召抱替可申趣治定仕、六月廿五日願書等相認メ、翌廿六日御帳付ニ罷出候段申遣候処、驚入、早速親類奥田佐兵衛、福岡佐右衛門、下代権兵衛とも三人罷越、甚蔵不調法之段、段々相詫候ニ付、請状仕候ハ、願之義相止メ可申趣申聞候処、何分請状之義者了簡仕呉候様相頼候、依之請状之義相止メ、同月廿七日親類共幷下代差加へ、慥成一札取之相済し申候、則其節之一札別帳ニ書写し、奉入御高覧、其節ゟ甚内と改名仕候、此一札初代市右衛門、二代目甚内請状之奥へ継合置申候

巽組から町代に対して「奉公請状」を提出するかどうか返答を求めたところ、町代仲間と相談の上で提出を断った。そこで、巽組は「町代召抱替」、すなわち別人を町代とすることに決めたところ、町代奥田佐兵衛を始めとする親類中より詫びてきたため請状を提出させることは止め、「慥成一札」を提出させることで済ましたという。つまり、《町組》が町代の相続を「奉公請状」という形で把握しようとするのに対して[89]、京都町奉行所の都市行政の中で公的に位置づけられた町代仲間という集団として《町組》の進退から脱しようとしたのである。

このような町代仲間と《町組》組織との間の確執は、京都町奉行所の都市行政への関わりを深める中で町代が「利害集団」化を遂げたことに原因がある。「利害集団」とは、塚田孝氏が指摘する[90]「さまざまな地位・役職が株として権利化され、場合によっては雇用者の進退（支配）を排除し」、「他の者の参入を阻止し、自分たちの特殊利害（私的利害）を貫徹するような集団」である。この「利害集団」として、吉田伸之氏は[91]、江戸の町役人である支配名主による共同組織が町奉行所によって公的に認定されたことをもって、「「行政・自治」に介在することで得分化した収入源を有す支配名主による「利害集団」の確立」と評価した。つまり、行政上での役割を担い、特にこれを専業とする場合には、再生産のためにも「固有の得分の領域」が形成され、これを追求・貫徹する中で「利害集団」化する。このような形で、都市行政上の役割を担う官僚としての性格と、それが「利害集団」化することは併存すると考える。

京都の町代の事例でも、先述のように、町代の相続のあり方に関して、町代の地位が株化している姿をうかがうことができる。文政町代改儀一件時の系譜調査[92]において、「彼等とも養子且後見抔と申立、他江売渡し」と住

民側より糾弾されているように、養子の形でその地位が売買されているという。例えば、「家守」の倅（奥田家七代佐兵衛）、商家の「手代奉公仕候者」（山中家八代仁兵衛）、「木綿商売」（山中家十一代与八郎）など、被支配住民であったような存在が養子相続の形で町代となっていたという。中でも注目されるのは、奥田家の五代目藤兵衛に関して「播州明石西岡出生之者ニ而、京都ニ而宜敷株等も在之候へ者求度趣、室町松原下ル町帯屋市右衛門与申者へ相頼、右市右衛門義者甚内親類之者ニ付世話ヲ以佐兵衛跡株銀三貫匁計ニ買受、後見名目ニ而相勤」とある。京都の出身でもない者が「宜敷株」を求めて、町代奥田佐兵衛の「跡株」を銀三貫目で買い受けたというのである。この株代に見合うだけの得分が、京都町奉行所との関係において公認された町代の「役料」や家屋敷売買の吟味料取得にはあったのであろう。

本章で検討してきたように、上京の《町組》年寄が町代に転じたり、下京にしても町代となるのは被支配身分の者であり、右に述べたように養子相続して町代になったのも被支配身分の者であったから、「下からの官僚制」といえるのかもしれない。そして、その地位を株化し、仲間として「利害集団」となった町代にとってその立場を保証するのは、京都町奉行所の都市行政への関わりであったから、町代は京都町奉行所との関係を深めていった。こうした形で町代は支配の側に軸足を移す一方、自律的な都市運営を担う被支配側の住民との間で確執が生じたのは、本章で見てきたような近世前期における京都の都市行政の構造的特質に由来する。

つまり、第一章で触れたように戦国期に早熟的に形成されていた《惣町》の枠組みにおいて、「先座之年寄」を中心とする自律的な都市運営と、所司代・京都町奉行所による支配政策の展開の中で設定された町代仲間が取り次ぐ形で行われる都市行政との間で矛盾が生じたのである。〔都市当局（京都町奉行所）―惣町―町組―個別町〕という「公権の重層的構造」の中で、第三節で見たように、「洛中洛外町続」を領域的に掌握する京都町奉行所が志向する〔京都町奉行所―町代―《個別町》（町年寄―被支配住民）〕という都市行政の回路と、「先座之年寄」を核として機能してきた《惣町―町組―個別町》の重層構造を持つ住民側の自律的な都市運営との間で、《惣町》の位置づけが桎梏となった。これは、京都町奉行所が「洛中洛外町続」という《惣町》を越える領域を都市行政の枠組みとしたため、他の畿内幕府直轄都市のように、《惣町》レベルの存在を行政機構として設置しなかったことにもよるといえる。

さらに、京都町奉行所は享保八年の都市行政改革において、《個別町》の枠組みとの間の平等なつながりを重視（「町の均質化」）し、「大割勘定寄合」を廃止するなどしたため、《惣町》の枠組みは、京都の都市秩序において希薄化していくことになる。これが第二章で見たような《惣町》の枠組みにおける「対外的な代表者」としての年頭御礼の参加者の性格変化にもつながるとともに、次章で検討するように《惣町》の枠組みにおける住民組織の結合（《町組》同士の関係）をも弱めることになった。

そして、近世前期以来の都市行政における、「洛中洛外町続」を領域とする〔京都町奉行所―町代―《個別町》〕という行政回路と、《惣町―町組―個別町》の住民組織との間の矛盾の中で、担当の町代を通じた均質的な行政区画としての側面と、「先座之年寄」による自律的な運営組織としての側面、これら両側面をあいまいな形で残して機能していた《町組》の枠組みにおいて、その出自に類似性を持つ町代と年寄の間の矛盾が焦点化し、「大割勘定寄合」の目録（配符）の取り扱いなどをめぐって確執が生じたのである。(93)

第六章で検討するように、このような年寄を中心とする被支配住民と町代との間の確執の帰結としての文政町代改儀一件は、直接的には京都町奉行所の権力を背景とする「役威」を誇る町代の僭上が主な争点となったものだが、本章で検討してきたような町代と年寄の間の矛盾が集中的に表面化したものと考える。

（1）　吉田伸之「近世前期江戸の名主と「行政・自治」」（同『伝統都市・江戸』、東京大学出版会、二〇一二年・初出二〇〇四年）一四九頁。

（2）秋山國三『近世京都町組発達史〈新版公同沿革史〉』（法政大学出版局、一九八〇年・初出一九四四年）。

（3）林屋辰三郎『町衆　京都における「市民」形成史』（中央公論社、一九六四年）二〇八〜二一一頁。

（4）木下政雄「京都町組における町代の性格――上古京親八町文書を中心として――」（『立命館文学』二〇四、一九六二年）、鎌田道隆『近世都市・京都』（角川書店、一九七六年）など。

（5）鎌田道隆『京　花の田舎』（柳原書店、一九七七年）など。

（6）辻ミチ子「民衆と町自治――町組と小学校――」（同『転生の都市・京都――民衆の社会と生活――』、阿吽社、一九九九年・初出一九七七年）、京都市編『京都の歴史6　伝統の定着』（学芸書林、一九七三年）第五章第二節など。

（7）朝尾直弘「元禄期京都の町代触と町代」（同『朝尾直弘著作集第六巻　近世都市論』、岩波書店、二〇〇四年・初出一九八五年）二六〇〜二六一・二八四頁。

（8）宇佐美英機「近世前期の町触と触留」（同『近世京都の金銀出入と社会慣習』、清文堂、二〇〇八年・初出一九八七年）、同「「板倉二十一か条」の伝来状態」（前掲『近世京都の金銀出入と社会慣習』・初出一九八八年）、塚本明「町代――京都町奉行所の「行政官」として――」（京都町触研究会編『京都町触の研究』、岩波書店、一九九六年）、同「近世中期京都の町代機構の改編」（朝尾直弘教授退官記念会編『日本社会の史的構造　近世・近代』、思文閣出版、一九九五年）、田口泰久「享保期　京都の民政について」（津田秀夫先生古稀記念会編『封建社会と近代』、同朋舎出版、一九八九年）。

（9）前掲註（8）塚本明「町代――京都町奉行所の「行政官」として――」二二七頁。

（10）谷直樹「初期町代についての一考察」（『京都市史編さん通信』一四五、一九八一年）。

（11）杉森哲也「町代の系譜――十七世紀上京における町組と町代――」（同『近世京都の都市と社会』、東京大学出版会、二〇〇八年・初出一九八七年）、同「町代の成立」（前掲『近世京都の都市と社会』・初出一九八九年）。

（12）塚本明「都市構造の転換」（『岩波講座日本通史14　近世4』、岩波書店、一九九五年）七〇・七三〜七四頁。

（13）横田冬彦「解題」（前掲『朝尾直弘著作集第六巻　近世都市論』）三九五〜四〇一頁。

（14）河内将芳「「上京地下人」「下京地下人」――室町幕府関係史料を中心に――」（同『中世京都の民衆と社会』、思文閣出版、二〇〇〇年・初出一九九三年）二七三〜二七四・二七八頁。
(15)　前掲註(11)杉森哲也「町代の成立」一八八頁。
(16)　前掲註(11)杉森哲也「町代の成立」二〇七〜二〇八頁。
(17)　「茶屋家由緒書」（茶屋家文書・『特別展図録　豪商茶屋と徳川氏』（岡崎市、一九九六年）六六頁の翻刻を使用）。
(18)　朝尾直弘「「洛中洛外町続」の成立――京都町触の前提としての――」（前掲『朝尾直弘著作集第六巻　近世都市論』・初出一九九六年）二九五〜二九六頁。
(19)　牧知宏「町役人としての茶屋四郎次郎家」（杉森哲也編『シリーズ三都　京都巻』、東京大学出版会、二〇一九年）。
(20)　「町代共ゟ御役所様年頭御拝礼由来書書立差上候写」（善長寺町文書DⅡ13・京都市歴史資料館架蔵写真版）、「御役所様へ組々ゟ差上候御判物類其他証拠物」（善長寺町文書DⅡ27・京都市歴史資料館架蔵写真版）など、文政町代改儀一件に関わる史料群の中に含まれる史料に書き写されている。
(21)　寛政四年（一七九二）の「寛政四子冬、全体ケ様被申儀愈奉御承知置、宜折在之候ハ、何卒此趣ニも被仰上被下候様申之、茶屋四郎次郎へ於江戸内々指出置候書付之うつし」（古久保家文書一二五「町代由緒書上」・京都府立京都学・歴彩館蔵）という史料に記された町代の由緒の中では、元和四年（一六一八）に出されたとするが、宛名の「大久保相州」を忠隣と考えると年代が合わず、俄には従えない（本書第五章を参照）。
(22)　「下古京御朱印并御判之物類留」（善長寺町文書DⅡ30・京都市歴史資料館架蔵写真版）、「上下京町々古書明細記」（親九町組文書・京都国立博物館寄託・『日本都市生活史料集成　三都編Ⅰ』（学習研究社、一九七七年）を使用）などに書き写されている。『町触別二』二五六。
(23)　「五組中ゟ続代調御答」（善長寺町文書DⅡ7・京都市歴史資料館架蔵写真版）。
(24)　「町代場野庄兵衛申伝書并田内一雲申伝再調書」（長刀鉾町文書DⅡ10・京都市歴史資料館架蔵写真版）。
(25)　明和三年十一月「諸事覚」（古久保家文書五九・京都府立京都学・歴彩館蔵）。
(26)　この前田玄以から与助に宛てられた文書は、第一章で述べた、文政町代改儀一件後に町代から下京へ移管され、下京で保管することになった「御朱印」などの文書の内の一つである（表1-1下京⑪）。
(27)　松原法春については、天正十八年（一五九〇）に秀吉により「京都町年寄頭」に任命され、上下京の年寄をまとめる頭とされてきたが、杉森哲也氏の研究により、「京都町年寄頭」への就任については疑義が呈され、慶長期に上京上一条組の町代であったことが確認されている（前掲註(11)杉森哲也「町代の成立」二一六～二一七頁）。

(28) 壬生文書・京都大学総合博物館蔵・京都大学文学部古文書室架蔵写真版。

(29) 『京都町触集成　別巻二』には、所司代板倉勝重から浄貞へ宛てた触書が二通ある。

・『町触別二』三〇五

い上

六角道寺屋敷之儀、早々家をこほし可申由、堅可申付候、則長谷川忠兵衛被下候間、右之通可申付候、委細者此忠兵衛使可申候、以上

十月六日　伊賀御印

下京
浄貞

・『町触別二』三〇八

銀座屋敷之儀、先日中井大和守境ニくい打被申候ことく、早々縄ともはり、浦々究候様いたすへく候、以上

卯月一日　伊賀御印

浄貞
かたへ

これらは、後述の町代宛ての町触と同様であり、浄貞も町代と同様の役割を果たしていたことがわかる。

(30) 前掲註(23)「五組中ゟ続代調御答」（善長寺町文書DⅡ7・京都市歴史資料館架蔵写真版）。

(31) 前掲註(25)明和三年十一月「諸事覚」（古久保家文書五九・京都府立京都学・歴彩館蔵）の中で、「大坂御陣之節も町代庄兵衛罷下候而　御機嫌奉伺、竹たは、鉄砲之玉献上仕、御目見仕、為　御褒美黄金壱枚拝領」と記されているように、与助（一雲）と同様、庄兵衛（浄貞）も統一権力との間の儀礼行為に参加する存在として位置づけられている。

(32) 高橋康夫「町堂と銭湯と町衆」（同『京町家・千年のあゆみ――都にいきづく住まいの原型――』、学芸出版社、二〇〇一年・初出一九九四年）一三三～一四六頁。

(33) 前掲註(24)「町代場野庄兵衛申伝書并田内一雲申伝再調書」（長刀鉾町文書DⅡ10・京都市歴史資料館架蔵写真版）。

前掲註(32)高橋康夫「町堂と銭湯と町衆」一四四頁では、「六角堂の鐘を撞く役割は、場の町のものが毎年勤めると定まっていた」と指摘されており、「場野」庄兵衛との関係も推定されるが、詳細は不明である。

(34) 前掲註(11)杉森哲也「町代の系譜――十七世紀上京における町組と町代――」二四一頁。

(35) 序章でも触れた通り、前掲註(14)河内将芳「「上京地下人」「下京地下人」」や早島大祐「戦国期京都の惣町と町組」(同『首都の経済と室町幕府』、吉川弘文館、二〇〇六年)が明らかにしているように、《町組》の枠組みでの共同体の成立は戦国期段階にさかのぼる。

(36) 第四章で取り上げる「下古京委細帳」(高辻堀之内町加舎家文書・関西大学総合図書館蔵)や、「京都旧記録」(京都市歴史資料館蔵・京都市歴史資料館架蔵写真版)などの「京都旧記録」類に書き写されている「下京町代之覚」という記事。「中組古来留帳」(北観音山町文書DⅠ5・京都市歴史資料館架蔵写真版)、「古京中之組定法覚」(三井文庫蔵)という旧記中にも同内容の記事がある。

(37) 「寛永十年十月中拾町、同九町、川西宛町代一札」(善長寺町文書DⅡ26・京都市歴史資料館架蔵写真版)などの文政町代改儀一件関係史料に書き写されている。なお、後の展開から考えても、この時に松原を町代としたのは、組別れした中十町組と川西十六町組と考えられるが、一札の宛先は中組・川西組という形で組別れを踏まえない表記となっている理由は不明である。

(38) 前掲註(36)「下京町代之覚」。

(39) 前掲註(8)宇佐美英機「「板倉二十一か条」の伝来状態」六六頁で指摘されているように、石垣市右衛門は、寛文九年(一六六九)の時点で川西十六町組内の高辻堀之内町に住んでいたことがわかり(「家数幷間口之覚帳」(高辻堀之内町加舎家文書・関西大学総合図書館蔵)、出自として、担当する巽組とは関係の薄い住民であった。

(40) 「寛文六年三月七月上艮組之願書、町代請状」(善長寺町文書DⅡ26・京都市歴史資料館架蔵写真版)などの文政町代改儀一件関係史料や、「永代重宝京都家旧事記」(三井高維氏収集史料・国文学研究資料館蔵)など「京都旧記録」類(本書第四章参照)にも書き写されている。

(41) 前掲註(40)「寛文六年三月七月上艮組之願書、町代請状」(善長寺町文書DⅡ26・京都市歴史資料館架蔵写真版)などの文政町代改儀一件関係史料や、「下京古町之記」(京都大学大学院文学研究科図書館蔵)など「京都旧記録」類(本書

第四章参照）にも書き写されている。

(42) 織田信長の上京焼き討ちの際の対応の違いなど、そもそも上京と下京では秩序のあり方が異なっていたのではないかと推測される（五島邦治「下京石井筒町記録から」（同『京都　町共同体成立史の研究』、岩田書院、二〇〇四年・初出二〇〇〇年）も参照）。

(43) 前掲註(4)木下政雄「京都町組における町代の性格——上古京親八町文書を中心として——」、前掲註(4)鎌田道隆『近世都市・京都』、前掲註(8)宇佐美英機「近世前期の町触と触留」など参照。

(44) 『町触別二』二八六。

(45) 『町触別二』三一九。

(46) 『町触別二』三二一。

(47) 秀吉政権期の与助や、前掲註(29)の浄貞宛ても含めて、個人の名前に宛てて触書を出していることについては、仁木宏氏が「豊臣政権は、惣町—町組—町の都市共同体システムの強化をうながし、その中の年寄など特定の町人を把握し、支配の末端として位置づけることで全体として都市支配を強化した。それまで、都市共同体のなかで年寄・月行事などの役人の名称は出てきたが、役人個人の名前はほとんど史料に残っていない。それが豊臣政権期以降、そうした者の名前が伝わるということは、権力側が彼らを支配制度に位置づけ、それに応じて都市共同体システムのなかで彼らの地位が向上してきたことを示しているといえよう」（仁木宏「京都研究と中近世移行論」（同『京都の都市共同体と権力』、思文閣出版、二〇一〇年））と指摘している点が参考になる。［領域的掌握］から［組織的掌握］へと支配を強化する中で、豊臣政権期にはさらに一歩進んで、「支配の末端」として個人が掌握されたということだろう。そして、徳川政権期以降は、掌握された個人が町役人として、再び役職名で把握される形で中間支配機構化していったと考える。
また、徳川政権下、所司代治世期においては、いわゆる「板倉二十一か条」の名で知られる触書が板倉重宗により出されているが、その宛先が「上京年寄」・「下京年寄」となっているものと町代宛てのものが存在する。この点については、杉森哲也氏（杉森哲也「近世前期京都の都市法と都市社会——町触正文の分析を中心に——」（塚田孝編『近世大坂の法と社会』、清文堂、二〇〇七年））や宇佐美英機氏（前掲註(8)宇佐美英機「「板倉二十一か条」の伝来状態」）により検討がなされている。

特に、宇佐美氏が、「当該期に実質上所司代向き公務を勤めていた町代、ないしは機能していた町組の数に則した触書が「上京町代」「下京町代」を宛名にして一通づつ発布された。それらは町代に渡されたが、他方で、町年寄が所司代向きの公務を行い、町組をいまだ組織していない、したがって町代が町にとって行政向きでは年寄の下位にあるととらえられている状況にあっては、町々に対しては、「上京年寄」「下京年寄」宛のものが発布されたのではないだろうか。しかし、個別の町すべてに触書を発給したとは考えにくいことから、当時存在した町組内に存在した在来の組町単位で発給したのではないだろうか」と考察し、「板倉二十一か条発布の時期は、町代の位置づけをめぐって所司代と組町の間で意識の齟齬を生じさせている時期であった」としている点は、支配権力側の志向性と被支配住民側の都市運営との間のズレ、齟齬に注目する本書の観点からも重要な指摘である。【史料3-1】も所司代治世期であることを踏まえると、所司代治世期は、支配―被支配の接点において年寄を掌握するか町代を掌握するかの過渡期にあったと考える。

(48)　前掲註(7)朝尾直弘「元禄期京都の町代触と町代」、前掲註(8)田口泰久「享保期　京都の民政について」、前掲註(8)塚本明「町代――京都町奉行所の「行政官」として――」など。

(49)　前掲註(8)塚本明「町代――京都町奉行所の「行政官」として――」。

(50)　山田洋一「「古久保家文書内「番日記」の書誌的検討――成立事情を中心に――」（京都府立総合資料館『資料館紀要』二五、一九九七年）。

(51)　延宝三年「春日記」（古久保家文書四六「番日記」・京都府立京都学・歴彩館蔵）、貞享四年「春諸日記」（松野公明氏所蔵文書・京都市歴史資料館架蔵写真版）、正徳元年「諸事日記」（古久保家文書四七「番日記」・京都府立京都学・歴彩館蔵）。以下では、これらの史料を用いる場合は「○○年□□月△△日条」とのみ記し、出典表記を省略する。

(52)　前掲註(47)杉森哲也「近世前期京都の都市法と都市社会――町触正文の分析を中心に――」七五～七六頁。

(53)　前掲註(47)杉森哲也「近世前期京都の都市法と都市社会――町触正文の分析を中心に――」五三頁。

(54)　藤井譲治「幕府法令の伝達と都市」（同『近世史小論集　古文書と共に』、思文閣出版、二〇一二年・初出一九七八年）二五〇頁。なお、この記述の典拠となっているのは、「親町要用亀鑑録」（親九町組文書・京都国立博物館寄託・『日本都市生活史料集成　三都編Ⅰ』（学習研究社、一九七七年）中の記載であるが、享保十八年（一七三三）に親町から枝町へ伝達することを仰せ渡した触書は確認できていない。

(55) 京都町触研究会編『京都町触集成　別巻二』（岩波書店、一九八八年）一一頁。
(56) 前掲註(8)宇佐美英機「「板倉二十一か条」の伝来状態」八二～八三頁。
(57) 前掲註(50)山田洋一「古久保家文書内「番日記」の書誌的検討――成立事情を中心に――」一〇頁。
(58) 前掲註(50)山田洋一「古久保家文書内「番日記」の書誌的検討――成立事情を中心に――」一一～二一頁。
(59) 菅原憲二「近世京都の町と捨子」（『歴史評論』四二二、一九八五年）三九頁に史料が引用されている、衣棚南町の事例では、心付けを遣わされた上町代は「仁兵衛」となっているが、これは衣棚南町の所属する下京上艮組の担当町代（山中仁兵衛）と合致する。
(60) 《個別町》の町年寄については、本書第二章を参照。
(61) 「下古京定幷五組極り申覚書」（占出山町文書DⅡ45・京都市歴史資料館架蔵写真版）、「古京雑記」（長刀鉾町文書DⅡ38・京都市歴史資料館架蔵写真版）などの文政町代改儀一件関係史料に書き写された「下京組之事」という記事。
(62) 「年頭拝礼献上記録」（三条町文書DⅠ31・京都市歴史資料館架蔵写真版）。
(63) 「大割勘定寄合」については、前掲註(6)『京都の歴史6　伝統の定着』、塚本明「近世中期京都の都市構造の転換」（『史林』七〇-五、一九八七年）、前掲註(8)田口泰久「享保期　京都の民政について」、安国良一「京都の都市社会と町の自治」（岩崎信彦他編『町内会の研究』、御茶の水書房、一九八九年）、杉森哲也「町組と町」（前掲『近世京都の都市と社会』・初出一九九〇年）などを参照。
(64) 前掲註(36)「中組古来留帳」（北観音山町文書DⅠ5・京都市歴史資料館架蔵写真版）、「古京中之組定法覚」（三井文庫蔵）。
(65) 前掲註(61)「下京組之事」。
(66) 「公方様御代替之御礼万入用」（島屋文書・京都大学総合博物館蔵）。
(67) 「往古ゟ年頭御拝礼江戸下り万入用書」（親九町組文書・京都国立博物館寄託）。この史料については、前掲註(11)杉森哲也「町代の系譜――十七世紀上京における町組と町代――」も参照。
(68) 前掲註(61)「下京組之事」。
(69) 下京の大割勘定目録（配符）については、「下京遺録」（善長寺町文書DⅠ3・京都市歴史資料館架蔵写真版）に、慶安五年（一六五二）・宝永二年（一七〇五）・同三年・同五年・享保三年・同四年・同七年・同八年のものが書き写されている。この内、慶安五年・宝永五年・享保三・七・八年のものは連署部分も書き写されているが、各《町組》の当町に加えて、年頭御礼に参加する町年寄も名を連ねている。一方、享保期以降のものでも、「先座之年寄」の連署は見られないので、あくまで「先座之年寄」は寄合に出席するだけだったと思われる。

(70) 前掲註(36)「中組古来留帳」（北観音山町文書ＤＩ５・京都市歴史資料館架蔵写真版）。

(71) 巻末の［年頭御礼関係一覧表］を参照。

(72)「古町古格幷暦代規矩写」（高辻西洞院町文書2〜4・京都市歴史資料館架蔵写真版）、「京都名主記録之写」（佐古慶三教授収集文書・大阪商業大学商業史博物館蔵）などの「京都旧記録」類に書き写されている「御年頭御礼入用割之事」という記事。

(73) 前掲註(6)『京都の歴史6　伝統の定着』、前掲註(8)田口泰久「享保期　京都の民政について」など参照。

(74) 前掲註(63)安国良一「京都の都市社会と町の自治」六七〜六八頁。

(75) 前掲註(72)「御年頭御礼入用割之事」。

(76) 巻末の［年頭御礼関係一覧表］を参照。

(77)『町触一』一四三〇。

(78)『町触一』一四三〇。

(79)『町触一』一四三〇。

(80)「町代物会所」については、前掲註(63)杉森哲也「町組と町」一五五頁で指摘されているように、町代仲間が所司代板倉重宗より闕所屋敷を拝領して成立したもので、当初は仲間会所として設定されたものだが、次第に行政的機能も果たすようになったものである。

(81) 天明元年十一月「町代物会所軒役銀請取書」（冷泉町文書・『京都冷泉町文書　第三巻』（思文閣出版、一九九三年）二五八号）。

(82) 前掲註(6)『京都の歴史6　伝統の定着』、前掲註(8)宇佐美英機「「板倉二十一か条」の伝来状態」、前掲註(8)田口泰久「享保期　京都の民政について」など参照。

(83)『町触二』二六七。安国良一「近世京都の町と家屋敷所持」(『日本史研究』二八三、一九八六年)を参照。

(84)『町触二』一四〇四。

(85)『町触二』一六六七。

(86)『町触二』一四三〇。

(87)『町触二』一六六七。

(88)「巽組町代甚内続代書幷葬所御答書」(善長寺町文書DⅡ25・京都市歴史資料館架蔵写真版)。

(89)中後期の寛政五年(一七九三)のものであるが、町代竹内熊三郎から「古京川西拾六町御年寄中」に宛てて出された一札(「寛政五年正月川西十六町組へ助九郎先代之一札」(善長寺町文書DⅡ26・京都市歴史資料館架蔵写真版)には、「代替り之節御組内江御届申、相続人相極メ可申候」という文言があるように、《町組》は町代の相続を「一札」の更新を通して把握しようとしていたことがわかる。

(90)塚田孝「身分制の構造」(同『近世身分制と周縁社会』、東京大学出版会、一九九七年・初出一九九四年)三四〜三六頁。

(91)前掲註(1)吉田伸之「近世前期江戸の名主と「行政・自治」」一七五〜一七六頁。

(92)前掲註(23)「五組中ゟ続代調御答」(善長寺町文書DⅡ7・京都市歴史資料館架蔵写真版)。

(93)この点については、宇佐美英機氏が、「町代の給分は町側が負担するものであった。たとえ給分がいったん町代会所へ納められ役料として給付されるという形式をとるとしても、町側の費用で給分がまかなわれる限り、町の雇傭人であるという論理を否定することはできなかった。確かに町代の持つ権限が強化され、次第に所司代・奉行所の権力を背景にした中間権力者化していったことは否定できない。しかし、近世期を通じて町奉行所が町代に対してみずからの財政から知行、給分を与えたことはなく、町側においても町入用における勘定科目では祝儀を遣わす対象としても位置づけられていたのである。このような背景を前提として、後世の文政町代改儀一件により町代は町組の雇傭人であるという再確認が行われ旧に復するのだといえよう」(前掲註(8)宇佐美英機「「板倉二十一か条」の伝来状態」七六〜七七頁)と指摘しているように、町代の給分という観点からも、町代の位置づけをめぐっては、「官」か「町組の雇傭人」か、あいまいなまま残されていたといえよう。

第四章　近世京都の都市歴史叙述――「京都旧記録」類の成立と伝播――

本章では、近世において作成された近世都市京都の由緒や歴史を記した史料、いわゆる「旧記」[1]を取り上げる。特に、この「旧記」の成立の背景などに注目することで、ここまでの第二・三章で明らかにしてきた、近世前期の都市秩序の展開に伴い、特に享保八年の京都町奉行所の都市行政改革によって、《惣町》の枠組みが機能を弱めていったことが、被支配住民側にどのような影響を与えたのかについて、近世都市京都の語られ方という観点から検討したい。

第一節　「京都旧記録」類とは

こうした京都の語られ方に関する歴史学からのアプローチとして取り上げられているのは、高木博志氏や小路田泰直氏の研究にみるように、平安京に都市京都の淵源を求めるような「古都京都」イメージや戦国期の「町衆」イメージといった、主に近代に創出されたとされているものである[2]。しかし、林屋辰三郎氏の研究に見られる「町衆の自治」[3]によって語られる京都のイメージについて、「町衆」の時代の後に来る、近世、江戸時代の京都がどのように語られていたのか、ほとんど研究されていない。中川理氏[4]が述べるように、近代京都が内側にかかえている「伝統的に高度に組織化された民衆世界」、「近世から連続する民衆社会」を考える際には、近世から近代へと連続する歴史叙述の動向、特に、そもそも近世において近世の京都がどのように語られ、その近世において語られていた京都のイメージが近代にどのように受け継がれたのかを検討することが重要になると考える。

そこで、本章では、近世から近代における「都市歴史叙述」という観点から分析を進めている渡辺浩一氏の研究[5]に注目したい。渡辺氏は、播州三木について、江戸時代から近代・現代にわたる歴史叙述の変遷を検討し、さらに、他の近世都市における歴史叙述の事例も紹介し、「都市歴史叙述というジャンルが成り立つかどうかは微妙」としながらも、日本近世の「都市歴史叙述」は、政治権力に対して「都市の特権」の根拠や由来を説明するものが典型的であると指摘している。この「都市歴史叙述」については、「まだあまり研究がありません」と述べており、本章でも、この「都市歴史叙述」の研究を一歩でも前に進めるため、近世京都の語られ方を近世京都の「都市歴史叙述」として検討していきたい[6]。

渡辺氏も、近世京都に関して、「親町要用亀鑑録」[7]（特にその中の「上古京親町古地来由記」）を取り上げ、近世京都の「都市歴史叙述」として事例紹介をしているが、筆者は、渡辺氏が紹介した「親町要用亀鑑録」（「上古京親町古地来由記」）と同種のもので、且つこの「親町要用亀鑑録」（「上古京親町古地来由記」）にも影響を与えていると推測される「都市歴史叙述」を記した近世都市京都に関する「旧記」類が他にも多く残されていることを確認した。それらの「旧記」類を本章では、「京都旧記録」類と総称する。内容は後述するが、【史料4-11】として掲出した、「抑下京古京と申者、昔尊氏将軍之末武威衰」で始まる、《惣町》（上京・下京）の歴史叙述を内に含む同種の「旧記」の類書を「京都旧記録」類として把握している。また、これは、第二節で詳しい分析を行うが、筆者が管見の限りで原史料に近い存在として推定している加舎家本「下古京委細帳」[8]という史料の影響下にあり、系譜的なつながりを持つ「旧記」が「京都旧記録」類であるということもできる。この「京都旧記録」類の諸本について、全国各地の資史料館、博物館、大学・自治体の図書館など史料所蔵機関を調査し、管見の限りで確認した類本を章末の［「京都旧記録」類の類本一覧］（二三二頁）に掲げた。

この「京都旧記録」類の類本の中には、これまでの研究史の中で、言及されているものがいくつかある。まず、「洛水一滴抄」という類本の翻刻を掲載した『新撰京都叢書』の「解題」では、「下京を中心にした記述を採りまとめ」たもので、「下京の町組に属する年寄衆の手になるものではないかと推察」している。(9)また、五島邦治氏(10)は、「「抑下京古京と中者、往昔足利尊氏将軍の末流に至り」の冒頭ではじまることでよく知られた」、「市中に流布している下京由来書」について言及し、「この手の写本」が「ずいぶん内容と構成を変えながら」存在していることも指摘している。さらに、『京都町触集成　別巻二』の参考史料として用いられた京都市歴史資料館蔵「京都旧記録」の解題において、宇佐美英機氏(11)は「同文異称の類書はいくつかの町で見られ」、「ただ、相互の関連性を比較・照合した研究はまだ見当たらないため、原史料の確認や写本の作成事情については今後の研究課題として残されている」と述べている。

このように、これまでの研究史においても、著者が「京都旧記録」類として把握する同種の「旧記」の存在や、その類本の広まりについては知られており、また、近世京都に関する研究史においても、これら「旧記」中の記載が使用されている。(12)本書でも第二・三章では、これら「京都旧記録」類に書き写された記事を使用している。しかし、宇佐美氏が述べるような、本格的な研究はいまだ行われていないのが現状であり、この「京都旧記録」類という史料を今後の近世京都研究において使用していくためにも、その前提として、この史料の性格を確定しておく必要がある。

また、先述したように、「親町要用亀鑑録」(「上古京親町古地来由記」)という「都市歴史叙述」について紹介した渡辺氏(13)は、この歴史叙述の性格として、「京都という都市全体の歴史」ではなく、「上京という団体の歴史叙述」であるという点、「徳川将軍との関係」を書いた歴史叙述であるという点、さらに「歴史叙述のなかで地子免許が前面に出ない」点などが特徴であるとしている。重要な指摘であるが、事例紹介にとどまっているため、なぜこのような歴史叙述になったのか、つまり、京都では「地子免許の危機が全くなかった」とするならば、このような「都市歴史叙述」が成立するためにはどのような背景があったのか、各都市における個別事情をそれぞれ明らかにする必要があるのではないか。特に、渡辺氏も三木の事例で検討されている「都市歴史叙述」の背景にある都市秩序との関わりについて、「京都旧記録」類が成立する享保期（一七一六～一七三五）の状況を、第二・三章を踏まえながら明らかにしていきたい。

さらに、章末の［「京都旧記録」類の類本一覧］からわかるように、この「京都旧記録」類は、多数の類本が広範に残されている。このような由緒書や「旧記」の写本の存在や作成については、これまでの近世史研究でも触れられてはいるが[14]、それがどのように広まったのかについては、可能性の指摘としてとどまっている。これはもちろん史料の残存状況と深く関わるものであるが、現在においても多くの写本が残されている「京都旧記録」類の事例からは、この写本の流布、広まりという点について、その様相を明らかに出来るのではないかと考える。

そこで、以下では、「京都旧記録」類という「旧記」をめぐって、その原史料と想定される史料について指摘し、さらにその成立の背景として、第二・三章で明らかにした享保期の支配―被支配をめぐる都市秩序の展開との関連を検討する。そして、「京都旧記録」類の内容構成、写本の作成事情、流布の状況など、「都市歴史叙述」の展開について、第五章以降を先取りする形になるが、近代以降も視野に含めて明らかにしたい。

第二節　淵源としての加舎家本「下古京委細帳」

第二・三節では、「京都旧記録」類として把握される史料に関して、その淵源となる史料の追求、成立の契機や背景を都市秩序との関わりから分析する。

まず、ここでは章末の［「京都旧記録」類の類本一覧］に掲げた類本の内、加舎家本「下古京委細帳」という史料について、なぜ原史料に近い存在として考えることができるのか検討していきたい。

この「下古京委細帳」は、現在、関西大学総合図書館に所蔵されている「高辻通堀之内町加舎家文書」の中に残されていたものである。(15)この加舎家文書中には、加舎家の住む堀之内町に関わる文書も複数含まれており、この「下古京委細帳」もその一つと考えられる。この堀之内町の文書に残された「下古京委細帳」という史料を「京都旧記録」類の原史料に近いものではないかと考える理由として、特に注目しているのが、この「下古京委細帳」の末尾に記されている、「享保十乙巳年五月」（一七二五）という年紀を持つ奥書の存在である。以下、これを〔享保十年の奥書〕と呼ぶことにし、【史料4-1】として以下に全文を掲げる。

【史料4-1】

右古町帳面之儀者、①往古之帳面者天正時代之帳箱而已相残申、往古之帳面紛失仕無之候、茲ニ九拾三年以前寛永十年（一六三三）十月ニ、②川西弐十五町組之内九町取退申候得共、此方ニ茂吟味仕候処ニ、往古之帳面曾而以無之事ニ御座候、然ルニ享保八年卯ノ冬従御公儀様之割と成、御年頭入用并町代給銀共ニ、冬一度ニ取集被為成候故、古京年中ニ三度之割も相止申候、且又五拾八年以前、組々ニ町代窮り而後、寛文八年（一六六八）八月十日七条出屋敷之年寄清右衛門、同ク善右衛門と申者当組へ参、相加へ被成被下候様ニと頼申、年ニ三度之東山之割之出会、并ニ出銀も出シ来り申候得共、此度従御公儀様之集銀ニ付、左様之勤も相止、当組付も離申候、③か様ニ成行申末ニ而者、古来之事をも取失ひ申候事も残念ニ存、④此度組中へ相談之上ニ而、⑤古来之事供（共）少々取拾ひ申、帳面ニ相認、⑥并ニ上下京町数、町代之受持分を相添、⑦白井寿庵集禄（録）之、⑧組之大帳箱ニ納置候者也

享保十乙巳年五月

この内容については、後に詳しく分析することとし、まず、傍線部⑦に「白井寿庵集禄（録）之」として、この「古町帳面」を作成したとされている「白井寿庵」という人物に注目したい。この白井寿庵については、同じ加舎家

文書中の享保十七年（一七三二）の「高辻通堀之内町家数幷間口之覚帳」[16]という史料の中に、堀之内町の北側に、表間口四間三尺八寸、裏行十六間一尺一寸の家を持つ人物として「白井寿庵」の名があり、享保期に堀之内町の住民であったことがわかる。つまり、〔享保十年の奥書〕で白井寿庵が「集禄（録）」したと記す「下古京委細帳」が、同時期に白井寿庵が住んでいた堀之内町に残されていたのである。この点から、堀之内町の文書として伝わった「下古京委細帳」は〔享保十年の奥書〕が記された時点に作成された可能性が高い。

そして、章末の［「京都旧記録」類の類本一覧］の中で、この加舎家本「下古京委細帳」を除く十三点の類書（α欄に○印を付したもの）に、〔享保十年の奥書〕の記載がある。また、その十三点の類書の中でも、さらに八点の類書（β欄に○印を付したもの）については、ほぼ「下古京委細帳」の内容構成と同じものとなっており、つまり、「下古京委細帳」をそのまま書き写したものといえる。

このような流布の状況、さらに、他の類書からは、享保十年以前に書き写されたという記述を確認できないこともあわせて考えると、この加舎家本「下古京委細帳」こそが、「京都旧記録」類という同種の「旧記」類の原史料に最も近く、この「下古京委細帳」の記載、内容構成をもとにした類書が流布していったと考える。「京都旧記録」類の流布については後に検討することにして、ここで触れておきたいのが、白井寿庵の出自についてである。

堀之内町の明和四年（一七六七）の沽券状[17]を見ると、この白井寿庵の孫にあたる「白井兵庫」という人物について、「正親町大納言殿内」と記した付箋が貼られているものがあり、公家の正親町家との関係がうかがわれる。そこで、この時期の正親町家当主実連の日記[18]を調べると、明和五年四月五日条に「高辻通新町西江入堀内町白井楽寿庵常胤宅也、当時孫白井兵庫嗣胤為当家僕」という記述が見られる。沽券状にある「正親町大納言殿内」というのは、白井寿庵の孫である白井兵庫が正親町家の家司（「家僕」）であったということを示していたことがわかる。この白井兵庫は安永二年（一七七三）に堀之内町を出奔し、闕所処分になり[19]、正親町家からも暇を遣わされる。この際の同年八月二十九日の正親町実連の日記中には[20]、「予外戚白井家此時及滅亡」とあり、白井家が正親町実連の外戚であったという。また、同日記の明和五年四月五日条に、「予於同家降誕、（中略）私今年常胤当卅三回遠忌追慕思焦、為副救復力金十五片施嗣胤」とあることからすると、正親町実連が白井家で生まれたということであろうか。このような白井家と公家の正親町家との関係がどのような理由でいつから始まったのかについては不明であるが、正親町実連が白井寿庵（常胤）を追慕して、孫の白井兵庫に援助金を与えていることを踏まえると、白井寿庵と正親町実連との間には深いつながりがあったことが推定できる。

つまり、白井家にて公家の正親町実連が生まれた可能性があるなど、白井寿庵と公家の正親町家の間にも何らかの関係があった。近世の京都においては公家は公家町に集住していたとはいえ、隣接する町人地の住民とも関係を有していたであろうことは充分想定されるし、近世京都における町人社会と朝廷・公家社会との関係についてはさまざまな研究もある。

しかし、この白井寿庵については、こうした公家との関係とは別に、後述の「下京遺録」[21]という「京都旧記録」類の類書に記載された「下古京八組二組ニ分り候次第」の中に、享保九年の段階で「川西十六町組之上座白井寿庵」とある。「上座」とは、第二・三章で明らかにした「先座之年寄」と同じく、《町組》を基盤としながら《惣町》の枠組みにおける自律的な都市運営に関わる存在である。つまり、傍線部⑦にみえる「白井寿庵」の「下古京委細帳」に対する関わりは、《町組》（川西十六町組）の代表者としてのものであると同時に、下京《惣町》の立場も反映されていたと考える。まず、この「下古京委細帳」が《町組》の代表者としての立場から記されたという点について確認したい。

【史料4-1】として掲出した、〔享保十年の奥書〕の傍線部④や⑧から、この「下古京委細帳」の作成には、

「組」、すなわち堀之内町が所属する下京の川西十六町組の関与が認められる。そして、先述の通り、傍線部⑦で、この「下古京委細帳」を「集禄（録）」したとする「白井寿庵」は川西十六町組の代表者であった。すなわち、「下古京委細帳」は、《町組》の代表者が関わって、《町組》における「相談」によって成立し、《町組》の「大帳箱」に収められた、《町組》の記録として作成されたものであったといえる。

また、この加舎家本「下古京委細帳」の原本を確認すると、〔享保十年の奥書〕【史料4-1】傍線部⑧の部分は、「城戸左玄考書之者也」という文言を貼紙で「組之大帳箱ニ納置候者也」と訂正したものであった。とすれば、この加舎家本「下古京委細帳」の前に、城戸左玄が「考書」したものが存在したと考えられるが、現在のところ確認できていない。但し、〔享保十年の奥書〕を書き写す類書の内、文政八年（一八二五）に書写された伊藤家本（「〔京都旧記録〕」）に記された〔享保十年の奥書〕が、次のように訂正前の「城戸左玄考書之者也」となっている。

【史料4-2】(22)

右古町帳面之儀者、往古之帳面者天正時代之帳箱而已相残、往古之帳面紛失仕無之候、茲ニ九拾三年以前寛永十年十月ニ、川西弐拾五町組之内九町取退申候得共、此方ニも吟味仕候処ニ、往古之帳面曾而以無之事ニ御座候、然ルニ享保八年卯冬御公儀様之割ニ成、御年頭入用幷町代給銀共ニ、冬一度ニ取集被為　成候故、古京年中ニ三度之割も相止申候、且又五拾八年已前、組々町代窮り而後、寛文八年八月十日七条出屋敷之年寄清右衛門、同善右衛門と申者当組へ参、相加江被成被下候様ニ与頼申、年ニ三度之東山之出会、幷出銀も出し来り申候得共、此度従御公儀様之集銀ニ付、左様之勤も相止、当組付も離申候、ケ様ニ成行申末ニ而者、古来之事をも取失ひ申候事も残念ニ存、此度組中相談之上ニ而、古来之事共少々取拾ひ申、帳面ニ相認、幷上下京町数、町代受持之分を相添、白井寿庵集録之、城戸左玄考書之者也

享保十乙巳年五月

川西十六町組

堀之内町
白井寿庵

山田町
川嶋治兵衛

芦刈山町
斎藤庄右衛門

藤西町
青木次兵衛

麓町
清水九郎兵衛

樋口町
山田孫兵衛

風呂町
清水六左衛門

本柳水町
尾谷庄兵衛

太子山町
中村理右衛門

傘鉾町
岡村源兵衛

菅大臣町
平岡常清

永養寺町
城戸左玄
綾西洞院町
青木勝兵衛
木賊山町
小篠長兵衛

さらに、この伊藤家本「（京都旧記録）」では「享保十乙巳年五月」の年紀の下に、川西十六町組内各町一名の連署がなされていた。白井寿庵の名もあることから、これは享保十年五月時点における川西十六町組の年寄衆と考えられる。そして、この連署者の内に名前のある城戸左玄については、享保十三年の年頭御礼参加者に永養寺町の「城戸昌伯」の名がある。(23) これを同一人物ないし関係者とみれば、城戸左玄ないし城戸家は下京《惣町》の代表者といえる存在でもあったことが推定される。

また、加舎家本「下古京委細帳」と、伊藤家本「（京都旧記録）」の両者の関係については、推測の域を出ないが、次のように考えている。つまり、伊藤家本「（京都旧記録）」は巻末に「文政八年乙酉霜月／芦刈山町」とあるように、川西十六町組内の芦刈山町が作成したものと考えられることから、川西十六町組の年寄が連署した式の記録を芦刈山町が文政八年に書き写したものと考える。一方、加舎家本の方は白井寿庵が「集禄(録)」した下書き段階のようなものであり、奥書を「城戸左玄考書之者也」から「組之大帳箱ニ納置候者也」に訂正し、正式な記録は川西十六町組の大帳箱に保管されていることを示し、この下書きは白井寿庵の住む堀之内町の文書の内に残したということではないか。城戸左玄の名が消されたのは、彼が永養寺町の年寄であり、堀之内町の文書として残す際には不必要と判断されたのだろう。但し、加舎家本「下古京委細帳」も、奥書ではその名が抹消されたものの、城戸左玄の「考書」結果が反映されていると考えられるので、やはり《町組》が作成した記録であったことは確かである。

なお、〔享保十年の奥書〕を書き写す十三点の類書の内、十点が「組之大帳箱ニ納置候者也」を写し、「城戸左玄考書之者也」を写しているのは伊藤家本のみである（他三点はこの部分を写していない）。この点からすれば、後述するように後にさまざまな形で筆写されて展開していく「京都旧記録」類の元になったのは、加舎家本「下古京委細帳」の方であったと評価できる。

次節では、「下古京委細帳」成立の背景を検討することで、この旧記が下京《惣町》の立場をも反映して作成されたものであった点を確認していきたい。

第三節　「京都旧記録」類成立の背景

ここでは、加舎家本「下古京委細帳」の〔享保十年の奥書〕から成立の契機を検討する。傍線部③に、「か様ニ成行申末ニ而者、古来之事をも取失ひ申候事も残念ニ存」とある点に注意したい。ここで、「か様ニ成行申」と述べている内容については、傍線部②以降で記述されている。つまり、重要なのは、享保八年（一七二三）に「従御公儀様之割」と成って、「御年頭入用」、すなわち年頭の徳川将軍家に対する拝謁・献上儀礼（年頭御礼）に要した費用と、「町代給銀」を、冬一度に取り集めることとなり、「古京年中ニ三度之割」も行われなくなったとする点である。[24]これは、第三章で見た享保八年における京都町奉行所の都市行政改革に他ならない。特に、町触によって京都町奉行所―町代へと徴収される形になったことで、「大割勘定寄合」や「古京年中ニ三度之割」が廃止されて、これまでずっと行ってきた「古来之事」が失われるのが「残念」だというのである。これが「下古京委細帳」作成の直接の動機であった。

表4－1　「下古京委細帳」の内容構成

分類項目	記事内容
A—a	〔下京古町由緒〕
A—b	〔門前町〕
A—c	〔山城国内の郡〕
A—d	〔御土居・鴨川堤・石垣など〕
A—e	〔年頭・代替り献上〕
B—a	〔上京御朱印〕
C	吉利死丹御制禁之覚
D	御諸司代御役替覚
E	町奉行覚
F	雑色取分幷祇園地之口米覚　雑色中へ之御朱印之写
G—a	下京町代之覚
I—a	御年頭御礼江戸下りニ付従御所司代御証文頂戴仕候写
I—b	享保八年卯御献上物之覚
I—c	下京七組江戸御年頭御礼万入用覚
I—c	〔江戸扣銀〕
I—c	〔大割廃止〕
I—c	従御公儀様享保八年卯十二月渡り方
I—c	自古来年寄衆秘密被致候割之覚
I—e	下古京八組覚
I—e	古京組之覚
I—d	下古京八組三月・八月両度寄合当番廻り定
I—d	御年頭御礼下り番之覚
I—d	御代替り御礼下り番覚
G—d	〔町代年頭代勤ニ付貼紙〕
M—a	〔享保10年の奥書〕

註1：「下古京委細帳」(高辻通堀之内加舎家文書・関西大学総合図書館蔵)の内容構成を記載順に一覧した。
註2：分類項目欄には、表4－2の分類項目を記した。

そこで、この「下古京委細帳」には、〔享保十年の奥書〕傍線部⑤にあるように、「古来之事」を記したのである。加舎家本「下古京委細帳」の内容構成をまとめた表4-1から、「古来之事」の中には、広く近世前期の京都〔特に支配—被支配〕に関する事柄が記されている。その中で、〔享保十年の奥書〕で言及される「大割勘定寄合」に関する記述をここでは取り上げたい。

まず、年頭御礼の費用負担などに関する記載の中で、

【史料4-3】(25)

一、享保八卯年十二月五日町御奉行河野豊前守〔通重〕様之御時、御年頭之割之御触状出申候、其趣別帳ニ有之、其時被仰出候者、向後ハ常之男ニ而御礼勤可申候、剃髪ニ者不及候旨也、古ゟ京年寄御礼ニ者剃髪仕、江戸御礼相勤候得共、此時ゟ相止申候御事、又古京之大割も無之、組々ニ小割も無之候、当組にも枝町七条出屋敷ゟ二月之割ニ四拾五匁、八朔之割ニ弐拾匁、霜月之割ニ弐拾匁、年中ニ三度受取来、御年頭之入用幷ニ町代給分之内へ渡来候得共、此時ゟ相止申候事

と、享保八年十二月五日付けで年頭御礼の町触（【史料3-24】）が出されたこと、年頭御礼に参加する年寄が法体にする必要が無くなったこと、《惣町》の「大割」や《町組》での「小割」も無くなったこと、川西十六町組が枝町の七条出屋敷から年頭御礼の費用などを受け取っていたことが無くなったことなどが記されている。ここには、〔享保十年の奥書〕で記されていた点も含まれている。つまり、享保八年に京都町奉行所により行われた都市行政改革において、それまで毎年二月に年頭入用などの《惣町》全体での負担を《町組》へ割り当てるための「大割勘定」が廃止され、代わりに京都町奉行所主導で新軒役が設定された。この新軒役を《個別町》単位で、京都町奉行所―町代のもとへ徴収するようになった結果として、失われる「古来之事」があったということだが、具体的には【史料4-3】に続く次の記述が注目される。

【史料4-4】(26)

自古来年寄衆秘密被致候割之覚

一、譬者享保七寅年御年頭入用高
　合九貫八百五拾六匁壱分也
　　内川原町中ゟ弐百拾五匁加り出ス
右之高之内ヲ弐百拾五匁引時者、則残而九貫六百四拾壱匁壱分と成、此銀ヲ古京と新京と六五三五之割

ニ而両方ゟ出シ申事を為秘密也

一、亦享保八卯年御年頭入用高合

八貫四百四拾弐匁弐分也

内ヲ川原町中ゟ弐百拾五匁加り出ス

右之高之内ヲ弐百拾五匁引時者

残而八貫弐百弐拾七匁弐分と成、前ニ同シ、此八貫弐百弐拾七匁弐分ヲ古京と新京と是も六五三五之割ニ而出ス、六五と云者六歩半也、三五と云者三歩半也、古ハ四六ノ割、中比者六三三七ノ割、近年八六五三五之割也

右之高ニ而六歩半之時者五貫三百四拾七匁六分八厘也、是を新京へ割付出之家数ニシテ四千七百廿八軒ト見、壱軒ニ付壱匁一分三厘壱毛ツヽ也、右之高ニ而三歩半之時者弐貫八百七拾九匁五分候也、古京五拾九町へ割付出之、五十九ニ割時者四拾八匁八分壱厘也、是壱町之出前此割付

第三章でも触れたように、「大割勘定」において作成される大割勘定目録（配符）は、下京の場合、古町は《個別町》単位、新町は「一軒役」単位という形で古町と新町それぞれの負担額が示されていた（【史料3-19】を参照）。【史料4-4】によると、古町と新町で負担額を分担する際、古町：新町＝三・五：六・五の割合であり（割合は四：六から三・七：六・三へ、さらに三・五：六・五へと変化した）、この負担割合は「秘密」であったという。序章でも触れたように、古町／親町と新町／枝町の間には格差が存在し、安国良一氏が指摘しているように、大割勘定は「年寄の手で独占的に行われ」た。こうした形で、自律的な都市運営を担う古町の年寄衆が「秘密」としてきた大割勘定の割付方法が、第三章で明らかにしたように、享保八年の京都町奉行所による都市行政改革で失われることになったのである。

享保八年の都市行政改革で示された新軒役は、【史料3－24】の享保八年の町触の場合では、年頭御礼などに関わる費用は、一軒役につき「壱匁弐分三厘九毛二」に統一された。このような形で京都町奉行所主導によって設定された新軒役の負担基準について、「中組古来留帳」という史料には、

【史料4－5】(27)

一、前々者下京組々大割小割と申、年寄・町代立会、御年頭御入用、幷町代給銀例年之通割付申候、然共町々軒役多少御座候付不同在之候処ニ、河野豊前守様ゟ御吟味被為遊、平等ニ被遊、如斯ニ候

と記されている。安国氏の研究(28)で指摘されているように、戦国期以来の《惣町―町組―町》の地縁組織の形成のあり方を反映して、《個別町》の軒役には各町ごとに差が存在していた。享保八年に設定された新軒役の基準は、「旧来の軒役よりも平等な負担規準」であり、この京都町奉行所による都市行政改革によって、「大割勘定にみられた町間の序列の差が解消し、古町―新町、親町―枝町のいずれの町に対しても統一的規準で費用を割掛ける体制」となったのである。

ここでは、負担基準の平等化という点とともに、年寄衆の「秘密」とされていたとはいえ、住民側の自律的な都市運営によって主導的に決定されていたものが、京都町奉行所主導で決定されるようになったという点に注意したい。つまり、享保八年の京都町奉行所による改革がもたらした、安国氏が述べるような「権力による上からの町の均質化」に対して、《惣町》の枠組みにおける自律的な都市運営を担ってきた年寄衆は、大割勘定の負担割合の決定など、自らの役割が失われることを残念に思い、それら「古来之事」を記録に書き残そうとした訳である。この点で、「下古京委細帳」は、先述のように《町組》の記録として作成されたものであるが、《惣町》の運営にも携わる「上座」(「先座之年寄」)が作成に関わっているように、《惣町》の記録でもあったといえる。

以上のように、「下古京委細帳」という旧記は、第二・三章で明らかにしてきたような、近世京都の支配―被

支配をめぐる都市秩序の中で、享保八年の京都町奉行所の都市行政改革によって希薄化することになった《惣町》の枠組みの機能を後世に残そうと作成されたものであったと考える。

このような享保八年の京都町奉行所による都市行政改革を契機とする「京都旧記録」類成立に関して、さらに《惣町》の枠組みとの観点から検討したい。

まず、先述した大割勘定寄合の廃止と新軒役の設定がもたらした「権力による上からの町の均質化」という点に関しては、類本の中に注目される記事がある。第二節で取り上げた、加舎家本「下古京委細帳」の正式版として川西十六町組で作成されたと推定されるものを文政八年に書き写した伊藤家本「(京都旧記録)」には、加舎家本「下古京委細帳」には見られない記事がある。その内の一つ「従御公儀様一党之割ニ而、上下京出前不同之事」と題された記事は、次のようなものである。

【史料4-6】(29)

一、御年頭之入用ハ上下京同事、雖然町代給銀ニ到而ハ、上京之分町数も多候故、下京ゟも多取申ニ付、入用等多御座候処、此度一党之割ニ而、諸事前々ゟ心易付申候由之事、下京ハ町代給銀も上京ゟ軽ク御座候、尤町数少ク御座候、然ル所ニ享保八年卯十二月五日御触、

(中略、【史料3-24】と同じもの)

右之通成を以、上下京町代多少之違有之、然ルを一党之割ニ而、町代役料小番給銀部屋入用高迄被取集候而者、下京ゟ上京之助を仕候もの也、御年頭をも上下京分々ニ相勤申候、又　御公儀様之御役儀茂分々ニ相勤申候、然ルを一党之出之候事、下京之迷惑ニ奉存候事

是を以出前不同と申事ニ御座候

つまり、上京の方が下京よりも《個別町》の町数が多いため、町代に渡す給銀に関して、これまでは下京より

も上京の方が多く負担していたというように、上京と下京の間には差があった。ところが、享保八年の京都町奉行所の都市行政改革によって、「一党之割ニ而」、つまり「いずれの町に対しても統一的規準で費用を割掛ける」ということになれば、上京・下京の《惣町》の枠組みからみると、「下京ゟ上京之助を仕候もの」となると述べる。そして、「御年頭をも上下京分々ニ相勤申候」と、上京・下京、それぞれ別々に徳川将軍家との間の儀礼を行っているのに、「一党」で費用負担するというのは「下京之迷惑」であると記している。このように、享保八年の京都町奉行所による都市行政改革、特に「大割勘定」の廃止は、「大割勘定（寄合）」という《惣町》の枠組みで年寄衆によって実際に行われていた機能を喪失させると同時に、上京・下京の《惣町》の枠組みそれぞれが持っていた意味合いをも、均質化することで失わせることになったと考える。この【史料4−6】の記述は、失われる前の上京・下京の相違という歴史を書き残すことで、歴史（由緒）によって《惣町》の個性を主張するものであったともいえよう。

次に、このような支配からの影響ではなく、《惣町》の年寄衆を中心とする被支配住民側内部でも、《惣町》内における《町組》間の結合が失われていく様子をうかがうことができる。「京都旧記録」類の類本である「下京遺録」に掲載されている「下古京八組二組ニ分り候次第」という記事には、《町組》間の分裂により下京《惣町》の枠組みで行われていた参会が断絶したことが記されている。第八章で詳述するように、享保七年に中十町組・中九町組・辰巳組・川西九町組と上艮組・南艮組・川西十六町組・三町組という形で《惣町》が二つに割れ、《惣町》での参会が中断したとし、さらに次のように記す。

【史料4−7】(30)

右之通ニ而八組弐ツニ割、出合も無之候処、享保九辰年七月廿三日前々之年寄衆御触有之、後々銘々役替故、組々ニ申分無之、畢竟其節之組々之上座之申分ニ而御座候得者、唯今ゟ前々之通八組出会可申由ニ而、則辰

七月廿三日中拾弐町組世話被致、円山也阿弥ニ而参会有之、八組前之通一所ニ成、享保十年巳二月下艮組当番ニ而円山也阿弥ニ而有之、同年八月川西拾六町組当番ニ而円山連阿弥ニ而参会有之候、然ル処此時中之拾弐町組ゟ被申ハ、将軍普光院殿御書、此組ニ有之候へハ、中之組ハ八組之上座仕候筈と被申候、連中何之御挨拶無之処、川西十六町組之上座白井寿庵ト申仁是を聞、普光院殿御書ニ中之組八組之上座たる事有之候哉、何共不心得申分、本組之内ニ而高下有之事ニ而者無之、随而中組上座ニ置申事成ましき由被申、段々申分有之候、此次之当番者巽組ニ而御座候間、其座ニ而帳面箱相渡シ、此以後中之組上座ニ極候而者、川西当組ハ参会ニ出申間敷由被申候故、此以後八組之参会無之候

つまり、享保九年に中断した《惣町》参会を再開しようという動きがあった。《惣町》参会を再開するにあたって、「中十弐町組」は「将軍普光院殿」（足利義教）の「御書」[31]を持っているので「八組之上座」であると主張した。この「中十弐町組」とは中十町組のことである。この中十町組の主張に対し、川西十六町組の上座である白井寿庵は、《町組》間に「高下」はないと従わなかったため、以降《惣町》参会は断絶してしまったというのである。足利義教の「御書」という徳川政権よりも前の足利将軍家との関係を中十町組が有しているので、《町組》間の序列では中十町組がトップになると主張する。これは、歴史（由緒）によってその《町組》の他の《町組》に対する優越性を主張するものであったといえる。

これ以外にも、中十町組では歴史（由緒）の主張を行っていた事例がいくつか存在する。一つは、仁木宏氏[32]によって検討された「年頭御拝礼参府濫觴之扣[33]」である。この史料に、天文六年（一五三七）正月三日に「公方様年頭御礼ニ罷出申候」との記述がある。この公方様とは「室町殿江五組ゟ五人出ル」とあるように、室町幕府の将軍（足利義晴）を指すと思われる。これに続く箇所では、公方様の祇園会上覧に際しての費用負担の記述の中で、下京《町組》の名前が見られることから、《町組》の結成時期を示唆する史料として使われてきた。しかし、

仁木宏氏が明らかにしているように、この史料の信憑性については多くの問題点が存在する。むしろ、正月三日の年頭御礼という記述からは、第二章で明らかにしたような徳川将軍家に対する年頭御礼を室町時代にまで遡らせて創作した「創られた伝統」であったと考えられる。注目したいのは、この史料が「下古京仲之組六角町古帳之写」とされている点である。実際に、北観音山町（六角町）文書中の「古記録集写」という史料の冒頭には、「年頭御拝礼参府濫觴之扣」と同じ部分が書き写されている。この「古記録集写」中には、この天文六年の記事に続けて、三好政権から織田政権にかけて京都の防衛のために住民が参集した六角堂の鐘楼維持費用を下京《惣町》で負担することになった経緯を寛文十二年（一六七二）にまとめた記事や、永禄七年（一五六四）から慶安四年（一六五一）までの六角町（北観音山町）での費用負担の事例を書き上げた記事があり、この中には織田・豊臣・徳川政権との間の儀礼に関わるものもある。これに続けて次の記述がある。(34)

【史料4-8】

右反古帳之中より拾ひ出し書記し置候故、前後混雑在之、外ニ　織田公・秀吉公之御時御触書類并何とも訳り兼候　御書附御触之類数通在之候得共、合点不参候故相記し不申候事

寛文弐年壬寅二月五日　　　　　　　　　　中之組
六角町

又外ニ雑色知行所地之口米之事
見座家武者
祇園会之事
年行事町用人之事
外ニ書記在之

右者矢田町小西保寿老古代之事共吟味被致候ニ付、当町古帳箱之内再ひ抜写候事

宝永二酉年九月（一七〇五）

六角町

この記述の後ろにも、御触書の写しや年頭御礼の入用、祇園会の入用に関する記載があり、末尾に「享保八年卯七月三日」とある。これらの記載の中にある寛文二年、宝永二年、享保八年という年紀がどの部分を指すのかは見極めがたいが、この記録全体は享保期に作成されたと考えられる。さらに、北観音山町（六角町）文書には、「年頭御拝礼参府濫觴之扣」と同じ、天文六年の記事を別途筆写して掛け軸にしたものもある。軸装した時期は不明であるが、中十町組では室町将軍とのつながりという形で歴史（由緒）の主張が見られたのであり、【史料4–7】の記述と関連する可能性もある。また、この「古記録集写」の中に記される【史料4–8】の箇所には、第三章で取り上げた中十町組の矢田町年寄で、徳川将軍家との間の年頭御礼にも参加した「先座之年寄」である小西保寿の名が見られる。そして、この小西保寿と関わって、下京《惣町》の参会の断絶については、別の「京都旧記録」類の類本に次のような記事がある。

【史料4–9】(35)

下古京組八朔寄合之事

一、往昔者毎年八月朔日於円山八ツ組寄合有之、壱組より年寄上座ゟ三老迄三人宛出勤之処ニ、用人者飯代申請、近所ニ宿取り、七ツ時過ニ御迎ニ参候也、然ルニ右会合暫相止有之、其後上艮・南艮・川西十六町・三町組、右四組参会と号、四月ニ有之候処、且亦中絶ス、元文年中之比より又々八朔寄会一と年計始かけ候処、座席之争論ニ而相破候、此訳ハ昔古京中之十・九町組之内錦小路新町西江入町年寄小西法寿と申人、器量人ニ而永々年寄役、江戸拝礼ニ度々ニ付御紋附頂戴ニ付キ、町代共も這歩行、古京町中ゟも相用惣上座ニ而、参会之節も御免駕籠ニ而被参、野道迄皆々迎ニ御出候程之御事也、右之儀ヲ申立ニして中

之九町組・同十町組之内、綾小路烏丸西江入童侍寺町菱屋善兵衛与申人、四条烏丸西江入町函谷鉾町沼津与申屛風屋、右両人申合セ、古来之格ニ而京中之上座者右二組也申募被致候故、外組町不得心故、右両組者除キ、六組申合四月朔日毎年無滞相勤、乍去席霊山厳阿弥ニ相成候而、当番組々廻りニ相勤候（後略）

ここでは、《惣町》参会が断絶したのは、中九町組と中十町組が「京中之上座」と主張したことが原因とされている。そして、主張の根拠が第三章で取り上げた小西保寿が「惣上座」であった点に求められた。「江戸拝礼二度々」など事実と異なる点もあるが、《惣町》の代表者としての立場よりする小西保寿の動きを踏まえるならば、中十町組（及び中九町組）の歴史（由緒）の主張は、あくまで《惣町》の枠組みを前提として、他の《町組》に対する優越性を主張したものであったといえる。

そして、先に見た北観音山町（六角町）文書の「古記録集写」の中で【史料4-8】にあるように、小西保寿が「古代之事共」を吟味していたとあるように、中十町組においても、《惣町》の枠組みの機能を後世に残すために旧記を作成しようとしていたようである。北観音山町（六角町）文書の「中組古来留帳」という旧記は、冒頭に「従先規毎歳大割小割勘定之覚」として、「大割勘定寄合」について記し、さらに小西保寿と町代との目録をめぐる対立を記したもので[36]、第三章の記述の典拠としたものである。この一連の記述の最後に次のように記されている。

【史料4-10】

右者当中之組年寄中御所望被成候ニ付、九拾年以前寛永十年（一六三三）酉ノ年ゟ以来之品々小西保寿覚候通書記、当組町々江進候者也

享保七年壬寅十月

この記述に続けて、年頭御礼や《町組》寄合などの情報が随時書き込まれているが、冒頭部分については、

「大割勘定寄合」を中心とする歴史を、《町組》を基盤としながら《惣町》を代表する存在であった小西保寿がまとめた《町組》の記録である。享保七年十月の作成だから、享保八年の京都町奉行所による都市行政改革を直接の契機とするのではないが、第三章で明らかにしたような自律的な都市運営を担う年寄と町代との対立を背景に、「大割勘定寄合」など《惣町》の機能を再確認し、後世に残すために作成された記録であったといえる。やはり小西保寿が関わった北観音山町（六角町）文書の「古記録集写」も、下京《惣町》と深く関わる六角堂の鐘に関する記載があることからも、《惣町》の歴史を記録するために作成されたと考えられるが、天文六年の足利将軍に対する年頭御礼のように信憑性を欠く歴史の主張に歩を進めた訳である。

ここで再び【史料4-7】に戻ると、右にみたような中十町組における歴史の主張に対抗したのが、川西十六町組の上座で、「京都旧記録」類という旧記の淵源である加舎家本「下古京委細帳」の作成に関わった白井寿庵であったことが注目される。つまり、「中組古来留帳」も「下古京委細帳」も、第二・三章で検討してきたように享保期における京都町奉行所の都市行政の中で《個別町》に対する「組織的掌握」が進展した結果、それまで住民が担ってきた自律的な都市運営の枠組みである《惣町》の機能が希薄化していく状況に対して、《惣町》の枠組みの歴史を記録したものであったと考える。しかし、《町組》が主体となって《惣町》の歴史を旧記としてまとめる中で、歴史（由緒）の主張が《町組》間の対立をも生むことになった。中十町組の場合は、さらに一歩進んで、室町将軍との関係を主張したように、他の《町組》に対する優越性を主張するようになったため、これが《惣町》内部の《町組》間の結合を失わせることになったのである。川西十六町組の白井寿庵も、自ら「下古京委細帳」の作成に関与していたからこそ、中十町組の主張に反発したともいえよう。そして、「下古京委細帳」の方は、川西十六町組の優越性を特に主張するようなものではなかったから、後述するように、川西十六町組に限らず、後世に数多く筆写され、伝播していったと思われる。

以上のように、この享保八年前後という時期において、《惣町》の枠組みに関しては、支配の側からは、京都町奉行所の都市行政改革による「上からの町の均質化」の中で、《惣町》の枠組みが持っていた意味合いが失われ、また、被支配住民側でも、《惣町》内部の《町組》間の結合が失われる状況があった。これは、先に「京都旧記録」類成立の契機として述べた《惣町》の年寄衆が持っていた役割の喪失と表裏一体のものであり、つまり、「京都旧記録」類成立の背景として、《惣町》の枠組みが持つ意味合いや、内部における《町組》間の結合の喪失という、都市秩序の中で《惣町》の枠組みの危機的状況があったと考える。久留島浩氏[37]が指摘するように、近世の由緒が語られる背景には、その集団の「危機」があった。この《惣町》の枠組みにおける危機的状況を背景として語られた「都市歴史叙述」、すなわち「下古京委細帳」・「中組古来留帳」も、下京《惣町》の枠組みの歴史、特に失われつつあった「古来之事」を「旧記」という形で叙述したものであり、近世の由緒書や旧記と同様の性格を持つといえよう。そして、特に「下古京委細帳」の記載が書写されて、「京都旧記録」類として流布していくことで、後世にも《惣町》の歴史が伝えられていくことになったのである。

第四節　「下古京委細帳」の内容構成

ここまで見てきたように、「京都旧記録」類の淵源と推定した加舎家本「下古京委細帳」は、〔享保十年の奥書〕に見られるように、京都町奉行所による都市行政改革を契機として、失われゆく《惣町》の機能を記録したものであった。但し、「下古京委細帳」には、《惣町》と関わりの無い記述もある。ここでは、「下古京委細帳」の内容構成をまとめた表4-1をもとに、「下古京委細帳」の記述の全容を確認したい。そこで、次節で詳しく見るように「下古京委細帳」が筆写される中で多種多様な内容が追加され、「京都旧記録」類の類本が伝播していくが、「京都旧記録」類に記される大凡の内容を便宜的にA～Mの大項目と、特に区別しておきたい記載につい

表4－2　「京都旧記録」類分類項目

大項目	小項目
A—[由緒など]	a…「下京古町と申者……」などの文言で始まる下京古町の由緒記述 b…東西本願寺とその門前町について c…山城国内の八郡について d…御土居・鴨川堤、石垣などについて e…徳川将軍家との間の献上儀礼について f…その他の由緒記述
B—[御朱印]	a…上京宛て b…禁裏六丁町宛て c…徳川家康禁制
C—[吉利支丹御制禁] …キリシタン禁制、寺請の成立について	
D—[所司代歴代] …名前、就退任の年月など	
E—[町奉行歴代] …名前、就退任の年月など	
F—[雑色] …祇園地之口米、徳川秀忠御朱印など	
G—[町代]	a…「下京町代之覚」 b…町代奉公一札など c…町代担当町数など d…その他
H—[洛中用人中間・年行事] …町用人仲間や年行事町について	
I—[儀礼と惣町]	a…年頭御礼道中舟川渡所司代証文 b…献上物 c…年頭入用などについて d…江戸下り、寄合当町などの順番・参加者について e…惣町に関する、寄合、構成町組、町名の書上げなど f…上洛拝領銀について g…その他
J—[地子御免] …地子銭免除について	
K—[支配]	a…所司代触状(板倉廿一ケ条・牧野九ケ条) b…「三条大橋御制札」、正徳元年などの高札触 c…その他の京都町奉行所による触や政策
L—[その他]	
M—[作成状況]	a…享保10年の奥書 b…その他

ては小項目を設けるという形で項目分類した表4-2に従い確認していく。

まず、《惣町》と権力との間の関係の歴史叙述、特に儀礼を中心的な話題の一つとした記載を取り上げる。

A・aは、「京都旧記録」類の定義をする際に目安とした《惣町》（下京）に関わる歴史叙述なので、全く同じ文章ではないものの、原則的に全ての類本に共通して確認することができるものである。「下古京委細帳」の該当部分を次に引用する。

【史料4-11】(38)

一、下京古町与申候者、昔尊氏将軍之末武威衰、度々戦多而京都町人茂離散仕候故、在家茂此方彼方ニ少々宛相残御座候、下京者高倉ゟ東者一面之河原ニ而家も無之候、五条通、今之松原ゟ下ハ田野河原也、時に天正年中豊臣秀吉公之御代と成、大坂五奉行之内前田徳善院玄以斎法印、因州ニ而五万石被領候、此御方を京都之所司代ニ被仰付候而寺社奉行をも兼被勤候、此時ニ相残有之町々を今古町と申、次第に跡ゟ建申町を新町与申候、下京ハ町数茂少ク有之、寺社も町之中に入込御座候、因茲従大(太)閤様京都繁昌之為に町中に有之寺社を町之外へ引別チ可申由被仰出候、依之諸司代徳善院任上意寺社を引被申候、然ニ此徳善院者日蓮宗也、因而我宗旨を大切ニ被存候故、贔屓之沙汰と而法花宗之寺を皆上京之土地高ク水難無之、尤も在家も多キ処へ替地を被遣、且又余宗旨者上京に有之誓願寺を東之河原之真中へ被移、其外之浄土寺皆河原屋敷六条迄ニ寺相応之替地を被下引並へ、何茂及難儀申候、然共時移り世替り、洪水之難無之、返而今者繁昌之地と成、京極通と申申時世之替也、昔ハ火難、水難にも六角堂之鐘を撞、騒動仕候事、天下静謐ニ成、民家茂賑ひ而、千本通勘解由小路ニ遠見を建而鐘を被為釣候事、右之通成ニ依て古町と申者古之残ニ而、高倉ゟ東ハ河原成ニ因而、東ハ東洞院を限り、南ハ五条松原ゟ下者野也、北者二条之南側を限り、此間に五拾九町此彼に残居申候を下京古町とハ申候、五組ニ別申処其方角ヲ以て、艮組・中組・四条三町組・川西組・巽組と申候、此川西と申川者西洞院川也、此川者平安城葛野郡之谷川也、昔ゟ涌流之川也、柳水共申、民家多成家々に井を掘シ故、涌茂少ク成悪水之川と成申候、其故に此川之東西共に地形高シ、自本此通之地形低而谷川成事顕然也、此川之西成を以川西組と申候、東ハ藍染川、西ハ西洞院川、是皆内川也

一、両寺内之事者天正十九辛卯年之秋西本願寺ニ下京六条与七条与之間之地を被下候事、然ニ法花宗本国寺与其時迄南表之寺ニ而表に諸堂を建、南ゟ之参詣成を本国寺限ニ屋敷を本願寺へ被下候故表門を被塞、唯今者東裏ゟまわり入、奥深き寺也、西寺内町数五拾六町

一、東寺内者西本願寺ゟ十一年後御当家之御取立ニ而慶長七年壬寅に寺内屋敷を被下候、其時之公儀奉行加藤喜左衛門殿、両度ニ被渡候町数五拾九町

一、山城八郡之内、京洛中禁裏幷二条御城皆葛野郡也、千本ゟ相国寺・加茂・吉田・祇園・清水・大仏・泉涌寺迄者愛宕郡也

一、京洛外四辺之土居之事、文禄元年高麗陣之時大(太)閤様ニ者肥前名護屋之城に御在陣被為成、高麗之都之構、本唐之様子抔を御聞被及而、細川玄旨等に御相談被遊、其後京都之四辺に土居を被仰付、竹を植、七口ヲ開キ、是惣土居と申候、鴨川之西北ゟ堤を築き、皇城之構と成候御事

七口覚

東 粟田口　坤 東寺口　西 丹波口　北 清蔵口

艮 鞍馬口　東 大原口　東 荒神口

東川堤石垣覚

荒神口ゟ大宮通之渡り迄、西堤長弐千五百九拾四間、内五百九拾四間、荒神口ゟ今出川口迄堤根石垣有之、
弐千間ハ堤根石垣無之
　今出川口ゟ大宮通之渡り迄
　右堤根置高馬踏之事
大宮通之渡ゟ清蔵口迄　根置八拾間 馬踏四間　高サ九尺
清蔵口ゟ鞍馬口迄　根置八拾二間 馬踏六間　高サ壱丈
鞍馬口ゟ荒神口迄　右同断
柊野ゟ二条口迄之堤　長六拾八町五拾間
　間数四千百三拾間
同柊野ゟ大宮迄之堤雖流失、御修復無之、大宮ゟ荒神口迄公儀堤ニ而洪水ニ破損之度々御修復被仰付候
荒神口ゟ二条口迄町人請取之石垣也
惣而二条口ゟ五条迄東西之石垣板倉内膳様御時代ニ出来仕申候
一、昔ゟ御年頭、御代替ニ不限、治乱に附て町人年寄御献上物持参仕、相勤申候事
慶長五年（一六〇〇）九月十九日、関ヶ原陣後京町ゟ至草津賀儀奉申上
慶長十九寅年十月朔日、上下京ゟ鉛千両奉献上候
今以不可有不知、為其上京御朱印拾七通之写記之畢
（中略）
右者上京十三町ニ是迄壱年宛之替り持に致来申候由、拝見之節写取申候を伝写ニ仕候故歟、文字之誤文躰不審之所々有之候得共、末々ニ而茂為心得之記之置申候、已上

下京古町とは、「尊氏将軍之末」、すなわち室町幕府後期の応仁の乱による戦乱の中で荒廃した京都において、豊臣政権期に残っていた町々であるとする。また、いわゆる豊臣秀吉による京都改造、中でも京都中の寺を一箇所に集めた寺町の創造に関わる政策をめぐって、下京は担当者の前田玄以に冷遇されたものの、現在洪水の難が去るとかえって繁昌したこと、さらに下京古町の範囲を示しつつ、五つの《町組》の名前の由来などが記されている。特に、川西組の名前にある「川」についての説明があることからすれば、この記述が川西十六町組で作成されたものであることをうかがわせる。このような下京の古町の成立に則した形での歴史叙述は他に類例のないもので、近世京都の《惣町》としての歴史叙述であるといえる。

このA・aの下京の歴史叙述に続ける形で、近世京都の空間的領域（京中・洛中）に関わって、東西本願寺とその門前町（A・b）、山城国の八郡の内、洛中や禁裏、祇園などがそれぞれ何郡にあたるのか（A・c）、秀吉の命によって築かれた御土居堀と京都の七口、及び鴨川の堤や石垣（A・d）について、それぞれ簡単に説明される。

この後にA・eの記載が続くが、これは、徳川将軍家との間で行われる儀礼に関する記述で、第二章で明らかにした年頭御礼について記し、特に、徳川家康に対する拝謁・献上儀礼について二つの事例を挙げている。この内、関ヶ原の陣後における徳川家康への嘉儀は徳川将軍家との間の儀礼の淵源とされ、第五章で取り上げるように後に町代との確執の中で問題とされた点でもある。そして、これを「今以、不可有不知」と、すなわち徳川将軍家との関係の歴史を今なお忘れるべきではないとしている点からは、《惣町》の歴史における権力との関係の重要性がうかがえる。

そこで、この記述につづけて「上京御朱印拾七通之写」を記すとし、ここでは省略したが、B・aに分類した、上京宛ての「御朱印」が書き写されている。この「御朱印」については、第一章でも触れたように、河内将芳氏の研究(39)で明らかにされている、上京の上立売親九町組・同八町組の町々が交替で保管していたものである（表1

―1上京①〜⑱）。これは、「上京十三町ニ是迄壱年宛之替り持ニ致来」ったものを、「拝見之節」に書写したものだという。この御朱印十七通の内容は、第一章で明らかにしているように信長や秀吉による地子免除に関するものもあるが、信長や秀吉への音信に対する《惣町》宛ての返礼状となっているものが多くあり、A・eの項目と続けて記されていることから、地子免除を強調したものというよりは、織田・豊臣の統一政権と《惣町》の間の儀礼を通じたつながりについての記載といえ、徳川将軍家との間の儀礼の前提となるものと位置づけられているのだろう。

以上のように、この部分の記述は、下京《惣町》の歴史について応仁の乱から戦国時代後の復興の中での成立、近世京都の空間的領域、徳川将軍家と《惣町》の間の儀礼が中心的に叙述されているといえよう。

特に徳川政権との間の儀礼については、この「下古京委細帳」の中では多くの頁を割いている。例えば、第二章で触れた年頭御礼などに際して年寄・町代が江戸へ赴くにあたって、道中の「舟川渡」を滞りなく肝煎りすることを道中所々の肝煎・年寄に対して命じた所司代の道中証文が書き写され（Ⅰ・a）、また、上京・下京の惣中、及び年寄・惣代（町代）からの献上物や、正月三日の拝謁、九日の御暇拝領の際の江戸城における幕府担当役人も記載される（Ⅰ・b）。これらは、享保八年（一七二三）の事例である。さらに、年頭御礼に関する費用負担の詳細が記され、この中に第三節で取り上げたような大割勘定寄合に関する記述がある。この他、年頭御礼に参加する下京《町組》の順番を示した図や享保五年から享保十三年までの下京の年頭御礼参加者の名前を書き上げたもの、将軍家の代替わりなどに際して拝謁・献上儀礼を行う「浮下り」（臨時恐悦献上）の順番や延宝八年（一六八〇）から享保十三年までの「浮下り番」の名前を書き上げた記述もある。これらには〔享保十年の奥書〕の後の事例も含まれるが、先に紹介した「下古京委細帳」の元になる川西十六町組の正式な記録を書き写したと推定する伊藤家本「（京都旧記録）」には、この部分の記載がないことからすると、この箇所は享保十年以降に堀之内町の文書として残す際に書き加えられたとも考えられる。

こうした年頭御礼に関する記述に混ぜ込まれる形で、「下古京委細帳」には、近世都市京都の支配―被支配に関する記載もある。徳川政権によるキリシタン禁制として、慶長期以来の経緯を記し、承応三年（一六五四）に出された高札を書き写した記述（C）や、近世京都において洛外地域を主として担当した役人である雑色への知行米に関する元和三年（一六一七）の徳川秀忠朱印状を書き写したもの、及び雑色が取得する祇園会の地之口米の取り分に関する記載（F）は、近世初期の京都における支配―被支配の事例を取り上げたものといえる。また、所司代・京都町奉行の歴代の名前や事績について簡潔に記した箇所（D・E）は、近世における時代の流れを把握できる記述であり、それが所司代・京都町奉行という遠国奉行による支配との関わりで把握されている。こうした歴代の領主名を書き上げる記述は、近世の旧記、由緒書に多く見られるものである。さらに、「下京町代之覚」（G-a）は、第三章で取り上げた、寛永から寛文にかけて、川西十六町組を担当する町代が設定されるまでの経緯が記されている。

このように、「下古京委細帳」は、応仁の乱後の荒廃から復興した近世京都の被支配住民（特に、《惣町》という枠組み）と近世京都の支配権力との間の、儀礼あるいは支配―被支配を通じた関係を一つの軸に据えた形で構成されていると考える。

第五節　「京都旧記録」類の伝播と系統

この加舎家本「下古京委細帳」が後世に書き写されることにより、「京都旧記録」類という旧記が形成された。「京都旧記録」類の類本の中には、加舎家本「下古京委細帳」をほぼそのままの形で書き写したものもあるが、多くの類書では書写する中で多種多様な内容が追加、取捨されている。加舎家本「下古京委細帳」の内容を中心としながら追加されていった内容も含めて、便宜的に前掲の表4-2に項目分類した。さらに、各類本の内容構成から、章末の［「京都旧記録」類の類本一覧］に掲げた類書をいくつかの系統に分けてみた。

このような形でさまざまな内容を持つ旧記として「京都旧記録」類が伝播していく様子を次に見ていきたい。まず、「下古京委細帳」の記載項目を中心に書き写したもの（系統Ⅰ）や【史料4-11】に示した分類項目A・aの下京古町に関わる歴史叙述のみを独立して書き写したもの（系統Ⅲ）は別として、項目を取捨、追加していく場合、一つのパターンとして書き写す側が持つ情報を加えていくというものがある。著者蔵の類本の一つ(40)は、基本的には「下古京委細帳」を書写したものだが、〔享保十年の奥書〕の部分を次のように記す。

【史料4-12】

右古町河西組拾六町与帳面之儀ハ、往古之帳抔者紛失仕、天正年中之帳箱而已相残り申候天正時代ニモ川西組ト有、則今組之帳箱是也、古来之帳面ハ紛失仕、漸元和年中已来より外之帳面ハ無御座候、茲ニ九拾三年以前寛永十年十月ニ川西廿五町与之内九町与取退被申候此両組之内元町十一丁有、之筈也、追而考可知也　則川西九町組之方をも吟味仕候処是も往古之帳面ハ曾而無之候、然ニ享保八卯年十二月御公儀様之割と成、御年頭入用幷町代給銀其外共ニ冬一度ニ取集メ被為　成候故、古京八組年中ニ三度之割茂相止申候、且又五拾八年以前組々ニ町代極りて後、寛文八年八月十日七条出屋敷之内年寄清右衛門、同善右衛門と申仁、川西十六町与へ参、組附ニ相加江被成被下候様ニと段々頼被申候故、組ニ相加へ、年ニ三度之割之出合、幷出銀等も出し来り、数年相勤被申候得共、此度従　御公儀様之集メ銀ニ付左様之勤も相止申候、併当組之内ハ唯今迄之通二月・六月・十一月之寄会尓今相勤来ル候、則享保九辰年二月世話番当町本柳水町ゟ右出屋敷上座へ当組ニハ只今迄之通参会、組中相談之上不相替有之筈ニ候、其許組茂唯今迄之通御出座有間敷候哉、然ハ因茂切レ不申候由申遣し候所ニ、忝仕合、成程相勤可申候由ニ而、辰之年中ハ参会ニ茂出被申候、巳之年二月世話番当町綾西洞院町例之通参会有之候、出座被成候様ニ出屋敷江申遣シ候処、上座ゟ申来り候、此頃私組中寄会、唯今ニ而ハ川西組江相勤候事も無用之由被申候間、唯今以後御参会ニハ得相勤申間敷候間、右之訳川西組中江茂御断申呉候様ニ申来り、当組附キも離れ申候

但、七条出屋敷之義、当組江古来之通壱ヶ年之内三度ニ銀八拾五匁出シ、御年頭之割ニ四拾弐匁五分、残り四拾弐匁五分、町代給銀ニ遣シ申候処、御公儀様之割、年頭・丁代給分ニ成候へハ、出屋敷ニ徳用も無之候故、当組附茂離れ申候

か様ニ成行申末ニ而ハ古来之事をも取失ひ申候事も残念ニ存候故、有増書写置申候、以上

享保十年（一七二五）巳八月

この部分に続けて、「寛政五（一七九三）丑年三月写之　西洞院通四条下妙伝寺町上田光林」、「寛政十年午霜月写之　安田氏」、末尾に「新町通綾小路上ル町南四条町」という書き込みがあるので、まず寛政五年に妙伝寺町の上田光林が書写したものを同十年に安田氏が書写し、さらに年代は不明だが南四条町で書写されたものである。【史料4-12】の記述は、加舎家本「下古京委細帳」の〔享保十年の奥書〕を下敷きにして若干の表現を変えつつほぼそのまま書き写しているが、川西九町組の側からの情報を中に加えている。具体的には、七条出屋敷の《町組》が、寛文八年（一六六八）以降は川西十六町組に所属する形で《町組》寄合への出席や年頭御礼や町代給銀の負担を行っていたが、享保八年の京都町奉行所による都市行政改革を契機に無くなったという加舎家本「下古京委細帳」の記載に続けて、享保八年以降も川西九町組の方の寄合には出ていたと記している。さらに、享保十年からは川西九町組の寄合にも出なくなるなどとあるが、この情報は川西九町組の側からでなければ記すことができないものであろう。この旧記を寛政五年に書写した上田光林が住む妙伝寺町は川西九町組に属する古町であるから、この加筆は川西九町組の立場でなされたものと推測される。

また、先にも取り上げた類本の一つ「下京遺録」の奥書に次のように記されている。

【史料4-13】[41]

古京いにしへゟ之記録いつの頃ゟ紛失いたしける也、何れの組にもしかと有之噂も聞へ不申、当中組帳筥にも曾而古き書ものも無之候、当町に往古の筆記少々有之といへとも、首尾いたしたる事も無之により、此度去方に秘蔵せらる、一冊の記録をしゐて懇望し、かりよせ熟覧いたしたる上、猶又当町の筆記と引合せ、相考へ此書をしるし置候、委しき沙汰にも及ひ候ハねとも、せめて有増事なりとも伝へ置候ハヽ、後々にいたり古京の故実考への一助にもなり候ハんと、かくのことく書残すものなり
于時天明五年（一七八五）乙巳臘月初吉写之

この「下京遺録」は、善長寺町文書に含まれるものなので、文中の「当中組」は善長寺町が所属する中九町組であると考えられる。この奥書では、「古京」に関する記録は中九町組には遺されていない中で、さる方で「秘蔵」している一冊の記録を借りて、善長寺町の記録と引き合わせて書写したとする。「下京遺録」も「京都旧記録」類の類本なので、さる方が「秘蔵」していた一冊の記録も同様の類本だったと考えられる。そして、善長寺町ではこの「京都旧記録」類の類本をそのまま書写するのではなく、善長寺町に残された記録も参考にしたのである。先に【史料4-7】として引用した「下古京八組二組ニ分り候次第」という記事は、《惣町》寄合の断絶について恐らく中組（九町組・十町組）の立場から記したもので、加舍家本「下古京委細帳」には記載されていないから、善長寺町に残る記録から付け加えられた記事と推定することができるだろう。

さらに、このような形で書写する際の立場や関心から、それに即した形で記述や構成を変えていったものとして、渡辺浩一氏も紹介している「親町要用亀鑑録」[42]がある。この「親町要用亀鑑録」の冒頭に記載されている「上古京親町古地来由記」という歴史叙述は、まず、「夫上古京親町の濫觴を倩おもん見れば、往昔足利家の武威

衰へて」と始まる。これに続けて応仁の乱から豊臣政権までの歴史を詳細に記していく中で、天正十九年（一五九一）「九月廿二日改て洛中の地子銭を許され、市中の寺社端々江引移されしかバ、在家漸く建揃ひ町数も相増けり。此時現在する町々を古町とは申ぬ。上古京に五組あり、今ハ別れて十二組とす。（中略）亦下古京といふは僅に五十九町有て、高倉より東ハ河原、松原より南ハ田畑也。上京ハ二条通りの北側を限り、下京ハ南側を際る也」。そして、「慶長以来天下和順、国豊民安し、前代未曾有の治世に至る事、偏ニ以、東照源神君（中略）の御徳化のしからしむる故也。仍万民其恩沢を蒙り唯一円に帰し、専ら政直の法令を重んず。故に町数も次第に相増て、今の如き華洛の繁昌とハなれり」と記した後、上京の立売親九町組・立売親八町組の説明が続く。叙述がかなり詳細になり、さらに上京に即した説明に変えられてはいるが、足利将軍の武威が衰えたというところから叙述を始めている点や、下京古町の説明などに、【史料4-11】の叙述が踏まえられている。この「親町要用亀鑑録」を編集した神田信久の家には、明和七年（一七七〇）に神田嘉棖が加舎家本「下古京委細帳」とほぼ同じ構成の「下古京中委細記」を書写したものが残されており[43]、「親町要用亀鑑録」も加舎家本以来の「京都旧記録」類の影響下にあると考える。この点で、【史料4-11】の叙述が近世都市京都の語られ方の典型にもなっており、この下京古町に関わる歴史叙述の部分（分類項目A・a）のみを独立して書き写したもの（系統Ⅲ）も見られるように、近世京都の歴史を語る一典型となっていたことがわかる。

一方で、「親町要用亀鑑録」は、奥書に上京立売親九町組の各町年寄が連署しているように、内容は上京、特に立売親九町組独自のものとして変更が加えられた。つまり、ただそのまま書写するのではなく、作成主体である上立売親九町組という《町組》の立場や関心によって、その記述や構成も変化していく場合があったのである。

このように、〔享保十年の奥書〕からうかがえる成立経緯を離れて、「京都旧記録」類が書き写されていく中で、これに伴い、第三節で取り上げた「下古京委細帳」（系統Ⅰ）中の享保八年の京都町奉行所による都市行政改革に関わる、大割勘定寄合についての詳細な記事は書き写されなくなる。その代りにさまざまな記述が新たに付け加えられた。洛中用人仲ケ間年行事に関する記事（分類項目H）は、「下古京委細帳」（系統Ⅰ）では記されていないが、多くの「京都旧記録」類の類本に見られるものである。この記事は、下京の川西十六町組で作成された加舎家本「下古京委細帳」には見られないが、中十町組作成の旧記の中に見られる。先述した北観音山町（六角町）文書の記録類と同系列のもので「篝役人起之事・雑色御朱印写・年行事中座之事・町代持場之事」と表紙に記された史料の中にある洛中用人仲ケ間年行事の記事がほぼそのまま「京都旧記録」類の類本に書写されている。[44] そして、この北観音山町（六角町）文書の「年行事中座之事」の記事は、その末尾に「本紙此方ニ預り居申候ニ付、町々為御扣之、右本紙之通書附進申候、以上」とあり、「亥十月十四日」の日付と「矢田之町小西保寿」の名前が記されている。恐らく、この洛中用人仲ケ間年行事の記事は、小西保寿が関わって中十町組で記録されたものが、「京都旧記録」類の中に取り込まれ、書写されるようになったと考えられる。

このような形で、加舎家本「下古京委細帳」にあった大割勘定寄合に関する詳しい記述を取り除き、洛中用人仲間年行事に関する記事を加えた形の構成が、「京都旧記録」類の類本では最も多く見られるものである。

こうした基本的な構成要素のみ書き写されたもの（系統Ⅱ）に色々な項目が付け加わって、いくつかの系統に分かれていった。まず、各類本に付された題名から、「京都町家旧事記」系（系統Ⅳ）、「京都旧記録」系（系統Ⅴ）、「洛水一滴抄」系（系統Ⅵ）、「京都町人永昌録」系（系統Ⅶ）、「古京雑記」系（系統Ⅷ）、「親町要用亀鑑録」系（系統Ⅸ）などの系統に分けられる。「京都町家旧事記」系（系統Ⅳ）、「京都旧記録」系（系統Ⅴ）では、「三条大橋西詰御高札之写」（正徳元年（一七一一）の高札触の写し、分類K-b）、「町代御請申一札之事」（第三章でも取り上げた、寛文六年（一六六六）に良組に出された町代の請状写し、分類G-b）、「御式目弐拾壱ヶ条幷九ヶ条」（いわゆる板倉二十一か条などの写し、分類K-a）など新たな項目を多数加えている。あるいは、「洛水一滴抄」系（系統Ⅵ）のように、

「京都旧記録」類の内容を下巻とし、上巻には京都町奉行所が中心になって編纂した、近世京都の統計便覧である「京都覚書」[45]の類本を書き写すなど、他の史料と結びつけられたものもあった。このように、実に多様な系統に分かれ、「京都旧記録」類は流布していったことがわかる。

　これらの系統が成立する背景、各系統間の関係は不明であるが、「下古京委細帳」の項目を取捨選択し、さらに新たな項目を付け加えていくことで複数の系統に分かれ、それぞれ書き写されていったと考えられる。また、各系統の類本の中でも、同系統の類本にみられない独自の項目が付け加えられていたり、右の系統に分類しきれない多種多様な内容を含んだ類本も多数存在している。このように、「京都旧記録」類の各類本は、基本的な構成要素を受け継ぎながらも、それぞれ独自に内容を構成し、書き写されていったといえよう。

　そこで次に、章末の「「京都旧記録」類の類本一覧」に掲げた類本が、それぞれどのような事情で書き写されていったのか、表4-2のMとして分類した作成状況を記した記載（奥書など）から分析する。【史料4-14①〜⑥】として、いくつかの類本から、写本の作成状況を記した記述を掲出した。【史料4-13】に前掲した「下京遺録」に記された奥書もあわせて検討したい。

【史料4-14】

①「京都古町記録写」[46]

右之書留去ル御方ニ有之由伝承、借求、後々心得ニも可相成哉と存、乍老筆写之置者也

宝暦三年（一七五三）酉十一月　行年八十六才　荒木知栄

有故頃日求此書記、亦々令愚筆畢

于時宝暦六年子如月　建部常久

右之書面披見之上、依所望写拙なき筆を訖

同年六月

右之書此度令披見、已後ニ至若要用ニも可被成歟と令書写畢

宝暦七年丑仲春

此書今度任披見令書写者也

宝暦十庚辰年初秋　　　　　　行年六十八才　山口氏

②「下京古町之記」(47)

右者宝暦第九己卯初冬上旬高田氏某書写之畢、然ル處即宝暦十四甲申年三月下旬従高田氏借之而、亦外ニ得

別帳合写之、為一冊畢

③「古町古格幷暦代規矩写」(48)

古町之古格暦代之規矩後代之心得ニ、此三冊組町ゟ借り請、此度令書写置者也

于時文化十四丑年臘月（一八一七）　西洞院松原上ル
　　　　　　　　　　　　　　　　高辻西洞院町
　　　　　　　　　　　　　　　　年寄五人組

④「三条大橋御制札之写幷京古町要録写」(49)

右此書之本紙ハ古町之秘書ニ而甚大切之物ニ御座候処、当町内之丸屋喜右衛門殿彼の古町ニ御縁家之由緒有之候而、極内之拝覧被致候、甚珍書ニ御座候故、何卒町之後学ニも相成候哉と町内御老分、御役中御相談有候所、御役中も至極尤ニ被思召候ゆへ、則茶屋左兵衛乍愚筆写之もの也

文化九年壬申春大吉日　　　　　　　　京西陣　笹屋町三町目

⑤「永代重宝京都家旧事記」(50)

此一巻京師におゐて至而重宝之書物なり、平野宗祐殿方之所持を聞出し、暫拝見ヲ乞イ求メ、即筆ニ写し残スもの也、尤下地之麁相幷写之文字違ひ等も可有歟なから、吟味致さは読行にても考江知ルへし、弐拾壱ケ條・九ケ條者平日己ニ知りて慎、外江沙汰して制すへき事なれ共軽々敷他見をゆるすへからす、一家の所持として主人たる者読覚置へきものと見得候、なへてよめさる所も有へし、心得あらん人に抜書に写してよみこゑを問イ、其意をよく尋とひ置へし、乍然知りて人々振舞ふへからす、貯置て一家の重宝とすへき一巻也

文化十四年丁丑十二月十五日写置　　杉原氏

⑥「下古京中委細記」(51)

此帳面下京組中之書物ニ候處、当町吉野屋文治五人組之内之時、下京住之人ニ乞借り受、一覧之處、上京取計ひ之心得ニも可相成哉と写置、当町箱ニ残し置者也

明和七己寅年季秋（一七七〇）　　神田嘉根写

作成の様相としてまずわかるのは、波線にて示した部分に記されているように、借用しての筆写という形で人の手から手へと伝播していったということである。また、その際には、実線部のように、ただそのまま写すだけではなく他の記録も参考にしており、そのことによって、新たな項目が加わって、先にみたような系統に分かれていったと思われる。

また、写本の作成の背景としては、【史料4-13】の点線部にあるように、近世中期の京都において古京に関する記録類が失われているという事情があり、そこで、二重傍線部で示した部分にあるように、「秘書」、「大切之物」、「珍書」、あるいは「重宝之書物」として存在していた記録、すなわち「京都旧記録」類の類本が見出され、

書き写されることになったことがわかる。この写本の作成にあたっては、【史料4-14①・②】にあるように個人で写しているものや、【史料4-14⑤】では家という枠組みで写本を作成していることが見て取れる。さらに、【史料4-13】のように《町組》が作成に関わるもの、あるいは【史料4-14③】のように《町組》から借りて《個別町》が写しているものがある。《個別町》については、【史料4-14④】にあるように、《個別町》内で相談の上で写されているものがあり、【史料4-14④】のように「町箱」に納めたものもあった。このような様々な主体による写本作成の動機としては、二重波線部として示したように、「古京」あるいは「町」の後学のために、写本が書き写されているといえる。

このように、《町組》や《個別町》内、あるいは家、個人における、《惣町》や《個別町》に関する歴史学習のために、「秘書」として所蔵されていた「京都旧記録」類の情報が人の手から手へと伝わって書き写されていく過程で、基本的な構成要素を受け継ぎながら、さらに新たな記載項目を加えていくことで、多種多様な「京都旧記録」類が、【史料4-14④・⑥】のように、下京から上京へも流布していった[52]。先述の「親町要用亀鑑録」も、【史料4-14⑥】にあるように、神田嘉椴が下京の住民から「上京取計ひ之心得」として借りて書写した「下古京中委細記」も参考にされたと考えられる[53]。

こうした形での「京都旧記録」類の伝播は、近世後期になると、さらに幅広く展開した。一つ目の方向性として、京都町奉行所与力の神沢杜口の随筆「翁草」[54]や同時期の「机の塵」[55]という随筆に、【史料4-11】の記述が収録された。さらに文鳳堂山城屋忠兵衛と号する江戸の書肆が編集した「文鳳堂雑纂」という史料[56]に「京古町記抄録」という形で、「京都旧記録」類の類本が収載されている。つまり、随筆や編纂書の中に取り入れられ、京都を超えてより広範に読まれ、流布するという方向性が存在したことがわかる。

また、宝暦十二年（一七六二）に刊行された「名所地誌本」[57]である『京町鑑』[58]の中に「上京下京古町之因縁」

として、【史料4-11】のような下京古町の歴史叙述の一典型が載っている。「名所地誌本」で語られる歴史叙述の多くは、『京羽二重』(59)の「序」が「桓武天皇の延暦年中に長岡の都を平安城今の京に移《うつ》させ給ひしより以下《このかた》」と始まるように、桓武天皇による平安京遷都から語り始めており、「京都旧記録」類のように足利将軍の末を語り始めとするものとは異なっていた。しかし、『京町鑑』のように「京都旧記録」類の記述が掲載されるようになり、逆に「京都旧記録」類の類本（「京都町人永昌録」系、系統Ⅶ）に「京町鑑」で記載された古代平安京以来の歴史の叙述をした記載が見られるなど相互に影響を与え合っていた。(60)このような出版という形を通じて、個別的な貸借という関係を超えて幅広く伝播していくという方向性もあった。

二つ目の方向性として、文化十四年から翌々文政二年（一八一九）にかけて町代との間で争論となった文政町代改儀一件に際して作成された史料群に含まれる「古京雑記」系（系統Ⅷ）がある。これは、「京都旧記録」類の記載をただそのまま書写するのではなく、改めて《惣町―町組―町》の枠組みに関わる史料を調査の上で構成された。この背景には、第五章で詳しく検討するように、こうした「京都旧記録」類に記された歴史叙述が町代との対立関係の進展の中で焦点化されていったことがあった。つまり、歴史叙述や記録編纂がより《惣町―町組―町》の枠組みに即した形で緻密化していくという方向性もあったのである。

最後に、近代以降の動向について、徳川将軍家との間の儀礼を通じた関係も無くなった明治以降、「京都旧記録」類はどのように扱われていたのか、具体的に事例をみていきたい。まず、明治二十二年（一八八九）四月二十四日付「日出新聞」に【史料4-11】とほぼ同じ記述が掲載されたが、これは「内務省の達」による「淀川流域沿革調の材料中正確の認定を得たるもの」(61)として紹介されたものであった。また、「親町要用亀鑑録」が昭和十二年（一九三七）の序文に「一は地方当局者考古の資料に供すること、し、一は制度研究者参考の一端に備へんとす」と記して京都市から刊行された。(62)このように、国や京都市においても、その活動における資料として、

「京都沿革の一端」を知ることのできる「京都旧記録」類が必要とされたと考えられる。

また、藤田元春氏が「明治年代に於ける京都研究家にとっては、前古未曾有の好機であった」と記す[63]、明治三十四年に行われた京都帝国大学図書館創立三周年紀年展覧会において、「京都旧記録」類の類本が「京都町人ノ普ク知ルヘキ雑事ヲ聚メ」という解説で出品されている[64]。さらに、三浦周行氏[65]・藤田元春氏[66]・江馬務氏[67]・小野晃嗣（均）氏[68]等の、大学の歴史学専門の研究者による「京都の文化史・社会史研究[69]」の中で、「京都旧記録」類が史料として用いられた。また、三田村鳶魚氏は、自らの編集する『未刊随筆百種』に、「洛水一滴抄」の翻刻を掲載するにあたって、自ら類本を購入し、幸田成友氏から借り写しをするなどしている[70]。

そして、昭和十九年の秋山國三氏の『公同沿革史[71]』において、応仁の乱後の《町組》を中心とした自治について述べる際、基礎的な史料として多くの「京都旧記録」類の類本が用いられている。その叙述の仕方は、応仁の乱以降に多くの筆を費やし、制度的側面を中心に「自治」、すなわち支配―被支配の関係が中心に描かれており、本章で検討した「京都旧記録」類の影響を考慮する必要があると考える。一方、戦後の林屋辰三郎氏の「町衆論」では、「京都旧記録」類の類本を使用している様子が見られず、この両者の研究の間には、何らかの「断絶」が存在するようにも思われる。つまり、林屋氏の町衆論では、「京都における「市民」形成史」という視点から、「《市民》的精神」の「起源」としての「町衆の自治」がとらえられ、近世以降は「断絶」の側面が強調されているのに対し、秋山氏の『公同沿革史』では、まさに公同組合が昭和十五年の国による町内会編成の中で廃止されることを契機に、公同組合に「連続」する江戸時代を中心とする《町組》の自治制度の「沿革」が記されたのである。

ここには、高木博志氏[72]が「近世における起源（縁起）としての平安遷都の掘り起こしが、近代にいかに「連続」し、どう「断絶」するかは、まだまだつめて考えるべき課題である」と述べる点とは対照的な、近世京都観をめぐる「連続」・「断絶」の問題が存在する。はじめに触れたように、高木氏は、「古都京都」イメージについて、美術史の時代区分という観点から、近世と近代の京都観の峻別を強調している。一方、「町衆」イメージ、特に「京都の文化史・社会史研究」における近世と近代の連続・断絶面については、あまり言及されていない。右の点を踏まえるならば、林屋氏の「町衆」論の前後で、近世京都をめぐるイメージの断絶が存在する可能性がある。そして、本章で検討したように、近世から近代にかけて、近世京都のイメージをめぐって、「京都旧記録」類がその底流に存在したことを改めて確認しておく必要もあるのではないだろうか。

本書でも第二・三章では、この「京都旧記録」類の記載を典拠にしている。本章では、これらの記載が記された背景、すなわち享保期における京都町奉行所による都市行政の展開の中で機能を弱めていく《惣町》の枠組みに関して住民の側からこれを後世に残すために歴史叙述や記録編纂がなされたことを明らかにした。当然、こうした立場から記されたものであることに留意が必要であり、中十町組の主張するような足利将軍との関係について鵜呑みにすることはできないが、少なくとも享保期に関する記述についてはある程度の実態を反映したものと考える。そして、次章以降で検討するように、こうした歴史叙述や記録編纂を梃子にして、近世中後期以降の《惣町》の枠組みをめぐる、京都町奉行所の都市行政と住民側の都市運営の関係はさらに展開していくことになるのである。

（1）近世における「旧記」に注目した研究としては、岩橋清美氏による一連の研究がある（岩橋清美『近世日本の歴史意識と情報空間』（名著出版、二〇一〇年）。岩橋氏は「旧記」について、「村が自らの歴史を記した史料」として定義しているが、本章では近世京都において自らの歴史（中でも近世を中心とした歴史）を記した史料として、京都に関する「旧記」を扱う。

（2）高木博志「古都京都イメージの近代」（同『近代天皇制と古都』、岩波書店、二〇〇六年）、小路田泰直「創出された古都京都と町衆史観」（『学芸総合誌　環【歴史・環境・文明】』一七、藤原書店、二〇〇四年）。
（3）林屋辰三郎「町衆の成立」（『思想』三一二、一九五〇年）、同『町衆　京都における「市民」形成史』（中央公論社、一九六四年）など。
（4）中川理「まちづくり史における近代とは」（高橋康夫・中川理編『京・まちづくり史』、昭和堂、二〇〇三年）。
（5）渡辺浩一『まちの記憶　播州三木町の歴史叙述』（清文堂、二〇〇四年）一一五～一三二頁。
（6）近世京都の語られ方としては、例えば「三都論」（守屋毅『記録・都市生活史（6）三都』（柳原書店、一九八一年））や「名所地誌本」（名所記、案内記、地誌、名所図会など）の中での記述も考慮に入れるべきであるが、本書では充分に触れることができない。
（7）「親町要用亀鑑録」（親九町組文書・京都国立博物館寄託・『日本都市生活史料集成　三都編Ⅰ』（学習研究社、一九七七年）を使用）。
（8）「下古京委細帳」（高辻堀之内町加舎家文書・関西大学総合図書館蔵）。
（9）新撰京都叢書刊行会「解題」（洛水一滴抄の項）（新撰京都叢書刊行会編『新撰京都叢書　第一巻』、臨川書店、一九八五年）二頁。
（10）五島邦治「下京惣町文書」（同『京都　町共同体成立史の研究』、岩田書院、二〇〇四年・初出二〇〇〇年）二六三～二六四頁。
（11）「解題」（京都町触研究会編『京都町触集成　別巻二』、岩波書店、一九八九年）七二〇頁の宇佐美英機氏が執筆された「京都旧記録」の項。
（12）例えば、朝尾直弘「近世の身分制と賤民」（同『朝尾直弘著作集第七巻　身分制社会論』、岩波書店、二〇〇四年・初出一九八一年）、安国良一「京都の都市社会と町の自治」（岩崎信彦他編『町内会の研究』、御茶の水書房、一九八九年）、土本俊和『中近世都市形態史論』（中央公論美術出版、二〇〇三年）など。
（13）前掲註（5）渡辺浩一『まちの記憶　播州三木町の歴史叙述』一二四～一二五頁。
（14）前掲註（1）岩橋清美氏の諸論考や、前掲註（5）渡辺浩一『まちの記憶　播州三木町の歴史叙述』においても、それぞれ取り上げた「旧記」の写本が作成されたことに言及しているが、写本として確認されているのは数点である。
(15) 高辻堀之内町加舎家文書の一部については、『関西大学法学論集』誌上にて、「下古京委細帳」を含め、翻刻が掲載されている（藤原有和「解説」（『関西大学法学論集』三三―二、一九八三年）も参照）。
(16) 「高辻通堀之内町家数幷間口之覚帳」（高辻堀之内町加舎家文書・関西大学総合図書館所蔵）。
(17) 明和四年（一七六七）十一月「此度御改ニ付新沽券状扣」（高辻堀之内町加舎家文書・関西大学総合図書館蔵）。
(18) 「正親町実連卿記」（大倉精神文化研究所附属図書館蔵・昭和六年（一九三一）作成の影写本）。
(19) 前掲註(17)「此度御改ニ付新沽券状扣」（高辻堀之内町加舎家文書・関西大学総合図書館蔵）。
(20) 「正親町実連卿記」（大倉精神文化研究所附属図書館蔵・昭和六年（一九三一）作成の影写本）。
(21) 「下京遺録」（善長寺町文書ＤⅠ３・京都市歴史資料館架蔵写真版）。
(22) 「（京都旧記録）」（伊藤家文書・京都市歴史資料館架蔵写真版）。
(23) 巻末の「年頭御礼関係一覧表」を参照。
(24) 享保期に行われた京都町奉行所による都市行政改革については、前掲註(12)安国良一「京都の都市社会と町の自治」、田口泰久「享保期　京都の民政について」（津田秀夫先生古稀記念会編『封建社会と近代』、同朋舎出版、一九八九年）など、及び本書第二・三章を参照。
(25) 前掲註(8)「下古京委細帳」（高辻堀之内町加舎家文書・関西大学総合図書館蔵）。
(26) 前掲註(8)「下古京委細帳」（高辻堀之内町加舎家文書・関西大学総合図書館蔵）。
(27) 「中組古来留帳」（北観音山町文書ＤⅠ５・京都市歴史資料館架蔵写真版）。
(28) 前掲註(12)安国良一「京都の都市社会と町の自治」六七〜六八頁。
(29) 「（京都旧記録）」（伊藤家文書・京都市歴史資料館架蔵写真版）。
(30) 前掲註(21)「下京遺録」（善長寺町文書ＤⅠ３・京都市歴史資料館架蔵写真版）。
(31) この足利義教の「御書」の具体的な内容は不明である。
(32) 仁木宏「惣町・町組の形成過程をめぐって」（同『京都の都市共同体と権力』、思文閣出版、二〇一〇年・初出一九九九年）一九一〜一九五頁。

(33)「年頭御拝礼参府濫觴之扣」（北観音山町文書DⅡ2「六角町古帳之写」・京都市歴史資料館架蔵写真版）。
(34)「古記録集写」（北観音山町文書DⅡ1・京都市歴史資料館架蔵写真版を使用）。
(35)「京都旧記録」（京都市歴史資料館蔵・京都市歴史資料館架蔵写真版）。
(36) 前掲註(27)「中組古来留帳」（北観音山町文書DⅠ5・京都市歴史資料館架蔵写真版）。これと同様の記載が、小結棚町文書「中組町代由緒覚」（小結棚町文書DⅣ1・京都市歴史資料館架蔵写真版）にもあり、表紙に享保七年十月二十四日の年紀と「右者矢田町年寄小西保寿江組町ゟ相頼候ニ付、有増之儀書出し、組町中江被相渡候、尤委細之儀者毎月組町へ廻候帳箱ニ有之候事」と記されている。
(37) 久留島浩「村が「由緒」を語るとき――「村の由緒」についての研究ノート――」（久留島浩・吉田伸之編『近世の社会集団――由緒と言説――』、山川出版社、一九九五年）三三頁。
(38) 前掲註(8)「下古京委細帳」（高辻堀之内町加舎家文書・関西大学総合図書館蔵）。
(39) 河内将芳「町共有文書の保存と伝来について――「御朱印」を中心に――」（同『中世京都の民衆と社会』、思文閣出版、二〇〇〇年・初出一九九二年）、同「都市史料の管理をめぐって――「上京文書」を中心に――」（前掲『中世京都の民衆と社会』・初出一九九七年）、及び本書第一章を参照。
(40) 筆者蔵（古書店より購入）。
(41) 前掲註(21)「下京遺録」（善長寺町文書DⅠ3・京都市歴史資料館架蔵写真版）。
(42) 前掲註(7)「親町要用亀鑑録」（親九町組文書・京都国立博物館寄託・『日本都市生活史料集成　三都編Ⅰ』（学習研究社、一九七七年）を使用）。
(43) この史料が現在は大谷大学博物館の所蔵する「神田家記録」という、神田家の残した史料の中に残されていることも、傍証の一つとなろう。
(44)「簿役人起之事・雑色御朱印写・年行事中座之事・町代持場之事」（北観音山町文書DⅡ3「六角町古記録写帳」・京都市歴史資料館架蔵写真版）。なお、いわゆる「年行事」については、塚本明「町抱えと都市支配――近世京都の髪結・町用人・「年行事」を中心に――」（『日本史研究』三三一、一九八九年）を参照。
(45) 松田万智子「「京都覚書」について――京都府立総合資料館所蔵『都之記』を中心として――」（京都府立総合資料館

『資料館紀要』三三、二〇〇五年）を参照。

（46）「京都古町記録写」（三井文庫蔵）。

（47）「下京古町之記」（京都大学大学院文学研究科図書館蔵）。

（48）「古町古格幷暦代規矩写」（高辻西洞院町文書2～4・京都市歴史資料館架蔵写真版）。

（49）「三条大橋御制札之写幷京古町要録写」（京都大学大学院文学研究科図書館）。

（50）「永代重宝京都家旧事記」（三井高維氏収集史料・国文学研究資料館蔵）。

（51）「下古京中委細記」（神田家記録・大谷大学博物館蔵）。

（52）また、「皇城繁栄記」（京都大学附属図書館蔵）に、「此旧記は古町には実書あれとも、あらたなる町にはまれなり」とあるように、この写本作成主体には、古町／親町と新町／枝町の差などもあると思われる。

（53）神田家の残した史料（神田家記録・大谷大学博物館蔵）には、「親町要用亀鑑録」の下書きの段階となるような、神田信久が作成した「旧記」類が数多く残されている。その内の一つ「上古京立売親九町組年中行事要用録」の奥書には、「嘉永七年《（一八五四）》四月六日内裏炎上之節月行事町中武者小路東半町類焼ニ而月行事筥悉皆焼失有之、組町ニ聊何之帳記も無之故、組町年寄中ゟ拙子へ被相頼、幸ヒ与此帳面去年写し置撰集有之故、今度親町永々之為記録諸事ヲ記し、月行事箱ニ残し置」いたものとして、「親町要用亀鑑録」の名が挙げられている。

（54）『日本随筆大成　新版』三期・一九～二四（吉川弘文館、一九七八年）の翻刻を使用。

（55）高橋昌彦「『机の塵』について」（『福岡大学研究部論集　A人文科学編』一七（四）、二〇一七年）を参照。

（56）「文鳳堂雑纂」（独立行政法人国立公文書館蔵）。

（57）「名所地誌本」という表現については、竹村俊則氏の使用する語にならった（竹村俊則編『日本名所風俗図会八　京都の巻Ⅱ』（角川書店、一九八一年）五二二頁）。

（58）宝暦十二年（一七六二）刊（野間光辰編『新修京都叢書　第三巻』（臨川書店、一九六九年）の翻刻を使用）。また、「上京下京古町之因縁」と題する記述は、文政町代改儀一件関係史料をまとめる際に、その冒頭に置かれることがあり（系統Ⅷ）、逆の影響関係もあったことがわかる。

（59）貞享二年（一六八五）年刊（野間光辰編『新修京都叢書　第二巻』（臨川書店、一九九三年）の翻刻を使用）。

(60)例えば、「京都町人永昌録」(国立国会図書館蔵)の「平安城都之始」という記載は、前掲註(58)『京町鑑』の「帝城方角発起」をほぼそのまま写したものである。
(61)明治二十二年(一八八九)四月二十四日「日出新聞」一二二七号。
(62)『親町要用亀鑑録』(京都市、一九三七年)。
(63)藤田元春『都市研究　平安京変遷史　附古地図集』(スズカケ出版部、一九三〇年)二頁。
(64)「京都帝国大学図書館創立二週年紀年展覧会出品目録」(関西文庫協会機関雑誌『東壁』四、一九〇二年)。
(65)三浦周行「中世都市の発達」(同『日本史の研究　第1輯下』、岩波書店、一九八一年・一九二二年刊の復刊本を使用)。
(66)前掲註(63)藤田元春『都市研究　平安京変遷史　附古地図集』。
(67)江馬務「京の町昔がたり」(関西大学学報局『関西大学学報』一三〇、一九三五年)。
(68)小野晃嗣「京都の近世都市化」(社会経済史学会『社会経済史学』一〇―七、一九四〇年・のち小野均『近世城下町の研究　増補版』(法政大学出版局、一九九三年)所収)。
(69)前掲註(2)高木博志「古都京都イメージの近代」一六六〜一七一頁。
(70)三田村鳶魚氏の日記には、大正元年(一九一二)九月、十月に幸田成友氏から「洛水一滴抄」を「借写」している記述があり(「日記」(『三田村鳶魚全集』第廿五巻、中央公論社、一九七七年)一二一〜一二三頁)、また、前年には「洛水一滴抄」を自身で購入している記述が、日記の「購書の控」欄にあるという(朝倉治彦「後記」(三田村鳶魚編『未刊随筆百種　第七巻』、中央公論社、一九七七年)一六二〜一六三頁)。なお、宇佐美英機氏所蔵の「洛水一滴抄」の奥書には次のように記されており、三田村鳶魚氏旧蔵と考えられる。

この書はやく下巻一冊を市に獲て収蔵せしに、近頃幸田成友氏の許に完本あるを知り借て補写し畢

大正元年十月初日　　鳶魚学究

(71)秋山國三『公同沿革史　上』(元京都市公同組合聯合会事務所、一九四四年・のち『近世京都町組発達史〈新版公同沿革史〉』(法政大学出版局、一九八〇年))。
(72)前掲註(2)高木博志「古都京都イメージの近代」一三八頁。

〔「京都旧記録」類の類本一覧〕

番	題名	所蔵機関	書写年代	α	β	系	備考
1	下古京委細帳	高辻通堀之内町加舎家文書・関西大学総合図書館蔵	享保一〇	○		Ⅰ	
2	京都古町記録写	三井文庫	(宝暦一〇)			Ⅱ	
3	京都古町記録写	谷村文庫・京都大学附属図書館蔵	明和五			Ⅱ	
4	下古京中委細記	神田家記録・大谷大学博物館蔵	明和七	○	○	Ⅰ	
5	下京古町之記	京都大学大学院文学研究科図書館	安永四			Ⅰ	
6	京都初り之事	京都大学大学院文学研究科図書館	天明四			Ⅱ	
7	下京遺録	善長寺町文書(京歴)	天明五			Ⅰ	
8	上下古京之由来	上月家文書(京歴)	寛政元			Ⅱ	
9	天正年中以来古町由来留記	筆者蔵	寛政元			Ⅱ	
10	古町記録書抜	『翁草』巻二七	(寛政三)			Ⅱ	『日本随筆大成　新版三期一九〜二四』(吉川弘文館、一九七八年)を利用、江戸時代の写本、天明四年・嘉永三年の刊本については未検討
11	町史	大文字町史・京都教育大学蔵	寛政七			Ⅱ	
12	(京)古町御朱印書物	東京大学法学部法制史資料室	(寛政一〇)			Ⅱ	
13	(標題なし)	筆者蔵	寛政一〇	○		Ⅰ	
14	京都伝承録	三井文庫	寛政一一			Ⅳ	
15	従秀吉公京都古町へ拝領之御朱印之写・代々御所司代町奉行幷ニ古京之事・年頭下り之事・雑色・町代・用人年行事之事	筆者蔵	寛政一二			Ⅱ	

16	洛水一滴抄	佐古慶三教授収集文書・大阪商業大学商業史博物館蔵	享和三			Ⅵ
17	下古京式法万事扣書	京都烏帽子屋町長谷川諸記録・東京大学法学部・法制史資料室蔵	文化六	○	○	Ⅰ
18	三条大橋御制札之写幷京古町要録写	京都大学大学院文学研究科図書館	文化九			Ⅱ
19	古京委細帳	京都府立京都学・歴彩館	文化一二	○	○	Ⅰ
20	京都旧記録	京都大学大学院文学研究科図書館	文化一四			Ⅴ
21	古町古格幷暦代規矩写	高辻西洞院町文書（京歴）	文化一四	○	○	Ⅰ
22	上京下京古町謂之写	谷村文庫・京都大学附属図書館蔵	文化一四			Ⅹ
23	永代重宝京都家旧事記	三井高維氏蒐集史料・国文学研究資料館蔵	文化一四			Ⅳ
24	京都名主記録之写	佐古慶三教授収集文書・大阪商業大学商業史博物館	（文化年中）	○		Ⅰ
25	古京雑記　全	占出山町文書（京歴）	（町代一件）			Ⅷ
26	古京雑記	善長寺町文書（京歴）	（町代一件）			Ⅷ
27	古京雑記	長刀鉾町文書（京歴）	（町代一件）			Ⅷ
28	上京下京古町之由縁	三条衣棚町文書・京都府立京都学・歴彩館蔵	文政二			Ⅲ
29	上京下京古町之由縁	福長町文書・京都府立京都学・歴彩館蔵	文政二			Ⅲ
30	京都由来記	京都文化博物館	文政二			Ⅱ
31	（京都旧記録）	伊藤家文書（京歴）	文政八	○		Ⅰ
32	京町人永昌録	京都大学附属図書館	文政一三			Ⅶ
33	（京都古記録写）	三井文庫	文政一三			Ⅱ

34	御所司代様町御奉行様暦代控幷米直段京都類火[ ]	鞆岡達雄家文書・長岡京市教育委員会蔵	天保七			Ⅹ	
35	京都旧記録	京都市歴史資料館	天保一二			Ⅴ	
36	上古京上立売親町巨細記下書	神田家記録・大谷大学博物館蔵	天保一二			Ⅸ	
37	上立売親町来由録	神田家記録・大谷大学博物館蔵	天保一二			Ⅸ	
38	元亀弐年ヨリ諸記録之写	龍谷大学大宮図書館	弘化二			Ⅱ	
39	当親九町組年行事附要録月行事諸要録写	神田家記録・大谷大学博物館蔵	嘉永五			Ⅸ	
40	上古京立売親九町組年中行事要用録	神田家記録・大谷大学博物館蔵	嘉永六			Ⅸ	
41	京都町家旧事記	国立公文書館内閣文庫	嘉永七			Ⅳ	
42	親町要用亀鑑録	京都国立博物館	嘉永七			Ⅸ	
43	従元亀弐歳古町由来記	関ケ原町歴史民俗学習館蔵	嘉永七			Ⅱ	
44	京古町記抄録	内閣文庫蔵『文鳳堂雑纂』	(天保~嘉永)			Ⅹ	
45	京師故事記	京都府立京都学・歴彩館	文久一			Ⅱ	
46	京都年代記	京都大学附属図書館	文久二			Ⅱ	
47	古京上下雑色委細記録	東京大学法学部法制史資料室	文久二			Ⅱ	
48	平安城雑記	筆者蔵	文久三			Ⅱ	
49	京都町のいわれ	『日出新聞』一二一七号	明治二二刊			Ⅲ	
50	古来之事共書集	三井文庫	明治四一			Ⅱ	62の写本か
51	京都町人永昌録	三井文庫	明治四四			Ⅶ	117の謄写本
52	京都町家旧事記	三井文庫	明治四四			Ⅳ	41の謄写本
53	京都立売親九町組記録	京都大学大学院文学研究科図書館	大正八			Ⅸ	「京都市上京区室町通今出川上ル築山北半丁神田喜左衛門氏所蔵」の謄写本

54	洛水一滴抄	『未刊随筆百種』(米山堂)一二所収	昭和三刊			Ⅵ	96の翻刻
55	親町要用亀鑑録	『親町要用亀鑑録』(京都市)	昭和一二刊			Ⅸ	42の翻刻
56	洛水一滴抄	『未刊随筆百種』(中央公論社)七所収	昭和五二刊			Ⅵ	54の新版、96の翻刻(119にて訂正、補記)
57	親町要用亀鑑録	『日本都市生活史料集成』三都編Ⅰ(小学館)所収	昭和五二刊			Ⅸ	42の翻刻を掲載
58	下古京委細帳	「下京高辻堀之内町加舎家文書二」(関西大学『法学論集』三三-二)所収	昭和五八刊	○	○	Ⅰ	1の翻刻を掲載
59	洛水一滴抄　下	『新撰京都叢書』一(臨川書店)所収	昭和六〇刊			Ⅵ	底本「京都大学本」は所在不明(112、119にて参勘)
60	雑記録	菅大臣神社本(京歴)				Ⅷ	
61	京都因縁書	北観音山町文書(京歴)		○	△	Ⅰ	
62	古来之事共書集候一札	北観音山町文書(京歴)				Ⅱ	
63	古町記録之写	三条町文書(京歴)				Ⅱ	
64	京都古前録	太子山町文書(京歴)				Ⅱ	
65	(京都旧記録)	谷田家文書(京歴)				Ⅹ	
66	古京記録写	中路家文書(京歴)				Ⅱ	
67	京都旧事	野口家文書(京歴)				Ⅱ	
68	写	吉村(勘)家文書(京歴)				Ⅰ	
69	要録	祇園内八町文書・京都府立京都学・歴彩館蔵				Ⅱ	
70	下京古町写	稲垣家旧蔵資料・京都府立京都学・歴彩館蔵				Ⅱ	

71	京上下古京之由来	奥村昌弘氏収集文書（歴彩）			Ⅹ
72	旧幕府時代京上下組町之事蹟写	奥村昌弘氏収集文書（歴彩）			Ⅱ
73	皇都旧記録	京都府立京都学・歴彩館			Ⅴ
74	京都上下古洛中由来	京都府立京都学・歴彩館			Ⅱ
75	平安古今由緒集	京都府立京都学・歴彩館			Ⅹ
76	京都町家旧事記	京都府立京都学・歴彩館			Ⅳ
77	京町人永昌録	京都府立京都学・歴彩館			Ⅶ
78	下京古町記	京都大学附属図書館			Ⅱ
79	皇城繁栄記	京都大学附属図書館			Ⅹ
80	京都（皇都）旧記録	京都大学大学院文学研究科図書館			Ⅴ
81	泰平皇都秘事録	京都大学大学院文学研究科図書館	○	○	Ⅰ
82	法令雑録集	京都大学大学院文学研究科図書館			Ⅹ
83	平安落穂集	京都大学大学院文学研究科図書館			Ⅹ
84	古京鑑	谷村文庫・京都大学附属図書館蔵			Ⅱ
85	皇都豊徳記	京都大学法学部			Ⅰ
86	京都古実記	京都大学法学部			Ⅹ
87	上京親町下京古町古事記	京都大学法学部			Ⅹ
88	古京旧記	立命館大学人文系文献資料室	○		Ⅰ
89	洛水一滴抄	立命館大学地域研究室			Ⅵ
90	京都古町の事	同志社大学今出川図書館			Ⅱ
91	京都旧記録	仏教大学図書館			Ⅴ
92	古町雑記	龍谷大学大宮図書館			Ⅱ

93	法令雑録　下	龍谷大学大宮図書館				Ⅰ	
94	平安城濫觴幷古京新京発	龍谷大学大宮図書館				Ⅱ	
95	京鑑	龍谷大学大宮図書館				Ⅹ	
96	洛水一滴抄	宇佐美英機氏所蔵				Ⅵ	
97	古京由来書	宇佐美英機氏所蔵		○		Ⅰ	
98	平安秘事	宇佐美英機氏所蔵				Ⅹ	
99	古町御朱印幷町代一札諸事之写	宇佐美英機氏所蔵				Ⅱ	
100	古京記録	財団法人新村出記念重山文庫				Ⅱ	
101	京都町家旧事記	大阪経済大学日本経済史研究所				Ⅳ	
102	（京都旧記録）	大阪商業大学商業史博物館・佐古慶三教授収集文書				Ⅴ	
103	所司代・町奉行　京古町記録	東京大学法学部法制史資料室				Ⅱ	
104	京都古町由緒書	東京大学法学部法制史資料室				Ⅱ	
105	京聚楽年寄記録　一	東京大学法学部法制史資料室				Ⅱ	
106	京都町中諸記録　三	東京大学法学部法制史資料室				Ⅱ	
107	京町人永昌録	東京大学法学部法制史資料室				Ⅶ	
108	京都古町記録	東京大学史料編纂所		○		Ⅰ	
109	京都古町覚書	東京大学史料編纂所				Ⅱ	
110	聞集録　古事　壱	東京大学史料編纂所				Ⅹ	
111	京都旧記録	幸田成友博士旧蔵書・一橋大学附属図書館蔵				Ⅴ	
112	洛水一滴抄　下	幸田成友博士旧蔵書・一橋大学附属図書館蔵				Ⅵ	

113	古町書物写	鈴鹿文庫・愛媛大学図書館蔵		○		Ⅰ	
114	古京の記	北駕文庫・北海学園大学付属図書館蔵（国資）				Ⅱ	
115	要録	三井文庫				Ⅱ	
116	法令雑録	三井文庫				Ⅹ	
117	京都町人永昌録	国立国会図書館				Ⅶ	
118	京都町中記	徳川宗敬寄贈本・東京国立博物館蔵		○	○	Ⅰ	
119	洛水一滴抄	宮内庁書陵部				Ⅵ	
120	京都旧記	『諫懲記』・東京大学史料編纂所蔵謄写本				Ⅲ	
121	平安城古今由緒集	『青菰雑誌』七八・国立国会図書館蔵				Ⅹ	
122	京都町家旧事記	筆者蔵				Ⅳ	
123	古京由来書	筆者蔵		○		Ⅰ	
124	古町古来之記	筆者蔵				Ⅱ	
125	（標題なし）	筆者蔵				Ⅱ	
126	（標題なし）	筆者蔵		○		Ⅰ	

註1：所蔵欄中、末尾に（京歴）とあるものは、京都市歴史資料館架蔵写真版を、（歴彩）とあるものは、京都府立京都学・歴彩館架蔵写真版を、（京大古）とあるものは、京都大学文学部古文書室架蔵写真版を、（国資）とあるものは、国文学研究資料館架蔵写真版を使用。

註2：年代欄中、刊とあるのは、刊行されたもの。

註3：（町代一件）とあるのは、文政町代改儀一件の過程でまとめられた資料中に含まれるもので、文化十五年（一八一八）～文政二年（一八一九）の時期に作成されたものと考えられる。

第五章　近世京都における徳川由緒の語られ方

第一節　京都の徳川由緒

本章では、前章で取り上げた「京都旧記録」類の中に記されている、徳川将軍家との関係をめぐる由緒（徳川由緒）が、近世中後期における町代との対立関係の進展の中で大きな意味を持つようになったことについて検討したい。第三章で明らかにしたように、京都町奉行所の都市行政の中で役割を増大させていく町代と、その一方で希薄化していく《惣町》の枠組みにおける年寄を中心とする自律的な都市運営の間で深刻な矛盾が生じるようになっていた。次章以降で詳しく検討するように、町代との対立は基本的に京都町奉行所の都市行政上における町代の立場をめぐるものであったが、権力側の重層構造において京都町奉行所の上位に位置する徳川将軍家との関係をめぐっても町代との間で対立が生じた。これは、第二章で明らかにしているように、徳川将軍家との間の儀礼を通じた関係＝年頭御礼に年寄と共に町代も参加していたこと、第三章で明らかにしたように、自律的な都市運営を担う年寄も町代も、近世初期におけるその出自には近似性が認められることに理由がある。そこで、徳川将軍家との間に儀礼上の関係が生じた淵源、すなわち歴史（由緒）が問題とされるようになったのである。

ここでは、まず、徳川将軍家、特に初代将軍の家康との関係を叙述した歴史＝徳川由緒が、京都においてどのように語られていたのか、またそれがどのような意味を持っているのかを確認しておきたい。徳川由緒は、序章で触れた由緒をめぐる研究史の中では、東海から関東地方にかけて伝えられてきたものが、主に研究の対象とされてきた(1)。一方、京都に関しては、天皇・朝廷につながる由緒と比較して、徳川由緒への言及は少ない。しかし、京都は江戸幕府の直轄都市であり、第一・二章で明らかにしたように、近世統一権力との関係の中で徳川家康との結びつきがあり、これを歴史として語ってきたのである。例えば、第四章で取り上げた「京都旧記録」類の中で、《惣町》の枠組みを中心とする歴史叙述において、次のような徳川将軍家との関係をめぐる由緒（徳川由緒）が語られている。

【史料5-1】(2)

一、昔ゟ御年頭、御代替ニ不限、治乱に附て町人年寄御献上物持参仕、相勤申候事
　慶長五年(一六〇〇)九月十九日関ヶ原陣後京町ゟ至草津賀儀奉申上
　慶長十九寅年十月朔日、上下京ゟ鉛千両奉献上候

まず、毎年行われている年頭御礼や代替わりなど将軍家の慶事に際して行われる儀礼（臨時恐悦）のみならず、「治乱」に際して、京都の住民を代表する年寄が献上儀礼を行っていたと記し、その最初期の事例として、慶長五年の関ヶ原の陣後に草津において徳川家康に対する嘉儀を行ったこと、大坂冬の陣中の慶長十九年十月朔日に上京・下京からそれぞれ鉛を献上したことを記している。このように、近世京都における徳川由緒とは、家康に対して行われた儀礼に基づいた言説といえる。特に、関ヶ原の陣後に徳川家康に対して嘉儀を行ったことを淵源と位置づけていたことが注目される。この点は、第一章で取り上げた「御朱印」の内、慶長五年九月十六日付けで関ヶ原の陣後の治安維持を目的に発給された徳川家康の禁制を、被支配住民側に帰属させようとしたこととも大きく関係する。つまり、関ヶ原の陣後を徳川将軍家との関係が生じた起点に位置づけていたのである。

そして、こうした叙述が、第四章で明らかにしたように、「京都旧記録」類という「旧記」の中で書写され、

伝播することにより、近世京都における徳川由緒として象徴的なものとなった。この背景には、年頭御礼という形で徳川将軍家との間の儀礼を通じた関係が近世を通じて維持されていたことがあった。毎年頭に、上京・下京それぞれ［年寄一名・町代二名］が江戸に赴き、徳川将軍家に対する拝謁・献上儀礼が行われ続けることで、この儀礼の参加者には徳川将軍家とのつながりという「権威」が帰属するようになる。特に、年寄の参加については、第二章で明らかにしたように、特定の人物、家に固定化されなかった。これにより、住民側においては徳川将軍家とのつながりが独占されず、徳川由緒が記された「京都旧記録」類が、第四章で明らかにしたように、広く伝播する背景ともなったと考える。

小田原藩主に対する領民の献上儀礼を分析した下重清氏(3)は、儀礼には「祝儀を献上しえる権利・栄誉」という側面のあったことを指摘している。つまり、権力との間で儀礼を通じた関係を持つことは「権利・栄誉」として把握されうるものであった。京都においては、幕府直轄都市として最上位権力である徳川将軍家との結びつきという「権利・栄誉」に関わり、その淵源としての徳川由緒が語られた。そして、徳川将軍家との間の儀礼は近世を通じて行われたから、近世後期においても徳川由緒は語られた。次の【史料5-2】は、天保七年（一八三六）に下京の中十町組で作成された「御拝礼濫觴之記」である。

【史料5-2】(4)

抑往昔より将軍家江御陣見舞、及足利家・織田家・秀吉公等江拝礼ニ罷出候者古町々雑記にしるし有之趣、恐多くも　神君様万民之愁苦を歎き、仁慈之御政を施給ひ、既に関ヶ原御陣ニ御勝利を得給ひし恐悦拝礼として京町人とも草津宿まて御迎ニ罷出るを吉例として、摂征御勝利より御上洛之砌者東山大仏門前ニ而御迎、拝礼恐悦奉申上、尚また元和ニ新上様御上洛、寛永之御上洛等ニ者山科へ御迎に罷出、其後　御所司代様御上京ニ者以其吉例を山科へ御迎ニ罷出来り、誠難有冥加ニも叶候事ともなり、昔乱世ニ者京都町家者放火せられ、処々に散在し、或者野ニはしり山にかくれ、纔に残る町家ハ盗賊乱入し、或者雑兵ともに婦女、妻子を奪ひ去られ、理不尽ニ家財を掠去る抔、其難渋いはんかたなし、然るに恐多くも　神君様世に現れ給ひ、御仁慈之御時到り、京都町人ともも帰町、建家等を被為仰付、誠大に安楽し、花に戯れ月にうたひ、忠孝之端をも相弁へ候事、是また御国恩之広太冥加、言葉ニ申出るも恐あるへき御事也、年頭拝礼下り之義者広太なる御国恩之御礼、京中之惣代として出府致し候義古京中之規模、仍之順番に当り候組町々者銘々乞望候而も罷下り可申所、近き頃者道中或者前後之雑費等昔ニ代り長し候もの哉、支度路用ニ奉頂戴御銀ニて取賄ひかね候族も有之歟、互ニ辞退し譲り合、相滞候義も自然有之歟、無忽（勿）躰恐多き事ニ付、此度組内一統申合せ、月々金壱朱ツ、之積りを以て左之通積金可致相談之事

右積金一ヶ年ニ七両弐歩ツ、

八ヶ年積金六拾両也

前条之趣治定仕候上者、永歳無違失為可相勤、一統連印如件

天保七年
申七月

（中十町組年寄連印略）

ここでは、「御拝礼濫觴」つまり徳川将軍家に対する儀礼の淵源を語るにあたり、足利家にも拝礼していたという部分は、第四章で触れたように、中十町組の主張が含まれているが、徳川将軍家に対する儀礼、すなわち「古京中之規模」として認識されていた年頭御礼の淵源としては、関ヶ原の陣後に家康を草津宿まで迎えに行ったことが強調されている。また、「摂征」（大坂の陣カ）の後に上洛した家康を東山の大仏門前で出迎えたことや、秀忠・家光の上洛に際しても山科で出迎えたことを記している。近世を通じ、所司代が就任後に初めて上京する際には、山科あるいは大仏門前で出迎える儀礼を行っており(5)、この儀礼の淵源としても関ヶ原の陣後の草津での

出迎えが位置づけられていた。

一方で、【史料5-2】には、「古京中之規模」である年頭御礼の参加者について、互いに譲り合って、その決定が滞ることがあると記されている。その背景には、京都と江戸の往復に要する費用が支給される「御銀」では賄えないという事情もあったようである。ここには、いくら「古京中之規模」であっても負担として認識されるならば必ずしも積極的に求めるものではなかったことが示されている。右で触れた下重氏(6)は、小田原藩主に対する儀礼に関して、献上には、「まさに祝儀を献上しえる権利・栄誉そのもの」という点と、「負担の側面から照射されるところの身分的な役」という点の二つの側面があったと指摘している。つまり、右の事例も、徳川将軍家に対する儀礼をめぐる「権利・栄誉」と「負担」という二つの側面に対応した動向であった。

ここで問題とすべきは、一方では負担として忌避されながらも、なぜ儀礼への参加が維持されたのかという点であろう。本章では、この問題について、徳川由緒がなぜ語られ続けたのかという視点から考えてみたい。徳川将軍家との間の儀礼における二つの側面は、右の【史料5-2】より前の近世中期、天明期にも表面化していた。こうした状況をも背景として、京都の支配―被支配をめぐる秩序の中で徳川由緒が問題となり、由緒・歴史に関する調査が行われるようになった。以下、天明期に年頭御礼をめぐる二つの側面が表面化する中で行われた徳川由緒の調査について検討し、それが近世京都の都市秩序に何をもたらしたのかを明らかにしたい。

第二節　西村近江の批判

「権利・栄誉」ともなる徳川将軍家に対する年頭御礼が「負担」としてとらえられていた動きが見られるのは、天明七年（一七八七）から八年にかけてである。

まず、天明八年十月五日の「町代日記」の記事に注目したい。

【史料5-3】(7)

一、毎御年頭為御礼、江戸表江罷下り候年寄之儀、是迄罷下り候度毎失却多相掛り、当年ハ別而及困窮居候ニ付、諸事物入多無之様いたし度旨願書等相認メ、下立売新町東入町金屋近江□蒼龍、室町今出川上ル吉野屋交仲、衣棚下立売下ル町本《年寄》菱屋七兵衛、上柳原町九《年寄》兵衛申合、右願之儀ニ付、今五日梶井宮御長屋之内、北村屋伊八座敷借り請、右之外弐《上京》拾六町行事町寄会及相談候処、達　御聞、一統召捕被遣、脇山源四郎殿・寺田官左衛門殿御出、雑色湯浅角之助付添、右蒼龍・交仲儀ハ御捕、其外一統御連帰り被成候処、暮六ツ時過　御前江被　召出、段々様子御尋被成候処、右廿六町之者江ハ、右七兵衛・九兵衛ゟ今日寄会罷出候様通達有之、罷越候計ニ而、如何之様子委敷儀不存旨申之、七兵衛・九兵衛儀ハ蒼龍ゟ被相頼、寄会之儀申通シ候計ニ而様子不存旨申之、交仲儀ハ上積問屋之儀ニ付願下書等相認、持参いたし候由、不埒之旨御叱り有之候、蒼龍儀当時隠居之身分ニ付席へ不罷出旨申之候得共、九兵衛其外ゟ段々相頼候ニ付罷出候旨申之候得共、全躰ハ重立候由之旨申上候処、甚不埒ニ被思召、段々御吟味可被成旨ニ而、蒼龍義町預被仰付候、其外一統之もの遠留被仰付候

但、願下書ハ其場所ゟハ取上ヶニ相成候事

右願書之内ニハ蒼龍御教訓之事も有之、且公儀御政道之非難を申候儀等書入有之、別而不埒之由ニ候、困窮ニ付町々借銀高書出シ、年賦ニ御願申上候ニ付、是等及相談候由

年頭御礼に年寄が参加する費用が多くなって「失却」し、すなわち負担であるとし、当年は特に困窮していると述べているのは、同年正月晦日に大火(天明の大火)が発生し、京都が大きな被害に見舞われたからである。このような情勢下だから、年頭御礼の費用が多くならないようにしたいという嘆願を行おうと相談していた上京の町年寄らが逮捕されたのである。逮捕者の内、筆頭に下立売新町東入町(東立売町)の「金屋近江□蒼龍」と

いう名があるが[8]、この人物は「西村近江」として研究史上で知られている人物と同一人物と考える。

西村近江については、これまでさまざまな分野の研究で取り上げられてきた。まず右の点に関わって注目されるのが、塚本明氏の都市史研究[9]で取り上げられたものである。塚本氏は、近世中期の都市問題に対応して住民側からさまざまな嘆願や建白がなされたとし、その内の一つとして天明七年の東立売町の町年寄、西村近江の建白書を取り上げている。この建白書については『京都の歴史　第六巻』[10]でも取り上げられているように、写しの形でいろいろな町文書などに残されているが、天明七年二月四日付けで「下立売室町西へ入町年寄　近江」という署名がなされた四通の建白書があり、その二つ目の建白書の十七条目に次のように記されている。

【史料5－4】[11]

一、年頭為　御拝礼上下京ゟ年寄弐人、町代四人御江戸へ下り候入用、并町代共役銀も一所ニ町々江町代共ゟ割合集銀、享保八年之比とハ倍増ニ相成候、近来ハ火役之割相掛り候得共、是ハ聊之義ニ御座候

但し、享保八年之比ハ壱軒役ニ壱匁五六分、当時ハ三匁弐三分相懸り申候事

つまり、年頭御礼の費用が、（町代給銀も含めてだが）享保八年（一七二三）とくらべて「倍増」していると指摘しており、やはり年頭御礼の費用が多いことを問題視している[12]。【史料5－3】の「町代日記」の記事では、天明大火後でもあるので、年頭御礼の費用が多くならないよう、西村近江が他の上京の住民と一緒に嘆願を企てたということである。但し、「町代日記」の記述では、確かに同じ東立売町ではあるが、「近江□蒼龍」という名前になっている。本当に同一人物といえるのか。

この西村近江という人物に関わって、長刀鉾町文書中の建白書の写しの表紙には「御堂上方へ出入扇子売買人之由」と記されている[13]。この扇の関係で、摺畳扇の歴史について紹介した『扇之記』[14]という本が寛政五年（一七九三）に出版されている。作者は奥付によれば「近江大掾入道　西邑蒼龍」で、序文に「西邨義忠」とある。要

するに、西村（西郤・西邑）義忠という人物の別号が蒼龍であり、西村近江の「近江」は「近江大掾」という受領名と考えられる。そして、この「近江大掾」という受領に関わって、安田富貴子氏による受領の形式手続きについての研究[15]の中で紹介された陽明文庫蔵の「御用雑記」という史料で、宝暦十一年（一七六一）十二月十五日の箇所に「近江大掾」の受領を「京住扇師」の「源義忠、三十四歳」が申請した記述がある。証人となる杉本美作守から広橋左少弁に宛てた「奉願口上書」の中では、「西村数馬」が「代々京都住扇師ニ而能存知、慥成者」なので、「近江大掾」の許可をして欲しいと記されている。

つまり、「近江大掾」を受領する扇師の名前が、「西村数馬」・「源義忠」となっている。「義忠」という名前から、この人物が『扇之記』の作者と同一人物であることがわかる。西村近江の「近江」は朝廷から正式に認められた受領名であり、「御堂上方へ出入」していたという点ともつながってくるのである。

この朝廷との関わりについて、第八章で詳細に検討するように、西村近江は天明飢饉時の大きな事件に関わり、京都町奉行所から処分を受けていた[16]。飢饉という都市問題への対応に積極的に関わろうとした西村近江は、天明七年に京都町奉行所から処罰を受けていたのであり、ある意味目を付けられていたために、【史料5-3】の「町代日記」の記事にあるように、翌天明八年十月に、年頭御礼の費用負担の問題について話し合っていたところを再び捕縛されたのである。そして、【史料5-3】の但し書きにおいて、没収された願書の中に「蒼龍御教訓之事」があり、「公儀御政道」を非難するものとして特に問題視されている。この教訓書と推定される史料が洲本市立図書館所蔵の柴野栗山蔵書[17]中に残されている。この史料は、未紹介と思われるので、全文を引用する。

【史料5-5】[18]

（内表紙）「耳順之賀置土産

御こゝろへ艸」

夫孝ハ人間百行乃基なれバ、只厚く志すべき事勿論也、君に仕ゆるにも孝行の心もちを以て仕ゆるときは誠の忠義となるなり、不忠不義をいたせば其禍皆親に及て不孝となる、慎で心得給ふべし、仮令君ハ君たらずとも臣は臣の道を大切に勤るを忠義といふなり、父も父乃慈悲うすくとも子ハ子の道を守るを孝行といふなり、万事此理をもつて其長を長と敬ひ、其家業に怠らず、取べき道乃物は尭の天下も辞すべからず、取べき道にあらざる物ハ一紙半銭をも貪るべからす、都て道ハ遠く六ヶ敷ものと心得給ふべからず、甚近く易き事なり、唯吾心を慎のみのこと也、恐多きたとへながら

御公儀様ハ民の父母なり、しかれバ是子は子たるの道のごとく慎んで敬し奉り、己を修て御法度を背ず、御苦労を懸奉らぬやうに勤るが民の道なり、若御召あらハ各其身分相応の礼服を改め、髪月代を致□て上るべき事なり、寝まきのまゝに破れ袴を着し上る人まゝあり、是甚不敬也、しかし俄の　御召□元来非義非礼罪人ハ格別の儀と知るべし、又家屋敷の譲替、又は商売株などの譲りかへ、何れ相続の事ども、或ハ年寄替り等の御届に上るハ冥加の御礼に上ると心得給ふへし

一、按ずるに近年時節がらにて借銀方、或ハ買掛り等の出入訴訟甚多し、此儀も仮令ハ先貸方より負方の町へ届に及時、其町内老分の衆相談し、負方の身代家財を貸方へ渡し、不足の処ハ貸方負方双方の町内老分衆互に世話いたし相取はからハゞ何れ下済になるべきすじ也、しかれども了簡せざる義ならば双方の内不道理の方を其居町に置ざる程の定めにいたさば借る人も急度返弁を心得て借るべし、貸人も急度吟味の上にて貸すへし、然ハ自ら難渋訴訟もすくなく恐多き　御上へ御苦労も懸ぬ道理となるへき歟

一、是までハ諸商売仲間取じめを御願申人々　唯御冥加金を指上、其金の威徳に因て万事の願相かなふと思ふ人多し、是皆御心得ちがひなり、　御上に何ぞ御益金に拘り給んや、皆己が慾心に引あてゝ金銀の威徳のミと思ふなり、是に因て諸色高直に売つけての餘銀を以て御益銀の助銀とし、又ハ其頭分の者の渡世と

するゆへ、自ら高利を貪るといひ、却て　御上を軽しむるに当る也、各心得慎ミ給ふべし
一、愚按に各町内曽て申談じ置度儀御座候、毎日家々より鳥目三銭ヅヽにても集させて置ば、さのみ大儀とも不存して年中にハ一軒分に壱貫百文ツヽ集る也、これを多年あつめ町内の箱に納め置て、凶年の砌に救料となさバ甚便なるべし、又大儀なりと思ふ町並ならバ壱銭ツヽにても、又身代並よき町は三拾銭五拾銅ツヽなりとも集めさせ置、餘銭あらバ他町へ役だつ程にたくはへ置度儀なり、何れ四海の内ハ皆兄弟との聖語もあれバなり、然れ共類焼後ニて集銭企の義当時難相成御町も可有之候へハ、追々御相談必有度事ニ存候
一、近年困窮故といひながら処々捨子致す者多し、皆是心得違なり、元来子を養のあてもなく婚のミならず、虎狼の獣すら我子ハ愛して咬ずとかや、人として我子を芥のごとく、街に捨るハ畜生に劣し罪人なり、然共止事を得すハ前段ニ申集銭の餘銭ニ而世話致取計ハヽ、易かるべし
一、今度不慮の類焼にて京都の諸民ハ難渋に及といへども、忝も　明君仁政の御代にあひて穀材を始め諸色下直に仰付られ、是によつて民渡世いたしやすく有難き御治世なり、火災にあひて窮致といへども却て足事を知りてふるきに倍する福の基と心得給ふべし、凡人間の盛衰貧福は皆天の命なりと心得、各是迄の奢をやめ、分限相応に倹約を専守り給へ、強て金銭をこのむときハ博奕に近よるべし、千里一とはねの商事ハ飛損じ、今目前にあり、唯あるべかゝりの家業を怠らず、つとめて苟にも奢べからず、近世乃風俗は至て美服を好て、其分限に過るをしらず、別て若輩の人々ハ通人などゝ異名して、格別の美服を着し、徘徊致すも間々あり、是等の人を羊質虎皮の徒といふなり、□受の程あらはれ賤く恥かしき事なり、取分若き男女は劇場川原者の風俗、或ハ妓女遊女の風俗をよき事と見ならひうつし給ふ故、都の御所めきしやさ□き風俗も廃り、下卑下劣のさまに成行候てあさ□しきことならずや、乍恐孔子曰君子ハ己が為にす、小人

ハ人の為にすと、此語味ふべし、各衣服ハ己が為に風寒を凌ものなり、しかるに美服を着て他の見る所を飾るハ人のためにする小人なり、其外食物居所に至るまで此理を推て慎べし
一、倹約と吝嗇と紛々として当時弁ゆる人すくなし、是善悪の間違なれバ、能々心得給ふべし、倹約と申ハたとへバ年中百金の商にて三拾金利徳あらバ廿□金にて家内暮すやうの道理を考へ行ふ、是入ことをはかりて出す都合に程よき事を始末とも倹約ともいふ也、古語に倹約ハ奢を慎がゆへに家も潤し自ら貪らず、欲にふけらず事足る故に、他人に借ざれハ愧る志なし、麁食麁菜を喰がゆへに腹中にけがれなく、清虚にして病すくなし、故に倹約ハ聖賢の美徳なり、吝は徳をそこなひて物を害る、妄に貪り取りて唯吾身ばかりのために奢侈をきはめハ醇酒に酔、鮮を喰て其神志を昏すのみならず、□□ざるによつて他人に借て妄に聚ゆへ□をのづから道に背て、いよ〳〵困窮を招なり、其身一代ハ免れても子の代か孫の代にハ亡る家多し、唯子々孫々長久を願ハゞ倹□を専に慎ミ給ふべし、不肖年来願望にて世上のために□をつくせとも、去る未の秋より申の春まで却て我身に難を蒙る事あれども少しもいとはざるものハ予天命を知ゆへなり、猶も人のために施印して思を致す而已

天明戊辰孟夏

西村近江大掾源義忠
入道蒼□愚書

「耳順之賀置土産」・「御こゝろへ艸」と題された木板の簡単な小冊子で、末尾に「天明戊辰孟夏」、「西村近江大掾源義忠入道蒼□愚書」とある。先述の「近江大掾」申請の際に、宝暦十一年で三十四歳とされていることから計算してみると、天明八年に「耳順」、六十歳となった西村近江が書いたものであることがわかる。(19) 先述の建白書と同様に、借銀訴訟や捨子などの都市問題についての意見が述べられ、将来のために「毎日家々より鳥目三銭ヅヽにても集させて置ば、さのみ大儀とも不存して年中にハ一軒分に壱貫壱百文ツヽ集る也、これを多年あつ

め町内の箱に納め置て、凶年の砌に救料となさバ甚便なるべし」といった、飢饉に備えた町内での囲金の提案もある。さらに、これは天明大火後に記されたものなので、「此度不慮の類焼にて京都の諸民ハ難渋に及といへども、忝も　明君仁政の御代にあひて穀材を始め諸色下直に仰付られ、是によつて民渡世いたしやすく有難き御治世なり、火災にあひて窮致といへども却て足事を知りてふるきに倍する福の基と心得給ふべし」とし、「各是迄の奢をやめ、分限相応に倹約を専守り給へ」と、倹約を主張する。(20)

このように、西村近江の教訓書は【史料5–3】の「町代日記」の記述では「公儀御政道」を非難するものとされたが、内容はこれまでの建白書と同様に都市問題に対する具体的な提案である。さらに、天明大火後の「仁政」に触れているように、文中には「御公儀様ハ民の父母なり、しからバ是子は子たるの道のごとく慎んで敬し奉り、己を修て御法度を背ず、御苦労を懸奉らぬやうに勤るが民の道なり」とあり、支配―被支配の関係はあくまでも前提とされていたと考える。そして、「仮令君ハ君たらずとも臣は臣の道を大切に勤るを忠義といふなり」とし、この教訓書の一番最後の所に「不肖年来願望にて世上のために□をつくせとも、去る未の秋より申の春まで却て我身に難を蒙る事あれども、少しもいとはざるものハ予天命を知ゆへなり、猶も人のために施印して思を致す而已」とある。先述したように、前年に処罰を受けた（「我が身に難を蒙る」）が、これについては少しも厭うところはなく、これからも提言を続けると、支配―被支配を前提とした上で、自分の信念に従って京都における諸問題の解決を訴えたのである。

つまり、【史料5–4】にあるように、西村近江らが年頭御礼の費用について嘆願したのは、確かに年頭御礼という儀礼が負担として認識されたことを示し、その費用負担の軽減を訴えるためであった。しかし、その一方で、この嘆願によって再び「町預」の処罰を受けた西村近江も年頭御礼への参加そのものを否定したのではない点には注意が必要である。年頭御礼への参加は、負担として認識されながらも、一方で、「権利・栄誉」として求められ続けてもいた。この点について節を改めて確認していきたい。

第三節　年頭御礼の由緒調査

前節の西村近江の批判にあるように、年に一度、京都から江戸に赴き、徳川将軍に対して呉服などを献上する年頭御礼は道中往復や献上物など多額の費用を要するのであり、特に天明大火後という状況もあり、負担として認識されるようになっていた。しかし、西村近江も徳川将軍家に対する儀礼への参加を取り止めることは主張しなかったし、次の「町代日記」の記事は、西村近江の批判と同時期に、一方で住民側では年頭御礼の参加を望んでいたことを示す事例である。

【史料5-6】(21)

一、例年江戸下り上下京年寄町代之儀、当年者大火後之義ニ付、上下京申合、年寄壱人、町代両人罷下可申旨、江戸表ゟ被　仰越候間、其旨相心得、上下京申合、何れニ而茂罷下り候年寄相届候様、当月十七日、上京《下立売》智恵光院西へ入町年寄善八、下京仲之拾町組当町年寄与右衛門被召出、於　御前被仰渡、其後段々上下京応対仕候へ共、銘々罷下度旨申之、兎角対談難出来候由、何卒御差図被成下度旨、先達而上下京より書付差上候処、今日被召出、銘々拝礼を難有思ひ、罷下度旨申論合候儀者甚尤ニ候得共、御憐愍ニ而、右之通江戸表ゟ被　仰越候得者、上下京共組町之内年寄両三人ツヽ立会、振鬮いたし取極候様、尤罷下候年寄申出候様、於　御前被仰渡候

つまり、天明大火による被害状況や、あるいは西村近江による嘆願の情報なども伝えられたのか、江戸幕府においても大火後の京都（上京・下京）では年頭御礼の参加が負担になると考え、通常京都からは上京・下京それぞれ［年寄一名・町代二名］の参加のところ、翌天明九年（一七八九、一月改元・寛政元年）の年頭御礼は、上京・

下京合わせて［年寄一名・町代二名］が参加するようにと京都町奉行に命じたのである。そこで、京都町奉行所は十月十七日に上京・下京に対してこれを伝えた。上京・下京合わせて年寄一名のみが参加するということは、上京・下京どちらかの年寄が参加しないということになるから、上京と下京の間で話し合いがもたれたが、上京も下京もどちらも「銘々罷下度」、すなわち年頭御礼に参加したいと主張したのである。

これは、上京と下京が互いの対抗意識から譲らなかったという面もあるが、天明大火直後の経済的に逼迫した状況の中で年頭御礼を負担と認識し、費用を減らしたいという動きの一方で、負担軽減のためとして江戸幕府が提案した参加者半減の申し入れに対して同意せず、従来通りの儀礼参加を求めた訳である。すなわち、権力との間で儀礼を通じた関係を持つということに対して、相反する反応がみられ、先に下重氏の指摘を記したように、儀礼には負担の側面と同時に「まさに祝儀を献上しえる権利・栄誉そのもの」という側面があり、天明期の京都においても徳川将軍家に対する儀礼をめぐる「権利・栄誉」と負担という二つの側面が表面化していたのである。上京・下京それぞれが「権利・栄誉」としての年頭御礼の参加を手放すことに抵抗し、両者の話し合いはまとまらなかったため、最終的に京都町奉行所の指示によって振鬮で決めることになり、下京の年寄が参加することになった(22)。

このように年頭御礼をめぐって支配―被支配の間で注目が集まった状況を背景にして、天明八年十二月、京都町奉行所より徳川将軍家との間の儀礼に関する由緒調査が行われた。次の史料は、この由緒調査に対する下京側の返答書である。

【史料5-7】(23)

乍恐差上奉返答書

一、毎年頭為御拝礼□□(江戸)江罷下候最初年月、幷古京年寄共如何相心得居候哉之儀、御尋ニ御座候ニ付左ニ申

上奉候

一、慶長之末、関原御陣後草津之宿迄古京年寄共罷出恐悦奉申上候趣書認候物も御座候得共、年頭為御拝礼罷出候儀、元和之末迄聢而相知兼申候、寛永十年（一六三三）酉年より八年々罷下御拝礼相務候記録等所持仕候、尤下京惣代為御拝礼相勤候儀とハ不奉存、古京年寄共之内ゟ順番を以壱人宛罷下御拝礼相勤候儀と相心得罷在候、幷町代差添候儀茂右年頭ゟ連綿仕候、右之趣御尋ニ付乍恐奉申上候、以上

天明八年申十二月廿四日

下古京八組惣代
南艮組
六角通室町東江入骨屋町
年寄平七
川西拾六町組
綾小路通油小路東へ入芦刈山町
年寄市郎兵衛

御奉行様

まず、この調査では「毎年頭為御拝礼江戸江罷下候最初年月」、すなわち年頭御礼の淵源が尋ねられたことがわかる。これに対する下京惣代からの返答では、関ヶ原の陣後の草津における徳川家康への嘉儀という本章冒頭に記した「京都旧記録」類に見られる徳川由緒を述べている。さらに、所持している記録を典拠に、寛永十年から毎年頭に参加していることが確認できると述べているように、旧記の記述だけではなく、さらに正確な情報を求めて記録類の調査もしていることが確認できる。この返答を受け取った京都町奉行所では「寛永何年ゟ記録有之と申儀相調へ申出候様」と、さらに記録を調査するように命じた[24]。

そして、この天明八年の四年後、寛政四年（一七九二）に再度、京都町奉行所によって由緒調査が行われた。この由緒調査に対する上京側の返答書の一つを次に引用する。

【史料5-8】(25)

乍恐奉申上口上書

一、五ヶ年以前申十二月私共被　召出、上京年寄共年頭為　御拝礼江戸表江罷下候儀、いつ之頃ゟ仕来候哉委相糺、申上候様被為　仰付候ニ付、上京組々不残相糺候而奉差上候書付之内、寛永八卯年年頭御拝礼町代召連罷下候由奉申上候処、此度本紙有之候ハ、持参仕候様被為　仰付、相糺候処、西陣石薬師町年寄祐音ゟ差出候書付ヲ写奉差上候、然ル処本紙之儀相糺候処、右祐音義去酉年死去仕、此度相改候処右書付一切無御座候、依之存当り候者其節祐音他所ゟ帳面等ニ有之抔と申儀承候哉、又者及承候義ヲ書付差出候義哉難相分奉存候、其砌本紙ヲ得と不相糺奉申上候段奉恐入候、其外右之節申上候儀者糺方行届不申候ニ付、先達而申上候趣者此度不申上候、以上

下立売通智恵光院西へ入町
其節年寄　鍵屋善八
猪熊通上長者町上ル町
同　丸屋作兵衛

右之段御糺候処、両人申上候通ニ相違無御座候

寛政四年子十月

上京古町拾八組年寄惣代
上小川町　年寄伝兵衛
西陣晴明町
年寄清右衛門
室町築山上半町
年寄了静

御奉行様

冒頭に記されているように、「五ヶ年以前申十二月」、すなわち【史料5-7】の天明八年十二月の由緒調査は

上京に対しても行われていた。上京側では、「毎年頭為御拝礼江戸江罷下候最初年月」については、寛永八年からと返答していた。そして、寛政四年十月になって、五年前の返答にある寛永八年から参加しているという記録の本紙を提出するように命じられたが、この記録の所在が不明になってしまったと届け出ている。つまり、天明八年の調査に対する返答では京都町奉行所は納得せず、根拠となる記録を提出させるために、再度寛政四年に由緒調査が行われたものと推測される。この点は、次に見る上京における寛政四年の由緒調査の経過を記した記述からもわかる。

【史料5-9】(26)

御与力四方田重之允様、同心寺田官左衛門様ゟ被仰渡候者、此度内々ニ而其方両人相頼度義者、①元来古町御年頭下り、幷町代付添之儀いつ之頃ゟ始り候儀、委細聞度旨　被仰渡候ニ付左之通相認書付差上候扣書

★

一、従昔御年頭御代替り不限治乱ニ付而、町人年寄献上物持参仕相勤申候事

一、慶長五年九月十九日関ヶ原御陣後、京都より至草津嘉儀奉申上候事

一、慶長十九年寅十月朔日、上京より銀千両奉献上候事

一、寛永八卯年町代道案内始而附添ニ相連罷下り申候事

（中略：享保八年の「年頭江戸下り之節御所司松平伊賀守様ゟ被下候道中御証文写」・「御献上物之覚」）

②右之通奉差上候処、御両人様御覧之上、是ニ而者今少し難相分ニ付今一応得与相糺候様被仰候ニ付、（中略）

③依之組々町々ニ古キ書物年頭下り等之有無書付有之候ハ、持参可被致旨申遣、十八日ニ西陣晴明町ニ而上京古町拾八組行事町寄会いたし、右古キ書物右前書有之候外ニ上立売親町ニ所持致し候寛永十五年寅二月江戸御移徙幷年頭相兼下り候配符・享保七卯（ママ）年頭大配符之写弐通、同九町組・八町組両組ニ有之候御朱印之写、其外年頭江戸下り上京年寄名前帳共帳面ニ作り、口上書相添明日差上可申旨、尤御朱印其外共本紙も持参い

たし候様被　仰候ニ付、則立売組九町組・八町組両組不残相揃　御朱印箱神泉院町まて持参仕候、且又上中筋組ゟ古キ書物帳面等有之候ニ付右写持参被致、本紙之義者明日当組ゟ持参致へく旨ニ候、翌廿日是又上中筋組ゟ持参被致候、写之分者皆々一緒ニ帳面ニ仕立差上、本紙も持参いたし罷在候様申上候処、御朱印之事者古キ物ニ候得共大切之品ニ候得者、先今日者持帰候様、四方田重之允様・寺田官左衛門様被　仰聞、且又四ヶ年已前酉年下立売智恵光院西へ入町年寄善八被　召出、年頭拝礼之儀御尋被　仰付候節書付差上置候書物之本紙有之候哉御尋ニ付相糺候処、寛永十五寅年二月江戸御移徙大配符之事ニ候、其外之義本紙無之、上立売親町九町組ニ有之候江戸御移徙幷年頭相兼罷下り候与申留有之候者、難相分候ニ付、翌廿一日右之段々申上、彼是隙入、又々翌廿二日右御断書之文言相認奉窺、差上候書付之写左ニ有之、④幷組々ニ有之候通り之古キ書物之写帳面ニ仕立、四冊別帳ニ致し差上候処、是ニ而宜候、尚追而御沙汰可有之旨四方田重之允様・寺田官左衛門様被　仰渡、右之通ニ而相納置候処、又々廿七日御召出ニ而右写帳面之内、享保八卯年河野豊前守様御在京之節京町中江被　仰渡候趣之本紙、⑤幷享保八卯年年頭江戸下り之節　御所司松平伊賀守様ゟ被下候道中御証文之本紙幷御献上之品本紙等持参致候様被　仰付、河野豊前守様京町中江被　仰渡候趣者、上立売九丁組享保八卯年帳面持参仕、御証文之儀者本紙無之候ニ付、先達而堀川五丁目ゟ書付被　差出候義ニ付、五町目ニ有之候古キ帳面持参仕差上候、且又先達而写差上置候古キ書物本紙、幷帳面共不残御預り置被遊候処、十一月十七日又々被　召出、先達而差上置候書物本紙、帳面共不残御下ヶ被下候事

寛政四年十月十日に京都町奉行所に召し出された上京の代表者二名に対して、傍線部①の年頭御礼がいつから始まったか、また、「町代付添之儀」、すなわち年頭御礼に町代がいつから参加するようになったかが尋ねられた。天明八年の調査と異なり、寛政四年の調査では「町代付添之儀」がいつからかということも尋ねられている点が後の展開との関係で注目される。そして、上京側は、この調査に対して、最初は【史料5-9】では★で示した

部分を返答している。この部分は、寛永八年の記事を除けば、中略した部分も含めて、関ヶ原の陣後の嘉儀など、【史料5-1】に示したような、「京都旧記録」類の中で記される徳川由緒がそのまま記されている。この点に関して、傍線部⑤にあるように、年頭御礼参加のため江戸へ赴く際に発給された所司代の道中証文（【史料2-8】）について、その「本紙」、つまり根拠となる史料が求められたのに対し、「本紙」は所持していないので、「堀川五丁目」にあった「古キ帳面」をもとにして返答したという。恐らくこの「古キ帳面」は、第四章で明らかにした加舎家本「下古京委細帳」系統の「京都旧記録」類の類本の一つであろう。このように、寛政四年の由緒調査に際しては、「京都旧記録」類が返答の根拠として用いられていたことがわかる。

このような上京側の返答に対して、京都町奉行所与力からは、傍線部②のようにさらなる調査が命じられた。そこで、傍線部③のように、上京の各《町組》において、さらに記録の調査が行われ、蒐集された史料は、傍線部④にある通り、書写されて四冊の別帳にまとめられ提出された。

この四冊の別帳も書き写されており、それぞれ「御朱印写」、「上京上中筋組帳面之書抜」、「上京古町古キ書物之部」、「上京御年頭下り名前帳」と題されている[27]。「御朱印写」は第一章で取り上げた上京宛ての「御朱印」で、上京上立売親九町組・同八町組で保管されていたものである。「上京御年頭下り名前帳」は、年頭御礼の上京の参加者の名前を正保二年（一六四五）以降について、欠年もあるが書き上げたもので、「組々ゟ拾ひ寄、帳面ニ綴り、奉差上候得共、全部仕候帳面ニ而ハ無御座候」とあるように、各《町組》の「帳面」を調査して作成したものであった。そして、「上京上中筋組帳面之書抜」は、上中筋組が所持している慶長十年から享保七年（一七二二）までの「帳面」の中から年頭御礼に町代が参加していることがわかる年を書き上げたものである。冒頭は元和六年（一六二〇）となっており、「江戸表江年寄共御拝礼ニ罷下り候節町代又右衛門召連下り申候趣帳面ニ御座候」とあり、また「元和六年以前町代罷下り候儀上京組々吟味仕候得共無御座候、此節ゟ初而下り候儀相分り不

表5－1　「配符」一覧

仮番号	年月日	柱書	主要な費目
①	慶長10.卯.6	御年頭御礼入用之事	右大将(徳川秀忠)への「上々へにのたんノ物」など
②	慶長10.卯.30	右大将様御祝儀御礼入用之事	右大将(徳川秀忠)への「へにたんノ板物」・「からしま板物」など
③	慶長10.7.20	八朔大坂伏見京御礼入用之事	将軍(徳川秀忠)への「上のへにのたん板物」、(豊臣)秀頼への「上のへにのたん板物」、板倉(勝重)への「上のへにのたん板物」など
④	慶長10.12.16	御年頭御礼入用之事	(豊臣)秀頼への「へにのたんの物」・「からしま」、板倉(勝重)への「へにたんの物」など
⑤	慶長11.卯.13	御年頭御礼入用事	大御所(徳川家康)への「上々へにのたんの物」など
⑥	慶長12.卯.25	するか江戸御礼入用事	大御所(徳川家康)への「上々へにたん」、将軍(徳川秀忠)への「へに」・「からしま」、御前(お江)への「へに」・「からしま」など
⑦	寛永15.2.6	江戸御移徙御祝儀入用之事	公方(徳川家光)への「上々のしめ」、千代姫への「ちりめん」など
8	享保7.11.19	御年頭御礼江戸下万入用之事	公方(徳川吉宗)への「上々熨斗目」など

註：「上京古町古キ書物之部」(「(年頭拝礼由緒諮問につき上京古町返答書留帳)」(塩見佐一郎家文書・京都市歴史資料館架蔵写真版)より作成。「豊臣・徳川両家宛京都町人衆年預八朔祝儀記録」(国立国会図書館蔵)に原本が残されているものは仮番号に○を付した。

中候」とあるように、少なくとも上中筋組の帳面では元和六年から町代の年頭御礼への参加が確認できるとしている。これを根拠にして、上京側は京都町奉行所に対して、元和六年に町代が初めて参加したと返答したのである。

また、「上京古町古キ書物之部」は、慶長十年の徳川秀忠に対する「年頭御礼」などに際しての費用の負担割り当てを行う「大割勘定」で作成された「配符」(第二・三章も参照)八通を写したものである。この「配符」を一覧にしたものが表5-1で、この内寛永十五年と享保七年の「配符」は、「上立売親町九町組」が所持していたとある。

【史料5-8】の記載にあるように、寛政元年に下丸屋町の年寄善八に由緒調査がなされた際に、寛永十五年に将軍の江戸移徙の祝儀と年頭御礼兼帯で江戸に下ったことを返答していたが、その根拠は「上京古町古キ書物之部」に掲載される寛永十五年の配符であったとしている。

そして、京都町奉行所は、上京の各《町組》で調査した記録を書き写して作成した四冊の別帳と一緒に、根拠となった記録の原本の提出をも命じた。そこで、上立売親九町組・同八町組は「御朱印」の原本を持参したが、大切なものということで持ち帰っている。その他の記録については、上中筋組の帳面や八通の「配符」の原本が提出され、一旦京都町奉行所に預けられた後、返却された。

このように根拠となる記録として提出された史料の内、「上京古町古キ書物之部」に書き写された八通の「配符」の内七通の原本が現在は国立国会図書館に所蔵されている(28)。この内の一通は、第二章で【史料2-2】として引用したものである。この七通の「配符」原本は貼り継がれた状態で軸装されているが、冒頭には「配符本紙七通」、「上京上中筋組所持」と記され、貼り継いだ奥に「右継立　七通」とあり、「寛政四子年十月廿二日」の年紀が記されている。つまり、この七通の配符は、寛政四年の由緒調査に際しての記録収集によって発見され、京都町奉行所への提出を機に軸装されたもので、上中筋組が保管していたもののようである(29)。さらに、この軸装された「配符」には、寛政四年の年紀の奥に、享和二年（一八〇二）九月三日に「右継立七通、今般為虫払組町立会、箱開封シ披見之、依添書如件」とある。その奥には「古来ゟ今図子町所持」の慶長十一年・十二年の「配符」二通が継ぎ足されている。このように、由緒調査によって発見された記録が《町組》によって保管され、さらなる記録の収集・整理が進展していったこともわかる。

一方、寛政四年の由緒調査に対して下京側では、寛政四年十月十九日付けで次のように返答していた。

【史料5-10(30)】

一、慶長年中関ヶ原御陣後草津之宿迄古京年寄共罷出、恐悦奉申上候趣書認候物も御座候得共、年頭為　御拝礼罷出候儀、元和之末迄聢与相知兼申候、寛永十四年より八年々罷下、御拝礼相務候記録等所持仕候、尤下京為惣代　御拝礼相勤候義と者不奉存、古京年寄共之内ゟ順番を以壱人ツヽ罷下、　御拝礼相勤候儀と相心得罷在候、幷町代差添候儀も右年頭より連綿仕候

右之通奉申上候処、猶又此度一統相改候所、慶長年中鉛等献上仕候義等も御座候、組々往古之記録等者去申年出火之節焼失仕候得共、相残り候諸払雑記等穿鑿仕候処、別紙之通相認有之候ニ付、書抜乍恐奉入御高覧候、已上

まず、関ヶ原の陣後の嘉儀など徳川由緒を記した書物はあるが、年頭御礼の参加については、寛永十年以降は継続して参加していたことが確認でき、町代の参加も寛永十四年から継続していると返答した。その後、改めてもう一度調査したところ、「組々往古之記録」は天明の大火で焼失したとしながらも、「板倉伊賀守様御証文之写」と「古代之帳面」を巽組から、「古代之帳面」を川西九町組から提出している。別の記録[31]によれば、川西九町組の「古代之帳面」は石井筒町[32]のもので、巽組の記録も含め、「慶長年中ゟ毎年御拝礼入用割合等夫々江書留メ有之」ものであった。巽組の「板倉伊賀守様御証文之写」については、詳細不明であるが、近世初期の所司代板倉勝重の発給した文書であろう。

また、先述した通り、所司代が年頭御礼に際して発給する道中証文の写しを、寛政四年の由緒調査で上京側が提出したことがきっかけとなり、下京側では次のような願い出を行っている[33]。

すなわち、天明八年の大火後の年頭御礼に際して、この道中証文を見たいと年寄が願ったところ町代が見せなかったということがあった。これを思い出した下京の年寄が由緒調査への返答に際し、年頭御礼に際して所司代より発給される道中証文は年寄に渡して欲しいと願い出たのである。この願い出は京都町奉行所により許可され、翌年の年頭御礼に際し発給された道中証文は年寄に渡され、「組々座上衆中一同」で拝見している。また、道中

証文は年頭御礼が済んだ後は町代惣会所にて保管されていたのを、被支配住民側で保管するように願い出たところ、これについても一旦は許可され、「上下京隔年ニ組町中江相納可申」などと取り決められたが、その後、年頭御礼が済み、年寄が京都に戻って来たら、「早速御上江差戻シ申様ニ被仰渡」と返却を命じられ、被支配住民側で保管することは取り止めとなったようである[34]。

　このように、京都町奉行所による由緒調査が被支配住民側を刺激して、年頭御礼に関する由緒を記した過去の記録類のみならず、現状で行われ続ける年頭御礼に際して新たに作成される証文類の保管についても意識させるようになったのであり、徳川将軍家との間の儀礼を通じた関係が被支配住民側でとらえ返されることにつながっていったと考える。

　さらに、この寛政四年の由緒調査に際しては、下京では次のような事もあった。

【史料5－11[35]】

是又其砌被仰渡候趣、下古京之組々ニ者古来町代共ゟ請証文之一札抔取置候様子ニ聞伝江候処、左様之一札抔も有之候哉と御尋被遊候ニ付、三郎右衛門殿下古京七組共往古町代共ゟ取置申候一札有之候趣御答被申候ニ付、右町代共ゟ取置申候本紙、幷写書相添奉差上候様内々被仰渡奉畏候、右ニ付又候下七組江三郎右衛門殿ゟ早速御通達有之、七組急寄合有之、往古町代共ゟ取置申候一札組々ゟ持参有之、当組内江取置申候一札、寛永拾年酉十一月三日町代松原長右衛門ゟ取置申候一札有之、則組内帳箱ニ相納有之候ニ付取出シ披見仕候処、下京中之御組・川西御組と申名当ニ御座候、右者古来中之組幷川西組双方共組別レ不申候時之一札と相見得申候、右ニ付川西十六町組・同九町組幷中之九町組、〆三組共町代ゟ取置申候一札ハ一切無之候趣ニ附、此度右御尋ニ付当組ニ所持仕候、古来取置候一札御役所江奉差上候ニ付、右三組座上衆中被申候ニ者、此方組名当も有之義ニ付右三組ニ一札無之候而者甚不取合ニ付、当組内ニ所持いたし候一札ニ川西十六町組・同

九町組・中之九町組、三組座上連印仕度旨、三組之座上衆段々御頼被申候ニ付、右三組ニ限り町代ゟ一札無之候而者七組之内不都合ニ付、当組内有之候一札之写ニ三組上座衆連印為致、御役所江奉差上候、尤後々ニ至、当組ニ所持いたし候町代一札ニ付、右三組ゟ彼是論シ合等為無之証拠として、此度連印為致候ニ付、右三組座上衆ゟ一札取置申、則町代長右衛門ゟ取置申候一札与一所ニいたし、組内帳箱江納メ有之候事

すなわち、下京に対しては、年頭御礼に関する調査だけでなく、「古来町代共ゟ諸証文之一札」を取り置いているのと伝え聞いているので、「本紙」を提出するよう京都町奉行所より命じられた。調査が行われ、各《町組》の一札が集められたが、その内、「当組」（ここでは中十町組）では「寛永拾年酉十一月三日町代松原長右衛門ゟ取置申候一札」が帳箱に収められていた。この一札は、第三章で明らかにした、寛永十年に町代田内の処遇をめぐり、田内担当の中組と川西組がそれぞれ二つに分かれ、中十町組と川西十六町組の町代に松原長右衛門がなった際に、松原から提出されたものである（【史料3-5】）。この一札の宛先が「下京中之御組・川西御組」と二つの《町組》に宛てた形の表記となっていたことが問題となった[36]。さらに、組分かれする前の中組・川西組という表記となっていたこともあり、中十町組以外の中九町組・川西十六町組・同九町組においてもこの一札を所持していないのは「甚不取合」とされたのである。そこで、京都町奉行所へ写しを提出する際には、写しに中十町組以外の三組の上座衆が連印をし、さらに後に論じ合いがないようにするため、中十町組に対して、中九町組・川西十六町組、同九町組の座上衆から一札を取り置いて、松原からの一札の「本紙」と一緒に中十町組の帳箱に保管したのである。このように、由緒調査に際しての記録調査に付随して、史料の管理をめぐる取り決めが行われていたこともわかる。

以上、天明八年と寛政四年に京都町奉行所により行われた徳川将軍家との間の儀礼に関する由緒調査に対する返答という、いわば徳川将軍家との結びつきの淵源を説明する必要が生じる中で、権力側の要請もあって、徳川

由緒の根拠となる記録類の蒐集が徹底して行われた。さらに、これら記録類の保管・管理の体制も整えられていった。このような形で、徳川将軍家との間の儀礼を通じた関係が被支配住民側で改めてとらえ返されるようになり、発見された記録類に記されていた徳川由緒が淵源として語られるようになる一方、根拠となるより確かな史料が求められた点にも注意が必要である。

第四節　町代の語る由緒

寛政四年の由緒調査で尋ねられた点の一つに、年頭御礼に「町代付添之儀」がいつから始まったかという点がある。これは、第二章で明らかにしているように、徳川将軍家との間の儀礼には、上京・下京それぞれ年寄一名とともに町代二名も参加していたことが関係している。こうした形で、徳川由緒の展開の中では町代との関係が大きな問題となっていく。第三章で述べたように、京都町奉行所の都市行政との関わりを深める町代と、自律的な都市運営を中心的に担う年寄との間の確執が表面化する中で、徳川由緒をめぐっても、年寄と町代との間で相剋が生じた。

杉森哲也氏[37]により明らかにされた上京の町代の場合は、その系譜が《町組》の年寄クラスにあったし、第三章で検討した下京の町代についても、《惣町》を基盤として支配権力と《町組》年寄との間で「御公用之取次」を行う「肝煎」を出自としていたと考えられる。こうした年寄・町代両者が持つ出自の近似性により、文政町代改儀一件へと帰結する年寄を中心とする被支配住民と町代との間の確執の中で、徳川由緒をめぐる相剋はより複雑なものとならざるを得なかった。ここでは、町代の語る由緒に耳を傾けてみよう。

町代が自らの歴史について語っている史料に、享保十一年（一七二六）四月に京都町奉行所から町代の務めについて尋ねられた際の返答書がある。[38]この中で、町代役の淵源については「いつ之比何様之訳ニ而役儀初り申候哉、年久敷罷成候ニ付委細年数難相知御座候、然共百四拾年程以来　御用被仰付相勤申」とあるように、天正期から御用を務めているとし、その由緒として次のような事項が挙げられている。

【史料5―12】

一、権現様関ヶ原御陣之砌、御禁制之御朱印弐通被為下置頂戴仕罷在候

一、御年頭御礼其外御祝儀之節、京都町中より江戸へ罷下候儀、元和年中ゟ只今ニ至、例年江戸へ罷下り、寺社御奉行様御下知を請、御拝礼申上、御銀又ハ御時服拝領仕候事

（中略）

一、太閤秀吉公御時代、唯今之町代幸助先祖町年寄頭松原法春与申者、町中之取次支配可仕旨、天正十八年九月御朱印被下所持仕候

豊臣政権期に町代松原家の先祖である松原法春が「町年寄頭」に任命されたことを、天正期から御用を務めているとする主張の根拠としている。(39) また、第一章で取り上げた徳川家康禁制（「御朱印」）を頂戴したことを根拠に、徳川将軍家とのつながりがあることについて触れ、年頭御礼については、特に根拠は明示されていないが、元和年中から参加していると記している。

また、明和三年（一七六六）の年紀を持つ「諸事覚」と題された史料の中に「町代由緒書」(40)があり、冒頭部分に「町代役之儀往古天正之比専相勤候趣ニ而、慶長年中ゟ聢と連綿仕」と、享保期と同様の由緒を述べた上で、徳川将軍家との関係については次のような記載がある。

【史料5―13】

権現様関ヶ原御陣之節私共之内先祖之者罷下、御機嫌奉伺、京中江可申渡旨　御禁制之御朱印頂戴仕罷在候、大坂御陣之節も町代庄兵衛罷下候而御機嫌奉伺、竹たは・鉄砲之玉献上仕、御目見仕、為　御褒美黄金壱枚

拝領仕候、其御時節年頭ニも　御鷹之大緒献上仕、　御目見奉申上候、其外仲ケ間之内毎年自分献上仕、独
礼申上候者も御座候

別の箇所では、松原法春や第三章でも取り上げた下京町代田内家の先祖である与助に所司代が与えたとされる文書（【史料3-2】）を所持していることに触れた上で、「小田原御陣、薩州御陣、高麗御陣場江為御見舞、与助・法春参上仕候、但、与助・法春と申者其砌之町代ニ而御座候」と記されている。このように、豊臣秀吉や徳川家康に対する儀礼を行っていたのは町代の先祖であったと主張する。そして、年頭御礼については、

【史料5-14】

一、年頭御礼其外御祝儀之節往古者私共計江戸表江参上仕候処、板倉伊賀守様京都御在役之節ゟ人も存候年寄も罷下候様被　仰渡、只今ニ右之姿ニ而年寄・町代罷下り　御目見仕、御銀又者御時服拝領仕候、依之私共仲ケ間ハ交々罷下候得共、年寄ニハ其時々ニ相究、人柄定り不申候

と記されている。つまり、年頭御礼に「町年寄一名・町代二名」の体制で参加するようになった契機について、もともと町代のみの参加であったが、所司代板倉勝重在任中に「人も存候年寄」も一緒に参加するようになったとしている。「人も存候年寄」という表現や、後の寛政四年（一七九二）時の主張（【史料5-15】）から、この由緒の根拠とされたのは、第三章で取り上げた板倉勝重が出した文書（【史料3-1】）と考えられる。この文書には、上京のみであるが、年頭御礼には町代が参加していたのを、年寄も参加するようになったということが記されているのであり、右に見たように、豊臣政権期以来の統一権力、特に徳川将軍家との間の儀礼は町代がもともと行っていたとの主張の根拠とされているのである。このような理解の仕方は、先述の寛政四年の由緒調査で尋ねられたような、町代は「付添」、「差添」で年頭御礼に参加するという考え方とは相反するものであった。

さらに、上京・下京の被支配住民に対して京都町奉行所による由緒調査が行われた寛政四年、この由緒調査に

対する町代側の反応が、古久保家文書に残された「寛政四子冬、全躰ケ様被申儀愈奉御承知置、宜折在之候ハ、何卒此趣ニも被仰上被下候様申之、茶屋四郎次郎へ於江戸内々指出置候書付之うつし」[41]（以下「茶屋四郎次郎へ指出置候書付」）という史料に記されている。この史料は、表題に「茶屋四郎次郎へ於江戸内々指出置候」とあるように、茶屋四郎次郎に対して内々に提出されたものである。茶屋四郎次郎に提出しているのは、第二章で触れたように、徳川将軍家との間の儀礼に際して、茶屋四郎次郎が、儀礼に関わる差配、取り次ぎを行っていたからであろう。

この史料が提出されることになった理由は、寛政四年の年頭御礼に関する由緒調査が「此一件ニ付御尋之義町代相除ケ」と、町代を関わらせない形で行われたことにあったという[42]。これに対して、町代は「茶屋四郎次郎へ指出置候書付」の中で次のように主張している。この史料の末尾の箇条によると、「去酉年（天明八年）京都於御役所ニ御年頭拝礼之儀御尋有之、此度私共江者御尋も無之候得共町方年寄共へ御尋有之候様子」と、天明八年（一七八八）には町代に対しても「御年頭拝礼之儀御尋」があったが、この寛政四年には町代に対しては調査されず、年寄のみに調査があったという風聞を聞いた。こうした事態に対して、町代は次のように理解し、対応した。すなわち、「年寄共罷下り候儀御差留ニ相成候而も、右申上候通私共儀者慶長年中御賀始ゟ御吉例ニ而年々罷下り奉拝礼候家筋之ものニ御座候間、惣年寄と役名被成下、御吉例通不相替被　仰付被下候ハヽ、冥加至極難有仕合奉存候」と、この由緒調査は年寄の年頭御礼への参加を差し止めるためのものと理解し、年寄の参加が差し止められることになっても、町代については、「慶長年中御賀始ゟ御吉例ニ而年々罷下り奉拝礼候家筋之もの」との徳川由緒によって、「御吉例通」の参加の継続を願ったのである。第二節で明らかにしたように、天明八年の西村近江による年頭御礼の費用負担に関する嘆願などを踏まえて、町代は年寄の年頭御礼への参加が差し止められると予想したのかもしれないが、町代自身については、ここまで見て来たような、町代こそが徳川将軍家とのつながりを持っていたとする徳川由緒を根拠にして、年頭御礼への参加継続を願った訳である。

特に注目すべきは、町代が徳川将軍家との間の儀礼への参加継続と同時に、「惣年寄と役名被成下」ることを願い出ている点である。この点について、「茶屋四郎次郎へ指出置候書付」では、次のように主張される。まず、冒頭に、「町代役元来之儀、応永之比京都　御所司代之御始　多賀豊後守様御在役、当所之儀能存知候者御尋之節、私共先祖之儀者当所之地士ニ而民家之取扱も仕候付、被召出、土地之儀御尋有之、被仰出候儀民家之ものへ申渡し、夫より先　御代所司　前田徳善院玄以法印様御在役之節ゟ平日御屋敷ニ相詰御用承り、町中江被仰渡候義可申渡旨私共江御宛被成下候御直書被下置、只今ニ所持罷在、尤町方ゟ申上候儀ハ取次、言上仕候ニ付町代と御呼被成、勤方之儀者当時他所ニ而之惣年寄役を相勤」と記している。享保十一年・明和三年の主張よりも古く「応永之頃」からの由緒を述べ、支配権力からの「被仰出候儀」を住民に伝達し、役所に詰めて住民から「申上候儀」を取り次ぐといったような、第三章で明らかにした、町代がこの時点で行っている役割が近世統一権力の成立当初からのものであると主張し、松原法春の「京都町年寄頭」についても、享保十一年・明和三年と同様に触れている。

そして、徳川家康との関係については、慶長五年の関ヶ原の陣後に、「上京町代山内五左衛門事宗佐・下京町代山内庄兵衛御機嫌為御伺罷下り候処、御目見被仰付、御褒美之奉蒙　御上意、其砌京中へ可申渡旨　権現様御禁制之　御朱印頂戴仕、唯今ニ私共仲ケ間上下京之者とも弐通奉守護罷在候」と、ご機嫌伺いに出向いたのが町代であり、その際に「御朱印」を頂戴したと主張する。さらに、慶長八年の将軍宣下、さらに翌年以降は、「年頭・八朔、其外御祝儀度毎」に江戸や駿河へ赴き拝礼したこと（慶長十年は伏見・京都で）、慶長十九年の大坂の陣に際して鉄砲の玉などを献上したことなど、明和三年の主張をさらに詳しく展開している。そして、こうした由緒に続けて、次のように記す。

【史料5―15】

其頃他所ゟハ惣年寄役之者拝礼相勤、京都之儀ハ私共先祖惣代役ニ而拝礼相勤候ニ付年寄と申名目ハ無御座候、然ル処他所ニハいつれも年寄役家筋之者参上仕候儀ニ候へハ、京都ニハ惣年寄と申家筋もの無之候とも、土地為冥加京都惣代ニ年頭其外御祝儀等申上候儀ニ候間、人も存候年寄も罷下り候様元和四午極月　御所司板倉伊賀様《勝重》被　仰付、則江戸表江之御添簡被　成下、右御写も被下置所持仕候、依之翌未御年頭より唯今ニ至り町々廻り年寄之内上下京ゟ壱人ツヽ参上拝礼申上候、依之惣年寄と申家筋もの無御座候

つまり、徳川家康に対する儀礼は、「他所」では惣年寄役の者が行っているのに対し、町代には年寄の名目がないとし、さらに明和三年の主張と同様、板倉勝重の命により「人も存候年寄」が参加するようになったことを記し、しかし、この年寄は「町々廻り年寄之内上下京ゟ壱人ツヽ」参加するものであり、よって京都には惣年寄という家筋はないとする。このような「他所」との比較を踏まえた理解は、第二章で明らかにした、この当時の年頭御礼の状況に対する町代の認識を反映したものである。この点について、さらに「茶屋四郎次郎へ指出置候書付」には次のように記されている。

【史料5―16】

往古ハ私共計奉拝礼候古格を以、唯今ニ至り御祝儀之度毎江戸表へ参上、献上物仕恐悦奉申上度儀、并右献上物之御品等も古格通り取調、私共ゟ奉伺、御下知之上、大坂・堺・奈良・伏見惣年寄江申通、尤京都ニハ惣年寄と申儀者無御座候付、右之儀等取計候ものハ無御座、毎御年頭其外御祝儀度毎江戸参上之儀ハ、私共ゟ取計奉伺候而、罷下候様御下知之上、順番之町廻り年寄之内人柄筋目等私共ゟ相糺、京都　御奉行所へ奉伺、御役人を以人柄御覧之上罷下り奉拝礼候、依之年寄儀ハ奉拝礼候家筋と申ニハ無之、再度参上仕候儀ハ無御座候

一、右申上候通京都ニ惣年寄と申家筋之もの無御座、町々廻り年寄と申候ハ、其一町内限り取〆之儀ニ付、平町人之内其町中相談之上町々勝手次第ニ年寄役相勤させ、右役之儀も三ヶ年限りニ替り候様被　仰付有之、三ヶ年過候へハ平町人ニ立戻り申候、右代り目度毎私共方ニ而　御所司　牧野佐渡守様御代被　仰出候御請状ニ印形取之、并私共江一札取之、御役所へ者私共ゟ申上候義ニ御座候、拝礼参府之年寄之儀も右之内ゟ罷下り候得とも、古京或者古町と申習シ、先格有之候町々之内ニ而、三ヶ年持居候廻り年寄之内ゟ順番相定、差下シ申候、尤筋目等私共ゟ相糺候へ共、全躰家筋と申ものニ無之、田舎ゟ京都へ罷越候もの、又ハ京都之町家ニ奉公仕候者も右御礼申上候、町々小家ニ而も買得仕、町役人ニ成候へハ年寄役も為相勤、拝礼之順番ニ当り候へハ罷下り申候儀ニ御座候、尤京都之外、大坂・堺・奈良・伏見等之儀者惣年寄と申家筋之者罷下り候得共、京都之儀者拝礼之節計廻り年寄を他所之惣年寄格ニ仕立、五ヶ所同様ニ罷下り候儀ニ御座候、依之年寄儀者一度限りニ而右帰京之上ハ町並元之廻年寄ニ御座候、私共義ハ往古ゟ連綿仕、上京より町代弐人、下京ヨリ町代弐人罷下り申候、右上下京町代弐人ツヽ、罷下り候儀も、年寄儀右之通年々相替り、其度限り之ものニ付、私共之内ゟ　御殿中御礼席其外諸事見習末々申伝候ため両人ツヽ、罷下り候儀ニ御座候

第二章で明らかにしたように、年頭御礼に参加する年寄は、京都町奉行所の都市行政において均一的に掌握された「其一町内限り取〆」、すなわち《個別町》レベルの存在である町年寄が、町代の「指口」という指示の対象とされ、《町組》順に参加するという性格のものであった。これを、町代は「廻り年寄」と表現し、特に享保八年の京都町奉行による都市行政改革で設定された町年寄任期三年制を強調し、京都には惣年寄という家筋がないという主張をもう一度展開する。つまり、田舎から京都へ引っ越してきた者などでも町年寄を務めるが、これも順番に当たれば、年頭御礼に参加できるのであり、大坂・堺・奈良・伏見の場合は惣年寄役を務める特定の家

筋の者が参加しているのに対して、京都はこの「廻り年寄」を年頭御礼の場でのみ大坂・堺・奈良・伏見の惣年寄格として扱い、年頭御礼が済めば元の「廻り年寄」に戻るというのである。このように、他の畿内幕府直轄都市と異なり、同じ町年寄が二度参加することはなく、一度限りの参加となる。これに対し、江戸城中における立ち居振る舞いなどを伝習する必要があるため、特定の家筋で構成される町代が二人づつ参加し、年頭御礼や臨時恐悦の参加の是非や参加する町年寄の人柄筋目も、町代が糺した上で京都町奉行所に伺っていると述べている。これは、第二章で取り上げた、年頭御礼の参加にあたり町年寄から町代仲間宛ての一札（「口上書」・「江戸下年寄式法」、【史料2-6・7】）を提出させていることなどを踏まえたものでもある。

そして、京都から徳川将軍家との間の儀礼に参加する年寄はあくまで《個別町》単位で存在する町年寄＝「廻り年寄」であり、年頭御礼の場でのみ惣年寄の扱いになるのに対し、年頭御礼で大きな役割を果たす町代こそ、惣年寄という役名にふさわしいと主張する。さらに、町代の「勤方」として、所司代・京都町奉行の下で、屋敷に詰めて、町触の伝達や住民からの届出を取り次ぐなど、第三章で明らかにしたような町代の都市行政上における役割が記され、家督相続の際には京都町奉行所に願い出て、また将軍家の慶事に際して年寄は江戸での拝礼のみだが、町代は京都でも所司代・京都町奉行に対して「恐悦」「御機嫌伺」をしているとする。このように、京都の都市行政の場では町代がより支配権力に近い立場にあることを強調した上で、次のように記す。

【史料5-17】

一、私共儀町代と申役名ニ而他所之惣年寄之勤方同前ニ御座候処、京都ニ而町々之小遣申付候ものを町用人ととなへ、京近き大坂ニ而は右小遣ひ之ものを町代ととなへ候由、私共儀も町方ゟ役料取候付、給銀を以抱置候なと、大坂表町代同前ニ心得候ものも在之趣ニ候得共、役料取候儀者其所ニ而頭立候在方庄屋町々年寄も其村其町より庄屋役料、或ハ年寄袴料抔と申役料請候儀ニ御座候、私共義御公儀ゟ被仰渡を申達、町方ゟ申上候儀を取次、其外御役所向御用相勤、拝礼も相勤候もの、いやしめ候道理無之候、其上私共自分ゟ御役所へ継目等も奉願、出勤仕、役料之儀も御触を以取集被仰付、年寄袴代なと之町切之相対ニハ無御座候而、全町代と申名目ニ付心得違仕候ニ付、前書申上候通御朱印幷御書付も所持仕候勤方之儀ニ候間、役名御改替被成下度奉存候

「勤方」という観点から見れば、町代は「他所」、すなわち大坂・堺・奈良・伏見の惣年寄と同質的存在であるにもかかわらず、「町代」という役名により、「大坂表町代」[43]と混同されるなど「心得違」がある。そこで、町代という役名を他所と同様に惣年寄に「役名御改替」するよう願い出たのである。これは、役料が町触で徴収されているという主張にも見られるように、第三章で明らかにした享保八年の都市行政改革により、町代が京都町奉行所の都市行政の中で果たす役割を増大させていったことを背景にした動向である。つまり、都市行政への関与という点において、町代こそが畿内幕府直轄都市共通の《惣町》を代表する立場にあることが自覚されるようになったということである。

そして、こうした主張が、徳川将軍家との間の儀礼への参加をめぐって、特に徳川由緒を語る中で展開していった点が重要である。「茶屋四郎次郎へ指出置候書付」という形で、惣年寄への「役名御改替」を願い出たきっかけが、京都町奉行所による年寄に対する由緒調査であり、町代はこれにより年頭御礼への参加が取り止めになることを危惧し、町代が持つ徳川由緒により、自らの年頭御礼への参加継続を嘆願すると同時に、こうした由緒や儀礼上の関係を持っていることを根拠に、行政の場においてもこれにふさわしい立場（惣年寄という役名）を求めた訳である。すなわち、由緒や儀礼上の関係を行政の場にも反映させようとしたのである。

第五節　文政町代改儀一件——徳川由緒をめぐる相剋の行方——

そして、町代の右のような動向は、年寄を中心とする被支配住民との間に確執を生むことになる。年寄側では、第六章で詳述するように徳川将軍家との間の儀礼に参加するという関係を持つという立場に基づいて年寄による自律的な都市運営が行われてきた。一方で、第三章で述べたように、町代は京都町奉行所の都市行政上における役割を増大させるとともに、事務処理の上で住民に対して指示を出すという立場をもとに、被支配住民の上に立とうとする振る舞いを見せ、これが年寄を中心とする自律的な都市運営との間で軋轢を生んだのである。

こうした年寄を中心とする被支配住民と町代との間の確執が京都町奉行所における訴訟運動にまで発展した。文化十四年（一八一七）から翌々文政二年（一八一九）の文政町代改儀一件については、第六章でも触れるが、直接の契機は、町代による被支配住民への「不敬」な振る舞いに対する反発であり、京都町奉行所の都市行政上で種々の機能を果たしてきたことに威を借る町代の「増長」に争点があった。(44) これとあわせて徳川将軍家との間の儀礼への参加についても大きな争点となっていたのである。

徳川将軍家との間の儀礼をめぐり、被支配住民、町代双方ともに京都町奉行所に対して、それぞれ願書を提出している。以下、それぞれの主張とその根拠について見ていく。

まず、被支配住民側としては、江戸城における徳川将軍家に対する拝謁・献上儀礼に、訴訟相手である町代を「召連」れないようにしたいと願い出た。この願い出は文化十四年十一月になされたが、年末が差し迫っていたため、翌文化十五年の年頭御礼は従来通りの上京・下京それぞれ［町年寄一名・町代二名］の参加で行われた。(45)そこで、文化十五年一月二十六日に、改めて次のように願い出ている。

【史料5-18(46)】

乍恐奉願口上書

一、私共儀者上下古京年寄役之者共ニ御座候、関東御表江御年頭為　御拝礼毎歳年寄共出府仕候節、上下京町代共両人宛召連罷下り候義ニ付、去丑十一月願書奉差上候所、不容易願之趣御利解被為　仰渡候ニ付、得ト相調申度、願書御下ケ奉願候処、御聞届被成下難有奉存候、依之尚亦組内申談候処、元来町代共召連下り候儀ハ、上下京惣中代之儀ニ御座候所、身分不顧、心得違増長致シ、長途之旅中年寄共ヲ蔑ニ仕候儀度々有之候得とも、御吉例之義故何事も差扣罷在候、右躰之者共召連下り候而者旅中安心不仕、且者古格取失候様之義出来仕候而者如何計歎ヶ敷奉存候ニ付、恐をも不顧、尚亦左ニ奉願上候

一、御当地町中之儀者従古来屋地子御免許被為成下候御朱印頂戴仕、爾今所持罷在、御上様之広太成御厚恩奉蒙難有奉存候、殊更元和年中乍恐　台徳院様　御上洛之節、先格之通御迎ニ罷出、御拝領銀壱万貫目被下置、其後寛永十一年(一六三四)七月乍恐　大猷院様　御上洛ニ付惣町中年寄共山科江御迎奉申上、同閏七月御当地上下古町年寄共二条　御城江被為　御召出、柳生但馬守様御取次ニ而　公方様江御目見被為　仰附難有奉存候、其上　但馬守様被為　仰渡候者、京都町人共　御上洛目出度恐悦御礼奉申上候段、公方様ニ茂御満足ニ被為　思召、仍之御拝領銀五千貫目京中江被下置候、尤　台徳院様　御上洛之節ハ拝領銀壱万貫目被下置候得共、此度者半減ニ而御残志ニ被為思召候へとも、拝領仕候様結構ニ被為　仰出、冥加ニ相叶難有、且末々之家地子迄も永代御免許被為成下難有奉存候、為御冥加関東御表へ毎歳御年頭御拝礼幷臨時之御祝義恐悦ニ年寄共出府仕候濫觴ハ、慶長年中関ヶ原御陣後草津之駅迄古京年寄共罷出、恐悦奉申上候を御吉例として御拝礼罷出、上下京年寄ゟ綾嶋弐反ツ、幷上下京中ゟ熨斗目卅反ツ、奉献上、連綿相続冥加至極如何計難有仕合ニ奉存候、然ル所元和六申年(一六二〇)正月迄者御拝礼ニ付町代とも召連罷下候義無御座、同年閏十二月ゟ初而町代壱人召連下候趣、委敷義ハ天明八申年(一七八八)、寛政四子年(一七九二)、右御拝礼幷町代共之儀御調ニ付書認

奉差上置候、右町代共者道中為案内介添ニ召連罷下候而、惣中代ヲ為相勤候処、却而古京年寄を召連下り候抔と法外心得違之義申触、近来別而我意募、旅中ニ而茂不束之義度々有之、不埒千万奉存候、既ニ古来者御拝礼相勤候年寄共者退役仕候而も　御役所様へ上訴ニ罷出候旧例ニ御座候所、当時町代共ゟ右様之致方甚以歎ヶ敷奉存候ニ付、来ル卯年ゟ先規之通町代召連下り候儀ヲ相止メ、人数者上下京是迄之通ニ而御拝礼出府仕度奉願上候、尤前々御拝礼相勤候年寄之内上下京ニ而一人ツヽ、御場所為案内付添罷下り御拝礼奉申上候へハ、不作法之儀も無御座候間、右之段偏ニ奉願上候

一、右御拝礼其外臨時恐悦ニ付上下京年寄出府仕候節、道中船川渡　御所司様御証文被下置候義、先格ヲ以其度々御願申上、御渡被成下候而、往古者年寄共へ被下切ニ御座候処、いつ之程歟、町代共ニ留置候様ニ成行候ニ付、寛政四子年上下京ゟ御願奉申上、年寄共へ御証文頂戴仕候様相成、難有無滞御拝礼相勤、帰京後右御証文俄ニ返上仕候様被為　仰渡、夫ゟ年々御証文返上仕候へ共、古来者年寄共へ被下切ニ御座候事ニ付、何卒向後先規之通年寄共へ被下切ニ被為成下候ハヽ、上下古京中之規矩も相立、一統難有仕合可奉存候義ニ付、此段奉願上候

前書之趣何卒御憐愍を以被為　聞召分、願之趣御聞届ケ被為　成下候ハヽ、上下京一統広太之御慈悲と如何計難有仕合可奉存候、仍之別紙旧記覚書之写奉入御高覧候、已上

文化十五年
寅正月　　（上下京年寄連印略）

御奉行様

町代を「召連下り候儀を相止メ」るよう願った願書の中では、まず、徳川将軍家との間の儀礼に関して、「濫觴ハ慶長年中関ヶ原御陣後草津之駅迄、古京年寄共罷出恐悦奉申上候を御吉例として御拝礼罷出」と記すように、

儀礼を通じた徳川将軍家との間の関係の起点として関ヶ原の陣後の草津での徳川家康への嘉儀を「古京年寄共」が行ったという徳川由緒を主張する。さらに、元和六年「閏十二月ゟ初而町代一人召連」れ江戸へ赴いたことは、天明八年・寛政四年の由緒調査で詳しく述べたとし、「別紙旧記覚書」として表5-2の内容を提出した。「旧記覚書」の冒頭には、【史料5-1】と同様の「京都旧記録」類に記される徳川由緒に関する典型的な記載があり、続けて寛政四年の由緒調査に際して蒐集された上京上中筋組の「配符」からの記載（表5-1と同じもの）、その他、将軍宣下や継嗣誕生など徳川将軍家の慶事に際しての拝謁・献上儀礼の過去の事例が列挙されている。そして、自分達を「上下古京年寄役之者共」とする立場から、「元来町代共召連」れてきたのは、「道中為案内介添」であったのが、今は「却而古京年寄召連」れるというような心得違いもあるので、今後は年頭御礼の町代の参加を取り止めにして欲しいと願い出た。つまり、徳川由緒を根拠として、徳川将軍家との間の儀礼上の関係における年寄側の優位性を主張し、町代と徳川将軍家との間の関係をなくそうとしたのである。

一方、町代の側では、文化十四年十二月に次のような願書が提出されていたことが、被支配住民側に残された史料[47]からわかる。第三節でも取り上げた、徳川将軍家との間の儀礼において、江戸へ赴く際に所司代より発給される道中証文の帰京後の管理について、町代は次のように願い出ている。

【史料5-19】

奉願口上書

一、私共先祖之者之内、関ヶ原、大坂御陣之節罷下り御機嫌奉伺、押続御年頭其外御祝儀之御度毎、私共計江戸御表江罷下奉拝礼来候処、右年頭幷御祝義奉申上候義者土地為冥加ニ候間人も存候程之年寄も罷下候様ニ御所司　板倉伊賀守（勝重）様御代、元和四午年被仰付、夫より町々廻り年寄之内私共同様罷下候儀御座候、私共前々御陣場へ罷出候節者其度々　御所司様へ奉伺、御添翰頂戴仕、御年頭或者御祝義等ニ罷下り候節

表5－2　「旧記覚書」一覧

	年月日	内容
1	—	御年頭御代替ニ不限治乱ニ付而も町人年寄献上物奉指上御礼相勤申候御事
2	慶長5.9.19	関ヶ原御陣後京都ゟ草津駅迄罷出御嘉儀奉申上候御事
3	慶長10.卯.6	御年頭御礼罷下り申候　右大将様(徳川秀忠)　御取次松岡常陸様
4	慶長10.卯.晦	御祝儀御礼奉申上候　右大将様(徳川秀忠)　御取次青山常陸様
5	慶長10.7.20	大坂・伏見・京八朔御礼奉申上候　将軍様(徳川秀忠)　(豊臣)秀頼様　板倉(勝重)様
6	慶長10.12.16	御年頭御礼奉申上候　(豊臣)秀頼様　板倉伊賀守(勝重)様
7	慶長11.卯.13	御年頭御礼奉申上候　大御所様(徳川家康)　御取次弐人　御取次弐人
8	慶長12.後卯.25	駿河并江戸御礼奉申上候　大御所様(徳川家康)　将軍様(徳川秀忠)　御前様(お江)　大上さま
9	慶長19.10.朔	上京ゟ銀千両奉献上候事
10	寛永14.5.24	御誕生御祝義ニ付江戸下り申候
11	寛永15.2.6	江戸御移徙御祝儀ニ付　公方様(徳川家光)　千代姫君様
12	正保2.8.5	大納言様(徳川家綱)　御官位為御祝儀江戸下り申候
13	慶安4.6.3	大納言様家綱公様　御継目為御嘉儀江戸へ下り申候
14	承応2.8.3	上様(徳川家綱)　御任官　内府　為御嘉儀江戸下り申候
15	明暦2.4.23	公方様(徳川家綱)　御疱瘡ニ付為御祝儀江戸下り申候
16	万治2.9.8	御移徙御祝儀ニ付江戸へ下り申候
17	延宝8.8.3	大納言様(徳川綱吉)　御継目　将軍宣下ニ付為御嘉儀江戸へ下り申候
18	宝永6.5.13	甲府中納言様(徳川家宣)　御代替り為御祝儀江戸へ下り申候
19	享保元.8.	紀州様(徳川吉宗)　将軍宣下　為御嘉儀江戸へ下り申候
20	享保13.4.	長福公様(徳川家重)御疱瘡　将軍様(徳川吉宗)日光御社参御嘉儀　江戸へ下り申候
21	元文2.7.27	竹千代君様(徳川家治)　御誕生御祝儀江戸へ下り申候
22	延享2.11.25	大政所様(徳川吉宗)御隠居并ニ右大将様(徳川家重)将軍宣下　御祝儀江戸へ下り申候
23	宝暦10.9.11	将軍様(徳川家治)御宣下為御嘉儀江戸へ下り申候
24	宝暦12.12.5	若君様(徳川家基)　御誕生為御嘉儀江戸へ下り申候
25	安永5.7.19	将軍様(徳川家治)　日光　御社参還御為御祝儀江戸へ下り申候
26	—	右之外御祝儀被為有候砌年頭御拝礼兼帯被為仰付相勤候義数度有之事
27	天明8.　.	〔天明大火に際し、年頭御礼に参加する年寄を決める鬮取りをした記事〕
28	寛政4.11.	〔京都町奉行所より年頭御拝礼の町代召連はいつからかという尋ねに対する返答の記事〕

註：「御拝礼一条ニ付願書之控并ニ旧記之写」(長刀鉾町文書ＤⅡ31・京都市歴史資料館架蔵写真版)より作成した。

者私共ゟ奉願、　御所司御代々船川渡御証文被成下、年寄共罷下候様相成候ニ付而者年寄名前御書加之義是又私共ゟ奉願候御義ニ御座候、尤私共義者乍恐御手付之者ニ思召、牧野佐渡守様御代、（親成）寛文年中右御証文私共へ被下切被仰付、夫ゟ先々御所司太田備中守様御代迄之御証文連綿頂戴仕、太切ニ取納置申候、然所寛政四子年堀田大蔵大輔様船川渡御証文被下置候節、右御証文上下京町々年寄共へ頂戴仕度段、私共へ達而申聞候得共、右年寄役者三ヶ年持廻之者ニ而、歴代之者と申者ハ無御座候、勿論商家之儀ニ御座候而前々より順番ニ相当、罷下り候者之内、其家々只今ニ相続仕候ものも稀ニ而御座候得者、此上迚も成行之義難計、御太切之御印紙町々散在可仕も甚以不軽義と奉存候、其上私共へ御下知を以被下切之御証文容易ニ相渡候義も難仕、翌丑年首尾能拝礼相勤、帰京仕候後、既ニ御伺にも可及程ニ奉存候処、俄ニ返上之義被　仰出、其後御一代之御証文者年々奉返上候義ニ御座候、然ル処来御年頭罷下候時節も追々近付候付、乍恐当御所司様御証文如先例私共より可奉願、毎歳之御例を以御渡被成下、何卒前々之通私共へ被下切ニ被仰付被下候ハヽ、難有奉存候、右御証文之儀者前書ニも奉申上候通、年寄義者不相携、従往古私共より奉願来御渡被成下候節も私共計被　召出候処、寛政四子年冬より年寄共儀罷出候様相成、夫より彼是工之種を取拵、前々ゟ私共へ被下切之被　仰渡を蔑ニ可仕工と奉存候、既ニ去冬被下候両御奉行様御証文も奉願、前之通私共江被下置候儀ニ御座候得者、旁当冬より御渡被成下候　御所司様御証文之儀も往古被　仰渡通り、永々私共仲間へ被下切ニ被仰付候ハヽ、是迄御代々凡百弐拾余年来之御印紙と連綿仕、其上私共平日相勤、歴代相続仕規矩も相立、太切ニ取納置可申与一統如何計歟難有可奉存候

右之趣御前宜被仰上被下候様奉願上候、以上

未十二月　　町代

御役人中様

町代側の主張によれば、年頭御礼に際して所司代から発給される「船河渡御証文」（道中証文）は、寛文年間（一六六一～一六七二）の牧野親成の時代に町代へ「被下切」、つまり、年頭御礼が終了後に町代に渡され、町代が保管することになったという。ところが、先述の通り、寛政四年の由緒調査をきっかけに、上京・下京の年寄が道中証文を自分たちの方に渡して欲しいと言ってきた。これに町代は反対の意向を持っていたが、年寄に渡すことになり、さらにその後、年頭御礼終了後は道中証文は返上することになってしまったため、再び町代の方に「被下切」、すなわち町代が保管したいと願い出たのである。

このように、町代は、年頭御礼と関わる所司代の道中証文を町代で保管することを主張した訳だが、これは、第一章で触れた徳川家康の「御朱印」と同様、徳川将軍―所司代と重層する権威の帰属をめぐる問題でもあるとともに、町代が主張する徳川由緒とも関係していると考える。

つまり、【史料5-19】の中で、町代は、「先祖之者」が、「関ヶ原・大坂御陣之節」に御機嫌伺いをしたこと、及び、板倉勝重から「人も存候程之年寄も罷下候様」に命じられたため、「町々廻り年寄之内」からも徳川将軍家に対する儀礼に参加するようになったと、先述した町代の徳川由緒を語る。さらに、寛政四年に茶屋四郎次郎へ提出した書付で述べられていた「江戸表江之御添簡」についても触れ、この願書の写しを掲載する史料には、この「添簡」の写しも記載されている。これが、第三章で検討した板倉伊賀守勝重から「大久保相州」という人物に宛てた文書である（【史料3-1】）。この板倉勝重の文書について、その年代を町代が【史料5-19】の中で主張する元和四年（一六一八）とすると「大久保相州」の人物比定ができないという問題はあるが、町代側の認識としては、元和四年以降に年寄が年頭御礼に参加するようになった（逆に言えば、それまでは町代のみが参加していた）証拠として、この所司代板倉勝重の「添翰」が位置づけられていたのである。

さらに、町代は、年頭御礼に際して所司代が発給する道中証文とも関連づけて主張していたのではないかとも考えられる。要するに、所司代板倉勝重の「添簡」を持っている町代こそ、所司代の発給する道中証文を保管するのにふさわしいということである。その年の順番に当たった《町組》から参加する「町々廻り年寄」、すなわち「歴代之者」ではなく、代々相続している者も稀な被支配住民である年寄が保管することになれば、所司代の道中証文が「町々散在」してしまうことを問題視し、徳川将軍家との間の儀礼に関連して、町代側の優位性を所司代の権威の帰属から主張しようとした訳である。

また、町代が願書の末尾で、これが認められれば「私共平日相勤、歴代相続仕候規矩」と主張しているのは、町代が日常的に京都町奉行所の都市行政に関わり、仲間として相続することで、第三章で触れたように「利害集団」化していたことを示すものである。これに対して、被支配住民側の反論が、【史料5-18】に示した願書の三条目に記されているが、所司代の道中証文は「年寄共江被下切」にして欲しいと、真っ向から対立する形になっている。そして、被支配住民側においては、所司代の道中証文の保管が認められれば「上下古京中之規矩」としており、文政町代改儀一件において徳川将軍家との儀礼に関わる所司代の権威の帰属をめぐって町代の「平日相勤、歴代相続仕規矩」と、被支配住民側の「上下古京中之規矩」の間で確執が生まれていたのである。

このように、被支配住民と町代、双方ともにそれまでの記録調査を利用しながら、江戸の徳川将軍家との間の儀礼への参加をめぐって、自らの優位性を主張する根拠として、徳川由緒が語られた。

それでは、こうした形で文政町代改儀一件の過程で語られた徳川由緒は、訴訟を裁定することになる支配権力側において、どのように受けとめられたのか、文政町代改儀一件の決着に関わる二つの史料を検討する。

一つ目の史料は、徳川将軍家との間の儀礼への参加をめぐる被支配住民側からの願い出において、京都町奉行所による吟味を経た上、内済という決着となったために京都町奉行所へ提出することになった「済証文」[48]である。この「済証文」には、被支配住民側、町代側双方の主張に対する、京都町奉行所の理解が示されている。まず、町代側に対しては、「町代共ゟ申立候　伊賀守様ゟ相模守様へ之御添簡写之趣ニ而者上京年寄両人罷下候与在之、下京年寄共者右前後之内より罷下居候哉、何比ゟ当時之姿ニ相成候哉之儀も難相分、右写所持仕候共証拠ニ可差上筋ニ者有御座間敷、殊如何様之訳ニ而所持罷在候と申儀難相分」とある。町代側の主張の根拠の一つとなっている「伊賀守様ゟ相模守様へ之御添簡写」については、「何比ゟ当時之姿ニ相成候哉之儀も難相分」、すなわち、板倉勝重の文書の内容からは町代自身の参加がいつから始まったのかは不明であり、この「添簡写」は証拠として出すようなものではなく、何故この写しを持っているのかもわからないとする。

一方、被支配住民側の主張に対しては、「古京組町々ゟ申立候町代召連候初発之儀ハ、前書天明之度御尋之砌、寛永八卯年町代為案内附添ニ相連候と在之、寛政度ニ者此度申立候通、元和六申年閏十二月初而町代又右衛門召連下り候趣書上ケ、年号相違仕、下京ゟハ右天明・寛政之度共町代差添之儀ハ寛永十之頃ゟ連綿いたし有之、其以前之儀ハ難相知旨書上ケ有之、夫々符合不仕、上京中筋組ニ有之萬之帳ニ元和六申年閏十二月又右衛門罷下り候趣ハ認有之候得共初而と申儀認無之」とある。つまり、天明八年と寛政四年の間で返答に齟齬がある、さらに上京と下京の間でも返答に齟齬があると指摘して、特に元和六年に初めて町代を召し連れたとする根拠となった「上中筋組ニ有之萬之帳」について、確かに記載はあるが「初而と申儀認無之」と、いつから始まったかを明記したものではないとする。

そして、最終的には「双方共不慥成書留等を以証拠」としたと判断された。このように、京都町奉行所の吟味においては、記録調査をもとにした徳川由緒の主張の根拠が認められず、徳川由緒は受け入れられなかったといえる。但し、町代を「不召連」という願い出に関しては、町代から一札を提出させた上で、今後も召し連れるということにし、今後は町代から一札を提出させ、「如何躰ニも御差図次第相勤」[49]などと記させることで、第六章で明らかにするように、両者の関係としては、被支配住民側に有利な決着がなされた。

このような形で、被支配住民側に有利な決着がなされたことに関連して注目されるのが、次に取り上げる文政元年十二月の年記がある「聞書」という史料である。この史料は、文政町代改儀一件関係の史料をいろは順などに整理した史料群を持つ町文書の中に含まれているもので、現在は四つの町文書の中に確認できる[50]。

この「聞書」の内容を一つ書きごとにまとめたものを表5-3として掲げた。箇条書き①・⑩にあるように、この「聞書」は、文政町代改儀一件の訴訟が被支配住民側に有利な形で決着した背景を「極密ニ而去ル御役人様より承り」、書き留めたものとする[51]。ここに記された事柄が事実であったかどうかについては、今現在のところ確定できない。但し、【史料5-20】として次に掲げる、箇条書き⑧に記されている内容は大変興味深い。

表5-3　「聞書」の内容

番号	内容
①	町代改儀一件につき、新任所司代松平和泉守乗寛の上着を機に、「町方利潤」となったことが、「余り不審之儀」なので追々聞緒ったところ、
②	これまで行われていた所司代就任後初上京の際の大津駅での「為御替方御本丸呉服所三中ケ間其外御出入方等」の御目見が無くなったのは、松平乗寛の役人中が言うには、「山科御廟野」で出迎える「京都町中年寄共」の御目見が無くては、たとえ先例でも大津での御目見は出来ないと「大公儀より」仰せつけられたからとのことである。但し、為御替方三井氏は石部駅で内々に御目見したとのことである。
③	所司代松平乗寛への御目見が済み、三条大橋西へ渡った際には、関東表へ「御入京之御飛脚」が立ったとのこと、その際の書状は「山科御廟野江京都町中年寄共賑々敷出迎、全御威光之程難有」という内容のもので、これは「御入京初度御飛脚」であり、所司代が屋敷へ入った際には、「御入城之御飛脚」が出て、これは「弐度之御飛脚」とのこと。
④	町代改儀一件に際して、上京十二組・下京の内五組と下京「破談」の三組との間の、山科における出迎え場所をめぐる争論については、前代未聞の騒動であり筆に尽くしがたく省略する。茶屋四郎次郎より「山科立宿」へ呼びだしがあり⑪、「当組大西仁兵衛(三町組座上長刀鉾町年寄)」が出向いたところ、所司代松平乗寛の出迎えに際し、「此節者何角町代共と御取合も在之」、京都町奉行も喧嘩口論等がないかと心配しているので、山科では「格別神妙」に出迎えるようにとの通意があった。これまでこのようなことはなかったが、町代改儀一件中に上記のような争論もあったので、茶屋四郎次郎からこのような通意があったと考える。

【史料5-20】

⑤	前任所司代大久保加賀守忠真は老中に転役し、所司代引渡のため十月十七日に上着した。この大久保忠真の御用人であろうか「吉野図書」という者が木屋町座敷に滞留し、町代改儀一件での「町中騒動之様子」を隠目附を使って聞繕っているとのこと、「油小路二条下ル町山崎彦四郎」という大久保忠真の家来を使いとして京都東町奉行の佐野肥後守庸貞を呼びだし、吉野図書の旅宿で内談が毎夜行われたとのことである。このようなことがあったので、御役所へ毎日年寄共が召し出され、町代改儀一件が「町方利潤」になり、御役所表は殊の外急いでいる様子に見うけられた。町代改儀一件の決着が急で、年寄共は毎日忙しく、なぜ俄に日々「利分宜」しく成ったのかと不審であったが、はたして前記の様子を聞いた。 但し、年寄共が東御役所へ召し出された際に、御次之間で公事方与力の山田釼次郎と加納万五郎が、「コヲユウものニしたら八日迄ニ大躰イコウカ」等と話しているのは、おかしなことだと思ったこと等もあったが、後から符号することもある。つまり、町代改儀一件を決着させるにあたって、吉野図書が十日頃に発足することになっていたのではないか、そのために急いだのだろうと思う。
⑥	「磯川甚六」が勧進元となっていた今年の相撲が、町代改儀一件で、町方は質素を申し合わせ、相撲が始まっても入りの程は如何と考え、延引となった。このようなことがあったので、関東表の諸大名衆へも「京都町代一件之騒」が仰山に聞こえているとのことである。
⑦	山科表での出迎えが古格に復した①のは、関東表に「如何之根本」があるのかと思っていたところ、又々聞いたことを次⑧に記す。
⑧	町代改儀一件で「京都之騒」となったため、関東表で「旧記御調」があり、「慶長五年関ヶ原御陣御勝利ニ而御上洛之時」に、山科御廟野で「京町年寄共」が「此度御勝利ニ付御入京之嘉儀」に罷り出たことに、徳川家康は、「御勝利後京都町人共之気請者如何」と思っていたのに、多人数での出迎えに「別而御機嫌」であったという「旧記」が出たので、この吉例を以て、大津での御目見は「新規之儀」なので止め、山科御廟野での「京年寄とも」の出迎えが「御吉例之御目見壱番」となったと思われる。大変ありがたく、山科での様子はこの話しに符合する。
⑨	これらのことで、町代改儀一件は「町方十分ニ余り勝利」となったと考える。
⑩	このような「旧記」が出た⑧ので、町代改儀一件の訴訟は、年寄共を負けさせることはできないということになったとのこと、この話しが世間へ聞こえては、年寄共がいよいよ「鼻高」となり、かえって心得違いがあるかもしれないので、必ず「沙汰なし」にと申し合わせたとのことを、「極密」に「去ル御役人様」より聞いた。これらのことは、ありがたいので留め書きするものである。
⑪	茶屋四郎次郎より「下京年寄衆中」宛の差紙の写し。(→④)
⑫	「家忠日記(増補追加)」慶長五年九月十九日条、「在京ノ地下人等」が草津で徳川家康に嘉儀を行っていることを記した記事の引用。(→⑧と関連か)

註:「聞書」(占出山町文書DⅡ25・京都市歴史資料館架蔵写真版)より作成した。

一、町代一件ニ付京都之騒と相成候ニ付、関東表旧記御調有之候処、慶長五年関ヶ原御陣御勝利ニ而御上洛之時、山科御廟野ニ凡人数千人計も集り居候ニ付、　権現様御乗物之内ゟ御覧被遊、アレハ何者成ルぞとちと御驚之様子ニ而御尋被遊候処、御側衆被申候者あれ者京町年寄共ニ御座候所、此度御勝利ニ付御入京之賀儀ニ罷出候ものニ御座候段被申上候所、殊之外御機嫌克あの側へ乗物やれと被仰、御乗輿之戸を明ケ扇を出して御招被遊、ヨヲ出たヨヲ出たヨヲ出たと三度迄御招被遊候由、右ヨヲ出たと被仰候御声平常之御声と違誠ニうれしそをなる御声を被出候由、御勝利後京都町人共之気請者如何と思召も有之候処多人数御出迎申上候ニ付別而御機嫌ニ被為在候由、右之旧記出候ニ付此御吉例を以御所司様御上京之時大津ニ而之御目見之分者新規之儀故相止、山科御廟野江京年寄とも御出迎御吉例之御目見壱番と相成候儀と相見へ申候、難有儀此度山科之様子此咄しニ符合いたし候

文政町代改儀一件に際して、「関東表旧記御調」があり、関ヶ原の陣後に徳川家康を山科で出迎えたことを記した旧記が見つかったため、所司代の初上京を迎える儀礼において「京年寄とも御出迎御吉例之御目見壱番」となったとしている。注目されるのは、箇条書き⑩において、「右旧記出候ニ付、町代一件之公事ニ年寄共者まかされぬと治定相成候由」とあることである。つまり、少なくともこの「聞書」の記述の中では、関ヶ原の陣後における徳川家康とのつながりという徳川由緒が受け入れられたといえるのである。但し、家康を出迎えた場所について、草津と山科の違いがあるなど、この「聞書」の記述にある「旧記御調」自体が事実かどうかは今後検討を要するが、仮にこの「関東表旧記御調」が事実でなく、創られた物語であったとしても、そこには、文政町代改儀一件の有利な展開のために「関東表旧記御調」のような形で徳川由緒が受け入れられることに対する被支配住民側の期待が込められていたと考えることはできる。

そして、このような徳川由緒の受け取られ方は、「済証文」に見られた京都町奉行所における徳川由緒の根拠

に対する合理的ともいえる厳密な審査とは対照的なものといえる。井上攻氏(52)は、由緒書の審査について、「由緒書の中には、民衆からはほど遠い徳川将軍家や中世の貴種等に由緒・由来の源泉を求める」ような、「明らかに史実とはかけ離れた」、「証拠主義」による審査とは「次元を異にする」、「史実にほど遠い由緒書が、多くの場合に権力側に受け入れられることを考慮すると、このレベルでの由緒書の「審査」に関して、多分に当該権力のイデオロギー的配慮（統治の歴史的正統化）がなされていることが想定される」と述べている。つまり、京都町奉行所における厳密な審査による由緒の受け取られ方とは異なる、「権力のイデオロギー的配慮」によって徳川由緒が受け入れられることへの期待が、由緒を語る被支配住民の側には存在したのではないか。

また、下重清氏(53)は、小田原藩主へのお目見え儀礼の場における序列に関して、「身分序列に関する藩側の恣意的解釈」が存在することを指摘している。これは、由緒書の審査における「イデオロギー的配慮」によってもたらされるものであろう。こうした支配権力側の「イデオロギー的配慮」、あるいは「領主の恣意的解釈」によって、支配権力との間の関係は決定されるという理解が被支配住民側にあったと考える。

つまり、都市行政上における年寄と町代の立場をめぐって争われた文政町代改儀一件において、支配権力との間の儀礼を通じた関係を持つことによってもたらされる「領主の恣意的解釈」・「イデオロギー的配慮」が、都市行政上においても年寄側の立場を優位なものにするとの期待から、「聞書」の徳川由緒は語られた。町代の語る徳川由緒も同様の期待によるものと思われるが、出自の近似性もあり、両者の語る徳川由緒を、京都町奉行所のように証拠をもとに合理的に判定することは困難であっただろう。一方、文政町代改儀一件自体は被支配住民側に有利な形で決着したことから、その決定の背後に、「領主の恣意的解釈」・「イデオロギー的配慮」により徳川由緒が受け入れられたことがあると年寄側が認識して、「聞書」の徳川由緒は語られたのではないか。

さらに、京都町奉行所の都市行政上で関係を深める町代に対して、「上下古京中之規矩」という《惣町》の枠組みの立場から争うことになった被支配住民側では、第二・三章で明らかにした通り、《惣町》の枠組みは京都町奉行所の都市行政の上では希薄化されていた。このため、京都町奉行所の上位にある徳川将軍・所司代の権威の帰属がより求められたという側面が、被支配住民側で語られた「聞書」の徳川由緒にはあっただろう。

そして、京都町奉行所による合理的ともいえる由緒に対する受け取られ方と、被支配人住民側が期待する「聞書」に記されたような「権力のイデオロギー的配慮」による由緒の受け取られ方との対比は、冒頭で述べた徳川将軍家に対する儀礼をめぐる「負担」と「権利・栄誉」という二つの側面とも関係する。「負担」として忌避もされる儀礼への参加が、一方では「権利・栄誉」として求められたのは、合理的に儀礼に関わる費用をとらえるのではなく、儀礼を通じた結びつきを持つことによる「権力のイデオロギー的配慮」を被支配住民側が期待したからであり、この意味で「礼の秩序」として支配―被支配を確認する儀礼の持つ意味が、被支配住民側によってとらえ返されたことを示す。つまり、近世京都の場合、被支配住民によって徳川由緒が語られたのは、支配―被支配をめぐる都市秩序の中で、徳川将軍家との間の関係がとらえ返され、儀礼の場における優位性を確保することにより、都市行政の場においても、優位な立場を得ることへの期待によるものであった。

次の第六章では、こうした形で徳川将軍家との間の儀礼の持つ意味がとらえ返される様子を、第二章で検討した住民組織の重層構造と、権力側の重層構造との関連から検討していきたい。

（1）　近世の由緒研究の画期をなす大友一雄氏の研究は、遠江国における徳川家康の戦勝祈願の由緒を対象としたものであった（大友一雄『日本近世国家の権威と儀礼』（吉川弘文館、一九九九年））。また、山本英二氏が検討された甲斐国武田浪人に関する由緒も、戦国大名武田氏に徳川家康＝東照大権現の由緒をセットにしたものであった（山本英二「浪人・由緒・偽文書・苗字帯刀」（『関東近世史研究』二八、一九九〇年））。

(2)「下古京委細帳」（高辻堀之内町加舎家文書・関西大学総合図書館蔵）。

(3)下重清「お目見え儀礼にみる領民の身分序列と由緒形成」（『日本歴史』六八三、二〇〇五年）二八頁。

(4)「御拝礼濫觴之記」（小結棚町文書DⅤ12・京都市歴史資料館架蔵写真版）。

(5)所司代との間の儀礼については、牧知宏「町役人としての茶屋四郎次郎家」（杉森哲也編『シリーズ三都　京都巻』、東京大学出版会、二〇一九年）でも触れている。

(6)前掲註(3)下重清「お目見え儀礼にみる領民の身分序列と由緒形成」二八頁。

(7)天明八年「番日記」（古久保家文書七二・京都府立京都学・歴彩館蔵）。

(8)天明八年十二月二十日条（前掲註(7)天明八年「番日記」（古久保家文書七二・京都府立京都学・歴彩館所蔵））には、「下立売室町西へ入、金屋近江事蒼龍、并室町今出川上ル吉野屋交仲、此外六人《年寄》、御前江被　召出、先達而年頭　拝礼ニ罷下り候節倹約いたし度旨、一統梶井宮御境内借シ座敷江大勢寄集り、大業ニ不申合候とも致方可有之儀、不埒ニ付一統御叱り、蒼龍町預、且交仲、此外之もの遠方留、御免被　仰渡候」と、赦免されたことが記されている。

(9)塚本明「近世後期の都市の住民構造と都市政策」（『日本史研究』三三一、一九九〇年）六六頁。

(10)『京都の歴史6　伝統の定着』（学芸書林、一九七三年）二七〜二八頁。

(11)「三宅近江願書之写」（善長寺町文書DⅡ19・京都市歴史資料館架蔵写真版）。

(12)巻末の［年頭御礼関係一覧表］も参照。

(13)「乍恐奉言上　西村近江」（長刀鉾町文書DⅡ28・京都市歴史資料館架蔵写真版）、前掲註(10)『京都の歴史6　伝統の定着』二七頁に表紙の写真が掲載されている。

(14)西邑蒼龍作・勝山琢眼画『扇之記』（北村庄助他、一七九三年）。

(15)安田富貴子『古浄瑠璃　太夫の受領とその時代』（八木書店、一九九八年）三五八頁。

(16)「西村近江・三木長兵衛・播摩屋久兵衛米穀高直ニ付一件留書」（善長寺町文書DⅡ19・京都市歴史資料館架蔵写真版）。本書第八章も参照。

(17)柴野栗山蔵書については、武田清市「洲本市立図書館伝来の古書について」（『洲本市立図書館伝来の古書目録』、洲本市立淡路文化史料館、一九九六年）三〜四頁を参照。

また、古義堂文庫（天理大学附属天理図書館蔵）に「源義忠校、寛政七年刊」の「黄石公素書」が蔵され（『古義堂文庫目録　復刻版（天理図書館叢書第二十一輯）』（八木書店、二〇〇五年））、清家文庫（京都大学附属図書館蔵）に天明六年写「西村義忠筆」の「素書」が蔵されている（いずれも未見）。

さらに、高山彦九郎の日記にも西村義忠の名が見られる。天明三年三月「京都日記」（萩原進・千々石実編『高山彦九郎全集　第二巻』、高山彦九郎遺稿刊行会、一九五二年）の二十八日条に「衣棚下立売下ル所扇子屋西村近江大掾所へ入る」とあり、『高山彦九郎全集』の編者の注として「西村近江は寛政三年秘策を抱きて九州に下りし高山が先駆をなしたといふ一説のある人物なり」と記される。また、寛政四年一月「筑紫日記」（萩原進・千々石実編『高山彦九郎全集　第四巻』、高山彦九郎遺稿刊行会、一九五四年）の二十日条に「斎藤高寿所へ入るに、西村近江よりの書、去冬十一月廿三日の出にて九月伏原二位殿逝去のよし高寿へ申来る」とあり、編者の注として「斎藤高寿の「緑毛亀頌」の中に寛政三年の夏、京都の西村近江、熊本の高寿の許に黄甲緑毛図を見せたる記事あり、高山より先に九州に下り、緑毛亀運動をなせる形迹あり」と記されている。

この他、津本信博編『近世紀行日記文学集成　二』（早稲田大学出版部、一九九四年）に、西村義忠「初瀬路日記」の翻刻が掲載されている。西村近江の思想的背景や人的な交流関係などについては今後さらに検討する必要があるだろう。

（18）「御こゝろへ艸」（洲本市立図書館蔵）。

（19）寺田貞次編『京都名家墳墓録』（山本文華堂、一九二二年）一一五頁によれば、「西村義忠墓」が下立売通七本松東入の祐正寺にあり、「寛政九歳丁巳十二月八日、俗名西村近江大掾源義忠行年七十歳卒」とあることも、これまでの史料と符合する。

（20）天明八年正月に発生した天明大火に関する体験談や風聞などを集めた「天明戊辰平安火災実録」（西尾市岩瀬文庫蔵）の題言に、天明大火について「上御一人ヨリ下万民ニイタルマテ、此災難ヲ逃ル、モノ一人モナシ、サスレハ天ノナセル災ハ避ヘカラス、自ナセル禍ハ猶更逃カタシ、然ルニ上京西村何某六十ノ賀ノ摺物ヲコシラヘ、其前書ニ今度京都ノ火災ハ近比下々ノモノマテ奢ニ長シ、身ノ程ヲ弁キマヘサルユヘ、天ヨリ戒ノタメノ火災ナレハ、猶是ヨリ後ハ倹約ヲ守リ、渡世サヘ精出シナハ、程ナク元ノ都ニナルヘク、又歎ヘキコトニハアラシト書レシモ、イフテカヘラヌコトナレハ能明ラメトモ、又ハ諺ニイフマケオシミナルヘシ」と記されている。ここに「上京西村某六十ノ賀ノ摺物」とあるのが、前掲註(18)の西村近江の「御こゝろへ艸」と考えられる。この摺物は一定程度の範囲で知られていたのだろう。「天明戊辰平安火災実録」の著者は、西村近江の意見に対しては批判的であった（牧知宏「天明大火の論じられ方」（近世災害研究会編『近世京都災害関係資料』、立命館大学G-COE文化遺産防災学推進拠点事務局、二〇一三年）も参照）。

(21) 前掲註(7)「番日記」（古久保家文書七二・京都府立京都学・歴彩館蔵）。

(22) 天明九年「御年頭御拝礼諸事扣」（北観音山町文書DⅠ9・京都市歴史資料館架蔵写真版）はこの際に参加した下京六角町の町年寄が記したものである。

(23) 天明十二年二月四日「乍恐差上奉返答書」（三条衣棚町文書六一四三・京都府立京都学・歴彩館蔵）。欠損部は『町触六』一七四一により注記した。

(24) 『町触六』一七四二。

(25) 「（年頭拝礼由緒諮問につき上京古町返答書留帳）」（塩見佐一郎家文書・京都市歴史資料館架蔵写真版）。

(26) 前掲註(25)「（年頭拝礼由緒諮問につき上京古町返答書留帳）」（塩見佐一郎家文書・京都市歴史資料館架蔵写真版）。

(27) この四冊の別帳も、前掲註(25)「（年頭拝礼由緒諮問につき上京古町返答書留帳）」（塩見佐一郎家文書・京都市歴史資料館架蔵写真版）に書き写されている。

(28) 「豊臣・徳川両家宛京都町人衆年預（ママ）八朔祝儀記録」（国立国会図書館蔵）。

(29) 【史料5-9】の記述によれば、寛永十五年二月の「江戸御移徙幷年頭相兼下り候配符」は「上立売親町九町組」所持とされ、第三章でも取り上げた上立売親町九町組が慶長～享保期の「配符」を書き写した「往古ゟ年頭御拝礼江戸下り万入用書」（親九町組文書・京都国立博物館寄託）にも書写されている。一方、前掲註(28)「豊臣・徳川両家宛京都町人衆年預（ママ）八朔祝儀記録」（国立国会図書館蔵）として上中筋組によって軸装された中にも、寛永十五年二月の「配符」が含まれている。恐らく、上京の各町組（上立売親九町組と上中筋組）でそれぞれ寛永十五年二月の「配符」が発見されたのだろう。

(30) 町代改儀一件を契機として作られたと推測される「京都旧記録」類の類書である「古京雑記」に書き写されている（占出山町文書DⅡ38・長刀鉾町文書DⅡ38・いずれも京都市歴史資料館架蔵写真版）。

(31) 「（年頭拝礼諸式お尋ねに付上下京納置証文等記）」（長刀鉾町文書DⅠ3・京都市歴史資料館架蔵写真版）。

(32) 石井筒町の記録についても長刀鉾町文書DⅡ10や小結棚町文書DⅣ40（いずれも京都市歴史資料館架蔵写真版）などに書き写されているが、室町・戦国期以来の文書が書き写されている。五島邦治「下京石井筒町記録から」（同『京都町共同体成立史の研究』、岩田書院、二〇〇四年・初出二〇〇〇年）も参照。

(33) 前掲註(25)「(年頭拝礼由緒諮問につき上京古町返答書留帳)」（塩見佐一郎家文書・京都市歴史資料館架蔵写真版）。

(34) 年頭御礼に参加した年寄が記した年頭御礼に関する記録（本書第二章註(28)参照）によれば、寛政六年以降も、所司代の道中証文を拝見することは続けられていたようである。

(35) 前掲註(25)「(年頭拝礼由緒諮問につき上京古町返答書留帳)」（塩見佐一郎家文書・京都市歴史資料館架蔵写真版）。

(36) 本書第三章註(37)でも触れた通り、この一札は中十町組と川西十六町組が松原を町代にした際のものだが、一札の宛先が中組・川西組の組分かれを踏まえない表記であったために、この寛政四年の由緒調査に付随しての保管の取り決めに中九町組と川西九町組も加わることになったと思われる。

(37) 杉森哲也「町代の系譜――十七世紀上京における町組と町代――」（同『近世京都の都市と社会』、東京大学出版会、二〇〇八年・初出一九八七年）、同「町代の成立」（前掲『近世京都の都市と社会』・初出一九八九年）。

(38) 享保十一年四月六日「京都東町奉行之尋ニ付町代中返答書写」（古久保家文書一九五・京都府立京都学・歴彩館蔵）。

(39) 松原法春については、本書第三章註(27)を参照。

(40) 明和三年十一月「諸事覚」（古久保家文書五九・京都府立京都学・歴彩館蔵）。

(41) 「寛政四子冬、全体ケ様被申儀愈奉御承知置、宜折在之候ハ、何卒此趣ニも被仰上被下候様申之、茶屋四郎次郎へ於江戸内々指出置候書付之うつし」（古久保家文書一二五「町代由緒書上」・京都府立京都学・歴彩館蔵）。

(42) 寛政四年の上京に対する由緒調査について記した【史料5-9】の冒頭に「御与力四方田重之允様、同心寺田官左衛門様ゟ被仰渡候者、此度内々ニ而其方両人相頼度義者」とあり、同年に下京に対して町代一札の提出を命じた【史料5-11】に「町代共ゟ取置申候本紙、幷写書相添奉差上候様内々被仰渡奉畏候」とあり、どちらにも「内々」とあることが、町代を関わらせないで調査が行われたことを示すのかもしれない。

(43) 近世大坂の町代は「手当を貰って町の仕事を行う町の雇用人」（塚田孝『歴史のなかの大坂』（岩波書店、二〇〇二年）一一一頁）と説明されているように、《個別町》レベルの存在であり、京都の町代とは存在のあり方が異なっていため、同一視されることを「心得違」としたのである。

(44) 辻ミチ子「民衆と町自治――町組と小学校――」(同『転生の都市・京都――民衆の社会と生活――』、阿吽社、一九九九年・初出一九七七年)など参照。文政町代改儀一件の争点全体については、本書序章の表0-2も参照。

(45) 以上の経過については、「町代一件日記」(占出山町文書DⅡ43・44・京都市歴史資料館架蔵写真版)、及び第六章を参照。

(46) 「上下京御拝礼一条ニ付願書幷旧記書留」(長刀鉾町文書DⅡ31・京都市歴史資料館架蔵写真版)。

(47) 「町代共より御願申上候船川渡御証文御下ケ之事」(長刀鉾町文書DⅡ16・京都市歴史資料館架蔵写真版)。

(48) 「年頭拝礼済証文」(善長寺町文書DⅡ41・京都市歴史資料館架蔵写真版)。

(49) 「年頭ニ町代召連呉候様願幷一札」(長刀鉾町文書DⅡ16・京都市歴史資料館架蔵写真版)、第六章を参照。

(50) 占出山町文書DⅠ24・DⅡ25・長刀鉾町文書DⅡ25(以上、京都市歴史資料館架蔵写真版)・町頭南町文書六一(「町代改儀一件綴」所収・京都府立京都学・歴彩館蔵)。また、未見だが、下村忠兵衛家に残された笋町関係の史料の中にも「聞書」が含まれているようである(京都市古文書調査会・京都市歴史資料館『京都市内個人所有古文書調査報告書Ⅰ――「下村(忠)家文書」・「熊谷(純)家文書」(一)――』(京都市、二〇二三年)。

(51) 占出山町文書DⅠ24の「聞書」には、表紙裏に「此書者道路ニ落散有之候反古を拾ひ取写置候者也」とあり、また、表5-3箇条書き④中に「当組大西仁兵衛」と三町組座上の長刀鉾町の町年寄の名前が記されており、作成主体は三町組に関係すると思われるが、詳しくは不明である。なお、辻ミチ子氏は、この「聞書」を典拠とすると思われる記述の中で、「四郎次郎は「去ル御役人様」から極内密に話を聞くことができた」として、この「聞書」の作成主体を茶屋四郎次郎とする叙述を行っている(前掲註(44)辻ミチ子「民衆と町自治――町組と小学校――」二一～二三頁)。しかし、「聞書」の叙述の中では、茶屋四郎次郎は、あくまで所司代の出迎えに関して通達を行っているだけであり、作成主体とすることは難しいのではないか。

(52) 井上攻「信州高遠藩の家筋改と文書審査」(同『近世の村・地域と運営主体――相給・入寺・文字文化――』、菜の花出版社、二〇二三年・初出二〇〇四年)四五四頁。

(53) 前掲註(3)下重清「お目見え儀礼にみる領民の身分序列と由緒形成」三二二頁。

第六章　近世中後期における都市秩序の転換
――「惣町運動」と徳川将軍家に対する拝謁・献上儀礼――

第一節　重層構造のとらえ返し

本章は、近世中後期の京都において行われた「新規願反対運動」や文政町代改儀一件といった、支配権力に対して行われる被支配住民の訴願運動（「惣町運動」）の中で、支配―被支配をめぐって形成される秩序がどのように転換したのかを明らかにするものである。第五章では、徳川将軍家に対する拝謁・献上儀礼に関わる由緒（徳川由緒）に関する調査が行われたことを一つのきっかけに、支配―被支配を確認する場としての儀礼の持つ意味が、被支配住民側によってとらえ返されたことを見たが、本章で取り上げる京都町奉行所の都市行政に対する訴願運動においても、徳川将軍家との間の儀礼がとらえ返される様子を見ることができる。それは、徳川将軍家との間の儀礼を行う枠組みである《惣町》が、訴願運動を「惣町運動」として行う枠組みと重なったからである。

近世都市における住民運動の枠組みを検討することは、重要な論点となるだろう。合法的な訴願運動であっても、支配―被支配の秩序をわずかながらでも変更しようと行われるものであるならば、被支配住民がどのような枠組みで支配権力に対峙したのかを考えることにもなるからである。特に、京都において「惣町運動」の枠組みとなった《惣町》は、第一章で確認したように戦国期以来の歴史的な系譜を持つ。歴史的に形成された《惣町―町組―町》の重層構造についても、第二・三章で検討したように、享保八年（一七二三）の京都町奉行所による都市行政改革を機にその性格を変化させていたことを踏まえて、近世中後期の訴願運動がなぜ「惣町運動」となったのか、その背景を考える必要がある。さらに、これは「新規願」や町代のように都市行政上で一定の意義を有する存在が、被支配住民の反発を招くに至った矛盾の検討にもつながると考える。

このような京都における《惣町》の枠組みが持つ歴史的特質や、《惣町—町組—町》の重層構造の変化を踏まえ、宝暦期における「新規願反対運動」や文化十四年（一八一七）から翌々文政二年（一八一九）にかけて年寄を中心とする被支配住民と、京都町奉行所の都市行政上で中間支配機構化した町代との確執が頂点に達した文政町代改儀一件に言及したものとして、安国良一氏と杉森哲也氏の研究がある。

安国氏は[1]、「新規願反対運動」において、「個々の利益を公共の利益に結び付ける回路を構築できるか、その上で新たな惣町結合は可能であるかという点」が求められたとする。さらに、文政町代改儀一件における「町の新たな連合」について、「惣町の連合」は「近世初期の惣町結合ではなかった」とし、近世初期の「惣町」の持つ「諸町の一揆的結合を基本」とし、「全体の利益が個々に優先する」という性格からの転換を指摘している。

杉森氏は[2]、「新規願反対運動」、文政町代改儀一件を「宝暦期以来の惣町運動」として一連のものととらえ、特に、文政町代改儀一件において、「〈町—町組—惣町〉という枠組みがきわめて有効に機能」しており、「住民による従来の枠組みの捉え返し」、つまり、天文年間以来の「〈町—町組—惣町〉という地縁的組織の再把握」により住民側の重層構造が住民によりとらえ返されたと指摘した。

安国氏、杉森氏の研究は、近世初期における《惣町》の枠組みの歴史的特質を踏まえ、これとの対比で近世中後期の「惣町運動」を検討し、支配—被支配をめぐる住民側の「惣町運動」の過程で、《惣町—町組—町》の重層構造が住民によりとらえ返され、「惣町結合」の性格が新たなものとして変化したことを指摘している。本章では、「惣町運動」において実際に住民が結集する枠組みとなった上京・下京という《惣町》の枠組みに即して分析したい。具体的には、《惣町》の枠組みの性格変化という点に関して次の課題を検討する。

安国氏の指摘する、「全体の意志が個の意志に優先する」近世初期の《惣町》のあり方とは対照的な、「各町に独自の意志に基づく行動を可能」にした「全体性からの解放」という状況の中で、近世中後期の「新たな惣町結合」においては、具体的にどのような形で「個の利害から全体の意志形成へと向かう」のか。また、杉森氏の指摘による、とらえ返された《惣町―町組―町》の重層構造の中で、《惣町》の枠組みは《町組》のどのような結合として位置づけられるのか。こうした点については、《惣町》の枠組みの展開に即して明らかにしていく必要があると考える。

そこで以下では、《惣町》の枠組みの展開に即して、宝暦期の「新規願反対運動」や文政町代改儀一件という「惣町運動」の中で《惣町》の枠組みが果たした役割を検討するが、冒頭に記したように、こうした検討を行うにあたって、本章では、徳川将軍家との間の儀礼を行う枠組みである《惣町》との重なりに注目する。

序章・第一・二章において明らかにしたように、戦国期に早熟的に成立したとされる京都における《惣町》の枠組みは、織豊政権以来、近世統一権力との関係において支配体制の中に位置づけられてゆくと同時に、儀礼を通じた関係をも早熟的に成立させ、徳川政権下でも江戸城における徳川将軍家に対する拝謁・献上儀礼（「年頭御礼」、「臨時恐悦献上」）として、その関係を維持した。さらに、儀礼に参加する枠組みとしての《惣町》は、年寄を中心とする自律的な都市運営においても機能していたものであった。このような儀礼を行う枠組みである《惣町》と、自律的な都市運営を担う年寄を中心に行われた「惣町運動」の枠組みとの重なりに注目し、近世初期からの京都の都市秩序の系譜の中に近世中後期の「惣町運動」を位置づけたい。

特に、第二章で明らかにしたように、支配―被支配の関係において、幕府直轄都市としての京都は、遠国支配機構である京都町奉行所との間の行政支配上の関係と同時に、その上位権力たる徳川将軍家との間に直接儀礼を通じた関係を持ったことに注目したい。この支配―被支配の関係をめぐる位相は、《惣町―町組―町》の重層構造ともリンクする。すなわち、統一権力との間の一元的な関係を維持した、江戸城の儀礼の場における、徳川将軍家―茶屋四郎次郎―《惣町》という関係に対して、所司代―京都町奉行―与力―町代―町年寄―《個別町》という形で、京都における行政支配関係も展開するようになったのである。

そして、こうした徳川将軍家―所司代―京都町奉行所という支配側の重層構造と、住民側の《惣町―町組―町》という街区組織の重層構造がリンクし、江戸城における儀礼を主たる場とする徳川将軍家―《惣町》という関係と、京都の都市行政の場における所司代―京都町奉行《町組》―《個別町》という関係の二層構造となった。この二つの位相においては、第三章で明らかにしたように、「洛中洛外町続」を領域的に掌握する京都町奉行所の行政が意図する〔京都町奉行所―町代―《個別町》（町年寄・被支配住民）〕という行政回路と、徳川将軍家との間の儀礼で機能する《惣町―町組―個別町》という住民側の自律的な都市運営との間で矛盾が生じることになる。ここでは、《惣町》の位置づけが桎梏となり、被支配住民側の自律的な都市運営を担う年寄と京都町奉行所による都市行政上での関わりを深める町代との間の確執も顕在化してくる。そして、享保八年（一七二三）の京都町奉行所による都市行政改革の結果、《惣町》の枠組みは、京都の都市秩序において希薄化していくことになった。

この点は、特に、第二章で検討した徳川将軍家に対する拝謁・献上儀礼の参加者選定方法でも観察される。徳川将軍家に対する拝謁・献上儀礼の参加者は、［町代二名・町年寄一名］であった。町年寄に関しては、《個別町》の町年寄として《個別町》を基盤としながら、《町組》内で最も長く町年寄役を務め、「先座」という《町組》内の寄合においても中心に位置づけられるようになった存在が《惣町》と徳川将軍家との間の儀礼に参加した。一方で、徳川将軍家との間の儀礼に参加する《町組》の順番は、あらかじめ設定されており、さらに町代の「指口」という指示の対象となっていた。

さらに、このような参加のあり方が、享保八年の京都町奉行所による都市行政改革を機として変化する。町年寄任期三年制が徳川将軍家との間の儀礼に参加する町年寄にも適用されたことにより、享保十六年に起こった争論に際し京都町奉行所の裁許の中で示された、あくまで任期三年という限定された中で町年寄役を最も長く務めた者が《町組》の代表者となるという〈三ケ年の内上座〉の原則が、以降も《町組》の中から儀礼の参加者となる町年寄を選ぶ際の原則として貫かれることになった。こうした変化により、例えば、宝暦四年（一七五四）正月に寺社奉行本多長門守忠英より茶屋四郎次郎を通じてなされた、徳川将軍家に対する拝謁・献上儀礼の参加者に関する諮問に対して、町代が次のような認識を示す返答を行った。

【史料6－1】(3)

一、毎年頭、幷不時御祝儀之節京都年寄参上之儀者、京都ニ而惣年寄と中儀往古より無之ニ付、毎年上下京ニ而平年寄之内ゟ人柄筋目相改、町代仲間之者ゟ御奉行所へ相伺、御役人を以人柄御覧相済候上被仰付候付、京都先格在之町々之規模ニ仕候、依之同し者再度参上ハ不仕候

つまり、京都には「惣年寄」というものが往古より無く、「平年寄之内」、つまり《個別町》レベルの町年寄から参加者が選ばれるため、同じ者は再度参加しなかったとし、さらに「町代仲間」が京都町奉行所に伺った上で決定するのが「京都先格在之町々之規模」としている。この認識においては、京都町奉行所の都市行政上で志向される京都町奉行所―町代―《個別町》の回路が徳川将軍家に対する儀礼に関わる参加者選定にも反映されており、徳川将軍家との間の儀礼に参加する年寄が持つ《惣町》の枠組みにおける「対外的な代表者」という性格が希薄になっていた。

このような形で、《惣町》の枠組みの持つ意味が希薄化してきているという状況の中、本章で取り上げる近世中後期の京都においては、京都町奉行所による都市行政上の位置をめぐって「惣町運動」が行われることになる

訳だが、本章の結論を先取りすれば、この運動において、江戸城での徳川将軍家との間の儀礼の場における徳川将軍家—茶屋四郎次郎—《惣町》という関係が持ち出されることになった。第五章で明らかにした徳川由緒をめぐる対立と同様に、徳川将軍家との間の関係がとらえ返され、儀礼の場における優位性を確保することで、京都町奉行所による行政支配関係の中でも優位な立場を得ることを目的に「惣町運動」が行われたのである。さらに、徳川将軍家—所司代—京都町奉行所という支配側の重層構造とリンクする、被支配住民側の《惣町—町組—町》の重層構造も運動の過程でとらえ返されていくことが、徳川将軍家に対する儀礼の参加者選定に注目することで見えてくる。

それでは、なぜ儀礼のとらえ返しを通じて、被支配住民の「惣町運動」、さらには《惣町—町組—町》の重層構造のとらえ返しが実現したのか。その背景には、塚本明氏の指摘する「儀礼の肥大化」があった。塚本氏は「新規願」の背景にある社会の流動化を指摘するとともに、「社会が流動化するなか、住民諸集団が儀礼・格式というものを通して自己主張を始める。だが、儀礼・格式は、一旦それに加わったとたん、その地位確保のため格式の固定化が図られ、社会の流動化を抑制する機能を持つ」と指摘している。そして、こうした「儀礼の肥大化」が「結果として、下からの制度変革の動きを抑え、新たな安定した構造を準備することともなった」とし、住民側の「新規願反対運動」の中でも、儀礼を通じた《町組》の結束の強化の過程で格式の「固定化」が図られたことを明らかにした。(4)

塚本氏の取り上げた事例は、京都町奉行や所司代との間で行われる儀礼であるが、徳川将軍家との間で行われる儀礼についても同様の「儀礼の肥大化」という局面、すなわち儀礼を通じた自己主張と、一方での格式の固定化への動きが見られる。後述するように、「新規願反対運動」においては《惣町》の枠組みも重要な役割を果たすから、その位置づけについて正しく把握するためには、《惣町》の枠組みで行われた徳川将軍家との間の儀礼についても同様に、この時期に見られるという「儀礼の肥大化」の観点から検討してみなければならないだろう。そして、「儀礼の肥大化」の結果が単なる過去への揺り戻しではなく、「新たな安定した構造を準備すること」となったのは、儀礼の持つ意味と《惣町—町組—町》の重層構造がとらえ返されたからであると考える。

そして、近世中後期の「新規願反対運動」や文政町代改儀一件の中で、徳川将軍家との間の儀礼をめぐってさまざまな問題が生じたのは、「新規願反対運動」や文政町代改儀一件がいずれも京都町奉行所を背景とする「権威」の問題と関わって生じたものだったからである。京都町奉行所による都市行政の中で「権威」を持つようになった存在との間で軋轢が生じた際に、権力側の重層構造において上位権力たる徳川将軍家との間の儀礼を通じた関係を持つことによる「権威」を根拠に自己の立場を有利なものとしようとした。これは、第五章の末尾において示唆したように、特に、町代との関係においては、徳川由緒をめぐる対立の中で、自らの位置づけを優位なものとする動きが見られたことと同様である。

以上のような形で、宝暦期の「新規願反対運動」や文政町代改儀一件という都市行政上での位置づけをめぐる被支配住民による訴願運動（「惣町運動」）について、近世京都における支配—被支配双方の重層構造を踏まえて立体的に把握するために、以下では、徳川将軍家との間の儀礼、特に被支配住民側でこの儀礼に参加する者の決め方や役割に注目する。そして、都市秩序の転換——《惣町—町組—町》の重層構造のとらえ返し——を、《惣町》の枠組みの性格変化に即して明らかにすることを目指す。

さらに、こうした観点からは、茶屋四郎次郎家との間で、徳川将軍家に対する拝謁・献上儀礼に関する軋轢が京都町奉行所における訴訟にまで発展した、文政三年（一八二〇）の「茶屋一件」についても、「新規願反対運動」から文政町代改儀一件へと続く流れの延長線上に位置づけて、その意味を検討したい。

第二節　《町組—町》の自己主張と儀礼の肥大化

序章でも述べたように、塚本明氏の研究成果[5]によれば、宝暦期を中心に展開した「新規願」において主に提案されたのは、この時期に「町共同体」自治の挟溢性が原因で都市行政にさまざまな機能不全が生じていたため、町の枠組みを超え、都市社会全体を展望する論理を持つ会所が都市の公共業務を担うようにしたいということであった。《個別町》では担えなくなった問題を請け負おうとした会所組織が「都市全体を単位」としたと塚本氏は述べるが、この「都市全体」というとらえ方については、序章でも述べたようにこれまでの研究史でも問題とされた点である。確かに、「新規願」の会所組織は《個別町》の枠組みを超える形で都市行政上での機能を果たそうとしたことに意義があると考えるが、より具体的に、「新規願」がどのような枠組みで都市をとらえ、どのような回路を通じて行政上の役割を果たそうとしたのか、以下ではこの点を再検討してみたい。

例えば、宝暦十四年（一七六四）四月に提案された町夫火消人足請負の事例[6]では、「洛中洛外家数壱軒ニ付一ヶ年ニ銭百文ツ、取之、幷町々井戸釣瓶縄壱ヶ年ニ四度ツ、懸替代銀壱筋ニ付五分ツ、取之、町々水夫人足請負仕度」と、《個別町》ごとに課せられた町夫火消人足の義務を軒役による代銀徴収と引き換えに請け負いたいという。確かに、町夫火消人足の義務は、享保期以降、不勤や雇人に務めさせるなど、機能不全を起こしており、《個別町》の枠組みでの対応には限界があったため、これを会所組織として代わりに請け負うことを願い出たのである。これを、「新規願」として提案されている事柄を実行する回路という観点から見てみると、洛中洛外を対象として、負担基準を軒役にしている点からすれば、京都町奉行所がその都市行政の回路上で志向してきたものと同様といえる。

また、井戸釣瓶縄の代銀について、「下立売ゟ上洛中洛外共縄壱筋ニ付銀七分ツ、、下立売ゟ下洛中洛外共縄壱筋ニ付銀五分売渡し」とあり、下立売通りを境界に上下（南北）に地域区分している点は、第三章で取り上げた京都町奉行所の享保八年の都市行政改革が志向する上京・中京・下京の地域区分と同様に、被支配住民側の自律的な都市運営の枠組みである《惣町》の枠組みに依拠しないものと考える。

さらに、宝暦十二年二月の町触で設立された半季奉公人改会所の場合でも、[7]「洛中洛外ニ奉公人口入之もの五拾ヶ所相定、口入改会所仕度」とあるように、「洛中洛外町続」を領域的に掌握する京都町奉行所の都市行政に関わる諸事務を京都町奉行所と被支配住民との間で取り次ぐ形の回路である。そして、多くの「新規願」が京都町奉行所への冥加金による認可を目指したことを併せて考えれば、「新規願」が目指す行政回路は京都町奉行所による都市行政の志向に合わせたものとなるといえよう。

このように、「新規願」は、京都町奉行所による都市行政機能の請負（代行）として、都市行政に関わる諸事務を京都町奉行所と被支配住民との間で取り次ぐ形の回路を志向したのであり、京都町奉行所は、都市行政上において《個別町》を組織的に掌握することが困難になってきたため、代わりに会所組織を掌握したといえる。そして、第三章で明らかにしたように、京都町奉行所による都市行政の志向する回路は、被支配住民側による自律的な都市運営の枠組み（《惣町―町組―町》の重層構造）とは矛盾をきたすものでもあったから、「新規願」を通じた行政回路が被支配住民側の反発を招き、「新規願」に対する反対運動が「惣町運動」として《惣町》の枠組みで行われたという側面もあったのではないか。

しかし、「新規願」の背景にある社会の流動化は、一方で住民側の自律的な都市運営の枠組み（《惣町―町組―町》の重層構造）においても機能不全を起こしていた。このことが「新規願反対運動」をより難しくしたのである。「新規願反対運動」に際して、宝暦十二年（一七六二）に「下古京八組年寄共」、すなわち《惣町》の枠組みで京都町奉行所に提出された願書の中で次のように述べている。

【史料6―2】(8)

乍恐奉願口上書

下京八組年寄共

一、私共下古京八組年寄共ニ而御座候、是迄下京中ゟ御訴訟申上候節者右八組之者共ゟ奉願候ニ付、乍恐奉言上候儀、近来新規之事共御願申上候者御座候ニ付、町々之者共差問無之哉与御憐愍之上御尋被為遊被下難有奉存候、依之差支有無之御返答申上候義ニ付町々之者共相談仕候処、愚痴之者共ニ御座候得者行末之儀如何と奉存、区々ニ而相談及数度、差当り渡世之妨ニ相成難儀迷惑仕候、何分新規之儀者多ク差障り相成候処、願人之者町分之ためニも相成候様御願申上候得共、少も町々之勝手ニ者相成不申却而困窮之基ニ罷成、甚歎ケ敷奉存候、何卒諸事先々之通ニ被為差置被下候ハヽ、広大之御慈悲と八組町々之者者不及申上、下京中一統ニ難有可奉存候、以上

宝暦拾二午ノ二月廿一日

八組中連印

つまり、「新規願」提案者は住民の利益になると主張するが、「下古京八組年寄共」にとっては「町々之勝手」にならず、却って迷惑であると問題視している。その理由については、序章でも触れた藤本仁文氏(9)が述べるような、「杜撰な請負による生活環境の劣化・破壊を認めず、都市全体が壊滅的な被害を受けるのを防ぐという点」にあると考えられるが、【史料6―2】で直接記されているのは、「新規願」に対して「町々之者共」で相談をするが意見が「区々」でまとまらず、相談が頻繁になって「渡世之妨」となるとしている点である。これは、「新規願」への対応として、かならずしも住民側では一枚岩になれていなかったことを示し、藤本氏が「「都市全体の論理」(惣町)と「部分社会の論理」(西陣)の相克」と述べる点とも関連する。この点を《惣町―町組―町》の重層構造の点から見ると、宝暦十四年の願書(10)では、(宝暦十二年閏四月の申し合わせについて)「組々町々江申聞セ、則町切ニ申合置候処ニ、不相用候者も御座候而年寄・五人組江相届不申、我侭ニ心得違を以色々之事共相企、御

冥加銀申立、銘々勝手成株立候義共御願申上候者有之」と、《町組》・《個別町》単位での取り決めについて守らず（不相用）、「我侭ニ」「新規願」を行う者がいるとしている。恐らく、「新規願」を行う者も《個別町》内の人物として被支配住民であるという点では同じなのであり、住民の中には「新規願」に賛意を示す者もいただろう。こうした状況に対し、《町組》・《個別町》単位の自律的な都市運営の枠組みのみでは彼等の動きを抑えることができなかったため、【史料6-2】のように「区々ニ而相談及数度」ということになったと考える。

このような形で住民側の自律的な都市運営の枠組みが機能不全を起こしていたのであるが、こうした機能不全の背景にある社会の流動化は、先述した「儀礼の肥大化」の局面でも、特に、儀礼を通じての自己主張として観察される。塚本明氏が取り上げた京都の西陣織屋仲間の事例[11]として、既得権を持たない仲間外の者が京都町奉行所に年頭八朔礼を務めたいと願い出ている。塚本氏が「京都町奉行所・所司代へ年頭八朔・五節句等に御礼の儀式を勤めるのは格式のある町人の特権」と述べるように、仲間外の者が儀礼との関わりを根拠として自らを有利な立場に置こうとし、旧来の仲間秩序を崩していったのである。さらに、《町組》の枠組みでも所司代を出迎える儀礼の華美化を競い合った事例を塚本氏[12]が指摘しているが、徳川将軍家との儀礼についても同様の儀礼への関わりを根拠とした自己主張が見られ、住民側の自律的な都市運営の枠組みを弛緩させていたのである。以下、この点について、いくつか事例を取り上げたい。まず、〈事例1〉として、安永四年（一七七五）の「町代日記」の六月十八日条に「仲間四番之万留より書抜」として載せられていた願書を次に掲げる。

【史料6-3】[13]

乍恐奉願口上書

一、私居町之儀者上京古町之内頭町之儀ニ而、江戸年頭御拝礼相勤申候付、則順番故去秋　御代替為恐悦御拝礼首尾克相勤申候上、御時服頂戴仕重々難在仕合奉存候、何卒為御冥加向後両御役所殿様年頭八朔御

礼相勤申上度、乍恐奉願上候、御赦免被為　成下候ハヽ、難有可奉存候、以上

宝暦十一年巳十二月十六日

西陣五辻通大宮西入
五辻町
年寄宗知印

御奉行様

これは、宝暦十一年、将軍代替りに際して行われた臨時恐悦献上に参加した上京下西陣組の五辻町の町年寄である宗知が、徳川将軍家に対する臨時恐悦献上に参加したことを理由に、京都町奉行に対する年頭・八朔御礼を願い出たものである。この願い出に対する意見を与力より求められた町代は、①これまでにこのような例がない、②「上京古町之内頭町」と《惣町》の代表者のように言っているが、あくまで《町組》内での事にすぎない、③この願い出を聞き入れたら洛中町々、特に下京が捨て置かず混雑が生じるなどとし、さらに④「宗知身分ニ限り、江戸表へ罷下候儀ニ而ハ無御座候、上京為惣代罷下候儀御座候を其町ニ限り候様申立御願申上候儀、甚以洛中町々指支出来可仕哉与奉存候、然ル時ハ年々江戸表へ罷下申候上京年寄共、私共ゟ順番相考相極申候儀ニも指支之筋出来仕、何分往古ゟ無御座候儀出来候而ハ私共勤方之指支ニ罷成候儀ニ御座候」と、町代の指示という形（「指口」、第二章参照）で順番を決めていた先例が差し支えるので、この願い出を聞き入れないよう与力に対して申し入れている。

この事例では、徳川将軍家との間の儀礼行為に参加した町年寄宗知が、さらに京都町奉行に対して儀礼関係を求めた点が注目される。そして、「上京為惣代罷下候儀御座候を其町ニ限り候様申立御願申上候」と、上京の代表としての参加を《個別町》レベルの参加ととらえるような、《惣町》（さらに《町組》）の枠組みを無視する形で、《個別町》レベルの町年寄が京都町奉行との間に新たに儀礼的関係を結ぼうとする自己主張を見ることができ、これは先述の西陣織屋仲間の事例とも通じるものである。

次に、〈事例2〉として、寛政八年（一七九六）から九年にかけて、上京上西陣組で起きた「組町争論」[14]を取り上げる。上西陣組の中は、さらに十二の小組に分かれ、その内の一つである薬師組は四つの《個別町》で構成されていた。この薬師組内で薬師町と他の三つの町の間で不和が生じたのである。薬師町は、自らの町は上西陣組の「頭町」であり、町触も薬師町から回達したと、組内での優越性を主張し、他の三町がこれに反発するという状況が享保年中より続き、度々争論となっていた。

特に注目されるのが、薬師町が自らの優越性の根拠として、「薬師町者江戸表年頭拝礼ニも罷下り候先例有之、元文弐巳（一七三七）年年頭拝礼ニも薬師町年寄田中宗寿殿下向被致候義顕然ニ而、京中下向町々之内西陣上組九町ニ相極り以来、順口ニ者薬師町無相違罷下り被申、残り三町ニ者右躰之先例無之」と主張している点である。つまり、徳川将軍家との間の儀礼に参加する先例を持つ町として、他の町との差別化を図っている。薬師町が主張する元文二年の年頭御礼への参加については、争論の中で、実際には年頭御礼ではなく、元文二年の五月に将軍徳川吉宗の子、竹千代の誕生に際して行われた臨時恐悦献上の参加であったことが判明した[15]が、徳川将軍家との間の儀礼を通じた結びつきを持ったことを根拠に他の町に対する優越性が自己主張された訳である。

さらに、薬師組内の不和への対処に関わって、上西陣組内の小組間でも不和が広がることになる。すなわち、上西陣組を構成する十二の小組の内、二組が離脱しようとするのである。上西陣組としての結束を求める小組と離脱の動きを見せる若宮組・芝大宮組との間で争論となった際に、芝大宮組から出された返答書には次のように記されている。

【史料6-4】

（前略）

一、関東御拝礼之義ハ居行事町々限り可相勤と先達而相目論見候而、余事ニ事寄せ御拝礼之義八町薬師町と申町ヲ加へ九町ニ限り候趣之一札認、印形ヲ欺取、既ニ当　御役所様ニ而及出入候処、御理解在之、右一札印形ハ右之もの共相戻し申候、如此企事仕候得者、此末迚も右之もの共何事を目論見可申も難計奉存候、依之向後御拝礼之義ハ八拾三町平等順々ニ相勤候義相対仕候所、八町共得心仕候ニ付、其趣一札取之候、一段ニ相成候所、右一札ニ正路平等と申文言得心不仕候、諸万端平等之義ヲ相嫌ひ候故、此対談調不申、夫故会合も差ひかへ罷在候、然ル処願人共ゟ和融相好罷在候趣願書ニ申立候、私共ハ猶以和順ニ仕度候間、若外町々ニ平等之義相嫌ひ候町々在之候ハヽ、先ツ跡へ相廻し、右之者共諸事平等之儀承知仕候様被為仰付被下候様奉願上候、左候得ハ外町々多分相歓承知可仕義と奉存候間、乍恐右之もの共万事正路平等ニ仕、前段御返答ニ奉申上候趣意会得仕候得者、会合不相滞、西陣中無難和順ニ相治り候間、此段右之もの共心得違不仕候様被為　仰付被下候ハヽ、御慈悲と冥加至極難有可奉存候、以上

寛政九年巳三月二日

西陣芝大宮組八町惣代
上立売阿弥陀寺町
年寄伊三郎

御奉行様

先に触れた薬師組内での争論において薬師町が自らの優位性を示すために徳川将軍家に対する儀礼への参加が特定の九町に固定されていたと自己主張していたが、これは事実とは異なるようで、さらに、薬師町を除く八町は離脱を主張する若宮組・芝大宮組以外の小組に属する町であったこともあり、芝大宮組として、今後は年頭御礼には上西陣組の八十三町が「平等順々ニ」参加するようにして欲しいと主張している。そうすれば、「会合不相滞、西陣中無難和順ニ」になるという。つまり、《町組》内で儀礼に関わることができるという優位性を自己主張する《個別町》と「平等」を主張する《個別町》との間で、《町組》内の結束が弛緩している状況がうかがえるのである。

さらに、次の〈事例3〉は、第二章で取り上げた享保十六年（一七三一）の争論で問題となった町年寄任期三年制に関わって、徳川将軍家との間の儀礼の参加者選定をめぐって生じた争論である。

宝暦五年、下京の川西九町組において年頭御礼江戸下り番の町年寄に関する争論が起きた。次の史料は、この争論が内済となったため、願い下げを求めた文書である。(16)

【史料6-5】

覚

下京川西組
綾小路油小路西江入
西綾小路東半町
年寄　源助

一、六年已前午正月廿六日ゟ
酉正月廿六日迄年寄相勤、
又持越酉正月ゟ年寄相勤申候

仏光寺油小路西へ入ル
喜吉町
年寄　庄兵衛

一、三年已前酉正月廿七日ゟ
年寄役新ニ相勤申候

右御年頭御礼下り番ニ相当り、九町組定之儀者元文五年申御年頭古西町東側年寄七兵衛罷下申候、此儀者右七兵衛ゟ座上年寄樋口町平兵衛ニ而候得共、一旦持越御願申上候者ハ末席江座を繰、夫ゟ座上ニ相成候共其儀ニハ不拘下り番相除キ、新規ニ三年座上之年寄計下り候定故、樋口町ヲ除キ古西町相下り申候例を以此度喜吉町年寄庄兵衛罷下申度旨喜吉町申上候

一、右之通相定候故組町二季寄合之節、新規年寄ハ左座与相究メ、座上仕持越之年寄ハ右座与相究メ下座ニ列座仕来り候、則列座帳ニ記置申候

一、右之通ニ御座候処八年已前辰年参会之節一統相談之上、持越之年寄新規之年寄無差別三年ニ而古キもの罷下候究ニ相定、持越年寄最初之三年ハ相捨後之三年を以列座之順相立、則此段組町順々相廻シ候、組町

中帳面ニ其段則右喜吉町年寄養賢手跡ニ而相認メ申候
但シ、此儀者御年頭御礼持越年寄相下り不申候而ハ、実躰ニ相勤候と御願申上候功も無之、勿論御太切之御礼ニ不罷下候而ハ持越仕候者一向無之、無人之町々者甚難儀仕候ニ付、右之通相究メ申候、依之辰年以来組町之列座帳面も右左りと申事を相止メ、新規持越之無差別三年之古キもの座席順々ニ上座仕候
一、右之通辰年相究置候処、四五年已前寄会之節又々相破れ以前之通相究、持越年寄ハ罷下り申間敷旨相極メ、此段何れ茂組町承知之義与奉存候段喜吉町申上候
一、右辰年之究、其後寄会之節相破レ候旨喜吉町ゟ申上候得共、其節之年寄一両人残り、其外ハ退役仕候得共当年寄へ何之申伝茂無御座、右相残居申候一両人之年寄も左様成義覚不申、当時年寄ハ右之仕合故尚以右之極メ曾而不奉存候、組町一決致候義ニ御座候ハ、、組町帳面ニ書記可申候得共、其儀無御座候上者右辰年究之通ニ相違無御座候
右之通ニ御座候而双方御礼之儀及争論ニ御願申上候処、組町中之内先役之年寄段々双方へ被及挨拶ニ、先達而鬮取ニ仕候様ニ被　仰付候先例も御座候間、此度喜吉町・西綾小路東半町振鬮ヲ以相当り候町罷下り候様可仕旨被申候ニ付、其通り双方得心仕候間、何卒御吟味之儀御下ケ被成下候ハ、難有可奉存候、以上

宝暦五年
亥十月廿七日

（喜吉町五人組・町中惣代連名略）

（中略）

御奉行様

翌宝暦六年の年頭御礼江戸下り番に関して、《町組》の寄合の結果、［宝暦元年正月廿六日から、同三年まで西

綾小路東半町の町年寄を務め、さらに「持越」して宝暦三年から町年寄を務めて、この争論の時点（宝暦五年）で三年目（通算では六年目）の「持越之年寄」源助が「座上」として務めることに決定した。しかし、これに対して、「宝暦三年正月廿七日から喜吉町の町年寄を務めて三年目」の「新規之年寄」庄兵衛が、「持越年寄ハ罷下間敷」と主張して争論になったのである。この争論自体は、先述の享保十六年の裁許における「年数同事之者有之節者、鬮取ニ而順番ニ御礼相勤可申旨」に従い、振鬮で決めることで内済になる。しかし、このように、徳川将軍家との間の儀礼に関して自己主張をし、《町組》内の決定に対して異議を申し立てるなど、《町組》の結束が弛緩している様子をうかがうことができるのである。

以上の事例から、第四章でみたような《惣町》の枠組みの持つ意味の希薄化を背景として、〈事例1〉のように徳川将軍家との間の儀礼に参加する年寄が持つ《惣町》の代表者としての性格が失われるとともに、第三章で明らかにしたような、享保八年の京都町奉行所による都市行政改革の影響により、〈事例2・3〉のように《町組》内の結束も弛緩していたことがわかる。このように、「新規願」が展開している時期に、儀礼を通じた自己主張などにより《惣町―町組―町》の結束は弛緩して、住民側の自律的な都市運営の枠組みは機能不全を起こしていたために、「新規願」に反対する住民側の運動をより困難なものにしたと考える。

第三節　《惣町》の結束強化と新規願反対運動

塚本明氏[17]は、「新規願」の「都市を単位とする会所の論理に対するために」、「新規願反対運動」では「町・町組側も都市全体への視野を獲得」することが「不可欠な条件」であったとした。しかし、後述する「新規願反対運動」の過程からは、運動の枠組みは「町・町組」としてのみとらえるのではなく、《惣町》の枠組みも重要な機能を持っており、《惣町―町組―町》の重層構造を前提とする被支配住民の自律的な都市運営の枠組みで運動が行われたと考える。しかも先に触れたように、「新規願」が依拠する京都町奉行所の行政回路は、被支配住民側による自律的な都市運営の枠組みとは矛盾をきたすものでもあった。「新規願」に対する反対運動は、自律的な都市運営の枠組みとなる《惣町—町組—町》という重層構造に依拠して行われたという側面に注目したい。

前節でも見たように、享保八年の京都町奉行所による都市行政改革の影響もあり、《惣町—町組—町》の結束が弛緩していたため、塚本氏も指摘するように、「新規願反対運動」は、まず《町組》の結束を図る形で展開する。《町組》内の新町各組に対して「新規願」を行わない旨の申し合わせ書を《惣町》宛てに提出させて、最終的には《町組》の結束を《惣町》への誓約という形で実現しようとしている(18)。このように、「新規願」の動きを押さえるために、《惣町—町組—町》という重層構造の中で《惣町》の枠組みが持つ拘束力が期待されていたと考える。こうした動きの中で、【史料6-2】のように、「新規願反対運動」における訴願も《惣町》の枠組みでの願い出となった訳である。

このような形で、被支配住民側において弛緩していた《惣町》の枠組みのもとに結束していく動きは、塚本氏が「儀礼の肥大化」として指摘する、「格式の固定化」の機能に依拠しながら実現されていった。ここからは、前節で見たような徳川将軍家との間の儀礼を通じた自己主張によってもたらされた《町組》の弛緩に対して、逆に徳川将軍家との間の儀礼を通じて「格式の固定化」を目指す事例を見ていきたい。

まず、〈事例4〉として、前節の〈事例3〉の争論を受けて、宝暦六年（一七五六）三月、下京の川西九町組では「宝暦式」という申し合わせ書を作成している(19)。「組町二季参会之砌、自余之沙汰ヲ不交先此宝暦式ヲ可見聞候事」とあるように、川西九町組での寄合ではこの「宝暦式」に必ず従うこととされ、「同月年寄替之儀者振鬮ニ而座席相極メ」、「御年頭相勤座席差別無之候事」と規定しているなど、再び〈事例3〉のような争論が起きることを防ぐために作成されたものである。この申し合わせ書の中でも、次の項目に注目したい。

【史料6-6】

一、諸事之差図先ツ座上ゟ出候処、年寄三年之間ニ而之順番之儀ニ候得者、或者壱年・半年僅之間之座上も有之候得者甚以不案内ニ候、尤其町ニ者持越年寄も可有候得共、先ツ時之座上江之遠慮故、言を扣新年寄者昨今故口ヲ閉候故、徒ニ時刻移り適々之参会ニ申合茂今少シ薄ク罷立候事も有之残念ニ候、此後者座上ゟ昨今者尚以箱之内成ル帳面等無遠慮致披見、定メ有之候事共荒増ニも覚居候様ニ可心得事

つまり、《町組》内の結束の弛緩の理由を、町年寄任期三年制のもとでの「座上」の「不案内」、及び各町年寄の不連携に求め、逆に「座上」を中核に結束を強化しようとしている。そして、年頭御礼を特に重視し、年頭御礼江戸下り番の年寄を相談する寄合を「大参会」と名付け、「座上之吟味猥ニ相成候而争論致出来候得者、第一御上江恐、又者外組町江之聞江も茂気之毒ニ候故、末々共順番ニ間違出来不申様ニと存相定置事ニ候」と記しているように、徳川将軍家との間の儀礼行為に参加する「座上」を軸に、《町組》の結束を図っていこうとしていることがわかる。

また、下京の川西十六町組でも、明和八年（一七七一）に次のような申し合わせを行っている（〈事例5〉）。

【史料6-7】(20)

桓武帝延暦三年都を山城国長岡江為移給ひ、同拾三年平安城悉成就して葛野郡江　遷都被為　成候砌り、南都ゟ奉附添由縁在之町人凡三千人禁裏之東西江家造りおなし右京・左京与名付ク、然ルニ文治弐年頼朝公諸国之棟領ニ成給ひ、　後白河院被為　院宣下天下を頼朝公江譲らせ給ふ、是武家天下始也、　鎌倉御政務之時ハ鎌倉江罷下り年頭御礼相務当所守護被遊候、　御一門御入京被成候へ者　御所様とも称シ御出迎相勤申由、又　尊氏四代将軍義持公御時応永十七年多賀豊後守当所守護被成司どらせ給ふニゟ御所司様与始而称申とかや聞伝申候、其後　尊氏将軍之末武威衰、度々戦ひ多ク京都町人離散致、又応仁之乱れ彼是右之京ハ絶

而左之京残り今之古京与申ハ是也、天正七年将軍織田信長公江州安土ゟ京都江御入被為成候砌、下古京年寄
大津迄御出迎ひ与して生たら鶴を奉献上仕　将軍信長公　聞召、京都ニ茂我を慕敷思ふ者在之哉与被　仰、
甚　御悦被為　成候而　御結構成　御言葉被為　下候、則御入洛被為　遊候節下京之民家別而相被為労、放
火抔不可致旨被為　仰付候、是而已有難聞及申候、其後大(太)閤秀吉公文禄元年朝鮮国　御征罰之時、肥前名護
屋迄為御見舞下京古京惣代川西廿五町組之内年寄壱人罷下り相勤申候、則御菓子代として御銀奉差上候、且
又　御帰国泉州ニ御逗留被為遊候節、先達而之通御菓子代として銀子奉指上候、右年寄罷下り相勤申候、其
後　御在城被為　成候処又々御渡海之由ニ付上下京年寄両人為御見舞、御帷子三拾奉指上候、御悦着被為
成候旨浅野弾正様ゟ御奉書被下、此度御渡海之義者来ル三月迄御延引之趣ニ而浅野弾正長吉御書判ニ而上下
京老中与宛名ニ而被下置候、尤上京柳原組中ニ納置在之候、且又従大坂被為　仰付置候　御所司様前田徳善
院玄以法印御入京之節、古京中大仏迄御迎申候ニ付此時ゟ新ン町も始而同様ニ相勤被致候、　御当家様御治
世之始奥平美作守様・板倉伊賀守(勝重)様・板倉周防守(重宗)様、　御所司代様　御入京之砌り者古町之者出勤致候得ば、
新ン町茂同様ニ出勤致候所　御上意被下候段難有御儀ニ奉存候、於今ニ茶屋四郎次郎を以御出迎之節ニ御上
意被為　下候段難在奉存候、別而　寛永十一年将軍家光公奉号　大猷院殿様与　御上洛勿論公家・武家方衆、
洛中洛外之町年寄山科江御迎出申候、戌七月十一日午刻二条御城江被為御入遊候、閏七月ニ古京中年寄共二
条御城江御礼出ル、此時銀五千貫目拝領仕候、其上御逗留中ニハ御機嫌窺抔ニも古町之年寄罷出申候得与御
免被為　遊御請被為成下候、是以難在古町之面目大規模成事言語ニ難延儀ニ御座候、又年頭　御拝礼之義御
政務之始より百五十余年以来相勤候所ニ関東　御城下之町人ハ三ン年寄、大坂ニ而ハ三郷之年寄相務候、是
等者御扶持御宛行之者ニ而常ニ御上近ク出勤仕候故、町人之内ニ而茂少シ上さまのニ而在之、京都年寄ハ
多織商人ニ而候得共五ヶ所之上ニ立　御拝礼相勤申候者、右古京儀者由緒有之ニゟ　上々様ニも格別ニ被為

思召故也、殊ニ御時服頂戴仕冥加至極在難義ニ存候、併享保八卯年ゟ御上之割と也御銀被下候、右古町ハ銘々町ニも古実有之儀ニ候得者随分互ニ睦敷申合、毎月二日寄合無懈怠相勤　御掟目幷近来之御触等末々迄読聞セ申候様組中嗜之可申合候、然ルニ古町年寄者筋目を正し、又ハ商売筋ニより難成、是自余之沙汰ニ不可有　御拝礼者格別之御事、去ル明和元申年江戸御役人様方御上京被遊候砌、古京年寄上下京壱人宛御旅館江御内意ニ而御召被遊被　仰候者、関東ニ而茂古京之義ハ格別被為　思召候御事何卒猶賑々敷致度旨被　仰聞御憐愍之段是以古町之規模与難有御事候、且又ケ様之義も有之候得者、座上・座末之無隔御召被成候事御座候ニより兼而常々申合候者、万事吟味致若麁末成事在之候得者、其町之義ニあらす、組中恥辱、又ハ下京中へ対し難訳立候、何事も組内之儀ハ諸事之指図先座上ゟ被申出候処、年寄三年之間ニハ順番之儀ニ候へハ或者壱ケ月、二ヶ月僅之間之座上も在之候得者目被致遠慮候を聞其内ニハ持越年寄も在之候へハ、先時之座上江之遠慮故言を扣、徒ニ時刻も移り春秋参会ニ申合も今少シ薄ク罷立候事も在之残念ニ候、此後者昨今年寄ハ猶以組町之義永々万事之申合等致大切之出会ニ候𠀋、若何事ニ不寄不審ケ間敷品も有之候歟、又者存寄之儀も在之候ハ、幾度も無遠慮穏便ニ熟談可被致候、壱人与し而申募間鋪事

この申し合わせ書には、冒頭、第四章で取り上げた「京都旧記録」類の影響も見られる支配権力との間の儀礼関係を中心とした古町の由緒が記され、「昨今年寄ハ猶以組町之義永々万事之申合等致大切之出会」と、町年寄の熟談、連携による《町組》内の結束強化を目指している。特に、「万事吟味致若麁末成事在之候得者、其町計之義ニあらす、組中恥辱、又ハ下京中へ対し難訳立候」と、《個別町》、《町組》ばかりでなく、「下京中へ対し難訳立候」と、《惣町》の枠組みをも意識したものとなっている点が重要である。

また、この申し合わせ書中に、明和元年（一七六四）に「江戸御役人様方御上京」し、「古京年寄上下京壱人宛」に対して「関東ニ而茂古京之義ハ格別被為　思召候御事何卒猶賑々敷致度旨」を仰せ聞かされたことが「古

町之規模」であると記されている点に注目したい。ここに記される「江戸御役人様方御上京」とは、宝暦十四年（六月改元・明和元年）における勘定吟味役伊奈半左衛門忠宥を中心とする江戸幕府勘定方一向の上方巡覧のことを指す。伊奈は京都繁栄策についての上申を命じ、この求めに応じて各《町組》が上申書を提出した。塚本氏[21]が指摘しているように、この上申書における《町組》の主張には、「新規願」への反対意見を述べるものも多く、「新規願反対運動」における《町組》の結束強化の一環として行われた上申であったといえる。

そして、この伊奈半左衛門への上申との関係で、次の「上訴訟願」と呼ばれる事例〈事例6〉が注目される。宝暦十四年四月、上京の下中筋組・上一条組・上川東組・下川東組・下一条組から京都町奉行所に対して、「一旦拝礼相勤候年寄共御役所へ罷出候節ハ、御縁側へ罷出候様被為仰付候様奉願上候、年寄退役仕候とも右願之通り被為仰付被下候ハ、難在可奉存上候」と、徳川将軍家に対する拝謁・献上儀礼に参加した町年寄が、公事訴訟などで京都町奉行所に入る際には、「御縁側」まで出ることを認めるように願い出ている（「御縁側」まで出ることを後の【史料6-8】にあるように「上訴訟」と称している）[22]。尾脇秀和氏[23]が明らかにしているように、御白洲などの公事訴訟の場では「江戸時代の社会秩序が可視化」されたから、京都町奉行所内で行われる公事訴訟の場において、「御縁側」まで出ることができることは、京都町奉行所による都市行政上の関係において他の者より優位な立場に立つことを意味しただろう。この点では、徳川将軍家との間の儀礼に参加した町年寄が、それを理由に京都町奉行との間の結びつきをより深めようとしたものとして、〈事例1〉と類似した願い出といえる。さらに、これは京都町奉行との関係について儀礼ではなく公事訴訟の場において求めたものであり、都市行政上での優位性を示そうとしたものであること、さらに町年寄単独の願い出ではなく、《町組》の枠組みで願い出がなされた点が特徴である。

また、この願い出は上京の四つの《町組》によるもので、上京《惣町》よりの願い出ではない点には注意が必要だが、この「上訴訟」願が許可されたことを受けて、上一条組内の一条拾町組の各《個別町》の町年寄の連印で、次のような口上書が作成されている。

【史料6-8】(24)

乍恐口上書

一、此度　御役人様御三人被遊御座被為仰渡候、年頭御拝礼ニ御江戸表へ罷越候古京年寄ハ退役仕候共、古来之通願事候ハ、上訴訟可致様被為　仰渡難有奉存候、以上

右之通組町一統ニ承知仕候

宝暦十四年申四月

（一条拾町組町年寄連印略）

古京御年寄

大原立安様

小嶋道和様

この口上書の宛先となっている大原立安は宝暦七年に下中筋組の代表として、小嶋道和は明和四年に上一条組の代表として、それぞれ年頭御礼を行った人物である(25)。この口上書を提出する一条拾町組の立場では、所属する上一条組から年頭御礼に参加した小嶋道和を宛先とするのは《町組》の結束という点で意味がある。しかし、もう一人の大原立安は、上訴訟願を行った四つの《町組》の一つであるが、自らの所属する《町組》とは別の《町組》から年頭御礼に参加した年寄であり、《町組》の代表というよりは上京《惣町》の代表者としてこの口上書を提出したと理解した方が良いように思われる。つまり、《町組》内の各《個別町》の町年寄から、年頭御礼を務めたことのある「古京御年寄」、すなわち《惣町》の代表者といえるような人物に対して提出したものと考える。このような形で、徳川将軍家との間の儀礼に参加した年寄が町年寄を退任後も京都町奉行所に「願事」をす

る際には、「御縁側」まで出ることが認められたことについて承知させているのである。

これは、あくまで上京の四つの《町組》による自己主張という側面もあるだろうが、所属する《町組》とは異なる《町組》の代表者も宛先として請書が提出されていることからすれば、単独の《町組》内での動きではなく、徳川将軍家との間の儀礼に参加する「古京年寄」が《惣町》の代表者であることを意識したものともいえるのではないか。

さらに、「此度　御役人様御三人被遊御座被為仰渡候」と記されているのが、右の伊奈半左衛門忠宥らのことを指し(26)、この「上訴訟」願が認められる際に、伊奈半左衛門の関与をうかがうことができる。これは、先に見たように伊奈への上申が「新規願反対運動」と連動するものであったことを考えると、「新規願反対運動」を有利に進めるため、徳川将軍家との間の儀礼への参加を梃子に、《惣町》の代表者が京都町奉行所における訴訟の場で占める位置を格上げするとともに、《惣町》の代表者に対する請書提出により《町組》内の結束強化を図ろうとしたものであったと評価することができる。これは先述の「新規願」を行わない旨の申し合わせ書を《町組》内の新町各組から《惣町》宛てに提出させて、《惣町》への誓約という形で《町組》の結束を実現しようとしたことと同様の関係にある。

以上、前節と本節で検討した徳川将軍家との間の儀礼に見られる六つの「儀礼の肥大化」の事例を通して、以下の点が指摘できる。まず、近世中後期の動向として、《町組》のレベルにおいて町年寄任期三年制の影響もあり、本来は《町組》の代表者となるような人物が《町組》内をまとめることができず、各《個別町》の町年寄の間での話し合い、連携が成立しないという状況があった。こうした状況に対して、「新規願反対運動」の過程で、近世前期における「先座」（＝「座上」・「上座」）の年寄を中心とした被支配住民の《惣町—町組—町》運営のあり方が再認識され、特に、「儀礼の肥大化」の中で、徳川将軍家との間の儀礼に参加する《町組》の代表者である

「先座」を軸として《町組》内の結束強化が図られ、徳川将軍家に対する拝謁・献上儀礼が《町組》内での各《個別町》の町年寄の連携強化の重要な契機となっていたことがわかる。

さらに、徳川将軍家との間の儀礼への参加という点に関わって、〈事例6〉の徳川将軍家との間の儀礼に参加する《惣町》の代表者への請書の提出と、《惣町》を宛先として作成された、《町組》内での「新規願」を行わない旨の申し合わせとの関係を踏まえれば、徳川将軍家との間で儀礼を通じた関係を持つ枠組みとして《惣町》が求められたと考える。つまり、《惣町─町組─町》の重層構造の中で、徳川将軍家との間の儀礼において機能する《惣町》の枠組みが、《町組─個別町》に対する強制力を持つものとして求められたのである。より上位の《惣町》の枠組みを意識しながら《町組》内の結束を図る形が目指されたといえよう。

このように、《惣町》の枠組みが強制力たり得たのは、何よりも徳川将軍家に対する拝謁・献上儀礼の枠組みとして維持されていたことが大きいだろう。それでは、なぜ京都の被支配住民により行われる「新規願反対運動」に際して、江戸城における徳川将軍家との間の儀礼関係が持ち出されたのか。これは、塚本氏も述べている(27)ように、「新規願」に関して一番問題視されたのが、「会所の者の「御権威ケ間敷儀」にあった」ことに原因があると考える。要するに、「新規願」を京都町奉行所によって認められた諸会所は、京都町奉行所の「権威」を背景に、都市行政に関わる諸事務を京都町奉行所と被支配住民との間で取り次ぐ形の回路を志向したのである。そこで、多くの「新規願」が京都町奉行所への冥加金による認可を目指した。つまり、「冥加金」によって京都町奉行所との関係を深めたことを根拠として、諸会所は都市行政上における優位な立場を確保し、提案する「新規願」を実現していこうとした訳である。そして、これも「儀礼の肥大化」の中で起こったことであった。

しかし、これは一方で副作用も生んだと思われる。例えば、天明三年（一七八三）八月二十六日に出された、諸色値段の引き下げを命じる町触(28)で、「近来諸商買人共仲間取〆冥加金銀相納、又者御役所へ名前帳面差出、仲間取〆として年頭八朔出礼相勤度旨願出候ものとも有之」と、仲間などが冥加金を納めたり、京都町奉行所との間の儀礼を願う際には、諸色値段を高くしないことを約束させた上で許可してきたが、これらの者の内に「冥加金銀之割、又者年頭八朔出礼入用等之割懸、代ロもの直段賃銭等ニ籠メ」る者がおり、諸色値段を高くしていることは不埒であると注意している。つまり、京都町奉行所との間で、「冥加金」や儀礼を通じた関係を求めるにあたって必要となった経費を価格に転嫁させているというのである。また、第五章で取り上げた西村近江は、還暦の際に板行した教訓書[29]（【史料5-5】）の中で、「是までハ諸商売仲間取じめを御願申人々　唯御冥加金を指上、其金の威徳に因て万事の願相かなふと思ふ人多し」と指摘し、これを「皆御心得ちがひなり」と批判する。さらに、「諸色高直に売つけての余銀を以て御益銀の助銀」とすることなどは、かえって「御上を軽しむるに当也」という。このような形で町触で注意喚起がされたり、批判されるということは、京都町奉行所に対して冥加金や儀礼を通じた関係を持とうとする動きはしばしば見られたということだろう。そして、これが「新規願」の実現を願う諸会所の「御権威ケ間敷儀」の背景となっていたのではないか。

そこで、こうした諸会所へ対抗するためには、京都町奉行より上位の「権威」が求められねばならず、それが幕府直轄都市として、毎年頭などに行われる拝謁・献上儀礼として維持されていた徳川将軍家との間の関係であったと考える。〈事例6〉のように、徳川将軍家との間の儀礼への参加を根拠に、京都町奉行所における訴訟の場で占める位置を格上げしようとしたことはその顕れである。これは、第五章で明らかにしたように、徳川将軍家との間の関係がとらえ返され、徳川由緒を根拠に、都市行政の場においても、優位な立場を得ようとしたこととも通じるだろう。

享保期以降の京都町奉行所による都市行政は、第一章で述べたように、「洛中洛外町続」を行政対象の領域として、《個別町》を基礎とすることを志向して展開し、その過程で《惣町》の枠組みの持つ意味合いは薄れた。

この影響もあり、《惣町―町組―個別町》内での結束は弛緩した。さらに、京都町奉行所は「新規願」を採用することで、〔京都町奉行所―諸会所―《個別町》〕という回路での都市行政を展開させた。しかし、京都町奉行所との間の冥加金や儀礼を通じた関係を背景とする諸会所の「御権威ケ間敷儀」は被支配住民の反発を招き、これに「新規願反対運動」として対抗していくため、徳川将軍家との間の儀礼への参加を背景とする形で、《町組》内の結束の強化が目指され、さらにこの《町組》の結束強化にあたって、より上位の強制力として徳川将軍家との間の儀礼への参加の枠組みでもある《惣町》の枠組みが再発見された。このような形で、《惣町―町組―町》の重層構造がとらえ返される形で展開したのが「惣町運動」としての「新規願反対運動」であったと考える。但し、「新規願反対運動」の段階では、《惣町―町組―個別町》内での結束の弛緩も同時に存在し、全ての《町組》が《惣町》のもとに結束できた訳ではなく、《惣町》への結集は十分なものではなかった。この点は次節の文政町代改儀一件時の課題ともなる。

そして、以上見てきたような京都町奉行所の権威を背景として「新規願」を展開しようとする都市行政の回路上において、被支配住民側の《惣町―町組―町》の重層構造との間で矛盾が生じていたことは、次節で検討する町代との関係においても共通するものであった。つまり、右にみた伊奈への上申の中でも町代の「御権威ケ間敷儀」が問題視されていたように、〔京都町奉行所―町代―《個別町》〕という都市行政上の回路の中で生じていた町代との間の軋轢が頂点に達して、「惣町運動」に発展したのが文政町代改儀一件なのである。

第四節　文政町代改儀一件

本節では、文政町代改儀一件の中で、徳川将軍家に対する拝謁・献上儀礼をめぐって問題となった点を中心に検討していく。文政町代改儀一件[30]は、京都町奉行所の都市行政上における町代の権限の「改儀」を願った運動である（文政町代改儀一件の争点については、本書序章の表0-2も参照）。文化十四年（一八一七）七月頃より本格化し、翌文政元年十二月に「済状」を提出し、内済となるまで凡そ一年半の間続いた。この間の文化十五年（四月改元・文政元年）と文政二年（一八一九）の両年の年頭御礼の参加者に関して大きな問題が生じていたのである。

はじめに触れたように、徳川将軍家に対する拝謁・献上儀礼には、上京・下京それぞれ「町代二名・町年寄一名」が参加していた。この町代と町年寄との間の関係をみると、第二章で触れたように、江戸城の儀礼の場では、席次などでも年寄→町代（惣代として扱われる）の序列になっていたが、一方、事前に京都で参加する町年寄を選定するような場面においては、これとは異なる関係がみられた。

すなわち、【史料6-1】にあるように、町代側の認識では、町年寄はあくまで《個別町》に限定された存在であり、「第一之勤方」とされる年頭御礼については、「人柄を見立、又者差口等ニ而順番ニ罷下り申候」とあるように、年頭御礼江戸下り番の町年寄は、町代の「差口」として、あらかじめ決められた順番での参加とされた。「差口」とは、第二章でも触れたように、町代の事務処理の過程で、町代が京都町奉行所（与力）の指示を住民に対して取り次ぐ際に、町代からの指示を受ける対象を指す言葉として用いられている。つまり、徳川将軍家に対する拝謁・献上儀礼に参加する町年寄は町代の指示の対象として認識されていたのである。さらに、この儀礼に参加する町年寄に関しては、「町代仲間之者ゟ御奉行所へ相伺」ともあるように、徳川将軍家との間の儀礼に関わって、町代は京都町奉行所と町年寄との間を取り次ぐ存在として自己認識するようになっていた。そして、年頭御礼に参加する町年寄は、第二章で【史料2-7】として掲げた「町代御仲間衆中」宛ての「江戸下年寄式法」という請書を提出させられていた。このように、京都の参加者選定の場では、（京都町奉行所→）町代→町年寄という関係になっていたといえるのである。

これは勿論、第二・四章で述べたように、享保期以降、京都町奉行所の都市行政上で町代の果たす役割が増大していったことと無関係ではない。都市行政上で役割を果たしてきたことを背景とする町代の姿勢（権威ケ間敷儀）への反発が原因となっている点では、「新規願反対運動」と共通する。そして、京都町奉行所の「権威」を背景にする町代への反発が契機となった文政町代改儀一件の過程でも、右のような徳川将軍家との間の儀礼をめぐって問題となったのである。但し、「新規願反対運動」とは異なり、徳川将軍家との間の儀礼にともに参加する町年寄と町代の関係が問題となったから、徳川由緒をめぐる確執と同様に、儀礼への参加のあり方が直接問題となった訳である。

以下では、文政町代改儀一件の発端から順に経過を確認していきたい(31)。この一件は、下京の上艮組を担当する町代である山中栄次の「古町へ対シ不敬」を問題としたことに端を発する。さらにこれが上艮組のみでなく下京八組、つまり《惣町》の枠組みの問題として認識されるようになり、七月二十四日の下京八組の寄合において、次のような話し合いがあった。

【史料6-9(32)】

一、此節北艮座上藤兵衛殿八組へ御廻り被成、八組寄合之上御咄シ申度段被申候ニ付、当番南艮当町烏帽子屋町会所座敷ニ而七月廿四日八組寄合有之、是迄北艮之成行藤兵衛殿ゟ御咄し被成、八組一統此節一札ニ而も御取被成候ハヽ、宜時節ニ候由御咄有之候、其外色々御咄し等も在之候得共難書取文略、右ニ付当三町組ニハ町代之一札も無之、此度北艮之様成儀出来不申様一札為致置度ニ付、此間奥田へ一札之儀申出し候所、町代中間ニ掟在之一札書候ハヽ、中ケ間刎出し候故内分ニ而一札致しかたく断申居候儀故、八組御一ツ躰ニ一札之儀御申出シ被下候ハヽ、町代方へ一躰之事故一札出来安ク候半歟、宜敷御相談被下度段申出し候所、夫より色々相談有之、八組一統町代勤も不宜候故一札取候儀ニ治定致し（後略）

つまり、「八組一統此節一札ニ而も御取被成候ハヽ、宜敷時節」と、《惣町》の枠組みで町代から一札を取ることで、第三章でもみたような町代の「利害集団化」の動きを牽制しようとしている。そして、これは、「三町組ニ町代一札無之ニ付、八組ノ力ヲかり一札取度」、「弱味噌組より申出候こそ幸之事、連印ニ而足ク、リ可申、八組申合一札連印可然」などとも言われているように、「新規願反対運動」と同じく、《町組》の上位に立つ強制力として《惣町》の枠組みが期待されたことを示している。

しかし、《町組》の結束が強化された結果、逆に各《町組》それぞれの事情から下京八組の足並みは揃わず、下京《惣町》としてまとまることが困難になっていた。巽組は、第三章でも取り上げたように、既に町代との間で相続をめぐる対立から「慥成一札」を取ることに成功しており、「当組ニ先達而書付取置有之、今更八組へ随心致候而ハ、先輩之骨折置候糺問書之趣意古反と相成」と、自らの《町組》の結合を優先することで「破談」となり、八組のまとまりから離れることになったのである。

このような状況の下で、文化十四年九月頃より、翌文化十五年の年頭御礼江戸下り番に関する問題が浮上してくる。これは、第五章でも触れたが、被支配住民側としては争論相手である町代を「不召連」、年頭御礼に参加したいと考えるようになったからである。そこで、「年頭下りニ町代不召連相談有之、願書ニ当組《(三町組)》も連印致シ、当年之所ハ去年下り候年寄壱人・町代之代りニ古町ゟ年寄壱人・新町ゟ年寄壱人、都合三人罷下候願可致と之相談」と、町代のかわりに、[「去年下り候年寄壱人」・「古町ゟ年寄壱人」・「新町ゟ年寄壱人」]の体制で、年頭御礼に参加するという案が示された。ここでは、徳川将軍家との間の儀礼への参加のあり方をめぐって、町代の参加を差し止める代わりに、新町の参加が考慮されている点が注目され、さらに、「去年下り候年寄」の参加という点から、従来のようにその年に参加する《町組》のみが関わるものというような認識ではなくなっていることが指摘できる。

そして、この「町代不召連」という点に関しては、「上下京御同様之儀」という認識のもと、「京一統之願」という形で、上京・下京が連動してこの問題に対処していこうとしている。そこで、上京に対して「御同様ニ御出訴可申哉と之口上」を申し入れ、上京においても「町代不召連」ことを願うことにし、十一月七日に上京単独で「年頭拝礼町代不召連年寄三人罷下り度趣之願書」を京都町奉行所に対して提出した。しかし、与力より、「関東へ伺候上ならでハ不相成容易之義ニ無之候」との理解を示されたため、「下京と相談之上御願可申上」として、この願書は下げられた。

ここで、上京が下京に先立って単独で願書を提出した背景には、下京八組内部の足並みの乱れが存在した。既に「破談」していた巽組はもちろん、残りの七組においてもなかなか意見の一致を見なかったのである。特に、南艮組橋弁慶町の町年寄川端（柊屋）伝右衛門は、「町代不召連」ことは自分の「了簡と違」うため、他の《町組》の結束に対して干渉するなどの「謀」を行った。そのため、各《町組》は自組の結束強化に忙殺され、なかなか七組のまとまりは達成されなかった。前節の最後に触れたが、全ての《町組》が《惣町》のもとに結集することは容易ではなく、以下に述べるような紆余曲折を経ることになる。

この点で特に問題となったのが、翌文化十五年の下京の年頭御礼の順番が、右で述べた橋弁慶町の町年寄川端伝右衛門の所属する南艮組に当たっていたことである。南艮組では、川端伝右衛門が年頭御礼に参加することに決めており、これに対して、他の《町組》から、「川端氏年頭下り之儀、外組者格別上艮ニおいて故障有之」と、川端伝右衛門が年頭御礼江戸下り番となることを妨げようとする動きをみせた。つまり、京都町奉行所に対して年頭御礼の参加者についての伺書を提出するにあたり、「六組惣代奥印ニ而窺候様治定、承知候趣一統上座承知書判被致」と、徳川将軍家との間の儀礼行為の参加者の選定に関して、他の《町組》から「承知書判」を取らなければならないとしたのである。これは「六組奥印之窺と申ものニして、ひら伝下り之趣ニ治定候ハヽ、六組合故障申出候手段」、すなわち「ひら伝」こと川端伝右衛門に決まった際に、他の六組から異議を申し立てるための手段であった。

このように、南艮組が「是迄之通り町代へ伺書遣シ、町代召連参り度存念」であったために、「町代不召連」ことを七組、さらには上京・下京のまとまりで願い出ることは困難になっていた。そこで、南艮組との協議の結果「御拝礼年寄四人ニ町代随心之者弐人召連」れるという形に内容を変更して、十一月十日、上京・下京（六組）の枠組みにより願い出ることとなった。しかし、この願書は受理されず、結局文化十五年の年頭御礼はこれまで通りの体制で行われることになった（詳しい事情は不明であるが、下京側の参加者は川端伝右衛門ではなく、竹内次兵衛になった）。

この後、南艮組・川西十六町組も「破談」の形となる。川西十六町組が破談した理由も、川西十六町組を担当する町代である「助九郎ゟ取置候一札差戻シ候義残念」[33]とあるように、それまでに《町組》レベルで町代との間の関係を決着させていた《町組》は、あえて《惣町》レベルでの運動を求めなかったのである。

そこで、下京は五組（上艮組・三町組・川西九町組・中十町組・中九町組）のまとまりで文政町代改儀一件に関わっていくことになる。そして、文化十五年一月二十六日、この下京（五組）と上京の枠組みにより、「町代召連下り候儀ヲ相止メ、人数者上下京是迄之通ニ而御拝礼出府仕度奉願上候、尤前々御拝礼相勤候年寄之内上下京ニ而一人ツヽ、御場所為案内付添罷下り」という形で、あらためて出訴に及んだ（【史料5-18】[34]）。さらに、この願い出に際し、上京と下京五組との間で次のような「上下京向後破談無之様為取替一札」を取り交しており、この一札の中で「上下京一体」という枠組みが認識されるようになっている点は注目される。

【史料6-10】[35]

為取替一札

一、町代出入一件付、上京下京一躰ニ相成、御相談仕候上ハ、事済迄破談申分等不仕、相互ニ陸（睦）敷可致、為

後日為取替一札仍而如件

文化十五年
寅正月

上京惣代
立売親八町組
黒田弥三郎花押
同福長町
熊井六之丞
武者小路東半町
小林吉兵衛
上中筋組徳大寺殿町
雨森新右衛門
川東組廿四町大行事大黒町
大西　幸七

下古京五組
御年寄衆中

この「町代不召連」という願い出は与力に受理されたものの、暫くの間は文政町代改儀一件に関わる与力の吟味において「年頭下り之義ハ一切無之」という状況が続いた。この間に下京の五組と「破談」三組との関係はまとまるどころか、逆にこじれていった。文化十五年（四月改元・文政元年）は所司代の交替があり、新任の所司代の初上京を出迎える儀礼が行われることになり、所司代を出迎える場所が問題となったのである。この所司代を出迎える儀礼については塚本明氏も(36)「儀礼の肥大化」の事例として「一八世紀半ばに極めて盛大になった」ことを指摘している。「幕や金屏風を張り巡らし、前日の朝より料理人を召し連れ泊まりがけで行うなどしたため、町人の負担費用は、京都町奉行所から一年間に徴収される公役銀を越える額に達した。町組の間にも序列・格差があり、出迎え方をめぐって競い合ったのが原因」という。

このように、所司代を出迎える儀礼では、《町組》がそれぞれ準備をしており、《惣町》でまとまって対応していた訳ではなかった。出迎え場所についても、各《町組》がそれぞれ出迎え場所のある山科御陵村と交渉を行っていたのだが、文政元年、下京五組は「御場所両側不残かり受申度候」と、下京五組のまとまりで出迎え場所を独占する動きをみせた。しかし、これは山科御陵村の同意を得ることができず達成されなかった。これに対して、閉め出されることになる「破談」三組の内、巽組と川西十六町組が下京五組に対して訴訟を起こす事態に及んだのである。この争論は結局内済となったが、この後も出迎え場所の順席について「五組を先へ立、其次へ巽・南・十六町と相ならび候様御取計ハ如何」と、下京五組と上京が一体になって山科御陵村に対して申し入れたりしている。このように、儀礼行為の場における《惣町》内での各《町組》の位置づけをめぐり軋轢が生じており、下京八組としてのまとまりを達成することはいまだ難しい状況にあった。

このような状況の中で、翌文政二年の年頭御礼に関して問題が浮上してくる。これは、この文政二年の下京の年頭御礼江戸下り番に当たっていたのが、「破談」三組の内の巽組であったことに原因があった。そこで、五組の側では、「此度ハ上京・下京相願立候内ゟ罷下り度」、あるいは「此度京地一躰規矩取直し度」との意向から、文政二年の年頭御礼江戸下り番を巽組から下京五組の内に振り替えることを望んだ。そこで、「定而年頭御拝礼之趣意ハ巽組之年寄意味にて御下り被成候哉」などと主張して、巽組に掛け合ったが同意は得られず、次の上下京連判の願書（「振替願」）により出訴に及んだのである。

【史料6－11】(37)

乍恐口上書

一、来ル卯年頭御拝礼ニ出符《(府)》仕候年寄共最早人柄治定仕度時節ニ相成候、下京ニ而者巽組ニ相当り候、然ル処去丑年町代一件御願奉申上候節ゟ下京巽組之儀者破談致シ居候ニ付、右破談組々年寄同道既ニ相手とり

罷在候町代共四人召連下り候而者関東御表ハ勿論道中筋ニ而臨時如何躰之義出来可申も難計ひ、長途之旅中上京年寄壱人甚以心配之義共ニ而、御拝礼之節万事申合之義も不熟ニ可有之、御大切之御場所がら万々一麁略之義出来可申歟与一統不安心可存、今以相談遅々ニ而人柄治定仕兼候、依之願方五組年寄共ゟ巽組ニ掛合、当暮之儀者巽組下り之処右五組之内与差替呉候様精々相頼候へ共、巽組ニ者一切取敢呉不申、勿論古京組々順番ニ相勤候与者乍申壱組ニ相抱（拘）候義も無之、元来上下古京ゟ年寄両人出符仕奉　御拝礼候規矩ニ御座候、尤当年之義者諸向不安心之趣申之候、何分相手同様破談仕居候巽組之義ニ付不得止事御願申上候、何分巽組年寄共被為　召出、当年之下り明年与差替候義承知致呉候様ニ御理解被為成下候ハヽ、上京下京下り年寄者不及申一統諸向安心ニ申合、無滞御拝礼相勤可申与如何計難有仕合ニ可奉存候義ニ付、此段上下京一統連印を以御願奉申上候、以上

文政元年寅十月十七日　　（下古京五組・上古京拾弐組惣代連印略）

御奉行様

この「振替願」の願書から、「古京組々順番ニ相勤候」という認識の、あくまで順番にあたった《町組》が務めるものとする巽組と、「壱組ニ相抱（拘）候義も無之、元来上下古京ゟ年寄両人出符仕奉　御拝礼候規矩」という認識の、《惣町》の代表者として徳川将軍家との間の儀礼の参加者を認識する下京五組・上京との対立をうかがうことができる。

これに対して、京都町奉行所与力は、巽組を「組内一統我侭」と断じ、「京都一体之事故否有間敷」との理解を示したため、巽組は振替を承知することになった。そして、これを契機として、下京五組と「破談」三組との関係も修復されていくことになる。特に、下京五組と「破談」三組の和談に際して、上京が仲介を行っている点も注意される。

なお、こうして「振替願」が認められた結果として、文政二年の下京年頭御礼江戸下り番は下京五組の内から川西九町組が務めることに決定した。しかし、ここでも林忠兵衛に務めさせたいとする他の四組と長左衛門に務めさせたいとする川西九町組の間で衝突が発生したのである。これは、「昨年之処ハ妙伝寺忠兵衛上席ニ候へとも、当年ニ相成候てハ持越しと相成候付、私（長左衛門…筆者注）上席ニ御座候」と、あくまで町年寄任期三年制のもとでの「三年之内上座」が務めるという《町組》内の論理を主張する川西九町組と、長左衛門は「五組之年寄目かない（目が無い）抔と被申候人故、迚も長左衛門様ハ御下し被成候而ハ甚不相済義」と主張する他の四組との間の対立であった。この点に関しても、与力は「五組ゟ差支申立候ハヽ、なせ外年寄を相究不申哉」という理解を示し、さらに三町組の取り計らいのもと、振鬮によって川西九町組の年頭御礼江戸下り番を決めることになり、結果林忠兵衛が務めることになった（しかし、この後林忠兵衛に関して「仲間公事有之、名前等御役所へ罷出有之候事故、此度ハとふも下シ難き趣」と、京都町奉行所の許可が得られず、再び振鬮を行い、結果、尾崎伊兵衛が務めることになっている）。

そして、そもそもの問題であった徳川将軍家との間の儀礼に町代を「不召連」という願い出については、次のように決着した。町代の権限・格式をめぐって争われたこの訴訟全体は、第五章でも見たように、文政元年十月頃より次第に被支配住民側に有利に展開していった。このため、町代からは「御召連被為下候ハヽ、冥加至極」との願い出もなされた[38]。そこで、最終的には今後も町代は参加するが、「御差図次第相勤」という旨の一札を町代から「上古京十弐組御年寄衆中様」・「下古京八組御年寄衆中様」宛てに提出させた[39]。さらに、第二章で触れた町代仲間宛てに提出していた「江戸下り式法書」（【史料2-7】）に代り、文政二年以降の年頭御礼では、参加する町代が参加する年寄に対して一札を提出するようになったのである。次に文政十一年の年頭御礼で提出された一札の例を示す。

【史料6-12】[40]

一札

一、此度為御拝礼御出府被成候ニ付、私共両人御召連可被成下旨被仰聞難有承知仕候、然ル上者猶又左之通急度相慎可申候事

一、御道中幷関東御表其外万事為御案内御召連被成下候儀ニ御座候得者、何事ニ不寄御心得申上少茂麁抹無之様夫々取計可申上候事

一、御城江上り候節者私共歩行可仕旨兼而被仰聞置、是又急度承知仕候事

一、関東御表幷道中筋ニ不限、何事ニ不寄掛ヶ引等之義仕落無之様、夫々御尋申上候、差図を請、取計可申上候事

一、御召連之人足与私共召連候人足共申争ひ等不仕様、精々申附、万事神妙ニ仕候様取計可申候事

一、私共儀切棒駕ニ相用候、幷立附着用可仕旨被仰聞承知仕候、然ル上者右之趣相守、勿論右ニ順シ不相応之着用物等仕間敷候事

右之通兼而相心得候義ニ御座候得共、猶又急度相守可申候、私共御召抱之御組町様ゟも入念相勤候様別段被仰聞承知仕、殊ニ　御古町様へ奉差上置候一札ヶ条之趣、夫々急度相守、叮嚀ニ相勤可申候、勿論何事ニ不寄自己之取計等決而仕間敷候、元来私共義ハ年々御召連被成候事故、万事為御案内御御請仕候義ニ御座候得者、諸事御心添申上、麁忽之儀無之様取計候儀勿論之事ニ御座候、右之通私共案内茂乍存等閑ニ取計仕候歟、又者御道中幷関東御表ニおゐて茂思召ニ相叶不申義御座候ハヽ、御帰京之上如何様ニ御申立、御取計被下候共一言之申分無御座候、為後日一札依而如件

文政十年亥十一月

町代永次

町代助九郎

下古京川西九町御組
西綾小路町西半
中井長左衛門様

【史料2-7】では、年頭御礼に参加する町年寄から町代仲間に宛てて、先例の式法通りに守ることを誓約する形になっており、年頭御礼に参加する町年寄は町代仲間の下位に位置づけられていた。これに対して、文政町代改儀一件後は、【史料6-12】のように、逆に町代が年頭御礼に参加する町年寄に対して誓約する形になったのである。さらに「御召連可被成下旨」と、町年寄が町代を召し連れるという、文政町代改儀一件中の被支配住民側の主張が容れられた形で、【史料2-7】とは逆の、町年寄→町代という関係になっていることがわかる。このように、「町年寄一名・町代一名」という体制に変化はないものの、儀礼の参加に際しての一札の提出に見られる関係の変化からも、徳川将軍家との間の儀礼をめぐって、京都での町代と町年寄の関係が逆転する形で決着[41]したことがわかる。これは、文政町代改儀一件が被支配住民側に有利な形で決着したことと通じるもので、京都町奉行所の都市行政においても両者の立場は逆転することになった（本書序章の表0-2にまとめた文政町代改儀一件の「済状」も参照）。

以上の文政町代改儀一件の過程における、徳川将軍家に対する拝謁・献上儀礼をめぐって問題とされた事柄から、以下のような点を指摘することができる。まず、京都町奉行所による都市行政における役割を背景とする町代の「権威」に対抗するために、徳川将軍家との間の儀礼の場で機能していた関係を持ち込んで、「町代不召連」という形で、徳川将軍家との間の関係を背景とする「権威」を独占することを目指した。この徳川将軍家との間の儀礼関係において、少なくとも江戸城の儀礼の場では《惣町》の枠組みが機能し続けていたために、この願い出は《惣町》の枠組みで行われることになった。

この過程で、年頭御礼江戸下り番となる町年寄の選定に関して、あくまで《惣町》の代表者であるという点が改めて見直されるようになった点が特に重要だろう。下京における《町組》間の対立から結集へと至る一連の過程に見るように、順番に当たった《町組》の範囲内で務めるべきという《町組》内の結合を重視する認識と、あくまで《惣町》の代表者が務めるものであるから他の《町組》の同意のもとで行うべきだとする認識の、二つの認識の対立があった。この対立を背景として、所司代の出迎え場所をめぐる争いや、年頭御礼江戸下り番の順番振替の問題などが生じ、この中で、儀礼の場における《惣町》内での各《町組》の位置づけが問題にされた訳である。

つまり、《惣町》の枠組みで訴願運動を展開するにあたって、《惣町》の枠組みは上から下への《町組》に及ぼす強制力としてだけではなく、各《町組》の連合という下から上への積み上げとして認識されるようになったということである。そして、このようにとらえ返された《惣町》の内部では、各《町組》の位置づけが、特に儀礼の場において問題となり、この問題を解決することにより初めて、《惣町》としての意志を対外的に主張することができた。そして、《惣町》の対外的な代表者として徳川将軍家との間の儀礼に参加する年寄と町代との間の、京都町奉行の都市行政における立場の逆転を可能にしたと評価できるのである。これらは、「新規願反対運動」の過程での《町組》レベルにおける結束強化を背景に、新たにもたらされた都市秩序を示すものと考える。

さらに、「上下京向後破談無之様為取替一札」や、《惣町》内部における各《町組》の連合、特に下京五組と破談三組を上京が仲介したことなどから、《惣町》同士の関係、特に「上下京一体」という認識が、《町組》の連携を促す強制力として機能している点も注目される。「上下京一体」での出訴のように、上京と下京の二つの《惣町》の連合という形が見られるようになったことは、この文政町代改儀一件における枠組みの広域性という点で、「新規願反対運動」段階から展開した都市秩序を示すもう一つの特徴と考える。そして、こうした上京と下京、二つの《惣町》間の連合という事態が、次節で述べる「茶屋一件」の背景となるのである。

第五節　茶屋一件

文政町代改儀一件の余韻冷めやらぬ文政三年（一八二〇）、今度は江戸城の儀礼の場で徳川将軍家と《惣町》の間を取り次いでいた茶屋四郎次郎家との間で問題が生じている。この文政三年に起きた「茶屋一件」については、別稿[42]でも検討しているが、ここでは「新規願反対運動」・文政町代改儀一件の延長線上で、この一件を検討してみたい。茶屋四郎次郎との関係は第三章や別稿でも触れたが、「惣町頭役」なる役職は近世を通じて機能した訳ではなく、京都における都市行政の上では茶屋四郎次郎家は何の役割も果たしていないが、第二章でも触れたように、茶屋四郎次郎家は、徳川将軍家に対する拝謁・献上儀礼に際して、徳川将軍家と畿内幕府直轄都市との間を取り次ぐ存在として、江戸城内の案内、儀礼の場での披露の他に、各都市からの献上物の調達に関わっていた。

さらに、文政町代改儀一件において、特に徳川将軍家との間の儀礼に関して町代との関係が変化したことを契機に、茶屋四郎次郎家との間の関係にも変化がもたらされる。例えば、文政町代改儀一件の過程で年頭御礼に「町代不召連」ように願い出を行った際に、茶屋四郎次郎家に対して、「関東表中之口迄ハ大体承知罷在候へとも奥向不案内之事ゆへ此義ニ付宜御頼入置」いている[43]。また、所司代に対する儀礼についても次のように願い出ている。

【史料6―13[44]】

奉願口上之覚

御所司代様、是迄年頭幷御初入御礼罷出候節々、町代共罷出、御門前其外共近来世話致来候得共、以来者御名代之内、御出勤被下、御式台より上之儀、御指図被成下候様、偏ニ奉頼上候、以上、

寅十一月

上古京十弐組惣代
新町今出川下ル町
徳太寺町年寄新右衛門
西洞院二条上ル町
薬師町年寄嘉七郎
下古京八組惣代
三条通新町西へ入町
釜座町年寄藤兵衛
三条通室町西へ入
衣棚北町年寄利右衛門

茶屋四郎次郎殿

つまり、儀礼の場において町代が果たしていた役割を、茶屋四郎次郎家が担うようになり、茶屋四郎次郎家との関係がより密接になったのである。

こうした状況を背景として「茶屋一件」は起こった。ここでは、「茶屋一件」を茶屋四郎次郎家との間の関係の変更を目指した被支配住民の運動が、京都町奉行所における訴訟にまで発展した「惣町運動」として、これまで検討してきた流れの延長線上に位置づけて考えてみたい。

「茶屋一件」の経過[45]を以下に整理して簡単に示す。先述の年頭御礼における茶屋四郎次郎家の役割は、徳川将軍家の慶事に際して行われる臨時恐悦献上の場合も同様であり、この「茶屋一件」は、文政二年七月の徳川家斉の息女嘉千代の誕生に際しての臨時恐悦献上をめぐって起こったものである。つまり、「嘉千代様御誕生」という徳川将軍家の慶事に際して、翌文政三年の年頭御礼と兼帯で、臨時恐悦として献上物を用意したところ、江戸において茶屋四郎次郎より「御献上ニハ不及」と臨時恐悦献上については許可されなかった。このような献上物が用意された上で臨時恐悦献上が許可されなかった例はこれまでになく、この不要になった献上物の代銀の負担（「弁銀」）の仕方が、茶屋四郎次郎家との間で問題になったのである。

この「弁銀」に関して、茶屋四郎次郎家江戸店の手代から、下京の年頭御礼江戸下り番であった巽組二帖半敷町の町年寄鈴木左市に対して色々提案がなされた。これに対して鈴木左市は、京都へ帰って「年寄中一統へも申為聞度旨」を答えたところ、江戸店の手代がいずれ京都へ赴く予定があるので、その時にまた話し合いを行うということになった。

ところが、三月になっても、茶屋四郎次郎家江戸店の手代の上京はなく、京都店の手代より文通があったが「横柄なる書面」であったため、右の鈴木左市が私用で江戸へ赴いた際、茶屋四郎次郎と直談に及び、一度は話し合いはまとまりかけた。しかし、六月の下旬頃、「俄ニ談合異変仕、夫迄熟談致し置候事迄も皆々相違仕候」という状況になった。そこで、鈴木左市は、尾州茶屋家の茶屋長意に相談に及んだ。この相談の内容が、「来ル巳之年頭之献上物之義、茶屋四郎次郎家事不取締ニ付、調進物相断申よし」というものであったため、茶屋四郎次郎が京都町奉行所に対して「御礼之御理解を相願ふ」ことになったのである。そこで、この後、文政三年九月から十月にかけて数度、京都町奉行所における吟味が行われ、十一月二十九日に済状を提出し、最終的には鈴木左市一人の「不行届・不調法」という形で決着した。これが「茶屋一件」のおおよその経過である。(46)

以下、右のような「茶屋一件」の経過の中で、都市秩序の展開に関わって注目される論点を四点、それぞれ検討していきたい。

まず一点目として、「茶屋一件」が起こる主な原因の一つとなった、茶屋四郎次郎及び茶屋家の手代との関係について検討したい。ここでは、茶屋四郎次郎家が持っていた儀礼行為に関する役割の一つである献上物の調進について、下京の側から断り、同苗の尾州茶屋家に頼むというように、「献上物相頼候義者畢竟相対次第而已之儀と奉存」という《惣町》側から茶屋四郎次郎家の立場を相対化するような動きがみられたことが特筆される。これは献上物の取り扱いをめぐっても、済状の中で「一、献上之品唯今迄上下京年寄共見請不申仕来ニ御座候得共、可相成者御品仕立上ケ候上一応拝見仕度旨、上下京年寄共申上候ニ付福井治郎左衛門・福原半左衛門御尋被成下候処、差支之筋無御座四郎次郎方都合宜敷日限拝見為仕旨申聞候」とされているように、これまで茶屋四郎次郎家が用意した献上物について確認していなかったが、今後は献上物を確認することを求め、認められている。このように、徳川将軍家との間の儀礼における献上物に関して、茶屋四郎次郎に任せ切りにするのではなく、被支配住民側としてより深く関わっていこうという姿勢がうかがえる。

但し、この一件で最も問題視されている点は、「兎角江戸表とちがひ、京地名代衆ハ大ニ権威振るひ候意味ニ御座候」とあるように、徳川将軍家呉服所である茶屋四郎次郎家の権威を背景に「権柄かまし」い存在であった茶屋四郎次郎家京都店の手代衆との関係にあった。つまり、「新規願」や町代への反発と同様、「権威」が問題であったことがわかる。

別稿でも明らかにしたように、この点に関する京都町奉行所の判断は、「茶屋名代之者高振候ニも有之間敷、商人抔と違少し者高くも見へるであろ」と、呉服所である茶屋四郎次郎家は「商人抔と違」うという理解を示し、済状において、「御礼等取扱之儀者弐百年来無滞相勤来格別之御由緒之訳以重き奉蒙上意候御趣意も御座候間、四郎次郎方家格相立候様」とあるように、これまで「御礼等取扱之儀」を務めてきた由緒が確認され、下京側の相対化の動きは否定された。

次に二点目は、京都町奉行所との関係についてである。この「茶屋一件」における京都町奉行所の与力による吟味において鈴木佐市が「不行届・不調法」とされた点は、「嘉千代様御誕生恐悦献上物之儀、御役所より被仰付用意仕罷下り、猶又関東寺社御奉行江相伺申上候様申付、御不用被為仰出候共、元来献上御品物之儀、下ニ而勝手伣ニ懸合セ候儀者甚不束」という与力の言葉に表われている。つまり、京都町奉行所を介さず、下京《惣町》が年頭御礼江戸下り番を務めた町年寄を通じて茶屋四郎次郎家と直接交渉したことが問題視されているのである。そして、これは京都町奉行所側の「御献上之御品譬於彼地ニ御不用被仰出候共、帰京之上なぜ御伺を不申上哉、御奉行より被為仰渡御献上物用意致し罷下り候義ニあらずや」という理解に基づくものである。京都の上京・下京《惣町》と徳川将軍家との間の儀礼においても、あくまで「御奉行より被為仰渡」と、京都町奉行所の支配を受けることが確認された。この点は、第五章で明らかにしたように、被支配住民側としては徳川将軍家との間の儀礼を通じたつながりを京都町奉行所との間の行政上の関係を相対化するものとして認識していたのに対して、京都町奉行所はあくまで被支配住民側と徳川将軍家との間の儀礼も京都町奉行所の都市行政の管轄下であると認識していたことを示す。この認識は、第三章で述べたように、享保八年（一七二三）以降、町触によって京都町奉行所の都市行政の回路を通じて、徳川将軍家との間の儀礼の費用が徴収されてきたこととも関係するだろう。

そして、三点目として、この「茶屋一件」に際しては、茶屋四郎次郎家、茶屋長意との対談、あるいは京都町奉行所与力による吟味への対応などにおいて、《惣町》の枠組みが有効に機能していることをあげたい。特に、この年の年頭御礼江戸下り番であった鈴木左市が下京《惣町》の意向を受け、茶屋四郎次郎家との対談に及んでいる点が注目される。つまり、文政町代改儀一件時とは異なり、年頭御礼に参加している鈴木佐市が下京《惣町》の代表者として、《惣町》の意志を対外的に主張していると評価することができるのである。また、京都町奉行所における吟味でも、《惣町》としての統一した意志をまとめて対応していることがわかる。

しかし、《惣町》の枠組みで「茶屋一件」に対応する過程において、上京と下京の間の《惣町》間の関係が問題として浮上した。この点を四点目として検討する。この文政三年の年頭御礼に際して、下京の下り番であった鈴木左市は、これまで江戸では同宿していたのを別宿にしたり、廻勤の際の名札を別に認めるなど、上京と別行動を取った。こうした下京の独自の動きは、上京側の反発を招いた。特に、次の史料に見られるように、儀礼の場における上京と下京の関係が問題となったのである。

【史料6-14】

一、御拝礼之節、　御目見席之儀、并　御暇之節も是迄上京年寄一人惣代、夫ゟ下京年寄壱人惣代と披露有之候ニ付、当春左一御拝礼ニ罷下り候砌、上京年寄・下京年寄、次ニ上京惣代・下京惣代と披露之義ハ不相成哉、町代身上相改候上ハ御勘考も被下度申入候処、其儀難出来候へとも、四郎次郎宅ニ而例年上下京其外共集、相揃候節之席順者、表立候分ニも無之候間、差支ニも不相成、尤も上京へも其趣四郎次郎方ゟ相達、町代共へも相尋候故、是以子細無之趣ニ付、当春年頭より相改、已来右様ニ取計可仕之趣申居候処、当年夏福井次郎左衛門罷下り候砌より俄之違変申立、当年限之事之由申出候段不束ニ奉存候

つまり、文政町代改儀一件後、町代との関係において年頭御礼江戸下り番の町年寄が上位に立ったことも関係して、これまで江戸城における拝謁・献上の際の奏者番による披露の順番を「上京年寄一人・惣代、夫ゟ下京年寄壱人・惣代」から、「上京年寄・下京年寄、次ニ上京惣代・下京惣代」と変えて欲しいと鈴木左市が茶屋四郎次郎に対して願い出たのである。この願い出については、江戸城内のことは「難出来候へとも、四郎次郎宅ニ而例年上下京其外共集、相揃候節之席順者、表立候分ニも無之候間」と、登城前に畿内幕府直轄都市の五ヶ所が茶屋四郎次郎宅で揃う際の席順を「上京年寄・下京年寄、次ニ上京惣代・下京惣代」とすることのみ認められた。さらに、これを文政三年限りとするか、以後も続けるかという点で茶屋四郎次郎家京都店の手代との間でも問題になっている。

そして、この席順の願い出は、直接には「上京惣代」（町代）と「下京年寄」を入れ替えることを求めるものであるが、上京・下京の《惣町》間の問題としても展開した。つまり、上京の意向としては、下京の独自の動き

を問題視し、登城前の茶屋四郎次郎宅における席順の問題についても、「上京之者共先規と申立、仕来り之通」と主張した。これは、文政町代改儀一件を経て、町代を召し連れるという形になっていたこともあり、「上京年寄・惣代」を合わせて上京の枠組みでの参加と認識していたところに、「下京年寄」が間に入ってくることへの反発という形で、上京・下京の《惣町》間の確執が表面化したということだろう。これは、第一章で明らかにした「御朱印」＝徳川家康禁制の保管をめぐる上京と下京の間の確執にも通じるものである。

これに関して、京都町奉行所与力が「此義も仕来りと致し遣候ハヽ、下京之者共ハ惣つぶれニ可相成ニ付、大ニ理解申付候」と述べている。つまり、この茶屋四郎次郎宅における席順についての願い出が認められなければ、「茶屋一件」において下京は「惣つぶれ」になってしまうという京都町奉行所与力の説得により、茶屋四郎次郎宅での席順変更については上京側も受け入れたということである(47)。

さらに、「茶屋一件」の済状作成に関しても、京都町奉行所与力は、「文面之表ニ而者下京少しまけの様ニおもふてあろ、なれと元来左一懸合方不束ニ付而之事故堪忍致へし、然し負而勝而居る而ハなひ歟、勝トおもふて世間中立抔する事ハならぬそ、上京年寄共耳ニ入而者彼是申之なれハ相心得可申ト厚御理解」を示している。済状の文面では下京の負けのように見えながら実質は勝ちでもあるとするが、上京の耳に入るから下京の勝ちと世間に表明することはならぬという。ここでもやはり上京・下京の間の関係が問題となっている。

そして、次の史料はこの一件が内済という形で決着したことを上京上一条組内の各町に通達した「廻文之写」である。

【史料6―15(48)】

以廻文得御意候、向寒之砌弥御壮健ニ可被成御座、珍重之御儀ニ奉存候、然者先達而ゟ度々御役所様へ罷出候儀者日並帳面ニ而御覧可被下候、猶又当十五日・十六日両日御召出しニ而別紙帳面之趣ニ相成、済状差上申候、尤茶屋四郎次郎方ニ而席順之儀、并弁銀ニ不及与申儀茂、上京之中条四歩、六歩ニ相成申候、且又於惣会所ニ上下京惣代立会勘定大配符之儀御披露申上度候得共、何れ近日上一条五組御寄合仕候付、其時分御披露可申上候、右先達而弁銀不及と茶屋ゟ被申出、其儀通達申上置候得共、此度四歩通り遣し候様ニ相成候付、其御組町々へ此段御達し直し可被下候様、尤近日之内御触流しも御座候と奉存候、先ハ為御心得如斯ニ御座候、已上

辰十一月十七日

（廻達順路略）

右之通御順達之上、留りより西九軒町へ御戻し可被下候

猶々、御組々町々へ済状之趣不洩様御達し可被下候、此度之儀上京連印仕候儀ハ茶屋と下京取り合を和熟為致候証拠人ニ連印仕候儀、尤已来上下之差別無之、市中一体之儀ニ付互ニ和順致候様御理解被仰渡候、

以上

猶々書にあるように、茶屋一件に対する上京の関わりは「茶屋と下京取り合を和熟為致候証拠人」という立場からのものであるが、「弁銀」をめぐる茶屋四郎次郎家との間の問題や席順の問題について「上京之中条四歩、六歩」が容れられたとするように、上京側でもこの一件に対する言い分があり、席順については下京との間で確執も生じた。これに対して、猶々書の最後に「已来上下之差別無之市中一体之儀ニ付互ニ和順致候様御理解被仰渡候」とあるように、京都町奉行所の裁許の中で示された「御理解」として、上京・下京の《惣町》の差別なく「市中一体」での和順が求められた。これは逆に言えば、文政町代改儀一件の際に芽生えてきた「市中一体」という認識のもとで、上京・下京の《惣町》間の関係が儀礼行為の場において問題になったのが、「茶屋一件」における席順の問題であったと評価することができるだろう。

このように、文政三年に起きた「茶屋一件」とは、文政町代改儀一件後、各《町組》の連合としての《惣町》の枠組みと、茶屋四郎次郎家との関係において起こったものである。これと同時に、茶屋四郎次郎家が上京・下京の上位に立つ存在であったため、芽生え始めた「市中一体」という認識のもと、《惣町》の間の関係も問題として浮上してきたと考える。

ここまで見てきた「茶屋一件」に関する四つの論点から以下の点が指摘できる。まず、「茶屋一件」は、茶屋四郎次郎家（京都店の手代）の「権威」に対抗するため、《惣町》の枠組みでなされた「惣町運動」として、「新規願反対運動」から文政町代改儀一件の流れの中に位置づけることができる。これは、徳川将軍家の「権威」を背景とする茶屋四郎次郎家との関係を問題としたところに新たな展開があった。さらに、徳川将軍家―茶屋四郎次郎―《惣町》の関係で行われる儀礼の場における座次が問題とされたように、《惣町》間の関係も認識されるようになっていた。これは、「新規願反対運動」―文政町代改儀一件の過程で認識されるようになった、「上下京一体」、「市中一体」という枠組みの広域性がもたらした一つの展開であると考える。

以上、近世中後期の京都における「惣町運動」の中で、都市秩序がどのように転換したのかを、徳川将軍家に対する拝謁・献上儀礼の参加者の選ばれ方や役割に注目して、《惣町》の枠組みの性格変化という観点から検討してきた。

享保期の京都町奉行所による都市行政改革を契機に、徳川将軍家との間の儀礼には、《惣町―町組―町》の重層構造の「内部的な統率者」が参加するのではなく、あくまで《個別町》レベルに限定された存在である町年寄が参加するというような認識も見られるようになった。さらに、こうした認識をもとに、宝暦期には、《個別町》の町年寄が「儀礼の肥大化」のもと自己主張することにより、《惣町―町組》の結束は弛緩していた。これに対して「新規願反対運動」の過程で、再発見された《惣町》の枠組みの持つ強制力のもとに、徳川将軍家との間の拝謁・献上儀礼に参加する町年寄（「座上」）を軸に《町組》内の結束強化が図られた。その結果、《惣町―町組―町》の代表者として、徳川将軍家との間の儀礼に参加するという認識を深めていった年寄を中心とする被支配住民と町代との間の矛盾が頂点に達し、文政町代改儀一件が起こった。文政町代改儀一件の過程では、徳川将軍家との間の儀礼をめぐって、あくまであらかじめ順番の決まっている《町組》レベルに限定された代表者が儀礼に参加するという認識と、《惣町―町組―町》の代表者としての参加であり、参加者の選定に関して他の《町組》の同意を必要とするという認識の対立があった。そして、この対立を乗り越えることで成立した、上古京十二組・下古京八組という《町組》連合としての《惣町》の枠組み同士の間では、徳川将軍家との間の儀礼の場における位置づけをめぐる問題が「茶屋一件」の過程で浮上した。

このような「新規願反対運動」―文政町代改儀一件―「茶屋一件」という一連の流れの中で、《惣町―町組―町》のとらえ返しという論点については、《惣町》の性格変化に即した形で次のように整理することができる。近世初期における《惣町》が《町組―町》に優先する構造が、近世中後期には、《町組》あるいは《個別町》の自己主張により弛緩するような状況がもたらされた。しかし、宝暦期の「新規願反対運動」の過程で、近世初期にみられた強制力としての《惣町》の枠組みが再発見され、この上位の強制力としての《惣町》の代表者として徳川将軍家との間の儀礼に参加する《町組》の代表者を中心として、各《町組》内における《個別町》の町年寄の連携を図った。そして、文政町代改儀一件の結果、《町組》の代表者が連携して、《惣町》の代表者として儀礼行為に参加する《個別町》の町年寄の選定に関与するようになった。つまり、《個別町》の町年寄の連携として結束した《町組》が、さらに《惣町》の枠組みのもとに連合するという形で、杉森氏が指摘した、住民の側からの《惣町―町組―町》のとらえ返しが行われたと考える。さらに、安国氏が指摘する、近世初期の《惣町》と近世中後期以降のとらえ返された《惣町》との性格の違いについては、個々の《町組》における結束が強化された近世後期段階では、上位に立つという強制力のみでは地域的な結合は達成されず、構成要素である《町組》相互の関係が問題とされ、この問題を乗り越えたところに初めて、《町組》連合という形での《惣町》の枠組みにおける地域的な結合が達成され、「茶屋一件」における《惣町》の枠組みでの対応を可能にしたと考える。

そして、右のような形での《惣町》の枠組みにおける被支配住民の組織的な結合にあたっては、徳川将軍家に対する拝謁・献上儀礼が重要な契機となっていた。つまり、京都町奉行所と被支配住民の間の都市行政を取り次ぐ中で「権威ケ間敷」存在となっていた、「新規願」における諸会所や、町代などと対抗するために、より上位の権威である徳川将軍家との間の関係が持ち出されたということである。これは、第五章で明らかにしたように、「礼の秩序」として支配—被支配の関係を確認する儀礼の持つ意味が、被支配住民側によってとらえ返され、儀礼の場における優位性を確保することにより、都市行政の場においても、優位な立場を得るためであった。

そして、この儀礼の持つ意味のとらえ返しと《惣町—町組—町》の重層構造のとらえ返しとはパラレルな関係にあった。儀礼の枠組みとなる《惣町》が《町組》・《個別町》によりとらえ返され、《個別町》の町年寄の連携として結束した《町組》が、さらに《惣町》の枠組みのもとに連合するという形になったのである。但し、儀礼の持つ意味がとらえ返されたといっても、「礼の秩序」自体に依拠することは変わらないから、《惣町—町組—町》の重層構造内部での上下関係は維持強化され、《惣町》の枠組みの優位性が再確認されるとともに、儀礼に参加する権限を持たない枝町／新町に対しては特に《惣町》の枠組みが強制力として機能する側面もみられた。

また、あくまでも徳川将軍家との間の関係に依拠したものだったから、儀礼の場で徳川将軍家と《惣町》の間を取り次いでいた茶屋四郎次郎家に対しては、「茶屋一件」において「商人抔と違」うとされたように、被支配住民側からその関係を変更する試みは否定された。さらに、儀礼の枠組みとしての《惣町》の持つ意味が強化されたこともあり、一方で芽生え始めていた「市中一体」という認識の中でも、《惣町》間の関係が問題となるような事態を生むことにもなった。

こうした形で「惣町運動」の中で、徳川将軍家との間の儀礼に関わる《惣町》の枠組みによる対応を可能にした背景には、順番があらかじめ設定された《町組》の中から選ばれた《個別町》の町年寄が、《惣町》の枠組みで行われる徳川将軍家との間の儀礼行為に参加するという、近世京都における都市秩序の系譜的前提があった。そして、近世中後期の「惣町運動」を通じて、《個別町》に限定された「内部的な統率者であり、外部的な代表者」であった町年寄が連携して、《惣町》の枠組みにおいても「内部的な統率者であり、外部的な代表者」となる人物を選出する体制を作り上げた。(49) ここに、近世中後期の都市秩序の転換が顕れていると考える。

また、本章で検討したように「新規願」の論理が持つ「都市全体」の論理は、多くは京都町奉行所の都市行政の枠組みである「洛中洛外町続」に対応したものであり、これに対抗する被支配住民側の「新規願反対運動」の枠組みは、徳川将軍家との間の儀礼の枠組みとして機能していた《惣町》、さらにそこから芽生え始めた「市中一体」という認識であった。ここから、「新規願」の枠組みとその反対運動の枠組みの間にはズレが指摘できる。

そして、このズレを内包させながら、文政町代改儀一件後の京都町奉行所の都市行政は展開していくことになる。次章では、京都町奉行所の都市行政との関係を次第に深めていく、文政町代改儀一件後の被支配住民側の都市運営ついて、本章で明らかにした《惣町―町組―町》の重層構造のとらえ返しも踏まえながら検討したい。

（1）　安国良一「京都の都市社会と町の自治」（岩崎信彦他編『町内会の研究』、御茶の水書房、一九八九年）五六・六八～七二頁。

（2）　杉森哲也「町組と町」（同『近世京都の都市と社会』、東京大学出版会、二〇〇八年・初出一九九〇年）一五六～一五九頁。

(3) 明和三年（一七六八）「慶長巳来献上留並臨時恐悦事書抜書」（古久保家文書一〇二・京都府立京都学・歴彩館蔵）中の宝暦四年正月「京都年寄・町代惣名前、寺社御奉行本多長門守様御尋ニ付、書付指出候様四郎次郎ゟ申聞候付、則左之通書付相認、茶屋迄指出ス」として書き写された覚書。寺社奉行は、第二章で明らかにしたように、年頭御礼の際に寺社奉行より御暇拝領するなどの関係があったが、なぜ宝暦五年に寺社奉行がこのような諮問を行ったのかは不明である。

(4) 塚本明「都市構造の転換」（『岩波講座日本通史14　近世4』、岩波書店、一九九五年）九九～一〇一頁。

(5) 塚本明「近世中期京都の都市構造の転換」（『史林』七〇-五、一九八七年）。

(6) 「伊奈半左衛門様願書」（善長寺町文書DⅡ21・京都市歴史資料館架蔵写真版）。

(7) 『町触四』六一七。

(8) 「上下京一統公事訴訟等願書幷触書」（太子山町文書DⅡ6・京都市歴史資料館架蔵写真版）。

(9) 藤本仁文「一八世紀の社会変動と三都」（『日本史研究』六三一、二〇一五年）七二頁。

(10) 前掲註(6)「伊奈半左衛門様願書」（善長寺町文書DⅡ21・京都市歴史資料館架蔵写真版）。

(11) 前掲註(4)塚本明「都市構造の転換」九三・一〇〇頁。

(12) 前掲註(4)塚本明「都市構造の転換」一〇〇頁。

(13) 安永三年～安永四年「日記」（古久保家文書六三「番日記」・京都府立京都学・歴彩館蔵）。

(14) 以下、寛政八～九年の上西陣組の争論については、「組町争論一件」（筆者蔵、古書店より購入）による。この史料は、寛政八年六月から翌年六月までの上西陣組内での争論について、組内の寄合の様子や提出した願書の写しなどを記したもの。上京の上西陣組では、寛政十一年から翌十二年にかけても、年頭御礼の参加者をめぐる争論が起きていたことが、歓喜町文書からわかる（歓喜町文書D6・7・8・京都市歴史資料館架蔵写真版）。

(15) 元文二年五月「於関東若君様御誕生ニ付為御祝儀恐悦罷下候諸書付扣」（古久保家文書九六・京都府立京都学・歴彩館蔵）。この際の臨時恐悦献上については、牧知宏「町役人としての茶屋四郎次郎家」（杉森哲也編『シリーズ三都　京都巻』、東京大学出版会、二〇一九年）でも取り上げた。

(16) 「川西九町組宝暦式」（古西町文書D4・京都市歴史資料館架蔵写真版）。

(17) 前掲註(5)塚本明「近世中期京都の都市構造の転換」三一～二頁。
(18) 宝暦十四年四月「新規願之儀所々ニ有之候ニ付古京八組江当組ゟ連印一札差遣候一件之扣」(柳八幡町文書10・京都市歴史資料館架蔵写真版)。
(19) 前掲註(16)「川西九町組宝暦式」(古西町文書D4・京都市歴史資料館架蔵写真版)。
(20) 「古京故実書写」(太子山町文書DⅡ14・京都市歴史資料館架蔵写真版)。
(21) 前掲註(5)塚本明「近世中期京都の都市構造の転換」二八頁。
(22) 「年頭下り相勤候年寄上訴訟願」(長刀鉾町文書DⅡ36・京都市歴史資料館架蔵写真版)。「平安古今由緒集」(京都府立京都学・歴彩館蔵)など、「京都旧記録」類にも書き写されている。
(23) 尾脇秀和『お白洲から見る江戸時代　「身分の上下」はどう可視化されたか』(NHK出版、二〇二二年)。
(24) 前掲註(22)「年頭下り相勤候年寄上訴訟願」(長刀鉾町文書DⅡ36・京都市歴史資料館架蔵写真版)。
(25) 巻末の[年頭御礼関係一覧表]を参照。
(26) 前掲註(22)「年頭下り相勤候年寄上訴訟願」(長刀鉾町文書DⅡ36・京都市歴史資料館架蔵写真版)は、文政町代改儀一件の過程で作成されたものであるが、この史料に、「右御役人様　三人被遊御座候と申ハ、伊奈半左衛門様、其外御目附方」と注記されている。
(27) 前掲註(5)塚本明「近世中期京都の都市構造の転換」二七頁。
(28) 『町触六』八四一。
(29) 「御こゝろへ艸」(洲本市立図書館蔵)。
(30) 文政町代改儀一件については、辻ミチ子氏により詳細に分析が行われている(辻ミチ子「民衆と町自治――町組と小学校――」(同『転生の都市・京都――民衆の社会と生活――』、阿吽社、一九九九年・初出一九七七年))。
(31) 以下では特に断らない限り、町代改儀一件の経過について、文化十四年については、下京三町組占出山町の町年寄が記した「町代一件日記」(占出山町文書DⅡ43・44・京都市歴史資料館架蔵写真版)、翌文化十五年(文政元年)は、下京で訴訟を主導した五組の寄合記録である「五組御寄合趣意書」(小結棚町文書DⅣ43～47・京都市歴史資料館架蔵写真版)による。

(32) 前掲註(31)「町代一件日記」(占出山町文書DⅡ43・44・京都市歴史資料館架蔵写真版)。
(33) 「三組御断書」(長刀鉾町文書DⅡ2・京都市歴史資料館架蔵写真版)。
(34) 「上下京御拝礼一条ニ付願書幷旧記書留」(長刀鉾町文書DⅡ31・京都市歴史資料館架蔵写真版)。
(35) 前掲註(31)「五組御寄合趣意書」(小結棚町文書DⅣ43~47・京都市歴史資料館架蔵写真版)。下京から上京宛ての一札が、冷泉町文書にある(「上下京惣代為取替一札控」(冷泉町文書・『京都冷泉町文書　第四巻』(思文閣出版、一九九四年)四七八号))。
(36) 前掲註(4)塚本明「都市構造の転換」一〇〇頁。
(37) 「上下京年寄年頭江戸下り願書」(冷泉町文書・『京都冷泉町文書　第四巻』(思文閣出版、一九九四年)四九二号)。
(38) 「年頭ニ町代召連呉候様願幷一札」(長刀鉾町文書DⅡ16・京都市歴史資料館架蔵写真版)。
(39) 「年頭下りニ付町代ともより一札之控」(長刀鉾町文書DⅡ15・京都市歴史資料館架蔵写真版)。
(40) 「文政十一年子年頭御拝礼日記」(古西町文書D17・京都市歴史資料館架蔵写真版)。
(41) 本書第二章註(52)に記したように、文政町代改儀一件後の文政二年に、上京で年頭御礼に参加する《町組》の順番を改めて取り決めていることは、それまでの町代の「差口」としての順番の変更を企図するもので、文政町代改儀一件の決着としての年寄と町代の立場の逆転を示すものと考える。
(42) 前掲註(15)牧知宏「町役人としての茶屋四郎次郎家」。
(43) 前掲註(31)「五組御寄合趣意書」(小結棚町文書DⅣ43~47・京都市歴史資料館架蔵写真版)。
(44) 「御初入御礼ニ付上下京より茶屋四郎次郎へ遣す一札」(長刀鉾町文書DⅡ20・京都市歴史資料館架蔵写真版)。
(45) 「茶屋一件」については、辻ミチ子氏が取り上げている(前掲註(30)辻ミチ子「民衆と町自治――町組と小学校――」)。以下の「茶屋一件」に関する記述は、特に断らない限り、「八組寄会趣意書幷席順名前留　二」(下京文書・イエール大学蔵・京都大学文学部古文書室架蔵写真版)、「茶屋一件済帳之写」(占出山町文書DⅠ13・京都市歴史資料館架蔵写真版)を使用した。
「八組寄会趣意書幷席順名前留」は、前掲註(31)「五組御寄合趣意書」(小結棚町文書DⅣ43~47・京都市歴史資料館架蔵写真版)とも連続する下京八組の寄合記録である。ここで使用する一冊目の「八組寄会趣意書幷席順名前留　一」

の冒頭には「文政三年辰九月十五日、東御役所江為召出候一件、但し茶屋四郎次郎懸ヶ合ニ付御理解、下古京惣中罷出候留書」とあり、「茶屋一件」に関する京都町奉行所の吟味の様子を「触当番手扣之日記ゟ抜書」したもののみで構成されている。

なお、イエール大学所蔵の「下京文書」については、朝尾直弘「朝河貫一と下京文書」（『日本史研究』二四一、一九八二年）、杉森哲也「「京都古文書」解題」（東京大学史料編纂所編『イェール大学所蔵日本関連資料研究と目録』、勉誠出版、二〇一六年）を参照。

(46) 尾州茶屋家の関わりについては本書第二章参照。

(47) 「文政三年辰十月十三日差上御書付弐通写」（上立売親八町組文書・京都国立博物館蔵）に、上京「拾弐組共一統承伏」とある。

(48) 「廻文之写」（梅原（康）家文書・京都市歴史資料館架蔵写真版）。

(49) 例えば、文政町代改儀一件において下京側の訴願運動を主導した人物として知られる石黒藤兵衛（前掲註(30)辻ミチ子「民衆と町自治――町組と小学校――」二六～二七頁）が、文政五年（一八二二）の年頭御礼に参加していることは象徴的である（巻末の［年頭御礼関係一覧表］を参照）。

第七章　近世後期、都市行政の変容——地域住民組織の動向を中心に——

第一節　文政町代改儀一件後の都市行政

本章は、近世後期、文政町代改儀一件後の都市行政の変容を、地域住民組織との関わりを通じて検討する。第六章で明らかにしたように、この一件の結果、年寄を中心とする被支配住民側と町代の立場が逆転したことは、徳川将軍家との間の儀礼（年頭御礼）に際して、一件前は参加する年寄が町代仲間宛てに一札を提出していたのが、一件の結果として、逆に町代から年寄宛てに一札を提出させることになったことに端的に表れている。但し、文政町代改儀一件は、京都町奉行所の都市行政の中で役割を増大させていく町代の権威をかさにきた振る舞いに対する住民の反発から生じたものであったが、訴訟自体は内済となったため、町代が廃止された訳ではなく、本章で詳しく述べるように、町代は一件後も京都町奉行所による都市行政の回路上で役割を果たし続けている点には注意が必要である。

一方で、被支配住民側においては、第六章で検討したように、「新規願反対運動」・文政町代改儀一件における「惣町運動」を通じ、《惣町—町組—町》の重層構造がとらえ返された結果、近世初期とは異なる《惣町》レベルで自律的な都市運営を行う地域住民組織が形成された。こうした地域住民組織について、杉森哲哉氏(1)は、近世後期の《惣町》レベルの住民組織を《町組—町》を含めた総体として理解する必要があると指摘しており、本章の前提となる重要な研究である。但し、杉森氏が中心に検討した上京の場合は「大仲」と総称されるのに対して、下京では「大仲」のような総称がない。本章では、上京・下京の両方を踏まえた形で検討するため、重層構造を持つ近世後期の住民組織を、《惣町》の枠組みのとらえ返しを反映させて、《町組―町》をも含めた総体として、《惣町―町組―町》組織と表現する。

本章では、この近世後期の《惣町―町組―町》組織と京都町奉行所の都市行政との関係を検討したい。町代を通じた行政回路が維持されたことは、第六章の末尾で示唆したように、京都町奉行所の都市行政と文政町代改儀一件後の被支配住民側の都市運営との間のズレを示す。しかし、文政町代改儀一件の結果、被支配住民側の都市運営を担う年寄と町代の立場が逆転したことは、京都町奉行所の都市行政にも変容をもたらす筈である。結論を先に示せば、自律的な都市運営を行う《惣町―町組―町》組織も京都町奉行所の都市行政上に位置づけられるようになる。

この点に関しては、塚本明氏の研究(2)が重要である。塚本氏は、「新規願」が反対運動によって頓挫した結果を踏まえ、住民個人が行政に関わる可能性の芽は摘まれ、京都町奉行所の管轄する機能が拡大したと評価した。しかし、こうした評価を後に訂正し、近世後期における京都町奉行所支配の深化の中での住民の行政関与を、主に住民意識の面から検討し、「町連合」による「入用管理体制」のもと、公共負担に関する新たな意識が生まれていたことを明らかにした。

こうした塚本氏の研究成果を受けて、本章では以下の点を検討する。塚本氏は、近世後期の住民が町共同体に代わり京都町奉行所に多くの行政機能を委ねるのと同時に、これに関する負担の区分や方法に関しては住民が自ら決定すると指摘している。それでは、住民がこれを実現する組織の具体的な仕組みや、行政支配が深化する中、京都町奉行所と地域住民組織の間で具体的にどのような行政回路が構築されていたのかという点を、これまでの

第一～六章での検討も踏まえる形でより具体的な組織のあり方に即して明らかにしてみたい。

そこで、近世後期の地域住民組織と都市行政の関係について、《惣町―町組―町》組織から京都町奉行所に至る、言わば第三章で検討した「都市行政の構造的把握」を、近世後期においても行う必要があると考える。具体的には、次の三点が検討課題となる。

①京都町奉行所の都市行政との関わりに注目して、具体的に《惣町―町組―町》組織の展開を検討する。特に、文政町代改儀一件後に成立する《惣町―町組―町》組織の運営や、京都町奉行所との関係、都市行政の回路上に位置づけられる中で機能を果たす地域住民組織としての性格を明らかにする。

②京都町奉行所と住民の接点において中間支配機構として存在し続ける町代も含めて、近世後期の都市行政を位置づける。町代への反発から行われた住民組織の運動を経ることにより、京都町奉行所と住民をつなぐ都市行政の回路上に、《惣町―町組―町》組織が位置づけられていく中で、京都町奉行所の都市行政自体がどのように変化したのかということが問題となる。

③この《惣町―町組―町》組織は、終章で詳しく述べる慶応四年（一八六八）の行政改革「町組改正」によって、「大組―町組―町」の重層的行政組織へと改編される。荒木田岳氏[3]が推測しているように「近世的な地域秩序の再編」として「町組改正」が行われたとするならば、「改正」を必要とするような矛盾が近世後期の《惣町―町組―町》組織のどこに含まれているのかについても明らかにする必要がある。

要するに、近世後期における、地域住民組織としての《惣町―町組―町》組織と、支配権力である京都町奉行所、両者の間で中間支配機構として存在した町代、これらが都市行政の上で取り結ぶ関係を検討するということである。特に、京都町奉行所による都市行政の回路上で一定の機能を果たしていく《惣町―町組―町》組織がどのように位置づけられたのかということが、近世後期京都の都市行政の構造的把握にとっては重要な検討課題となるだろう。

以下、文政町代改儀一件後の京都町奉行所の都市行政の中で、《惣町—町組—町》組織がどのような役割を果たすようになるのかを具体的に検討していくが、まず、一件直後の文政期においては、形成されたばかりの住民側の《惣町—町組—町》組織と京都町奉行所の行政回路は、それぞれ別個に機能していたことを確認しておく。

文政町代改儀一件によって、住民組織と町代との立場は逆転したが、町代という役職自体は廃止されず、一件後も都市行政の回路上で支配—被支配を取り次ぐ機能を果たし続けた。被支配住民側の《惣町》の枠組みとはズレる「洛中洛外町続」を領域的に掌握する京都町奉行所の都市行政において、例えば、町触については、文政町代改儀一件後も変わらず町代が伝達機能を果たした。この町触の伝達に関連して、徳川将軍家との間の儀礼関係費用の割当・徴収の事例に注目したい。第三章で明らかにした通り、享保八年（一七二三）以降は、【史料3-24】のような町触によって京都町奉行所の都市行政の中で処理される形で儀礼関係費用の割当・徴収は行われ、被支配住民側の自律的な都市運営が関わる余地はなくなっていた。ところが、文政町代改儀一件後に形成された《惣町—町組—町》組織において、毎年十一月に「年頭立合勘定」（「大割勘定立会」）が行われるようになる。具体的には次のようなものである。

【史料7-1】(4)

一、毎年当月者年頭立合勘定ニ付差入〻諸入用附等上下京立合、堀川惣会所ニ而町代呼寄置相調可申、尤諸調相糺候上ニ而御触流之儀者町代共江申付、町代〻御伺為附御下知相渡可申事
此儀等者諸入用高毎年凡銀高不同も無之候得共、町代共より年々四度之廻勤、上ヶ物、猶又臨時御初入等も御座候節者臨時之入用ニ付年頭集メ割方等も少シ相増候、其外部屋入用、会所入用等之儀者通ひ書出し等も得与見受、勘定合入念吟味仕候事

これは、「上下京立合、堀川惣会所ニ而町代呼寄相調可申、尤諸調相糺候上ニ而、御触流之儀者町代共江申付、町代ゟ御伺為附御下知相渡可申事」とあるように、町代が事前に行った儀礼関係費用の算定を、上京・下京の《惣町》の代表者と各《町組》の代表者が「立合」、検証するというものである。つまり、享保八年以降関与することが出来なかった儀礼関係費用の負担額決定の場に、「立合」という形で、《惣町—町組—町》組織が関わることになったのである。

但し、注意しておかなければならないのは、「御触流」は町代へ申し付けるとあることで、実際に徴収については、町触によって行われた。例えば、文政二年（一八一九）末に出された町触は次の通りである。

【史料7-2】(5)

年頭御礼惣町中為惣代江戸下り入用、洛中洛外惣寺社門前境内幷町中之分

但、壱軒役ニ付七分七厘弐毛

一、出火之節町夫代り人足雇賃銀幷当卯正月ゟ此節迄出火之度々竜吐車、水籠、水溜、挑燈新調損繕張替等入用

但、壱軒役ニ付九厘八毛

一、町代部屋幷小番給銀、中座増銀

但、壱軒役ニ付八分六厘五毛　但、寺社門前除之

〆壱匁七分三厘四毛　洛中ゟ可出候

一、六角堂鐘撞給銀

但、壱軒役ニ付六毛四　下京可出候

右之通吟味之上申渡候間、右出銀来ル廿八日朝五時堀川夷川上ル町町代惣会所へ行事町ゟ持参、請取書取之

可申候、勿論右出銀取集之儀ニ付、町々ニ而寄合いたし入用掛ケ候儀、一切可為無用事
（文政二年）
卯十一月

この町触は、享保八年に出されたもの（【史料3-24】）の系譜を引くものだが、文政町代改儀一件の前後で大きな変化はなく、享保八年以来の方法で負担額が決定され、京都町奉行所―町代を通じて徴収された。すなわち、《惣町―町組―町》組織が関わることの出来た「立合」を除き、住民組織の外部には、京都町奉行所による都市行政の回路がそれまでと変わらず機能していたといえよう。

一方、被支配住民側では、第三章で明らかにしたように、享保八年の京都町奉行所による都市行政改革によって行われなくなっていた「大割勘定寄合」が、文政町代改儀一件を機に復活した。文政二年の下京「八組大割寄合式法書」(6)では「八組一統相談治定之上、先規大割寄合再興」とし、毎年四月に下京八組による寄合が行われるようになった。但し、この寄合では、「八組箱ひらき」、「年頭御拝礼上下道中筋都而聞合候事」、「町代勤方諸勘定大割方評定之事」などが行われたが、この場で享保八年以前のように「配符」が作成された訳ではない。あくまで年頭御礼の費用負担の徴収については、「大割勘定寄合」が関わることはなかったと考える。

このように、京都町奉行所の都市行政においては、文政町代改儀一件以前と同じ志向性で住民との間の行政回路が機能し続けており、京都町奉行所による都市行政と《惣町―町組―町》組織による自律的な都市運営はそれぞれ別個に行われていたのである。

第二節　文政町代改儀一件後の地域住民組織

第六章で明らかにしたように、被支配住民側の年寄を中心とする自律的な都市運営においては、物町運動を通じた《惣町―町組―町》の重層構造のとらえ返しにより、近世後期に新しく意味を持つようになった《惣町》の

枠組みで《惣町―町組―町》組織が形成された。次に、この文政町代改儀一件を通じて形成された地域住民組織の概要について見ておきたい。

この組織の運営を中心に担った年寄が三役である。上京の大年番―先年番（前年大年番）―大加番（次年大年番）、下京の触当番―先触当番・先年番（前年触当番）―加番・次当番（次年触当番）と称する、《惣町》レベルに設けられた三つの役職のことで、それぞれ一年交替で、決められた《町組》順に、順番に当たった《町組》の年寄が務めた。《町組》の年寄が順番に務めるという点で、徳川将軍家との間の儀礼への参加と似ているが、三役それぞれ別の《町組》から選出されることから、一年間の組織運営に複数の《町組》の年寄が関わることになる。これは、第六章で検討したように、文政町代改儀一件の住民運動において、一つの《町組》の意向よりも《惣町》の枠組みとしての決定を優先するが、各《町組》の意向も無視できなくなったという積み上げ型の住民組織の課題を受けたものである。次の史料は、天保十一年（一八四〇）の下京における質素倹約の取り決めである。

【史料7－3】(7)

下古京八組之儀者従古来　御公用其外談合等有之節者不依何事、水魚之結交致和融、規矩相守取計仕来候、然ル処文化年中町代共示方一件後者猶更諸用談多相成候ニ付、自然寄合等も及数度、其節々入用多、且定式之外臨時之失却相掛候而者自然惑乱之基ニも可及歟、左候時者組々之因も疎相成候而者歎ヶ敷候ニ付、八組中相談之上万端質素節倹を専一ニ致、集会之節当番之組ゟ掛物屏風敷物、其外持参物一切可為無用、定例之外無益之気配無之様可致候

右之通此度申合候上者触当番、加番、先触当番之儀者猶更惣取締役之儀ニ付、年限中無拠儀ニ付退役致候歟、又者病気ニ而難相勤候節者八組熟談之上交代可在之事

ここでは、三役は、《惣町―町組―町》組織を代表する「惣取締役」として《惣町》レベルで取締を行い、そ

の進退は「八組相談」という形で《惣町》レベルで決定するとされた。一方、このような三役という役職は成立当初は組織内部の運営においてのみ通用していたということに注意が必要である。例えば、弘化五年（一八四八）になって、「年々御役替ニ相成候而も御互ニ御挨拶も不仕候而者不本意」(8)と、上京の三役と下京の三役が交替時に互いに挨拶をするようになっていることからすると、成立当初は、上京・下京の三役が、就任時に互いに挨拶を交わすことはしていなかったのだろう。つまり、三役は、対外的に組織を代表していたのではなく、あくまで組織内部の代表者であったということである。

また、文政町代改儀一件時にも見られた、古町／親町と新町／枝町との関係強化に関わり、次の事例が注目される。

【史料7-4】(9)

式法書改正帳　一冊

（中略）

一、此式法書之内、買得之向ゟ譲之段迄之分者、何分御一統相揃候様ニ仕度存念ニ御座候、併御一統と申候而も、又無拠品も難計ニ付、組々御町ニ而御相談被下、何組者ケ様之一組ツヽ、一体之儀御相談偏頼上候、其外者是迄ゟ減シ候分御用ひ、過分点数ノ分御用ひニ不及候、尚又下書一応御見せ被下候ハヽ、愚存を加へ、其上請書之上、古町ゟ老分三人奥印可仕候間、其次ニ御組中連印御取置被成候様御承知可被下候事

文政二年（一八一九）、下京の上艮組（古町）が艮二十八町組（新町）に対して「式法書改正帳」を提示し、家屋敷買得や死後譲りに関する規定を古町と新町の「一統」で揃えたいという意向を示した。さらに、新町の作成した式目は古町が確認の上、請書には古町と新町が印を捺すことにした。つまり、《町組》レベルでは、古町／親町が、従属する新町／枝町を含める形で、内部結合を強化しようとしていたことがわかる。

表7－1　上京・下京の年中行事

月	上京	下京
1月	(3日)所司代・京都町奉行へ年頭地役御礼	(3日)所司代・京都町奉行へ年頭地役御礼 (5日)御朱印守護請取立会 (17日)金地院御宮へ三役拝参 (21日)年頭江戸下り年寄の出迎え
2月	(2日)大仲初寄合	(上旬)初年会
4月	(2日)大仲勘定寄合 (17日)御朱印御祭 (19日)大仲三役交代寄合	(上旬)大割寄合(諸帳面に名前を書き入れ) (大割寄合の翌日)触当番交代 (17日)御朱印守護請取立会
5月	(中旬)小割集会	
6月	(土用入5日目)御朱印生乾／籾年番役料渡し	(土用入3日目)中元廻勤 (土用入5日目)御朱印虫払
7月	中元廻勤御礼	御朱印守護請取渡立会
8月	(1日)八朔御礼	(1日)八朔廻勤
10月	年頭江戸下りの年寄人選 (25日)年頭江戸下りの年寄の名札、上下京相互に通知	(上旬)年頭江戸下りの年寄人選 (中旬)年頭江戸下り年寄内定の寄合／御朱印守護請取渡立会／明年籾年番の人選を指示
11月	(2日)大仲勘定寄合 (上旬)年頭立会勘定 (27日)上京分銀集め／年頭江戸下り年寄組々惣代・加番宅へ挨拶	(上旬)町代持参の大割下勘定を三役で回覧 (10日頃)大割勘定立合／小割集会 (下旬)惣会所へ年頭集銀持参
12月	(12日)年頭江戸下り年寄へ餞別挨拶 (25日)御朱印下京より受取り／籾年番役料渡し	(上旬)年頭拝礼の証文拝見、年頭江戸下り年寄へ挨拶／年頭江戸下り年寄の見送り (20日過)歳暮廻勤 (下旬)籾年番の名前認めがえ

註：「親町要用亀鑑録」(親九町組文書・京都国立博物館寄託・『日本都市生活史料集成　三都編Ⅰ』(学習研究社、1977年)を使用)・「年中行事」(神田家記録・大谷大学博物館蔵)・「触当番用留」・「触当番年中定式」(野口家文書・京都市歴史資料館架蔵写真版)により辻ミチ子氏が作成した表(辻ミチ子「民衆と町自治――町組と小学校」(同『転生の都市・京都――民衆の社会と生活――』、阿吽社、1999年・初出1977年)37～39頁)を参考にした。

次に、《惣町—町組—町》組織の機能を、定期的に行われる年中行事[10]から確認すると、表7-1にあるように、中心となる行事は、組織内部で定期的に開かれる《惣町》レベルでの寄合である。定期的な寄合は、懇親を目的とするものも多かったが、《惣町》寄合の場で決議をする場合を想定して、文政四年（一八二一）、下京では次のような取り決めを行っている。

【史料7-5[11]】

一、八組集会之上ニ而相談有之候義共趣意ニ寄即答相成兼候ハヽ、引取組中一統相談相規り、再度八組集会之節諸事及規定可申候、尤規定之後組内一致不申抔と中立断被申候義者破談之基、一同之混乱ニ相成候間、厚勘弁之上返答可申出、右体之義全筆頭之者不行届之義候間筆頭相退可申事

但、兼々筆頭之義者八組規定之趣、組内定書之趣意相心得出席可有之候事

つまり、八組の寄合において「即答」出来ない事柄は、一度《町組》で引き取り、相談することとし、一方、一度《惣町》レベルで決められたことは、「組内一致」せずなどと言って覆すことはできないとしている。このように、《町組》の意向も確認される一方、《惣町》レベルで出した結論の優位性が確保されるという点こそ、文政町代改儀一件を通じて形成された近世後期の地域住民組織における積み上げ型の内部秩序の特徴であったといえる。

また、天保五年（一八三四）の下京の取り決めの中に、次のように記されている。

【史料7-6[12]】

一、年頭御拝礼ニ付毎年　関東御表江致出府候儀者古京中之規模ニ而古来より於に今連綿仕来、況従　御上様拝領物等結構被為　仰付被下置候御儀、七組中順番を以年々難有可相勤儀を一組之申合等ニ相泥、一己之了簡を以其組之拝礼与相心得、八組中取定候仕来を不相用、乍年寄何等之弁も無之勝手侭之取計被致候

心得違之向も有之候而者、行末如何様之義出来可致義茂難計、自然八組一統之瑕瑾共相成候義等有之候而者惑乱之基ニ而　御上様江奉恐入候義ニ付、近来之仕癖者相省、如古来此度一同相談之上左之通取定候事

一、御拝礼出府年寄之儀者其春ゟ八組江御出席、諸事依得之上御勤可被成筈之事

一、出府年寄内定之上名前書触当番江相達有之候ハヽ、八組弐老迄及集会可申、自然其組々ニおゐて是迄御拝礼御勤被成候御方有之候ハヽ、縦勤役中ニ無之候共弐老席ニ為准出席有之候様可致、尤披露之上名前書認替、触当番宅ニ而其組町代呼寄伺之義可申付事

一、人躰治定致候ハヽ、定例通触当番方より剪紙ニ相認、行事使を以上京大年番方江案内可有之事

（後略）

徳川将軍家との間の儀礼の参加者について、「八組」の寄合に出席し「諸事依得之上」儀礼に参加することとしている。近世中期に《惣町》へ結集する際の拠り所となっていた徳川将軍家との間の儀礼が、後期には、逆に、《惣町》の寄合へ出席することが、《惣町》の枠組みで行う儀礼に参加する条件となっている。

また、文政町代改儀一件前の年頭御礼について、第二章では事前の京都における準備過程では《惣町》の関わりがほとんど見られなかったことを指摘したが、文政町代改儀一件後になると、《惣町》の枠組みでの関わりも見られるようになる。例えば、文政六年の年頭御礼に参加した上京東竹屋町の年寄山田笠哉の記録「年頭御拝礼一件」(13)では、上京の三役も出席して「下り年寄」である山田笠哉の帰京を蹴上で出迎えている様子がイラストで示されている（図7‒1）。

すなわち、江戸城における徳川将軍家との間の儀礼上の関係でのみ有していたのとは異なる形で、近世後期には、《惣町》の枠組みが住民にとって実質的な意味を持ち、住民組織としても、《惣町―町組―町》組織という全く新たな形となったのである。

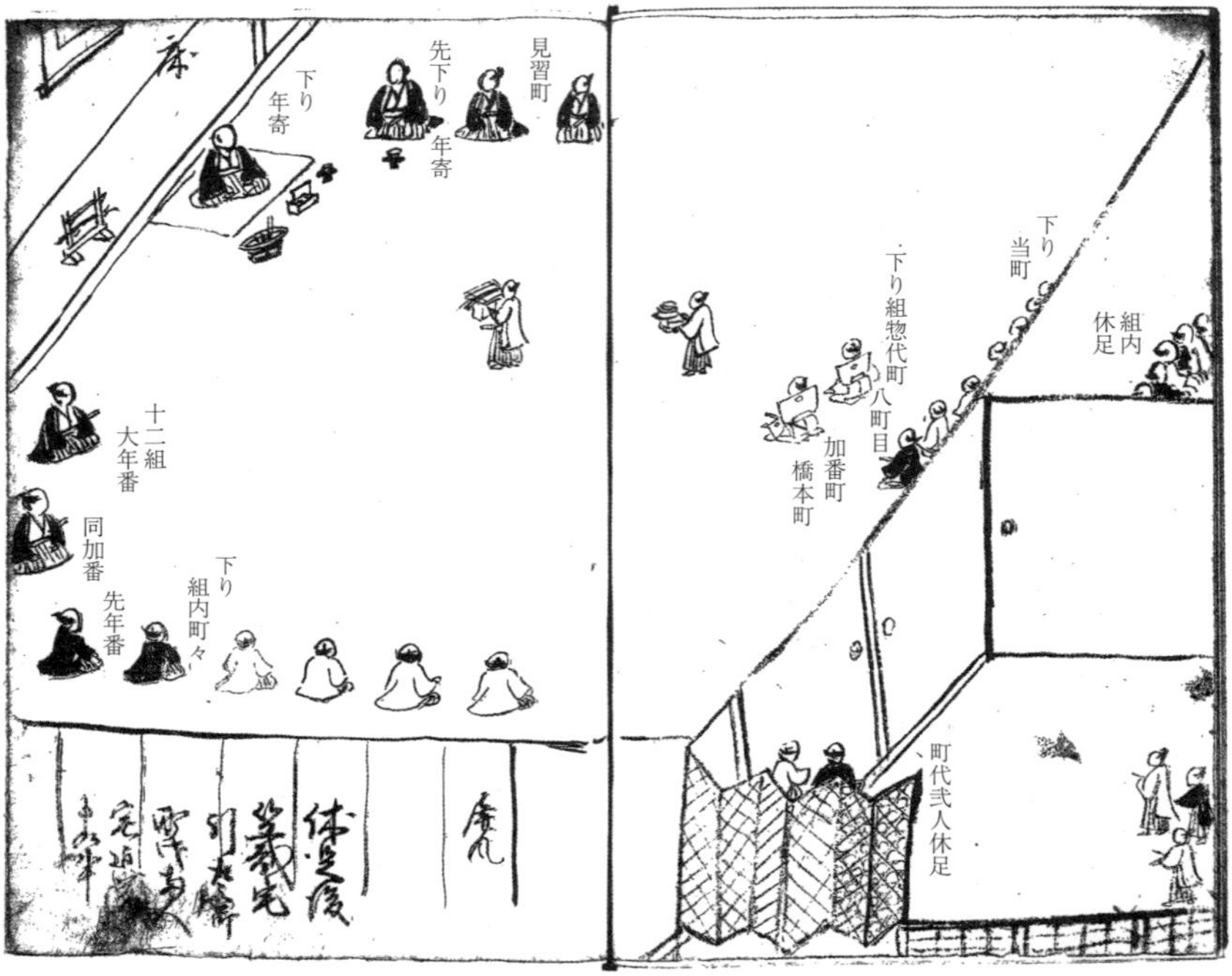

図７－１　年頭御礼の参加者を蹴上にて出迎えの図（文政６年（1823））

註１：「年頭御拝礼一件」（国立国会図書館蔵）に掲載の挿絵より作成。
註２：人物に付された表記は翻刻して示した。

こうした形で、被支配住民側では、文政町代改儀一件という「惣町運動」を通じて構築された《町組》連合による《惣町》結合の延長線上に《惣町―町組―町》組織が形成された。この地域住民組織としての《惣町―町組―町》組織は、《町組―町》の意向が反映されるとともに、住民側にとって意味の希薄化していた《惣町》の枠組みが実質的な意味を持つようになったもので、近世前期と異なる全く新しい形で形成されたものであった。

第三節　都市行政と地域住民組織の結びつき

第一節でみたように、文政町代改儀一件直後においては、京都町奉行所側は、依然として従来の行政回路を志向しており、この時期に形成された《惣町—町組—町》組織を京都町奉行所の都市行政の回路上に位置づけた訳ではなかった。つまり、繰り返しになるが、京都町奉行所の都市行政と被支配住民の《惣町—町組—町》組織の間にはズレがあり、京都町奉行所の都市行政と《惣町—町組—町》組織の自律的な都市運営はそれぞれ別個に機能していたといえるが、やがて両者の関係は緊密化していくことになる。

まず、《惣町—町組—町》組織と京都町奉行所の間の結びつき強化という点を次の家屋敷売買の吟味を事例に見ていきたい。

元禄十三年（一七〇〇）以降、家屋敷売買に際して、町代が加判することで売渡証文に有効性を与え、代わりに買主が町代に吟味料を与えるという、町代加判制度が実施されていた(14)。これは、京都町奉行所による都市行政の回路上で家屋敷の売買に関する保証機能を町代が果たすというものであり、町代の位置づけをめぐり争われた文政町代改儀一件の争点の一つとなった。結果的に、町代へ吟味料を与えることも、町代の売渡証文への加判自体も廃止され、以後は、売渡証文を京都町奉行所へ届け出て、直接吟味が行われることになった(15)。これにより、京都町奉行所と住民が、家屋敷売買の吟味に際し直接向き合うことになった訳だが、これは京都町奉行所、住民、双方に負担を強いるものであった。こうした状況の中で、文政五年（一八二二）に、

【史料7-7】(16)

京地町々家屋敷売買之節前々ゟ売券状ニ町代共加判いたし町代共江吟味料差出候儀、去ル卯年古町組々依願差止申渡、当時御役所江願出、糺之上売券状ニ調印遣シ候処、当人は勿論町役人其外之物迄も夫々罷出候ニ

付、自然ニ渡世筋ニも怠り、雑費も相掛り、差懸り買得之儀も弁利不宜、以前之方勝手宜趣申居候者も有之哉ニ相聞候、然ル処今般右之惣五郎、又四郎儀当時京住罷在、惣五郎父三郎左衛門儀先祖之物ゟ格別蒙　御高恩候ニ付冥加之御奉公筋相勤度旨心願有之、且又又四郎元家清兵衛儀も先年同国御用山御用相勤候訳も有之、元来一族之儀ニ付両人申合、京地町中家屋敷地面売買之節改役申付候様相願、改方之儀は市中弁利宜場所ニ改所取建置、買得之儀町々ゟ申来り次第取調罷越候上、売券状持参致候へ者、改印形致遣し、少々も遅く差支不相成様実意ニ取扱いたし、吟味料之儀も町代共取扱候節ゟ減少、家代銀壱貫目ニ付銀拾匁ツ、致受用、改所入用等之余分を以為冥加城州淀大橋御掛直御用永々引請相務度旨申立、御益之筋も有之、当人町役等買得之儀ニ付而は　御役所出願ニも不及、却而雑費少旨、市中弁利之筋ニも可有之哉、右両人申立候趣差支有無、組町々不洩様申談、存念之趣以書付可申出候

右之趣文政五午年七月廿三日東於　御役所也

と、家屋敷売買の吟味に際しての届出を負担に思う者もいるとして、家屋敷売買業務を請け負い、代わりに請負人に吟味料を与えるという形の請負願が京都町奉行所になされた。これは、京都町奉行所と住民の間に立って、行政機能の代行を企図している点で、前章で触れた「新規願」と同様の性質を持っていたと考える。京都町奉行所が住民側に意見照会を行ったところ、住民側では、「已前町代共奥印之振合ニ相成、何共歎ケ敷」と、町代や「新規願」の会所と同じような形で京都町奉行所との間に請負人が介在することを嫌って、請負願を採用しないよう求めた。

そして、このような形で行政機能の代行を否定し、あくまで京都町奉行所による直接吟味を志向した《惣町―町組―町》組織は、新町／枝町を含む住民組織を通じ、積極的に京都町奉行所の都市行政に対応していく。まず、文政二年に、それまで中絶していた京都町奉行に対する八朔の儀礼を願い出た(17)ことは、住民組織が、京都町奉行

との間の直接的な結びつきの強化を目指したものといえるが、実は、この京都町奉行に対する儀礼が、家屋敷売買の吟味と関連していた。下京の年中行事の一つである小割集会では、京都町奉行に対する儀礼の費用として「壱分五厘集銀」（「八組集」とも称される）が各《町組》から持参された(18)。

この京都町奉行への儀礼に関わる費用は、新町／枝町からも集められたが、古町が新町に対して行った説明(19)の中に、「八組集之事者、壱貫目ニ金壱歩宛之吟味料相止ミ候ニ付、其替りニ壱軒役壱分五厘宛古町江集、両御役所江古町ゟ年八相勤候訳ニ御座候」とある。つまり、家屋敷売買の際に町代に与えていた「吟味料」の代わりとするというのであり、住民組織側としては、町代や請負人へ吟味料を与える代わりに、京都町奉行との間の儀礼を通じて都市行政の上での直接的な結びつきの維持を志向していたといえる。

また、家屋敷売買の吟味に関し、新町／枝町を含む地域住民組織内部の結合強化によって京都町奉行所の都市行政に対応しようとしていたことが、次の事例からわかる。

先述の【史料7-4】で、下京の上艮組（古町）が艮二十八町組（新町）に対して、《町組》内で統一した規定（「式目」）を守るよう求めた事例を見たが、上艮組では文政四年にこれを再度新町に確認することを求めた。その背景として次のようなことがあった。

【史料7-8】(20)

此程古町中拾町組之内四条室町西へ入扇座町借屋之仁ゟ同古町中九町組錦小路室町西へ入天神山町家持之仁江対シ銀子相滞候出入ニ付、其段同町年寄方江届置在之候、然ル所此年寄存意を以引負人と馴合、其家屋敷を過急ニ町中江買取帳切為済、本人儀難渋町江遣シ引続　御役所江売券状ニ御割印頂戴相済候処、此段貸方ゟ聞附、居町之奥印を以天神山町を相手取、本人を元町江引戻シ之被致願候処双方被召出、御紀之上相手町之年寄儀不届之帳切越度之旨厳敷被仰付、即刻本人引戻シニ相成、已後割印願之儀者町代共ゟ添書ニ印形居

差出、其上取計可遣旨右天神山町江被仰付候儀在之候事

つまり、下京の古町である天神山町と扇座町の間で起こった家屋敷売買（金銀出入の被告となった引負人の家屋敷売買）に関する訴訟事件が原因で、家屋敷売買の吟味に町代が再び介入する余地を与えたこと（以後、家屋敷の吟味に際し、町代が添書に加判するようになったこと）を問題視し、次のように古町から新町に対して注意を与えている。

【史料7-9】(21)

右之始末古町ニ乍居ケ様之不埒言語道断也、楽屋ゟ火を出ス之如く、又扇座町年寄も軽々敷被致奥印候ニ付如斯成行候、折角一昨年古町組々骨折ニ而買得之品相改り候を已来右之趣ニ相成候而者、甚歎ケ敷至ニ付、向後此両町江絶交も可致哉、併既ニ相済候儀今更致方も無之候、全体ケ様之心得違無之ため先達而町役心得方式目相認、一冊宛古町者勿論新ン丁一統差送り置候処、全月々読聞セ等閑故ケ様間違出来申候、併新ン丁御組々ニ者篤と御会得在之、決而御心得違在之間敷哉ニ候得共、漸々一昨年相改り、無程既ニ古町スラ右躰不埒出来ニ付、已後御心得之ため今日御一統へ及御沙汰候事

直接的には新町に対する注意の喚起として、先述の【史料7-4】の式目を守ることを求めているのであるが、「古町ニ乍居ケ様之不埒言語道断」と、このような事件を起こしたことが古町として適当ではないということがしきりに述べられている点が注目される。古町／親町として、自らの立場と責任を自覚し、京都町奉行所の都市行政に直接対応しなければならないという認識が示されているといえるだろう。

以上のように、被支配住民側では、形成された住民組織の内部結合を通じ、京都町奉行所による都市行政に積極的に対応していこうとしており、地域住民組織と京都町奉行所の間の結びつきは緊密化していったと考える。このような状況に変化が生じるのが天保後期である。あくまで住民内部のものであった《惣町―町組―町》組織の機能に組織外部の集団が期待するようになり、京都町奉行所の都市行政の中にも位置づけられるようになって

いく。

第四節　都市行政への地域住民組織の位置づけ

まず、《惣町―町組―町》組織に対して組織外部から寄せられた期待について、寺社に対する寄附の事例を見ていきたい。天保十二年（一八四一）、借入金の返済に困った愛宕山が、関わりの深い東町奉行所を通じ、調達金を上京・下京の《惣町―町組―町》組織に依頼した。[22] 上京では、《惣町》の寄合でこれを話し合ったが、「十二組思召一致ニ無之、日掛其外之趣向、又者毎暮年頭入用大配符割掛等ニ而、右利足御取集ニ被仰付候ハ、、誰壱人彼是可申者も有之間敷旨、内々相伺候得共、右等ハ難出来訳合も有之」と、《惣町》内での各《町組》の意見は一致せず、第三章で取り上げた、毎年十一月の年頭御礼の費用を町触で徴収するのと同様の方法で寄附金を徴収することを提案した。これは、「一組毎ニ申談、壱町ニ而も不承知申者御座候而者不相調義ニ御座候」とあるように、先述の通り《惣町―町組―町》組織では、《町組―町》の意向が無視できなかったからである。

しかし、この上京の提案は京都町奉行所には容れられなかった。京都町奉行所ではこれをあくまで強制ではない形で、住民組織に対する内々の依頼としたかったようで、与力が間に入る形で愛宕山の役人と上京・下京の三役との間で直接交渉が行われた。この交渉の場で、京都町奉行所の与力は三役に対して、「上下京多分之町家聊宛之懇志ニ而相頼候儀、一統心能承知致呉候様（中略）一統へ咄し合之程頼入」とあるように、「上下京多分之町家」から少しづつ出金するよう三役が説得することを求めた。住民側ではこの要請に応じることにしたが、この寄附金の徴収に関する仕法書には、[23]「下京人数凡十万人余」が一人十二文づつ寄附すると見積もられており、住民個々の寄附が目指されていた。

さらに、寄附金は、下京の中九町組では「愛宕山江調達有之候借入金利足、組々より取替有之候ニ付、当組内之分、此度町々江割付ケ可申、則月当町函谷鉾御町へ差出シ可申義御治定」と、《町組》で取り替えておき、これを《個別町》に割り当てる形になっていた。[24]つまり、京都町奉行所の期待通り、寄附金の徴収にあたって、住民側の《惣町―町組―町》組織が有効に機能していたのである。

このような愛宕山での実績もあり、弘化期には、他の寺社からも協力の依頼が相継ぐ。まず、北野天満宮が、弘化三年（一八四六）、九百五十年忌万灯会の修覆勧化にあたり、上京・下京が「取締方」を務めるよう依頼した。[25]「取締方」の具体的内容は、「勧化所」などに「出勤」することと、勧化帳に「上古京拾弐組・下古京八組取締方」と記すことであった。上京・下京はこの依頼に応じ、勧化金の日掛銭の通い帳を《個別町》に配当するなど、勧化金の徴収に際し、住民側では《惣町―町組―町》組織を有効に機能させていた。さらに、嘉永五年（一八五二）には、北野天満宮から協力継続の依頼がなされるが、その依頼状には次のように記されていた。

【史料7―10】[26]

御願申口上書

一、当宮　惣御修覆御免五畿内勧化被　仰出候処、此度之儀者別而大破ニおよひ不容易莫太之御入用ニ付一同心配仕罷在候、先年ゟ上下御古京廿組様へ勧物御取〆之義御願申上候処、格別之思召を以御承知被成下、例月丑之日廿五日幷勘定日其外等御組々様御出勤被成下、市中気請宜、外聞無此上、御蔭を以　御本殿其外格別結構ニ御修覆成就仕候段、全上下京様御取〆被成下候故之義ニ而、則当春　正遷宮幷御神忌等追々無滞相勤候者、一社之大望成就仕、一同大悦至極ニ奉存候、別而旧年内拝中且当春御忌中ニ者永々御出勤御一同様格別御示誠被成下候段、是亦忝大悦仕候、其後上古京先御年番様御当役中当三月宮本へ御申聞御座候者、勧化年限も相満、御神忌も無滞相済候事故、上下京様御出勤幷御掛札等之義御断被成度、併通イ表御組名之義者日懸残り之分も定而可有御座候間、其侭ニ而御差置被下候旨被仰下、一同奉畏入候、永々御苦労之段深忝奉存候、然ル処御案内被下候通、諸堂末社等修覆未出来之ヶ所も多分有之、其上御修覆方借財等も御座候義ニ付、猶又先例之通年延勧化之義近々出願茂仕度存念ニ御座候得ども、何卒御掛ヶ札其外等都而是迄之通り御取計被成下候様仕度、訳而御願申上候、尤も追勧化御聞済ニも相成候得者猶又諸向巡行仕候義何分御懸ヶ札且御出勤も無之様相成候而者市中之人気幷聊寄附被致候施主人迄之気請ニ相抱り候間、甚以一同歎ヶ敷奉存候儀ニ御座候へハ、何卒御憐察を以御組名者勿論御懸ヶ札幷ニ毎月不相替乍御苦労是迄之通勧化所へ御出席勧物御取〆被成下候様仕度、御願申上候間、此段被為神慮御聞届被成下、御組々様江御披露之上御承諾被成下候様偏ニ奉希上候、以上

嘉永五子年
五月

松梅院役人
稲波八郎次
宮仕中役者
梅林坊

下古京八組
御触御当番様

この中で「市中気請宜、外聞無此上、御蔭を以　御本殿其外格別結構ニ御修覆成就仕候段、全上下京様御取〆被成下候故」とあり、この他にも「市中之人気幷聊寄附被致候施主人迄之気請ニ相抱り」とあるように、「取締方」として《惣町―町組―町》組織が関与したことで、住民が寄附しやすくなる状況になっていたことがわかる。

また、弘化四年には、清水寺から勧化への協力が依頼された。「北野天満宮日掛通ひ」と同様に「組名」を拝借したいという[27]。そこで、「勧物金取〆方」として「上古京拾弐組」・「下古京八組」と記された北野天満宮修覆勧化の日掛銭受け取りの通い帳と同様に、清水寺の方の通い帳には、「勧物金取〆方」として「上古京拾弐組」・「下古京七組」と記された[28]。ここで「下古京七組」となっているのは、弘化三年に下京の中十町組では触当番の

後任を出すことができず、「下古京八組」への欠席を申し出て、これが京都町奉行所の訴訟にまで発展していた[29]ことと関係がある。しかし、このような状況においても、北野天満宮の勧化の際に見られた住民組織の機能、中でも「上古京拾弐組・下古京八組」という《惣町―町組―町》の枠組みとしての地域住民組織の名前が、勧化金の徴収に際して果たす役割を清水寺の勧化でも期待したということだろう。

確かに、上京でも下京でも《惣町―町組―町》組織の運営では《町組》間の結束の維持に苦難が伴ったことはこれまでの研究でも明らかにされている[30]。先述の下京のケースしかり、上京でも聚楽組が大仲に出勤しなくなったりするなど、「八組惑乱之基」、「大仲破却ニも可相成基」ともなる状況が顕在化していた。それでも、上京では「大仲改革」として諸入用を定額にするなど、《惣町》の枠組みにおける結集を維持しようと努めた。それは、北野天満宮や清水寺のように、《惣町―町組―町》組織の外部から、勧化金の徴収に住民が協力しやすくなるためには、地域住民組織として関わることが期待されたということも背景にはあったと考える。特に求められたのが、「上古京十二組」や「下古京八組」という名前であり、この名前こそ、《惣町》レベルであるとともに、古町／親町の《町組》連合により運営されるという組織の内部秩序をも示す、《惣町―町組―町》組織を表象する名前として、住民がより協力しやすくなるような機能を果たしたのである。

こうした形で寺社の勧化に一定の機能を果たすようになった地域住民組織に、京都町奉行所が政策を遂行する上で着目するようになるのが、天保改革の物価調査に際してであった。物価調査に関する史料に次のようにある。

【史料7‐11】[31]

天保十四卯年六月六日　西御役所江上京下京共三役被召出、御前脇ニ而御役方御両人先上京三役之者被召出御尋在之、其方共大年番・大加番・先大年番与歟可申旨御尋在之候処、三役答、仰之通ニ御座候段申上ル、役方、尤也、此度其方共江御公用被　仰付候義有之、依之今三人之外ニ尚又三人差加江早々名前書可差出旨被仰渡候而相立候事、続而下京三役之者被召出御尋在之、其方共触当番・加番・先触当番与歟可申旨御尋在之候処、三役答、仰之通ニ御座候段申上ル、役方、尤也、此度其方共江御公用被　仰付候義有之、依之今三人之外ニ尚四人差加へ早々名前書可差出旨被　仰渡候而相立候

天保十四年（一八四三）、物価調査に際し、下京三役が京都町奉行所に召し出され、「其方共触当番・加番・先触当番与歟可申旨御尋在之候処、三役答、仰之通ニ御座候段申上ル、役方、尤也」と、三役について確認がなされた（上京三役も同様）。これまで京都町奉行所では住民組織の代表者については把握してこなかったが、京都町奉行所が政策遂行（「公用」）に利用するため三役に着目したということである。そして、三役が京都町奉行所に命じられたのが「公用」として物価調査を実施する担当者の人選であった。ここで注意しなければならないのは、三役には物価調査の担当者の人選が命じられたのであり、物価調査が申し付けられるのは、三役に、下京の場合四人を加えた七人（上京は、三人を加えた六人）に対してであったという点である。物価調査は、三役だけが担当するのではなく、物価調査を命じた町触では次のような認識になっていた。

【史料7―12㉜】

諸色直段之儀、日々相場書上ケ候向幷七月十二月弐季ニ為書出相改、又者不時ニ直段相糺候事有之、是迄仲ケ間年番惣代年行事等ゟ書出させ候得共、今般問屋仲ケ間取解被仰付、諸色之直段銘々自他之見競ニ不拘、引下ヶ等之儀申渡置候得共、其品ニ寄、出元之直段を不相弁高下をいたし、又者大坂表其外余国より買出し、直段之外中途ニ間銀と唱候をも一同之利潤ニ盛上ヶ、元直段より之歩通トハ利得多相当り候品も有之趣相聞、不埒之事ニ候、夫ゟ仲買小売之もの割掛いたし売捌候付、自然と高直ニ相成候付、諸品共元直段ゟ利潤を得候歩割迄厳重ニ取調申付候ニ付、此度諸色直段為取調、組町年寄共江町代共差加糺方為致、掛り御役所へ申聞候儀ニ有之候間、商人共諸品共買入、直段幷利潤割等迄是迄仕来候趣在之侭可申聞候、万一包隠外ゟ相顕

ニおゐてハ聊無用捨急度可申付候、若右掛り組町年寄町代共贔屓之沙汰有之者、無遠慮可申出候、右之通申付候間心得違無之様可致、勿論御役所へ日々相場書上ヶ候儀者是迄之通可相心得候、且又雑色持場者雑色共江申付候間、此旨洛中洛外へ不洩様急度可申通事

(天保十四年)卯六月十一日

壱ヶ年持切

小川組	上立売通小川御三軒町	年寄長四郎
下一条組	室町通夷川上ル鏡屋町	年寄友次郎
下川東組	油小路二条上ル薬屋町	同武助
上一条組	衣棚夷川下ル堅大恩寺北半町	同猪助
親九丁組	室町通一条上ル小嶋町	同四郎兵衛
下西陣組	葭屋町一条上ル晴明町	同三右衛門
上艮組	新町通三条上ル町頭南町	同八兵衛
川西九町組	錦小路油小路東入空也町	同利助
巽組	東洞院仏光寺上ル扇酒屋町	同善右衛門
三町組	烏丸通四条上ル笋町	年寄太兵衛
南艮組	室町通六角下ル鯉山町	同兵三郎
仲十町組	新町通六角下ル六角町	同清三郎
仲九町組	綾小路通室町西入善長寺町	同嘉兵衛
六丁町組	烏丸出水下ル円一町	同平兵衛

聚楽組　　千本通一条上ル泰堂片原町　　　同彦兵衛
下西陣組之内　元誓願寺通千本西入松屋町　同弥兵衛
七条出屋敷組　七条出屋敷八百屋町　　　同源右衛門

すなわち、「組町年寄」を任命するという認識であり、町触に記された担当者も、全ての《町組》ではなく、上京十二組の内六組、下京八組の内七組の古町／親町の《町組》の年寄であった(33)。つまり、京都町奉行所が、全ての《町組》の代表者の中から何人かを担当者に任命し、担当者と京都町奉行所の間で新たに回路を構築して、あくまで京都町奉行所の都市行政の論理により物価調査を実施しようとしたと考える。

また、物価調査を命じた町触では、洛外については雑色が担当するとしているが、洛中については、住民側を関わらせている点も、文政町代改儀一件後の都市行政の変化として重要である。つまり、京都町奉行所としては、中間支配機構として雑色と同じ立場にある町代だけではなく、住民側からも担当者を出させようとして、地域住民組織の代表者である三役に着目したのである。但し、先述のように、物価調査の実施にあたっては、《惣町―町組―町》組織そのものを行政回路上に位置づけた訳ではなかった。

一方、こうした認識を持つ京都町奉行所に対して、住民側では、《惣町―町組―町》組織を通じ、物価調査に対応していった。特に、次の史料のように、下京の対応が注目される。

【史料7―13(34)】

一、前御寄合続、下古京八組御上座方名前夫々西　御役所へ御書上ケニ相成候処、十一日朝五つ時御名前出申候八組之内七組座上方御召ニ而、此度御改正ニ付、右年寄役壱ヶ年持限ニ而、市中商売筋元直段売直段代呂物上中下共取調書差上候様被仰付、則雑色、町代へも夫々申渡在之候間町代共へも申談取調方可仕候様被仰付、則取調品書認振御請書等御披露在之

【史料7-11】にあるように、下京では七名が担当者となった訳だが、下京古町は八組で構成されていたため、下京では、京都町奉行所から七名の人選を要請されたのに対し、八組の代表者八名の名前を届け出た。つまり、京都町奉行所としては、あくまで自身の任命する担当者に物価調査を実施させようとしていたのに対し、住民側では、《惣町―町組―町》組織を通じて調査を実施しようとしたのである。しかし、京都町奉行所は、届け出られた八名の内、七名を召し出し、物価調査を申し付けた。こうした京都町奉行所の意向と住民組織の内部秩序の間に齟齬があったため、一組は担当者を出せなくなり、結局、《惣町》寄合の席次でこの年末席であった川西十六町組が担当者を出せないことになった。(36)

そして、調査結果は、《個別町》単位でまとめられ、《町組》で回収するようにしており、さらに、古町の《町組》を構成する各《個別町》が、それぞれ新町の《町組》を割り持ち、取りまとめを行うなど、(37)新町/枝町を含む《町組》レベルの内部結合が機能していた。

ここで問題となるのが、担当者を出せなかった川西十六町組の扱いである。すなわち、川西十六町組の代表者には調査権限が無いため、他の《町組》のようには、川西十六町組単独での調査は出来ない。そこで、《惣町》寄合で相談した結果、次のように対応することになった。

【史料7-14】(38)

一、昨十八日八組御寄合在之、右被仰付候市中一同買売直段取調之儀ニ付、川西拾六町御組当年御席順ニよつて座上御名前書出ニ不相成候ニ付、拾六町組新ン町通達取次世話之処、当組幷仲拾町組両組新ン町世話無之故、此度一条諸調通達取次当年之処両組ニ而懸引致呉候様拾六町組年寄古老方段々御頼ニ付、無拠仲拾町組御承引被成候由、就而当組茂新ン町四拾町之内弐拾町同様御引請ニ相成候事

つまり、下京八組の内、従属する新町/枝町を持っていない中十町組と中九町組が、川西十六町組の調査の実

務を担当することになったのである。これは、単に、中九町組と中十町組が川西十六町組を手助けしたというのではなく、《惣町》の問題として、《惣町─町組─町》組織の論理の中で処理したと考えるべきものだろう。

このように、愛宕山への調達金が内々の依頼であったのと異なり、天保改革の物価調査では、組織内部の代表者に過ぎなかった三役が、公的な関係として、京都町奉行所の都市行政の中に位置づけられた。《惣町─町組─町》組織そのものが行政回路上に位置づけられた訳ではなかったが、住民側では、新町／枝町も含む形で《惣町─町組─町》組織が有効に機能し、都市行政に対応していった。こうした形で、地域住民組織を都市行政に位置づけようとしたことを契機に、嘉永・安政期には、都市行政の中で地域住民組織がさまざまな機能を果たしていくことになる。

第五節　都市行政の中で機能する地域住民組織

天保期に続く嘉永・安政期になると、京都町奉行所は都市行政をめぐる新たな課題に直面した。つまり、被支配住民に対して、京都町奉行所の都市行政上でより強い働き掛けをしなければならなくなったのである。具体的には、大規模な公共事業を行う際に、政策を遂行する費用の一部を負担させるため、被支配住民を説得する必要が生じた。ここでは、安政二年～四年（一八五五～一八五七）に実施された安政度内裏の造営と四条橋の架橋工事、鴨川の浚渫工事を取り上げる。

まず、安政二年に実施された安政度内裏の造営については、別稿[39]でも明らかにしているように、その費用の一部を献金するよう京都町奉行所が直接住民を説得した。

嘉永七年（一八五四）以前にも何度か火災で焼失した内裏の再建はいずれも江戸幕府が主体となって執り行い、その費用も江戸幕府及び大名の負担によって賄われ、京都の被支配住民がその費用を負担することはなかった。

しかし、幕末期になると、対外関係の緊迫化による海防費の増大など幕府財政の逼迫に伴い、安政度内裏造営に際しては、その費用の一部を住民に献金させようとしたのである。

安政二年三月の「禁裏御造営費用諭達」[40]には、幕府が「全国人民」に対して、安政度内裏造営費用の献金を求めた「諭達」として、「当時国中御守護被為在候関東之御事故、何様之御時節ニ候共京都御普請者御手限ニ而御取掛可被成筈御相当ニ者候得共、実以御金蔵御手薄之折柄、左候迚後代迄議論ニも相拘り、禁裏御造営を御省略と申候而者天理ニも相背ケ、且者御祖宗様方江被対候而も如何ニも御趣意相立不申間、旁一段御手厚被成進候方御職掌之専一ニ付、諸大名之気請も引立、御威光も格別相顕れ候御儀故、是等之趣国中之貴賤普く致承伏、銘々心胆より御国恩難有感戴、万民挙テ資材を貢上仕候様被成度」と記されている。

つまり、幕府がその「職掌之第一」である内裏の造営を一段と手厚く行えば、諸大名の気請もよく、幕府の威光も格別輝くので、このことを「国中之貴賤」が普く承知し、それぞれ心胆より「御国恩」をありがたく思い、「万民」挙げて献金するようにしたい、というのである。ここでは、「万民」が「御国恩」をありがたく思い献金を行うよう求められていることが重要である。このように、安政度内裏造営の献金は、「万民」に対して求められたものであったが、内裏の所在する京都の住民からの献金が特に重要であり、京都の支配にあたった所司代、京都町奉行などによって、住民からの献金の具体的な実施方法が検討されることになった。

大火から一ヶ月ほど経過した嘉永七年五月十四日、所司代脇坂安宅が京都町奉行の浅野長祚と岡部豊常に対して検討を命じ、これに対して、京都町奉行の二人は、約一ヶ月後、所司代脇坂に面会を求め、次の書付を差し出した。

【史料7-15[41]】

此程御内沙汰御座候今度　皇居炎上ニ付而者、於江戸表　両御丸御普請引続海防御備向等種々御用途多之御

時節不被為厭、速ニ　御造営被成進候　思召ニ而、　御所表ニ於而も御好等者御差止被遊候段、公武之御礼譲至レリ尽セリとも可奉申上、此上者右御造営御用途江差加等相願候ハヽ、上下和合、瑞気不可有此上被思召候間、私共熟慮いたし可然申諭候様被　仰含候御内意之段、御尤至極ニ奉存、早速私とも組之者江も内密取調方申付、月番備後守御役所江相寄、種々談判仕候処、一体当地者是迄御用金上納金等被仰付候儀も無之、新規之儀ニ付模様一向見留附兼候得とも、此度之義者外ならす　皇居炎上之儀ニ而、江戸表ニ於而も引続莫大之御用途被為在候段者、下々ニ至迄奉恐察居候事与奉存候得ハ、誠実申諭候ハヽ、多少者不存、有志之者共為冥加差加金等差出方之儀承伏可仕哉ニ奉存候、然ル処近来京地者一体衰微仕候上昨年之凶歉、殊ニ仕入物等更ニ注文無之候ニ付、甚以不融通之折柄故、只今申諭方仕候而も、差出方ハ無数ニ而人気不揃ニ可有之哉与深心配仕候ニ付、得ト愚案仕候処、先達而取調相伺置候諸貸付会所之義、此節再興御下知被成下候得者、大ニ融通出来可申、其時合を以前条之次第厚く申諭候ハヽ、下方者格別迷惑も不仕候而、差出方者相増候ニ当り可申歟、何分当節之景気ニ而者相応蓄御座候もの更ニ手縮居候間、外見ニ者一向目当も相附兼、先前之見合も無御座候事故、申諭方も不行届ニ可相成哉者（与）心配仕候間、可相成者此節諸会所向之御下知早々被成下候様仕度、御請旁此段御内聴ニ入奉願候、以上

六月　　浅野中務少輔

岡部備後守

内裏造営費用の「差加」について色々相談したところ、京都ではこれまで「御用金上納金等」はなかったが、このたびは他ならぬ「皇居炎上之儀」であり、誠実に「申諭」を行えば、金額の多少によらず「有志之者共」が冥加として「差加金」を差し出すことを承伏すると思われる。しかし、近年京都は「一体衰微」し、「不融通」の折柄なので、今「申諭」を行っても「人気不揃」になるのではと深く心配しているという。このように、内裏

造営の費用に「差加」えるという形で住民から献金を集めることについて、実際に住民に対する説得（「申諭」）を行う京都町奉行所で具体的に検討がなされたが、京都での「御用金上納金等」の賦課は初めてのことであり、当時の京都における「一体衰微」、「不融通」といった景気状態も考慮して、内裏造営費用の献金の「申諭」を行えば、下層の者が迷惑し、京都の「人気不揃」となるのではないかということを懸念しているのである。

このような京都町奉行の懸念に対して、所司代脇坂は勘定奉行の石河土佐守政平を通じて幕閣にも相談した上、京都町奉行に、内裏の炎上については、「辺土遠境」でも注目されているので、献金の機会を失い手遅れになれば、「王都之瑕瑾」となるため、先例の有無に関わりなく、「重立候もの」から順番に「申諭」を行ってはどうか、という提案を行った(42)。これを受けて、「重立候もの」、すなわち経済的に余裕のある住民をターゲットとした「申諭」が検討されていくことになる。具体的には、閏七月十七日に、京都町奉行から、①京都町奉行所に「身元宜町人共」を呼び出し、京都町奉行立ち会いで「申諭」を行い、献金は「今明両年」に納めることとするつもりである。②「身元宜町人共」に限らず、「町々」へも「申諭」を行えば献金者の数が多くなるので、「組町町役人」を呼び出し「申諭」を行うべきか。③「京都町人共」のみ「申諭」を行い、東西本願寺門前町の住民にも「申諭」を行うつもりである、という形で内慮伺いが出された(43)。

さらに、八月朔日に、町奉行は再度、所司代に対し、京都の住民の中で「身元宜鋪」者については京都町奉行所の方で大体把握しているが、それ以外にも多くいると思われる。ただ、内密に身元を調査しても献金のことが住民に洩れ伝わるようなことがあっては、住民の「気請」にも関わり、とても心配なので、まずは京都町奉行所で把握している「富有之者共」を呼び出し、それ以外の者にも洩れ伝わった際には「組町々役人共之内惣代之者」を呼び出し「申諭」を行うつもりであるという書付を提出した(44)。

以上見てきた、所司代と京都町奉行の間の安政度内裏造営の献金の実施方法をめぐるやりとりから、次のような点が指摘できる。まず、当時の京都の景気状態、及び京都ではこれまで御用金を命じられたことがなかったという事情を背景に、所司代・京都町奉行が、被支配住民の「人気」、「気請」をとても気にかけているということである。いくら「御国恩」、「昇平之御恩沢」を理由に、特に「王都」である京都の住民から献金を求めるにしても、実際に京都の支配を担う所司代・京都町奉行にとって、京都の経済状態や住民の意向を無視して献金を強制することはできなかったのである。

そして、具体的に住民に対する献金の「申諭」を行うにあたって、「申諭」の対象を「身元宜町人共」のみとするか、「組町町役人」を通じ「町々」へも「申諭」を行うかが問題となっていた点が注目される。これは、本書序章で述べた「支配権力は、被支配側の組織や領域をどのような枠組みで掌握したのか」という問題にもつながる。所司代・京都町奉行は、安政度内裏造営の献金が、京都の住民「一統」に対する「御用金」であるというように強制と誤解されることは、住民の「人気」、「気請」にとって非常に問題であると考えて、献金額に不足を生じることになっても、「身元宜町人共」、すなわち京都町奉行所の把握している経済的に余裕のある住民をメインターゲットに「申諭」を行うことにしたのである。

このような形で権力側で議論された安政内裏造営に際しての献金「申諭」の実際の様子は、例えば、四条大宮町で質屋を営む高木在中（鍵屋長治郎）が残した日記[45]に見ることができる。まず、八月二十五日条に、内裏造営の「御用途銀之御手伝」が京都の住民に対して命じられ、「金持衆」が嘉永七年八月二十一日に約七十軒、同二十五日に約百十軒、同二十七日に約二百軒が召し出され、いずれも三日後に金額を申し出たことが記されている。そして、高木在中自身は、日記の九月十六日条から、西町奉行所で献金の「申諭」を受けていることがわかる。その日は約二百人が召し出され、一度に四十人づつ「申諭」を受けた。高木在中が「大体京都町人中分迄追々ニ召出ス」と記しているように、「金持衆」から「中分」とされるレベルの住民にまで「申諭」が行われたようで

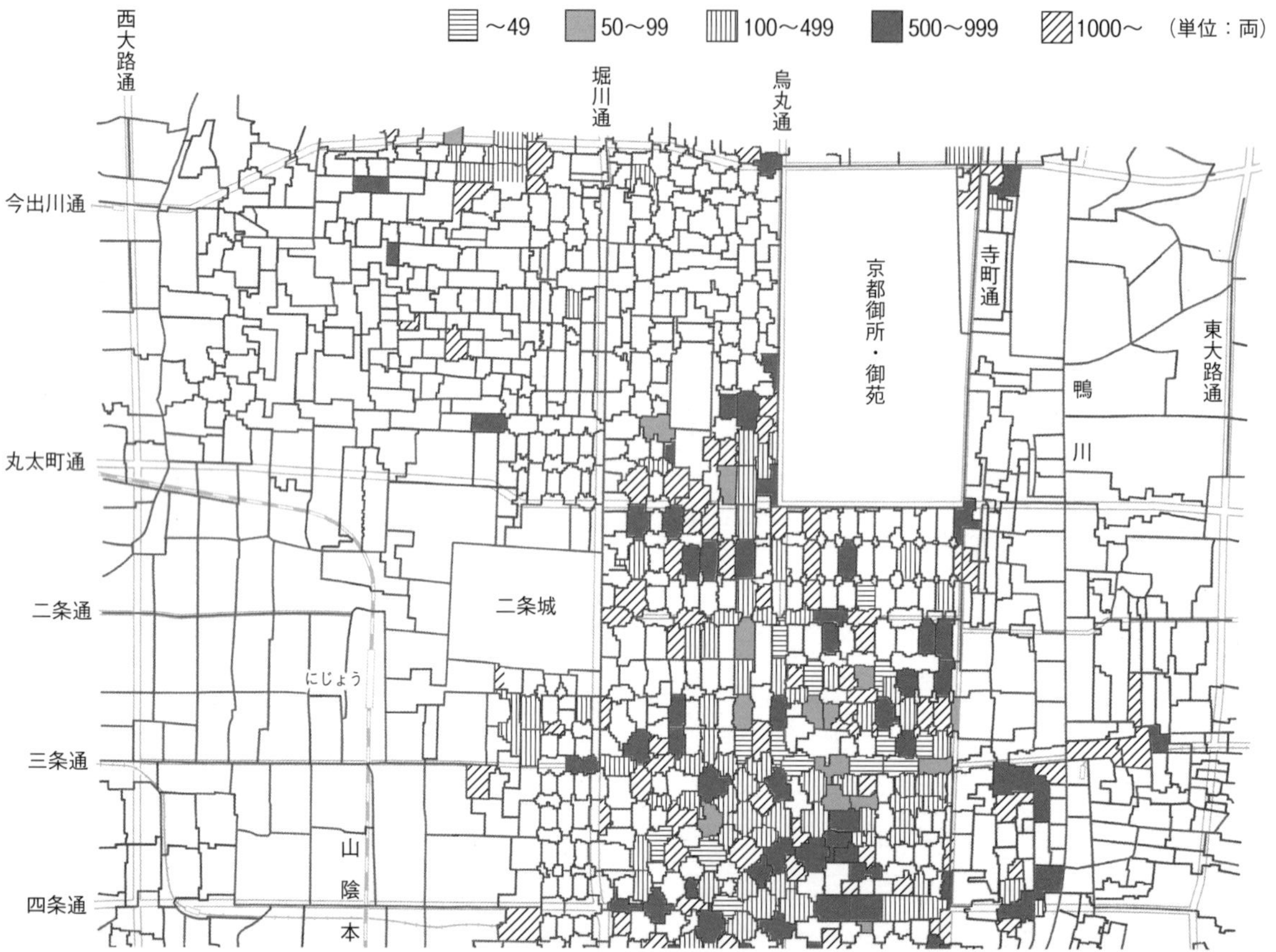
~49
50~99
100~499
500~999
1000~
（単位：両）
西大路通
堀川通
烏丸通
今出川通
丸太町通
二条通
三条通
四条通
京都御所・御苑
寺町通
東大路通
鴨川
二条城
にじょう
山陰本

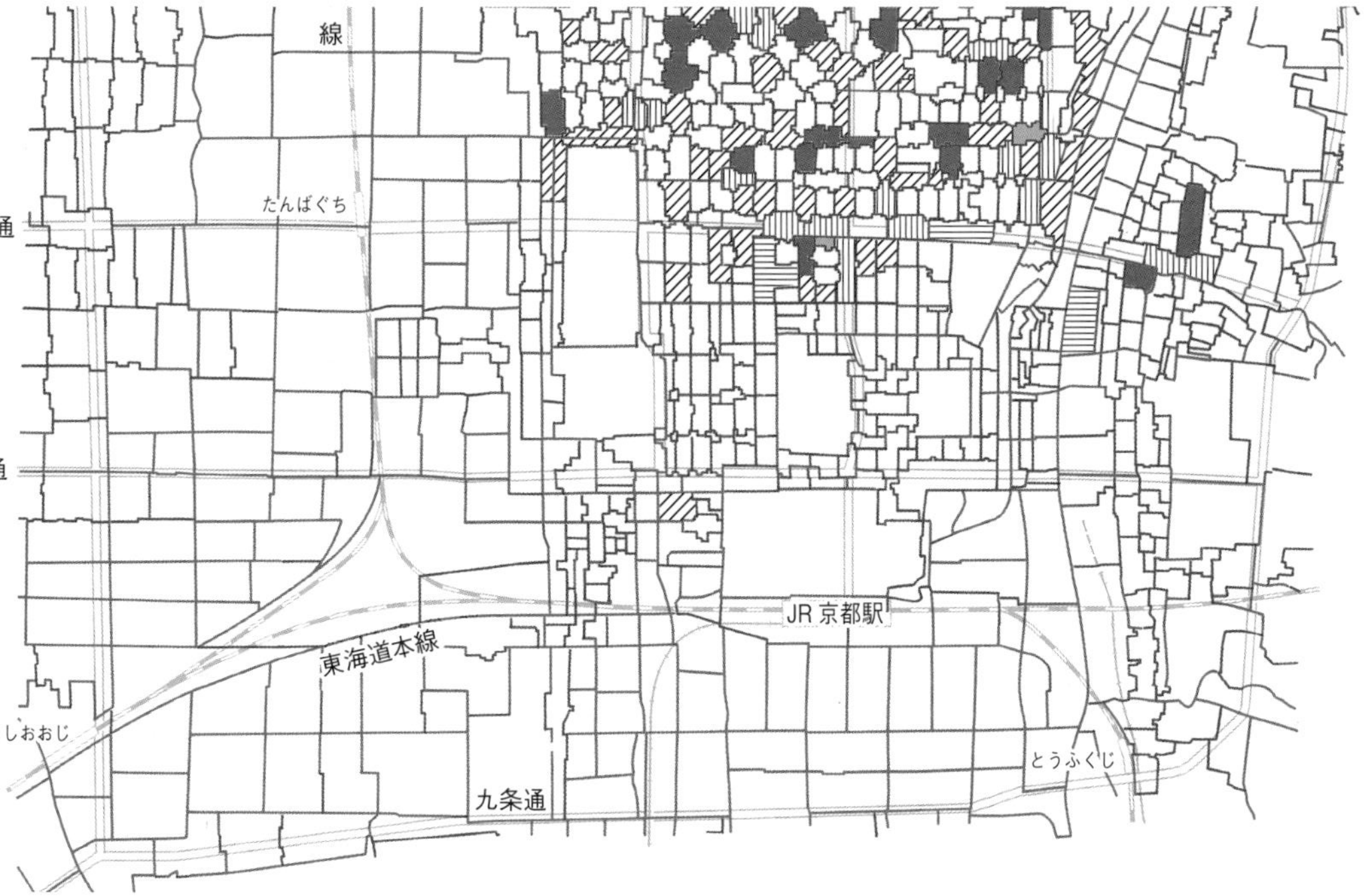

図7－2　安政内裏造営の献金者分布(町単位)

註1：「江戸・京都御用金献納録」(三井文庫蔵)、「禁裏御所御造営ニ付献納員数名前留」(神田家記録・大谷大学図書館蔵)、「安政二年禁裏御造営献納控」(京都大学大学院文学研究科図書館蔵)をもとに作成。

註2：各献金者の献金額を所属する《個別町》ごとに集計し、5段階に分けて、足利健亮編『京都歴史アトラス』(中央公論社、1994年)10頁に掲載の「京都市街中心部の「町」の境界線」図に示した。

ある。これはすなわち、京都町奉行所が「身元宜町人」として把握していたクラスが「中分」レベルの者までを含んでいたことを示している。それでは、具体的にどれだけの数の住民が献金に応じたのであろうか。

京都における安政度内裏造営に対する献金者の名前・居住町名と金額を書き写した史料[46]の情報を整理すると、名前が挙げられている住民は七百三十八名で、数人で一口の献金を行っている場合もあるので献金件数としては七百十件となる。この史料から献金者の居住町ごとに献金額を地図上で示したのが図7-2である。まず献金者の居住町について見ると、特に上京の御所近辺に集中しているということはなく、下京や東西本願寺門前町などからも献金されていることがわかる。次に、一人あたりの献金額は、金千三百両～十両・銀七十貫目～二枚と幅があり、先にみたように、「金持衆」から、金十両を献金した高木在中（鍵屋太兵衛）の「中分」レベルまでが京都町奉行所により「身元宜」と把握されていた住民であったといえる。

そして、献金総額については、諸種の史料で若干異なるが、およそ金七万五千両ほどとなる。これは、江戸の献金総額（「江戸町奉行江収納金高」[47]）二十万二千五百両には遠く及ばない。しかし、所司代脇坂は、安政二年四月十六日に京都町奉行に渡した「申含書取」[48]で、①京都はこれまで一度も御用金を仰せ付けられたことがないということを誇りに思っているような土地柄なので「人気」を傷つけやすいとの懸念から、京都町奉行両人は当初から特に心配し、相談や工夫を尽くし、担当の与力についても適当な者を選び、入念に探索させた上で献金の「申諭」を始め、「気請」が悪くならない内に十分に踏み込むことが出来た。②さらに、もう一度「裾廻り之もの」へも「申諭」を行えば、少額でも多くの住民から献金を出させることが出来るけれども、初めてのことで「人気」も覚束ないので早く手を引くことに決め、献金総額は十分ではないけれども、担当の与力も抜群に骨を折って対処したため「人気」も穏やかであると聞いていると、京都町奉行所の労をいたわっている。

このように、安政度内裏造営に際しての献金については、所司代や京都町奉行所など京都を支配する権力が京都の被支配住民の「人気」、「気請」に配慮し、経済状態などを入念に探索した上で、「中分」クラスまでの「身元宜町人」を主なターゲットにして行われたものであったとまとめることができる。

こうして京都の住民に賦課された最初の御用金ともいえる安政度内裏造営に際しての献金は行われたが、同時に京都では別の災害への対応も求められていた。安政度内裏造営の原因となったのは嘉永七年の大火という災害であったが、これ以前から京都では鴨川の洪水が頻発し、大きな被害をもたらしていた。この水害への対策として安政三年に洪水の原因ともなった川床に堆積した土砂の浚渫工事と、これと連動して四条橋の架橋工事が企図されたが、これらも都市インフラ整備として巨費を要するものであり、やはり幕府や京都町奉行所の行政対応が必要となった。しかし、先述の通り、幕府には財政的余裕はなく、住民にも負担が求められることになる。一方で、これらは、交通政策や災害対策であるとともに、公共工事として停滞していた京都経済に賑わいを取り戻す意味も持ち、都市の振興策といえる側面も持っていたため、安政度内裏造営以上に地域住民組織として深く関わることになった。[49][50]

こうした京都町奉行所による都市振興策に住民組織が関与する根拠の一つとして、寺社からの勧化依頼と同様の形で、関係者からの協力依頼があったことが挙げられる。例えば、四条橋の架橋は、「祇園町両側同新地六町之者共」[51]、鴨川の浚渫は「川添町々惣代」[52]からの依頼があり、これに応じる形で《惣町―町組―町》組織が関与することになった。また、四条橋架橋工事では、依頼に応じた「下古京八組・轅拾町」を差し出しとする廻状が各《個別町》に出され、寄附を説得した。[53]

これに関して、木屋町四条上ル鍋屋町に住む商人で、京都町奉行所の与力とも交流を持ち、山陵調査にも関わった塩屋勘兵衛こと高畠青菰[54]は、日々の見聞や当時の風説をコメントともに書き留めた「青菰雑誌」の中で、次のような理解を示している。

【史料7―16[55]】

前条触の文面にて自然後世のもの見たらんに、万事祇園氏子中之願によりて本長橋掛度しと願ひ出せし品ニ相聞ゆ、更ニ〱不然也、是ハ東西何れやらん、尤同意歟、四条へ長本橋掛たらんものと思われ、夫趣与力同心に含ませて　禁裡御造営御手伝上金を責出さセし跡なれハ直くいふも如何と、下古京八組、又祇園神輿橋に引かけんと轅枝町を加へ、是等の年寄共江内々言含ての趣向にして（中略）此文面ハ例の公辺へ押して勝手の違ふたる得手勝手押付たる虚言にして、実ハ諸町人之人気には面白からぬ催しかな

あくまで四条橋の架橋工事は、京都町奉行所による都市行政の一環で、内裏造営費用の献金の直後であるため、京都町奉行所が直接献金を説得することが難しい中、住民組織を関わらせることが有効と判断されたという。つまり、この祇園町などからの依頼は、住民組織を自主的な形で四条橋の架橋工事費用の献金に関わらせるための手段であったということができる。実際に、四条橋の架橋工事費用の献金は、北野天満宮・清水寺の勧化と同様に日掛銭の形で徴収され、通い帳には「古京八組・轅拾町」の名が記された[56]。また、日掛銭だけでは工事費用に不足が生じたため、《惣町―町組―町》組織で負担し、最終的な責任も負っている[57]。

この点と間接的に関連し注目されるのが、同じ安政三年に、第四節で取り上げた勧化の依頼を今後は断るという議定が下京で作成されたことである。

【史料7―17[58]】

議定之覚

一、近来御由緒有之候諸寺社勧化之義種々枢機を以上下京古町江被相頼無余義訳柄茂有之候ニ付、取持いたし遣し候処、追々右様之儀出来候而者後々ニ至り重役勤方及混雑大ニ迷惑仕義ニ有之、元来寺社方ニハ夫々領地等も有之候事故、右社役人役者之輩取計を以勧化可致義与存候付、是迄世話いたし来り候寺社方

最早年限も相満候儀ニ付、下京中合、已来諸勧化等之義組町々ゟ世話いたし候義一切相断可申議定、今般中合候上ハ仮令如何躰之手続を以頼来候共相断可申候条、議定書仍而如件

安政三辰年三月

（各組二人づつの連署略）

この議定は、蛸薬師町では、四条橋の架橋工事に関する事項（京都町奉行所へ提出する願書・祇園町からの一札・下京八組での申し堅めの一札）と一緒に同じ冊子に書き写されている。そして、勧化の依頼を断る理由として、「重役」、すなわち三役の務めが「混雑」に及ぶとしていることもあわせて考えると、四条橋の架橋工事や同時期に行われていた鴨川の浚渫工事への対応に専念するために、勧化の依頼を以後受け付けないことにしたといえるのではないか。つまり、三役が、都市行政上における自らの役割を自覚し、勧化の取締よりも都市振興策への関与を求めるという形で取捨選択するようになったと考える。

このような形で、住民組織として都市行政に関与するにあたって、三役の役割は次第に大きくなっていくが、この点は、鴨川の浚渫工事において、より明確に見ることができる。安政二年に新造された内裏に天皇が無事還幸すると、鴨川土砂浚いの実施が具体的に検討され、安政三年三月十七日には老中から担当の京都町奉行浅野長祚に対する指示が所司代脇坂安宅を通じて伝えられた。その中に次のように記されている点が注目される。

【史料7‐18(59)】

加茂川筋附洲浚、在来堤上置、腹付土砂持運、諸小屋会所入用共、銀高千弐百壱貫目余、外銀百五拾貫目者、若仕立中出水破損所出来候節遣方之積、惣銀高之内、金弐千両、臨時祭御再興御手当御貸附利銀遣払、残禁裏御賄金銀、大坂御金蔵江仮納可相成銀高之内より御入用ニ相立、其餘者富商共差出金、市中軒役等ニ而取賄、別段御出方無之様取計

つまり、鴨川土砂浚いの実施に際しては、銀千二百貫目余り（他に、もし作業中に破損所が出来た時の為に銀百五

十貫目）を要し、その内金二千両は「臨時祭御再興御手当御貸付利銀」、残りは「大坂御金蔵」に「仮納」となる「禁裏御賄金銀」を用い、さらに「富商共差出金」（富有な商人からの献金）あるいは「市中軒役」（住民に対する強制的な賦課）等で賄い、決してこれ以外から出費することの無いようにと、財政が逼迫している幕府は指示を出したのである。

このように、鴨川土砂浚いの実施にあたっても安政度内裏造営と同様、幕府は京都の住民がその費用の一部を負担することを期待した。この費用を住民に負担させるために権力の側（江戸幕府内部）でどのような議論がなされたのか、その詳細については今のところ不明である。但し、実際に鴨川土砂浚いの費用負担を住民に求めることになった際に、三井家からの伺いに対して京都町奉行所の与力が「有志之者江相進メ可申様町役之者江被仰渡之儀ニ付、町分軒役割与申儀ニ無之」と答えているので(60)、強制的な役賦課（町分軒役割）ではなく、「有志之者」の献金という形で行われることになったことがわかる。

さらに、右の与力の発言中には、「有志之者」への勧誘が「町役之者」に命じられたとある。つまり、安政度内裏造営の献金の際に一度検討されたものの、京都の住民全員に対する「御用金」と誤解されることへの懸念から実際には行われなかった、「組町町役人」を残らず呼び出して「申論」を行う方法が、鴨川土砂浚いの献金に際しては実施されることになったのである(61)。

具体的には、次のような経緯で、《惣町—町組—町》組織が鴨川土砂浚いの献金に関わることになった。

鴨川土砂浚いの必要性を切実に感じていた鴨川沿いの町々が、安政三年四月に「古御町様」に宛てた依頼状(62)に、「川浚御取掛りニ相成候ハヽ、銘々共ゟ身分相応出銀致、有志之向々相談、多少不拘為御冥加上納金仕度、且御浚土砂之儀も寺社境内或者町々道直シ持運方之儀被仰附候ハヽ、混雑無之様、万端古御町中様御差配被下度、此段御願談申試候」とある。鴨川土砂浚いの実施にあたり「有志之向々」への献金の相談などに関して、《惣町》の運営を担う古町の「差配」が期待されていた。

これに対し、古町を代表する上京・下京それぞれの《惣町》三役はこの依頼を一度断っていたが、鴨川土砂浚いが実施に移されると、四月八日に上京・下京の三役は京都町奉行所に召し出され、与力より次のように仰せ渡された。

【史料7-19】(63)

御浚之儀多分之御雑費相掛り候御仕法被　仰聞、加茂川堤辺者別而　御所近く自然洪水甚敷候得者、市中江流レ込、一同可及難渋被為　思召候得共、於　御上茂近年異国船又ハ諸国大変ニ而莫太之御物入等被為在候折柄之事故、何卒右上下六人之者申合市中有志之輩江及相談、迷惑ニ不相成様深く　御国恩之程を厚奉存、夫々組町又ハ其筋々江申諭し格別出精いたし出金御助成申上候様

つまり、鴨川堤の辺りは御所にも近く、また洪水の際には市中へ流れ込み一同難渋に及ぶが、幕府財政逼迫の折柄なので、「多分之御雑費」の掛かる鴨川土砂浚いの費用の一部を「市中有志之輩」が「御国恩之程」を理解し「出金御助成」するように、「上下六人之者」、すなわち上京・下京の三役が《町組》などへ「申諭」すことが求められたのである。この指示を受けた《惣町》の三役は、四月十八日、右の経緯を記した「演舌書」(64)を各《町組》に対して示し、「有志之輩」が「出金」するよう「御取持」を頼み入れている。

このように、当初は、鴨川土砂浚いの献金の「申諭」は、《惣町》から《町組》、そして《町組》から《個別町》へと、《惣町—町組—町》の重層構造の中で実現しようとしていたことがわかる。しかし、三井家の記録(65)には、「町々申諭有之候へ共二条通ゟ下者未何之沙汰も無之」、「市中一統上下京大年番之者共江取扱申付置候所、今ニ取調出来不申候与相見得何等不申出」などとあり、特に同時期に「四条橋掛直シ」を進めていた下京の「申諭」はなかなか進んでいなかったようである。

こうした状況を受け、上京・下京の三役は、改めて「申諭方」について検討し、以下のような方法を案出している。

【史料7‐20[66]】

一、上下京之内最寄便利之方江私共出席仕、町々ニ而身元相応ニ相暮、召仕ひ等多分有之候者共相撰、右被
仰渡之御趣意厚申諭候様仕度奉存候ニ付而者、其町々年寄江前以右之趣得与申談仕候上ニ而、廉々名前
指を以相招申諭仕候ハヽ、尚又行届厚承伏可仕義与奉存候ニ付、何卒乍恐別紙月行事之町々年寄共御召出
被成下、私共ゟ相招候節者早速罷出候様被為　仰付被下候ハヽ、御仁恵之程深く承畏仕、右御趣意申諭方
夫々行届可申与奉存候

つまり、「町々年寄」と相談の上、「町々ニ而身元相応ニ相暮、召仕ひ等多分有之候者共」を選んで「廉々名前指」にて「申諭」を行おうというのである。この案は、京都町奉行所の認めるところとなったようで、五月十九日になると、「上京十二組者室町通中立売上ル町、下京八組者因幡薬師寺内江相寄、夫ゟ町々呼出申諭有之」と三井家でも記すように[67]、上京は室町中立売上ル町、下京は因幡薬師に「町々」を呼び出しての「申諭」が行われた。その際、各《個別町》に対して示された「舌代」は以下のようなものであった。

【史料7‐21[68]】

舌代

一、今般従　御公儀様加茂川筋御浚被為　仰付候ニ付而者、四月八日上下京重役之者共西御役所様江被　召
出、於御白洲川方御掛り御役人中様御立会ニ而御申諭し在之候御趣意者、近来加茂川高野川筋共風雨ニ而
出水毎、山谷ゟ土砂流込候ニ付、段々川床高く相成堤危く自然堤切れ込候而者不容易御大切之御場所を奉
始、市中一躰ニ洪水落込可申茂難計、左有時者市中町々之者安住いたし家業之営茂難出来、一同当惑難渋

可致義ニ付、今般格別御仁恵之思召を以、右川筋御浚被為　仰出後患無之様永々安居之上、家業相営候事、全昇平御恩徳之程難有奉存、依之此度御浚之御手伝銘々冥加ニ可奉願道理ニ在之候間、右之趣篤与相考他之見競不致、精々相励、御差加之儀を有志之輩江申諭候様被為　仰渡候事

（安政三年）
辰五月

上古京拾弐組
上一条組
大年番
親九町組
大加番
下一条組
先年番
小川組
先々年番

下川原三拾弐町組之内
川原町蛸薬師下ル
塩屋町
米屋市右衛門様
備前屋文次郎様
近江屋卯兵衛様
（他十名略）

このように、三役の連名、すなわち《惣町》の代表者が、《個別町》ごとに住民を名指しして「申諭」が行われたのである。また、「申諭」の文言の中で、「市中一躰」、特に「御大切之御場所」、すなわち御所の水害の危機が、「市中町々之者安住いたし家業之営茂難出来」につながるという論理で、「昇平御恩徳之程」を理解し「此度

御浚之御手伝銘々冥加」の献金をするよう求めている。これは、塚本明氏(69)も指摘しているように、個々の住民の「家業」の保証に力点を置いたもので、個別の住民を名指しで「申諭」を行う趣旨に沿ったものと考えられる。

それにしても、なぜ《惣町―町組―町》の重層構造を通じた「申諭」が上手く行かず、三役が直接《個別町》を対象に「申諭」を行うことになったのであろうか。この理由について、先にも取り上げた高畠青菰は、次のように記している。

【史料7-22(70)】

○五月朔日頃より加茂川浚之出銀、上下京へ去々月爾来彼是古町ヲ以申伝ふといへとも中〱渋々として、当朔日以後所々寺院、町会所等へ上下京とも古町年寄撰ミ出し、町代呼寄是ヲ仲人として、上下京共其組々を不呼して飛々ニ町年寄を招き、其町々相応之身元之者前以町代共より能々聞合置、其名前之者ハ撰ミ出されし名当して、精々可成丈出精之出銀可致（中略）相応之身元之者ハ力一杯出精之出金可致様との事、必らす申合さづと銘々一分〱之力丈ニ可致様との事、是を西奉行浅野組下与力・同心、又東奉行も同様、是等より古町年寄共へ為呑込言す事にして、若いかに片意地に言張る者あらは奉行所へ突出すといふ衆のある趣向と聞ゆ、是京都ハ江戸、大坂の如く惣年寄といふもの、なきか故也

京都には大坂のような惣年寄がいなかったため、三役を中心とする「古町年寄共」により「上下京共其組々を不呼して飛々ニ町年寄を招き」説得が行われたという。つまり、鴨川の浚渫工事費用の献金に際し三役が果たした機能は、大坂の惣年寄に等しいと評価している訳である。こうした評価を踏まえるならば、この鴨川土砂浚いの実施過程においては、京都町奉行所―三役―《惣町―町組―町》組織を通じた都市行政の回路が構築されていたと考える。すなわち、《惣町―町組―町》組織そのものが、京都町奉行所の都市行政の回路上に位置づけられたということである。

このように、《惣町》の枠組みは京都町奉行所と住民との接点で強制力をも伴うような機能を求められるようになったが、一方、第六章で明らかにしたように、文政町代改儀一件を始めとする近世後期の「惣町運動」を通じて、《惣町》の枠組みにおける結集は《町組》連合としての形をとったため、《惣町―町組―町》の重層構造における《惣町》の枠組みの強制力にとって《町組》の存在は桎梏ともなった。こうした地縁的住民組織の内部秩序の展開を背景として、鴨川土砂浚いの献金に際しては、高畠青菰が言うように、三役としての《惣町》の代表者が、《町組》を関わらせずに（「其組々を不呼して」）、直接《個別町》に対して（「飛々ニ町年寄を招き」）、「申諭」を行う必要が生じたのではないか。

また、右の「青菰雑誌」の記述の中で、名指しされた住民以外にも、「家持」は出来るだけ出金し、「家持」でない「借家人」であっても「相応之身元之者」は力一杯出金することが求められており、塚本氏も指摘する[71]ように「都市において経済活動を行なう者が、家持、借屋人の別なく、経済力に応じた階層的関係によって負担」することになった点も注目される。具体的には、名指しされた者も含む町内の家持、さらに「借宅之分」の献金が、各《個別町》単位で取りまとめられ、各《個別町》から献金額などを京都町奉行所に申し出るという形をとっている。

そして、安政四年（一八五七）十二月になって、次のように「古京八組」、すなわち下京《惣町》から各《個別町》に対する指示という形で、献金を持参することが命じられている。

【史料7―23】[72]

口達

一、去辰年加茂川就御浚献納金銀、此節取集上納被為　仰付候ニ付、両替包ニ而、明五日朝五つ時ゟ九つ時迄之内ニ因幡堂西之坊へ無相違御持参可被成候、以上

古京八組

巳十二月

新町姉小路下ル町
御年寄
奈良屋嘉右衛門殿

大坂屋文治郎殿

菊屋三郎兵衛殿

これに対し、「出金」した者には、「古京八組」の印を捺した請取「証」[73]が渡された。また、「下古京八組惣代」の三役により、「加茂川筋就御浚御冥加上納金名前帳」[74]六冊が作成され、下京全体での献金者・献金額の取りまとめが行われている。このように、鴨川土砂浚いの献金の処理は、下京《惣町》が中心となって行っていたことがわかる。

次に、どれだけの住民が鴨川土砂浚いの献金に応じたのかという点に関して、上京については管見の限り史料が無く不明であるが、下京の方は、先に触れたように「加茂川筋就御浚御冥加上納金名前帳」六冊があり、献金者・献金額について知ることができる。

そこで、この「加茂川筋就御浚御冥加上納金名前帳」について検討すると、鴨川土砂浚いに対する献金者の総人数は三千二百八十六名で、数人で一口の献金を行っている場合も多く、また《個別町》単位での献金もあるので、献金件数としては三千百四十九件となる。また、安政度内裏造営の際の献金と同様に、献金者の居住町ごとに献金額を示した図7-3では、献金者が特に鴨川沿いに集中しているということはない。下京の三役―《惣町―町組―町》組織を通じて把握された献金者の範囲こそ、近世後期における下京の地域住民組織が関わることの出来た領域を示すものであったと考える。

さらに、一人あたりの献金額についてみると、金五十両～一朱・銀百五十枚～二匁の幅があった。これはあくまで下京のみの情報であるが、先にみた安政度内裏造営の献金が少数の大口出金者が中心だったのに対し、鴨川土砂浚いの献金の方は、内裏造営の際には献金をしていない多数の小口出金者も含まれているという違いが指摘できる。

この点について、《個別町》単位で見てみると、例えば、福長町における安政四年時点の住民構成[75]と、内裏造営・鴨川土砂浚い、それぞれの献金の状況を記した表7-2からも、安政度内裏造営と比較して、鴨川土砂浚いに献金した住民は幅広い層からなることがわかる。

このような安政度内裏造営と鴨川土砂浚いの献金者の違いについては、鴨川土砂浚いが一応の完成をみた安政五年、担当の与力同心に対する褒美を願った京都町奉行浅野の書状[76]に、「御所々御造営ニ付而之献金ゟ者此度之儀者金高者少ク候得共、市中一同身上柄見立申諭候儀ニ而、少々宛之差出金数口取集候儀ニ付、格別手数多骨折候儀ニ御座候」と記されているのが示唆的である。つまり、住民の「身上柄」を調査の上で「申諭」を行い、「少々宛之差出金」を取り集めようとしたため、安政内裏造営の献金高よりは少ないものの、担当の与力同心の手数が掛かり「骨折」であったというのである。

このように住民組織を通じた献金説得の方法によって、安政度内裏造営の際に認識されていたように、住民から広く献金を集めることが可能となった。実際に、鴨川の浚渫工事費用の献金は、経済的に余裕のある住民だけでなく多数の住民から出された。

つまり、京都町奉行所の都市行政の一環として実施される都市振興策の中で、京都町奉行所側は、《惣町―町組―町》組織を掌握しようとしたのに対し、被支配住民側でも、《惣町―町組―町》組織を通じて対峙する中、以前町代が同じ立場と認識した惣年寄と同等の機能を、地域住民組織の代表者である三役が果たし、《惣町―町組―町》組織として一定の領域の都市行政に関与することになったのである。

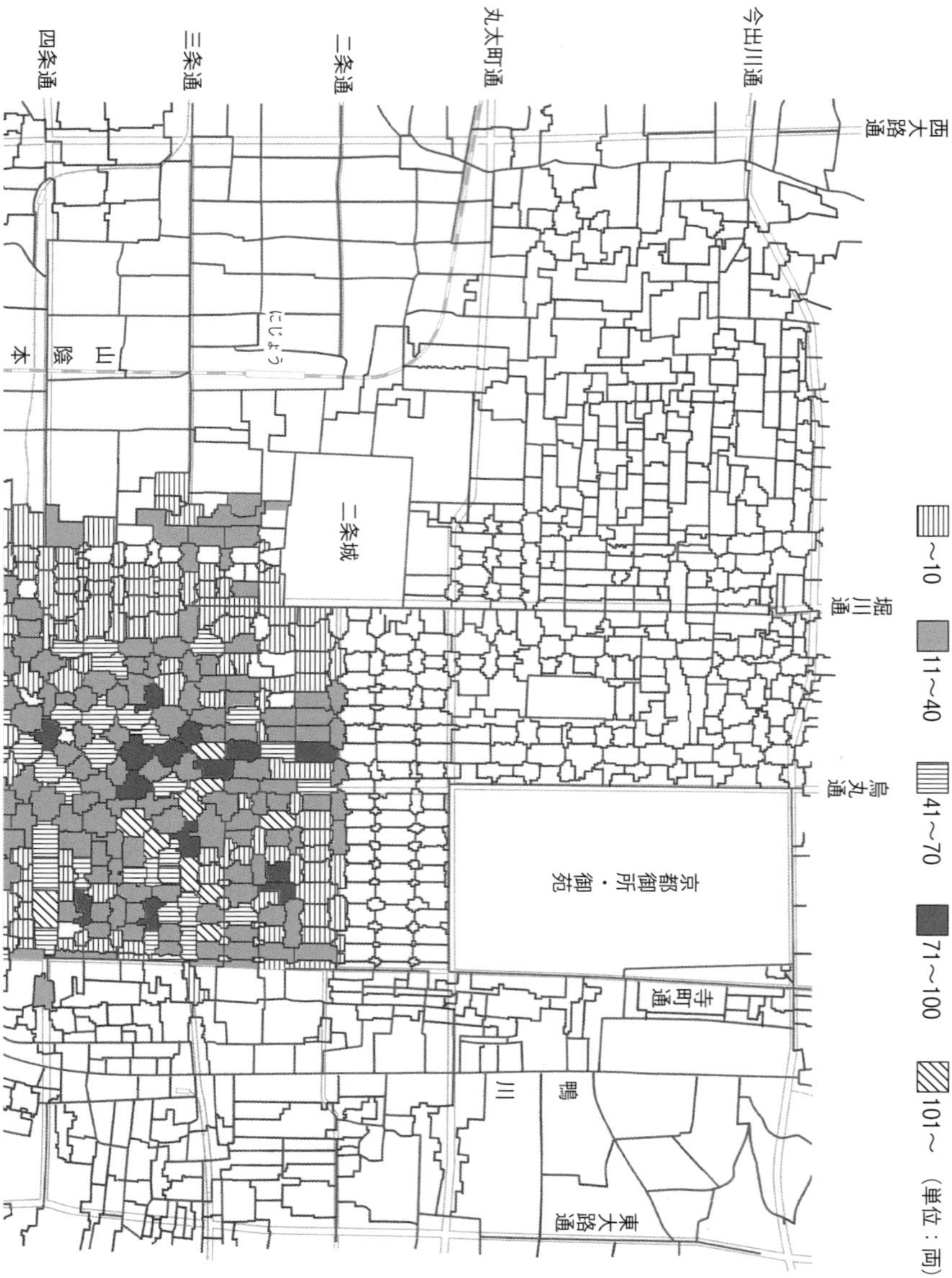

~10
11~40
41~70
71~100
101~
（単位：両）
西大路通
今出川通
丸太町通
二条通
三条通
四条通
堀川通
烏丸通
寺町通
東大路通
二条城
京都御所・御苑
鴨川
山陰本
にじょう

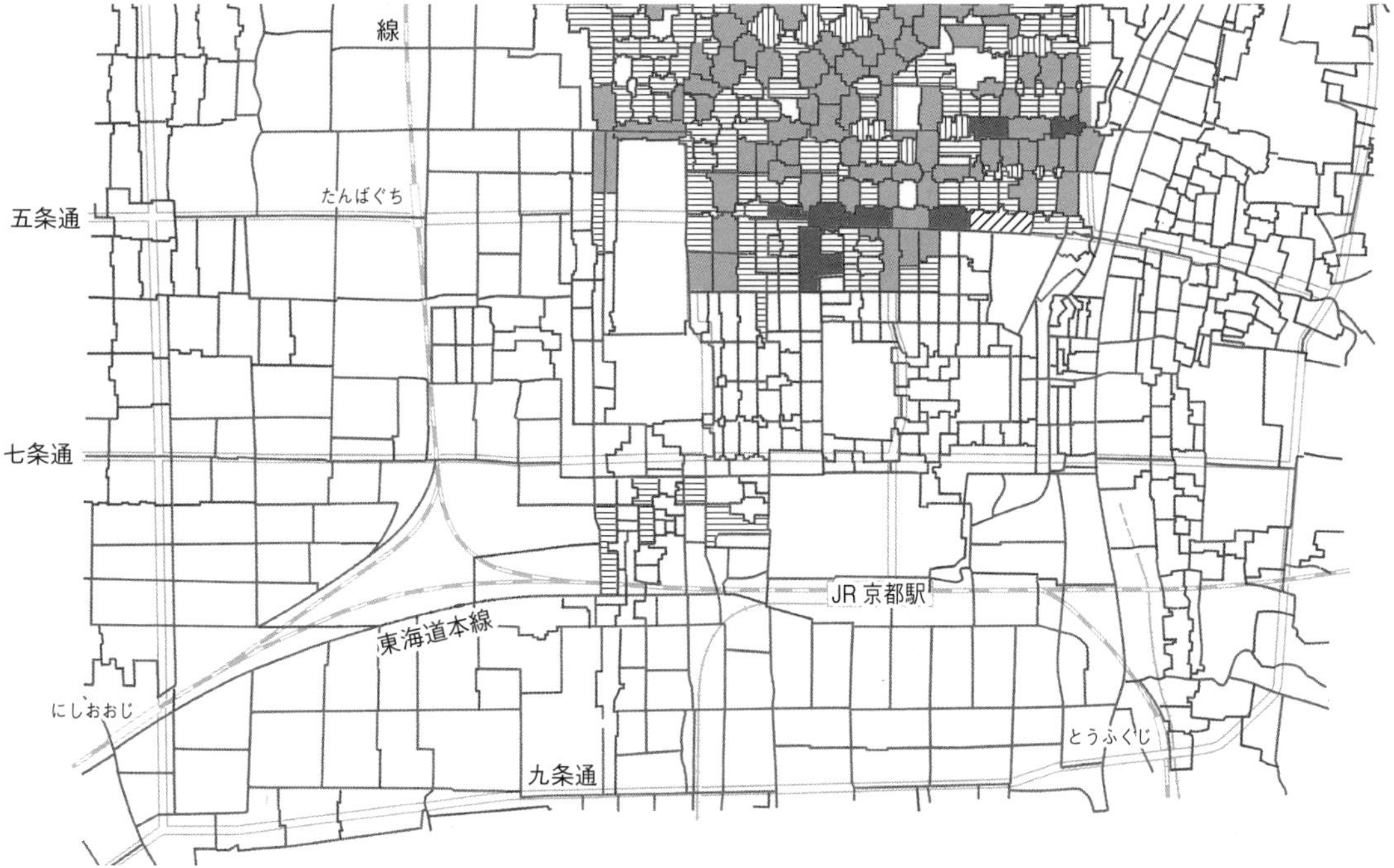

図7－3　鴨川浚の献金者分布(町単位)

註1：「加茂川筋就御浚御冥加上納金名前帳」(北観音山町文書ＤⅠ48～52・72・京都市歴史資料館架蔵写真版)をもとに作成。

註2：各献金者の献金額を所属する《個別町》ごとに集計し、5段階に分けて、足利健亮編『京都歴史アトラス』(中央公論社、1994年)10頁に掲載の「京都市街中心部の「町」の境界線」図に示した。

表7－2　福長町の住人構成（安政4年）

名前	職業	家持／借屋	御所造営	加茂川浚い
村田屋嘉助	白木綿仲買	家持		金3歩
近江屋久兵衛	寄宿渡世	借屋		
越後屋重三郎	呉服太物小売	借屋		
扇屋知一郎	無商売（隠居）	家持		銀3枚
菱屋熊二郎	無商売	借屋		
播磨屋利七	町用人	町中会所		
近江屋彦三郎	無商売（隠居）	家持		
近江屋吉太郎	近江さらし布・寄宿渡世	借屋	金50両	金7両2歩
近江屋儀兵衛	呉服渡世	借屋		金3歩
近江屋弥七	象眼職	借屋		
丸屋勘兵衛	木綿渡世	借屋		
豆屋才兵衛	日勤職	借屋		
近江屋宗助	足袋・染物・寄宿渡世	借屋		
若狭屋庄兵衛	請酒渡世	借屋		
亀屋亦吉	無商売（隠居）	借屋		
枡屋新兵衛	餅渡世	家持		金2両2歩
平野屋又兵衛	呉服小売	借屋		
留山屋庄兵衛	悉皆・貸もの渡世	家持		金1両
白粉屋佐助	茶渡世・日勤職	借屋		
八まん屋庄兵衛	衣渡世	借屋		
桔梗屋利兵衛	ぬいもの指南・した絵渡世	借屋		
二文字屋久兵衛	呉服小売・悉皆渡世	借屋		
河内屋重兵衛	質物渡世	家持	金10両	銀3枚（但し、よね名義）
北国屋喜兵衛	呉服・悉皆渡世	借屋		
枡屋あい	本類渡世	家持		銀5両
菱屋源兵衛	呉服中買	家持		金1両2歩
鮫屋千之助	鮫渡世	家持		
奥村隆家	蘭法医師	借屋		
馬嶋土佐介	眼療医師	借屋		
木屋二郎兵衛	青もの渡世	借屋		
大杉屋佐兵衛	塩肴渡世	借屋		
近江屋要助	蒔絵師・小間物渡世	借屋		

註：「当町内家数幷ニ住居面々名前渡世の扣」（福長町文書370・京都府立京都学・歴彩館蔵）より作成。

以上のように、文政町代改儀一件後に成立した、三役を中心に運営される《惣町—町組—町》組織が、住民組織の外部に対しては、京都町奉行所の都市行政の回路上に位置づけられるようになったことには、近世後期の地域住民組織の性格変化と都市行政の変容が顕れていると考える。

ここまで検討してきた近世後期の地域住民組織の展開が行き着く先には二つの方向性があった。まず、地域住民組織の代表者である三役の都市行政上の役割の増大である。例えば、幕末期の慶応三年（一八六七）における次のような事例がある。下京の三条衣棚町の町年寄を務めた西村貞幹の日記によれば、十一月十九日に町寄合があったが、これは次に記すような内容のものであった。

【史料7-24】(77)

右者十一月十七日、下京三役・上京三役御役所様ニ被召出、当節柄市町おとり増長いたし候儀ニ付御申諭有之候事、十一月十八日八組寄合有之候而、則十九日当組内寄合候事、趣意ハ当時おとり之儀厳重ニ差止メルニ而ハ無之、自然怪我等も有之候とも、町役五人組等能々勘弁致口伝候様と之事、当組内新ン町六組呼寄、委細ニ申諭候事

つまり、十一月十七日に京都町奉行所に召し出されて、御札降りの踊りの自重を説得（「申諭」）された上京・下京の三役が、翌十八日に《惣町》寄合を開催、十九日には三条衣棚町の所属する《町組》（上艮組）で寄合が行われた。その趣旨は、踊りを禁止する訳ではないが怪我などないよう《個別町》の町年寄が住民に伝えるようにということであった。そこで、上艮組に所属する新町も呼び寄せて伝達された。御札降りの踊りを規制する町触も別に出されているのだが(78)、町触とは別の形で三役から《惣町—町組—町》組織を通じた行政意志の伝達が、特に説得（「申諭」）という形で行われたことは、ここまで見てきた近世後期の展開を受けたものといえるだろう。

こうした方向性の一方、《惣町—町組—町》組織が都市行政上に位置づけられる中で矛盾を孕むようになった

ことが、二つ目の方向性として指摘できる。先述したように、鴨川の浚渫工事の献金説得について、高畠青菰が、先に引用した【史料7-22】の中で、「組々を不呼」に献金の説得をすることになったと、《町組》を関与させなかったという理解を示していることは重要である。つまり、京都町奉行所の都市行政の回路上で期待されていた《惣町》の優位性による住民組織の内部統制と、《町組》連合という形で運営される住民組織の内部秩序との間で生じた矛盾が露呈したといえよう。これは、これまでの研究でも明らかにされている、「大仲改革」などにもつながる、《惣町—町組—町》組織の運営における《町組》間の結束維持の困難にも通じるものである。第六章で明らかにしたように、そもそも「新規願反対運動」や文政町代改儀一件という「惣町運動」によって《惣町》の枠組みをとらえ返す形で《惣町—町組—町》組織が形成されたことに、こうした矛盾の芽があった。そこで、この《惣町—町組—町》組織が孕んだ矛盾を解消し、一つ目の方向性を推し進めるために行われたのが、終章で取り上げる慶応四年の「町組改正」であったと考える。

以上の検討結果を、はじめに述べた課題に即して整理すると、次のようになる。

①《惣町—町組—町》組織の展開に関しては、文政町代改儀一件の住民運動の中で形成された地域住民組織が、京都町奉行所の都市行政の回路上に位置づけられる中で、政策の遂行にあたり一定の機能を果たすようになったことを明らかにした。

②京都町奉行所の都市行政に関しては、町代を通じた行政回路が維持される一方、町代と住民組織の立場が逆転したことにより、都市振興策などでは、《惣町—町組—町》組織、特に三役を政策遂行に関わらせるような形で都市行政の構造が変化したことが指摘できる。

③慶応四年に「町組改正」が必要になった背景としての近世後期の展開については、近世後期の《惣町—町組—町》組織において、地域住民組織を代表する三役が都市行政の回路上に位置づけられる中で《惣町》の優位性

による組織の内部統制が求められる一方、《町組》連合として形成されたことに起因して《惣町―町組―町》組織において各《町組》の意向を無視できなくなっていた内部秩序との間に齟齬が生じるようになったことが挙げられる。こうした矛盾を解消するための「町組改正」により《惣町―町組―町》の重層構造が再編されることになったと考える。

以上見てきたように、本章では、《惣町》の枠組みに注目することにより、京都町奉行所の都市行政との関わりという観点から、近世後期の地域住民組織の展開を明らかにした。都市行政との関わりを通じ、地域住民組織が自ら都市行政上における役割を自覚し、一定の領域内の問題を処理するようになった点こそ、塚本明氏が住民意識の面から指摘した、京都町奉行所に多くの行政機能を委ねるのと同時に、これに関する負担の区分や方法に関しては住民が自ら決定する仕組みといえる。このような形で、京都町奉行所が地域住民組織をその都市行政の回路上に位置づけるようになったことに対応して、地域住民組織側も都市行政に一定の関与を示していったことに、近世後期～幕末期における都市行政の変容が顕れていると考える。

（1）　杉森哲也「町組と町」（同『近世京都の都市と社会』、東京大学出版会、二〇〇八年・初出一九九〇年）。なお、近世後期の「大仲」などの地域住民組織については、辻ミチ子「民衆と町自治――町組と小学校――」（同『転生の都市・京都――民衆の社会と生活――』、阿吽社、一九九九年・初出一九七七年）や、『京都の歴史6　伝統の定着』（学芸書林、一九七三年）でも、本章で取り上げる事例も含めて、さまざまな事例が紹介されている。

（2）　塚本明「近世中期京都の都市構造の転換」（『史林』七〇‐五、一九八七年）・「近世後期の都市の住民構造と都市政策」（『日本史研究』三三一、一九九〇年）。さらに、「都市構造の転換」（『岩波講座日本通史14　近世4』、岩波書店、一九九五年）では再び京都町奉行所の管轄する機能を評価するようになっている。塚本明氏の研究の理解の仕方については、小林信也「近世江戸市中における道路・水路の管理」の補注（同『江戸の民衆世界と近代化』、山川出版社、二〇〇二年）二三七～二四〇頁も参照。

（3）荒木田岳「「大区小区制」の成立過程と学校行政」（『歴史学研究』七二〇、一九九九年）。

（4）「年中行事」（神田家記録・大谷大学博物館蔵）。

（5）『町触九』一四一八。

（6）「八組大割寄合式法書」（北観音山町文書ＤⅠ12・京都市歴史資料館架蔵写真版）。人間文化研究機構国文学研究資料館編『史料叢書８　近世都市の組織体』（名著出版、二〇〇五年）にも翻刻が掲載されている。

（7）天保十一年一月「質素倹約条目」（占出山町文書ＤⅠ17・京都市歴史資料館架蔵写真版）。

（8）弘化五年「日記」（蛸薬師町文書Ｄ３・京都市歴史資料館架蔵写真版）。

（9）「当組町寄合録 後」（福長町文書五二四・京都府立京都学・歴彩館蔵）。

（10）「親町要用亀鑑録」（親九町組文書・京都国立博物館寄託・『日本都市生活史料集成　三都編Ⅰ』（学習研究社、一九七七年）を使用）・前掲註（4）「年中行事」（神田家記録・大谷大学博物館蔵）・「触当番用留」・「触当番年中定式」（野口家文書・京都市歴史資料館架蔵写真版）により辻ミチ子氏が作成した表（前掲註（1）辻ミチ子「民衆と町自治――町組と小学校――」三七～三九頁）を参考にした。

（11）文政四年十月「下古京申合」（三条衣棚町文書五四七二・京都府立京都学・歴彩館蔵）。

（12）天保五年十月「年頭御拝礼式法定書」（北観音山町文書ＤⅠ21・京都市歴史資料館架蔵写真版）。

（13）「年頭御拝礼一件」（国立国会図書館蔵）。表紙に掲載している図版は、この「年頭御拝礼一件」中の「帝鑑御間ニテ御拝礼之図」である。

この他、文政町代改儀一件後の年頭御礼の記録としては、以下のものが残されている。文政十一年「関東年頭拝礼日記」（古西町文書Ｄ17・京都市歴史資料館架蔵写真版）、天保五年「下古京八組年頭拝礼式法定書」（古西町文書Ｄ24・京都市歴史資料館架蔵写真版）、天保七年「申年頭御拝礼日記」（野口（安）家文書・京都市歴史資料館架蔵写真版）、天保八年「下古京八組年頭拝礼手続式法書」（古西町文書Ｄ25・京都市歴史資料館架蔵写真版）、「年頭書記録」（西尾市岩瀬文庫蔵）、安政五年「江戸表就御代替臨時恐悦出府諸事記」（野口（安）家文書・京都市歴史資料館架蔵写真版）。

（14）安国良一「近世京都の町と家屋敷所持」（『日本史研究』二八三、一九八六年）を参照。

(15)「済証文」（長刀鉾町文書DⅡ47・京都市歴史資料館架蔵写真版）。
(16)文政七年十一月十三日「下京六組・八組等願書等留書」（三条衣棚町文書五四七七・京都府立京都学・歴彩館蔵）。
(17)「両御奉行様へ八朔暑寒御礼相勤度願書」（長刀鉾町文書DⅡ11・京都市歴史資料館架蔵写真版）。
(18)前掲註(10)「触当番年中定式」（野口家文書・京都市歴史資料館架蔵写真版）。
(19)前掲註(9)「当組町寄合録　後」（福長町文書五二四・京都府立京都学・歴彩館蔵）。
(20)前掲註(9)「当組町寄合録　後」（福長町文書五二四・京都府立京都学・歴彩館蔵）。
(21)前掲註(9)「当組町寄合録　後」（福長町文書五二四・京都府立京都学・歴彩館蔵）。
(22)「御申合書類」（聚楽教育会所蔵文書Ｘ19・京都市歴史資料館架蔵写真版）。
(23)天保十二年六月「愛宕山江上下京ゟ金弐千両貸附候証文写」（古西町文書Ｄ32・京都市歴史資料館架蔵写真版）。
(24)「小寄会順番帳」（原田康之助氏所蔵文書・京都市歴史資料館架蔵写真版）。
(25)前掲註(24)「小寄会順番帳」（原田康之助氏所蔵文書・京都市歴史資料館架蔵写真版）。
(26)嘉永元年「町控」（三条衣棚町文書四九〇〇・京都府立京都学・歴彩館蔵）。
(27)弘化四年二月「清水寺本願成就院役人等願書」（北観音山町文書ＤⅠ33・京都市歴史資料館架蔵写真版）。
(28)北野天満宮の修覆勧化通い帳は「口演（北野天満宮御修復勧化御免ニ付）」（京都町方文書・京都大学附属図書館蔵）、清水寺の修覆勧化通い帳は弘化四年十月「日掛銭請取通」（三条衣棚町文書七九二一・京都府立京都学・歴彩館蔵）。
(29)前掲註(1)辻ミチ子「民衆と町自治――町組と小学校――」五七頁。
(30)前掲註(1)辻ミチ子「民衆と町自治――町組と小学校――」五九〜六四頁。
(31)天保十五年八月「諸色売買直段調方手続書覚」（小結棚町文書ＡⅡ17・京都市歴史資料館架蔵写真版）。
(32)『町触十二』七五五。
(33)この町触で名前が挙げられているのは、前から六名が上京、続く七名が下京であり、その後ろに続いて挙げられている「六丁町組」は禁裏六丁町で上京・下京とは異なる《惣町》から担当者が選出されたのだろう。また、「聚楽組」とあるのは町名から上西陣組の新町により構成される聚楽組石橋九町組で、続く「下西陣組之内」笹屋町十二町組も含めて、西陣地域からは別途担当者が選出されているのは、物価調査の主たる対象が西陣の織物関係であったことと関係があるのかもしれない。あるいは、最後の下京川西九町組の「支配離レ町」である「七条出屋敷」も含めて、所属する《町組》から一時的に離脱などしていたため、別途担当者を設置する必要があったのだろうか。いずれにしても詳細は不明である。

(34) 前掲註(24)「小寄会順番帳」(原田康之助氏所蔵文書・京都市歴史資料館架蔵写真版)。

(35) 塚本明氏が、前掲註(2)塚本明「近世後期の都市の住民構造と都市政策」七四頁で明らかにしているように、この物価調査を担当した《町組》の代表者に対して「幕閣では彼らに給銀を支給すべきか否か、すなわち町奉行所の下級官吏に位置づけるかどうか、との協議」を行っていたことは、町代に代わり、京都町奉行所自らが選定した者を通じた行政回路を志向したことを示すものといえよう。

(36) 前掲(31)「諸色売買直段調方手続書覚」(小結棚町文書AⅡ17・京都市歴史資料館架蔵写真版)。

(37) 天保十四年~天保十五年「役中日記」(千吉西村家文書三七〇・京都府立京都学・歴彩館蔵)。

(38) 前掲註(24)「小寄会順番帳」(原田康之助氏所蔵文書・京都市歴史資料館架蔵写真版)。

(39) 牧知宏「安政度内裏造営における京都町人の献金について」(近世災害研究会編『嘉永七年京都大火・安政度内裏造営関係資料』、立命館大学G-COE文化遺産防災学推進拠点事務局、二〇一一年)。

(40) 法制史学会編・石井良助校訂『徳川禁令考　前集第一』(創文社、一九五九年)二五頁。藤岡通夫『新訂京都御所』(中央公論美術出版、一九八七年)や、家近良樹『幕末の朝廷』(中央公論新社、二〇〇七年)も参照。

(41) 「脇坂安宅日記鈔」(宮内庁書陵部蔵)嘉永七年六月十七日条。なお、「脇坂安宅日記鈔」は、近世災害研究会編『嘉永七年京都大火・安政度内裏造営関係資料』(立命館大学G-COE文化遺産防災学推進拠点事務局、二〇一一年)にも翻刻が掲載されている。

(42) 前掲註(41)「脇坂安宅日記鈔」(宮内庁書陵部蔵)嘉永七年六月二十六日条。

(43) 前掲註(41)「脇坂安宅日記鈔」(宮内庁書陵部蔵)嘉永七年閏七月十七日条。

(44) 前掲註(41)「脇坂安宅日記鈔」(宮内庁書陵部蔵)嘉永七年八月朔日条。

(45) 『清文堂史料叢書第三〇刊　幕末維新京都町人日記――高木在中日記――』(清文堂出版、一九八九年)一五~一六頁。

(46) 「江戸・京都御用金献納録」(三井文庫蔵)、「禁裏御所御造営ニ付献納員数名前留」(神田家記録・大谷大学博物館蔵)、

「安政二年禁裏御造営献納控」（京都大学大学院文学研究科図書館蔵）。

(47)　前掲註(40)『徳川禁令考　前集第二』。

(48)　前掲註(41)「脇坂安宅日記鈔」（宮内庁書陵部蔵）安政二年四月十六日条。

(49)　安政三年に行われた鴨川の土砂浚渫工事（鴨川土砂浚い、鴨川浚、加茂川土砂浚）については、牧知宏「近世後期京都における災害対策と都市行政――安政３年（１８５６）加茂川土砂浚を事例に――」（『歴史都市防災論文集』Vol. 1、二〇〇七年）、福原敏男『京都の砂持風流絵巻』（渡辺出版、二〇一四年）、高井多佳子「京都女子大学博物館学芸員課程所蔵『京都加茂川沿革史（加茂川橋梁沿革記）』について」（『史窓』六八、二〇一一年）も参照。

(50)　鈴木栄樹「幕末の鴨川水害と鴨川浚計画――西町奉行浅野長祚と元東町奉行与力平塚飄斎との関わりを中心にして――」（『京都市政史編さん通信』四一、二〇一一年）。

(51)　安政三年三月「四条本橋之一条」（蛸薬師町文書七・京都府立京都学・歴彩館蔵）。

(52)　嘉永六年三月「町控」（三条衣棚町文書四九〇一・京都府立京都学・歴彩館蔵）。

(53)　天保十一年～安政四年「諸事覚帳」（高辻西洞院町文書７・京都市歴史資料館架蔵写真版）。

(54)　高畠青菰については、土井康弘「京都商人高畠勘兵衛による対外情報の入手と考察」（国立国会図書館主題情報部『参考書誌研究』六五、二〇〇六年）を参照。

(55)　「青菰雑誌」六十五巻（国立国会図書館蔵）。

(56)　安政三年「日掛受取通」（三条衣棚町文書七九二四・京都府立京都学・歴彩館蔵）。

(57)　前掲註(24)「小寄会順番帳」（原田康之助氏所蔵文書・京都市歴史資料館架蔵写真版）。

(58)　前掲註(51)「四条本橋之一条」（蛸薬師町文書七・京都府立京都学・歴彩館蔵）。安政三年二月「諸勧化相断議定」（三条衣棚町文書五四九五・京都府立京都学・歴彩館蔵）。前掲註(52)嘉永六年三月「町控」（三条衣棚町文書四九〇一・京都府立京都学・歴彩館蔵）にも書き写されている。三条衣棚町の「町控」の方でも、四条橋架橋工事に関する事項に続けて、この議定が書き写されている。

(59)　「加茂川浚風聞書類」（独立行政法人国立公文書館蔵）所収。

(60)　「加茂川筋御普請御用留幷四条橋御新造御用記」（三井文庫蔵）。

(61) 鴨川土砂浚いにおける献金については、前掲註(39)牧知宏「安政度内裏造営における京都町人の献金について」も参照。
(62) 前掲註(52)「町控」(三条衣棚町文書四九〇一・京都府立京都学・歴彩館蔵)。
(63) 安政三年四月「演舌書」(聚楽教育会所蔵文書AⅡ4・京都市歴史資料館架蔵写真版)。
(64) 前掲註(63)「演舌書」(聚楽教育会所蔵文書AⅡ4・京都市歴史資料館架蔵写真版)。この聚楽教育会所蔵文書AⅡ4の「演舌書」の宛先は、「聚楽組大行事町様」宛てである。
(65) 前掲註(60)「加茂川筋御普請御用留幷四条橋御新造御用記」(三井文庫蔵)。
(66) 安政三年「乍恐口上書」(占出山町文書DⅠ21「四条河原本橋掛渡一条幷川浚え一件願書」所収・京都市歴史資料館架蔵写真版)。
(67) 前掲註(60)「加茂川筋御普請御用留幷四条橋御新造御用記」(三井文庫蔵)。
(68) 安政三年五月「舌代」(塩屋町文書三二五「町内廻状」・京都府立京都学・歴彩館蔵)。
(69) 前掲註(2)塚本明「近世後期の都市の住民構造と都市政策」七八頁。
(70) 前掲註(55)「青菰雑誌」六十五巻(国立国会図書館蔵)。
(71) 前掲註(2)塚本明「近世後期の都市の住民構造と都市政策」七九頁。
(72) 「加茂川浚献納金銀口達」(町頭南町文書七〇三・京都府立京都学・歴彩館蔵)。
(73) 安政三年十二月「御冥加献納ノ請取」(近江屋吉左衛門家文書七九・京都府立京都学・歴彩館蔵)。
(74) 安政三年八月「加茂川筋就御浚御冥加上納金名前帳」(北観音山町文書DⅠ48~52・72・京都市歴史資料館架蔵写真版)。
(75) 安政四年正月十九日「当町内家数幷ニ住居面々名前渡世の扣」(福長町文書三七〇-四・京都府立京都学・歴彩館蔵)。
(76) 「京都綴込」(独立行政法人国立公文書館蔵)所収。
(77) 慶応三年~慶応四年「役中日記」(千吉西村家文書三六九・京都府立京都学・歴彩館蔵)。
(78) 『町触十三』三五〇。

第八章　近世京都の都市秩序における《惣町》の意義
――飢饉への対応からみる――

第一節　近世前期の飢饉対応

ここまで、第一章から第七章にかけて、近世前期から後期の京都における《惣町》の枠組みの系譜的つながりを確認してきた。徳川将軍家との間の儀礼を通じた関係が維持されることで、中世末・戦国期に成立した《惣町》の枠組みが幕末期においても機能していたことを明らかにした。但し、徳川政権の遠国奉行（所司代・京都町奉行所）による支配の下では、《惣町》を超える領域を掌握しつつ、《個別町》の枠組みを基礎とする都市行政が進展したため、《惣町》の枠組みが持つ機能は希薄化していった。また、近世前期においては《惣町》の枠組みが被支配住民の自律的な都市運営の枠組みとなっていたが、特に享保八年（一七二三）の京都町奉行所による都市行政改革の結果、被支配住民側においても《惣町》の枠組みでの結合が弛緩することになった。

こうして、京都において《惣町》の枠組みの持つ意味は喪失しかけたが、近世中後期、「新規願」や町代など、京都町奉行所の都市行政の回路上で被支配住民との間に立って、機能不全を起こしていた行政上の機能を果たそうとする存在と、被支配住民との対立が生じた。この際に、「新規願」や町代が京都町奉行所との関係を背景に持つ権威を乗り越えるため、被支配住民側で徳川将軍家との間の関係がとらえ返され、江戸城における徳川将軍家に対する儀礼で機能し続けていた《惣町》の枠組みを、京都における「惣町運動」の枠組みとして再び機能させようとした。また、《惣町―町組―町》の重層構造についても、機能を希薄化させていた《惣町》の枠組みが再び意味を持つようになる中で、特に、文政町代改儀一件の結果、被支配住民側においてとらえ返される形で、地域住民組織としての《惣町―町組―町》組織が形成された。そして、近世後期から幕末期においては、この《惣町―町組―町》組織が京都町奉行所の都市行政の回路上に位置づけられるようにもなったのである。

以上のような形で確認してきた《惣町》の枠組みの系譜について、本書ではここまで徳川将軍家との儀礼やこれに関わる旧記・由緒などを主に検討してきた。京都町奉行所の都市行政についても、その行政回路を中心に検討した。このため、近世京都における支配―被支配をめぐる都市秩序といっても、本書では都市住民の織りなす社会（経済生活や多様な身分）については全く触れられていない。確かに、都市住民の日常生活にとっては、《惣町》の枠組みは縁遠い存在であったかもしれない。しかし、《惣町》の枠組みが戦国期に形成された際は、治安維持が目的の一つであったことを想起すれば、少なくとも被支配住民による自律的な都市運営が、住民の生存に全く無意味であったとは思えない。本章では、飢饉という生存の危機に際して、《惣町》の枠組みがどのような意味を持っていたのかを、近世前期から幕末期にかけての飢饉対策の事例をいくつか取り上げ、本書第一章から第七章までの検討結果を振り返りながら考察していきたい。

基本的に食糧については消費のみとなる近世都市において、さまざまな要因で米不足の状況に至れば、住民の生活は困難に陥り、飢饉となってしまうことがある(1)。こうした米不足による飢饉に際し、近世前期の支配権力は「拝借米」という対応を取った(2)。「拝借米」（「延米」ともいう）、すなわち支配権力から困窮する住民に米を貸与し、後日返済させるという方式である。京都においては、近世前期には、寛文九年（一六六九）・同十三年・延宝三年（一六七五）・元禄九年（一六九六）・同十二〜十四年・享保七年などに米不足が発生した際に拝借米の対応が取られている(3)。

そもそも、こうした形で支配権力が米や金銭を被支配住民に貸与することは、京都においては、飢饉対策ではないが織豊政権期から行われていた。織田政権においては、元亀二年（一五七一）に、禁裏修理の費用を賄うことを目的に、京都の町々に米を貸し付け、その利息を徴収して修理費用に充てる「御借米」が行われたが、その史料として「元亀二年御借米之記」[4]、元亀三年「上下京御膳方御月賄米寄帳」[5]が作成されたことはこれまでの研究でもよく知られている[6]。これらの史料が戦国期における《町組》成立の状況を示すものとして使われてきたことからも分かるように、この貸付米制度は《惣町―町組―町》の枠組みの中で運用されていた。

また、豊臣政権期には、四千貫文貸付制度が行われている。これは、杉森哲也氏の研究[7]に詳しいが、天正二十年（一五九三）三月に開始されたもので、町々に総額四千貫文分の銭や米が貸し付けられ、その利息は京都の橋の修理費用に充てられた。この四千貫文は、上京千八百貫文・下京千五百五十貫文・聚楽町六百五十貫文と、《惣町》ごとに割り当てられ、さらに《惣町―町組―町》の枠組みを通じて、最終的に各《個別町》へと貸し付けられた。そして、杉森氏の研究で明らかにされているように、この四千貫文貸付制度において利息の徴収を行っていたのが町代であった。下京の場合、第三章で明らかにした浄貞や場野庄兵衛といった下京町代の系譜につながる人物の名が見られる[8]。そして、この四千貫文貸付制度による橋修理は、徳川政権においても継続して行われ、寛文八年の京都町奉行の創設に際して書き上げられた町代の職掌の中でも、四千貫文貸付制度が記されている[9]。すなわち、四千貫文貸付制度の運用にあたって、行政対応として支配権力との間の取り次ぎ機能を町代が果たしていたのである。

このような支配権力による貸付制度も背景にしながら、飢饉対策としての拝借米は行われたと考える。

松本四郎氏[10]は、「江戸での拝借米はいつも「惣町名主町人ども」の訴訟の結果実現している。（中略）京都・大坂での拝借米も、江戸と同様に惣町訴訟の結果、支給されたものと考えられる」と述べており、江戸幕府の直轄都市たる江戸、大坂、京都において拝借米がなされる際には、《惣町》の枠組みで支配権力に願い出ること（訴訟）により実現されたという。

実際に、京都における元禄十三年の拝借米の事例では、同年二月十八日の町触に[11]、「町中困窮ニ付、拝借米之儀度々御訴訟申上候処、今日行事町被召出被仰渡候者、拝借米之願ニ度々罷出候ニ付江戸江も被仰遣、纔之儀ニ候得とも、為御救此度米弐千石拝借被仰付候間難有可奉存候、代銀者来年上納可仕旨被仰渡候間、其御心得可有候」とあり、《町組》の行事町（当番町）が直接京都町奉行所に召し出され、拝借米の許可を伝えられている。朝尾直弘氏も[12]、拝借米の「訴訟」（願い出）は「伝統的に町—組町—惣町の自治組織を主体としておこなわれた」と指摘するように、京都の拝借米においても被支配住民の自律的な都市運営の枠組みである《惣町》を通じて行われていたことが確認できる。また、朝尾氏[13]は寛文九年の拝借米の事例について、《個別町》ごとに希望する軒数単位で配分されたことなど、「実務面における町の比重の大きさを示していた」と指摘している。

一方で、先述の四千貫文貸付制度の利息徴収が町代の職務となっていたように、町代も関わっていた。具体的に、延宝三年の事例を同年の「町代日記[14]」から見ていきたい。

表8–1は延宝三年の「町代日記」における、拝借米関係の記事を一覧にしたものである。この表8–1より、米屋に対する事前調査や、「支配」《町組》ごとの先例調査、拝借米配分に関する《個別町》よりの書付提出、大津の蔵奉行への書状の配達、拝借米の請取、拝借米運搬に関わる車年寄への伝達など、この拝借米に関わる多様な実務処理を町代が担っていたことがわかる。表8–1の分類欄には、第三章表3–1の「町代日記」の記事分類を記した。「拝借米」に関する事務処理は、日常的な都市行政の延長線上で行われたものであり、先述の寛文期の事例とくらべ、町代の関わりが大きくなっていたといえる。拝借米政策を実施する京都町奉行所の都市行政において、第三章で明らかにしたように、町代が前面に立って事務処理を担う形の行政回路により政策が遂行され

るようになっていたのである。

さらに、延宝三年の拝借米の配分に関して、「町代日記」の延宝三年四月十日条[15]には、

【史料8―1】

何之通何之町御拝借米請取申軒数之覚

一、壱軒　東かわ誰

一、壱軒　西かわ誰

軒数合何拾軒

右者今度京都町中江御拝借米軒数ニ被為　仰付候ニ付、町内軒数吟味仕相違無御座候、尤役数を軒数之様ニまきらし、或者壱家を軒別々ニ在之様ニ名付を仕、又者裏町之尻屋を当町之軒数ニ書入指上ル儀無御座候、若偽申上軒数相違候儀後日ニ露顕仕候者、年寄五人組町中之者共如何様共曲事ニ可被為　仰付候、為其一札如件

年号月日　何之通何之町

年寄誰判

五人組誰判

御奉行様

右之通町々ゟ書付取申筈ニ御中間相談ニて究り申候、卯月十日ニ

という記述がある。朝尾氏[16]が指摘しているように、《個別町》が希望する軒数は「必ずしも町内居住者の実態を反映しない」ことがあり、《個別町》が軒数をごまかすことがないように請判を提出させることにしたと記されている。注目されるのは、請判雛形の後ろに、「このことは町代仲間の相談によって独自に決めた」と記されている点である。朝尾氏は「町代は奉行所よりも町の実情を熟知していたからであろう」とし、さらに、こうした

閏4月6日	大坂ゟ請取被成候御拝借米引替之手形ノ案文山條佐五右衛門様御出シ被成候而、此通ニ前廉ゟ認置可然思召候、若俄ニも入用有之刻、多人加判早々調かね候へハ、四日ニ承其心得尤之由ニて御出し被成候	A—e
閏4月6日	大坂御米鳥羽着皆済申候由、御両役人様へ申上候、便り以前ニ山條佐五右衛門様も御尋被成候故同断申上候	A—e
閏4月6日	大津御蔵御拝借米請取被成候御中間連判之御証文ニ殿様御裏判被為成候壱通、幷御蔵奉行衆へ被遣候御状壱通、山條佐五右衛門様御出被成候、早速仁兵衛殿へ八兵衛ニ為持遣し申候、則此段茂兵衛殿へも今晩ニ御披露被成候様ニ申渡し申候	C—d
閏4月7日	大津口御拝借米ニ付、車之内四拾輌ハ御詰米御用ニ相渡し候へと、山条佐五右衛門様被仰付候、則車年寄へ五左衛門殿・仁兵衛殿ゟ御申渡シ候筈也、但市岡利右衛門殿御納米之由	C—a
5月4日	鳥羽着之御拝借米不残京着仕候由、久兵衛殿・与兵衛殿ゟ御断、戸沢五兵衛様・石崎三郎左衛門様へ御届御座候ニ付、右之通被仰遣候	A—e
5月8日	大津御拝借米車之内ニ而拾五輌宛、明後十日ゟ十日之間河内屋七左衛門方へ相渡シ候得と、三条車年寄之内四郎兵衛と申者御呼被成被仰付候、則権兵衛も承申候	C—b

註：「延宝三卯春日記」（古久保家文書46「番日記」・京都府立京都学・歴彩館蔵）より作成。

延宝三年の拝借米における「町代仲間の積極的な動き」について、《個別町》が「旧慣を克服しえず、むしろ自町の利害を主張するに急であったのに対し」、「町代部屋にあって職業として実務に専従していた町代は、より高次の公的な視野から事態を観察し、対処することができた」とする。そして、これが京都町奉行所による都市行政において、町代を「都市行政の新しい展開の担い手として正面に立たせる方針をとらせる結果」となったと評価した。第三章で明らかにしたような、町代を通じた回路を志向する京都町奉行所の都市行政は飢饉への対応においても確認することができるといえよう。

確かに、町代を通じた行政回路の方が、「より高次の公的な視野」による効率的、機動的な飢饉への対応を可能にしたと考えられるが、こうした形で、町代が公的に位置づけられていく過程で、《惣町》を枠組みとする被支配住民による自律的な都市運営との間で齟齬が生じるようになる。延宝三年の拝借米の事例では、「町代日記」延宝三年三月二十五日条に、与力から町代に対して、「京都町中御拝借米之事殿様ニ御油断ハ無之候、則江戸へ被仰遣候、定而御

表8－1　「町代日記」にみる延宝3年(1675)の拝借米に関わる町代の事務処理

日付	内容	分類
3月朔日	米屋四五人呼候へと戸沢五兵衛様被仰付候ニ付、則茂兵衛殿支配ゟ三人…新四郎殿支配ゟ弐人…右五人出申筈	C－b
3月朔日	米屋共参候而様子御聞被成罷帰り申候、又四日ニ外之米屋四五人呼候へと被為仰付候ニ付…右罷出様子五兵衛様御聞被成、帰し被成候	C－b
3月朔日	(米などの)相場書支配方承候て当四日ニ上ル筈	C－c
3月5日	米屋共十三人御呼被成、米高下之様子御尋被為成候へ共、前ニ相替儀も無御座候、就其今日又相場書新四郎殿方ノ米屋ゟ上ケ申候	C－b・c
3月11日	先年落中へ御拝借米被為成候米高書附上ケ候へと被仰付候ニ付御中間中ゟ書付差上ケ申候	A－d
3月24日	山内清兵衛・田内茂兵衛→御中間衆中 「戸沢五兵衛様被仰付候ハ、先年酉年洛中御拝借米ノ町分家数高町数高書付指上候へと被仰付候間、明朝銘々御支配之分御覚書被成候而御出可被成候、幷御支配之内御拝借米不相渡町家在之候ハヽ、其分猶以御書付御出御尤候、已上」	A－d
3月25日	戸沢五兵衛様被仰出候ハ、京都町中御拝借米之事、殿様ニ御油断ハ無之候、則江戸へ被仰遣候定而御借可被成候間、左様ニ可相心得、町代方ゟ町々者共へ内証知セよろこはセ候へ、乍去触候事ニ而ハ無之候と被仰候	C－a
4月9日	上下京町中年寄被為召出、御拝借米高弐万石、大津・大坂弐ケ所ニ而御渡し可被為成と被仰付候、則伊賀守様、安芸守様へ中間中同道御礼申上候	E
4月10日	「何之通何之町御拝借米請取申軒数之覚」を「町々ゟ書付取申筈ニ御中間相談ニて究り申候」	A
4月14日	当月中之米相場書、明四つ時分ニ指上候へ、其外米屋共六七人呼候へと五兵衛様被仰付候、則茂兵衛殿・仁兵衛殿へ申遣し候	C－b・c
4月15日	昨日戸沢五兵衛様被仰付候米之相場書、綾大宮丁松屋久右衛門・同丁大和屋太右衛門・下一文字丁猪右衛門右三人之米屋衆直ニ参、五兵衛様へ指上ケ申候	C－c
4月15日	上下京米屋拾弐人御呼被成候へ而、米高直之段戸沢五兵衛様御吟味被成候	C－b
4月26日	御拝借米ニ付御用有之候間、上京中間衆中ニ不残御出被成候様ニと御両御役人様方被仰付候故、五兵衛様早速申廻候	A－e
4月26日	今度京都へ御拝借米之内大坂御蔵ニ有之九千四百石之請取証文被仰付、上京中間不残判形被成御上ケ被成候	A－e
4月27日	京都町中御拝借米ニ付大坂へ御米請取ニ中間ゟ清兵衛・四郎兵衛・勘左衛門・新四郎罷下申候、就夫御屋敷より御与力深谷六左衛門殿・石原孫左衛門殿右御両人日向守様御証文御持下り被成候、中間下町代与三左衛門・久右衛門・茂左衛門・清右衛門右四人以上八人罷下り候	A－e

借可被成候間左様ニ可相心得、町代方ゟ町々者共へ内証知セ、よろこはセ候へ、乍去触候事ニ而ハ無之候と被仰候」とある。(17) つまり、拝借米が許可される見込みであるということを、「触候事ニ而ハ無之候」としながらも「町代方ゟ町々者共へ内証知セ」というように町代が被支配住民に対して通達することになったのである。ここにも、町代の拝借米に対する積極的な関与をうかがうことができる。一方で、正式な伝達については、四月九日条に「上下京町中年寄被為召出、御拝借米高弐万石、大津・大坂弐ケ所ニ而御渡し可被為成と被仰付候、則伊賀守(永井尚庸、所司代)様・安芸守(前田直勝)様へ中間中同道御礼申上候」(18)とあるように、朝尾氏が指摘する元禄十二年の拝借米と同様、延宝三年の拝借米の願い出も「伝統的に町―組町―惣町の自治組織を主体としておこなわれた」と考えられる。

このように、拝借米許可の伝達において、町代を通じた回路によるものと、伝統的な《惣町―町組―町》組織を通じた回路によるものとで齟齬が生じるようになっていた。そして、享保七年の「拝借米」では、この二つの回路をめぐって、《惣町―町組―町》組織における「内部的な統率者であり、対外的な代表者」である「先座之年寄」と、町代との間で確執が生じることになる。まず、享保七年六月二十五日の年寄了清からの口上に、

【史料8―2】(19)

口上

今朝御召ニ而御番所へ罷出候処、御直ニ被仰出候儀、御蔵米壱万石有之候、此度米屋落札ニ而町中へ御借可被遊付候、先座中難有御礼申上ケ罷帰候、委細ハ追々町代ゟ可申参候間、書付廻し可申候、先為御知セ如此御座候

　但、右米代、来ル十月急度相立申様ニ被仰付候

寅(享保七年)六月廿五日

亀屋町年寄

了清

とある。拝借米許可の伝達が京都町奉行所への「御召ニ而」とあり、「先座中」が御礼を申し上げたとあるから「先座之年寄」が拝借米の許可を伝達されたと考えることができる。このことから、この拝借米の京都町奉行所への願い出も、「先座之年寄」を介した《惣町—町組—町》組織を通じてなされていたと推測される。

この拝借米の受け渡し自体が無事済んだ後に問題が発生したことが、第四章で取り上げた「京都旧記録」類の類本中の記述からわかる。

【史料8―3】(20)

下古京八組二組ニ分り候次第

一、元来下京者中組・艮組・川西組・巽組・三町組、五組ニ而候へとも、八組と定、毎年三月十二日・八月十二日春秋ニ両度当番を定、東山ニ而寄合有之候処、当六月御延米願之儀被為　仰付、難有、七月晦日迄ニ御米渡り済申候故、発端当八組ゟ願始候而首尾いたし候へハ端々迄難有奉存候段、八月三日　御公儀様江一組ゟ弐人ツヽ、書附を以御礼罷出可然旨、中之組保寿ゟ被申候ニ付、組々尤ニ存、其筈ニ極メ置申候処、七月晦日従　御公儀様被為　仰付候由ニ而、延米之御礼罷出候儀来二日早朝上下京ゟ弐拾人余出、大勢ハ無用之由町代ゟ申来候得者、保寿被申候ハ町代ゟ差図ニ而ハ出申間敷候、八組ゟハ申合候通三日ニ出可申旨廻文廻り申候得とも、従　御公儀様二日と被　仰出候上ハ二日ニ出可然候と野村道鑑・芦田是侫・北村浄三ゟハ廻文ニ点掛ケ不申、右三人ゟ保寿を除き、其外江弥二日ニ一組ゟ壱人宛御出御礼可然様ニ申入候得者、不残承引ニ而　御公儀様躰ハ成程首尾能二日ニ御礼相済申候、剰保寿組ゟも行事町ニ御出、八組共揃申候事

被支配住民より公儀（京都町奉行所）へ「御延米」（拝借米）の御礼を行うにあたり、「中之組保寿」、すなわち第三章で取り上げた小西保寿より次のように組々に申し入れた。つまり、「発端当八組より願始候て」と、「当八

組」、すなわち下京《惣町》による願い出により認められた拝借米なので、「八月三日」に「一組より弐人宛書付ヲ以」御礼を行うという。これを「組々尤ニ存、其筈ニ極メ」ていたが、町代からは「二日早朝」に「上下京ゟ弐拾人余」で御礼に来るようにとの指示があった。これに対して、小西保寿は「町代ゟ之指図にてハ出申間敷候」と、「町代ゟ之指図」に反発し、御礼はやはり三日とするよう各《町組》に廻文を出した。しかし、「従 御公儀様二日と被仰出候上ハ二日ニ出可然」として、野村道鑑・芦田是候・北村浄三の三人の先座が「御公儀様」よりの「仰出」を重視して、廻文に同意しなかったため、結局、御礼は二日に行われたという。

小西保寿は、第三章で明らかにしたように、《惣町》の代表者として徳川将軍家との間の儀礼に参加した人物(21)である。《個別町》を基盤として《個別町》を代表する町年寄役を長く務めることで、「先座之年寄」として《町組》の枠組みにおける代表者となり、《惣町—町組—町》の自律的な都市運営における「内部的な統率者であり、対外的な代表者」として、「大割勘定寄合」の目録（配符）の取り扱いをめぐって生じた町代との間の確執でも、主導的な動きを見せていた。この拝借米の御礼の日程をめぐる対立も、第三章で検討した、近世前期の都市行政の構造的特質に由来する、年寄と町代の間の矛盾が表面化したものであったといえる。

一方、右の一件で、小西保寿の意向とは異なり、「御公儀様」よりの「仰出」、すなわち京都町奉行所の指示に従うことを主張した三人の先座の内、野村道鑑（閑）・北村浄三の二人は、これも第三章で取り上げた【史料3−23】(22)の中で、享保八年の京都町奉行所による都市行政改革において、徳川将軍家との間の儀礼に関わる費用の徴収について、京都町奉行所の町触による徴収を願った人物である。【史料3−23】では、この判断に納得しないものがいたことが記されているが、この拝借米の御礼の日程に関しても、京都町奉行所による指示を重視する「先座之年寄」がいる一方で、町代を通じた回路による指示に反発する小西保寿もいた。つまり、町代や京都町奉行所との関係をめぐって、《惣町》内に《町組》間の不統一という状況がもたらされていたことがうかがえる。この点については、第四章で明らかにした、歴史（由緒）の主張をめぐって、被支配住民側でも《惣町》内における《町組》間の結合が失われていった状況を反映したものでもあるだろう。

このように、飢饉への対応をめぐっても、近世前期における都市秩序や都市行政について、本書第二〜四章で明らかにしてきた状況を確認することができる。さらに、享保八年の京都町奉行所の都市行政改革の結果、町代を通じた行政回路がより強化されていったことが、享保十七〜八年の飢饉への対応において明らかになる。

享保十七〜八年の飢饉は全国規模となり、江戸幕府の対応として、京都においても「御救米」（極困窮層への米の無償支給）が行われた。享保十八年正月の町触では[23]「米高直ニ付、町中住居之者別而及難義候者も可有之候間、飢候者共江為御救米弐千石被下之候、洛中ハ町代、洛外之儀ハ雑色致世話、一日男ハ弐合、女ニ壱合之積を以相渡筈ニ候、尤町代雑色随分正路ニ取計可割渡候」とあるように、町代が御救米の支給において大きな役割を与えられた。北原糸子氏が指摘するように[24]、京都における御救米の支給にあたっては、「最低生活者であっても、稼ぎのできる者へは支給せず、餓死寸前の者ばかりへ支給する」ように、「支給規定が、細部にわたって、より一層厳しいものになっている」。これは、東島誠氏が指摘しているように[25]、「誰を、どこまでを、救うのか」という線引きとして、「享保の飢饉時に「飢人」＝被災者と「困窮人」＝日常的に存在する困窮者の間にはっきりと〈線引き〉が行われ」、「幕府の「御救」の対象となるのは、飢饉によって今にも死に至るような「飢人」のみであり、「困窮人」というだけでは対象外」とされたということでもある。

しかし、これも東島氏が明らかにしているように[26]、「給付の〈現場〉では、通達通りに「線引き」することなど、なかなかできなかった」のであり、次の町触はその事情をよく示している。

【史料8-4】[27]

先達而町々年寄共呼出、飢人同前至極貧窮之者共へ御救米被下置候間、町内改吟味書付可差出旨、急度書付

ヲ以申儀候処、心得違候哉、又ハ町内之者共申旨ニまかせ難黙止、不遂吟味書附出シ候儀と相見得、依之指出し候人数之書付ハ不取上候、則此間申渡し候書付も相添追而相触候、右紙面之通、飢人同前至極貧窮之者計遂吟味、書付可指出候、勿論雑色町代相廻シ候間、此上不吟味之儀在之候ハ、可相咎候事

(享保十八年)
丑四月二日

東島氏が注目しているように、「給付を認定する〈現場人〉は、必然的に「この人々を切り捨ててよいのか、手を差し伸べるべきではないか」という重大な問いに向き合うことになる。だからこそ逆に、「黙止しがたく」などと言って不吟味に配ってはならぬ、という指導」としてこの町触が出された。

本章で注目したいのは、この〈現場人〉として「難黙止」状況におかれていたのは、「町々年寄」すなわち《個別町》の町年寄であったという点である。どこまで救うのかという御救米の支給対象を厳しく判断することが求められた際に、《個別町》の町年寄では限界があったということである。この点は、先述の通り、延宝三年の拝借米をめぐって、朝尾直弘氏が指摘するように、《個別町》が「旧慣を克服しえず、むしろ自町の利害を主張するに急であった」ことと同様の関係にある。だからこそ、延宝三年の拝借米では「町代部屋にあって職業として実務に専従していた町代は、より高次の公的な視野から事態を観察し、対処することができた」のと同様に、享保十八年の御救米支給に際しても、町代が大きな役割を与えられたのである。御救米支給の〈現場人〉として「難黙止」状況におかれる《個別町》の町年寄に対して、「高次の公的な視野から」判断することが町代には求められたのであり、こうした立場こそ、都市行政において町代を通じた回路を志向した京都町奉行所が求めたものであったと考える。

第二節　近世中期の飢饉対応——天明飢饉——

前節で見たように、近世前期の飢饉対応において、京都町奉行所は自身が志向する行政回路上において町代を機動的に機能させることで、どこまで救うのかという点で「高次の公的な視野から」の対応を目指した。これに対して、被支配住民側では《惣町》を枠組みとする自律的な都市運営において《惣町》の枠組みによる願い出という形で飢饉へと対応していた。しかし、第三・四章で明らかにしたように、町代との対立が生じる中で行われた京都町奉行所による都市行政改革の結果、京都町奉行所の都市行政との関係においても住民側内部においても《町組》間の結合を弛緩させる形で《惣町》の機能は希薄化していた。それでは、このような都市秩序のもとで被支配住民側による飢饉対応はどのようなものとなったのか。

近世中後期以降の飢饉対応において、《惣町》の枠組みが全く意味を失ってしまったかというとそうではない。元文四年（一七三九）の飢饉に際しても、下京《惣町》の枠組みで、次のような拝借米の願い出がなされている。

【史料8-5】[28]

乍恐奉願上候口上書

一、近年町中諸商売職人等家業無数及困窮難儀仕候所、去年ゟ米段々高直ニ而別而此間ニ至殊之外高直罷成至極迷□（惑）仕候、恐多奉存候得共、御蔵米弐万石下京中へ御売被為　成下候様ニ奉願上候、尤代銀御上納之儀者　御憐愍を以如何様共被為　仰付次第差上可申候、乍恐右願之通被為　仰付被下候ハヽ、広太之御慈悲与下京中一同難有可奉存候、以上

元文四年未

川西十六町
油小路松原上ル麓町
年寄助左衛門

五月十九日

中九町与
綾小路新町東江入善長寺町
年寄平兵衛

南艮与
烏丸三条下ル町
年寄太郎兵衛

辰巳与
東洞院松原上燈籠町
年寄五郎左衛門

三町与
烏丸錦小路上ル手洗水町
年寄伝右衛門

川西九町与
綾小路醒井西へ入西綾小路町
年寄作左衛門

中拾町与
新町仏光寺上ル南袋屋町
年寄忠隣

上艮与
烏丸通二条殿町
年寄市右衛門

御奉行様

さらに、天明二年（一七八二）から七年にかけての未曾有の天明の飢饉に際しても、天明四年に下京《惣町》の枠組みで拝借米の願い出がなされたが、拝借米は許可されず、再度願い出るに至っている[29]。そして、天明七年の飢饉に際しては、京都町奉行所の対応も後手に回り、飢饉への対応をめぐって混乱が生じる中で、被支配住民側による《惣町》を枠組みとする自律的な都市運営としての対応が、次のような事例から明らかになる。

天明七年に米不足に陥った京都において多くの住民が困窮したため、困窮した京都の住民が六月七日から禁裏周辺に集まり、御所の築地をまわる、いわゆる「御所千度参り」が行われた。「御所千度参り」が行われている最中に、第五章で取り上げた西村近江という人物が興味深い動きを見せている。御所千度参りについては、既に北川一郎氏[30]や藤田覚氏[31]の研究があり、朝幕関係の視点から、光格天皇と後桜町上皇が幕府と交渉した結果、幕府から救米の放出が決定されたことが明らかにされている。本書で検討する西村近江の関わりでは、井ヶ田良治氏の研究[32]が注目される。井ヶ田氏の紹介された史料で、第四章で取り上げた「京都旧記録」類の類書の一つでもある「御所司代様町御奉行様歴代控並米直段京都類火□□」[33]に、次の記述がある。

【史料8-6】

京都ニ者六月九日ゟ十四・五日之比ハ禁裏へ御千度初り、男女数百人　御築地を廻り、六月下旬ニ至り、壱度ハやみたるが、七月ニ入、又はじまり、七月四日古京西陣ヨリ数千人出て来り、此間暫中絶したるニ又御千度始メタリ、何故とおもひしに其翌五日東御役所へ訴出ニ出たり、其趣ハ米相場高直ハ米会所之私曲ヨリ起ル故ニ、大坂を初メ近国者漸下直ニ相成ル、京のみ至而高直なれバ、願くハ糺明あらん事を乞との訟訴也、町奉行丸毛和泉守許容ありて各退去せり、尤願人ハ西陣組之内百廿五町惣代として何某今年六十八歳、将に此訴をなさんとおもふゟ妻子親族に暇を告ていふ、人古キゟ死せざる者ナシ、予が一人之命を以百万国を救わんと欲ス、町奉行若許容ナクハ所司代へ訴へ、是又許諾ナクハ直ニ江戸ニ下り、御老中へ愁訴シテ安否ハ天に任せんとのみいへり、嗚呼昔の豪傑ナル哉

御所千度参りは六月に一度収束したが、七月に再開された。これは、西陣の住民が京都町奉行所に米価高騰の原因たる米会所の取り調べを訴え出たことと連動しているという。そして、この京都町奉行所への出訴の中心と

なったのが、西陣組の惣代たる六十八歳の人物であり、命を懸けて出訴したと記されている。井ヶ田氏は、この人物を西村近江と推定している。但し、第五章で述べた西村近江の生年と付き合わせると齟齬し、また、西村近江が町年寄を務める東立売町は上京の上一条組であることなどから、この人物を西村近江と比定すると符号しない点もある。

一方、天明七年の飢饉に際し、西村近江が大きな役割を果たしたことを記す史料が別に存在する。この史料は、井ヶ田氏も紹介しているが、第五章で取り上げた西村近江の建白書と一緒に綴じられたもので、「西村近江・三木長兵衛・播磨屋久兵衛米穀高直ニ付一件留書」などと題され、いくつかの町文書の中に残されている。(34) 以下はこの史料により、西村近江の関わりを見ていきたい。まず、冒頭に「町々申継口上書之写」とあり、「唯今下艮松沢平七様御出被仰聞候趣」として、次のように記されている。

【史料8-7】

一、禁裏様江先達而京中ゟ追御願申上候儀達　御聞、鷹司様《（輔平）》ゟ尼崎江米之儀被　仰付、京都米払底ニ而下々之者共及難儀候、依之其方ゟ上米相調、早々京都へ差登せ候様ニ被　仰付候処、折節　殿様御在府ニ付御尋被遣、彼是三十日致延引、御返答有之、委細奉畏候、何程ニ而も差登せ候様ニ申参候、則明廿日ゟ御渡し被遊候、西村近江殿　鷹司様江被為　召出被　仰渡候、御憐愍之被為　思召難有御儀ニ御座候、尤組中へ早速順達致候様御座候

一、庄内上米四斗三升入

壱俵ニ付代銀四拾六匁壱分四厘

但し壱石ニ百七匁三分

右之御積ニ而御入用程之代物本両替銀手形ニ而御持参可被下候、引替ニ御米渡し可申候、尤手形ニ町々御年

寄様名当ニ為御書可被下候、已上
尤、米相庭ニ准シ直段引下ケ申候
未八月十九日
西錦小路町年寄〻
近江
長兵衛
久兵衛
平七

「御所千度参り」が盛り上がっていた頃、不足していた米を京都に送るように京都の住民らが禁裏に願い出ていたところ、関白の鷹司輔平が尼崎藩主と交渉した結果、米（同史料の別の箇所から三千石）が京都に届くという。そこで、翌八月二十日から米相場に準じて直段を引き下げて廉売されることになった。(35) これを鷹司輔平から仰せ渡された西村近江が《町組》中に順達するとあり、続けて、当時の高騰した相場より廉価の「庄内上米」値段が示され、この値段で米を引き渡すことを知らせる通知文が記されている。前半部分に「明廿日」とあるから「未八月十九日」がこの通知が出された日付であり、西錦小路町は下京の中九町組の古町の一つなので、西錦小路町から中九町組内の各《個別町》にこの通知が回達されるということであろう。そして、後述するように、この史料の後半部分で「町人之身分して配符を廻せし事不届」として処罰されたとあるから、「近江」以下四名がこの通知の回達（「配符」）の差し出し人であると考えられる。

この差し出し人四名について確認すると、まず、「近江」については、この史料中に「西村近江ハ近年町役之事共を実儀を以て批判なと言て居たる人柄也」とあるように、第五章で取り上げた都市問題に対する建白を行った上京の東立売町（上一条組、親町）の町年寄、西村近江大掾（義忠）と同一人物である。

次に、平七については、この史料の冒頭に「下艮松沢平七」とあり、また、第五章第三節の【史料5‐7】(36)から、天明八年の時点で下京の骨屋町（南艮組（下艮組）、古町）の年寄であるとともに、下京《惣町》の惣代となるような人物であったことがわかる。

長兵衛については、この史料中に「烏丸六角下ル町東側門際三木長兵衛、乱舞方能囃子之鼓太鼓職商人」とあり、天明四年版の『京羽二重大全』巻三(37)に「鼓屋」として名前が掲載されているのと同一人物であろう。また、「三木長兵衛義ハ町年寄役ニ者あらず、当役者外之者ニ而、先役ニ而町内ニおゐて老分故口利キニ而町役ノ事をも世話有り」とあるように、この時点では下京の七観音町（南艮組、古町）の町年寄ではないものの、「先役」、すなわち以前に町年寄役を務めた人物であった。さらに、享和二年（一八〇二）の年頭御礼の下京の参加者が三木長兵衛となっている(38)。代替わりの可能性を否定できないが、三木長兵衛は《惣町―町組―町》を枠組みとする住民の自律的な都市運営を担う存在と関わりを持っていたことがうかがえる。

最後に、久兵衛については、「室町通中長者町西南角播磨屋久兵衛、呉服物染物請取抔いたし商売ニ而纔之渡世方之商人也」とあるが、詳細は不明である。但し、「西村、播磨屋ハ其町々年寄当役之由」とあるように、播磨屋久兵衛は、禁裏六丁町の清和院町（花立町七町組、古町）の町年寄であった。

つまり、この回達の差し出し人として名前を連ねた四名は、西村近江は上京、松沢平七と三木長兵衛は下京、播磨屋久兵衛は禁裏六丁町と、各《惣町》の代表として名を連ねたのではないか。特に、下京の松沢平七と三木長兵衛は南艮組であり、回達の対象がこれと異なる下京の中九町組であることも《惣町》の枠組みとしての関わりであることをうかがわせる。

そして、「西村近江兼而　鷹司殿其外御堂上方之御扇御中啓御末広等之御用所之御出入故、右米之世話ニ懸り、先者古京町々之組々江知らせ合たる事也」とあるように、第五章でも触れたが、西村近江は扇師として「近江大掾」の受領を朝廷から正式に認められ、「御堂上方へ出入」と、公家とも関係を持っていた。そこで、鷹司輔平からの仰せを受けて、米の引き渡しについて「古京町々の組々へ」知らせたところ、「是を外町も難有がり、世話ニ思ひての書附ニ而触流し」をしたという。つまり、西村近江が中心となって、各《惣町》の枠組みにおける代表者が名を連ねて「触流し」＝「配符」をしたのが、【史料8-5】の通知文であったと考える。

こうした形で西村近江や三木長兵衛など《惣町》の枠組みにおける被支配住民側の代表者を差し出し人として回達することになった背景には、「先年　御奉行所ゟ御触書ニ而被仰渡之事有而、不寄何事ニ御堂上方ゟ被　仰出たる事共町々人民之者直之通達不相成之旨御法度有」ということがあった。すなわち、朝廷・公家から直接京都の住民に通知をすることを京都町奉行所が禁じていたため、鷹司輔平との間を仲介した西村近江が「触流し」の差し出し人となったのだろう。

さらに、住民への回達にあたっては、《惣町》の枠組みにおける代表者から、「組中へ早速順達」とあるように、《惣町―町組―町》という、被支配住民側の自律的な都市運営を通じた対応となったため、下京などの《惣町》の代表者が名を連ねたということではないか。

しかし、こうした鷹司輔平や西村近江らの活動を京都町奉行所は問題視した。京都東町奉行の丸毛和泉守政良が調達しようとしていた大坂からの登せ米は値段も高く、鷹司輔平の調達した米と競合するなどの事情もあったようだが、八月二十一日に、西村近江・播磨屋久兵衛・三木長兵衛の「此三人被召出、御吟味有て糺明之上にや、町人之身分として配符を廻せし事不届と哉覧、御咎ニ而廿二日ゟ町所へ三人共町々江御預と成、右三人之内西村近江ハ手錠を請る、三木・播磨屋ハ御預ケ計也」と、京都町奉行所より処罰を受けたのである。処罰の理由として、「町人之身分」で回達（「触流」・「配符」）をしたことが問題視されている点は、支配―被支配の問題、都市行政の観点からも注目されるが、処罰である戸締めは天明七年十二月四日に始まり、西村近江が一番長い戸締め処分を受けた[39]。

「御所千度参り」は、京都の住民にとっての天皇・朝廷の意味を考える上でも重要な事例であり、これまでの研究でも多く取り上げられてきた。扇師として朝廷から正式な受領を許可されるなど、朝廷・公家との関係が深い西村近江が禁裏へ救米を願い出たことも、京都住民と朝廷との関わりを示す事例となる。但し、朝廷との関係ばかりに目が行くと、これに関わった他の三木長兵衛などの立ち位置が見えなくなってしまう。本書で注目している《惣町》の枠組みにおける被支配住民の自律的な都市運営の観点からは、《惣町》の枠組みにおける代表者といえる者が連名で回達したことにより処罰されたことが注目される。

つまり、京都町奉行所による都市行政の回路とは別の形で、飢饉への対応が《惣町》を枠組みとする被支配住民の自律的な都市運営を通じてなされたと評価できるのではないか。このため、京都町奉行所の都市行政の回路を無視する形で被支配住民側が回達を行ったことを、京都町奉行所が問題視し、回達に関わった《惣町》の代表者達が処罰されることになったということである。ここには、第一節で述べたように、あくまで自らが志向する回路上で飢饉対応を処理しようとする京都町奉行所の都市行政と、被支配住民側の《惣町―町組―町》を通じた対応との間に生じていた齟齬を指摘できる。これは、本書第二～六章などで触れてきた、町代との対立に象徴される近世京都の都市行政の構造的特質も背景にしたものと考える。

第三節　近世後期の飢饉対応――籾年番――

前節で見たように、天明飢饉に際しては、京都町奉行所の都市行政は有効に機能しなかったように見えるが、決して手をこまねいていた訳ではない。飢饉後の寛政二年（一七九〇）から将来の飢饉を見越した対策として囲米制度、飢饉に備えての米穀の備蓄を都市政策として開始する。この囲米については秋山國三氏[40]や辻ミチ子氏[41]の研究があるが、本節では、《惣町》の枠組みとの関連で検討してみたい。囲米の実施に先立ち、天明八年（一七八八）六月、次の町触により囲米制度の設置が命じられた。

【史料8-8】(42)

新町通五条下ル町近江や忠蔵事博奕等いたし、其上近年凶年打続一統困窮、別而米高直ニ而人々及難渋候時節をも不弁、全一己之利欲ニ拘り多分之買込等致、別而不埒ニ付此度御仕置被仰付、家財欠所ニ相成候ニ付、右徳用金弐万弐千両欠所金ニ可相成候処、近年打続諸色米穀高直ニ付、一同難儀時節、其上当春火災後町中難儀之儀ニ付、格別之御憐愍を以為御救金弐万両月三朱之利付ニ而御貸附被仰付候、尤町続焼残之町々茂諸商売手狭ニ而一同難儀之趣ニ相聞、其上町中御救之儀ニ付町家之者共之三ヶ一御貸附被仰付、元金ハ一同来酉年ゟ五ヶ年限ニ相納、尤御貸附之利銀を以年々米穀雑穀御買上ケ置、町中永続之手当ニ被仰付候、且追而被及御沙汰候迄ハ米穀買置候儀見合、当分ハ雑穀計御買上ケ之積ニ候

但、一統割渡候得共、其内拝借致し候ニ不及ものハ其旨可申出候、是又勝手次第たるへき事

一、右御貸附利銀者雑穀相納候共、又者銀子ニ而も勝手次第、来酉年ゟ年々可相納申候

一、年々相納候利十分一ハ銀ニ而残置、其余ハ雑穀御買上ケ

右之通町中永続之手当ニ被仰付、尤右利銀幷御買上ケ之雑穀とも入置候土蔵ハ残り弐千両之内を以、池田筑（長恵）後守御役所へ御取建在之、年々右ニ付諸入用之儀ハ町々者共へ町代差添、勘定被仰付、利銀十分一之内を以仕払ニ致、其銭ハ永々土蔵之修復料ニ相成候得ハ、全町中永続之御手当被成下、前段之通一同へ御貸付ニ被仰付候間、右忠蔵全一己之利欲ニ拘り候儀、後々迄も相心得、銘々不正之儀無之様相慎可申候、殊ニ宝永之度火災之節御手当茂無之、御火除地として引払被仰付候町方へも御手当無之候、此度ハ御手当拝借幷永続之儀迄も被仰出候事ニ候、一同厚く難有く存而、尚更家業を励み、正道ニ致可申事

（天明八年）
申五月

この町触は、天明八年に江戸幕府老中松平定信が上洛した際に京都町奉行所から伺った上で出されたという。飢饉は落ち着いてきたものの「米高直」の状況は続き、加えてこの天明八年正月には大火も発生した。こうした状況の中で支配権力からの救済策として二万両の「御貸附」、拝借金がなされたのである。その原資は、近江屋忠蔵なる商人が博奕などで不当に貯えた家財を欠所として京都町奉行所が没収したものであった。これを「御救金」として被支配住民に貸し付け、「五ヵ年限」で返済させることにした。この対応は、拝借金として被支配住民に金銭を貸与するもので、第一節で触れた米の貸与＝拝借米とは異なるが、飢饉が落ち着いた中、天明大火という災害に対する救済策としても行われたからであろう。さらに、この拝借金は、返済に際しての利息によって毎年米穀雑穀を購入し、「町中永続之手当」、すなわち将来の饑饉対策としょうとしたという点では、豊臣政権期の橋修復のための貸付金と同様の政策といえる。

囲米（あるいは義倉）は近世においても各地で実施されたが、京都においては天明期の飢饉、天明八年の大火をきっかけとして行われるようになった。そして、右の町触（【史料8-8】）には、この囲米の運用方法についても記されており、米を備蓄する土蔵は京都町奉行所（池田筑後守御役所）に建て、これに関わる費用の計算などは「町之者江町代差添、勘定被　仰付」と、「町之者」、すなわち被支配住民と町代が携わることになった。そこで、囲米の実施にあたり、寛政二年七月朔日に京都町奉行所において、具体的な方策が次の町触により提示された。

【史料8-9】(43)

当戌年之儀者、出来秋ニ至直段を見計ひ、稗五分、荒粟三分、新籾弐分御買上之積り候間、其旨可相心得候

一、来亥年ゟハ御買入時節、米相場下直之節者籾米も御買上、御蔵詰之積ニ候、取扱方之義者米穀雑穀之内、上中下京町人共申合セ、保方宜御手当可然と存候品有之候ハヽ、三年年番町ゟ申出候様申通サセ、其上ニ

て御買上ケ可被　仰付候、併稗等者別而保方宜品ニて年々詰替ニ不及候へ者、毎年御買上之積ニ候間、右之趣其方共ゟ町々江申聞、上中下京ニ而年番町取極メ可申出候

一、右米穀雑穀共取扱方不手馴候而ハ平日手入等難行届可有之候間、上中下京ニて町々申合、功者成米屋之内二三人程も年番ニて成共勝手ニ相極置、当秋御蔵詰之節ゟ右之者共召連出、折々御蔵詰之米穀雑穀とも見改させ、保方手入等世話致させ、就右入用幷納払之節之入用共年々相納候利銀十分一之内にて仕払、年々町年寄町代共差添、諸勘定致候節一緒勘定致させ候間、其旨相心得町々申合、米屋共名前取極可申出候

一、御買上之品者上中下京ゟ相納候利銀高ニ応シ、御買上之品申渡、前書米屋之内ゟ恊合宜手本差出させ、於　御役所外米屋共呼出、恊合直段等吟味之上三年世話方米屋共ニ、組町之内年番町年寄壱人つゝ、町代差添罷出、相納させ、俵物取扱候小揚働候義も米屋共ゟ召連可罷出候、是また利銀十分一之内を以雇、賃銭相渡、諸勘定致候節、一緒ニ勘定致させ候間、其旨相心得、米屋共相極候ハヽ、小揚働候者共賃銭等も取極可申出候

右者先達而も申渡候通、町人共永続御手当ニ被成下候儀ニ付、一同へ御預ケ之姿ニ候条、厚難有可存候、一町限ニも呼出可申渡候へとも、多人数呼出し候而ハ難儀可致と存候間、其方共計呼出申渡候、尤右申渡候趣、若承違可有之哉ニ付申渡書附其方共へ相渡遣候間、一同へ不洩様可申聞候、書面之内難心得義も在之候ハヽ、無遠慮可伺出候

備蓄する米穀・雑穀の種類（籾米・稗・粟）と割合を「上中下京町人共」が相談して買い上げることとして、一年ごとに担当する年番町を決めるように命じている。また、買い上げる米の取り扱いは手慣れた米屋に世話をさせることとし、費用の計算や蔵納めなどは、「世話方米屋共ニ、組町之内年番町年寄壱人つゝ、町代差添罷

出」て行うとある。つまり、米屋に加え、「組町之内」とあるように《町組》内から選ばれた《個別町》(「年番町に」)の町年寄と、「差添」で町代が担当する形になっていた。

ここで注目されるのが「上中下京」から年番町を決めるようにとされている点である。上京・中京・下京というのは、第三章で明らかにした、享保八年(一七二三)に京都町奉行所が都市行政改革を申し渡す際に、「上京ニ而年寄弐人・中京ニ而年寄弐人・下京ニ而年寄弐人宛」が召し出されたのと同様、京都町奉行所の支配する領域を空間的に区画して把握しようとしたものである。近世京都において、空間的な区分けの呼称として使われてはいたが、上京・中京・下京を領域とする住民組織は存在しておらず、住民側の《惣町》の枠組みとは異なるものであった。京都町奉行所は、被支配住民の自律的な都市運営の枠組みである《惣町》を無視して、上京・中京・下京を都市行政上の回路に位置づけようとして、囲米制度にもこれを適用しようとしたといえる。(44)

そして、【史料8-9】の町触を命じる際に、次の者を呼び出した。

【史料8-10】(45)

町代持場古町三町、新町三町、四座雑色支配之町々

上京	葭屋町一条上ル晴明町	年寄	八文字屋清右衛門
	中立売堀川東へ入町	同	大松屋長右衛門
中京	出水新町西へ入町	同	平野屋甚兵衛
	新椹木町丸太町下ル丁	同	山崎屋五兵衛
下京	東洞院高辻上ル高橋町	同	小松屋藤左衛門
	松原通新町東へ入中野丁	同	近江屋長兵衛
乾	西之京東町	同	万屋弥兵衛

坤　　壱貫町上長福寺町　　　同　　樽屋三郎兵衛
　　　大仏新正面町　　　　　同　　万屋小四郎
巽　　祇園新地元よし町　　　同　　虎屋三郎兵衛
　　但シ艮なし
東本願寺境内　八百屋町　　　同　　権兵衛
西本願寺境内　仏具屋町　　　同　　喜八
　右両寺内者三年年番町へ相頼、出勤なし
　御懸り　公事方与力　　四人
同断　　　　　　同心　　三人
　　懸り町代　　西洞院御池上ル丁　山中与八郎
　　　　　　　　油小路御池下ル丁　塚本長兵衛
　　　　　　　　中長者丁新丁西へ入丁　橋本九兵衛
　　　　　　　　下立売衣棚西入丁　林伊右衛門
　右上中下京、方内、幷両本願寺境内、都合拾弐人罷出、承り候趣左之通

仰せ渡しの場には、京都町奉行所の公事方与力・同心に加え、係りの町代四名が立ち会い、被支配住民側では「上中下京、方内、幷両本願寺境内、都合拾弐人」が出頭した。「上中下京」以外にも、「方内」、すなわち「四座雑色」が支配権力との間の取り次ぎ役を務める周縁地域の四名と、東西本願寺の門前町から一名づつが含まれる。

但し、本願寺門前町については「年番町へ相頼、出勤なし」とあり、「不勤料」を払う代わりに実務は担当しなかったようである。また、右の町触（【史料8-7】）では、「上中下京ニ而年番町取極」とあるように、年番町は上京・中京・下京の住民が担当することになっているが、実際には「方内」の四町を加えた十町が年番町となっている。但し、「方内」の年番町については詳細不明である。

ここでは、囲米制度において都市行政の回路上に位置づけられた上京・中京・下京について検討したい。【史料8-10】では、囲米制度の仰せ渡しの場に、「上中下京」として、上京二名・中京二名・下京二名の町年寄の名が挙げられている。ここに名前の挙げられた各町年寄の所属する《個別町》について、古町／親町と新町／枝町の別と、それぞれ所属する《惣町》・《町組》を記すと、次の通りとなる。

上京	葭屋町一条上ル晴明町	上京	下西陣組	古町
	中立売堀川東へ入町（東橋詰町）	禁裏六丁町	烏丸頭十一町組	古町
中京	出水新町西へ入町（下御霊横町）	上京	下中筋組	親町
	新椹木町丸太町下ル丁（福嶋町）	禁裏六丁町	福嶋町三町組	古町
下京	東洞院高辻上ル高橋町	下京	巽組	古町
	松原通新町東へ入中野丁	下京	五条十町組	新町（川西十六町組）

京都町奉行所が把握しようとした上京・中京・下京には、禁裏六丁町という《惣町》も交っており、被支配住民の自律的な都市運営の枠組みである《惣町》とは異なる形で把握されたことがうかがえる。この点をさらに検討するため、この囲米の取り扱いを行う年番町の担当者（籾年番と称する）について、寛政二年以降の各年の担当者を書き上げた史料(46)より作成したのが表8-2である（この史料にも「方内」の年番町については記されていない）。

この史料には、各年ごとに籾年番を務める町年寄名と、所属する《個別町》、この《個別町》が所属する《町組》名が記されている。籾年番は、右の寛政二年がそうであるように、古町／親町も新町／枝町も平等に務めることになっており、ここで名前の記される《町組》は、新町／枝町の場合は新町／枝町のみで構成する《町組》であり、これが所属する古町／親町の《町組》名は記されない場合もあったから、あくまで新町／枝町の《町組》としての扱いであったと考える。表8-2では、この《町組》名に加えて、それぞれが所属する《惣町》、古町／親町と新町／枝町の別を補って示した。

後述する通り、文政三年（一八二〇）以降は変化があるので、まずは文政二年以前の状況について検討していきたい。まず、注意しなければならないのは、この各年の籾年番を書き上げた史料では、上京・中京・下京の別は記されていないということである。後述の寛政六年の籾年番の日記[47]で、翌寛政七年の籾年番について上京・中京・下京の区別が判明するが、各年の籾年番を書き上げた史料で記される順番は、上京→中京→下京の順番にはなっていない。つまり、どのような基準で上京・中京・下京の地域区分がなされているのか、明確ではないのである。また、この寛政七年の籾年番の所属する《個別町》を地図上に示した（図8-1）が、上京・中京・下京とされる《個別町》が北から南へと三分割されている訳でもない。さらに、他のいくつかの年について、籾年番を担当する《個別町》の位置を図8-1に示してみた。京都町奉行所が領域的に掌握する範囲の内、町代が担当する地域を三分して上京・中京・下京と把握したと考えて、北から二町づつ三区分してみると文化十年（一八一三）の事例と文化十三年の事例で矛盾が生じるため、やはり単純に南北方向に三分したとはいえないように思われる。正確な上京・中京・下京の区分けの基準は現在のところ判然としないが、南北方向にある程度偏りなく散らばるように六つの《個別町》が選ばれていると推測しておきたい。

いずれにしても、注目されるのは、籾年番、《惣町》の枠組みとは関係なく選ばれている点である。上京・中京・下京という地域区分も《惣町》の枠組みと関わるものではなく、被支配住民の自律的な都市運営としての枠

担当町組	惣		担当町組	惣		担当町組	惣	
寺町裏三町組(寅)	禁	古	辰巳十一町組(巳)	下	古	五条十町組(酉)	下	新
廿八町組(未)	下	新	南艮組(丑)	下	古	西荒町組(酉)	下	新
三四組(丑)	下	新	中之九町組(酉)	下	古	松上組(巳)	下	新
下河原組(卯)	上	枝	三町之組(丑)	下	古	五条荒町組(酉)	下	新
二三組(未)	下	新	中之拾町組(亥)	下	古	四条組(申)	下	新
川西九町組(酉)	下	古	宗林組(丑)	下	新	川東拾壱町組(寅)	上	枝
無上組(酉)	下	新	上艮組(未)	下	古	大仏組(巳)	下	新
寺町東五町組(寅)	上	新	川西十六町組(申)	下	古	六条荒町組(酉)	下	新
西洞院組(未)	下	新	松ケ下組(巳)	下	新	和泉組(酉)	下	新
西雲組(丑)	下	新	松下組(巳)	下	新	黒門組(申)	下	新
烏丸五町組(寅)	上	親	四条大宮組(酉)	下	新	四五間組(巳)	下	新
孫兵衛組(未)	下	新	土橋組(申)	下	新	塩竃組(巳)	下	新
武蔵組(丑)	下	新	三条大宮組(酉)	下	新	五条組(酉)	下	新
三条寺町東組(丑)	下	新	中筋組(酉)	下	新	竹庵組(酉)	下	新
一条六町組(寅)	上	親	二条堀川組(酉)	下	新	出屋鋪六町組(申)	下	新
西五町組(丑)	下	新	高瀬組(巳)	下	新	出屋鋪拾町組(酉)	下	離
最上組(酉)	下	新	出屋鋪三町組(申)	下	新	雁金組(丑)	下	新
三条通組(丑)	下	新	四条堀川組(酉)	下	新	笹屋組(申)	下	新
七町組(未)	下	新	吉水組(酉)	下	新	四町組(巳)	下	新
丸太町六町組(寅)	禁	古	本国寺門前組(酉)	下	新	毘沙門組(酉)	下	新
四条立売組(丑)	下	新	不動組(酉)	下	新	ト味組(申)	下	新
四町組(酉)	下	新	壱丁半組(丑)	下	新	寺町裏四町組(寅)	禁	古
姉三町組(未)	下	新	門前組(丑)	下	新	平野組(酉)	下	新
塚本組(酉)	下	新	新河原町組(卯)	上	枝	永倉組(酉)	下	新
仏光寺弐町組(巳)	下	離	大坂組(酉)	下	新	西弐町組(丑)	下	新
亀屋町八町組(辰)	上	新	槌屋組(申)	下	新	三軒組(酉)	下	新

表8－2　籾年番の担当町組

籾年番勤務年	担当町組	惣		担当町組	惣		担当町組	惣	
寛政3	晴明組(戌)	上	古	広橋殿十一町組(午)	禁	古	下中筋組(卯)	上	親
寛政4	御三軒拾町組(辰)	上	古	中立売組(子)	上	新	上一条東十町組(亥)	上	親
寛政5	上立売九町組(寅)	上	親	聚楽八町組(辰)	上	新	下川東組(午)	上	古
寛政6	大宮組(子)	上	古	笹屋組(戌)	上	古	堺町八町組(寅)	上	親
寛政7	花車組(子)	上	古	塔之檀組(戌)	禁	古	両替町九町組(寅)	上	親
寛政8	石薬師組(戌)	上	古	川東四町組(亥)	上	古	辰巳組(子)	上	新
寛政9	上中筋組(午)	上	親	真如堂跡四町組(寅)	上	随	一条七町組(亥)	上	親
寛政10	日暮組(子)	上	古	上立売組烏丸五町組(辰)	上	枝	下御霊寺町七丁組(寅)	上	親
寛政11	大猪熊八町組(辰)	上	古	清蔵口拾町組(寅)	上	枝	富小路七町組(寅)	上	親
寛政12	上立売組(辰)	上	親	四町組(午)	禁	古	上河原組(卯)	上	枝
享和元	大北小路組(戌)	上	古	堀川組(子)	上	古	一条西十町組(亥)	上	親
享和2	伊佐町組(辰)	上	古	鏡石組(辰)	上	新	新地七町組(卯)	上	枝
享和3	小川組(辰)	上	古	東石橋九町組(辰)	上	新	猪熊組(子)	上	古
享和4	小川組(辰)	上	古	若宮十町組(辰)	上	古	間之町三町組(寅)	上	親
文化2	五辻組(戌)	上	古	立売八町組(卯)	上	枝	土御門三町組(寅)	上	枝
文化3	釈迦拾町組(辰)	上	古	六町組(午)	禁	古	下立売組(子)	上	古
文化4	室町七町組(寅)	禁	古	須浜七町組(辰)	上	新	川東廿九町之内拾六町組(亥)	上	古
文化5	相国寺門前組(寅)	上	枝	芝大宮八町組(辰)	上	古	一条八町組(亥)	上	親
文化6	東社八町組(辰)	上	古	横大宮組(戌)	上	古	川東廿九町之内九町組(亥)	上	古
文化7	寺之内竪町四町組(辰)	上	古	立売五町組(卯)	上	枝	一条組(子)	上	新
文化8	聚楽田丸組(辰)	上	新	四町組(午)	禁	古	六丁町五町組(亥)	禁	古
文化9	元伊佐四町組(辰)	上	古	真如堂跡組(子)	上	枝	室町弐町組(寅)	上	親
文化10	元誓願寺五町組(戌)	上	古	東千本三町組(辰)	上	古	烏丸四町組(寅)	上	新
文化11	歓喜寺六町組(寅)	上	枝	本三町組(辰)	上	古	二条川東五町組(亥)	上	枝
文化12	歓喜寺三町組(辰)	上	古	出町四町組(寅)	禁	古	吉田口弐町組(寅)	上	離
文化13	舟橋組(戌)	上	古	内野七町組(子)	上	新	千本組(子)	上	新

担当町組	惣		担当町組	惣		担当町組	惣	
下中筋組(卯)	上	親	巽組(巳)	下	古	五条九町組(申)	下	新
寺町裏三町組(寅)	禁	古	南艮組(丑)	下	古	西荒町組(酉)	下	新
松之上組(巳)	下	新	三四之組(丑)	下	新	新艮組(未)	下	古
二三之組(未)	下	新	四条八町組(申)	下	新	五条荒町組(酉)	下	新
中九町組(酉)	下	古	宗林組(丑)	下	新	無上組(酉)	下	新
仲拾町組(亥)	下	古	大仏組(巳)	下	新	六条荒町組(酉)	下	新
川西九町組(酉)	下	古	西洞院十六町組(未)	下	新	西雲組(丑)	下	新
三町組(丑)	下	古	松ら下組(巳)	下	新	和泉組(酉)	下	新
上丑寅組(未)	下	古	松之下組(巳)	下	新	黒門組(申)	下	新
川西十六町組(申)	下	古	四条大宮組(酉)	下	新	四五之間組(巳)	下	新
孫兵衛組(未)	下	新	土橋組(申)	下	古	塩竈組(巳)	下	新
武蔵組(丑)	下	新	三条大宮組(酉)	下	新	五条組(酉)	下	新
三条東五丁組(丑)	下	新	中筋組(酉)	下	新	竹庵組(酉)	下	新
三条堀川組(酉)	下	新	出屋鋪六町組(申)	下	新	西五町組(丑)	下	新
高瀬組(巳)	下	新	出屋鋪十町(酉)	下	離	最上組(酉)	下	新
出屋鋪三町(申)	下	新	雁金組(丑)	下	新	三条組(丑)	下	新
四坊堀川組(酉)	下	新	笹屋組(申)	下	新	七町組(未)	下	新
吉水組(酉)	下	新	四町組(巳)	下	新	本国寺門前組(酉)	下	新
毘沙門組(酉)	下	新	四条立売組(丑)	下	新	不動組(酉)	下	新
卜味組(申)	下	新	一丁半組(丑)	下	新	四町組(酉)	下	新
姉三町組(未)	下	新	門前組(丑)	下	新	平野組(酉)	下	新
塚本組(酉)	下	新	永倉組(酉)	下	新	仏光寺二丁(巳)	下	新
大坂組(酉)	下	新	西二町組(丑)	下	新	槌屋組(申)	下	新
三軒組(酉)	下	新	巽組(巳)	下	古	五条九町組(申)	下	新
南艮組(丑)	下	古	西荒町組(酉)	下	新	松之上組(巳)	下	新
仲九町組(酉)	下	古	三四之組(丑)	下	新	太郎助廿八町組(未)	下	新
仲十町組(亥)	下	古	二三ノ組(未)	下	新	四条八町組(申)	下	新

籾年番勤務年	担当町組	惣		担当町組	惣		担当町組	惣	
文化14	秋組（戌）	上	古	天神組（戌）	上	古	立本寺跡八町組（午）	禁	古
文化15	広橋殿十一町組（午）	禁	古	丸本組（辰）	上	新	小川組（辰）	上	古
文政2	中立売組（子）	上	新	新柳馬場八丁組（辰）	上	新	下川東組（午）	上	古
文政3	晴明組（戌）	上	古	上一条組（亥）	上	親	下川原組（卯）	上	枝
文政4	上立売九町組（寅）	上	親	笹屋組（戌）	上	古	下一条組（寅）	上	親
文政5	花車組（辰）	上	古	大宮組（子）	上	古	川東廿九町之内四町組（亥）	上	古
文政6	石薬師組（戌）	上	古	辰巳組（子）	上	新	芝大宮八町枝壱町（辰）	上	離
文政7	立売八町組（辰）	上	親	立売九町組（寅）	上	親	上木之下六町組（寅）	上	枝
文政8	下西陣五辻組（戌）	上	古	小川組十一町組（辰）	上	古	元土御門三町組（寅）	上	新
文政9	真如堂六町組（子）	上	枝	下川東組（午）	上	古	石橋九町組（辰）	上	新
文政10	上立売九町組（寅）	下	親	大猪熊八町組（辰）	上	古	上川東組（亥）	上	古
文政11	上中筋組（午）	上	親	立売八町組（辰）	上	枝	下一条組（寅）	上	親
文政12	飛鳥井組（辰）	上	古	船橋六町組（戌）	上	古	間之町組（寅）	上	親
文政13	下川東組（午）	上	古	立売八町組（辰）	上	親	下立売組（子）	上	古
天保2	立売九町組（寅）	上	親	歓喜寺組（辰）	上	古	上川東組（亥）	上	古
天保3	上中筋組（午）	上	親	上一条組（亥）	上	親	立本寺跡二町（卯）	上	枝
天保4	御三軒組（辰）	上	古	横大宮組（戌）	上	古	二条川東十一町組（亥）	上	枝
天保5	立売八町組（辰）	上	親	日暮組（子）	上	古	下川東組（午）	上	古
天保6	西陣三町組（辰）	上	古	上川東組（亥）	上	古	立売九町組（寅）	上	親
天保7	上中筋組（午）	上	親	下中筋組（卯）	上	親	上一条組（亥）	上	親
天保8	下西陣組（戌）	上	古	小川組（辰）	上	古	下一条組（寅）	上	親
天保9	立売親八町組（辰）	上	親	聚楽組（子）	上	新	下川東組（午）	上	古
天保10	立売親九町組（寅）	上	親	上西陣組（辰）	上	古	上川東組（亥）	上	古
天保11	上中筋組（午）	上	親	下中筋組（卯）	上	親	二条川東五丁組（亥）	上	枝
天保12	飛鳥井組（辰）	上	古	上一条組之内両替町組（亥）	上	親	晴明組（戌）	上	古
天保13	上立売八町組（辰）	上	親	下川東廿四町組（午）	上	古	真如堂六町組（子）	上	枝
天保14	上西陣組（子）	上	古	親九町組（寅）	上	親	上川東組（亥）	上	古

担当町組	惣		担当町組	惣		担当町組	惣	
川西九町組(酉)	下	古	五条荒町組(酉)	下	新	宗林組(丑)	下	新
三町組(丑)	下	古	無上組(酉)	下	新	大仏組(巳)	下	新
上艮組(未)	下	古	六条荒町九町組(酉)	下	新	西洞院十六丁組(未)	下	新
川西十六町組(申)	下	古	西雲組(丑)	下	新	松より下組(巳)	下	新
和泉組(酉)	下	新	松之下組(巳)	下	新	黒門組(申)	下	新
四条大宮組(酉)	下	新	四五之間組(巳)	下	新	孫兵衛組(未)	下	新
土橋組(申)	下	新	塩竈組(巳)	下	新	武蔵組(丑)	下	新
三条大宮組(酉)	下	新	五条組(酉)	下	新	三条五町組(丑)	下	新
中筋組(酉)	下	新	竹庵組(酉)	下	新	三条堀川組(酉)	下	新
出屋鋪六町組(申)	下	新	西五町組(丑)	下	新	高瀬組(巳)	下	新
出屋敷十町組(酉)	下	離	最上組(酉)	下	新	雁金組(丑)	下	新
出屋敷三町組(申)	下	新	三条組(丑)	下	新	四坊堀川組(酉)	下	新
笹屋組(申)	下	新	七町組(未)	下	新	吉水組(酉)	下	新
四町組(巳)	下	新	本国寺門前組(酉)	下	新	毘沙門組(酉)	下	新
四条立売組(丑)	下	新	不動組(酉)	下	新	卜昧組(申)	下	新
四町組(酉)	下	新	壱町半組(丑)	下	新	姉三町組(未)	下	新
門前組(丑)	下	新	平野組(酉)	下	新	塚本組(酉)	下	新
永倉組(酉)	下	新	仏光寺二町組(巳)	下	新	大坂組(酉)	下	離
西弐町組(丑)	下	新	三軒組(酉)	下	新	槌屋組(申)	下	新
巽組(巳)	下	古	五条九町組(申)	下	新	松之上組(巳)	下	新
西荒町組(酉)	下	新	南艮組(丑)	下	古	三四之組(丑)	下	新
仲九町組(酉)	下	古	新艮組(未)	下	古	二三之組(未)	下	新
仲拾町組(亥)	下	古	四条八町組(申)	下	新	五条荒町組(酉)	下	新

籾年番 勤務年	担当町組	惣		担当町組	惣		担当町組	惣	
天保15	上中筋組（午）	上	親	上一条組（亥）	上	親	下中筋組（卯）	上	親
弘化２	下西陣組（戌）	上	離	小川組（辰）	上	古	下一条組（寅）	上	新
弘化３	親八町組（辰）	上	親	聚楽組（子）	上	新	下川東組（午）	上	古
弘化４	上西陣組（辰）	上	古	川東拾六町組（亥）	上	古	親九町組（寅）	上	親
嘉永元	上中筋組（午）	上	親	上一条組（亥）	上	親	下中筋組（卯）	上	親
嘉永２	下西陣組（戌）	上	古	小川組（辰）	上	古	下一条組（寅）	上	親
嘉永３	親八町組（辰）	上	親	聚楽組（子）	上	古	下川東組（午）	上	古
嘉永４	上立売九町組（寅）	上	親	上西陣組（辰）	上	古	上川東組（亥）	上	古
嘉永５	上中筋組（午）	上	親	下中筋組（卯）	上	親	上一条組（亥）	上	親
嘉永６	小川組（辰）	上	古	下一条組（寅）	上	親	下西陣組（戌）	上	古
嘉永７	下川東組（午）	上	古	聚楽組（子）	上	古	親八町組（辰）	上	親
安政２	上西陣組（辰）	上	古	上川東組（亥）	上	古	親九町組（寅）	上	親
安政３	下中筋組（卯）	上	親	上中筋組（午）	上	親	上一条組（亥）	上	親
安政４	下西陣組（戌）	上	古	小川組（辰）	上	古	下一条組（寅）	上	親
安政５	下川東組（午）	上	古	親八町組（辰）	上	親	立売九町組（辰）	上	新
安政６	親九町組（寅）	上	親	上西陣組（辰）	上	古	上川東組（亥）	上	古
安政７	上中筋組（午）	上	親	下中筋組（卯）	上	親	上一条組（亥）	上	親
万延２	室町弐町組（寅）	上	親	上小川拾壱町組（辰）	上	古	天神組三町（戌）	上	古
文久２	親九町組（寅）	上	親	聚楽組（子）	上	古	下川東組（午）	上	古
文久３	親九町組（寅）	上	親	上西陣組（辰）	上	古	上川東組（亥）	上	古
文久４	下中筋組（卯）	上	親	上中筋組（午）	上	親	上一条組（亥）	上	枝
元治２	下西陣組（戌）	上	古	下一条組（寅）	上	親	小川組（辰）	上	古
慶応２	下川東組（午）	上	古	聚楽組（子）	上	新	親八町組（辰）	上	親

註１：「御救米年番相勤候町名控」（三条町文書ＤⅡ４・京都市歴史資料館架蔵写真版）により作成。本史料中に記される各勤務年ごとの担当町組名、及びこれと一緒に記される十二支を記した。
註２：所属する惣町、及び古町／親町と新町／枝町の別を補って略記した（上＝上京、下＝下京、禁＝禁裏六丁町）。

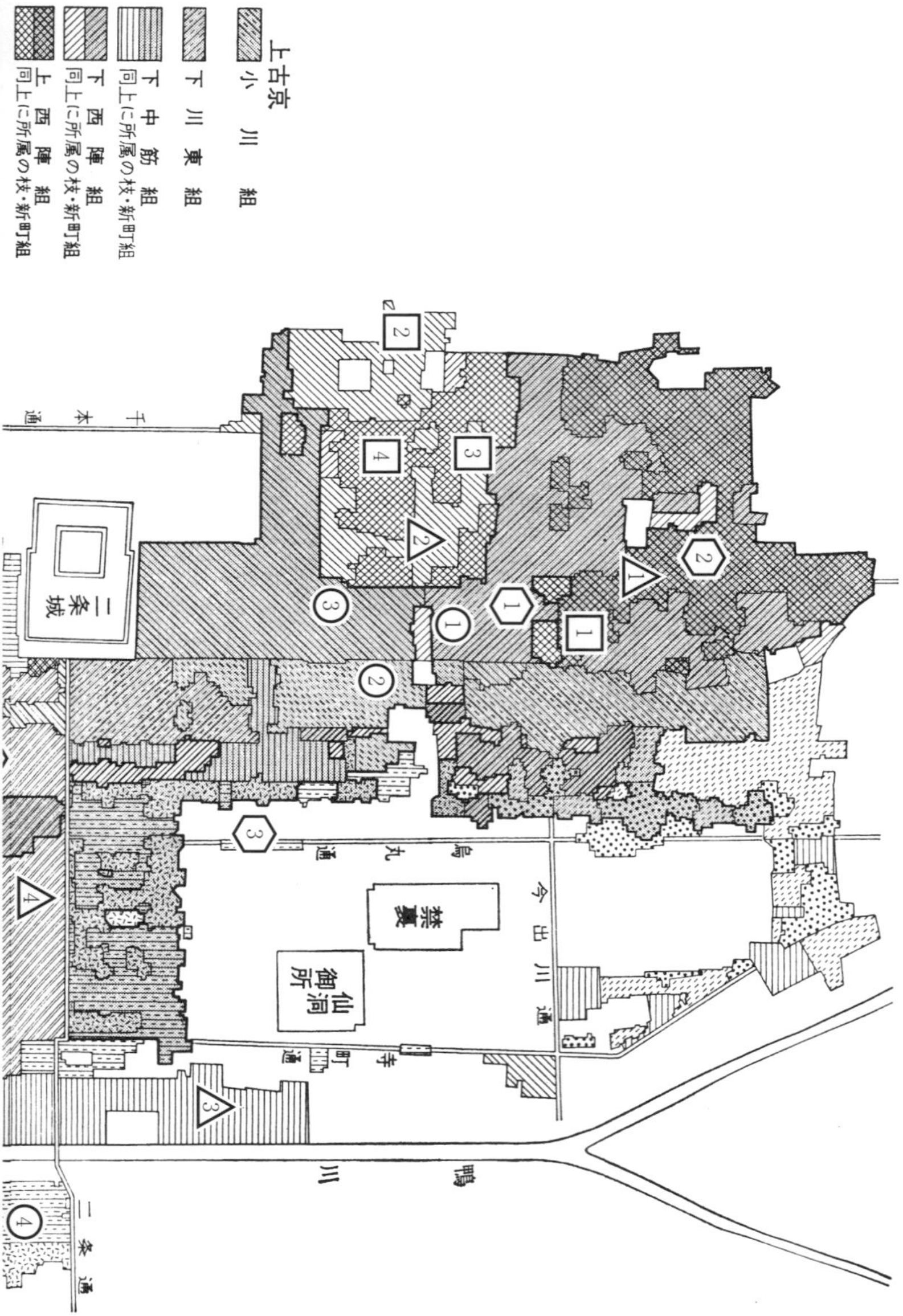
上古京
小川組
下川東組
下中筋組
同上に所属の枝・新町組
下西陣組
同上に所属の枝・新町組
上西陣組
同上に所属の枝・新町組
千本通
二条城
烏丸通
今出川通
寺町通
禁裏
仙洞御所
鴨川
二条通

図8－1　籾年番の担当町

註：「御救米年番相勤候町名控」（三条町文書DⅡ4・京都市歴史資料館架蔵写真版）に記される籾年番の所属する《個別町》について、寛政7年を○、享和2年を△、文化10年を⬡、文化13年を□の記号を用い、それぞれ『京都の歴史6　伝統の定着』（学芸書林、1973年）448～449頁に掲載の図上に示した。史料上の記載順に仮に番号を付して、記号中に示した。

組みである《惣町》は一切機能することはなかったといえる。

また、《町組》の枠組みに関しては、【史料8‐7】の町触にも「組町之内」とあるように、籾年番は《町組》単位の順番で、その年の順番に当たった《町組》の中から担当する籾年番の《個別町》が選ばれる形であった。先述の通り、古町／親町の《町組》も新町／枝町の《町組》も平等に選ばれていた。但し、右の【史料8‐8】には「町代持場古町三町・新町三町」とあるが、古町／親町と新町／枝町がそれぞれ三町づつになっているかというと、少なくとも表8‐2からは、そのようにはなっていないようである。新町／枝町については、古町／親町と新町／枝町の間の従属関係とは関係なく、新町／枝町だけで構成される《町組》として選ばれ、古町／親町の《町組》と扱いの差は見られない。こうした《町組》は、第三章で触れたように、町代「支配」の区画として京都町奉行所による都市行政の回路上で機能するものであったから、籾年番として囲米を取り扱う担当者についても、あくまで京都町奉行所の把握する領域の範囲内で、行政回路上で機能する《町組》を、上京・中京・下京という地域区分に応じて一定の順番で担当させるという形を取ったと考えられる。

なお、寛政二年の出頭の場（【史料8‐8】）には、町代四名も立ち会っているが、この内、一名が上町代、三名が下町代であり、召し出された年番町の《町組》を担当する町代という訳ではない。あくまで町代仲間としての対応であったといえる。

また、籾年番の実際の業務についても史料が残されている。例えば、寛政六年の年番町の日記には次のような記事がある。

【史料8‐11】(48)

乍恐口上書

一、御救御手当之籾米、当寅年分御買入之義奉伺候、米等も追々摺立候義ニ付、此節ゟ買入手当等仕度候ニ

付、御下知被成下候様、此段御伺奉申上候、以上

寅九月廿一日

寅年年番町
拾人印
米屋年番
六人印

御奉行様

御掛り本田金右衛門様
取次田内彦助

この年に新たに米を買い入れる許可を京都町奉行所に求めた伺書であるが、差出は年番町の十名と米屋の年番六名となっている。宛先「御奉行様」の下部の二名については、「御掛り」は与力であり、「取次」は町代である。この町代田内彦助の担当《町組》は、年番町の《町組》とは異なる。これと同様の、被支配住民からの申請を町代仲間として取り次ぐ形は、第三章で明らかにした京都町奉行所に対する火事の届出（【史料3-15】）においても見られた。すなわち、中間に位置したのは、住民の所属する《町組》に対応した町代ではなく、番所に勤番する町代があくまで町代仲間として対応したのであり、ここには住民組織としての《惣町―町組―町》の枠組みでの対応は見られない。

以上のように、上京・中京・下京とは、近世京都における空間的な区分けの呼称であり、上京・中京・下京を領域とするような住民組織は存在しない中、京都町奉行所の都市行政においては、この空間的な地域区分である上京・中京・下京を住民把握の単位としていくような動きが見られるようになり、籾年番・囲米制度もこうした京都町奉行所の志向する行政回路を反映したものであったと考える。

このような上京・中京・下京という単位による籾年番の選ばれ方が、文政町代改儀一件後に変化したことが、

次の史料に記されている。

【史料8―12[49]】

米年番之儀者、当地町方永続之御手当為御救穀物御買入御蔵詰取扱之儀、寛政二戌年ゟ市中江被　仰付、文化十三子年迄廿七ヶ年之間、上下京組々一順相勤候節、町代共ゟ組々順番繰出候得共、文化年中町代示方一件後者上京大年番、下京触当番ゟ年々右米年番勤町執計致候、然処下京之儀者組数少候ニ付天保十亥年迄廿三四ヶ年之間ニ順目相済、子年ゟ三順目相勤候様相成、上京之儀者組数多在之候故、弐順目凡三拾年余ニ而相済候、右ニ付遅速不同在之候得共、後年迄茂左之振合を以繰出可申事

一、例年十月下旬順番勤組江触当番より案内可有之、尤十二月上旬迄ニ人躰相究、組名所書名前何之年米年番相勤候趣書付相認差出候様可申遣候

　但、新ン町江相廻候節者其組之親町江申遣、其頭町ゟ新ン町江可申渡候

右書付組々ゟ相揃候上、別紙認替触当番組町代呼寄可申付事

天保十年（一八三九）
己亥十一月

まず、「文化年中町代示方一件」、すなわち文政町代改儀一件以前については、籾年番は町代が《町組》順に繰り出していたとあるように、籾年番はあらかじめ設定されていた順番に当たった《町組》に対して町代が指示する、という認識だったことがわかる[50]。これは、第二・三章でみたように、町代の「指口」としての指示の対象と同様である。そして、これが、文政町代改儀一件の結果、被支配住民と町代との関係が逆転した後は、上京は大年番、下京は触当番が取り計らうようになったと記されていることが重要である。

取り計らいの具体的な内容については、毎年十月に次年の順番に当たった《町組》に対して、籾年番の人選を

するように触当番から指示をするとある。さらに、新町／枝町の《町組》が順番に当たる場合は、所属する古町／親町に対して指示があり、古町／親町から新町／枝町の《町組》に指示を出すことになっている。このように、文政町代改儀一件後に成立した《惣町―町組―町》の地域住民組織を通じて人選の指示を出す形になったのは、第六・七章で明らかにしたように、町代との立場が逆転したことを示すものと考える。また、第七章で明らかにしたように、文政町代改儀一件後の地域住民組織において、《町組》レベルでは、古町／親町が、従属する新町／枝町を含める形で内部結合を強化しようとしていたため、新町／枝町の古町／親町に対する従属関係は一件前とくらべてより強化される形になったともいえる。

このように、籾年番の人選を指示するという形で、飢饉対策としての囲米制度に、被支配住民側の地域住民組織が関わるようになったことは、文政町代改儀一件後の京都町奉行所の都市行政の展開を示していると考える。そして、このような都市行政の展開を反映して、籾年番の選び方にも変化が生じている。先述の通り、京都町奉行所は籾年番の選定にあたり、上京・中京・下京という被支配住民側の《惣町》の枠組みとは異なる地域区分を用いていたが、文政町代改儀一件後は、【史料8-10】にも「上京大年番、下京触当番ゟ年々右米年番勤町執計致候」とあるように、《惣町》の枠組みである上京・下京から選ぶ形になった。実際に、表8-2においても、文政二年までと文政三年以降では異なる点がいくつかある。文政二年までは、必ずしも《惣町》の枠組みとしての上京・下京から三名づつ選ばれている訳ではなかったし、禁裏六丁町からも選ばれていた。ところが、文政三年以降では《惣町》の枠組みとしての上京・下京からそれぞれ三名づつ選ばれる形になっている。このため、【史料8-12】に記されるように、上京と下京では、担当が回ってくる頻度が異なることになった(51)。

つまり、文政二年以前においては、《惣町》としての上京・下京は機能していなかったが、文政三年以降は、《惣町》としての上京・下京が籾年番の人選において機能するようになり、逆に文政二年以前において、人選の地域区分であった上京・中京・下京は意味を失っていたのである。文政町代改儀一件を経ることによって京都町奉行所の行政回路も変化を余儀なくされ、《惣町―町組―町》の地域住民組織を関わらせるようになったということである。

但し、籾年番としての実際の業務については、文政町代改儀一件前後で大きな違いはなかった。【史料8―9】と同様の年番町の日記で、文政五年のものには次のような記事がある。

【史料8―13】(52)

乍恐口上書

山科
一、籾米　弐百五拾石　　但、壱石ニ付
　　　　　　　　　　　　四拾六匁三分

此代銀拾壱貫五百七十五匁

右之通御蔵納仕候ニ付、右代銀御渡し被成下候様奉　願上候、御慈悲以右之趣御聞届被成下候ハ、、難有可奉存候、以上

文政五年午
十一月五日　　　　年番町
　　　　　　　　　　権内
　　　　　　　　　又左衛門

御奉行様

（中略）

右山科弐百五拾石御代銀拾壱貫五百七拾五匁、公事方御部屋先ニ而奉請取、夫ゟ丁代部屋ニ而籾米四人ニ相渡、吉田屋ニ而籾主ゟ年番町江請取書取之

御掛り　石嶋殿　中尾殿　　　丁代
　　　　　　　　　　　　　弥兵衛

この年の買入米代銀を渡すように京都町奉行所に願い出たものだが、末尾に注記されているように、最終的に代銀を京都町奉行所与力の「公事方御部屋先」で受け取った後、町代部屋で籾米が渡される形になっている。このように、与力、町代との関係のみで処理されており、文政町代改儀一件後でも住民組織が関与する余地はなかったのである。

以上見てきたような飢饉対策としての囲米制度は、実際の飢饉に際して、どのように機能したのであろうか。秋山國三氏も取り上げている史料中に、元治の大火（禁門の変）後の救済として、次のように記されている。

【史料8-14[53]】

守護職御屋敷御普請場ニて老若男女壱人ニ付玄米壱升ツ、被下候、東　御役所御救米御蔵ニて七月廿日ゟ壱人ニ付玄米弐升ツ、、西　御役所ゟ壱人ニ付銭弐百文ツ、被下候、又東西　御役所ゟ　為御救壬生寺境内、四条道場、芝居小屋ニても前同断壱人ニ付玄米壱升ツ、被下候、市中一同之者共頂戴ニ罷出候、凡日数十日計も在之候得とも、是ゟ御調之上町分へ壱軒ニ付裏借屋ニ至迄玄米五升ツ、頂戴仕候、此儀者焼残り候町分も一統ニ配分仕候、其余ニ為御救小屋守護職御屋敷四条北側芝居小屋、亦七条佐女牛野中ニ御救小屋御取建ニて極難渋人当分御差置ニ相成、方角手寄之方へ左ニ粥施行被下候

祇園町南側　町会所
嶋原傾城町　差配所
七本松今出川角　天王寺

右三ヶ所者今ニ至日々施行被遊候、類焼之町々江格別之思召を以中国米壱俵ツ、裏借家ニ至迄壱軒ニ付被下

候、因州様ゟも類焼之町々壱軒分三升壱合ツ、配分仕候

「東御役所御救米御蔵」とあるのが、本節で述べてきた囲米である。禁門の変の勃発した元治元年（一八六四）七月十九日の翌日から一人玄米二升 づつが渡された。備蓄された囲米が住民の困窮時に実際に放出されていたことが確認できる。但し、大火後の御救米としては、京都町奉行所（東西御役所）や幕末期の情勢を反映して京都守護職や「因州様」、他にも別の箇所に「加州様、薩州様ゟも御救米被下候」とあるように京都駐在の大名家からも御救米銭が渡されている。

また、この記事に続けて、

【史料8−15(54)】

一、七月廿日、昨十九日昼四つ時分より御所近火変火市中へ飛火、上者中立売辺、下者七条野辺迄、西者東堀川、東者下ニて鴨川限ニて河原町辺迄類焼ニ付、市中之者共忽難渋之者在之候ニ付、為御救左之通米銭被下候

東御役所より壱人ニ付玄米弐升宛

西御役所より壱人ニ付鳥目弐百文宛

右東　御役所御救米蔵於　勘定場被下之、右ニ付懸り者不残出勤致取計候事

年番町
年寄　珪造
同　藤次郎
同　源六
同　吉兵衛

米屋年番
大和屋太兵衛
此外人足

と記されているように、京都町奉行所（「東西御役所」）からの御救米銭は、「東御役所御救米蔵」の勘定場で渡された。特に、籾年番の町年寄や米屋年番が出勤して取り計らったとあるのが注目される。別の箇所では、籾年番の町年寄や米屋年番に対して褒美銭が渡される際に、「御囲籾米等御買上ヶ幷ニ火災ニ付、於御救米蔵類焼人共多人数へ摺立米渡し方骨折出情ニ付」という理由で鳥目十貫文が渡されたと記されている。

このように、住民の生存にとって決して十分といえるものではなかったかもしれないが、備蓄した囲米も飢饉対応としてある程度の機能を果たしていたし、あるいは京都町奉行所からの御救米銭についても、その実務を籾年番の町年寄が果たしていたことがわかる。但し、年番として順番が当たった籾年番としての機能であり、囲米制度の実務において、《惣町―町組―町》の地域住民組織として関与することはなく、あくまで文政町代改儀一件以降、籾年番の人選においてのみ《惣町―町組―町》組織が関わるようになったという点に注意が必要である。これは、第七章で明らかにしたように、徳川将軍家との間の儀礼関係費用の負担額決定の場において、住民組織が関わるのは立会のみで、依然として町代が行政回路上で機能し続けた点と同様といえるだろう(55)。

第四節　幕末期の飢饉対応

前節で見た元治大火に際して、囲米以外にも京都町奉行所などから御救米銭が出されていたように、近世中期以降の飢饉対応は、第一節で取り上げたような拝借米ではなく、先述の享保十八年（一七三三）の飢饉のように御救米や御救銭を無償で渡す形や、安価で米を売り渡すなどの対応が主流となっていた。このような御救米銭の支給においても、第一節で述べた「誰を、どこまでを、救うのか」という線引きはなお問題となった。特に、近世後期において、この線引きをめぐって新たな問題が生じていたことが塚本明氏の研究(56)により明らかにされている。具体的には、第二節で取り上げた西村近江が天明七年(一七八七)二月四日に行った建白の中で次のように主張している。

【史料8―16(57)】

一、去ル寅卯両年悪作ニ而米穀高、軽キ者及困窮候事故、御上ゟ御慈悲を以為御救米直段御引下ヶ被遊御売米之義被仰出候、是ゟ米直段下り難有奉存候、御米代上納御急キニ被仰出候ニ付、困窮之者有之町々御請不申、早速上納相成候町々之分者買請申候故、何とやら折角御慈悲之義今少し行届兼候事ニ町々申罷在候、然れ共買請候町々徳用ニハ不仕、随分下々助ケニ成候様取計仕難有奉存候

天明期の飢饉時に御救米の安価での下げ渡しが《個別町》単位で行われたが、購入できた《個別町》には困窮人が無く、逆に困窮人の居る所では購入できなかったことが問題視されている。つまり、都市京都内における地域間の経済格差により、「誰を、どこまでを、救うのか」という線引きが、近世前期とは異なり、《個別町》内では完結しなくなったといえる。

同様の状況は、天保飢饉に際しても見られた。この問題に対して、京都町奉行所は、例えば天保七年(一八三六)の事例では、次の町代口達のような対処をしている。

【史料8―17(58)】

町代口達

此度御救被下候米銭之儀ハ、極難渋之者計一町毎ニ相糺、配分遣し候様、尤難渋之者無之町分ハ、難渋多町へ、組町之内極難渋人無之候分ハ、他組町へ相廻し遣シ配分致候訳、当町ゟ申聞候様、其餘之者へ配分致間

敷旨、口上ニ而夫々可申聞旨御沙汰有之候、以上

（天保七年）九月

当町
尾張町

すなわち、《個別町》内に御救米を必要とする困窮人が無ければ、《町組》内に困窮人を探し、それでも居なければ《個別町》がそれぞれ困窮人を探して御救米を譲るように指示を出している。実際、困窮人の居なかった《個別町》では別の《個別町》に御救米を譲り、その相手を京都町奉行所に報告している。一例として、下京の町頭町（古町）[59]と、福長町（新町）[60]から御救米を譲られた先の地域を図8-2に示した。御救米を譲られた地域の中には、これまでの研究で明らかにされた、貧窮した住民が多く住む「難渋町」[61]の存在する二条川東や、「空間的にも社会的にも周縁地域」とされる一貫町[62]も含まれる。このような形で、御救米を譲られた周辺地域と、御救米を譲った中心地域との間に、経済的な地域間格差が存在していたのである。この問題に対し、京都町奉行所の都市行政や地域住民組織の対応には限界があった。御救米の譲り先を見つけるのは《個別町》に一任され、町代が機能している様子は見られず、また、《町組》を通じても困窮人を探し出せず、《惣町—町組—町》組織も機能しなかったからである。

そして、こうした問題に対処するために行われたのが「施行」であった。「施行」については、享保十八年の飢饉に際して行われたものが北原糸子氏[63]・小林丈広氏[64]によって明らかにされている。享保十八年の飢饉においては、先述の通り、御救米の支給対象を厳しく限定していたが、支給の対象から外れた人々に対して、寺や三井家、あるいは《個別町》の共同出資による「施行」が行われた。これに関して、東島誠氏[65]は、享保十八年の「施行」は、御救米の対象者（被災者）の線引きから外れた困窮者に対する「第二次救済」とする。

一方、天明期の飢饉に際しては、逆に「第一次救済」としての「施行」が、非地縁的な住民組織、具体的には

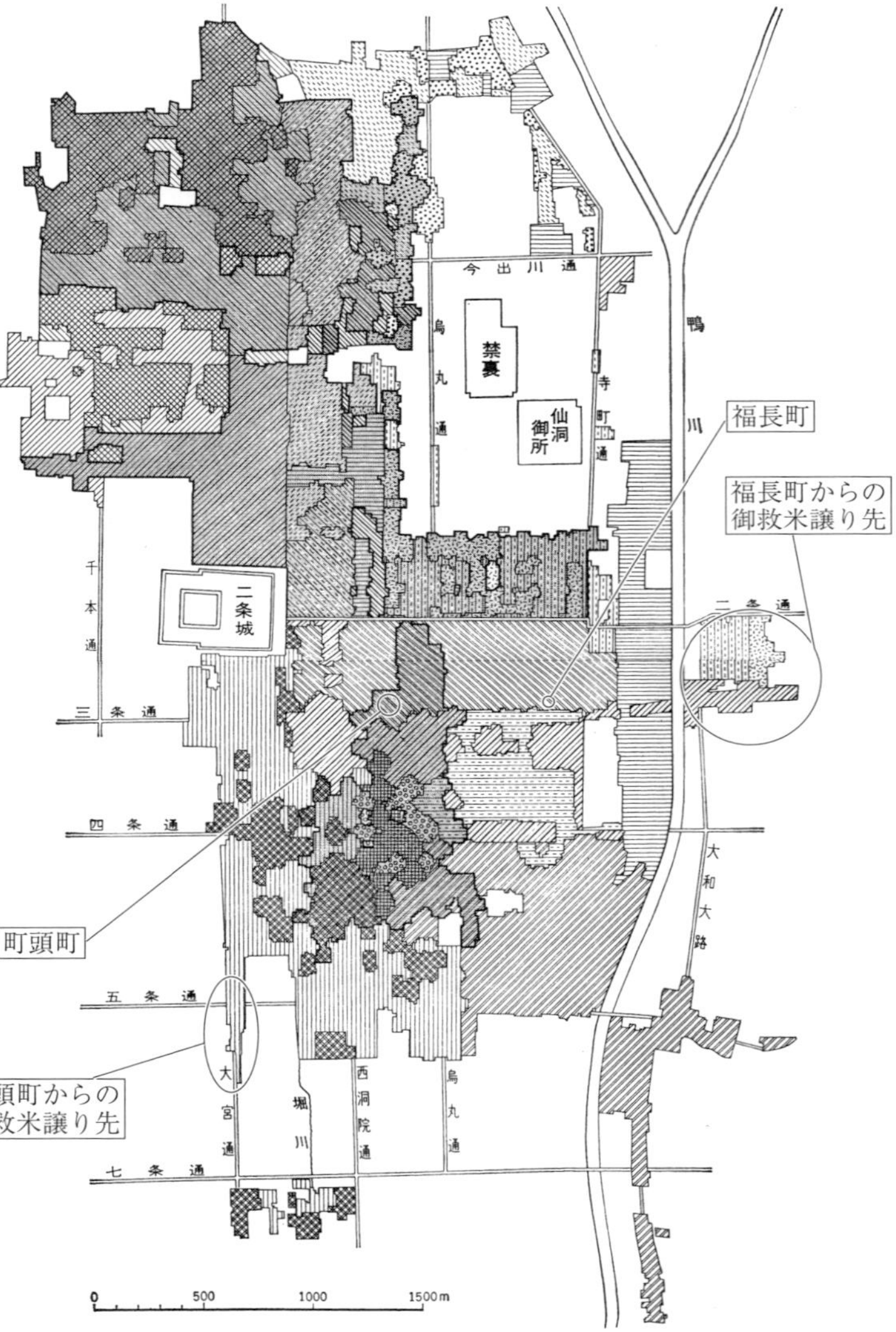

図8－2　天保7年の御救米譲り先

註：町頭町は「御救米配分員数名前書」（町頭南町文書253・京都府立京都学・歴彩館蔵）、福長町は「従東西御役所御救米銭被下候一件」（福長町文書423・京都府立京都学・歴彩館蔵）に記される御救米の譲り先を、『京都の歴史6　伝統の定着』（学芸書林、1973年）448～449頁に掲載の図上に示した。

心学を媒介に結合した心学講舎によって行われた[66]。天明飢饉時の経験を踏まえ記された『五穀無尽蔵』[67]という刊行書物（天明七年作、寛政二年（一七九〇）序）には、心学者による施行仕法が次のように解説されている。

【史料8-18】

施行の仕法

施行をする事其術色々ありといへども、餓人の為には白粥にして、日久しく施すこと是に過たるはなし、銭はうくる人も受よく世話もすくなけれども、受る人の方につゐへ多し、米は為に宜しけれ共、久しくつゞけ施す事成がたし、夫のみならず米銭は誰も望むものなれば至て困窮になくとも請人多し、欲にもうけやすきものなり、元気能壮なる者も心得あしければ、むさぼりてこれを受るあり、こゝを以て却て困窮の人へ行届ざること多し、粥は極困窮ならでは請ぬものなり、始に遣し居る上に次第に米高直になれば、後には請ざりしりものも請る様になるもの也、追々請る人多くなる物なれば、施主を追々進め米穀引下り、大躰口過も出来る程になるまで致たきことなり、只諸人飢ざる為計をおもふべし、近年の困窮に付施行さまぐ〳〵多しといへども、それを残らず粥にして頼むほどの者にあたへなば、壱人も飢人は有まじとおもへり、受て帰り其侭腹に入、其余は身ぶん相応に身の養ひをなすものなり

つまり、施行に際し、米を調理した粥を困窮人に直接与えることで、「極困窮」、すなわち本当に困っている人達を救済することが出来るというのである[68]。また、『五穀無尽蔵』には、右の記述の少し後ろで、

【史料8-19】[69]

始むれはおのづから施主もつくものなり、只貧困の人の難儀することを、我身の上よりもかなしくおもはゞ成就せずといふことなし、たとひ施行に加はり金銀を出したく思ふ人有ても、此方より少しはすゝめざれば、遠慮におもひて出さゞるも有ものなれば、一旦はまづすゝめ見るべし、その上にも万一出さゞる人有とも、

必不足におもふべからず、かやふの事は銘々の了簡にて、好と好ざるとある物なれば、強て勧めむべきことにもあらず、必己が了簡の通に人もすゝめてせんと思ふは僻事なり、また存よらざる方より施主来るものなり、是又身元吟味すべきことなり、不義の人名の為に施主することあるものなり、かやふの類相糺べきことなり、又豊饒にくらせる人はつとめて志を起し、困窮を救べきことなり、人として人の飢餧を憐まざるは禽獣ともいふべきか、顧みて恥べき事也（中略）富る人財を貪り貧困を恵ざる時は、人恨み神怒る、終に其財を有事あたはず、禍の来る事手を翻よりも速なり、若能貧を憐み窮困を恵ときは、人是を喜び天是を加護す、福の来こと又速なり（中略）富豪の人は餘財を人に施とも、是にて分限相応とおもふうちに、多くは吝嗇に堕てうちばなる物なれば、つとめて施べき事なりとおもへり

と述べられているように、施行の原資は、「施主」、特に困窮していない豊饒の者からの寄附に頼るとしている。つまり、「施行」は「誰を、どこまでを、救うのか」という線引きに対し、困窮していない者からの寄附により、本当に困窮している者を救うことができるのであり、これにより経済格差の問題にも対処出来るのである。

そして、このような形で、経済格差の問題に有効に対処できる非地縁的住民組織の施行には、京都町奉行所側も注目し、天保期の飢饉では、「去冬以来米価高直ニ付、市中難渋之者為取凌三条河原ニおゐて救小屋取建、同志之者共申合施行いたし度旨、儒者北小路三郎相願差免候間、身寄無之極老又者幼年者、或者病気等ニ而渡世難相成飢寒ニ廻り候類、当分右救小屋ニ差置賄候儀勝手次第可致候、右ニ付聊入用等差出候ニ不及候間、此旨無急度可申通事」という町触が天保八年正月に出されている。(70) すなわち、三条河原に「救小屋」が建てられ、困窮者に直接施行が行われたが、これは儒者の北小路三郎と同志の者が企画したものを、京都町奉行所が許可したものである。同志の中には、京都町奉行所与力の平塚飄斎や、心学とも関わりの深い香具屋久右衛門（熊谷直恭）がいた。また、この北小路三郎の養父北小路大学助が民間の教育機関として設置したのが教諭所で、教諭所の運営

にも心学者が関わって、施行を主導した(71)。

このような形で、《個別町》での対応では限界のある飢饉への対処として、教諭所が主導する施行に京都町奉行所が許可を与えて行わせている点では、第六章で検討した「新規願」と同様の構造を持ち、近世中後期における京都町奉行所の都市行政が新たな都市問題に対処しようとしたものといえるだろう。このような「救小屋」における施行が行われた結果、同年五月の町触(72)で「米高直ニ付、市中端々ハ勿論下々之者及難儀候処、志有之者一分又者申合、米銭其外施行いたし、飢難之者を救遣候段奇特成事ニ候」とあるように、「下々之者」に対する救済が、「志有之者」が原資を提供する施行として行われることで、経済格差に対応するとともに、「市中端々」という地域間格差にも対応できたことがわかる。

天保期の段階では、こうした心学者による施行に、京都町奉行所の都市行政は許可を与えるのみであったが、幕末期になるとさらに一歩踏み込んだ形で関与するようになる。心学者や教諭所を中心に行われた幕末期の施行については、小林丈広氏(73)が詳細に検討している。嘉永期の施行では、嘉永四年（一八五一）三月の町触(74)に、「去年来米高直ニ付、末々之者及困窮候付御救米銭被下、教諭所其外施行場江も米銀下ケ遣候儀ニ候処、末々之ものも夥敷事故、市中幷在方迄も有志之者施物差出シ飢難人救遣候段神妙之至ニ候」とあるように、京都町奉行所からの御救米銭に加えて、「教諭所其外施行場江も米銀下ケ遣候」と京都町奉行所から施行場へ施行の原資となる米銀を下げ渡している。これは、「第一次救済」としての施行の原資を京都町奉行所が提供することになるから、施行に対する支配権力の関わり方が、天保期の段階とくらべて一歩踏み込んだ形になっている。さらに、「有志之者」による施行の原資の提供も引き続き行われたが、この点に関しては次のようなことがあった。

【史料8－20(75)】

一、五月廿四日夕七つ時別名差之者四人年寄源兵衛相兼、麩屋町姉小路上ル町泉徳寺へ罷越候所、町代三人

共出席ニ而組町々別名差呼人数共多分ニ附両度ニ仕切、　御役所ゟ町代へ被仰附候書附を読上ヶ、其上ニ而演舌有之候儀ハ、此度御沙汰之儀ニ付私共御町御銘々罷出御咄可申義ニ候へとも、多分之事故無餘儀以回章当席へ御招申上候、扨昨戌年十一月三日より教諭所十ヶ所ニおゐて粥施行有之候ニ付、東西　御役所ゟ此度ニ而三度米銀御下ヶ被遊市中有志之人々又ハ町々よりも厚施入有之候へ共、何分追々飢難人も相増、当時一万五六千人ニも相成、日々之入用夥敷事ニ候、然ル所今以米価下落不相成候間、猶又当九月中施行可致趣十ヶ所世話方中江被　仰附候へとも、以中々日用不容易事ニ而迚茂数日取続方無之候ニ付、此度御手当として御役所ゟ市中町々之内名差之面々江施入可被致由私共ゟ頼談可申段被仰附候、且亦町々御町役御招申候儀者名差之外ニ相応ニ被暮候方有之候ハヽ、是又相調、其町役ゟ撰出し、別名前書之内へ御差出シ可被下候、猶又町々裏借屋ニ至迄得与御諭被下可成丈加入出情被致候様御取計ひ可被下候、尤此度之儀ハ以御威光権柄ニ施入被仰附候訳柄ニ無御座候へハ、此段能々御承引可被下候、右ニ付名差有之方々ハ勿論、外ニ別名前差被出候分ハ銘々其施入高相認、町代両家之内へ当月か来月三日迄之内ニ御差出シ可被下候、且亦差名無之分丁中幷借屋衆ニ至迄情々加入御進メ被下、惣高書同様日限之内ニ当町へ御差出し可被下候様と被申聞候事

先述した通り、嘉永三年十一月三日から教諭所など十か所で行われた粥施行に際し、京都町奉行所が米銀を下げ渡すとともに、さらに有志の住民からも施入があった。しかし、米価の高騰は収まらず、翌嘉永四年九月から再び施行が計画された。この施行の原資として、名指しの住民に対して施入を頼んで欲しいと京都町奉行所から町代が命じられたと、右の史料には記されている。「此度之儀ハ以御威光権柄ニ施入被仰附候訳柄ニ無御座」と、施入を強制的に命じる訳ではなく説得する形になっているが、教諭所による施行、特に有志の住民から施行の原資を集めるにあたり、京都町奉行所が大きく関わる形になっている。そして、この京都町奉行所による説得は町

代を通じてなされていることからすると、これは第三章で明らかにした京都町奉行所の都市行政の回路を通じてなされたものといえ、この点も含めて嘉永期の施行では京都町奉行所の関わりが一段と踏み込んだものになっていたといえる。

但し、小林氏(76)が指摘しているように、京都町奉行所の平塚飄斎などの「改革派与力」が、「教諭所や心学講舎を支える有力町人との関係を深め、町に代わる新たな公共機能の担い手として有力町人を組織化」したことにより、幕末期の施行においては、「個々の商家や有志による拠出が圧倒的」になったとされる。つまり、あくまで施行は、被支配住民による救済が主体なのであり、京都町奉行所はこれを利用したに過ぎないともいえる。一方で、「町の規制力は後退」したとされるが、次の事例からは、有志の住民との関係をめぐって、町代ではなく、住民組織である《惣町―町組―町》組織も一定の役割を果たすことになったことがうかがえる。

すなわち、この施行の最終段階で、結果的に余ってしまった施金の処理を依頼される形で、《惣町―町組―町》組織が関わることになるのである。具体的には、次のような取り決めが、施行の世話方である教諭所と上京・下京三役の間で交わされている。

【史料8―21(77)】

教諭所申合之写

証札之事

一、金弐千百七拾七両也

右者去戌年ゟ当亥年ニ到り、米価高直ニ付教諭所等拾ヶ所ニ而施行仕候処、追々　御役所様より御慈憐之御沙汰被成下候故、施主方被相励、多分之施入有之、施行も十分行届清算致候処、存外之餘金出来ニ付、取計方之儀教諭所等世話方之者より　御役所様へ奉伺候処、右者素々施行場江向差出候懇志之施財ニ付教諭所等世話方へ御打任被成候間、施主人方へ如何様共及相対、右談済之趣追而可奉申上旨被　仰渡候ニ付、夫々施主方へ可及相対候処、何分多端之義自然行違言葉之誤等有之候而者如何ニ付、御相対方之儀及御頼談ニ候処、御組々厚御示談之上枝町新町江も御申伝、夫々施主方へ如何ニ可致哉之儀被及御相対候処、何れ茂　御国恩之程ヲ難有奉存、昨年来教諭所初拾ヶ所施行場へ銘々聊宛施入被致候義ニ而、別ニ思はく存念等決而無御座候間、可然取計呉候様との事ニ而、御組々おゐても御異心無之旨ニ付、猶町続町々并在方之向へも所役之衆等相頼同様相対致シ貰候処、是又別ニ思はく等無之候間、世話方存慮之通取計呉候様との事ニ有之候、尤御組々御存意ニ者此上可願義ニ者無之候得共、後年違作之年柄も有之候節之手当ニ備置度御希望之旨御尤之御儀ニ在之候、尚又教諭所等世話方之者ニ而右金子預り置候義致兼候義も候ハヽ、上下京御組々割当御預り置可相成旨預御示談ニ、段々御配慮之次第一同不浅大慶致候、右ニ付御役所様江御伺奉申上候上、右之金子上下京組々御年寄方へ御引渡申候処実正ニ御座候、依之申合置候廉々左之通

（中略）

右之通申合置候、尤書面之金子御打任ニ相成候者格別御仁沢之御沙汰ニ而市中一同之規模ニ有之候間、永世相続之筋厚相心得、等閑之儀無之様精々入念取計可申候、依而連印証札如件

嘉永四辛亥年十二月九日

（上京・下京三役、教諭所世話方他連署略）

施行を主導した教諭所の世話方は残金を出金者に返還したいと考えて、京都町奉行所に相談したが、京都町奉行所は直接施主と相対で決めるように求めた。しかし、世話方としては、一口に施主といっても色々で対応に違いがあっては困るので、施主側の意向確認を上京・下京の三役に依頼したのである。これは、「御組々厚御示談之上枝町新町江も御申伝」とあるように、《惣町―町組―町》組織を、新町／枝町を含む被支配住民を代表する

ものとして認識していたということであろう。意向が確認され、いずれも特に異存はないので世話方の方で取り計らうようにということになった。但し、《惣町―町組―町》組織の意向として強いて願う訳ではないが、残金を飢饉の際の施行に用いるために備蓄して置きたいという希望があり、さらに残金を施行の世話方で管理するのが難しければ、「上下京御組々割当御預り置」と、上京・下京の地域住民組織で預り置くことを提案した。これが容れられ、最終的に施金の残金は上京・下京に引き渡されることになった点が注目される。つまり、後の飢饉の際に行われる施行の原資を管理するという形で、《惣町―町組―町》組織が関わるようになったのである。もし、これを利用し施行が行われたならば、地域住民組織として施行に関わることにもなっただろう[78]（但し、施行自体は、【史料8-21】の中略部分に、「万一後年ニ到り右体之年柄有之節者」、「当館より明倫舎外舎へも申談、此度之仕法ニ倣取計可申」とあるように、教諭所が主導することになっていた）。

こうして、嘉永期の施行では、世話方からの依頼により、地域住民組織が都市問題への対処に関わる可能性が生まれた。これは第七章で取り上げた寺社の勧化への協力や四条橋架橋や鴨川土砂浚いと同様、依頼を契機として地域住民組織が関与することになったことと同様に、《惣町―町組―町》組織の外部からの依頼によるものである。しかし、安政三年（一八五六）に行われた鴨川土砂浚いへの対応などで、《惣町》は、「「市中一体」の入用を管轄していく」枠組みとして、その性格を展開させていく。こうした《惣町》の枠組みの展開により、飢饉に対しても《惣町―町組―町》組織が自主的に対処する姿勢を見せた事例として次のものが注目される。

幕末期の文久三年（一八六三）、寛永十一年（一六三四）の徳川家光の上洛以来、約二百三十年ぶりに徳川将軍家茂が上洛する。寛永期の家光の先例にならって、住民に対して祝儀銀が与えられることになった[79]が、この拝領銀の被支配住民への配賦にあたって、支配権力との間を取り次いだのが《惣町》の枠組みであった。特に、拝領銀の割賦の仕方を、「軒役割」とするか「人別割」とするかについて、京都町奉行所と《惣町》の枠組みとの間で交渉がなされている。当初、京都町奉行所より割賦方法について尋ねられた、上京・下京、それぞれの三役は、先例通りの「軒役割」を願ったが、京都町奉行所は、「家持ニ不限、当時全洛中ニ住居罷在候借宅住幷寺社境内等之者ニ至迄、一般ニ当主之人別ニ割賦」するという方針を示す(80)。これに対して、上京・下京の連印で次のような願い出を行っている。

【史料8-22(81)】

乍恐奉願上候口上書

一、今般　御上洛為　御祝儀、洛中町人共江　御銀拝領被　仰付冥加至極難有奉存候、右御銀割賦方被　仰渡之趣追々取調人数書奉差上置候、右ニ付市中之もの共無余儀申立之筋在之、其辺申募候事ニ至候而者、乍恐　御仁恵之御趣意ニ違却可仕儀与深奉恐入候次第ニ付、上下古町幷新ン町枝町其外町々江茂申談候処、右　御銀高之内半を以、洛中当時全住居之町人当主名前之者江割賦頂戴仕、半を以洛中之家持幷借屋共非常之救方ニ相備置申度、尤預ケ方之儀者三井組両替方江申談、厳重ニ預ケ置候様仕度旨申之候、左候ハヽ、永世不朽之至宝と相成、何々迄茂　御仁恵之程忘却不仕、市中一同難有安堵之場合ニ茂可至儀与奉存候、依之為惣代連印之者共罷出此段奉願上候、右願之通　御聞届被成下置候ハヽ、重々難有仕合ニ可奉存候、以上

文久三亥年四月

上京　拾弐組　連印

下京　八　組　連印

この願い出の中で、「無余儀申立」をする者がいるとした点について、京都町奉行から確認された上京・下京の三役は次のように回答した。

【史料8-23(82)】

就　御尋奉申上候口上書

一、此間市中之者共無余儀申立之筋茂有之候趣奉申上候、右者市中家持之者共、是迄年々　御公用等軒役割ニ差出来候儀ニ付、今般拝領　御金割符方相洩候而者、向後軒役割入用惣而差出不申趣申立候、左候而者上下京組々取締方難出来、及惑乱ニ次第ニ付、右之通奉申上候儀ニ御座候

一、同書面ニ洛中非常救方ニ相備置度儀奉申上候、右者今般拝領　御金、半を以厳重ニ預ケ置、右利足銀ヲ以年々　御公用其外町代部屋入用并中座増銀、小番雇賃銀等之出銀方ニ相用、且又凶年非常之節者右預ケ置候元金を以、端々町々者勿論市中夫々相応ニ与江救ひ遣し候様仕度奉存候、右之外尚又救助之筋厚心掛一体申談候心得ニ御座候、尤　御金半を以家持借屋共一般ニ割賦仕法之儀、則借家住之者江夫々申試候処、聊子細申出候筋無之趣申之候、此段奉申上候、以上

文久三亥年四月

上京　三人　名前

下京　三人　名前

御奉行様

「人別割」とすることにより「市中家持」の「是迄年々御公用等軒役割ニ差出来候」者で、「御祝儀」銀の拝領に洩れる者が「向後軒役割入用惣而差出不申」との反発を示していると回答した。借屋層も含む「人別割」を拒否し「軒役割」を願ったことは、一見すると家持層の意向を反映した反動的なものであるが、注目すべきは、こうした反発は、上京・下京の三役にとって「組々取締方難出来、及惑乱ニ」と認識されていたことである。つまり、上洛「御祝儀」銀の拝領に際して、京都町奉行所との間で拝領銀の被支配住民への割賦を取り次いだ上京・下京の《惣町》の枠組みにとって、《町組》の枠組みが桎梏となっていたことを示すもので、第七章で明らかにした、安政三年の鴨川土砂浚いにおいて、被支配住民に献金を求める際に《町組》の枠組みが桎梏となっていた

ことと同様と考える。この点も、終章で触れるように、慶応四年（一八六八）の「町組改正」の背景をなすものだろう。

さらに、注意されるのは、拝領銀の割賦方法に関して、京都町奉行所の命じる「人別割」に対して示された、上京・下京の対案である。【史料8-22】の中で、代替案として、拝領銀の半分は「洛中当時全住居之町人当主名前之者」、すなわち全ての家々へ「人別割」で割賦し、残り半分を三井両替組に預け、「洛中之家持幷借屋共」の「非常之救方」として備蓄することを願い出ていた。この「洛中之家持幷借屋共」の「非常之救方」として備え置くことについて、先述の京都町奉行所への返答（【史料8-23】）の中で具体的に説明している。

つまり、拝領銀の半分を「洛中之家持幷借屋共非常之救方」として預金し、その利息銀を「御公用其外町代部屋入用幷中座増銀等之出銀方」に用いることで「軒役割」を主張する者を納得させるとともに、「凶年非常之節」は、元金を「端々町々者勿論市中夫々相応ニ与江救ひ遣し候様」にするというのである。「非常之救方」として、将軍家茂の上洛「御祝儀」銀を利用しようとした訳である。先述した嘉永期の飢饉における施金残金の処理を依頼され、これを飢饉に備えることを提案したことと同様に、「端々町々」に対する救済として、地域間の経済格差の問題も意識して、この問題に自ら対処しようとしたといえるのではないか。ここにも、塚本明氏が述べるような「被支配住民が「市中一体」の入用を管轄していく」姿勢が顕れていると考える。[83]

なお、この対案は、京都町奉行所の認めるところとはならなかったようであるが、その後も、「洛中軒役ト家数ト両様ニ割賦頂戴仕候得者、一般ニ行届候ニ付、右之趣度々及歎願ニ」んだ。これも聞き入れられることはなく、最終的には「人別割」で拝領することになった。[84]

この「御祝儀」銀の利用法において示された上京・下京の姿勢は、「端々町々」も含めた「「市中一体」の入用を管轄していく」という、第七章で明らかにした鴨川土砂浚いにおける「市中差出金」と同様、近世京都の都市秩序の新たな展開を示すものであったといえよう。つまり、三役を中心に運営される《惣町―町組―町》組織が、地域間格差などの問題も意識して、自ら対応するようになった。地域住民組織たる《惣町―町組―町》組織は、京都町奉行所の行政回路上に位置づけられるとともに、《惣町》を枠組みとする自律的な都市運営として、地域間格差などの「市中一体」の都市問題に自ら対処しようとする意識も生まれていたと考える。

ここまで見てきたように、近世前期から中期においては、飢饉に対する救済を支配権力に求めるにあたって《惣町》の枠組みが機能したが、京都町奉行所の都市行政が展開する中、「高次の公的な視野から」町代が飢饉の救済対象者の線引きに活用されていく。近世後期においても同様に、飢饉に際して《惣町》の枠組みを機能させようとするが、京都町奉行所の都市行政において志向される行政回路上では、《惣町》の枠組みでの被支配住民の自律的な都市運営による飢饉への対応は、天明飢饉時の西村近江一件のように処罰されるか、寛政二年設置の囲米のように《惣町》を無効化させる形で制度設計がなされたため、《惣町》の枠組みは「飢饉対策の受け皿」としては希薄化していた。

そして、天保飢饉から幕末の飢饉においては、都市内の地域間経済格差という新たな問題が生じる中で、これを解決するための非地縁的な組織が主導する施行の重要性が高まった。京都町奉行所の都市行政においてもこれを利用するが、あくまで施行の原資を提供する被支配住民が主体となったのであり、この点から、嘉永期の飢饉では、《惣町》を枠組みとする地域住民組織たる《惣町―町組―町》組織として施行に関わる可能性が生まれ、さらに文久三年の将軍上洛時の拝領銀を、「端々町々」への救済をも意識して飢饉対策として利用することを提案するようになった。

以上のように、《惣町》の枠組みは、被支配住民の生存、とりわけ飢饉への対応において全く無意味であったとはいえないだろう。もちろん、各時期において《惣町》の関わり方には濃淡があったが、飢饉への対応として

《惣町》の枠組みが各時期において持っていた意味は、本書第二～七章で明らかにしてきた《惣町》の系譜的なつながりを反映したものと考える。いずれにしても、住民の生存の危機に対して《惣町》の枠組みは一定の意味を持ったといえるのではないか。

(1) 菊池勇夫氏が「都市と農村が空間的に分離され、都市には武士や商人や職人など非農業的人口が大量に集住することになった。食料の供給が途絶するならば都市社会は崩壊するのを避けられないが、それだけに凶作など不安定要因が生ずると、米をはじめ食料の値段が急騰し、都市民の生活を直撃することになる」(菊池勇夫『近世の飢饉』(吉川弘文館、一九九七年)三六頁)と、近世都市における飢饉発生の仕組みと住民生活に対する影響を説明している。

(2) 「拝借米」については、松本四郎「都市と国家支配」(同『日本近世都市論』、東京大学出版会、一九八三年・初出一九七五年)四三～四六頁を参照。

(3) 朝尾直弘「元禄期京都の町代触と町代」(同『朝尾直弘著作集第六巻　近世都市論』、岩波書店、二〇〇四年・初出一九八五年)二七二頁。

(4) 「元亀二年御借米之記」(立入家文書・『禁裏御倉職立入家文書』(京都市歴史資料館、二〇一二年)の翻刻を使用)。

(5) 「上下京御膳方御月賄米寄帳」(立入家文書・『禁裏御倉職立入家文書』(京都市歴史資料館、二〇一二年)の翻刻を使用)。

(6) 木下政雄「京都における町組の地域的発展　上京立売組を中心として」(『日本史研究』九二、一九六七年)、石踊胤央「京都上京立売組親町について」(『徳島大学教養部紀要　人文・社会科学』一四、一九七九年)。

(7) 杉森哲哉「町組の発展過程　上京・西陣組を事例として」(同『近世京都の都市と社会』、東京大学出版会、二〇〇八年・初出一九八三年)一〇八～一一六頁。

(8) 「大閤様御借日記張」(三条町文書1・京都市歴史資料館架蔵写真版)。前掲註(7)杉森哲哉「町組の発展過程」一〇九・一一一頁。

(9) 寛文八年十二月五日「町代役之覚」(古久保家文書一一二・京都府立京都学・歴彩館蔵)。前掲註(7)杉森哲哉「町組の発展過程」一一一頁。
(10) 前掲註(2)松本四郎「都市と国家支配」四五頁。
(11) 『町触一』一三九。
(12) 前掲註(3)朝尾直弘「元禄期京都の町代触と町代」二七三頁。
(13) 前掲註(3)朝尾直弘「元禄期京都の町代触と町代」二七二〜二七三頁。
(14) 延宝三年「春日記」（古久保家文書四六「番日記」・京都府立京都学・歴彩館蔵）。
(15) 前掲註(14)「春日記」（古久保家文書四六「番日記」・京都府立京都学・歴彩館蔵）。
(16) 前掲註(3)朝尾直弘「元禄期京都の町代触と町代」二七三頁。
(17) 前掲註(14)「春日記」（古久保家文書四六「番日記」・京都府立京都学・歴彩館蔵）。
(18) 前掲註(14)「春日記」（古久保家文書四六「番日記」・京都府立京都学・歴彩館蔵）。
(19) 『町触一』一二七四。
(20) 「下京遺録」（善長寺町文書ＤＩ３・京都市歴史資料館架蔵写真版）中の「下京古京八組弐組ニ分り候次第」という記事。
(21) 巻末の［年頭御礼関係一覧表］を参照。
(22) 「古町古格幷暦代規矩写」（高辻西洞院町文書２〜４・京都市歴史資料館架蔵写真版）、「京都名主記録之写」（佐古慶三教授収集文書・大阪商業大学商業史博物館蔵）などの「京都旧記録」類に書き写されている「御年頭御礼入用割之事」という記事。
(23) 『町触二』五六〇。
(24) 北原糸子「「享保」飢饉と町方施行　『仁風一覧』の社会史的意義」（同『都市と貧困の社会史　江戸から東京へ』、吉川弘文館、一九九五年・初出一九八一年）二六〜三〇頁。
(25) 東島誠『「幕府」とは何か』（ＮＨＫ出版、二〇二三年）三三七〜三三八頁。東島誠「中世後期〜近世都市にみる弱者と生存――合力の論理と排除の論理の関係性について――」（『人民の歴史学』一九三、二〇一二年）も参照。
(26) 前掲註(25)東島誠『「幕府」とは何か』三三九〜三四〇頁。

(27)『町触二』五七三。

(28)元文四年五月十九日「乍恐奉願上候口上書」(三条衣棚町文書六〇七一・京都府立京都学・歴彩館蔵)。この願書に続けて書き写されている同日付の「乍恐口上書」では、拝借米の前例を京都町奉行所からのお尋ねに対する返答として記しており、寛文九年・延宝三年・元禄九年・同十三年・享保七年の例が挙げられている。

(29)天明四年閏一月「乍恐御訴訟」(三条衣棚町文書六〇七八・京都府立京都学・歴彩館蔵)・天明四年二月「乍恐口上書」(三条衣棚町文書六〇七九・京都府立京都学・歴彩館蔵)。

(30)北川一郎「近世後期の民衆と朝廷　天明七年御所千度参りの再検討」(『新しい歴史学のために』二四一、二〇〇一年)。

(31)藤田覚「御所千度参りと朝廷」(同『近世政治史と天皇』、吉川弘文館、一九九九年)。

(32)井ケ田良治「天明七年の御所御千度参り」(『同志社法学』四六(三・四)、一九九四年)。

(33)「御所司代様町御奉行様歴代控並米直段京都類火□□」(鞆岡達雄家文書・長岡京市教育委員会蔵)。

(34)「西村近江等米穀高直ニ付一件留書」(善長寺町文書DⅡ19・京都市歴史資料館架蔵写真版)。「米穀高直ニ付一件留書西村近江、三木長兵衛、播磨屋久兵衛」(長刀鉾町文書DⅡ28・京都市歴史資料館架蔵写真版)、「西村近江・三木長兵衛・播磨屋久兵衛米穀高直ニ付一件留書」(町頭南町文書乙35・京都府立京都学・歴彩館蔵)も同様のものである。善長寺町文書の冊子では、表紙に「仲九町組」と記されている。善長寺町が中九町組なので書写が中九町組で行われたという意味かもしれないが、後述するように、この史料中に記される通達が中九町組で回達されるものであったことを踏まえると、この記録自体が中九町組の作成によるものかもしれない。

(35)鷹司輔平と尼崎藩主と交渉して京都に送られ廉売されることになった米と、これまでの「御所千度参り」の研究で明らかにされている、朝廷との交渉の結果として放出された御救米との関係は不明である。

(36)天明十二年二月四日「乍恐差上奉返答書」(三条衣棚町文書六一四三・京都府立京都学・歴彩館蔵)、『町触六』一七四一。

(37)『京羽二重大全』巻三(橋屋治右衛門、一七四五年)。

(38)巻末の「年頭御礼関係一覧表」を参照。

(39) 松沢平七は処分されなかったようだが、理由は不明である。
(40) 秋山國三『近世京都町組発達史〈新版公同沿革史〉』（法政大学出版局、一九八〇年・初出一九四四年）三二三～三三七頁。
(41) 辻ミチ子「民衆と町自治——町組と小学校——」（同『転生の都市・京都——民衆の社会と生活——』、阿吽社、一九九九年・初出一九七七年）。
(42) 『町触六』一六四九。
(43) 『町触七』二九六。
(44) 前掲註(22)「御年頭御礼入用割之事」という記事、【史料3-23】。
(45) 「京都市中御救米掛記録帳」（宇佐美英機氏所蔵史料）、前掲註(40)秋山國三『近世京都町組発達史〈新版公同沿革史〉』三三四～三三五頁にて使用されている史料。
(46) 「御救米年番相勤候町名控」（三条町文書DⅡ4・京都市歴史資料館架蔵写真版）。
(47) 寛政六年「京都町中御救米掛り年番諸伺日記留」（花車町文書DⅠ1・京都市歴史資料館架蔵写真版）。
(48) 前掲註(47)「京都町中御救米掛り年番諸伺日記留」（花車町文書DⅠ1・京都市歴史資料館架蔵写真版）。
(49) 「御救米年番町繰出帳」（三条町文書DⅡ5・京都市歴史資料館架蔵写真版）。
(50) 「御救米年番町操出帳」（谷村文庫［京都及大阪舊記録］・京都大学附属図書館蔵）は、表紙に「懸り町代」とあり、寛政二年から文化十四年までの糴年番について《町組》名のみが記され、「右之通ニ而京地市中組々不残一順相済候」とある。すなわち京都町奉行所の都市行政上では《町組》ごとの順番を定めていたことを示すものだろう。また、この「御救米年番町操出帳」や前掲註(46)「御救米年番相勤候町名控」（三条町文書DⅡ4・京都市歴史資料館架蔵写真版）では、各《町組》に十二支を割り振っているが、どのような基準で十二支が割り振られ、《町組》の順番が決められていたのかは不明である。
(51) なお、上京については、「糴年番順廻控幷其節寄合極メ之控」（歓喜町文書D19・京都市歴史資料館架蔵写真版）によれば、「町代共ヨリ差図」を「町代一件之後、大仲江引取、大年番ヨリ順帳面相認メ年々順組江差図」するようになったとある。さらに、文政七年には、親町・古町の十二組の順番として糴年番の順番を改めて「振鬮」で定めている。

また、文政三年以降、禁裏六丁町が籾年番を務めなくなっている点については、詳細不明である。
(52) 文政四年~文政五年「救米年番諸伺日記留」(花車町文書DⅠ3・京都市歴史資料館架蔵写真版)。
(53) 前掲註(45)「京都市中御救米掛記録帳」(宇佐美英機氏所蔵史料)。
(54) 前掲註(45)「京都市中御救米掛記録帳」(宇佐美英機氏所蔵史料)。
(55) その他の飢饉に際して囲米制度がどのように機能していたかは不明である。
(56) 塚本明「近世後期の都市の住民構造と都市政策」(『日本史研究』三三一、一九九〇年)六七頁。
(57) 「三宅近江願書之写」(善長寺町文書DⅡ19・京都市歴史資料館架蔵写真版)。
(58) 天保七年九月「従東西御役所御救米銭被下候一件」(福長町文書四二三・京都府立京都学・歴彩館蔵)。『町触十一』一一三。
(59) 天保七年十一月「御救米配分員数名前書」(町頭南町文書二五三・京都府立京都学・歴彩館蔵)。
(60) 前掲註(58)「従東西御役所御救米銭被下候一件」(福長町文書四二三・京都府立京都学・歴彩館蔵)。
(61) 「難渋町」については、前掲註(56)塚本明「近世後期の都市の住民構造と都市政策」、小林丈広「『大仏前』考」(『キリスト教社会問題研究』五一、二〇〇二年)、宇佐美英機「都市の変容と社会慣習」(同『近世京都の金銀出入と社会慣習』、清文堂、二〇〇八年)を参照。
(62) 一貫町については、杉森哲也「近世京都と身分的周縁――宝暦四年西陣筬屋仲間一件を素材として――」(前掲『近世京都の都市と社会』・初出一九九四年)を参照。
(63) 前掲註(24)北原糸子「『享保』飢饉と町方施行『仁風一覧』の社会史的意義」。
(64) 小林丈広「仁風の思想――近世中後期京都の救済と町――」(『人民の歴史学』一九三、二〇一二年)。
(65) 前掲註(25)東島誠『「幕府」とは何か』三四〇頁。
(66) 心学講舎による施行については、石川謙『石門心学史の研究』(岩波書店、一九三八年)を参照。
(67) 上原無休『五穀無尽蔵』(めとき屋宗八・めとき屋幸助、天保四年(一八三三)・『通俗経済文庫　第六巻』(日本経済叢書刊行会、一九一六年)を使用)。
(68) 東島誠氏は、「『御施行』では粥や握り飯などの緊急用食糧、すぐに食べられる調理済みの米が支給される。これに対して「御救米」では、そのままでは食べられない、未調理の米が支給される」とし、「御救米」と「御施行」の違いを指摘している（前掲註(25)東島誠『「幕府」とは何か』三四一頁）。
(69) 前掲註(67)上原無休『五穀無尽蔵』。
(70) 『町触十二』一五七。
(71) 『京都の歴史6　伝統の定着』（学芸書林、一九七三年）。
(72) 『町触十二』一九〇。
(73) 小林丈広「嘉永の施行における町の役割」（『ヘスティアとクリオ』一〇、二〇一一年）。
(74) 『町触十二』二三二。
(75) 嘉永四年五月「教諭所江施入之儀御沙汰有之候ニ附町々江町代より演舌ニ相成候間町内銘々再施いたし候控書」（福長町文書四〇一・京都府立京都学・歴彩館蔵）。
(76) 小林丈広「幕末維新期の都市社会・再論」（『新しい歴史学のために』二九二、二〇一八年）二八・三四頁。他に、小林丈広「幕末維新期京都の都市行政」（伊藤之雄編『近代京都の改造』、ミネルヴァ書房、二〇〇六年）、同「幕末維新期の都市社会——都市行政の変容と町奉行所与力——」（宇佐美英機・藪田貫編『都市の身分願望』、吉川弘文館、二〇一〇年）、同「幕末維新期京都における都市振興策と公共性——近世都市経営論の可能性——」（『日本史研究』六〇六、二〇一三年）も参照。
(77) 「教諭所等拾ヶ所施行惣勘定之餘金上下京組々江預りニ相成候一件記録」（花車町文書ＤＩ6・京都市歴史資料館架蔵写真版）。
(78) 上京ではこの施金残金の預り金を「大仲諸入用の取替え賄金に流用し」、「組割にして一組ごとに預ることを約束し」、「更に組内で町割にされ」た（前掲註(71)『京都の歴史6　伝統の定着』四七八頁）。
(79) 森谷剋久『上洛』（角川書店、一九七九年）一三三頁。
(80) 「御上洛手続書」（占出山町文書ＤＩ22・京都市歴史資料館架蔵写真版）。
(81) 「将軍上洛祝儀拝領金一件につき願書ならびに書付留帳」所収（冷泉町文書・京都冷泉町文書研究会編『京都冷泉町文書　第六巻』（思文閣出版、一九九八年）九二二号・二八二頁）。

(82) 前掲註(81)「将軍上洛祝儀拝領金一件につき願書ならびに書付留帳」所収(冷泉町文書・京都冷泉町文書研究会編『京都冷泉町文書　第六巻』(思文閣出版、一九九八年)九二二号・二八二～三頁)。
(83) 前掲註(56)塚本明「近世後期の都市の住民構造と都市政策」。
(84) 前掲註(80)「御上洛手続書」(占出山町文書ＤⅠ22・京都市歴史資料館架蔵写真版)。

終章

第一節　近代京都への継承

以上、八章にわたって、近世初期から幕末期にかけての京都における支配―被支配をめぐる都市秩序の系譜を明らかにしてきた。全体をまとめる前に、近代京都に関する研究史との接続を図っておきたい。

第八章の最後で、徳川将軍家茂の上洛時における拝領銀を、地域内格差をも意識した上で、将来の飢饉に備えとして貯えることを《惣町―町組―町》組織が提案するようになったと記したが、これを近世京都の地域住民組織の到達点とか、自治の達成として評価したいのではない。全ての問題が解消した訳ではなく、地域内経済格差も含めて、近世都市京都が抱える矛盾は、近代京都へと引き継がれたと考える。一方、明治維新期には、京都の行政や地縁組織も大きな変化を蒙るが、だからといって近世都市京都が全て否定されて近代京都が始まる訳でもないだろう。

ここでは、先行して豊富に存在する近代初期京都に関する研究を踏まえながら、幕末段階の京都における都市秩序のどの部分が近代京都へと受け継がれたのか、あるいは、近世京都の都市秩序の系譜におけるどのような矛盾が背景となって、明治維新期の変化がもたらされたのか、という点について考えたい。

慶応三年（一八六七）十月十四日の大政奉還以降も、京都の都市行政は京都町奉行所が担っていたが、十二月九日の王政復古後に京都町奉行所が廃止される(1)。下京の三条衣棚町には、十二月十一日に京都町奉行所廃止の町触が回達された(2)。三条衣棚町の町年寄西村貞幹の日記には、翌十二月十二日の条に次のように記されている。

【史料9-1】(3)

○今日下京三役・上京三役御役所へ被召、天明度ニ洛中へ千弐百貫目御救金として御下ヶニ相成、年々二季ニ御利足相納メ来候処、今日ゟ御差免しニ相成、元利とも已来相納ニ不及との被仰渡有之候、此時将軍様御出立と申事ニて余之事ハ暫時差扣へ居との事

同夜又々右六人被召、金弐千両被下置、内五百両者城下町々へ被下、残り金千五百両洛中へ被下置候、城下ハ両様之割頂戴候事、籾米三千石被下置、右金千五百両、籾米三千石洛中一統へ割賦頂戴被　仰渡候事

召し出された上京・下京の三役に対して申し渡されたのは、天明大火後の救済策として貸し付けられた御救金の利息徴収が取り止めになったこと、金二千両（内五百両は「城下町々」へ）と籾米三千石が「洛中一統」に対して渡されるということであった。この籾米三千石は、第八章第三節で取り上げた天明飢饉後に始められた囲米制度で備蓄された米であることが小林丈広氏の研究(4)で明らかにされている。小林氏は、備蓄米の最終処理の詳細について明らかにし、石束長四郎の履歴書から、備蓄米を受け取った石束と千田忠八郎はそれぞれ上京・下京三役の代表という役回りだったと推定した。この点について、【史料9-1】では、上京・下京の三役全員（六人）が京都町奉行所に召し出されて、備蓄米を受け取っていたと記されている。第七章の末尾に【史料7-24】として掲げた通り、備蓄米返却のほぼ一ヶ月前の十一月十七日に、御札降りの踊りの自重を申し諭されたのも(5)、京都町奉行所に上京・下京の三役が召し出されてのことであった。京都町奉行所の都市行政として行われた囲米の最終処理において上京・下京の三役が大きな役割を果たしたのは、第七章で明らかにしたように、《惣町—町組—町》の地域住民組織が京都町奉行所の都市行政の回路上に位置づけられたことを反映したものと考える。

しかし、王政復古により京都町奉行所の支配も終焉を迎えることになる。京都町奉行所に替わって京都支配を担当することになったのが、慶応三年十二月十三日の町触で名前を挙げられた膳所・篠山・亀山の三藩であった。同時に、平戸・大洲・津和野・園部・水口・高取の六藩が市中見廻りを命じられた(6)。

こうして徳川政権から維新政権へと移行し、支配権力が変更された訳だが、これに京都の被支配住民はどのように対応したのだろうか。第二章でも明らかにしたように、徳川政権においては、近世を通じ最上位権力の徳川将軍家に対して拝謁・献上儀礼を行ってきた。幕末期においても徳川将軍家との間の儀礼は行われ続けた。

幕末期には徳川将軍が上洛し、年頭に京都に滞在していることもあったが、京都の被支配住民も「将軍不在の江戸」での儀礼に参加していたことは望月良親氏の研究(7)で明らかにされている。ここでは、京都に関する史料から幕末期の徳川将軍家との間の儀礼について確認しておく。まず、文久三年（一八六三）十二月の家茂上洛により、翌文久四年（二月改元、元治元年）の年頭御礼は、望月氏が明らかにしているように、畿内幕府直轄都市は、大坂・堺は大坂城で、京都は二条城で献上儀礼を行った。文久三年十二月に京都で出された町触では「来子年頭御礼等町中惣代江戸下り入用別紙触書差出候、御上洛年内御発途被仰出候ニ付、右出府之義差止申渡候(8)」とある。

続く元治二年（四月改元、慶応元年）の年頭御礼は、将軍所在の江戸城で年頭御礼が行われた。但し、下京からの参加者については、担当の中九町組の川勝利平（革棚町）が参加することに決めていたが、「兼而去秋七月大変之節兵火ニ而下古京八組共不残及類焼、上古京十二組之内ニ者類焼無之町々も多有之候故、天明度之例を以、此度上古京年寄壱人出府之儀奉伺候処、従関東何も御差図も無之、追々頃合ニ相成候ニ付、御見立も相済候処、前条伺之通御聞済ニ而上古京壱人、為惣代町代弐人、下古京為惣代町代竹内要蔵壱人下向之儀被　仰渡、無滞参府(9)」とあるように、元治の大火による類焼のため、下京の年寄は参加を取り止めている。

そして、慶応二年は、望月氏が明らかにしているように、将軍家茂が上洛中で江戸城に不在であったが、畿内幕府直轄都市や甲府などの代表者は将軍不在の江戸城で献上儀礼を行った。第六章で取り上げた、文政町代改儀一件後に町代から提出させることになった一札（例えば【史料6-12】）を書き留めた史料[10]によれば、慶応二年の年頭御礼について、下京の参加者である南艮組の千田忠八郎（御倉町）に宛てた町代からの一札が記されている。

一方、徳川慶喜将軍就任後の慶応三年の年頭拝礼については、慶応二年十二月の町触[11]で「来卯年頭御礼其外諸入用」を徴収しようとしたことがわかる一方で、右の町代からの一札については、慶応三年の年頭御礼については書き留められていないから、江戸城での年頭御礼は実施されなかったのかもしれない。なお、慶応三年の六月には、臨時恐悦として「御代替り御祝儀為恐悦、先例之通惣町中名代上下京年寄町代共〻申上候、就而者、上様（徳川慶喜）、静寛院宮様、天障（璋）院様、御簾中様江献上物代銀等入用」が町触[12]で徴収されており、同じく「御代替臨時恐悦為御拝礼御出府」として、同年四月の町代からの一札も確認できる[13]。さらに、後掲の慶応三年十二月の町触[14]（【史料9-4】）で「上様御上洛之上御昇進入用、其外献上物代銀」が徴収されているが、翌明治元年十二月の町触に「昨卯年十二月旧幕江拝礼諸入用として軒役ニ取集候銀子在之趣、右ハ惣方今般割戻し可致様申達候[15]」とあるから、これは使用されなかった可能性がある。一方、町代からの一札を書き留めた史料[16]には、慶応三年の十一月付けで「御昇進臨時恐悦」、十二月付けで「御代替臨時恐悦」と「御昇進臨時恐悦」の二通の一札が書き留められている。これらはいずれも「御道中幷二条御表其外万事御案内」と記されるように、二条城で儀礼を行うことが念頭に置かれた記載になっているので、二条城で臨時恐悦の献上儀礼が行われたと推測される。

そして、王政復古後の慶応四年についても、三条衣棚町の町年寄日記に「慶応三丁卯十一月廿四日、於丸平席、来辰年頭御拝礼御内定御盃御寄合御順席[17]」として、「触御当番」の千田忠八郎以下の三役を始めとする寄合出席者の名前を列挙する記事があるから、江戸城か二条城かは不明であるが、大政奉還後であっても翌年の年頭御礼に参加するつもりであったのだろう。しかし、十二月に王政復古となり、徳川将軍家が支配権力の座から降り、京都の支配体制も変更されたためか、慶応四年の年頭御礼が行われたという史料は確認できない。

一方、三条衣棚町の町年寄日記の慶応四年正月十三日条に次のように記されている。

【史料9-2】[18]

十三日、朝飯後早々於蛸薬師町寄合、右ハ町代一条ト献金一条之事、幷ニ六藩衆中様へ献上いたし候哉如何相談、組内衆評之処、尾州・越州・薩州・土州・長州・芸州、右六藩へ御鏡餅一重、御かちん壱籠、御酒三樽、右献上ニ相極り、夫々求メ□相成候、扨又持参之人々取極メ、左之通り

円福寺町	不納	虎屋町
尾州　役行者町	越州　衣棚町	薩州　場之町
不納　蛸薬師町	長州　突抜町	不納
土州　御池之町	釜座町	芸州　町頭両町

「組内衆評」とあるように、三条衣棚町の所属する下京の上艮組での寄合において、町代一条と献金一条[19]に加え、「六藩衆中様へ献上」するかどうかが相談されたという。六藩とは、尾張藩、越前藩、薩摩藩、土佐藩、長州藩、安芸藩のことであり、これらは王政復古において重要な役割を果たした藩であった。徳川家に替わり支配権力として大きな力を持つ六藩に対して、京都の被支配住民が献上儀礼を行おうとしていたのである。

しかも、直接京都の取締（行政）を担当する膳所・篠山・亀山の三藩や、市中見廻り（治安維持）の六藩ではなく、維新政権の核心部分たる六藩に対して儀礼を行おうとしたことは、徳川政権期において、直接都市行政を担う京都町奉行所のみならず、徳川将軍家との間で儀礼を行っていたことも背景にあったと考える。

但し、徳川将軍家に対する儀礼とは異なり、【史料9-2】の六藩に対する儀礼は《町組》単位で行おうとして

いることに注意しなければならない。あくまで《町組》の寄合により決定したものであり、【史料9-2】の記述に続く部分では、各藩への献上品に添える手札などが図示されているが、「下古京上艮組惣代」としての手札であり、《惣町》単位での儀礼ではないのである。三条衣棚町の町年寄日記の正月十五日条[20]には、献上品を各藩の屋敷へ持参する様子が記されるが、三条衣棚町が担当する越前藩では今は献上品を受け取る時節ではないとして受け取りを拒否され、目録のみを差し上げることになったことを記した後に、「御門前、中九町組内藤氏も同様ニて献上物不納候事」とある。つまり、六藩への献上儀礼は上艮組だけでなく、下京の中九町組も行おうとしていたようだが、この日記の書き方では各《町組》が単独で献上しようとしていたように読めるので、《惣町》の枠組みでの関わりではなかったと思われる。

さらに、この町年寄日記[21]の正月十五日条には、「今夜御寄合ハ大将軍宮いまた御在坂ニ付組内ゟ御見舞ニ罷出候事之相談、段々談し有之」と記されている。征討大将軍に任じられた仁和寺宮嘉彰親王に対しても陣中見舞いをしようとしていたようである。これも「組内ゟ」とあるように《町組》単位であった。この仁和寺宮に対する陣中見舞いについては、次の史料もある。

【史料9-3】[22]

一、此度　御一新御変革ニ付、乍恐　仁和寺宮様征討将軍被　仰出候ニ付而者、大坂表江御出陣被為遊、大坂北之御堂江　御陣被為在候処、京都町人共ゟ追々御陣見舞ニ罷出候者有之候付、当聚楽組ゟも早々罷出度候ニ付、大行事組合町寄会、下立売七本松東入所弘誓寺席ニ而一同打寄相談之上、聚楽古町新町共十一組ゟ蠟燭奉献上候治定仕、則蛸薬師小川西入町池田屋長兵衛方ニ而蠟燭拾一箱買調、正月十三日大坂表江罷下り、大行事稲葉町年寄弥七代為蔵、長門町年寄七兵衛代藤八、田中町年寄十兵衛代八兵衛、右三人火事羽織ニ胸当致シ、小行事町之義ハ割羽織着、左之写通目録持参、　御陣所江罷出、奉献上候処、首尾

能相納、是又左之写通御請書被下置候

これは、上京の聚楽組が仁和寺宮嘉彰親王に対して陣中見舞いを行ったことを記した史料である。下京の上艮組と同様に上京でも仁和寺宮に対する儀礼が行われたことがわかるが、やはりこれも聚楽組という《町組》単位であり、《惣町》は関わっていない。さらに、聚楽組は正月十三日に儀礼を済ませているが、下京の上艮組は正月十五日の相談を受けて十七日に大坂へ向けて出発しているので、儀礼を行う日程も《町組》ごとでばらばらだったようである[23]。

このように、支配権力の交替後、新たな支配権力との間でも儀礼を行おうとしているが、《町組》単位で行われていた点で、徳川将軍家と《惣町》との間で儀礼が行われた徳川政権期とは異なるのである。それでは、《惣町》の枠組みは機能しなくなったのかというとそうではなく、本書でここまで検討してきた《惣町》の枠組みの系譜を受けて、王政復古後において《惣町》の枠組みは京都の都市行政の回路上で重要な機能を果たすことになる。

先述の通り、徳川政権下において京都の都市行政を担った京都町奉行所が廃止された後は、膳所・篠山・亀山の三藩が、京都の市中取締を担うことになったが、この三藩による市中取締の行政回路上に上京・下京の三役が位置づけられた。三条衣棚町の町年寄日記では、慶応三年十二月十五日条[24]に「当度御一新御変革ニ相成候事、則御触書有之事」と記される。ここに記されている三藩による支配を伝える町触について、『京都町触集成』が典拠とした三条衣棚町で書写された町触[25]では、末尾に「右之通洛中江相触候様被仰渡候事」として、「十二月十四日」の日付と「上下京三役」という差出が記されている。つまり、「上下京三役」が伝達を取り次ぐ形で町触が出されているのである。さらに、三条衣棚町の町年寄日記は、同日条[26]に「上下京三役於教諭所日々相詰ニ相成候事」と記されている。同日の町触[27]には「今度三条通東洞院西江入町ニ而上下京会所取建候間、此段為念申通候事」とあるが、教諭所は元治の大火後に三条通東洞院西江入町で再建されているので[28]、王政復古後、教諭所に「上下京会所」が設置され、「上下京三役」が町触の伝達を取り次ぐようになったということである。京都町奉行所による都市行政の下では、第三章で明らかにしたように、町代が町触の伝達の取り次ぎを担い、町代の活動拠点の一つとして町代惣会所が堀川通夷川上ル町にあったが、これとは異なり、王政復古後の都市行政においては、第八章で明らかにした幕末期の施行で関係を深めた教諭所が拠点となって、《惣町―町組―町》組織の代表者たる三役が町触の伝達の取り次ぎを担うようになったのである。これを、象徴的に表しているのが次の町触だろう。

【史料9-4】[29]

去冬年頭銀取集之外、上様御上洛之上御昇進入用、其外献上物代銀、洛中洛外惣寺社門前境内町中之分

但シ、壱軒役ニ付銀四匁弐分六厘五毛

一、出火之節町夫代り雇賃銀、寅年十二月ゟ出火度々水籠、水溜、挑燈張替入用共

但シ、壱軒役ニ付銀壱分〇四毛

一、町代部屋幷小番給銀、中座増銀当八月五日迄之分、且其浮小使見座並賃銀入用

但シ、壱軒役ニ付銀六匁七分弐厘七毛

〆拾壱匁〇九厘六毛

一、六角堂前鐘撞給銀幷仮堂再建助成銀共

但し、壱軒役ニ付銀五厘

右之通出銀来ル廿四日朝五つ時錦小路室町東入明倫舎江行事町ゟ持参、請取書取之可申候事

(慶応三年)卯十二月　　上下京会所

本書では、たびたび同種の町触を取り上げた。第三章で明らかにした享保八年（一七二三）の京都町奉行所に

よる都市行政改革の結果、徳川将軍家との間の儀礼の費用などを、京都町奉行所の志向する行政回路上で、均質化した《個別町》単位に町代惣会所に徴収するために出されるようになった町触（【史料3-24】）である。第七章で触れたように、文政町代改儀一件後も変わらずこのような形で町代惣会所で徴収する形（【史料7-2】）であったが、王政復古後は、上下京会所が差出となってこの町触が出されたのである。この種類の町触は、翌年の年頭御礼の費用を徴収するためのものであったが、【史料9-4】の町触では、「去冬年頭銀取集之外、上様御上洛之上御昇進入用、其外献上物代銀」と、慶応三年の徳川慶喜の昇進に対する祝賀としての献上品の費用が集められており、翌年の儀礼については触れられておらず、これ以降、このような儀礼の費用を徴収する町触を確認することはできない。先述の通り、この徴収銀は戻され、翌年以降については、徳川将軍家との間の儀礼は行われなくなったと考えるが、最終段階で《惣町》の枠組みが儀礼関係の費用徴収の町触の差出となったことは、第六〜八章で明らかにしてきたような、近世後期の《惣町》の系譜を反映したものといえよう。

このように、王政復古後において、《惣町》の枠組みは都市行政の回路上に位置づけられる一方、《町組》はおのおの独自に支配権力との儀礼を求めるようになっていたことは、第六章で検討した「惣町運動」のあり方の影響を受けて成立した《惣町—町組—町》組織において、第七章で明らかにしたように、《町組》を関わらせない形で上京・下京の三役が鴨川土砂浚いの献金を説得したことなども関連するのだろう。つまり、都市行政の回路上で期待されていた《惣町》の優位性による組織の内部統制と、《町組》連合という形で運営される組織内の秩序との間に齟齬が生じていたということである。

こうした《惣町—町組—町》組織が孕んだ矛盾を解消するために行われたのが、慶応四年（明治元年）と明治二年の二度にわたって行われた「町組改正」であった(30)。

慶応四年七月に京都府より命じられた「町組改正」は、直接的には「町組余分之不同無之様御組替」、「従来之出入等ハ互ニ打捨、古町新町枝町離町之差別なく」《町組》をつくることを求めたものである。すなわち、従来の古町／親町と新町／枝町の区別なく、《町組》を平均的に組み替え、空間的な近接性をもとにした新たな《町組》をつくることを目指した。そして、これに伴い、《惣町》の枠組みについては次のように再定義された。

【史料9-5】(31)

一、上京・下京を分ち両大組とし、上大組・下大組と唱へ、是迄通り三役建置れ、触達其外総て組内之諸支配を管轄せしめ、役名大年寄役と被相改候事

但、洛外之義も是迄市中同様三役より諸通達等致し来候所ハ、方角を以て両組へ割付之事

上京・下京は「上大組」・「下大組」と、名称は変わるものの、二つの地域に分ける近世の《惣町》の枠組み(上京・下京)はこれまでと同様の形で維持された。但し、《町組》の再編成に伴い、これまで二条通を境としていたのが、三条通が「上大組」と「下大組」の境となった。このように空間的には変更があったが、組織面では、《惣町—町組—町》組織の代表者である「三役」が「是迄通り」代表者となり、名を「大年寄」と改めた。この点で、先述の通り、幕末期から王政復古後の都市行政において町触の伝達など、都市行政の回路上に位置づけられた《惣町》の枠組みの代表者たる「三役」がそのまま改正後も維持されたと考える。

しかし、注意しなければならないのは、「町組改正」後の制度の立て付けとして、《町組》の代表者については、次のように再定義されている点である。

【史料9-6】(32)

一、壱組ニ付中年寄役壱人、添年寄役壱人建置れ、組内へ伝達之事件を始、平常諸セ話駈引等を総括セしめ、時ニ寄り一組中之惣代に可相立事

但、中年寄役、添年寄役之義者下ニおゐて人柄相撰可申出、惣代、同加番、年寄役、年行事、議事者等

之内にても、家柄ニ不抱衆人之折合人柄を撰挙勿論之事

つまり、「中年寄」が改正された《町組》の代表者となるのだが、中年寄や添年寄が大年寄になる形にはなっていない。第七章で明らかにしたように、文政町代改儀一件を経て成立した《惣町―町組―町》組織においては、複数の《町組》の代表者が「三役」たる《惣町》の代表者を一年交替で順番に務めることで、一年間の組織運営に複数の《町組》の年寄が関わる。すなわち、一つの《町組》の意向よりも《惣町》の枠組みとしての決定が優先される一方、各《町組》の意向も無視できない、という積み上げ型の住民組織であった。これに対して、改正後においては、《惣町―町組》の結合は分断されることになる。つまり、「大組」はそれまでの《町組》連合による《惣町》結合ではないということになるだろう。

具体的には、大年寄は次のような展開を辿った。これまでの研究[33]でも指摘されているように、慶応四年七月に最初に大年寄となったのは、上京の河崎善兵衛、佐々木与八、上野利助と、下京の杉本治郎兵衛、清水源兵衛、森田武兵衛と、下京の千田忠八郎であった。千田を除く六名は、【史料9-5】にあるように、「是迄通り」の三役である。先述の通り、三役はそれぞれ《町組》順に一年交替で選出されるから、この段階では慶応四年の三役となる訳だが、例えば、中九町組から選ばれ加番役となった下京の清水源兵衛について、中九町組の寄合記録[34]によれば、「当辰年より三ヶ年之間八組重役当組内廻番ニ附、順番差口童侍者御町・北袋屋御町・函谷鉾御町ニ而三ヶ年御勤被下候御廻番ニ候得共、当年童侍者御町差掛り御人躰無之趣ニ付、暫時善長寺御町清水源兵衛様江御頼ニ相成、加番役御勤被成下候様御治定之事」とある。すなわち、中九町組では決められた《個別町》の順番で三役を一年交替で務める形になっていたが、慶応四年に務める加番役については、順番に当たっていた童侍者町では担当者を出せなかったため、善長寺町の清水源兵衛が担当することになったという。これは、文政町代改儀一件を経て成立した《惣町―町組―町》組織における三役の選び方であり、あくまで《町組》の取り決め、調整

の上で選ばれた《町組》の代表者が《惣町》の代表として三役に就任したのである。このように、慶応四年七月の段階では、「是迄通り」、すなわち《惣町—町組—町》組織における代表者選定の方法で選ばれた三役がそのまま大年寄となっていた。

一方で、異例なのが千田忠八郎も大年寄となっている点である。先述の通り、千田忠八郎は前年慶応三年時点の下京触当番として、順番に当たった南艮組から選ばれた人物である。《惣町—町組—町》組織における三役の決め方からすれば、触当番役を務めた南艮組は翌年も先番役を務めるが、これは右の中九町組の例のように、触当番役と翌年の先番役は別の《個別町》が務めることになるのが通例である。そこで、慶応四年時は南艮組では饅頭屋町の森田武兵衛が先番役となっている訳である。このように、《惣町—町組—町》組織における代表者選定の方法では、同一人物が連続で三役を務めることはないはずだが、前年の触当番である千田忠八郎が翌年も大年寄として《惣町》の代表となるというのは「是迄通り」ではない異例なことであった。

そして、小林丈広氏(35)が明らかにしているように、明治元年十一月には、石塚長四郎も大年寄に加わるが、石塚も前年の上京の三役を務めていた人物である。また明治元年九月には、七月の町組改正で中年寄となっていた熊谷直孝が中年寄上座として大年寄の役儀に加わり、さらに翌明治二年五月に熊谷も大年寄になった。小林氏が「通常の上下京三役とは別枠で選ばれた千田・石束・熊谷の三人が、町組の再改正に向けての作業の中心を担ったのではないか」と推定しているように、慶応四年七月の「町組改正」は十分なものではなかったために、翌明治二年に「再改正」が行われた。これと同時に、明治二年五月に大年寄の上野・河崎が更迭される一方、六月に北条太兵衛・猪飼喜右衛門が大年寄助役に、さらに八月には清水・佐々木・森田が退任、千田と杉本が「永役」となり（杉本は病気のため熊谷が名代）、北条と猪飼が正式に大年寄に就任した。

以上のように、大年寄役の選ばれ方は、《惣町—町組—町》組織における三役の選ばれ方とは全く変わってしまった。確かに、小林氏が指摘しているように「町組の代表である中年寄の動向を注意深く観察し、その中から大年寄にふさわしい者を登用しようとした」のであるが、《惣町―町組―町》組織におけるように、《町組》が順番で《惣町》レベルの代表者となるのとは異なる。これは、「中年寄のまま大年寄格とされた人物は、今のところ直孝しか知られていない」こととも関わり、《町組》の代表が順番で《惣町》レベルの代表となる訳ではないのである。さらに、中年寄へは「給分」を「其組々」より差し出すのに対し、「大年寄之儀者官府より給米被差遣」[36]という違いにも、《惣町》レベルの代表者と《町組》レベルの代表者の位置づけの差異が顕れている。

つまり、大年寄という上京・下京の《惣町》レベルのみの存在として京都府の都市行政に関わらせるために、《町組》の連合から切断し、《惣町》の優位性を確立させたということになるだろう。こうした形で、《惣町》―《町組》―《個別町》の重層構造自体は残しつつ、《惣町》の優位性を確立させた「町組改正」により、近世後期の地域住民組織である《惣町―町組―町》組織は解体し、近代地域行政組織へと再編成されたと考える。近世的な《町組》の連合としての《惣町》のあり方を改正することに、「町組改正」の眼目があったといえないだろうか。そして、この背景には、第七・八章で述べた、行政回路上で期待されていた《惣町》の優位性による組織の内部統制と、《町組》連合という形で運営される組織内の秩序との間の齟齬があった。

このように、「町組改正」は、近世後期から幕末期にかけて顕在化してきた都市秩序における矛盾の解消を目指して、近世的な《惣町》・《町組》のあり方に大きな変化をもたらすものであった。但し、被支配住民がすぐにこの変化に馴致した訳ではない。「町組改正」前は下京の古町の《町組》であった上艮組を構成していた町々は、「町組改正」後の明治三年に次のような取り決めを行っている。

【史料9-5】[37]

上艮組町々之儀者下古京八組之内ニ籠り、連綿相続仕来り、尤上古京ニ而拾弐組、下古京ニ而八組ニ分、右町々之儀ハ年頭御拝礼回番ニ而相勤、尚市中取締之基ひとも可成儀哉之儀をも相勤、上古京拾弐組之内ゟ大年番、大加番、先年番、右三人を三役与唱江、下古京ニ而ハ触当番、加番、先触当番、右三人を是又三役与名附、二席、三席、各九人、亦壱組毎ニ座上役、二席、三席、都合拾四人、三町組ハ小組ニ而二人勤也、右等之儀ハ万事記録ニ審ニ有、然ル処今般　王政復古御一新御改制被　仰出候ニ附而者、追々御布告之御趣意難有奉拝承候、右御改正ニ附而者古町新町枝町抔与差別ヶ間敷儀、且組名なども御廃止相成、更ニ番烈を以町組替をも被　仰付、其上戸籍偏製、猶また市中制法書を茂御下ヶ渡し被為遊難有奉畏候上者、是迄之記録ハ最早反古となれ共、去世に事も難捨蔵め置ニ茂難得、依之上艮組因を結ふ町々申談之上書記類一緒ニ縮め此度一封ニして左之通り順廻りに預り置可申事

「町組改正」により、下京の上艮組を構成していた古町は、「上京二十五番組」と「下京三番組」に二分され、別の《町組》に所属していた《個別町》と組み合わされたため、それまでの《町組》で作成していた記録類は「反古」同然となるが、捨てがたく思い、上艮組を構成していた《個別町》が順番に管理するとしている。このように、「町組改正」以前の《町組》は全く意味を失ってしまうと認識されていたが、被支配住民が《町組》という枠組みをどのようなものとして認識していたのかについては、直ちに変化することはなかったのではないか。それは、明治三年（一八七〇）に行われた地子免除からうかがうことができる。

この地子免除は、「諸町組地子御免」とされるように、《町組》単位で行われた。地子免除を認める京都府の達は、例えば次のように、

【史料9−6】(38)

御朱印

下京九番組

地子免除被
仰出候事
　明治三年
　庚午三月　　京都 府御朱印

と、《町組》を宛先としていた。そして、この下京九番組では、この達の写しの包紙に「地子御免除御朱印之写」と記しているように[39]、地子免除が許可された達を「御朱印」と称しているのである。第一章で取り上げた、近世統一権力により発給された「御朱印」が《惣町》宛てだったのに対して、明治維新後に京都府から出された「御朱印」が改正された《町組》宛てであったのは、近世を通じた都市秩序の系譜が幕末期に至達した結果を反映したものといえる。

そして、このような形で明治三年に地子免除が行われたのは、これまでの研究[40]が指摘しているように、いわゆる東京遷都をめぐる動きの中で、皇后の東啓に対する反対運動を受け、これを慰撫する経済的恩典の一つとしてであった。皇宮東啓反対運動が《町組》単位で行われた[41]ことが、《町組》ごとの地子免除につながったと推測される。つまり、王政復古後の支配権力である京都府に対して「御朱印」を通じた関係を持とうとしたり、反対運動の枠組みとなったのが、《町組》であったということは、先述した王政復古直後に、六藩あるいは仁和寺宮に対して《町組》の枠組みで儀礼を行おうとしたことの延長線上にあるのではないかということである。

また、鈴木栄樹氏の指摘[42]にある通り、この地子免除は「洛中洛外境界改正と一体」となっていた。慶応四年七月の「町組改正」を命じる中でも、【史料9-5】にあるように、洛外でも「是迄市中同様三役より諸通達等致し来候所」は上大組・下大組に所属させると、洛外でも「市中同様」の場所があった。そこで、明治二年十二月に京都府が地子免除の許可を求めて弁官に宛てた請願書[43]の中で、「速ニ地子免除之御発令有之度儀ニ候処、地形時ト共ニ変遷シ、古昔ヨリ洛中ト称スル地ハ四囲ノ御土居ヲ以境トシテ万民其内ニ家居候得共、漸次ニ東隅ニ転移シ、今ヤ西北ハ田畠相開ケ、東方御土居外ハ却テ数千ノ人家軒ヲ連候光景、加之商家農地ニ居リ不耕之地ニテ田畠ノ税ヲ出シ、重テ町入費軒役ヲモ差出、其他農商之区別、土地之境界、混雑不一形、随テ施政之妨、下民之憂不少候」と、御土居堀の範囲とは異なる形で展開した市街地の現状を踏まえて、「此度兼テ相定候町組之形勢ニ依リ」洛中の境界を定めて、速やかに地子免除の発令を願っている。つまり、京都町奉行所の都市行政においては「洛中洛外町続」が都市行政の対象となったが、明治維新後の京都府は自らの都市行政の対象範囲を「洛中」と定めようとした。注目されるのは、それが「町組改正」と連動していたことである。京都府により組織的に掌握された、改正後の《町組》によって構成される上大組・下大組の《惣町》の範囲が、京都府の都市行政の対象として領域的に掌握されようとしたことを「洛中洛外境界改正」と地子免除の連動は示していると考える。但し、明治三年三月の京都府留主官から弁官宛ての届書[44]には、地子免除を許可したことを報告するとともに、「洛中外経界改正之儀ハ不容易次第ニ付、取調急速ニハ難相運、乍爾諸町組之儀ハイツレ洛中エ取入可申都合」なので、「洛之内外経界之儀ハ追テ取調可申出」とあり、この後、京都府の都市行政の範囲を「洛中」とする動きは立ち消えになったと思われる。

以上のように、皇宮東啓に反対する中で、改正された《町組》が「御朱印」による地子免除を求めたことは、改正前の近世的な要素をまだ《町組》が持っていたことを示す。この一方で、東京遷都に対する《惣町》の動きを見ると、小林丈広氏[45]が明らかにしているように、その代表者である大年寄連名の東京遷都に対する上申書[46]においては、東京遷都に必ずしも反対ではなかった。特に、「御輦を永く東ニ被為留候御事ニ候ハヾ、何卒其実を以て御布告被下、都下繁昌之御妙策御教示被成下、出格之御引立奉願上候」と、遷都の場合は京都振興策を求めており、「乍不肖市長之場ニ居リ、且累代御当地ニ住居候至情ニ堪兼喋喋贅言仕候」と述べている点が注目される。

小林氏が述べるように、明治二年六月に「近世初頭以来の格式を誇っていた茶屋（四郎次郎）家が町人頭を罷免されたので」[47]、「名実ともに市民の代表となっていた」熊谷直孝ら大年寄は自らを「市長」と認識し、明治政府に対峙しようとしていたのである。こうした背景には、第七・八章で明らかにしたような、幕末期における《惣町》の枠組みの新たな展開があったと考える。

このような近世末から明治初期にかけての《惣町》の枠組みにおける都市秩序の系譜的前提を踏まえるならば、鈴木栄樹氏が指摘している遷都に対する慰撫としてなされたもう一つの経済的恩典である産業基立金[48]の運用に、明治十三年以降、上下京連合区会（「改正」された《町組》から選出される区会議員により構成される議会）の枠組みで積極的に関わっていこうとした動きが注目される[49]。《町組》連合としての《惣町》の枠組み、さらには市中一体としての上京・下京の結束という近世京都の都市秩序の系譜は、直接ではないが、上下京連合区会につながる側面もあったのではないか。

もちろん「町組改正」の過程で《惣町》の枠組みも変化を蒙っているが、上京・下京という《惣町》の枠組み、京都を二つに分けて把握すること自体は継承されているのであり、この意味で、近代地域行政組織としての大組や、その後の上京区・下京区も、地域住民組織が転換したものであり、大年寄や、その後の区長が住民から選ばれたのは、地域住民組織が都市行政に位置づけられた近世後期の展開の延長線上にあると考える。

小林丈広氏は、明治十一年制定の郡区町村編制法の下で、全国の都市において設置された「区」について検討しているが[50]、明治十三年に区の設置が公布されたのは、東京府の十五区、京都府の三区、大阪府の四区、神奈川県横浜区、兵庫県神戸区など、十七都市であったという。京都府の三区とは、上京区・下京区・伏見区の三区であり、小林氏が指摘するように、伏見区の設置は京都府において独自な動きを示唆している点で注目されるが、本書の関心からは、区に選定された十七都市の大半は一都市一区であるが、東京・大阪・京都のみ都市内が複数の区に分かれている点が注目される。近世の大坂が「三郷」として三つに区分されていたのに対し、四つの区に編成されるようになったこととは異なり、京都では上京・下京という近世以来の地域区分、《惣町》の枠組みが継承されているのである。また、小林氏が明らかにしている通り、十七都市で設置された区の中で人口が最大だったのは十二万人以上の京都府下京区であり、上京区も十万人を超えるのに対し、大阪の四区は、五万人から八万八千人で十万人を超えることはなく、東京はさらに赤坂区のように一万六千人余りしかない区もあるなど、より小規模な区に細分化されている。

例えば、京都においても第三章などで触れた通り、近世の京都町奉行所が志向したような上京・中京・下京という三つの地域に区分する方法もあったはずだが、郡区町村編制法下では採用されなかった。これも、第八章で取り上げた囲米制度の事例のように、京都町奉行所の都市行政の中で志向された上京・中京・下京という地域区分も、近世中後期、文政町代改儀一件などによる上京・下京の《惣町》の枠組みのとらえ返しにより、行政区画としては機能せず、地域住民組織としての上京・下京の《惣町》の枠組みが明治時代に引き継がれたことを示すものではないか。昭和四年（一九二九）に、市域の拡大に応じる中で、東山区と並び、初めて中京区として行政区画化されたこと[51]からも、近世京都の都市秩序の系譜を踏まえると、上京と下京という《惣町》の枠組みがその後の時代に与えた影響がうかがえる。

奥村弘氏[52]は、維新政権の「地域的把握」に際し、身分的な団体であった《町組》は「町組改正」による「地域団体」化を不可欠としていたと述べ、近世から近代への断絶を指摘している。さらに、奥村氏は、《町組》を改正した維新政権が提起した「地域団体化に適応する社会運営秩序」として、「「公議」にもとづく地域運営」を指摘し、この「「公議」にもとづく地域運営」において、「身分的な秩序によらず町自身がみずからの団体の運営の一般意志である「定議」を抽出する方法」がとられるとする。確かに、本章で見てきた王政復古後の《町組》の枠組みの展開を踏まえれば、その身分的性格が指摘できる。

このような形で近世の身分的な性格をぬぐい去れなかった《町組》に対して、上京・下京の《惣町》の枠組みは、幕末期、支配権力による都市行政に対応する中で、「被支配住人が「市中一体」の入用を管轄していく」という形での「地域団体」化を準備しており、維新政権による「地域的把握」に対しても適応できたといえる。

つまり、本書で明らかにしてきた《惣町》の枠組みの系譜を踏まえるならば、幕末期の「「市中一体」の入用を管轄していく」という《惣町》の姿勢が、「みずからの団体の運営の一般意志」を示す方法を取り入れた「町組」の連合としての上下京連合区会の枠組みにおける、産業基立金の管轄の動きにもつながっていくというように考えることもできるのではないか。このような形で、上京区・下京区、あるいは上下京連合区会の枠組みで、京都府や市の都市行政と対峙し、二〇世紀に入って行政区画化した後も上京・下京という枠組みを維持していたことに、近世京都の都市秩序の一つの帰結、《惣町》の枠組みの系譜として近世から近代京都へと連続していく側面をわずかながらでも見いだすことはできないだろうか。いずれにしても、近代以降の展開については、別の研究視角からの検討が必要になるが、明治維新後の都市秩序が「町組改正」という形で、近世京都の都市秩序から大きく転換していく中でも、上京・下京という《惣町》に注目すれば、近世京都の都市秩序から受け継がれていく点もあったことを指摘することができるだろう。

第二節　支配―被支配をめぐる都市秩序と「特権の体系」

本書第一章から第八章までで明らかにしてきた点を簡単に振り返ると、次の通りである。

第一章では、①近世統一権力が被支配住民を組織的に掌握する際に、「御朱印」が《惣町》に宛てられたことが、近世の《惣町》の枠組みを規定したことを指摘し、②町代との確執に起因する近世後期の「惣町運動」が、

「御朱印」の宛先である《惣町》の枠組みで行われたことから、近世後期においても《惣町》の枠組みが意味を有していたことを明らかにし、《惣町》の枠組みに注目することにより、近世京都を通時的に分析できることを示した。

第二章では、①被支配住民側の地縁組織と権力側、両者の重層構造に注目することで、江戸城における儀礼の場では《惣町》の枠組みが機能しているのに対して、京都における日常的な行政が京都町奉行所により担われていたことが影響し、京都における儀礼の準備過程では《町組》・《町》との関係が中心となるという二つの位相が存在したこと、②これが、《惣町》の枠組みで行われる儀礼に《個別町》の町年寄一名と《町組》単位で設定された町代二名が儀礼に参加するという京都の特殊なあり方につながること、③享保八年における京都町奉行所の都市行政改革の結果、儀礼の参加者が持つ《惣町》の代表としての性格が希薄化したことを明らかにした。

第三章では、①京都町奉行所の都市行政において、《町組》を単位として町代という町役人が設定されていくとともに、《個別町》（の代表者の町年寄）が都市行政の末端における基礎的な単位に位置づけられたこと、②都市行政の回路上では、上からの指示は町代が担当の《町組》に対して行い、下からの届出は《個別町》単位で町代が仲間として取り次ぐ形で行われたこと、③一方、「先座」の年寄を中心とする被支配住民の自律的な都市運営では機能していた《惣町》の枠組みが、享保期の都市行政改革の結果として行政回路の上では希薄化させられていく中、自律的な都市運営を担う年寄と、利害集団化していく町代仲間との間での確執が生まれるという形で、都市行政の構造的特質として、京都町奉行所による都市行政と被支配住民による自律的な都市運営の間の矛盾が《町組》の枠組みに集中的に顕在化するようになったことを明らかにした。

第四章では、①「京都旧記録」類は、第二・三章で明らかにした享保八年の京都町奉行所による都市行政改革の影響を受けた《惣町》の枠組みの希薄化や、《惣町》内における由緒をめぐる対立など《町組》間の結合の弛緩を背景に成立した旧記で、②失われつつある自律的な都市運営において《惣町》の枠組みが果たしていた機能について、被支配者たる京都住民と支配権力たる近世統一政権との間の儀礼や、支配―被支配の関係を軸に据えて叙述され、③近世中後期においても過去を知る史料として、項目を追加、構成を変化させながら書写により広く伝播したことを明らかにした。

第五章では、①近世中後期には、儀礼は「負担」とも認識される一方、「権利・栄誉」としてこれを求める動きも見られた、②こうした状況下、京都町奉行所により命じられた由緒調査の過程で、同じく徳川将軍家との間の儀礼に参加する町代との間で徳川由緒をめぐる相剋が生じ、文政町代改儀一件でも問題となった、③徳川由緒をめぐる相剋を裁定する際に、京都町奉行所は由緒については合理的な判断を下す一方、一件の決着は、京都の被支配住民と中間支配機構たる町代との立場を逆転させるものとなったことから、その背後に支配権力側の「イデオロギー的配慮」によって徳川由緒が受け入れられたとする認識も被支配住民側に存在したことを示唆し、支配―被支配の間の儀礼の持つ意味合いが被支配住民によってとらえ返されたことを明らかにした。

第六章では、①第五章で明らかにした被支配住民による儀礼のとらえ返しと並行する形で、行政回路上において住民との間で機能を果たし、京都町奉行所の都市行政への関わりを背景とする「権威」を振るう存在に対して、被支配者側の立場を優位なものとしようとした訴願運動が行われ、②新規願反対運動、文政町代改儀一件、茶屋一件の結果、京都町奉行所より上位の権力である徳川将軍家との間の儀礼の枠組みである《惣町》のもとに、新町／枝町を含む《個別町》が結束した《町組》が連合するという形で、住民の地縁集団の重層構造がとらえ返され、③運動の過程では、《惣町》の《町組―町》に対する優位性が確認されると同時に、《町組―町》の意向も無視できないものとなるとともに、④《惣町》を超える範囲の「市中一体」という意識も見られたが、《惣町》内の結合強化の中で《惣町》同志の対立を生んだことを明らかにした。

第七章では、①都市行政上での役割とは別の次元で、《惣町—町組—町》の地域住民組織が住民運動の経験を踏まえた形で形成され、②強化された地域住民組織は、都市行政とは別に寺社などから組織的関与を期待されるようになった、③さらに中間支配機構たる町代との立場が逆転したことにより、京都町奉行所の都市行政と地域住民組織の関係が深化し、都市行政の回路上で地域住民組織が利用されるようになり、④幕末期には町代が果たす機能を《惣町—町組—町》の代表者である三役が果たすようになったことを明らかにした。

第八章では、①近世前期においては、権力に対し飢饉時に拝借米を願い出る単位として《惣町》の枠組みが機能したが、より効率的な対応が出来たのは京都町奉行所の都市行政の回路上に位置づけられた町代であり、自律的な都市運営との間では確執が深まることになった、②天明飢饉では、朝廷との関係で検討されてきた飢饉対応の事例に、自律的な都市運営の関わりを見いだすことができた、③天明飢饉を踏まえた飢饉の予防策として始められた囲米の制度においては、当初は京都町奉行所の都市行政の志向性により《惣町》の枠組みは関与しなかったが、文政町代改儀一件の後には籾年番の人選に地域住民組織が関わるようになった、④都市内の地域間の経済格差を背景として、従来の飢饉対応が機能しなくなった近世後期から幕末期の飢饉に際しては、非地縁的組織による施行が有効に機能していたが、施金残金の処理という形で《惣町》が関わることになり、さらに将軍上洛時の拝領金を周辺地域への施行に用いることを地域住民組織が提案するようになったことを明らかにした。

以上、八章にわたって、「支配権力が、被支配側の組織や領域をどのような枠組みで掌握したのか、これに対して被支配側では、どのような枠組みによる結合で支配権力に対峙したのか」という点から、近世京都における《惣町》の枠組みの系譜について検討してきたことを、本章で述べた近代への継承も含めてまとめると、京都における《惣町》の枠組みは、近世京都の都市秩序の系譜の中で、「領域的掌握→組織的掌握→結合→掌握としても組織としても希薄化→地域組織化→把握→地域団体・行政区画」という展開をたどったと考える。

この《惣町》の枠組みの成立には、第一章において「御朱印」に注目して明らかにしたように、近世統一権力との関係が大きな意味を持っていた。ここでは特に、慶長五年（一六〇〇）の徳川家康禁制に注目したい。文政町代改儀一件などでは、「御朱印」の「守護」を求める願い出において、いずれも徳川家康禁制が最初に記されていたように、「御朱印」の中でも最も重視されたのが徳川家康禁制であったといえる。

そして、この徳川家康禁制の内容は、第一章の【史料1-8・9】で見たように、地子免除など特定の特権を保証したものではない。この点に関して、渡辺浩一氏(53)は、近世京都の「都市歴史叙述」について述べる際に、「御朱印」の「保管行事が盛大に行われているにもかかわらず、歴史叙述のなかで地子免許が前面に出ないのは、三木と異なって地子免許の危機が全くなかったから」と指摘している。では何故、「地子免許の危機が全くない」のにもかかわらず、「御朱印」の「守護」が京都において問題となったのかというと、近世京都においては、支配権力との関係そのものが、被支配住民側にとって「都市の特権」として認識されたからではないかと考える。

つまり、第五章で明らかにした点を踏まえれば、支配―被支配の間を取り次ぐ町代の「権威」も、京都町奉行所の都市行政との関係を背景としており、これに対抗するために、被支配住民側では、より上位の権力との関係を志向し、徳川将軍家との間で取り結んでいた儀礼関係が持ち出されるようになった。これと関わり、徳川家康禁制の帰属も重視されるようになったということである。

このように、近世京都における「都市の特権」は、支配―被支配の関係の中での、支配権力との関係そのもの、特に儀礼行為や「御朱印」を通じた具体的な関係に求められるのである。この「都市の特権」に注目して、本書でここまで述べてきた、近世都市京都における支配―被支配の関係の中で形成される都市秩序の系譜を簡単にまとめると、以下のようになる。

織豊期、豊臣政権は、《惣町》の枠組みで「城下町優遇政策」である地子免除を行ったが、これは統一政権による《惣町》の枠組みの［組織的掌握］を背景とするものであり、織田・豊臣の統一政権と《惣町》の枠組みとの間では儀礼を通じた関係も形成されていた。こうした地子免除や儀礼を通じた関係が、「御朱印」という具体的な形で示されたことも後の展開に大きな影響を与えたが、より大きな意味を持ったのは、徳川政権期になっても、引き続き徳川将軍家と《惣町》の枠組みとの間の儀礼という形で、織豊政権以来の統一政権との間の具体的な関係を維持したことにある。

そして、京都では、《町組》や《個別町》の枠組みの早熟的な形成と、これに応じた所司代・京都町奉行所の都市行政の展開、特に「洛中洛外町続」という《惣町》を超える領域を都市行政の枠組みとする都市行政の中で、支配権力による掌握としても、被支配住民による自律的な都市運営においても《惣町》の枠組みが希薄化した。この一方で、江戸城における徳川将軍家との間の儀礼が維持され、この儀礼に参加する《惣町》の代表者は、京都と江戸との空間的距離からも、限られた人物が参加することになるため「特権」を有するようになるにもかかわらず、都市行政の回路上においては《惣町》レベルの存在が行政を取り次ぐ機構として設置されなかったことにより、儀礼に参加するという「特権」を《町組》レベルの町代、《個別町》レベルの町年寄が有するようになったことが重要である。特に、《個別町》の町年寄が、《惣町—町組—町》の重層構造を通じて、その自律的な運営の代表者として、徳川将軍家との間の儀礼に参加するという意味を持つことになった。

近世中後期、京都町奉行所の都市行政の中での行政機構化を目指した「新規願」の諸会所や、京都町奉行所との関わりを背景に「利害集団」化した町代への対抗、特に町代との間で徳川将軍家との間の儀礼を通じた具体的な関係という「特権」をめぐる確執が生じた。これに対して、近世前期の都市秩序の系譜を引き継いで「特権」を維持し続けた《個別町》レベルの町年寄が、その「特権」を梃子にすることで、《町組》、及び《惣町》の結束の強化を可能にしたのである。これは、《惣町—町組—町》の重層構造において、下からの積み上げという形で、自律的な《町組》の連合による《惣町》の枠組みにおける地域的な結合にもつながった。

しかし、この近世中後期の都市秩序の転換は、《町組》もその結束の強化に徳川将軍家との間の儀礼を通じた関係を用いたことで、《町組》の「身分的な団体」化を促進させることになり、こうした《町組》のあり方が、文政町代改儀一件の結果、地域住民組織として京都町奉行所の都市行政に対応するようにもなった《惣町》の枠組みにとっては桎梏ともなった。このような形で幕末期に顕著となる、都市行政の回路上で期待される《惣町》の優位性による組織の内部統制と、《町組》連合という形で運営される組織内の秩序との間の齟齬をも背景としながらも、都市行政への対応の中で、「被支配住民が「市中一体」の入用を管轄していく」という「地域団体」化を準備していた《惣町》の枠組みは、明治初期の「町組改正」後も、「民」として「みずからの団体の運営の一般意志」を示しながら「官」の都市行政に対峙するという形で、その枠組みを近代へと継承させた面もあったと考える。

このように、支配権力との間の儀礼を通じた関係＝「都市の特権」の具体的なあり方が、近世都市における支配—被支配をめぐる秩序を規定した。こうした支配権力との間の具体的な関係という「近世都市の特権」の特質は、近世都市における支配—被支配の間の距離の近さを反映したものである。渡辺浩一氏は、近世都市を、「地域社会のなかの特異点」であるとし、特に地子免除や諸役免除が「近隣の村落と比較した場合、特権と認識される」と述べる。これまで述べてきたように、近世における国家支配の環として、権力支配の上で重要な位置を占める都市においては、支配権力と被支配住民との間の距離が近く、ここに近世都市の支配—被支配の関係をめぐる具体的な関係（「都市の特権」）が生まれる。こうした支配権力との間の具体的な関係そのものが、「近隣の村落と比較した場合、特権と認識される」ようなものであった。ここには、「御百姓意識」のように抽象化された形で認識された、近世村落における支配—被支配をめぐる関係意識との対比をもうかがうことができる。

岩田浩太郎氏[56]は、「村方と比較して町方の場合、領主御用・役の具体的内容は著しく多様であり、また町屋敷所持の有無など階層によってその負担のあり方が千差万別であるため、惣町一揆の正当性根拠として領主御用・役負担を一般化して主張しにくい状況があるため」、「特定の領主御用・役をつとめているという対領主関係意識よりも、より一般的な職分意識が騒動全体の対領主関係意識の基盤となっていた」とし、「「御百姓」意識と同質なレベルの「御町人」意識は全社会的な規模では成熟しなかったが」、「惣町一揆の中心的原理は、ひろい意味での領主御用・役負担意識および、より一般的な職分意識に基づく領主との双務的な関係意識を基盤とし、御救いをはじめとする仁政の実施を〈町方（一統）の成立・相続〉―〈渡世（家業）の成立・相続〉のために要求することにある」と述べている。

本書でこれまで述べてきた点からすると、「多様で」、「一般化して主張しにくい」支配権力との間の具体的な関係そのものこそ、近世都市における支配―被支配をめぐる関係意識を規定するのであり、その意味で、近世都市における「対領主関係意識」は、本来的に「御百姓意識」とは異なるものになるだろう。

そして、こうした具体的な関係であったが故に、本書で見てきたような形で、支配権力と、被支配住民の組織的結合、あるいは、支配―被支配の間を取り次ぐ存在が、それぞれの枠組みに依拠しながらせめぎあい、「特権の体系」をなすことで、近世京都における支配―被支配の関係をめぐる秩序が形成されたと考える。これを、序章で触れた近年の近世身分制社会に関する理解を踏まえ、特に「特権の体系」という分析視角からまとめるならば、次のようになるだろう。

近世身分制社会では、社会諸集団は絶えず支配権力による公認という特権を獲得し、「特権の体系」として成り立つ身分社会において確固とした位置を占めようとする動きを見せるとされるが、この権力による公認こそ支配権力との間の具体的な関係という「都市の特権」であったと考える。そして、支配権力の側においても徳川将軍―所司代―京都町奉行という形での重層構造が見られたように、「礼の秩序」、すなわち上下関係、主従関係などにより秩序化されていたことに対応して、支配―被支配の関係においても、支配権力との間の具体的な関係という「都市の特権」は体系化され、この「特権の体系」の中で被支配側でも権力による公認を得て、確固とした位置を占めようとした。

この意味で、本書で検討してきた近世京都の事例では、新規願の会所や中間支配機構たる町代は、京都町奉行所の都市行政における公認を求めているという点で、「特権の体系」たる近世身分制社会の範疇内の動きであり、これら諸集団が身分社会の中での確固とした位置を占めようとする私的利害の側面にも留意しなければならない。さらに、重要なのが、こうした特権によって秩序づけられる際に、支配権力を背景とした「権威」が媒介するという点である。本書第六章で取り上げた事例でも、被支配者たる京都住民が反発したのは、京都町奉行所の「権威」を背景とした「新規願」の会所や町代の権威的な振る舞いに対してであった。

渡辺浩氏[57]は、「支配組織とは即ち「御威光」の下の「御役威」の体系」であり、この「「御威光」は儀礼・象徴によって保たれる」と述べている。第六章で触れたように、「新規願」の会所も京都町奉行所との間の儀礼を求めていたこと、町代も京都町奉行所との間の儀礼や由緒を通じたつながりを強化させようとしていたことも、「役威」を求める動きであったといえる。民意を踏まえた都市行政を行うための組織である会所も、被支配住民側の代表者から中間支配機構に転じた町代も、これを都市行政の回路上で機能させようとする際には、京都町奉行所を背景とする「役威」が必要だったということになるだろう。町代や「新規願」の会所組織を通じた形での京都町奉行所の都市行政は、その内容が民意を踏まえたものであったとしても、その「役威」を介在させた形でしかその行政を実現できない点で、「役威」に対する反発を招くことにもなった。文政町代改儀一件が被支配住民側に有利な形で決着したことは、町代の「役威」を通じた形での都市行政を困難にしたため、京都町奉行所は

《惣町》の代表者である三役に頼る必要が生じた。しかし、三役はあくまで被支配住民側の《惣町―町組―町》組織の代表者であり、《町組》の意向も無視できないという組織内の秩序が一方にあったから、三役を通じた都市行政を実現しようとすると、行政回路上で期待されていた《惣町》の優位性による組織の内部統制と《町組》連合という形で運営される組織内の秩序との間の齟齬が問題となった。そこで、明治維新後の「町組改正」においては、《惣町―町組》の結合を分断し、三役から転じた大年寄に「官府より給米」を与えようとしたことも、明治維新後の支配権力において「役威」を通じた秩序が志向されたことを示す。これも近世京都の都市秩序における「特権の体系」の一つの顕れであるといえよう。

さらに、近世京都の事例で興味深い点は、他都市と比較した時の近世京都の特殊性（《惣町》の枠組みの早熟的な形成や複数の《惣町》の併存、《惣町―町組―町》の重層的構造の形成のあり方）により、《惣町》の枠組みに結集する被支配住民側も支配―被支配の関係の中での支配権力との間の具体的関係という特権、すなわち徳川将軍家に対する儀礼上の関係を有していたことである。つまり、徳川将軍家との間の儀礼に《個別町》レベルの町年寄が参加するという形で、この特権が独占されなかったということが近世京都特有の重要な意味を持った。

例えば、町代との関係でも、徳川将軍家との間のつながりという特権を町代に独占されていれば、たとえ町代に対する反発があっても、由緒をめぐる対立を経て、最終的に被支配住民側に有利な形で決着することにはならなかっただろう。つまり、京都町奉行所を背景とする「権威」に拠る「新規願」の会所や町代に対する反発から、「特権の体系」の中での位置づけをめぐる対立が住民運動となった訳だが、より上位の「権威」に拠ることができる徳川将軍家との間の儀礼上の関係がとらえ返される中で、《個別町》の町年寄が《惣町》の代表者として徳川将軍家との関係を有するという特権もとらえ返されたということである。

本書第五章で述べたように、徳川将軍家との間の儀礼に参加することは「権利・栄誉」として認識されたから、

《惣町》の代表者として徳川将軍家との間の儀礼に参加するという特権を有する町年寄は、《惣町》の枠組みでの結合の核となった。例えば享保期における町代との確執に際して主導的な役割を果たした小西保寿（第三章）、文政町代改儀一件において下京側の訴訟を主導した石黒藤兵衛（第六章）、幕末から明治初期において三役・大年寄として「町組改正」にも関わった千田忠八郎（終章）、いずれも《個別町》の町年寄である彼らが《惣町》の代表として徳川将軍家との間の儀礼に参加していた（巻末の「年頭御礼関係一覧表」を参照）ことが、《惣町》の枠組みにおいて役割を果たす上で大きな意味を持っていたと考える。そして、徳川将軍家との間の儀礼を通じた関係が《惣町》レベルの存在に独占されていなかったからこそ、下からの積み上げという形で、《町組―個別町》の連合による《惣町》の枠組みにおける《惣町―町組―町》組織が形成されたと考える。

この点で、新規願反対運動や文政町代改儀一件などの住民運動における儀礼上の関係のとらえ返しについても、「特権の体系」としての近世身分制社会の規定性の中での動きであることに注意しなければならないだろう。京都町奉行所に拠る「権威」や京都町奉行所による都市行政という権力の支配に対する反発であっても、それを超える徳川将軍家の「権威」には服していることは、徳川由緒の語られ方でも明らかである。あくまで徳川将軍との間の支配―被支配の関係を前提として取り込まれている中で、徳川将軍家と幕府の遠国奉行たる京都町奉行所という支配権力内における権威の体系を反映した「特権の体系」としての秩序化が被支配者たる京都住民の運動で目指されたということである。また、直接的に被支配住民による反発の対象となったのは、「役威」を帯びて都市行政上に位置づけられた町代や「新規願」の会所組織であり、その意味では京都町奉行所自体に対する反発でもなかった。あくまで京都町奉行所の都市行政の変更を求める運動であり、体制の変革を求めた訳ではない。

このように、本書で明らかにした事例も、あくまで近世身分制社会の論理の中で、「特権の体系」という形で顕れる近世京都の都市秩序の展開として解釈しておく必要があるだろう。

そして、この「特権の体系」による秩序化により、被支配者たる住民の集団内部、具体的には《惣町》の内部も体系化された。具体的には、序章で触れたように古町／親町と新町／枝町という格差により、《惣町》の枠組みにおける自律的な都市運営に関わることのできる《町組》・《個別町》は限られていたし、第六・七章で明らかにしたように、《惣町―町組―町》の重層構造がとらえ返された住民運動の結果としても、古町／親町と新町／枝町の間の主従関係はむしろ強調されることになった点には注意が必要である。

さらに、この住民運動において都市下層社会は含まれず、第八章で示唆したように幕末期に都市内の地域間格差を踏まえるようになったとはいえ、《惣町》の枠組みの動向からは、「一円的都市社会」が成立したと評価することは難しい。これに対して、新規願の会所が目指したものや中間支配機構たる町代を回路上で効率的に機能させようとした京都町奉行所による都市行政は、《惣町》の枠組みを希薄化させたり、籾年番の制度を設けた、少なくともその当初の意図としては、《町組》間の従属関係に関係なく、順番に《町組》を担当させようとしていた。このように、京都町奉行所の志向としては、内部の主従関係などは解消させようとする方向性を有するものであり、その意味では公共的な面があった。しかし、先述の通り、これら公共的な側面を持って都市行政の回路上で機能させるために設置された新規願の会所や中間支配機構たる町代が、京都町奉行所を背景とする「権威」に拠ることで「特権の体系」の中でより上位を占めるような動きを示さないと都市行政が実現できず、結果的に被支配者たる住民の反発を招いた点で、近世身分制社会の範疇の中での限界性を有していたことについても踏まえておく必要があるだろう。

また、近世後期から幕末期にかけての都市行政の回路上で期待されていた《惣町》の優位性による組織の内部統制と、《町組》連合という形で運営される組織内の秩序との間の齟齬についても、両者ともあくまで「特権の体系」としての近世身分制社会の範疇にあることに注意しなければならない。幕末期の「「市中一体」の入用を管轄していく」という《惣町》の姿勢も、京都町奉行所の都市行政に対応する中でのものであり、幕末期に《惣町—町組—町》の代表者たる三役が、京都町奉行所の都市行政の回路上で機能するようになった背景にも、京都町奉行所との結びつき強化という側面があったのである。これが《町組》との間の桎梏をもたらすことにもなった訳だが、「都市全体」に開かれた《惣町》と閉鎖的な《町組》という対比ではとらえるべきではないだろう。

もちろん、《惣町》も徳川将軍家との間の儀礼の枠組みであるから、「特権の体系」内での展開に封じ込められている。確かに、近世後期になると、儀礼への参加を「負担」として、参加者の選定に苦慮する事例も見られるので、徳川将軍家との間の具体的関係という「特権」が「負担」と認識される側面も大きくはなったであろうが、徳川政権が続く限りは儀礼は行われ続けた。そして、近世後期には、京都町奉行所との間で都市行政の回路上に位置づけられていく中で、京都町奉行所との関係という「特権」をも《惣町》の枠組みは有するようになったのである。

また、明治維新直後については、確かに、《惣町》の枠組みでの徳川将軍家に対する儀礼は行われなくなったが、先述の通り、大年寄に「役威」を与えて都市行政を展開しようとしていた。一方、《町組》の枠組みで王政復古後の権力に対して儀礼を行おうとしたり、皇宮東啓に反対するなど、権力との関係を求める動きも見られた。権力側においても、被支配側においても、明治維新後すぐに「特権の体系」が解消された訳ではないのだろう。

このような形で、被支配者たる京都住民の自律的な都市運営においても、支配権力を構成する京都町奉行所による都市行政においても、近世身分制社会の規定性を受けたものであったために、近世から近代への移行の中で、「特権の体系」としての都市秩序を次の段階に移行させる、明治初期の「町組改正」が必要とされたと考える。

つまり、「町組改正」は、奥村弘氏(58)が指摘しているように、「町組改正」と同時に提起された「身分的な秩序によらず町自身がみずからの団体の運営の一般意志である「定議」を抽出する方法」としての「「公議」にもとづく地域運営という秩序」が近代国家によってもちこまれることで、権力側でも住民側でも近世身分制社会の「特権の体系」としての秩序が解体される第一歩となったということである。

以上のような形で、近世身分制社会の中での「特権の体系」＝近世京都の都市秩序として、本書の検討結果をまとめることで、塚本明氏の明らかにされた成果を次に引き継いでいけるのではないか。近世後期の都市住民の行政参加という点についても、「新規願」を通じた都市住民の関与する都市行政が「可能性」にとどまったのは、これを実現するためには「役威」を付与した町役人を通じなければならないという規定性のため、民意を踏まえた権力側の志向性に関わらず、その実現にあたって被支配住民の「役威」に対する反発を招いてしまったからである。一方で、幕末期の鴨川土砂浚いや施行への関わりにおいて、「「市中一体」の入用を管轄していく」動きを見せたことは、被支配住民の行政参加として評価できるが、あくまで京都町奉行所の都市行政の回路上に位置づけられたという点で支配の深化という側面もあった。これらは、序章で記したように、支配側の意図する行政区画としての枠組みと、被支配者側自身が志向する結合の枠組みは、たとえ同一の空間の上でも、その機能や認識において、両者の間には齟齬やズレが生じることを前提にすることで、権力側の志向性と被支配住民側の対応のすれ違いとして、近世京都の都市秩序を描いてきた中で見えてきたものである。

ここまで見てきたように、本書は、序章で述べた視角から、これまでの近世京都研究で明らかにされてきた事例をとらえ直してみた。そして、近世京都の支配―被支配の中で形成される都市秩序像を、叙上のような形で提示してみた訳だが、最後に、序章で述べた本書の研究視角及び課題との関係で、本書の成果をまとめておきたい。

これまでの近世京都研究においては充分に検討されてこなかった、徳川将軍家との間で近世を通じて行われてきた儀礼に注目することで、儀礼に象徴的に示される支配―被支配の関係をあくまで前提とした秩序を描くことができた。そして、この儀礼に参加する京都の被支配住民の代表者の位置づけ（参加者の選ばれ方）を検討することで、京都が他の都市と比較して特殊な点を踏まえた形で、近世京都の都市秩序を考えることができるようになった。特に、被支配者たる京都住民が江戸城における徳川将軍家との間の儀礼に参加する際の枠組みともなる、支配―被支配の接点としての《惣町》の枠組みの重要性を踏まえて検討した点で、これまでの研究が《町組―町》を主に検討してきた点とは異なる形で、近世京都の都市秩序像を提示することができた。

さらに、儀礼などを通じて支配権力とのつながりを持つことを「特権」とし、都市行政の場においても、支配―被支配を取り次ぐ役職に「役威」が付随することに注目することで、儀礼と行政や住民運動の関係を連続してとらえて、「特権の体系」という形で評価することができた。

そして、この儀礼に関わって語られる由緒にも注目することで、被支配者たる京都住民が権力との間の儀礼上の関係をとらえ返していた点も踏まえて、《惣町―町組―町》という京都の地縁的集団における重層構造のとらえ返しなど、近世後期の住民運動に見られる都市秩序の展開をとらえることができた。加えて、由緒に象徴的に示される「権威」をめぐる相剋や認識のズレを分析することで、「権威」に拠らなければならない「特権の体系」として成り立つ近世身分制社会という限定性の中で、近世都市京都の都市行政や住民運動をとらえ、都市秩序の展開の中に位置づけることができた。

第三節　残された課題

以上、本書で明らかにしてきた支配―被支配をめぐる都市秩序の近世的特質は、近世都市京都における「支配―被支配の接点における枠組み」、すなわち「支配権力が、被支配側の組織や領域をどのような枠組みで掌握したのか、これに対して被支配側では、どのような枠組みによる結合で支配権力に対峙したのか」を分析することで明らかになったものである。このように、本書では近世京都における「支配—被支配」の接点に限定した分析を中心に行ってきたため、当然のことながら言及できなかった論点は数多く存在する。

社会構造、経済的環境との関係や権力側、被支配住民側それぞれについて都市秩序を規定する要素を挙げれば際限がないが、本書はあくまで儀礼や由緒を通じた「特権」という要素に注目したのみであり、これ以外については今後の課題とせざるをえない。

多くの課題が残される中、ここでは本書で明らかにしてきた点と関わって、今後議論を深められそうな論点をいくつか最後に挙げておきたい。社会構造との関係や他都市との比較という点では、本書で注目した徳川将軍家と近世京都の住民との間の儀礼をめぐっても十分に論じ切れていない点もあるからである。

例えば、近世都市の社会構造との関係については、本書の分析は社会構造分析を欠いているが、近世都市社会の動向も、支配権力による都市行政や被支配住民の組織的結合のあり方を当然規定していたと考えられる。都市社会構造との関係を考えるに際して、今後の課題となる論点をあげておきたい。

まず、《個別町》についての分析である。本書は、近世京都における被支配住民の結合組織としての《惣町—町組—町》の重層構造の中で、特に《惣町》の枠組みに注目したこともあり、《惣町—町組》の関係が分析の中心となった。しかし、朝尾直弘氏[59]による「町共同体」論の提起以後、吉田伸之氏[60]による「商人の論理」が「町の論理」を克服したという指摘や、横田冬彦氏[61]による「町自治」の挟溢性の指摘など、《個別町》のあり方をめぐって様々に議論されてきた。これらの論点が、本稿の中でどのように位置づけられるのか、特に、近世中期以降、機能低下を指摘されてきた《個別町》の位置づけについては残された課題である。一方で、京都については、「他都市と比べ強固な町共同体が残っている」[62]とされてきたことも合わせて検討する必要があるが、本書で《惣町》や《町組》について「支配権力が、被支配側の組織や領域をどのような枠組みで掌握したのか、これに対して被支配側では、どのような枠組みによる結合で支配権力に対峙したのか」という観点から分析したように、《個別町》についても、共同体としての側面だけではなく、支配権力の掌握する枠組みとして、あるいは被支配住民側の地域住民組織として、両者の関係も合わせてその展開を検討することで、《個別町》についても改めて検討し直すことができるのではないか。

次に、《惣町》の枠組みにおける被支配住民の自律的な都市運営、近世後期以降は《惣町―町組―町》組織に関わる担い手の問題がある。本書で取り上げた徳川将軍家に対する儀礼をめぐっても、第二章で年頭御礼の参加者の選定について検討しているが、具体的にどのような社会階層の者が参加していたのかは、十分に説明できていない。第二章で述べたように、《個別町》を代表する町年寄が決められた《町組》の順番で、《惣町》の代表として徳川将軍家との間の儀礼に参加する訳だから、この儀礼の参加者は少なくとも《個別町》の町年寄を務める者である。つまり、《個別町》内における社会階層としても上層に位置するのであろうから、一定の階層の利害を反映している可能性はある。

いずれにしても、具体的に《個別町》内の社会構造との関係についても検討する必要がある。例えば、具体的な参加者として、延宝六年（一六七八）に参加した上京（立売親九町組）の神田了信は寛永期より両替商を営む神田家の二代目[63]で、明和三年（一七六六）に参加した下京（上艮組）の西村吉右衛門も近世初期以来の商家[64]で、両家とも近世を通じて家を存続させている。一方、天保七年（一八三六）に参加した下京（上艮組）の野口安兵衛は、正徳年間（一七一一～一七一六）に伊勢より奉公に出て、享保八年に商家として独立した呉服商、金屋野口家の三代目であり[65]、上記の二家とは異なり、近世中期以降に京都で創業した「新しい町人[66]」といえる。

加えて、近世後期における《惣町―町組―町》組織の代表である三役についても、右の神田家十代目の寿海が上京大仲の惣代を務めている。また、明治維新直後に最後の三役から大年寄に任命された内、下京の杉本治郎兵衛は、享保二年（一七一七）に伊勢より京都に奉公に出て、寛保三年（一七四三）に商家として独立した呉服商、奈良屋杉本家の分家筋に当たる人物である。[67]つまり、近世初期以来の住民も新興の住民もどちらも徳川将軍家との間の儀礼に参加し、《惣町―町組―町》組織の運営に携わっており、この点での差はなかったと思われる。一方で、三井家からの参加は見られないため、社会的権力論[68]との関係については別途検討する必要があるだろう。

この具体例からは、確かに近世初期以来の商家が儀礼に参加したり、《惣町―町組―町》組織の代表となっていることも確認できるが、奈良屋杉本家のように近世中期以降に京都で商売を成功させた新興の商人が《惣町―町組―町》組織の代表ともなっていることから、近世京都における社会階層としては固定的な面と流動的な面があるようにも思われる。いずれにしても、今後はこれらの具体的な事例から分析することも必要だろう。一方で、本書での検討結果から、徳川将軍家との間の儀礼に参加する町年寄や、《惣町―町組―町》組織の代表は近世を通じて一定の家に固定されるようになっていない点に注意が必要である。担当する《町組》の順番が決められているため、同一の《町組》が担当するのは何年かおきになる訳だから、本書第二章でも明らかにしているように、徳川将軍家に対する儀礼に同じ人物が複数回参加する事例も、現在判明している参加者からは確認できないのである[69]（巻末の［年頭御礼関係一覧表］を参照）。

さらに、この担い手という点で注意すべきは、担い手の個性よりも組織の論理の方が強かったのではないかということである。特に、《惣町》レベルの運営への関与が、古町／親町に限られたため、古町／親町に住むか、新町／枝町に住むかが、決定的な要素となった。小林丈広氏、秋元せき氏によって明らかにされている明治初期の「町組改正」後に大年寄となる熊谷直孝[70]や下京区長となる竹村藤兵衛[71]は、新町に住んでいたため、《惣町―町組―町》組織の担い手とはなれなかった。但し、竹村は唐小間物商のグループ、熊谷は心学講舎など、非地縁的組織を通じて都市行政に関与した、小林氏が指摘する「町に代わる新たな公共機能の担い手」ともいえる存在であった。そこで、彼らのように高い能力を持ちながら、新町／枝町に住んでいたため担い手となれなかった者達を、大年寄に就任できるようにするために行われたのが「町組改正」であったともいえる。但し、本書での検討結果から言えることは、彼等が大年寄などとして活動する近代の行政組織は、近世後期の地域住民組織の展開が、その組織的基盤となっていたことを踏まえておく必要があるのではないかということである。

また、担い手の問題と関わって、都市住民としての商人の存在をどのように位置づけていくかが課題となる。吉田伸之氏(72)が、近世都市の「町共同体や惣町結合とは異なる位相で、分節的社会構造の実態的内実を構成する主要な要素としての仲間・組合」が、商人の論理としての「自分荷物の論理」により、問屋のヘゲモニーを弱体化させたことを明らかにしている。こうした「商人の論理」としての売買の自由、吉田氏の言葉を借りれば「煮えたぎる欲望＝市民社会の論理」の中に近世都市の流動的な動きがみられ、これに対応する形で支配―被支配をめぐる秩序が形成されるという側面も当然あるだろう。本稿では、こうしたことの前提として、治者と被治者の分離という近世身分制社会における、支配権力と被支配住民の地縁的な結合組織との間の支配―被支配の関係の中で形成される都市秩序を分析してきたが、どのような社会、経済状況を秩序化させていたのかという点を明らかにする必要がある。その際には、都市住民である個々の商人が、地縁的な結合組織や、都市行政とどのように関係していたのか、具体的な関わりを明らかにしていかなければならないだろう。

本書で具体的に検討した徳川将軍家との間の儀礼についても、その参加者は、《個別町》の代表である町年寄としての属性とともに、それぞれ商売を営む商人としての属性も持つ。先述の神田家は両替商、西村家は呉服商である。また、年頭御礼の参加にあたっては、京都町奉行所への届出の中で何の商売を営んでいるか報告をしており、関連史料の中で各参加者の商売が判明する事例があるので、巻末の［年頭御礼関係一覧表］中に示した。

確かに呉服関係が多いが、特定の商売に偏っている訳ではないので、個別の商売の利害を反映するようなものではないと思われる。いずれにしても、商業活動などとの関係については、本書では十分に検討することが出来ていない。本書第七章の元となった日本史研究会大会での共同研究報告への批判として、今井修平氏[73]より指摘をいただいた「株仲間などの職縁的共同組織や同族団のような擬制的家結合」を論点に組み込めていない点についても今後の課題となる。

また、広く近世京都における経済的な背景についても本書はその関係を説明できていない。右に記したように、呉服に関する商売との関係では、西陣地域の動向も重要な論点である。これまでの西陣の研究に見られるように、京都以外の地域における経済動向が京都に影響をもたらした点も考慮すべきであろうし、藤本仁文氏[74]や尾脇秀和氏[75]の研究に見られるように、京都への人・モノの大量流入が京都の産業、経済にダメージを与えたことが、都市秩序に与える影響を考える必要がある。本書でも、享保八年（一七二三）の京都町奉行所による都市行政改革、宝暦・天明期の「新規願」、文政町代改儀一件など、都市秩序が展開する出来事を取り上げてきたが、その背景となる社会、経済の動向について、本書は十分踏まえられていない。

例えば、徳川将軍家との間の儀礼に関する費用について、その負担額（軒割）が、享保八年以前は大割勘定寄合の「配符」の中に、享保八年以降は毎年末に出される町触（例えば【史料3-24】など）の中で示されているので、これを巻末の［年頭御礼関係一覧表］に示した。物価の変動なども踏まえなければならないので、負担額の増減を評価することは慎重にしなければならないが、享保八年の都市行政改革と文政町代改儀一件の直後に負担額が大幅に減少し、その後はまた漸増していくという点は、本書で注目した徳川将軍家との間の儀礼に関わる都市秩序の展開の背景に、負担額の減少という動機も存在したことを示すと思われる。本書第五章で触れたように、儀礼への関わりは「特権」となると同時に、「負担」としても意識される。この点については、具体的に、儀礼に関する負担がそれぞれの商家経営の上でどのように位置づけられていたのかを明らかにする必要もあるだろう。

こうした近世都市における社会経済状況との関係については、本書で触れた近世京都における中心部と周辺地域との経済格差の問題とも関わって、周縁地域における新地開発や、借屋など下層社会も視野に入れることが、今後の重要な検討課題となる。このような形で都市社会の細部の構造にまで踏み込む際にも、支配権力による都市行政の特質や、被支配住民の結合組織のあり方など、特に、本書で明らかにした支配—被支配をめぐる都市秩序を前提として考えることが、「特権の体系」として成り立つ近世都市像をより動態的、立体的に描くためには必要であると考える。[76]

次に、本書では、近世の支配権力としての徳川政権、江戸幕府による支配と、被支配者たる住民の地縁的組織、との間の支配—被支配の関係に焦点を当てているが、右に述べた被支配住民の織りなす社会状況についてもさらに深掘りする必要があるのと同様に、支配権力側についても、十分に言及できていない点がある。

第二章では、支配権力側にも徳川将軍—所司代—京都町奉行所の重層構造があることを踏まえて分析したが、江戸幕府の遠国支配機構としての所司代と京都町奉行所の関係については、さまざまな研究が行われており、これらの研究成果も踏まえて検討しなければならない。また、幕府機構内において儀礼を担当する寺社奉行・奏者番や第六章で取り上げた勘定吟味役伊奈半左衛門など、江戸における幕府役人の位置づけについても検討する必要があるだろう。例えば、第七章で取り上げた安政三年の内裏造営や鴨川土砂浚いの事例から、所司代と京都町奉行の間での指示・報告を経て政策が実施されていく様子を明らかにできるが、近世京都の都市行政における所司代や幕府老中などの役割も検討課題となる。この他、これまでの研究で指摘されているように、京都における大名屋敷、あるいは牢人など、武士を京都の住人としてどのように位置づけるかも問題となるだろう。[77] [78] [79]

また、京都町奉行所による都市行政についても、既に宇佐美英機氏が検討しているように、江戸や大坂との違いを踏まえて、近世京都の制度や機構を評価することが必要である。さらに、序章でも記した通り、近世京都に[80]

出された町触は『京都町触集成』として刊行され、今後も未発見の町触の収集が必要となるが、町触などの史料から、京都町奉行所による都市行政について考察を深めることも、今後さらに重要になってくる。

さらに、京都町奉行所の与力が果たした役割についても、検討課題となるだろう。例えば、第八章で触れた「改革派与力」の平塚飄斎については、幕府役人の羽倉外記が、大坂町人に御用金を出させるため江戸から派遣された際に、大坂町人に対して「其方共の金銀は矢張公儀の物も同し事なり、公儀の御用不足の時は則其方ともより御用達るか道理なり」と言って説得すると主張したのに反対し、平塚は「公儀御蔵の金銀は其方共の物なり、其故は上の金銀は皆下の為に用ひ給ふ事なり、然るに其公儀の金銀不足故其方ともより御用達へし、是矢張其方ともの為になさるゝ事なり」と説得した方が良いと主張した[81]。このような姿勢の与力だからこそ、京都町奉行所を背景とする権威によることなく、小林丈広氏[82]によって指摘されているように、「有力町人との関係を深め、町に代わる新たな公共機能の担い手として有力町人を組織化」でき、被支配住民の地縁的組織の反発を招かなかったという側面があったのではないかと考える。

また、本書第七章などで見てきたように、近世後期から幕末期の京都町奉行所による都市行政において、町触とは別に「申諭」という形で行政意志の伝達が行われるようになった意味についても考える必要があるだろう。

この他、冒頭で断っているように、本書は、近世の支配権力としての徳川政権、江戸幕府による支配と、被支配住民の地縁的組織、との間の支配―被支配の関係に焦点を当てているため、近世京都における権力関係としては、例えば朝廷・公家や寺社については触れられていない。既に、鍛治宏介氏[83]により、「天皇・禁裏の位置づけの欠如は、例えば牧知宏氏らの近年の近世京都研究の批判としては有効であろう」と指摘されているように、天皇や公家との関係は重要な論点となるだろう。本書では、白井寿庵（第三章）、西村近江（第五・八章）、高畠青菰[84]（第七章）といった、朝廷社会との接点を持つ人物を取り上げてきた。確かに、このような人物の中では、徳川将軍家や京都町奉行所との間の関係と朝廷社会との関係が併存しているが、都市秩序として天皇・公家との間にどのような関係があるのかについては、《惣町》の一つである禁裏六丁町との関係も含めて、さらなる検討が必要と考える（例えば、文政町代改儀一件における禁裏六丁町の動向など）。

次に、寺社との関係についても、《惣町》としての東西本願寺の門前町を含め、寺社門前境内や寺町を、寺社との間の関係と京都町奉行所による都市行政との関係という形で分析することもできるだろう。[85] また、本書で中心的に取り上げてきた、上京・下京については、中世以来の「氏子区域」[86]という観点から、上京の上御霊神社、下京の八坂神社、特に各社における祭礼行事との関係も論点になる。祇園祭の山鉾の順番を決める鬮取の場となった六角堂[87]についても、時の鐘の費用を下京が負担するなど、寺社との関係を含めて検討する必要があるだろう。このような宗教との関係については、「身分的周縁」[88]として研究されてきた、民間宗教者も含めて都市住民として位置づけて、都市秩序を考えることも課題である。

以上の点は、いずれも近世の京都における都市秩序を考える上で踏まえる必要のある課題である。さらに、京都以外の近世都市の都市秩序についても議論を広げていく必要があるだろう。本書は、近世京都の分析に限ったものであるが、支配権力との間の儀礼への参加のあり方や、支配権力による都市行政の領域的把握や、これに対応した地縁的住民組織の形態の違い、特に《惣町》レベルで都市行政の接点に位置する中間的支配機構のあり方など、他都市と比較した時、近世京都の特殊性をより浮かび上がらせることができると考える。

他都市との比較として、本書で注目した徳川将軍家との間の儀礼については、甲府を事例にした望月良親氏の研究があり、儀礼への参加が特定の家に固定化される甲府の事例と、本書で明らかにした京都の事例の間でも、中間支配機構たる町役人の存在形態をめぐって比較検討できるだろう。[89]

また、同じ幕府直轄都市である三都に限っても、中間支配機構たる町役人の存在形態や都市行政上での機能については、別稿で指摘したように、名主[90]（江戸）、惣年寄[91]（大坂）、町代[92]（京都）と、役名も出自も異なり、権力との関係が密接化する経過も一様ではない。大坂では元禄四年（一六九一）に惣年寄を「御公儀一味」と位置づけており、こうした認識のもとで、京都においては町代が役名を惣年寄と変更するよう願ったのであり（第五章）、さらに幕末期の三役が大坂の惣年寄に等しいと評価された（第七章）。このように、三都間でも他都市の動向を横目にみながら都市秩序が展開していったが、天保改革期には江戸幕府として直轄都市の町役人のあり方を再編成しようとした形跡が見られる。天保十五年（一八四四）には大坂でも江戸と同じ形の名主制度をつくろうという案を幕府が大坂町奉行に提示していた。[93]また、本書第七章で取り上げたように、天保改革期の物価調査を担当した《町組》の年寄に給銀を支給して下級官吏に位置づけようとした。[94]こうした京都・大坂における町役人再編の動きは、江戸の名主が寛政・天保改革において多用な掛に任命されて広域行政を担うようになったこととも連動して、江戸をモデルとした町役人制度に統一的に再編することを目指したものと考えられる。町役人についても、他都市との差異と共通点に留意しながら比較検討することが今後必要になるだろう。

さらに、具体的な政策のあり方についても、例えば、災害対策[95]としての川浚政策に関して、小林信也氏が明らかにする「御用達町人たちを頂点とする豪商たちを取り込み町奉行所が積極的に推進した」近世後期江戸の川浚、[96]近世中後期以降「川浚冥加金」として三郷町人に賦課される大坂の川浚[97]と比較して、第七章で明らかにした安政三年（一八五六）の鴨川土砂浚いに際しての「市中差出金」のあり方には、当該時期の《惣町》の枠組みの性格変化を反映したものとして、近世京都の都市秩序の特殊性を見ることができる。こうした観点から筆者も三都の川浚における仕金調達の側面について別稿で比較検討している。[98]

一方、被支配住民による訴願運動についても比較は可能である。例えば、大坂における近世中期（元文期）の「惣会所経費節減動」に際して、「惣年寄がもっていたであろう町人の側から見た「町人惣代」としての役割と惣会所の自治機関としての機能がこの元文期には共に大きく後退して、町奉行所の下部吏員化、下部機関化が著しく進行していた」[99]とされるように、徳川将軍家との間の儀礼に参加する枠組みである「大坂三郷」（＝《惣町》）が行政組織化してしまっている大坂では、徳川将軍家との結びつきという「特権」を軸にした結集は不可能である。そこで、西坂靖氏[100]が明らかにしているように、被支配住民の訴願運動は都市行政の枠組みとして設定された「火消組合」を通じて行われた。《惣町》の位置づけや都市行政の回路の機能など、本書で検討してきた京都の事例と比較した時、近世都市の特質がさらに浮かび上がると考える。

以上のように、三都に限ってみても、各都市間の差異とともに、幕府直轄都市としての共通性から様々な分析が可能となる。二〇〇〇年代以降の近世都市史研究においては、江戸・大坂の都市社会構造分析を中心として、江戸・大坂の都市社会の様相がさまざまに明らかにされている。[101]これらの研究で明らかにされた都市社会構造を、支配―被支配をめぐる都市秩序の中に位置づけて、都市社会構造の分析とあわせて、都市秩序と社会構造の関連を問うていく上で、本書で考察した京都の事例も含めて比較検討を行うことは有効だろう。

また、三都以外にも視野を広げて比較検討をする必要も当然あるが、本書で中心的に考察してきた、支配権力との間の儀礼や「特権」の問題からも、近世都市における支配―被支配を考える素材を提供できる。例えば、本書第一章において、近世都市に与えられる特権としての地子免除をめぐって、どうやら徳川政権は、地子免除特権の付与などに際して、被支配住民に対して文書を発給することに積極的でなかったのではないかと推測した。京都に対しても、徳川家康から発給された文書として確認できるのは慶長五年（一六〇〇）の禁制のみであり、地子免除を許可した文言を記した文書は残されていない。これと同じ性質の事例として、近江国の在郷町である日野町[102]や八幡町[103]は、豊臣政権により諸役免除特権が認められ、日野町には豊臣秀吉の朱印状、八幡町には羽柴秀次の朱印状が発給された。徳川政権においても諸役免除は継続するが、徳川家康が日野町・八幡町に発給した文書は、京都と同様の関ヶ原の陣後の治安維持を目的とした禁制のみであった。近世中期から後期にかけて、日野町や八幡町の諸役免除特権について、江戸幕府の代官により疑義が呈され、徳川家康禁制が諸役免除特権を保証する効力を否定する見解を示すまでになったため、日野町・八幡町の被支配住民は訴願を通じて諸役免除特権の維持に努めなければならなかった。

一方、京都においては、地子免除特権に対しては疑義が呈されることはなかったが、豊臣秀吉が地子免除を認めた朱印状が残される一方、徳川家康が地子免除を直接認めた文書は存在せず、唯一徳川家康禁制のみが「御朱印」として残されていた点では近江の在郷町と同様である。畿内を中心に、織豊政権期に認められた都市特権を徳川政権がどのように継承したのかについては今後他の事例も併せて検討する必要があるだろう。少なくとも、近江の日野町や八幡町と京都では、徳川家康が明確に特権を認める文書を出さなかったため、唯一発給された徳川家康禁制が大きな意味を持つようになったのである。

このような形で、日野町や八幡町と比較検討することで、本書第一章で取り上げた「御朱印」についても理解を深めることができる。渡辺浩一氏[104]は、これを保管する「集団が近世社会固有の価値体系の中に自らを位置づけ、その位置づけにおいて集団が存続していくために保持していくことが不可欠の文書」を「存在証明文書」と呼び、播州三木の秀吉高札、近江八幡の「御朱印」（豊臣秀吉朱印状・徳川家康禁制）が特権（地子免除・諸役免除）を保証するものとして保管されたことを明らかにしている。播州三木の秀吉高札も、近江八幡の「御朱印」の内、特に徳川家康禁制も、直接地子免除について記さないが、改変あるいは読み替えによって特権を維持する「存在証明文書」として位置づけられていた。本書で取り上げた京都の「御朱印」については、殊更地子免除の特権を維持するために保管されたともいえず、内容的には関ヶ原の陣後の治安維持を目的とするのみの徳川家康禁制が重要視されたことも含め、実際に記された内容を超えて「御朱印」の宛先となった《惣町》という「集団が存続していくために保持」することに意味があったと考える。つまり、京都においては、《惣町》宛ての「御朱印」を「存在証明文書」として保管することにより維持された特権（「近世社会固有の価値体系の中」での位置づけ）は、先述した通り、《惣町》と支配権力との間の具体的な関係そのものにあったということである。

さらに、支配権力と都市との間の関係については、日本にとどまらず、フランス王権と地方都市との間で行われる「入市式」に関する研究に参考になる点が多い。フランスの地方優良都市リヨンにおける「入市式」を事例として、都市と王権の関わりから中世から近世に到る都市社会の変化の相について明らかにした小山啓子氏[105]は、「一六世紀前半のリヨンの発展は王権から享受していた諸特権に裏打ちされており、他方で王権の方もリヨンの金融市場を王国繁栄の原動力と見なしていた。すなわち王権と地方都市の間のコンテクストにおいて、入市式は国王への忠誠の表現であると同時に、都市の威信を背景にして国王の「好意」を引き付けるために計画された手段でもあった。こうして特権付与と誠実を媒介にした支配契約の儀礼であった入市式の盛行は、都市が王権との対峙の中で、自ら共同体的な一体感を作り出してきた過程であったのである」と述べている。

本書において取り上げた、徳川将軍家と京都の間の儀礼も、統一政権による特権賦与を媒介とした服属儀礼といえる。さらに、都市が自らの「共同体的な一体感」を作り出す際に、王権との間の儀礼関係が大きな意味を持ったことは、本書第五・六章で検討したように、儀礼をとらえ返す中で、《惣町》の枠組みにおける結集が果たされた近世京都の事例と同様といえるのではないか。フランスと日本近世で異なる点は、フランスの王が各都市へ「入市」するのに対し、日本近世においては、将軍は身体の露出を避けるようになるため[106]、将軍が都市を訪れるのではなく、都市住民の代表者が江戸城に赴くという形をとった点である。このように、支配―被支配をめぐる都市秩序からも、支配権力のあり方の一端を見通すこともできると思われる。

ここまで見てきたように、本書で取り上げた事例は、さまざまな論点で比較検討することができると考える。

右に取り上げたのはあくまでその一部であり、近世京都に限っても、言及できなかった点は多い。残された課題を丁寧にひとつひとつ明らかにしていくことが今後も必要だろう。

(1) 王政復古後の状況については、『京都の歴史7　維新の激動』(学芸書林、一九七四年)を参照。
(2) 『町触十三』三六四。
(3) 慶応三年~慶応四年「役中日記」(千吉西村家文書三六九・京都府立京都学・歴彩館蔵)。
(4) 小林丈広「明治維新期の「市長」」(『奈良史学』二九、二〇一一年)五九~六三頁。
(5) 前掲註(3)慶応三年~慶応四年「役中日記」(千吉西村家文書三六九・京都府立京都学・歴彩館蔵)。
(6) 『町触十三』三六五。
(7) 望月良親「移動する将軍と町役人の将軍年始参上」(同『日本近世社会と町役人』、勉誠出版、二〇二〇年・初出二〇一三年)。
(8) 『町触十二』一三七〇。
(9) 「小寄会順番帳」(原田康之助氏所蔵文書・京都市歴史資料館架蔵写真版)。
(10) 「下古京八組年頭下り一札帳」(北観音山町文書DⅠ16・京都市歴史資料館架蔵写真版)。
(11) 『町触十二』二八三。
(12) 『町触十二』三三八。
(13) 前掲註(10)「下古京八組年頭下り一札帳」(北観音山町文書DⅠ16・京都市歴史資料館架蔵写真版)。
(14) 『町触十二』三七〇。
(15) 『町触十二』七三六。
(16) 前掲註(10)「下古京八組年頭下り一札帳」(北観音山町文書DⅠ16・京都市歴史資料館架蔵写真版)。
(17) 前掲註(3)慶応三年~慶応四年「役中日記」(千吉西村家文書三六九・京都府立京都学・歴彩館蔵)。慶応三年十一月二十日には「御昇進御内定御寄合」も開かれているので、王政復古直前まで徳川将軍家との間の儀礼が検討され続けたようである。

(18)　前掲註(3)慶応三年～慶応四年「役中日記」(千吉西村家文書三六九・京都府立京都学・歴彩館蔵)。

(19)　「献金一条」については、前掲註(1)『京都の歴史7　維新の激動』二八五～七頁で説明されている、新政府の金穀出納所に対する献金のことであろう。この献金は新政府が戦費調達を京坂の住民からの献金によって入手しようとしたもので、「京都府記」(国立公文書館蔵)には、慶応三年から四年にかけての献金者と献金額の一覧を明治四年に調査したものが記録されている。この献金者の一覧によれば、献金は個人のものと《個別町》単位など複数人の連名のものとがあるが、後述の仁和寺宮嘉彰親王に対する陣中見舞いを除けば、《惣町》や《町組》単位のものは見られない。この献金も支配権力に対する献上行為ともいえるが、本書第七章で取り上げた内裏造営や鴨川土砂浚いに対する献金と近く、《町組》が行おうとした六藩への献上とは性質が異なるようにも思われる。両者の関係は今後別途検討しなければならないだろう。

(20)　前掲註(3)慶応三年～慶応四年「役中日記」(千吉西村家文書三六九・京都府立京都学・歴彩館蔵)。

(21)　前掲註(3)慶応三年～慶応四年「役中日記」(千吉西村家文書三六九・京都府立京都学・歴彩館蔵)。

(22)　「仁和寺宮様征討将軍被　仰出、大坂御陣所江献上物一件」(聚楽教育会所蔵文書・京都市歴史資料館架蔵写真版)。

(23)　前掲註(19)に記したように、「京都府記」(国立公文書館蔵)に「東伏見宮陣中江献物いたし候者名録」として、仁和寺宮嘉彰親王に対する陣中見舞いに関する献金者・献金額が一覧されている。この中には、「元聚楽十一組町」として、聚楽組による献上も記されている(明治四年の記録なので、「町組改正」後の表記になっている)。この他、下京の川西十六町組のまとまりでの献上も記されるが、三条衣棚町の所属する下京の上艮組については記載がないので、検討で終わったのかもしれない。さらに、「東伏見宮陣中江献物いたし候者名録」では、献金単位として、《個別町》単位、個人単位、「地車職中惣代」、あるいは新町で構成される《町組》単位での献金も見られる。

(24)　前掲註(3)慶応三年～慶応四年「役中日記」(千吉西村家文書三六九・京都府立京都学・歴彩館蔵)。

(25)　『町触十三』三六五。典拠とされたのは、三条衣棚町の触留である。

(26)　前掲註(3)慶応三年～慶応四年「役中日記」(千吉西村家文書三六九・京都府立京都学・歴彩館蔵)。

(27)　『町触十三』三六六。

(28)『町触十三』二七九。

(29)『町触十三』三七〇。三井本店の触留を典拠とする記載による。

(30)『町触十三』五九五。「町組改正」については、辻ミチ子「民衆と町自治――町組と小学校――」(同『転生の都市・京都――民衆の社会と生活――』、阿吽社、一九九九年・初出一九七七年)、杉森哲也「町組と町」(同『近世京都の都市と社会』、東京大学出版会、二〇〇八年・初出一九九〇年)、前掲註(4)小林丈広「明治維新期の「市長」」を参照。

(31)『町触十三』五九六。

(32)『町触十三』五九六。

(33)秋山國三『公同沿革史　上』(元京都市公同組合聯合会事務所、一九四四年・のち『近世京都町組発達史〈新版公同沿革史〉』、法政大学出版局、一九八〇年)、前掲註(30)辻ミチ子「民衆と町自治――町組と小学校――」。

(34)前掲註(9)「小寄会順番帳」(原田康之助氏所蔵文書・京都市歴史資料館架蔵写真版)。

(35)前掲註(4)小林丈広「明治維新期の「市長」」六五～八頁。

(36)『町触十三』六五二。

(37)「明治三庚午年三月改　月行事箱・十六日箱・済証文箱・諸記録類柳合り入　預り順番　元下古京上艮組」(三条衣棚町文書一〇〇六五・京都府立京都学・歴彩館蔵)。

(38)「京都府地子免許朱印状写」(函谷鉾町文書A5・京都市歴史資料館架蔵写真版)。

(39)前掲註(38)「京都府地子免許朱印状写」(函谷鉾町文書A5・京都市歴史資料館架蔵写真版)。

(40)守屋敬彦「奉行所から市役所へ」(京都町触研究会編『京都町触の研究』、岩波書店、一九九六年)二五二頁、鈴木栄樹「明治初年における会津藩士山本覚馬の動静――薩摩藩邸捕囚から京都府登用までの新たな解釈――」(『京都薬科大学紀要』五‐一、二〇二四年)三三～四頁。

(41)「府民の東京遷都反対請願運動」(京都府立総合資料館編『京都府百年の資料一　政治行政編』(京都府、一九七二年)一四～二〇頁)。「申刻頃何番組ト認メ有之候旗ヲ以テ町人躰ノ者凡千人計リ石薬師御門へ参リ歎願之筋有之」とあり、下京廿五番組の嘆願書も記されている。

(42)前掲註(40)鈴木栄樹「明治初年における会津藩士山本覚馬の動静」三三～四頁。

(43)「京都府史料三十四」(国立公文書館蔵)。
(44)前掲註(43)「京都府史料三十四」(国立公文書館蔵)。
(45)小林丈広「幕末維新期京都の都市行政」(伊藤之雄編『近代京都の改造』、ミネルヴァ書房、二〇〇六年)二〇頁、前掲註(4)小林丈広「明治維新期の「市長」」六九頁。
(46)「御東行風聞街談甚ニ付上書之写」(京都市市政史編さん委員会編『京都市政史第四巻　資料市政の形成』(京都市、二〇〇三年)三～四頁)。
(47)ここで茶屋四郎次郎が罷免された「京都町人頭」は、必ずしも近世初頭から続く役職ではなく、慶応四年正月に新政府の弁官に対して願い出て認められたもので、明治三年三月に職務は無いとして罷免された(牧知宏「町役人としての茶屋四郎次郎家」(杉森哲也編『シリーズ三都　京都巻』、東京大学出版会、二〇一九年)一三四～六頁を参照)。
(48)前掲註(40)守屋敬彦「奉行所から市役所へ」二五二～二五六頁。
(49)小林丈広「解説」(京都市歴史資料館編『叢書京都の史料10　近代自治の源流』、京都市歴史資料館、二〇〇八年)一〇～一二頁、秋元せき「明治期京都の自治と連合区会・区会」(前掲『近代京都の改造』)二一〇～二一二頁。
(50)小林丈広「近代日本における都市制度の創設――郡区町村編制法下の「区」――」(『京都市歴史資料館紀要』二二、二〇〇九年)。
(51)「増区ニ関スル件内申」(前掲『京都市政史第四巻　資料市政の形成』四一一～四一五頁)。
(52)奥村弘「近代地方権力と「国民」の形成――明治初年の「公論」を中心に――」(『歴史学研究』六三八、一九九二年)九七頁。
(53)渡辺浩一『まちの記憶　播州三木町の歴史叙述』(清文堂、二〇〇四年)一二四～一二五頁。
(54)前掲註(53)渡辺浩一『まちの記憶　播州三木町の歴史叙述』一三二頁。
(55)深谷克己「百姓一揆の思想」(同『増補版百姓一揆の歴史的構造』、校倉書房、一九八六年・初出一九七三年)を参照。
(56)岩田浩太郎「惣町一揆の論理構造――戸〆騒動の歴史的意義――」(同『近世都市騒擾の研究――民衆運動史における構造と主体――』、吉川弘文館、二〇〇四年・初出一九九九年)三七四～三七九頁。
(57)渡辺浩「「御威光」と象徴――徳川政治体制の一側面――」(同『東アジアの王権と思想』、東京大学出版会、一九九七年・初出一九八六年）三四〜四一頁。

(58) 前掲註(52)奥村弘「近代地方権力と「国民」の形成――明治初年の「公論」を中心に――」。

(59) 朝尾直弘「近世の身分制と賤民」（同『朝尾直弘著作集第七巻　身分制社会論』、岩波書店、二〇〇四年・初出一九八一年）、同「元禄期京都の町代触と町代」（同『朝尾直弘著作集第六巻　近世都市論』、岩波書店、二〇〇四年・初出一九八五年）、同「惣村から町へ」（前掲『朝尾直弘著作集第六巻　近世都市論』・初出一九八八年）。

(60) 吉田伸之「町人と町」（同『近世都市社会の身分構造』、東京大学出版会、一九九八年・初出一九八五年）。

(61) 横田冬彦「一九八四年度歴史学研究会大会報告批判（近世史部会）」（『歴史学研究』五三六、一九八四年）、同「城郭と権威」（『岩波講座日本通史11　近世1』、岩波書店、一九九三年）。

(62) 朝尾直弘氏は、吉田伸之氏の前掲著書『近世都市社会の身分構造』の書評の中で、「享保期の町触で、裏借家までよくよく知らせるように、と添書が出てまいります。末端まで理解させようとする奉行所の態度からも受け取れると思いますが、町共同体は住民のものとしては「虚偽化」したと言えるのかどうか、むしろ実質化していく側面を有したのではないか」と述べ、本章でも触れた文久三年の家茂上洛の際の拝領銀について「洛中に居住している住民すべてに、家持・借家・店借、等を含めまして、人別に銀を配布したのであり、町人身分が役負担の家持から離れ、借家層を含む町の住民一般に拡大した事実を示す」と指摘する（朝尾直弘「書評　吉田伸之著『近世都市社会の身分構造』」（都市史研究会編『年報都市史研究7　首都性』、山川出版社、一九九九年）一四〇〜一四一頁）。《個別町》についても「共同体」という観点から指摘される論点以外に、本書で《惣町》や《町組》を地縁的な結合組織として分析してきたように、《個別町》についても地縁的組織として、特に支配―被支配をめぐる都市秩序の中で位置づけていくことで、朝尾氏の指摘する「実質化」する側面も見得てくるのではないか。

(63) 平野寿則「「神田家記録」と神田寿海」（『書香　大谷大学図書館・博物館報』二二、二〇〇五年）。

(64) 足立政男『千吉商店の歴史と経営』（千吉商店、一九五七年）。

(65) 藤島幸彦「文化史から見た京都野口家住宅の諸問題」（『民俗建築』九五、一九八九年）八〜九頁。

(66) 前掲註(60)吉田伸之「町人と町」、杉森哲也「商家同族団と町――京都冷泉町・誉田屋一統を事例として――」（同『近世京都の都市と社会』、東京大学出版会、二〇〇八年・一九九七年）。

(67)『奈良屋杉本家二百七十年の歩み　近世から近代への京商家――商い・生活・信仰――』（奈良屋記念杉本家保存会、二〇一三年）。

(68) 吉田伸之「近世都市と諸闘争」（同『近世巨大都市の社会構造』、東京大学出版会、一九九一年・初出一九八一年）、西坂靖「町方社会と三井」（前掲『シリーズ三都　京都巻』）。

(69) 但し、近世前期の事例では、同じ《町組》内の《個別町》から同じ苗字の者が参加している例が見られるので、《個別町》内、あるいは《町組》内でも参加者が特定の家に固定される傾向はあった可能性がある。近世後期にも下京で「斉城喜兵衛」の名が二度見られるが、参加する年の間隔を踏まえると、襲名による二代の参加と考えられる。いずれにしても、《町組》順であることが大きく影響して、同一人物が連続して参加することがないようになっていた点で、「特権」が固定化されなかったと思われる。

(70) 前掲註(4)小林丈広「明治維新期の「市長」」、前掲註(45)小林丈広「幕末維新期京都の都市行政」。

(71) 秋元せき「幕末・明治期京都の「豪商」と公務――唐小間物商・福島屋藤兵衛を中心に――」（『日本史研究』六〇三、二〇一二年）。

(72) 吉田伸之「伝統都市の終焉」（同『伝統都市・江戸』、東京大学出版会、二〇一二年・初出二〇〇五年）。

(73) 今井修平「二〇一二年度日本史研究会大会報告批判」（『日本史研究』六〇八、二〇一三年）。

(74) 藤本仁文「近世中期京都における「一円的都市社会」の成立――「新規願」と惣町運動――」（『史林』一〇七―三、二〇二四年）。

(75) 尾脇秀和「京都扇屋仲間と紙漉兄頭部――扇地紙をめぐる「由緒」と〝渡世相互〟――」（『日本史研究』六六九、二〇一八年）。

(76) 新地開発については、日向進「近世京都における新地開発と「地面支配人」――鴨東、河原の開発をめぐって――」（同『近世京都の町・町家・町家大工』、思文閣出版、一九九八年・初出一九九〇年）、小出祐子「江戸時代の京都建仁寺境内における新地開発――六波羅新地の成立と借屋の形成――」（地方史研究協議会編『京都という地域文化』、雄山閣、二〇二〇年）など。借屋については、樋爪修「近世京都における町共同体の動向――借家人層を中心として」（『立命館文学』三八四・三八五、一九七七年）、伊東宗裕「近世京都における借家経営――岩垣家二代の事例をめぐって」

（『立命館文学』四三三・四三四、一九八一年）、浜野潔『近世京都の歴史人口学的研究』（慶應義塾大学出版会、二〇〇七年）など。

(77) 小倉宗『江戸幕府上方支配機構の研究』（塙書房、二〇一一年）、菅良樹『近世京都・大坂の幕府支配機構　所司代城代　定番　町奉行』（清文堂、二〇一四年）。

(78) 近世災害研究会編『嘉永七年京都大火・安政度内裏造営関係資料』（立命館大学 G-COE 文化遺産防災学推進拠点事務局、二〇一一年）収載の「脇坂安宅日記鈔」。同書所載の鈴木栄樹「嘉永七年京都大火と安政度内裏造営――「脇坂安宅日記鈔」「禁裏炎焼一件」を中心に――」、同「幕末の鴨川水害と鴨川浚計画――西町奉行浅野長祚と元東町奉行与力平塚飄斎との関わりを中心にして――」（『京都市政史編さん通信』四一、二〇一一年）。

(79) 杉森哲也「呉服所と京都――秋田藩を事例として」（都市史研究会編『年報都市史研究7　首都性』、山川出版社、一九九九年）、藤川昌樹『近世武家集団と都市・建築』（中央公論美術出版、二〇〇二年）、藤井譲治「一七世紀京都の都市構造と武士の位置」（金田章裕編『平安京――京都　都市図と都市構造――』、京都大学学術出版会、二〇〇七年）、鈴木栄樹・牧知宏「明治初年における在京藩邸地処分に関する京都府行政文書の概要」（『京都府行政文書を中心とした近代行政文書についての史料学的研究』、京都府立総合資料館歴史資料課、二〇〇八年）、東谷智「近世前期の京都における武士――「奉公人」と「武家奉公人」をめぐって――」（宇佐美英機・藪田貫編『都市の身分願望』、吉川弘文館、二〇一〇年）、三宅正浩「近世前期の武家社会と都市京都」（前掲『シリーズ三都　京都巻』）、藤川昌樹・山本雅和編『近世京都の大名屋敷』（文理閣、二〇二四年）など。

(80) 宇佐美英機『近世京都の金銀出入と社会慣習』（清文堂、二〇〇八年）。

(81) 世古恪太郎「唱義聞見録」（日本史籍協会編『野史台維新史料叢書　三十五』、東京大学出版会、一九七五年）一五七頁。

(82) 小林丈広「幕末維新期の都市社会・再論」（『新しい歴史学のために』二九二、二〇一八年）三四頁。

(83) 鍛治宏介「〈書評〉岸泰子著『近世の禁裏と都市空間』」（『建築史学』六四、二〇一五年）。

(84) 高畠青菰は、嘉永五年刊行の岡田宰賀編『諸陵考』という天皇陵の考証書に序文を寄せている。また、「青菰雑誌」六十六巻（国立国会図書館蔵）に、安政三年の「盆前後、平塚飄斎老　御陵の咄しニ付予か宅へ来られ、不相替柏原御陵之論判して」と記しているように、山陵会を創設した平塚飄斎とも天皇陵について議論する間柄であったようである。

(85) 杉森哲也「近世京都・妙法院領の新地開発とその地域構造」(『部落問題研究』二二五、二〇一八年)、同「東山・妙法院周辺の地域社会構造」(前掲『シリーズ三都　京都巻』)、杉森玲子「寺内」(吉田伸之・伊藤毅編『伝統都市3　インフラ』、東京大学出版会、二〇一〇年)、渡邊秀一「京都東西本願寺門前町の形成過程と変容」(河村能夫編『京都の門前町と地域自立』、晃洋書房、二〇〇七年)、平野寿則「近世後期における東本願寺と寺内町」(『真宗研究』五八、二〇一四年)、芹口真結子「本山寺内町と真宗教団」(前掲『シリーズ三都　京都巻』)。

(86) 本多健一『京都の神社と祭り　千年都市における歴史と空間』(中央公論新社、二〇一五年)一九九頁に、「京都の氏子区域図に当時の市街地の地図を重ねてみれば(中略)戦国期の京都を代表する祭とは、下京の祇園会と上京の御霊祭(厳密には上御霊祭)だった」とある。

(87) 享保八年以降に年頭御礼関係の費用を徴収するために出された町触(【史料3-24】など)では、「町代中ヶ間役料幷小番給銀部屋入用」と併せて「六角堂前鐘つき給銀」も徴収されたが、これは下京のみで負担することになっていた。本書第三章で取り上げた下京町代の出自でも六角堂が関わっていたことも含めて、近世京都における六角堂の位置づけを考える必要があるだろう。

(88) 杉森哲也「近世京都と身分的周縁――宝暦四年西陣箴屋仲間一件を素材として――」(前掲『近世京都の都市と社会』・初出一九九四年)、吉田ゆり子「近世京都の寺社と非人」(前掲『シリーズ三都　京都巻』)。

(89) 前掲註(7)望月良親『日本近世社会と町役人』。この他、岩橋清美「将軍代替り儀礼の社会的意義――第13代将軍徳川家定の代替り儀礼を事例として――」(『東京都江戸東京博物館研究報告』八、二〇〇二年)六五頁によると、徳川将軍の代替り儀礼の過程で行われた御能拝見に際して、「本来、古町の者に限定されるはずの御能拝見が物権化していることが看取できる」という。将軍への拝謁献上儀礼と御能拝見という違いもあるが、同じ幕府直轄都市でも江戸と京都では儀礼への参加形態が違うこと(各都市から参加する人数の違いなど)も、江戸の住民の儀礼の参加が「物権化」する背景にはあったのではないかと思われる。江戸城での儀礼に参加する各都市の参加形態についても比較検討する必要があるだろう。

(90) 牧知宏「幕藩権力の都市支配　都市の支配に、町人はどのように関わったのか」(岩城卓二・上島享・河西秀哉・塩出浩之・谷川穣・告井幸男編『論点・日本史学』、ミネルヴァ書房、二〇二二年)。

(91) 髙山慶子「名主制度の成立」(吉田伸之編『シリーズ三都　江戸巻』、東京大学出版会、二〇一九年)。同『江戸の名主 馬込勘解由』(春風社、二〇二〇年)も参照。

(92) 西坂靖「大坂の火消組合による通達と訴願運動」(史学会編『史学雑誌』九四—八、一九八五年)、塚田孝『歴史のなかの大坂』(岩波書店、二〇〇二年)。

(93) 塚本明「近世後期の都市の住民構造と都市政策」(『日本史研究』三三一、一九九〇年)七二頁。天保十五年五月「大坂町奉行相伺候彼地年寄其外取計方之義ニ付申上」(「市中取締類集」三二一遠国伺等之部・国立国会図書館蔵)。

(94) 前掲註(93)塚本明「近世後期の都市の住民構造と都市政策」七四頁。天保十四年十二月「市中取締諸色調掛名主共御褒美員数之儀ニ付京都町奉行ら懸合調」(「市中取締類集」三一八遠国伺等之部・国立国会図書館蔵)でも、京都町奉行が江戸で物価調査を担当した「諸色調掛名主」に対する褒美について問い合わせており、江戸のやり方を参考にしようとしていたことがわかる。

(95) 近世京都の災害対策としては、火消に関する研究として、藤本仁文氏の大名火消研究(藤本仁文『将軍権力と近世国家』(塙書房、二〇一八年)や丸山俊明『京都の町家と火消衆　その働き、鬼神のごとし』(昭和堂、二〇一一年)などがある。また、近世都市における災害研究としては、渡辺浩一・マシュー・デーヴィス編『近世都市の常態と非常態——人為的自然環境と災害——』(勉誠出版、二〇二〇年)、渡辺浩一『近世都市〈江戸〉の水害　災害史から環境史へ』(吉川弘文館、二〇二二年)などを参照。

(96) 小林信也「近世江戸市中における道路・水路の管理」(同『江戸の民衆世界と近代化』、山川出版社、二〇〇二年・初出一九九六年)二三一頁。同『江戸の都市プランナー』(柏書房、二〇一三年)も参照。

(97) 村田路人「近世大坂の川浚制度——一八世紀を中心に——」(梅渓昇教授退官記念論文集刊行会編『日本近代の成立と展開』、思文閣出版、一九八四年)二二二頁。大坂の川浚については、池田治司「〔史料紹介〕「御救大浚一件」」(『大阪商業大学商業史博物館紀要』二〇、二〇二〇年)も参照。

(98) 牧知宏「近世京都鴨川のインフラ整備」(『歴史地理教育』九一四、二〇二〇年)。この他、城下町や三都の川浚を比較した研究として、林順子「近世における城下町内河川の維持」(岩下哲典・「城下町と日本人の心」研究会編『城下町と日本人の心性』、岩田書院、二〇一六年）もある。
(99) 内田九州男「元文元年買わせ米問題と町人訴訟権」（脇田修・J・L・マクレイン編『国際交流フォーラム　近世の大坂』、大阪大学出版会、二〇〇〇年）一四二頁。
(100) 前掲註(92)西坂靖「大坂の火消組合による通達と訴願運動」。
(101) 吉田伸之『巨大城下町江戸の分節構造』（山川出版社、二〇〇〇年）、同『伝統都市・江戸』（東京大学出版会、二〇一二年）、岩淵令治「諸身分の交点としての江戸〈久保町〉」（岩淵令治・志村洋編『日本近世史を見通す4　地域からみる近世社会』、吉川弘文館、二〇二三年）、塚田孝『近世大坂の都市社会』（吉川弘文館、二〇〇六年）、同『都市社会史の視点と構想〈法・社会・文化〉』（清文堂、二〇一五年）、吉元加奈美「近世大坂における都市社会構造――御池通五丁目の家質の分析――」（『部落問題研究』二二六、二〇一八年）など。
(102)『近江日野の歴史　第三巻近世編』（日野町、二〇一三年）第二章第二節「町の運営」（牧知宏執筆）。
(103)『近江八幡の歴史　第七巻通史Ⅱ　八幡山城から幕末まで』（近江八幡市、二〇一七年）第三章第二節「八幡町の運営」・第五章第一節「秩序の変化」（いずれも牧知宏執筆）。
(104) 渡辺浩一『日本近世都市の文書と記憶』（勉誠出版、二〇一四年）二〇頁。
(105) 小山啓子「都市と王権の「対話」――国王入市式――」（同『フランス・ルネサンス王政と都市社会――リヨンを中心として――』、九州大学出版会、二〇〇六年・初出二〇〇〇年）一三七～一三八頁。
(106) 山本博文『遊びをする将軍　踊る大名』（教育出版、二〇〇二年）一七四頁。

あとがき

本書は、筆者が京都大学に提出し、二〇一〇年に博士（文学）の学位を授与された博士論文をもとに、加筆・修正をしたものである。

本書収録の論文の一部については、下記の通り、学術誌などで既に公表したものがある。

「近世京都における都市秩序の変容――徳川将軍家に対する年頭御礼参加者選定にみる」（『日本史研究会』五五四、二〇〇八年）　第一章

「近世都市京都における《惣町》の位置――「御朱印」に注目して」（『新しい歴史学のために』二七五、二〇〇九年）　序章・第一章

「近世前・中期京都における都市行政の展開――年寄と町代の関係をめぐって」（『史林』九三・二、二〇一〇年）　第二・八章

「近世後期京都における地域住民組織と都市行政」（『日本史研究』六〇六、二〇一三年）　第七・八章

「問題提起「京都旧記録」類にみる近世京都の歴史叙述」（『地方史研究』六九・五、二〇一九年）　第四章の一部

博士論文の提出から十五年ほど経過していることもあるため、上記の既発表論文も含めて、その後の研究成果や現在の問題意識も踏まえた形で大幅に書き直し・再構成をしている。

近世の京都において、毎年、住民の代表者が徳川将軍家との間で儀礼を行っていたことに興味を抱いて、これ

と関わる近世京都の都市行政や由緒の問題などもあわせて、都市秩序の系譜として研究した成果が本書である。この問題を考察する中で、上京・下京といった《惣町》の枠組みに注目することで、中世から近代に至る近世という時代を通じた都市秩序の検討ができ、これまでの研究史とは違ったアプローチで研究できるのではないかと考え、《惣町》の枠組みによる徳川将軍家との間の儀礼を中心にまとめてみた。

こうした研究テーマを選択するに至る筆者の思考遍歴を、この場で簡単に記しておきたい。

小学生のころより歴史の研究に関心を持ち始め、高校生のころより江戸時代に興味を抱いていたが、大学にて本格的に歴史学を学ぶようになって、卒業論文も見据えて最初に研究テーマとして取り上げようと思ったのは、いわゆる「ええじゃないか」であった。このテーマの研究史を確認する中で、「ええじゃないか」という無秩序に見える事態の背景として、その地域で行われ続けた祭礼行事が影響しているという研究があり、この点に興味を惹かれたので、「ええじゃないか」が発生した地域における祭礼行事を研究してみることにした。三河国刈谷という城下町でも「ええじゃないか」は発生したが、卒業論文としては、この城下町の祭礼自体の分析の方が主になってしまった。ある意味、無秩序と化す「ええじゃないか」の背後にある城下町刈谷の都市秩序を明らかにしようとしたもので、近世都市における秩序への関心はこのころより継続しているともいえる。

特に、卒業論文では、城下町住民の祭礼行列が刈谷城内に入り藩主にも見学されるものと、住民内部で自律的に行う祭礼とで、刈谷城下町内の《個別町》間の関係に差異が見られることを、祭礼行列の順番の決め方に注目して研究した。この中で、城下町祭礼に関する研究や、渡辺浩一先生の近世都市の住民結合と序列意識に関する研究に多くを学んだ。

そして、修士論文では、卒業論文の問題関心を引き継ぎつつ、近世京都を事例に研究したいと考えた。京都に憧れて京都の大学に入学し、京都で研究を続けられるようになったのも大きな理由だが、近世都市内の序列意識に関する研究の中で、朝尾直弘先生のご論考に、近世京都住民が徳川将軍との間で行う儀礼に参加する《町組》の順番について言及したものがあった。祭礼行事とは異なるが、城下町の祭礼とも共通する問題関心から、この徳川将軍家に対する儀礼（年頭御礼）について研究してみることにした。以来、二十年近くこの問題にとらわれ続けているともいえるが、修士論文では、この儀礼を中心に近世前期から後期までの流れをごく簡単に押さえることができた。

　博士後期課程に進んだ後は、この儀礼から関心を押し広げて、近世京都の都市行政や由緒の問題にも注目して近世京都の研究を深掘りしていき、なんとか本書のもととなる博士論文を完成させることができた。但し、博士論文では、近世後期から幕末にかけての展開については、充分に検討することができていなかった。

　博士論文の完成後、二〇一二年に日本史研究会大会の共同研究報告をする機会をいただき、近世後期から幕末期を中心に取り上げて報告した。特に、この大会共同研究報告では、もったいなくも小林丈広先生と一緒に報告させていただいた。この際にいろいろ議論できた近世後期から幕末期にかけての研究成果も本書に含めた。

　こうして、中世から近代に至る、近世という時代を通じてまとめることができるようになった。しかし、それから十年以上、筆者の生来のぐずな性格もあって、これを一書にまとめることはなかなかできなかったが、このたび機会をいただき、この十年間に調べた成果も含める形で、なんとかまとめることができた。

　できるだけこれまでの研究を更新する成果を呈示できるように努めてはいるが、当然のことながら、数多くの先生方からの学恩を頂戴し、その土台の上に本書は成り立っている。以下に感謝を述べたい。

　藤井譲治先生には、筆者が大学で歴史学を学ぶ手ほどきから、卒業論文から博士論文まで、適切にご指導、ご鞭撻いただいた。常に研究を続けるその背中からも多くのことを学ばせていただきながら、研究成果を報告するのに時間がかかったことを恥じる次第である。

故・朝尾直弘先生は、近世京都研究の中心として多くのことを学ばせていただいていた、憧れの存在であったが、筆者の職場の館長として恐れ多くもその謦咳に接することができたことは光栄の至りである。本書を捧げることができなかったことが大変悔やまれてならない。

宇佐美英機先生には、筆者の院生時代に滋賀大学経済学部附属史料館にてアルバイトさせていただいた際に、近世京都の研究をしていることをお話してより、お気にかけていただき、いろいろ史料調査などにもお誘いいただいたり、先生ご所蔵の史料を拝見させていただくなど、大変お世話になっている。本書でも、ご所蔵の史料を一部使用させていただいたことに、心より感謝の意を表したい。

安国良一先生には、筆者の研究を職場でも気にかけていただき、史料などについてもいろいろ情報を頂戴した。また、朝尾先生、宇佐美先生とも一緒に、『京都町触集成』別巻三の編集作業に参加させていただいたことは、諸先輩方の史料集編集のご苦労を知るとともに、大変貴重な経験となった。

杉森哲也先生には、『シリーズ三都』（東京大学出版会）の企画にお誘いいただき、多くの諸先達と一緒の論文集に参加できたことは、大変うれしく感じた。

小林丈広先生には、日本史研究会大会の共同研究報告を一緒にさせていただき、博論では不十分であった点を補うにあたって大きな刺激になった。

鈴木栄樹先生には、京都民科歴史部会にて面識を得てより、ずっとさまざまな形でお世話になり続けている。冷泉家で行われた近世京都の災害に関する研究会や奈良屋杉本家での調査など、得がたい機会を与えていただき、また、いろいろお話を聞かせていただいたおかげでこの研究を続けてこられたようにも思う。改めて御礼を申し上げたい。

この他にも、お名前を記すことができないが、多くの方、そしてさまざまな先行研究の成果から学ばせていただいただいて、これを血と肉として本書は成り立っている。中でも、塚本明先生のご研究は、本書のテーマにとっては、常に眼前にそびえる大きな壁として意識せざるを得なかった。どのような形でこの諸先輩方の偉大な研究成果を受け継いでいくべきか、いまだに自信はまったくないが、ひとまず現状として本書のような形でまとめてみた。筆者の能力不足により、目論見が成功したとは思わないが、少しでも何か加えるものがあればと願う。

また、こちらも紙幅の都合で一人一人のお名前を挙げることはできないが、筆者が京都大学にて歴史学を学び始めて以降、諸先輩方・同期・後輩や、日本史研究会の近世史部会で一緒に活動させていただいた同年輩の皆様から、多くの学び・刺激を得ることができ、研究会などの場では、いろいろ議論させていただいた。その成果は本書にも確実に反映されている。

まがりなりにも、なんとか本書をまとめることができたのは、お声かけ下さった思文閣出版の井上理恵子氏が企画スタート時から七年もの間、諦めずに待ってくれたおかげである。京都の出版社である思文閣出版からは、京都の歴史に関する本が出版されており、本書でも数多く参考にさせていただいたが、その中に本書を加えることができて大変うれしく思う。

さらに、日本社会に生きる人間として時代状況からも影響を受けざるを得ないが、博士論文を書き始めてから二十年近くが経過する中で、東日本大震災後には絆が強調され、一方、コロナウィルスの流行下ではソーシャルディスタンスが強調された。あるいは、都市の行政機構や町内会をめぐってもさまざまな議論がなされている。近世の都市に関する筆者の研究の中で、直接的に現代のコミュニティや都市行政に関する動向が反映される訳ではないが、日々の生活上で思い、考える中で、現段階での研究成果をまとめてみたのが本書である。

この意味でも、職場である住友史料館の関係者の皆様のおかげで憧れの京都で日々の暮らしが成り立っていることを肝に銘じておかなければならない。もちろん本書は、筆者個人の見解に基づくものであり、所属組織とは関係ないことをお断りしておく。

そして、筆者がここまで生き続け、好き勝手に研究をすることができるのも、両親、家族の支えあってのことである。私事に属するが、深甚なる感謝の誠を捧げ、本書を両親、家族に献ず。

加えて、本書の研究が成り立つためには、史料がなければどうにもならなかった訳で、この点で、史料を保存し、筆者の閲覧に労をとっていただいた史料保存機関の方々にも御礼申し上げたい。

中でも、京都市歴史資料館、京都府立京都学・歴彩館（旧京都府立総合資料館）には、各町や商家で残された古文書が数多く保管され、閲覧できるようになっており、本書の校了まぎわまでご面倒をおかけした。

また、本書第四章で中心的に取り上げた「京都旧記録」類については、筆者が通った京都大学の図書館の書庫に配架されていたものを手に取った際に興味を抱き、同種のものが複数あることに気がついたため、調べてみたところ、他にもいろいろな地域の大学図書館、国立あるいは自治体の図書館・博物館などに残されていることがわかった。そこで、実際に原本を確認するにあたって、特に、大学図書館については京都大学附属図書館の相互利用制度を利用することでスムーズに閲覧することができた。その史料自体が作成された現場からは切り離されて、大学での研究、教育用として後世に残される史料も存在することにも気づかされた。

この点では、古書店やネットオークションを介して流通している古文書も、史料保存の一つのあり方と言えるだろう。本書でも古書店などで入手した史料を利用している。これらの史料については、客観性を確保する意味でも、しかるべき機関におさめるなど、いずれ一般に公開できるように処置したいと考えている。

近世中期より京都で商売を営んできた奈良屋杉本家の古文書調査に参加する機会をいただき、奈良屋杉本家が近世から近代へと商売を営み、日々の生活の中で文書が作成されたまさにその現場で古文書を調査するという、得がたい体験をさせていただいた。このような近世京都に生きる人びとの暮らしの中で、文書が作成され、これを後世まで伝えてきた人びとの存在にも思いを深くすることができた。史料を保存して伝えてきたすべての方々に感謝をしなければならない。

以上のあとがきを洛中の借住にて書いていたある日、ふと思いついて、近世期の下京の古町（本書序章の図0−1の中で太線で囲った範囲）を全て歩いてみた。本書で取り上げた、近世京都の住民による「惣町」の枠組みでの自律的な都市運営を中心的に担った下京の古町は、京都全体からすればほんの一部であることにも思いをいたしたが、全八十九町の両側町の通りを両側に立ち並ぶ家々の景色も見ながら通り抜けていく中で、さまざまな思いが去来した。もちろん、近世とはまったく景観が異なってしまっているところもあれば、なんとなくではあるが近世の雰囲気を感じることのできるところもあった。そして、それぞれの古町はおのおの個性を持っていることにも気づかされた。もちろん、上京、あるいは新町、さらに周辺地域など、それぞれ詳細まで眺めれば、違いが見えてくるだろう。筆者も、今後はこうした点にも目配りして、さらに近世京都の研究が続けられればと思う。

この意味で、本書は、近世京都の多様な実態のほんの一面をなぞったに過ぎないようにも思われ、その限界も意識しつつ、この研究成果が今後の近世史研究を議論する何らかの素材となり、本書が京都の歴史を記した一書として受け入れられることを祈念して、擱筆とする。

二〇二五年正月三日

牧　知宏

＊本書の刊行にあたっては、日本学術振興会令和六（二〇二四）年度科学研究費助成事業（科学研究費補助金）（研究成果公開促進費）JP24HP5065の交付を受けた。

索　　引

【人名】

あ行

秋山國三　23, 129, 225, 420, 441
朝尾直弘　10, 15, 17, 23, 29, 55, 56, 59, 106, 130, 132, 134, 404, 405, 408, 412, 498
秋元せき　500
荒木田岳　349
井ヶ田良治　415, 416
石黒藤兵衛　493
石束長四郎　466, 476
板倉勝重、板倉伊賀守　135, 146, 265, 268, 276, 278～280, 310
板倉重宗、板倉周防守　64, 65, 70, 139, 140, 146, 310
伊奈半左衛門忠宥　312, 314, 503
井上攻　284
今井修平　502
岩田浩太郎　14, 490
宇佐美英機　24, 152, 187, 503
江馬務　225
大原立安　313
奥村弘　482, 495
織田信長　45, 46, 50, 51, 54, 60, 61, 86, 87, 203, 213, 241, 310, 488
小野晃嗣(均)　225
尾脇秀和　312, 502

か行

鍛治宏介　504
鎌田道隆　24, 105, 114
河内将芳　17, 18, 46, 52, 61, 68, 86, 87, 133, 212
北川一郎　415
北原糸子　411, 445
北村浄三　167, 168, 171, 409, 410
城戸左玄　192, 194, 195
熊谷直孝　476, 481, 500
久留島浩　207
幸田成友　225
河野通重、河野豊前守　118, 166, 167, 197, 199, 256
小路田泰直　15, 185
五島邦治　187
小嶋道和　313
小島道裕　9
小西保寿　163～165, 204～206, 219, 409, 410, 493
小林信也　11, 506
小林丈広　27, 445, 449, 451, 466, 476, 477, 480, 481, 500, 504
小山啓子　509
権現様→徳川家康

さ行

下重清　241, 243, 252, 284
白井寿庵　189～194, 202, 206, 504
神君様→徳川家康
菅原憲二　9, 24
杉森哲也　24, 53, 104～106, 131, 133～135, 138, 139, 144, 148, 149, 263, 292, 293, 339, 347, 348, 403
鈴木栄樹　479, 481
鈴木左市　332～335
千田忠八郎　466, 468, 475, 476, 493

た行

高木博志　185, 225, 226
高橋康夫　51, 54
高畠青菰　379, 386, 387, 394, 504
谷直樹　131

茶屋四郎次郎　96, 98, 100, 101, 104, 106, 119, 134, 266〜268, 271, 278, 294〜297, 310, 330〜338, 340, 481
塚田孝　7, 10, 12, 32, 173
塚本明　4, 11〜15, 18, 25, 27, 131, 147, 245, 296, 298, 301, 307, 308, 312, 315, 323, 348, 386, 387, 395, 444, 456, 496
辻ミチ子　25, 420
東照宮様→徳川家康
徳川家康　19, 33, 45, 46, 56〜58, 60〜62, 64, 66, 67, 70〜73, 89, 91, 212, 218, 240〜242, 253, 264, 265, 267, 268, 276, 278, 283, 507, 508
豊臣秀吉　18, 19, 45, 46, 52, 53, 55, 56, 60〜62, 64〜68, 70, 87, 93, 203, 209, 212, 213, 241, 264, 265, 488, 507, 508

な行

中川理　185
仲村研　10, 23
仁木宏　17, 18, 47, 50, 86, 89, 202, 203
西坂靖　507
西村近江　244〜246, 249〜251, 266, 316, 415〜420, 444, 457, 504
仁和寺宮嘉彰親王　470, 479
野村道閑、道鑑　167, 168, 171, 409, 410

は行

場之庄兵衛、場野庄兵衛　72, 138, 139, 141, 142, 146, 403
原田伴彦　14
早島大祐　50
林屋辰三郎　129, 185, 225, 226
播磨屋久兵衛　416〜419
針屋宗春　73
東島誠　411, 412, 445
平塚瓢斎　448, 451, 504
藤田覚　415
藤田元春　225
藤本仁文　25, 300, 502

ま行

前田玄以　58, 64, 65, 68, 70, 137, 209, 212, 267, 310
牧野親成、牧野佐渡守　105, 139, 141, 269, 277, 278
松沢平七　253, 416〜418
松原法春　106, 137, 138, 264, 265, 267
松本四郎　403
三浦周行　225
三鬼清一郎　52
三木長兵衛　416〜420
水本邦彦　55
三田村鳶魚　225
望月良親　6, 84, 467, 505

や行

安国良一　24, 166, 198, 199, 292, 293, 339
安田富貴子　246
山田洋一　147, 153, 154
横田冬彦　15, 56, 132, 498
吉田伸之　10, 12, 14, 129, 173, 498, 501
与助　65, 70, 137〜139, 265

わ行

脇田晴子　52, 55
渡辺浩一　16, 186〜188, 217, 489, 508
渡辺浩　491

【事項】

あ行

維新政権　467, 469, 482, 483
大年寄　474〜477, 480, 481, 492, 493, 495, 499〜501
大割勘定、大割勘定寄合、大割　55, 91, 92, 156, 157, 160, 163〜166, 171, 175, 195〜201, 205, 206, 213, 219, 350, 352, 410, 502
御救米　411, 412, 441〜445, 449
織田政権　47, 50, 51, 55, 203, 403
織田・豊臣政権　45, 46, 54, 119, 203

か行

囲米　420〜422, 424, 426, 437, 439, 441〜443, 457, 466, 482, 486
上下京一体　322, 329, 338
上下京会所　471〜473
鴨川土砂浚い、鴨川の浚渫　371, 379, 381〜383, 386〜389, 394, 453, 455, 456, 473, 496, 503, 506
勧化　364〜366, 379〜381, 453
「聞書」　281, 283〜285
畿内幕府直轄都市　82〜84, 96, 100, 101, 107, 117, 118, 120, 134, 175, 270, 271, 330, 335, 467, 468
「京都旧記録」類　33, 35, 61, 186〜191, 195, 200, 201, 204, 206, 207, 209, 214, 215, 217〜220, 222〜226, 239〜241, 253, 257, 276, 311, 409, 415, 484
教諭所　448〜453, 471, 472
禁裏六丁町、六丁町　19, 59, 418, 426, 439, 505
献金　372, 374, 375, 378〜380, 382, 383, 386〜389, 394, 455, 469, 473
御朱印　19, 32, 45〜47, 51, 54, 56, 58〜71, 73〜75, 81, 84, 87, 137, 211〜213, 240, 255〜257, 259, 264, 267, 273, 278, 336, 478〜480, 483, 484, 487, 488, 508, 509

さ行

指口、差口　107〜110, 112, 113, 117, 120, 152, 269, 294, 302, 438
座上　101, 260, 262, 305, 307, 309, 311, 314, 319, 339, 370
三役　353, 354, 357, 366, 367, 369, 371, 381, 383〜387, 389, 393, 394, 452, 454, 455, 457, 466, 468, 471〜476, 478, 486, 492, 493, 495, 499
地子免除、地子免許状　19, 46, 52〜54, 56, 58〜61, 67, 83, 187, 188, 213, 273, 478〜480, 487〜489, 507, 508
四条橋架橋　371, 379〜381, 383, 453
市中一体　71, 74, 337, 338, 340, 341, 384, 385, 453, 456, 457, 481, 483, 485, 489, 494, 496
「下古京委細帳」(加舎家本)　186, 188〜192, 194〜196, 199, 200, 206, 207, 209, 213〜220, 257
聚楽町、聚楽組　19, 53, 54, 56, 57, 59, 61〜66, 70, 71, 107, 366, 369〜471
上座　113, 116, 191, 199, 201, 202, 204〜206, 262, 295, 306, 314, 326, 369
(将軍の)上洛　24, 27, 58, 273, 453, 454
織豊期、織豊政権　18, 19, 24, 81, 83〜86, 100, 112, 119, 403, 487, 488, 508
心学　447, 449, 451, 500
新規願、新規願反対運動　7, 11〜14, 25, 33, 291〜293, 296〜301, 307, 308, 312, 314〜317, 319, 320, 329, 330, 333, 338〜341, 347, 348, 360, 394, 401, 449, 485, 488, 491〜494, 496, 502
関ヶ原の陣、関ヶ原御陣　46, 56, 60, 64, 67, 70, 73, 211, 212, 240〜242, 253, 255, 257, 259, 260, 264, 267, 273, 274, 276, 278, 283, 508
施行　441, 445, 447〜453, 457, 472, 486, 496
先座　110〜112, 114〜116, 155, 156, 163〜166, 168, 171, 174, 175, 191, 199, 204, 294, 314, 315, 409, 410, 484
惣年寄　84, 117, 266〜271, 295, 386, 389, 506

た行

内裏造営(安政度)　371, 372, 374, 375, 378～380, 382, 388, 389, 503
茶屋一件　33, 73, 297, 330～334, 336～340, 485
町組改正(慶応4年)　28, 349, 394, 456, 473, 474, 476～479, 481～483, 489, 492, 493, 495, 500, 501
町代惣会所　169～172, 337, 350, 351, 472, 473
町代日記　147～149, 153, 243, 245, 246, 250, 251, 301, 404～406
天明大火　250～252, 260, 422, 466
道中証文、道中船川渡証文　103, 213, 256, 257, 260, 261, 274, 276～279
徳川家康禁制(慶長５年)　46, 58, 66, 67, 70～73, 81, 240, 264, 267, 336, 487, 508
徳川政権　19, 23, 24, 45, 46, 58～60, 74, 81, 84～86, 89, 93, 104～106, 119, 134, 155, 203, 213, 293, 401, 403, 467, 469, 471, 488, 503, 504, 507, 508
徳川由緒　66, 69, 70, 73, 239～241, 243, 253, 257, 262, 263, 266, 267, 271, 276, 278～280, 283～285, 291, 296, 297, 316, 319, 485, 493
都市行政改革(享保8年)　25, 82, 85, 114, 116, 118, 120, 166, 167, 171, 175, 185, 195, 197～201, 206, 207, 216, 218, 269, 271, 292, 294, 295, 299, 307, 308, 338, 352, 401, 410, 411, 413, 424, 473, 484, 502
都市行政の構造的特質、把握　33, 130～133, 174, 349, 410, 420
特権の体系　7, 8, 10, 30, 32, 34, 490～497, 503
豊臣政権　19, 23, 52, 54～56, 58, 59, 74, 87, 89, 93, 96, 106, 133, 135, 137～139, 212, 218, 264, 265, 403, 422, 487, 507

な行

中京　166, 167, 424, 426, 427, 436, 437, 440, 482
「中組古来留帳」　156, 199, 205～207
年頭御礼、年頭御拝礼、年頭の拝謁・献上儀礼　33, 82, 83, 93, 96, 98, 100～103, 105, 107～118, 120, 121, 135, 143, 144, 152, 155～157, 160, 163～168, 170～172, 175, 195～197, 199, 202～206, 212～214, 216, 239～246, 250～258, 260～273, 276, 278, 293, 301, 303～306, 309, 310, 313, 318, 320, 321, 324, 326, 328, 329, 331, 332, 334, 335, 351, 352, 356, 357, 363, 418, 467～469, 473, 478, 493, 499～502

は行

拝借米　402～406, 408～410, 412～414, 422, 486
配符　55, 89, 92, 93, 157, 160, 198, 255, 256, 258, 259, 276, 352, 410, 502
日掛、日掛銭　363～365, 380
物価調査(天保改革)　366, 367, 369～371, 506
文政町代改儀一件　7, 13, 14, 25, 27, 30～35, 46, 47, 61～66, 69～74, 101, 129, 131, 133, 135, 138, 173, 175, 263, 272, 279, 281, 283, 284, 291～293, 297, 317～319, 322, 323, 328～330, 334～339, 341, 347～350, 352～354, 356～359, 369, 387, 393, 394, 402, 437～441, 443, 468, 473, 475, 482, 485～487, 489, 491, 493, 502, 505

ま行

町触　10, 19, 23, 24, 29, 36, 59, 66, 145, 148, 149, 154, 169～172, 187, 195, 197, 199, 270, 303, 350～352, 363, 367, 369, 393, 404, 410～412, 421, 422, 424, 426, 436, 448, 449, 466～468, 471～473, 502, 504
申諭　373～375, 378, 382～387, 389, 393, 504
籾年番　426, 427, 436～440, 443, 486, 494

や行

役威　491～493, 495～497
由緒調査、由緒の調査　66, 118, 120, 243, 252～255, 257～263, 265, 266, 271, 276, 278, 485

ら行

洛中洛外町続　19, 24, 29, 59, 69, 74, 167, 168, 171, 174, 175, 294, 299, 316, 341, 350, 480, 488
利害集団　173, 174, 279, 320, 484, 488
臨時恐悦献上、臨時之御祝儀　157, 213, 240, 270, 273, 274, 293, 302, 303, 331, 332, 468
礼の秩序　83, 85, 285, 340, 491

[年頭御礼関係一覧表]

年号		上京				
		町名	町組	年寄	職業	町代
元和５	年頭	—	—	宗珍	—	宗佐・法春・与右衛門
元和６	年頭	—	—	—	—	安藤又右衛門
元和７	年頭	—	—	—	—	—
元和８	年頭	—	—	—	—	—
元和９	年頭	—	—	—	—	—
寛永１	年頭	—	—	—	—	—
寛永２	年頭	—	—	—	—	慶庵・小早川新四郎・山内清兵衛
寛永２	11月：移徙	—	—	—	—	宗佐・久□
寛永３	年頭	—	—	—	—	宗寿・小早川新四郎・山内清兵衛
寛永３	上洛	—	—	—	—	—
寛永４	年頭	—	—	—	—	宗悦・小早川新九郎・安藤又右衛門
寛永４	９月：祝言	—	—	—	—	宗和・四郎兵衛
寛永５	年頭	—	—	—	—	久和・松原長右衛門・小早川新四郎
寛永６	年頭	—	—	—	—	道貞・梅村四郎兵衛・小早川新四郎
寛永６	８月：誕生	—	—	—	—	祐古・清兵衛
寛永７	年頭	—	—	紹二	—	宗恵・小早川新四郎・安藤又右衛門
寛永８	年頭	—	—	—	—	長右衛門入道・山内清兵衛・松原半左衛門
寛永９	年頭	—	—	—	—	宗利・小早川新四郎・梅村七左衛門
寛永10	年頭	—	—	—	—	—
寛永10	５月：誕生	—	—	—	—	栄知・新四郎
寛永11	年頭	—	—	—	—	—
寛永11	９月：上洛	—	—	—	—	—
寛永12	年頭	—	—	—	—	—

下京					負担額（軒役割）	備考
町名	町組	年寄	職業	町代		
—	—	—	—	—	—	
—	—	—	—	—	—	
—	—	—	—	—	—	
—	—	—	—	—	—	
—	—	—	—	—	—	
—	—	—	—	—	—	
—	—	—	—	—	—	
—	—	—	—	—	—	
—	—	—	—	—	—	
—	—	—	—	—	—	
—	—	—	—	—	—	
—	—	—	—	—	—	
—	—	—	—	—	—	
—	—	—	—	—	—	
—	—	—	—	—	—	
—	—	—	—	—	—	
—	—	—	—	—	—	
—	—	—	—	—	—	
—	—	—	—	—	—	
—	—	—	—	—	—	
円福寺町	上艮	了玄（圓）	—	田内彦兵衛・場野庄兵衛	—	
—	—	—	—	—	—	
—	—	—	—	—	—	

年号		上京				
		町名	町組	年寄	職業	町代
寛永13	年頭	—	—	—	—	—
寛永14	年頭	—	—	—	—	—
寛永14	5月：誕生	—	中筋	宗有(順)	—	松原長右衛門
寛永15	年頭	—	—	慶庵	—	—
寛永15	2月：移徙	—	一条	小堀屋久徳	—	宗佐
寛永16	年頭	—	—	宗寿	—	—
寛永16	11月：祝言	—	川東	桔梗屋宗和	—	梅村四郎兵衛
寛永17	年頭	—	—	対馬	—	—
寛永18	年頭	—	—	休和	—	—
寛永18	8月：誕生	五辻町	下西	祐古	—	山内清兵衛
寛永18	11月：誕生	—	—	—	—	—
寛永19	年頭	—	—	道貞	—	—
寛永20	年頭	—	—	宗恵	—	—
正保1	年頭	—	—	浄徳	—	—
正保2	年頭	—	—	宗利	—	—
正保2	8月：官位	—	小川	山村栄知(智)	—	小早川新九郎
正保3	年頭	西武者小路町	上中	正阿弥道西(二)	—	—
正保4	年頭	—	—	栄全	—	—
慶安1	年頭	—	—	宗順	—	—
慶安2	年頭	—	—	宗巴	—	—
慶安2	5月：日光社参還御	—	中筋	橘屋宗玄(元)	—	山内清兵衛
慶安3	年頭	—	—	—	—	—
慶安3	9月：移徙	—	西陣	紋屋妙喜	—	小早川新四郎
慶安4	年頭	—	—	休甫	—	—
慶安4	4月：不豫快気	—	一条	慶也	—	小早川新九郎
慶安4	5月：他界悔	—	中筋	正阿弥道二(西)	—	本間又右衛門

下京					負担額（軒役割）	備考
町名	町組	年寄	職業	町代		
—	—	—	—	—	—	
—	—	—	—	—	—	
梅忠町	南艮	紹仁	—	場野庄兵衛	—	
—	—	—	—	—	—	
山田町	川十六	休味	—	田内彦兵衛	—	
—	—	—	—	—	—	
高橋町	巽	宗意	—	場野庄兵衛	—	
—	—	—	—	—	—	
—	—	—	—	—	—	
—	—	広寿	—	松原長右衛門	—	
—	—	—	—	—	—	
—	—	—	—	—	—	
高橋町	巽	高橋宗意	—	—	—	
—	—	—	—	—	—	
—	—	—	—	—	—	
烏帽子屋町	南艮	慶徳	—	田内彦兵衛	—	
—	—	—	—	—	—	
二帖半敷町	巽	祐清	—	—	—	
—	—	—	—	—	—	
—	—	—	—	—	—	
藤本町	川九	宗徳	—	田内彦兵衛	—	
衣棚町	上艮	浄林	—	場野庄兵衛・田内彦兵衛	—	
扇酒屋町	巽	印悦	—	場野庄兵衛	—	
上柳町	巽	中尾紹弥	—	—	—	
矢田町	中十	紹守	—	松原半左衛門	—	
橋弁慶町	南艮	五十川清甫	—	田内彦兵衛	—	

年号		上京				
		町名	町組	年寄	職業	町代
慶安4	6月：代替	—	川東	玄陣	—	山内清兵衛
承応1	年頭	—	—	宗固(因)	—	安藤又右衛門
承応2	年頭	—	—	妙喜	—	—
承応2	8月：任官	—	小川	立入永甫	—	梅村七左衛門
承応3	年頭	—	—	宗言	—	—
明暦1	年頭	—	—	道佐	—	—
明暦2	年頭	—	—	生意	—	—
明暦2	4月：疱瘡快然	—	中筋	みす屋厳(常)味	—	九兵衛
明暦3	年頭	—	—	宗留	—	—
万治1	年頭	—	—	意休	—	—
万治2	年頭	—	—	立清	—	—
万治2	10月：移徒	—	—	道珠(程)	—	松原半左衛門
万治3	年頭	—	上中	善徳(前村道掭)	—	—
寛文1	年頭	—	—	常味	—	—
寛文2	年頭	—	—	宗伝	—	—
寛文3	年頭	—	—	笑意	—	—
寛文4	年頭	—	—	徳悦	—	—
寛文5	年頭	—	—	宗与	—	—
寛文6	年頭	—	—	友雪	—	—
寛文7	年頭	—	—	紹与	—	—
寛文8	年頭	—	—	道有	—	—
寛文9	年頭	—	—	伊藤常安	—	山内清兵衛・梅村四郎兵衛
寛文10	年頭	下小川町	上中	三宅古斎	—	古久保勘左衛門・安藤八左衛門
寛文11	年頭	腹帯町	下中	北川良(了)順	—	山内五左衛門・山内清兵衛
寛文12	年頭	大炊町	上一	川辺浄閑	—	松原長右衛門・安藤又右衛門
延宝1	年頭	西陣五辻町	下西	長谷川宗泉	—	小早川新四郎・梅村四郎兵衛

下京					負担額（軒役割）	備考
町名	町組	年寄	職業	町代		
菅大臣町	川十六	正珍	—	田内彦兵衛	—	
永養寺町	川十六	岡本昌伯	—	—	—	
扇酒屋町	巽	印悦	—	—	—	
扇酒屋町	巽	佐蔵印悦	—	場野庄兵衛	—	
役行者町	上艮	宗順	—	田内彦兵衛・仁兵衛	—	
扇酒屋町	巽	佐蔵印悦	—	—	—	
—	—	—	—	—	6分2厘	
革棚町	中九	道印	—	松原半左衛門	—	
—	—	—	—	—	—	
—	—	—	—	—	—	
糸屋町	巽	休忍	—	—	—	
釜座町	上艮	宗欣	—	場野庄兵衛	—	
石井筒町	川九	若山遍（道）意	—	—	—	
北岩戸山町	中十	笹清甫	—	—	—	
—	—	—	—	—	—	
山王町	巽	安清	—	—	—	
—	—	—	—	—	—	
—	—	—	—	—	6分8厘	
蛸薬師町	上艮	圓悦	—	山中仁兵衛・松原半左衛門	—	
繁昌町	巽	四方浄（常）仁	—	山中仁兵衛・石垣市右衛門	—	
—	—	井上良泉	—	山中仁兵衛・奥田佐兵衛	—	
六角町	中十	梅村覚（角）安	—	石垣市右衛門・勘右衛門	—	
役行者町	上艮	木村久心	—	奥田佐兵衛・田内茂兵衛（茂助）	—	
竹屋之町	巽	西村紹悦	—	山中仁兵衛・松原長右衛門	—	
—	—	斎藤浄因	—	石垣市右衛門・勘右衛門	7分8厘	
—	—	今村定意	—	田内茂兵衛・奥田佐兵衛	—	

年号		上京				
		町名	町組	年寄	職業	町代
延宝２	年頭	西陣芝大宮町	上西	山本道悦	—	古久保勘左衛門・三郎兵衛
延宝３	年頭	中小川町	小川	蓮池常悦	—	安藤八左衛門・山内清兵衛
延宝４	年頭	甲斐守町	上川	青木芳庵	—	松原長右衛門・山内五左衛門
延宝５	年頭	近衛町	下一	海北友雪	—	小早川新四郎・梅村四郎兵衛
延宝６	年頭	築山上半町	立九	神田了信	—	山内清兵衛・松原長右衛門
延宝７	年頭	室町頭南半町	立八	真野道寿	—	山内五左衛門・小早川新四郎
延宝８	年頭	金馬場町	聚楽	吉見祐得	—	梅村四郎兵衛・古久保勘左衛門
延宝８	閏８月：継目	西武者小路町	上中	中村宗哲（山崎春佐）	—	
天和１	年頭	亀屋町	下中	田中宗伝	—	安藤又右衛門・松原長右衛門
天和２	年頭	伊佐町	上西	八原宗九	—	山内又左衛門・小早川新四郎
天和３	年頭	大北小路東町	下西	岩崎紹玄	—	山内清兵衛・安藤又右衛門
貞享１	年頭	駒薬師町	上一	高田寿閑	—	松原長右衛門・古久保勘左衛門
貞享２	年頭	弁財天町	小川	中村宗味	—	梅村四郎兵衛・山内五左衛門
貞享３	年頭	薬師町	下川	山中自休	—	小早川新四郎・梅村四郎兵衛
貞享４	年頭	鏡屋町	下一	松村栄佐	—	古久保勘左衛門・安藤又右衛門
元禄１	年頭	築山下半町	立九	奥村宗眼	—	山内清兵衛・山内五左衛門
元禄２	年頭	福長町	立八	繁田昌伯	—	小早川新四郎・梅村四郎兵衛
元禄３	年頭	西武者小路町	上中	坪内宗林	—	本間又右衛門・古久保勘左衛門
元禄４	年頭	砂金町	上一	堀江宗順	—	山内清兵衛・松原長右衛門
元禄５	年頭	讃州寺町	下中	清水宗種	—	山内五左衛門・小早川新四郎
元禄６	年頭	東石屋之図子	上西	岩崎久元	—	梅村四郎兵衛・古久保勘左衛門
元禄７	年頭	五辻町	下西	長谷川宗貞	—	安藤又右衛門・山内清兵衛
元禄８	年頭	上小川町	小川	藤田宗入	—	松原長右衛門・山内五左衛門
元禄９	年頭	勘兵衛町	上川	山下善祐	—	小早川孫兵衛・梅村四郎兵衛

下京					負担額（軒役割）	備考
町名	町組	年寄	職業	町代		
町頭町	上艮	村田浄補	—	山中仁兵衛・松原長右衛門	8分1厘	
釘隠町	巽	西村慶保（甫）	—	石垣市右衛門・理兵衛	—	
—	—	飯田久栄	—	田内茂兵衛・奥田佐兵衛	—	
扇座町	中十	田中道休	—	山中仁兵衛・松原長右衛門	9分5厘	
場之町	上艮	安原宥庵	—	石垣市右衛門・中井与兵衛	—	
扇酒屋町	巽	藤井浄（承）意	—	奥田佐兵衛・田内彦兵衛	—	
太子山町	川十六	大都円察	—	山中仁兵衛・松原長右衛門	1匁1分8厘	
石井筒町	川九	樫原道喜	—	石垣甚内	—	
—	—	木南宗務	—	奥田佐兵衛・中井与兵衛	—	
虎屋町	上艮	佐生了玄	—	田内彦兵衛・山中仁兵衛	1匁1厘	
高橋町	巽	山田道喜	—	松原長右衛門・中井与兵衛	1匁1厘	
蟷螂山町	川九	増尾休真	—	奥田左兵衛・田内彦兵衛	1匁1厘	
白楽天町	中十	板原宗真	—	山中仁兵衛・石垣市右衛門	9分7厘3毛	申年代替献上不納
—	—	加納利春	—	奥田佐兵衛・中井与兵衛	1匁1厘	
繁昌町	巽	師々田宗竹	—	田内彦兵衛・石垣市右衛門	1匁1厘8毛	
山田町	川十六	高橋宗休	—	山中仁兵衛・中井与兵衛	1匁1厘8毛	
童侍者町	中九	羽山宗円	—	奥田佐兵衛・松原長右衛門	1匁1厘8毛	
役行者町	上艮	竹岡紹久	—	田内彦兵衛・石垣市右衛門	1匁1厘8毛	
二帖半敷町	巽	伴浄仙	—	山中仁兵衛・中井与兵衛	1匁7厘9毛	
古西町	川九	小川宗泉	—	奥田佐兵衛・松原長右衛門	—	
南四条町	中十	磯部敬言	—	田内彦兵衛・石垣市右衛門	1匁5厘4毛	
西六角町	南艮	星田道可	—	山中仁兵衛・中井与兵衛	1匁7厘9毛	
上柳町	巽	大原宗貞	—	奥田佐兵衛・石垣市右衛門	1匁7厘6毛	
本柳水町	川十六	北村浄信	—	松原長右衛門・田内彦兵衛	1匁1分2毛	

年号		上京				
		町名	町組	年寄	職業	町代
元禄10	年頭	大門之町	下一	木村友信	—	古久保勘左衛門・安藤又右衛門
元禄11	年頭	山上半町	立九	中西浄甫	—	山内清兵衛・松原長右衛門
元禄12	年頭	上立売東半町	立八	井村東春	—	山内清兵衛・小早川孫兵衛
元禄13	年頭	西大路町	下中	神田休也	—	梅村七左衛門・古久保勘左衛門
元禄14	年頭	橋本町	上川	杉生良味	—	本間又右衛門・山内清兵衛
元禄15	年頭	柳馬場・椹木下ル北半町	上一	高田祐意	—	松原長右衛門・小早川孫兵衛
元禄16	年頭	畠山町	上中	柚留木光信	—	古久保勘左衛門・梅村四郎兵衛
宝永１	年頭	東社町	上西	中村隆恵	—	本間又右衛門・山内清兵衛
宝永２	年頭	石薬師町	下西	佐久間教悦	—	山内五左衛門・小早川孫兵衛
宝永２	兼帯：養君被為	〃	〃	〃	—	〃
宝永３	年頭	飛鳥井町	小川	蜂屋常栄	—	松原長右衛門・梅村四郎兵衛
宝永４	年頭	少将井町	下一	岡部宗寿	—	古久保勘左衛門・山内五左衛門
宝永５	年頭	裏辻町	上川	上田元信	—	本間又右衛門・松原長右衛門
宝永６	年頭	坂本町	上一	中井宗樹	—	山内清兵衛・小早川新四郎
宝永６	５月：代替	—	立売	西田宗智	—	梅村四郎兵衛
宝永７	年頭	上柳原町	立八	池嶋寿泉	—	古久保勘左衛門・本間又右衛門
正徳１	年頭	亀屋町北半町	聚楽	渡辺玄詮	—	山内清兵衛・松原長右衛門
正徳２	年頭	徳大寺町	上中	伊地知真柳	—	小早川新四郎・梅村四郎兵衛
正徳３	年頭	讃州寺町	上中	太田宗悦	—	古久保勘左衛門・本間又右衛門
正徳３	兼帯：代替	〃	〃	〃	—	〃
正徳４	年頭	長福寺町	上西	寺崎常連	—	山内清兵衛・松原長右衛門
正徳５	年頭	五辻町	下西	福山慶和	—	山内五左衛門・小早川新四郎
享保１	年頭	室町頭南半町	立八	服部正盛	—	梅村四郎兵衛・古久保勘左衛門
享保１	９月：将軍宣下	—	川東	古市宗印	—	本間又右衛門

下京					負担額（軒役割）	備考
町名	町組	年寄	職業	町代		
西錦小路町	中九	今井常喜	—	山中仁兵衛・竹内佐左衛門	—	
七観音町	南艮	三宅長閑	—	奥田佐兵衛・石垣市右衛門	—	
糸屋町	巽	本嶋浄悦	—	田内彦兵衛・松原長右衛門	1匁8厘6毛	
妙伝寺町	川九	都筑浄貞	—	竹内佐左衛門・山中仁兵衛	1匁1分8厘4毛	
矢田町	中十	小西保寿	—	奥田佐兵衛・石垣市右衛門	1匁2分1厘	
姥柳町	南艮	横田宗信	—	田内彦兵衛・竹内助九郎	1匁1分9厘	
釘隠町	巽	近藤常（浄）味	—	松原長右衛門・山中仁兵衛	1匁1分9厘	
木賊山町	川十六	小森浄（常）喜	—	奥田佐兵衛・石垣市右衛門	1匁1分8厘	
天神山町	中九	片岡宗悦	—	田内彦兵衛・竹内助九郎	1匁6分5厘1毛	
〃	〃	〃	—	〃	7分7厘8毛	
場之町	上艮	安原宥悦	—	奥田佐兵衛・山中仁兵衛	1匁6分3厘6毛	
扇酒屋町	巽	木子寿仙	—	石垣甚内・松原長右衛門	1匁6分5厘2毛	
蟷螂山町	川九	小村勝西	—	田内彦兵衛・竹内助九郎	1匁6分7厘	
百足屋町	中十	森寿仙	—	奥田佐兵衛・山中仁兵衛	1匁1分9厘	
高橋町	巽	金子玄（元）悦	—	石垣甚内	1匁2分6厘	
西六角町	南艮	野村道鑑	—	竹内助九郎・松原長右衛門	1匁2分7厘	
繁昌町	巽	宮原道悦	—	奥田佐兵衛・山中仁兵衛	1匁5分1厘	
山田町	川十六	細井玄（元）碩	医師	田内彦兵衛・竹内助九郎	1匁7分8毛	
北袋屋町	中九	林幸悦	—	石垣甚内・松原長右衛門	1匁7分1厘2毛	
〃	〃	〃	—	〃	—	
玉蔵町	南艮	津久井宗入	—	奥田佐兵衛・山中仁兵衛	1匁7分5厘	
山王町	巽	田中隆悦	—	田内彦兵衛・竹内助九郎	—	
藤本町	川九	井上了清	—	石垣甚内・松原長右衛門	1匁8分3厘	
南袋屋町	中十	村上宗源	—	奥田佐兵衛	—	

年号		上京				
		町名	町組	年寄	職業	町代
享保2	年頭	晴明町	下一	大西了悦	—	山内清兵衛・山内庄助
享保3	年頭	蒔絵屋町	下一	市川休意	—	松原長右衛門・小早川新四郎
享保4	年頭	壱町目	聚楽	植村宗堅	—	梅村四郎兵衛・古久保勘十郎
享保5	年頭	釜座亀屋町	下中	田中宗有	—	本間又右衛門・山内清兵衛
享保6	年頭	元真如堂町	上中	中村浄玄（林）	—	山内勝助・早川新四郎
享保7	年頭	元伊佐町	上西	久保常悦	—	梅村新四郎・古久保勘十郎
享保8	年頭	大北小路東町	下西	斎藤宗達	—	本間又右衛門・山内清兵衛
享保9	年頭	針屋町	小川	鈴木由悦	—	松原幸助・山内勝助
享保10	年頭	下丸屋町	下川	伊藤浄恵	—	早川新四郎・梅村四郎兵衛
享保10	兼帯：若君へも献上	〃	〃	〃	—	〃
享保11	年頭	西方寺町	下一	北脇道寿	—	古久保勘十郎・本間又右衛門
享保12	年頭	冷泉町	下一	佐々叟固	—	山内清兵衛・松原幸助
享保13	年頭	菱屋町	聚楽	今井圓性	—	山内勝助・早川新四郎
享保13	5月：疱瘡・日光社参	寺之内立町	上西	宮田正柏	—	梅村四郎兵衛
享保14	年頭	西陣五辻町	下西	長谷川了貞	—	本間又右衛門・古久保勘十郎
享保15	年頭	柳五丁目北組	上一	伊藤瑞詮	—	山内勝助・松原幸助
享保16	年頭	西武者小路町	上中	谷口道圓	—	早川新四郎・梅村四郎兵衛
享保17	年頭	伊佐町	上西	水口正以	—	古久保勘十郎・本間又右衛門
享保17	兼帯：入輿	〃	〃	〃	—	〃
享保18	年頭	本立売町	下中	佐々木不休	—	松原幸助・山内清兵衛
享保19	年頭	道場町	上一	西田道山	—	早川新四郎・梅村四郎兵衛
享保20	年頭	荒神町	聚楽	内本休善	—	山内清兵衛・本間又右衛門
元文1	年頭	革堂町	小川	谷野浄香	—	早川新四郎・松原幸助

下京					負担額（軒役割）	備考
町名	町組	年寄	職業	町代		
六角町	中十	杉村宗栄	—	山中仁兵衛・田内彦兵衛	1匁8分2厘6毛	
町頭町	上艮	芦田是候	—	石垣甚内・竹内助九郎	6分1厘	
糸屋町	巽	藤井了覚	—	山中仁兵衛・田内彦兵衛	7分3毛	
本柳水町	川十六	北村浄三	—	奥田佐兵衛・松原長右衛門	8分2厘9毛	
山伏山町	中九	前川良(了)意	—	石垣甚内・竹内助九郎	8分5厘	
烏帽子屋町	南艮	三宅慶伝	—	田内彦兵衛・山中仁兵衛	9分5厘8毛	
扇酒屋町	巽	岩田浄栄	—	奥田佐兵衛・松原幸助	—	
石井筒町	川九	河村可敬	—	石垣甚内・竹内助九郎	3分4厘3毛	
扇座町	中十	北村与左衛門	—	奥田佐兵衛・山中仁兵衛	3分4厘3毛	
〃	〃	〃	—	〃	1分4厘2毛	
場之町	上艮	保原順故	—	竹内助九郎・松原幸助	4分7厘7毛2	
燈籠町	巽	服部七右衛門	—	石垣甚内・田内彦兵衛	4分5厘4毛	
永養寺町	川十六	城戸昌伯	—	竹内助九郎・山中仁兵衛	4分5厘7毛6	
骨屋町	巽	星田喜兵衛	—	松原幸助	7分4厘4毛	
西錦小路町	中九	松田左次兵衛	—	竹内助九郎・奥田佐兵衛	4分5厘7毛3	
西六角町	南艮	星田道慶	—	石垣甚内・田内彦兵衛	4分5厘7毛3	
水銀屋町	巽	福井知久	—	松原幸助・山中仁兵衛	4分8厘3毛5	
西綾小路東半町	川九	高橋浄西	—	竹内助九郎・奥田佐兵衛	4分8厘3毛5	
〃	〃	〃	—	〃	2分8厘3毛8	
白楽天町	中十	苗村権兵衛	—	山中仁兵衛・石垣甚内	4分8厘2毛5	
円福寺町	上艮	山添甚右衛門	—	田内彦兵衛・松原幸助	4分8厘3毛5	
扇酒屋町	巽	岩石又四郎	—	竹内助九郎・奥田佐兵衛	5分8毛6	
芦刈山町	川十六	青池道寿	—	石垣甚内・奥田佐兵衛	—	

年号		上京				
		町名	町組	年寄	職業	町代
元文２	年頭	浦辻町	上川	安田道悦	—	古久保勘十郎・本間又右衛門
元文２	11月：誕生	薬師町	上西	田中宗寿	糸	松原幸助
元文３	年頭	紋屋図子町	上西	三上閑治	—	早川新四郎・山内五左衛門
元文４	年頭	中武者小路町	立九	村田友山	—	古久保勘十郎・梅村七左衛門
元文５	年頭	徳大寺殿町	上中	川崎浄三	—	本間又右衛門・早川助八
寛保１	年頭	少将井町	下一	岡部養元	—	松原幸助・山内五左衛門
寛保２	年頭	石薬師町	下西	堀江寿永	—	梅村七左衛門・早川新四郎
寛保３	年頭	寺之内竪町	上西	服部正栄	—	本間又右衛門・古久保勘左衛門
延享１	年頭	下御霊町	下中	中川正有	—	松原幸助・山内五左衛門
延享２	年頭	飛鳥井町	小川	蜂屋常有	—	梅村七左衛門・早川新四郎
延享２	閏12月：代替	砂金町	上一	高橋宗儀（操俊）	—	本間又右衛門
延享３	年頭	吉野町北組	聚楽	小野元真	—	古久保勘十郎・早川喜八郎
延享４	年頭	中武者小路町	立九	寺本淳玄	—	松原幸助・山内五左衛門
寛延１	年頭	室町頭北半町	立八	北尾常信	—	梅村七左衛門・早川新四郎
寛延２	年頭	矢幡町	下川	泉松格	—	本間又右衛門・古久保勘十郎
寛延３	年頭	福大明神町	聚楽	赤尾運英	—	梅村七左衛門・早川喜八郎
宝暦１	年頭	徳大寺町	上中	北村常悦	—	早川新四郎・山内五左衛門
宝暦２	年頭	中小川町	小川	西田宗寿	—	本間又右衛門・古久保勘十郎
宝暦３	年頭	横大宮町	下西	藤本浄秋	—	早川喜八郎・松原長右衛門
宝暦３	兼帯：疱瘡	〃	〃	〃	—	〃
宝暦４	年頭	元伊佐町	上西	西村了春	—	山内五左衛門・梅村四郎兵衛
宝暦５	年頭	西大路町	下中	舩木誠安	—	古久保勘左衛門・早川新四郎
宝暦５	兼帯：入輿	〃	〃	〃	—	〃
宝暦６	年頭	五辻町	下西	榎波道知	—	—
宝暦７	年頭	橋詰町	下中	大原立安	—	—
宝暦８	年頭	阪本町	上一	芳田養淳	—	—

下京					負担額（軒役割）	備考
町名	町組	年寄	職業	町代		
函谷鉾町	中九	三谷太兵衛	—	松原幸助・山中仁兵衛	—	
菅大臣町	川十六	川勝喜兵衛	絹布	竹内助九郎	1匁1分2厘4毛	
饅頭屋町	南艮	西田太郎兵衛	—	石垣甚内・田内与助	6分7厘2毛	
釘隠町	巽	田原清助	—	山中仁兵衛・奥田佐兵衛	7分8厘8毛3	
古西町東側	川九	村上七兵衛	—	田内与助・松原幸助	—	
小結棚町	中十	岩坂善右衛門	—	奥田佐兵衛・竹内文助	7分6厘5毛	
町頭町	上艮	中田庄左衛門	—	山中仁兵衛・竹内助九郎	7分7厘	
大政所町	巽	山田十右衛門	—	松原幸助・田内彦兵衛	7分7厘	
山田町	川十六	小原仁左衛門	—	石垣甚内・奥田佐兵衛	7分7厘	
童侍者町	中九	井上宋円	—	竹内助九郎・山中仁兵衛	7分7厘	
大政所町	巽	清瀬松覚	—	松原幸助	9分9厘	
西六角町	南艮	野村道元	—	奥田佐兵衛・田内彦兵衛	1匁	
扇酒屋町	巽	岩田久兵衛	—	石垣甚内・山中仁兵衛	1匁	
藤本町	川九	椿太郎兵衛	—	竹内助九郎・奥田佐兵衛	1匁	
六角町	中十	奥村清左衛門	—	松原幸助・田内彦兵衛	1匁2分	
役行者町	上艮	森下治兵衛	—	石垣甚内・山中仁兵衛	1匁2分	
繁昌町	巽	森川喜兵衛	—	竹内助九郎・田内彦兵衛	1匁2分	
木賊山町	川十六	小森宗伝	縮緬	奥田佐兵衛・松原長右衛門	1匁	
菊水鉾町	中九	村田喜兵衛	—	山中仁兵衛・石垣甚内	1匁	
〃	〃	〃	—	〃	4分9厘	
鯉山町	南艮	斎藤作兵衛	—	竹内助九郎・田内与助	9分9厘	
燈籠町	巽	石橋九兵衛	—	奥田佐兵衛・松原長右衛門	9分9厘	
〃	〃	〃	—	〃	4分7厘	
喜吉町	川九	一橋勝兵衛	—	石垣甚内・山中仁兵衛	9分9厘	
矢田町	中十	駒井隆正	—	田内与助・忠兵衛	9分9厘	
場之町	上艮	永井治兵衛	—	梅村四郎兵衛・奥田佐兵衛	1匁	

年号		上京				
		町名	町組	年寄	職業	町代
宝暦９	年頭	北丸屋町	聚楽	木村順悦	—	—
宝暦10	年頭	指物屋町	下中	立木浄運	—	—
宝暦10	11月：代替	西陣五辻町	下西	高橋宗智	—	早川喜八郎
宝暦11	年頭	紹巴町	上川	橋田友仙	—	—
宝暦12	年頭	橋西町	聚楽	加埜意三	—	—
宝暦13	年頭	大猪熊町	上西	浜田宗貞	—	—
宝暦13	２月：誕生	石薬師町	下西	谷口祐音	—	梅村四郎兵衛
明和１	年頭	小嶋町	立九	原田宗三	—	古久保勘十郎・早川喜八郎
明和２	年頭	福長町	立八	井上道照	—	松原長右衛門・山内庄介
明和３	年頭	西大路町	下中	岡永存	—	—
明和４	年頭	今薬屋町	上一	小嶋道和	—	早川新四郎・松原長右衛門
明和５	年頭	槌屋町	下川	山口栄茂	—	早川喜八郎・古久保勘十郎
明和６	年頭	北小路町	下一	上野休閑	—	山内庄助・早川新四郎
明和７	年頭	吉野町	聚楽	嶋一竿	—	梅村四郎兵衛・古久保勘十郎
明和８	年頭	天神図子竪町	下西	長井宗仲	—	早川喜八郎・本間又右衛門
安永１	年頭	中小川町	小川	小池宗祐	—	松原長右衛門・山内庄助
安永２	年頭	晴明町	下西	遠嶋宗休	—	勘左衛門・早川新四郎
安永３	年頭	橋詰町	聚楽	泉浄三	—	梅村四郎兵衛・本間又右衛門
安永４	年頭	鷹司町	上川	高井昌知	—	早川喜八郎・山内五左衛門
安永５	年頭	北猪熊町	上西	江間宗孝	—	早川新四郎・梅村四郎兵衛
安永５	８月：日光社参還御	上立売町	親九	中川了寿	—	本間又右衛門
安永６	年頭	中之町	下川	田原杏仙	—	古久保勘十郎・松原半左衛門
安永７	年頭	田中町	聚楽	伊吹了覚	—	本間又右衛門・古久保勘十郎
安永８	年頭	伊佐町	上西	中西宗専	—	早川新四郎・梅村七左衛門
安永９	年頭	上小川町	小川	山下宗円	—	早川新四郎・松原半左衛門
天明１	年頭	毘沙門町	下一	冨士山常達	—	古久保勘十郎・早川喜八郎
天明２	年頭	西大路町	下中	津野玄慈	—	本間又右衛門・山内庄助

下京					負担額（軒役割）	備考
町名	町組	年寄	職業	町代		
扇酒屋町	巽	宮川治郎兵衛	—	石垣甚内・山中仁兵衛	9分9厘	
芦刈山町	川十六	八木市郎兵衛	—	奥田佐兵衛・忠兵衛	9分9厘	
北袋屋町	中九	中村喜兵衛	—	田内永助	1匁1分2厘	
山伏山町	中九	広田伝兵衛	—	松原長右衛門・石垣甚内	1匁	
鯉山町	南艮	辰巳五兵衛	—	奥田佐兵衛・山中仁兵衛	9分5厘	
釘隠町	巽	西村新右衛門	—	田内与助・竹内佐右衛門	9分5厘	
蛸薬師町	上艮	山村源兵衛	—	石垣甚内	1匁4分9厘	
空也町	川九	大橋利右衛門	—	松原長右衛門・山中仁兵衛	1匁3分	
百足屋町	中十	富川喜兵衛	—	奥田佐兵衛・石垣甚内	1匁2分7厘	
衣棚北町	上艮	西村吉右衛門	—	山中仁兵衛・竹内与兵衛	1匁1分8厘	
大政所町	巽	戸田善七	—	山中仁兵衛・田内彦次郎	1匁1分8厘	
永養寺町	川十六	下村忠左衛門	—	松原長右衛門・竹内与兵衛	1匁1分8厘	
革棚町	中九	市田又左衛門	—	石垣甚内・田内彦次郎	1匁1分6厘	
姥柳町	南艮	野村藤左衛門	—	奥田佐兵衛・田内彦次郎	1匁1分6厘	
高橋町	巽	松永治兵衛	—	松原長右衛門・奥田佐兵衛	1匁1分6厘	
古西町西側	川九	長谷川治郎兵衛	—	山中仁兵衛・竹内与兵衛	1匁1分6厘	
南袋屋町	中十	寺田宇兵衛	呉服	石垣甚内・竹内与兵衛	—	
場之町	上艮	松本六右衛門	—	奥田佐兵衛・田内彦次郎	—	
燈籠町	巽	桜井治兵衛	—	松原長右衛門・山中仁兵衛	1匁1分6厘	
本柳水町	川十六	岩城四郎右衛門	—	山中仁兵衛・竹内与兵衛	1匁1分6厘	
蟷螂山町	川九	吉岡市右衛門	—	奥田佐兵衛	7分7厘5毛	
西錦小路町	中九	宇野五左衛門	—	田内彦次郎・石垣甚内	1匁1分8厘	
橋弁慶町	南艮	中村藤助	—	竹内与兵衛・松原半左衛門	1匁1分7厘9毛	
扇酒屋町	巽	宮川治郎兵衛	—	山中仁兵衛・竹内与兵衛	1匁1分8厘	
石井筒町	川九	近藤安兵衛	—	田内彦次郎・奥田佐兵衛	9分4厘5毛6	
鶏鉾町	中十	堀源左衛門	—	竹内与兵衛・山中仁兵衛	9分5厘	
釜座町	上艮	仲忠兵衛	鉄物	奥田佐兵衛・竹内助九郎	1匁1分7厘9毛	

年号		上京				
		町名	町組	年寄	職業	町代
天明3	年頭	小島町	立九	山田道順	—	梅村七左衛門・早川新四郎
天明4	年頭	甘露寺町	下中	三谷宗随	—	古久保勘十郎・早川喜八郎
天明5	年頭	福屋町	上一	関元常	医師	本間又右衛門・早川喜八郎
天明6	年頭	大北小路町	下西	澤井宗清	—	山内庄助・早川新四郎
天明7	年頭	下堀川町	聚楽	安良宗悦	—	古久保勘十郎・梅村七左衛門
天明7	兼帯：代替	〃	〃	〃	—	〃
天明8	年頭	花車町	上西	山村良三	—	山内庄助・早川喜八郎
寛政1	年頭	上京の参加なし				
寛政2	年頭	正行寺町	下中	箕内道寿	—	早川新四郎・梅村七左衛門
寛政3	年頭	上柳原町	立八	吉川利才	—	山内庄助・山中与八郎
寛政4	年頭	夷川町	下川	増田道寿	—	早川喜八郎・早川新四郎
寛政5	年頭	中御霊図子町	上中	大西祐慶	—	古久保勘十郎・本間又右衛門
寛政5	兼帯：誕生	〃	〃	〃	—	〃
寛政6	年頭	築山上半町	立九	佐井了静	—	梅村七左衛門・松原政五郎
寛政6	若君へも献上	〃	〃	〃	—	〃
寛政7	年頭	中小川町	小川	岩佐正斎	—	山内勝助・松原政五郎
寛政8	年頭	五辻町	下西	小畑宗光	—	梅村七左衛門・早川新四郎
寛政9	年頭	裏辻町	上川	川端秀悦	—	—
寛政10	年頭	三本木組五丁目	下一	山根玄明	—	—
寛政11	年頭	百足屋町	上一	遠藤証道	—	—
寛政12	年頭	元伊佐町	上西	石井心才	—	梅村七左衛門・早川喜八郎
享和1	年頭	森中町南組	聚楽	津田養安	—	早川喜八郎・本間又右衛門
享和2	年頭	本立売町	下中	金田正見	—	—
享和3	年頭	西大路町	立九	岩佐宗寿	—	七左衛門・新四郎
文化1	年頭	飛鳥井町	小川	渡辺道信	織物師	山内勝助・本間又右衛門

下京					負担額（軒役割）	備考
町名	町組	年寄	職業	町代		
高橋町	巽	堀藤左衛門	—	田内彦次郎・山中仁兵衛	1匁1分7厘9毛	
菅大臣町	川十六	塩瀬忠兵衛	—	石垣甚内・竹内助九郎	1匁1分7厘2毛	
天神山町	中九	吉田利兵衛	—	山中与八郎・松原幸助	1匁1分7厘2毛	
鯉山町	南艮	岡本小兵衛	—	奥田佐兵衛・竹内助九郎	1匁1分6厘3毛	
大政所町	巽	小山善五郎	—	田内彦助・石垣甚内	9分5厘4毛	
〃	〃	〃	—	〃	3分5厘	
空也町	川九	森嘉右衛門	—	松原幸助・山中与八郎	—	
六角町	中十	深田三郎右衛門	—	本間又右衛門・竹内助九郎	7分8厘3毛	
町頭町	上艮	沢野井嘉右衛門	—	田内彦助・奥田佐兵衛	9分3厘2毛	
二帖半敷町	巽	木村勝兵衛	—	田内彦助・石垣甚内	9分3厘2毛	
菅大臣町	川十六	松永平右衛門	—	竹内助九郎・石垣甚内	9分3厘2毛	
菊水鉾町	中九	藤林源助	—	田内彦助・松原政五郎	9分3厘2毛	
〃	〃	〃	—	〃	1匁5厘3毛	
骨屋町	南艮	野村庄兵衛	—	石垣甚内・竹内要助	9分3厘2毛	
〃	〃	〃	—	〃	3分5厘7毛	
燈籠町	巽	増田治兵衛	造り醬油	竹内要助・奥田佐兵衛	1匁1分6厘4毛	
蟷螂山町	川九	中村治右衛門	茶染	田内彦助・松原政五郎	1匁1分6厘4毛	
岩戸山町	中十	南宇兵衛	—	石垣甚内・竹内要助	1匁1分9厘6毛	
役行者町	上艮	森下治兵衛	—	石垣甚内・奥田佐兵衛	1匁1分9厘6毛	
繁昌町	巽	松山忠兵衛	—	竹内要助・田内与助	1匁1分9厘6毛	
堀之内町	川十六	宮口彦兵衛	紙	石垣甚内・山中仁兵衛	1匁1分9厘6毛	
善長寺町	中九	村山七郎兵衛	—	竹内要助・奥田佐兵衛	1匁1分6厘6毛	
七観音町	南艮	三木長兵衛	—	田内与助・山中仁兵衛	1匁1分6厘5毛	
上柳町	巽	大野平七	—	田内与助・奥田佐兵衛	1匁1分6厘4毛	
藤本町	川九	野崎平助	呉服	石垣甚内・竹内要助	1匁1分6厘4毛	

年号		上京				
		町名	町組	年寄	職業	町代
文化２	年頭	晴明町	下西	山本常幸	呉服	早川新四郎・松原政五郎
文化３	年頭	寺之内竪町	上西	辻井圓徳	呉服	本間又右衛門・早川喜八郎
文化４	年頭	砂金町	上一	肥田宗祐	蒔絵師	本間又右衛門・梅村七左衛門
文化５	年頭	寺之内竪町	上西	増井祐道	絹織職	松原政五郎・古久保新三郎
文化６	年頭	吉野町	聚楽	上坂定信	本屋	本間又右衛門・山内勝助
文化７	年頭	西大路町	下中	津埜元策	町医師	松原政五郎・早川新四郎
文化７	兼帯：入輿	〃	〃	〃	〃	〃
文化８	年頭	北小路室町	立八	黒田正玄	柄杓師	早川喜八郎・梅村七左衛門
文化９	年頭	西大黒町	下川	塚本簾昌	鮫小道具	古久保勘十郎・山内勝助
文化10	年頭	上立売町	立九	田中玄祐	道具	本間又右衛門・早川新四郎
文化11	年頭	御三軒町	小川	庄篤義	織職	早川喜八郎・梅村七左衛門
文化11	兼帯：誕生	〃	〃	〃	〃	〃
文化12	年頭	横大宮町	下西	林栄応	糸	安藤又右衛門・山内勝助
文化13	年頭	蛭子町	下一	木原宗真	町医師	松原政五郎・古久保勘十郎
文化14	年頭	大炊町	上一	古沢良才	帯地	早川喜八郎・早川新四郎
文政１	年頭	大猪熊町	上西	吉田浄覚	絹織職	梅村七左衛門・古久保勘十郎
文政２	年頭	浦辻町	上川	川端東眠	町医師	安藤又右衛門・山内勝助
文政３	年頭	西丸太町	聚楽	大西義哉	油	安藤又右衛門・梅村七左衛門
文政４	年頭	東橋詰町	下中	後藤幽庵	町医師	安藤又右衛門・梅村七左衛門
文政４	兼帯：疱瘡快然	〃	〃	〃	〃	〃
文政５	年頭	掘出町	立八	倉貫浄貞	米	梅村七左衛門・早川孫三郎
文政６	年頭	東竹屋町	下川	山田竺哉	町医師	安藤又右衛門・早川孫三郎
文政７	年頭	上枡屋町	上中	山門正啓	両替	安藤又右衛門・梅村七左衛門
文政８	年頭	西大路町	立九	岩佐宗智	質	梅村七左衛門・早川作五郎

下京					負担額（軒役割）	備考
町名	町組	年寄	職業	町代		
扇座町	中十	小山平兵衛	呉服落し物	竹内要助・山中仁兵衛	1匁1分6厘4毛	
役行者町	上艮	久津治右衛門	呉服	松原政五郎・田内与助	1匁1分6厘4毛	
二帖半敷町	巽	鈴木伊兵衛	経師職	石垣甚内・竹内要助	1匁1分6厘4毛	
木賊山町	川十六	谷口忠兵衛	呉服	田内与助・山中仁兵衛	1匁1分6厘4毛	
北袋屋町	中九	高田善兵衛	呉服	山中仁兵衛・竹内助九郎	1匁1分6厘4毛	
橋弁慶町	南艮	岩田治助	呉服	田内要助・石垣甚内	1匁1分7厘3毛	
〃	〃	〃	〃	〃	4分9厘4毛	
釘隠町	巽	西堀宗治郎	呉服	竹内助九郎・石垣甚内	1匁1分6厘4毛	
藤本町	川九	中木与左衛門	質	山中仁兵衛・奥田佐兵衛	1匁1分6厘4毛	
白楽天山町	中十	小嶋利助	菓子	田内與助・竹内助九郎	1匁1分6厘4毛	
二条殿町	上艮	稲山半兵衛	呉服	松原政五郎・石垣甚内	1匁1分6厘4毛	
〃	〃	〃	〃	〃	1匁1分4厘3毛	
大政所町	巽	戸田善七	組糸	山中仁兵衛・竹内助九郎	1匁1分6厘4毛	
傘鉾町	川十六	岡村源兵衛	絵の具	石垣甚内・奥田佐兵衛	1匁1分6厘4毛	
善長寺町	中九	筈井武兵衛	呉服	竹内助九郎・奥田佐兵衛	1匁1分6厘4毛	
鯉山町	南艮	竹内治兵衛	呉服	竹内助九郎・石垣甚内	1匁1分6厘4毛	
喜吉町	川九	尾崎猪兵衛	呉服	石垣甚内・田内彦兵衛	1匁1分6厘1毛	
二帖半敷町	巽	鈴木佐市	書林	奥田佐兵衛・山中栄治	7分7厘2毛	
小結棚町	中十	村田五兵衛	布	石垣甚内・山中栄次	1匁3分9厘8毛	不用弁銀込み
〃	〃	〃	〃	〃	4分9厘4毛	
釜座町	上艮	石黒藤兵衛	鋳物師	竹内助九郎・田内彦兵衛	7分7厘2毛	
繁昌町	巽	松山忠兵衛	茶染	石垣甚内・奥田佐兵衛	7分7厘2毛	
藤西町	川十六	野崎平六	呉服	田内彦兵衛・山中栄次	7分7厘2毛	
西錦小路町	中九	野嶋七兵衛	呉服	竹内助九郎・石垣甚内	7分7厘8毛	

年号		上京				
		町名	町組	年寄	職業	町代
文政９	年頭	中小川町	小川	小池宗順	織職	安藤又右衛門・早川作五郎
文政10	年頭	下石橋北半町	下西	岡本玄祐	糸	梅村七左衛門・早川新四郎
文政11	年頭	布袋屋町	下一	上柳清輝	小間物	安藤又右衛門・早川作五郎
文政12	年頭	松本町	上一	百々玉応	—	梅村七左衛門・早川新四郎
天保１	年頭	百足屋町	上西	北尾良清	—	安藤又右衛門・松原甚三郎
天保２	年頭	菱屋町	上川	上村顕正	—	早川新四郎・早川作五郎
天保３	年頭	葭屋町長者町	聚楽	安井善甫	—	梅村七左衛門・松原甚三郎
天保４	年頭	升屋町	下中	赤尾栄保	—	安藤又右衛門・早川喜八郎
天保５	年頭	上柳原町	立八	原田休弐	—	安藤又右衛門・早川僖八郎
天保６	年頭	東魚屋町	下川	安見蘭叟	—	安藤又右衛門・松原甚三郎
天保７	年頭	一条殿町	上中	村上祐貞	—	早川僖八郎・早川孫三郎
天保８	年頭	築山南半町	立九	生田静春	—	早川僖八郎・早川孫三郎
天保８	９月：将軍宣下	—	—	—	—	—
天保９	年頭	大北小路東町	下西	沢井宗海	—	早川孫三郎・古久保新三郎
天保10	年頭	久遠院前町	下一	金沢宗喜	—	松原甚三郎・早川孫三郎
天保11	年頭	菊屋町	上一	樋口亀嶋	—	松原甚三郎・梅村七左衛門
天保12	年頭	元伊佐町	上西	山本彦祐	—	松原甚三郎・早川孫三郎
天保12	兼帯：疱瘡快然	〃	〃	〃	—	〃
天保13	年頭	六丁目	上川	山田道一	—	松原甚三郎・古久保新三郎
天保13	兼帯：入輿	〃	〃	〃	—	〃
天保14	年頭	浮田町	聚楽	高谷以文	—	早川孫三郎・梅村七左衛門
天保14	５月：日光参詣	—	—	—	—	—

下京					負担額（軒役割）	備考
町名	町組	年寄	職業	町代		
六角室町西入	南艮	永平儀兵衛	呉服	竹内助九郎・山中栄次	7分7厘2毛	
糸屋町	巽	斎城喜兵衛	上絵職	石垣甚内・田内彦兵衛	7分7厘2毛	
西綾小路町	川九	中井長左衛門	呉服仕入	竹内助九郎・山中栄治	7分7厘2毛	
百足屋町	中十	高谷伊介	—	石垣甚内・奥田佐兵衛	1匁2分6厘4毛	不用弁銀込み
役行者町	上艮	野呂市郎右衛門	—	田内彦兵衛・山中栄次	8分7厘5毛	不用弁銀込み
山王町	巽	松田萬助	—	石垣甚内・奥田佐兵衛	7分7厘2毛	
麓町	川十六	桜井甚兵衛	—	田内彦助・山中与八郎	7分7厘2毛	
山伏山町	中九	森川宇右衛門	—	山中与八郎・奥田佐兵衛	7分7厘2毛	
骨屋町	南艮	角田平八郎	—	田内彦助・松原甚三郎	7分7厘2毛	
上柳町	巽	豊田弥兵衛	—	山中與八郎・石垣甚内	7分7厘2毛	
藤本町	川九	野口安兵衛	呉服	田内彦助・奥田佐兵衛	7分7厘2毛	
白楽天町	中十	大西久兵衛	—	松原甚三郎・石垣甚内	7分7厘2毛	
大政所町	巽	里田藤兵衛	—	田内彦助	1匁7分9厘8毛	
御池之町	上艮	畑嘉兵衛	—	山中与八郎・石垣甚内	1匁6厘1毛	大御所へも
水銀屋町	巽	橋本伊兵衛	—	奥田佐兵衛・石垣甚内	1匁4厘1毛	
風早町	川十六	森治兵衛	—	山中与八郎・竹内駒太郎	1匁1分6厘1毛	
函谷鉾町	中九	沼津宇右衛門	—	山中与八郎・田内米三郎	1匁3厘7毛	
〃	〃	〃	—	〃	7分7厘8毛	
三条町	南艮	武内弥右衛門	—	奥田佐兵衛・石垣甚内	8分4厘	
〃	〃	〃	—	〃	6分6毛	
扇酒屋町南組	巽	長田善右衛門	—	松原甚三郎・石垣甚内	7分4厘9毛	
扇座町	中十	北村与左衛門	—	山中与八郎	8分5厘2毛	

年号		上京				
		町名	町組	年寄	職業	町代
弘化 1	年頭	上柳原町	立八	惣司浄善	—	松原甚三郎・古久保新三郎
弘化 2	年頭	矢幡町	下川	森井尚斎	経師	早川孫三郎・梅村七左衛門
弘化 3	年頭	元真如堂町	上中	川口休以	織物職	松原甚三郎・早川秀太郎
弘化 4	年頭	小嶋町	立九	安井長継	仏師職	松原甚三郎・古久保新三郎
嘉永 1	年頭	—	—	—	—	—
嘉永 2	年頭	五辻町	下西	鳥居静喜	—	—
嘉永 3	年頭	三本木五丁目	下一	中野尚斎	—	早川孫三郎・古久保新三郎
嘉永 3	兼帯：入輿	〃	〃	〃	—	—
嘉永 4	年頭	玉屋町	上一	岡本宗了	道具商売	松原甚三郎・梅村七左衛門
嘉永 5	年頭	花車町	上西	中村静喜	—	—
嘉永 6	年頭	茶屋町	上川	中村玄銑	上絵職	早川孫三郎・梅村七左衛門
嘉永 6	12月：代替	中村町	聚楽	高谷以文	—	
安政 1	年頭	夷川町	下中	堀祐静	—	古久保新三郎・山内五橘郎
安政 2	年頭	上柳原町	立八	小谷喜山	織職	早川孫三郎
安政 3	年頭	毘沙門町	下川	河崎浄瑞	—	梅村七左衛門・本間勇次
安政 4	年頭	—	—	岡本宗了	—	早川孫三郎・古久保新三郎
安政 5	年頭	築山上半町	立九	小西静圓	—	梅村七左衛門・山内五橘郎
安政 5	12月：代替	仲之町	小川	野原商斎	—	
安政 6	年頭	—	—	渡辺定者	—	古久保新三郎・本間勇次
万延 1	年頭	竪大恩寺南半町	下一	平田宗叡	—	早川孫三郎・松原雅之助
文久 1	年頭	—	—	石田梅翁	—	梅村七左衛門・山内五橘郎
文久 2	年頭	元伊佐町	上西	中川浄久	—	古久保新三郎・早川栄次郎
文久 3	年頭	—	—	—	—	—
文久 3	兼帯：和宮入輿	—	—	—	—	—
元治 1	年頭	中書町	聚楽	森田親正	—	—
元治 1	兼帯：上洛	〃	〃	〃	—	—

下京					負担額（軒役割）	備考
町名	町組	年寄	職業	町代		
古西町東側	川九	今田忠兵衛	—	奥田佐兵衛・田内米三郎	7分7厘8毛	
鶏鉾町	中十	伊藤与右衛門	呉服	山中与八郎・竹内駒太郎	7分2厘7毛	
虎屋町	上艮	八木彦六	麴	奥田佐兵衛・竹内駒太郎	9分5厘5毛	
糸屋町	巽	川田次兵衛	衣屋	山中与八郎・田内米三郎	7分5厘	
山田町	川十六	高田武兵衛	—	奥田佐兵衛・石垣甚内	7分7厘2毛	
菊水鉾町	中九	松山徳兵衛	—	山中与八・竹内駒太郎	7分7厘2毛	
烏帽子屋町	南艮	川端庄兵衛	呉服	奥田佐兵衛・竹内駒太郎	7分7厘2毛	
〃	〃	〃	〃	〃	5分4厘9毛	
繁昌町	巽	別所勘兵衛	衣装雛司	山中与八・石垣甚内	7分7厘2毛	
妙伝寺町	川九	小林甚兵衛	茶染商売	奥田佐兵衛・田内米三郎	8分7毛	
南袋屋町	中十	外池萬右衛門	あら物	竹内要造・石垣甚内	7分6厘8毛	
七観音町	南艮	寺田庄兵衛	呉服	奥田佐兵衛	6分5厘2毛	
蛸薬師町	上艮	山田源兵衛	—	田内米三郎・山中覚次郎	5分3厘7毛	
燈籠町	巽	栗田佐兵衛	薬種	竹内要造・石垣甚内	5分6厘4毛	
堀之内町	川十六	鈴木伝九郎	左官職	竹内要造・田内米三郎	6分3厘7毛	
童侍者町	中九	藤井清兵衛	左官職	奥田佐兵衛・田内米三郎	6分2厘7毛	
梅忠町	南艮	中村徳兵衛	呉服	奥田佐兵衛・石垣甚内	8分2厘9毛	
太子山町	川十六	中山長兵衛	呉服	竹内要蔵	1匁3厘	
糸屋町	巽	斎城喜兵衛	—	石垣甚内・山中覚次郎	7分4厘9毛	
空也町	川九	橋本理助	—	竹内要造・田内米三郎	8分1厘4毛	
南岩戸山町	中十	中嶋吉郎治	—	奥田佐兵衛・田内米三郎	8分4厘	
釜座町	上艮	笹田忠八郎	—	石垣甚内・山中覚次郎	6分2厘8毛	
扇酒屋町	巽	阿南喜兵衛	—	竹内要蔵・山中覚次郎	1匁7厘1毛	
〃	〃	〃	—	〃	—	
傘鉾町	川十六	東治郎右衛門	—	石垣甚内・田内米三郎	1匁6分2厘8毛	出府差止
〃	〃	〃	—	〃	1匁7分4厘8毛	

年号		上京				
		町名	町組	年寄	職業	町代
慶応１	年頭	—	—	—	—	—
慶応２	年頭	—	—	—	—	—
慶応３	年頭	—	—	—	—	—
慶応３	４月：代替	—	—	—	—	—
慶応３	11月：上洛昇進	—	—	—	—	—
慶応３	12月：代替	—	—	—	—	—
慶応３	12月：昇進	—	—	—	—	—

註１：現在、判明していない箇所には—を記した。

註２：年頭御礼・恐悦献上の参加者については、「年頭御拝礼名前帳」(小結棚町文書ＤＶ１・京都市歴史資料館架蔵写真版)、「年頭御拝礼名前帳」(小結棚町文書ＤＶ２・京都市歴史資料館架蔵写真版)、「上下京御年頭御拝礼順番控帳」(小結棚町文書ＤＶ４・京都市歴史資料館架蔵写真版)、「下古京八組年頭下り一札帳」(北観音山町文書ＤＩ16・京都市歴史資料館架蔵写真版)、「(年頭拝礼由緒諮問につき上京古町返答書留帳)」(塩見佐一郎家文書・京都市歴史資料館架蔵写真版)、「慶長已来献上物並臨時恐悦事書抜書」(古久保家文書102・京都府立京都学・歴彩館蔵)、「中ケ間江戸下番定帳」(古久保家文書92・京都府立京都学・歴彩館蔵)、「江戸下年寄番指口覚」(古久保家文書133・京都府立京都学・歴彩館蔵)、及び「町控」(三条衣棚町文書4900、4901・京都府立京都学・歴彩館蔵)、「町代日記」(古久保家文書・京都府立京都学・歴彩館蔵)や年頭御礼の参加記録も適宜参照した。

下京					負担額（軒役割）	備考
町名	町組	年寄	職業	町代		
下京の年寄参加取り止め				竹内要造	—	
御倉町	南艮	千田忠八郎	—	田内米三郎・山中覚次郎	2匁5分3厘6毛	
—	—	—	—	—	5匁4分7厘2毛	
大政所町	巽	服部庄兵衛	—	竹内要造	6匁5分9厘7毛	
菊水鉾町	中九	山中善兵衛	—	田内米三郎	4匁2分6厘5毛	
大政所町	巽	服部庄兵衛	—	田内米三郎	—	二条城にて
菊水鉾町	中九	山中善兵衛	—	山中覚次郎	—	二条城にて

註３：「職業」欄には、「上下京御年頭御拝礼順番控帳」（小結棚町文書ＤＶ４・京都市歴史資料館架蔵写真版）に掲載されている情報に加え、「町代日記」（古久保家文書・京都府立京都学・歴彩館蔵）や年頭御礼の参加記録に記載されている情報で補足した。

註４：「負担額（軒役割）」の欄には、享保８年より前については、「往古ゟ年頭御拝礼江戸下り万入用書」（親九町組文書・京都国立博物館寄託）に記載の上京の配符に記される一軒役（一家分）の負担額を、享保８年以後については、毎年11月ごろに出される町触（『京都町触集成』に収載のもの）に記される「年頭御礼惣町中為名代江戸下り入用、洛中洛外惣寺社門前境内幷町中之分」の一軒役あたりの負担額を記した。

註５：臨時恐悦献上については、年頭御礼と兼帯で行ったものは「兼帯：○○」と記し、年頭御礼とは別に江戸城で儀礼を行ったものについては、江戸城に登城し儀礼を行った日程が分かればその月を、不明な場合は、当該史料に記される人選決定の月か費用負担の町触が出された月を記した。

◎著者略歴◎

牧　知宏（まき・ともひろ）

1977年愛知県岡崎市に生まれる。2007年３月京都大学大学院文学研究科指導認定退学、2010年１月博士（文学）。
主な業績に、「近世後期京都における災害対策と都市行政――安政３年(1856）加茂川土砂浚を事例に――」（『歴史都市防災論文集』Vol. 1、2007年）、『近江日野の歴史』第２章第２節「町の運営」（日野町史編さん委員会編、日野町、2013年）、『近江八幡の歴史』第３章１「江戸時代の八幡町」・２「八幡町の運営」、第５章１「秩序の変化」（近江八幡市史編集委員会編、近江八幡市、2017年）、「町役人としての茶屋四郎次郎家」（杉森哲也編『シリーズ三都　京都巻』、東京大学出版会、2019年）、「近世京都鴨川のインフラ整備：三都の川浚に注目して」（『歴史地理教育』914、2020年）、「幕藩権力の都市支配　都市の支配に、町人はどのように関わったのか」（岩城卓二他編『論点・日本史学』、ミネルヴァ書房、2022年）など。

近世《きんせい》京《きょう》都《と》における都《と》市《し》秩序《ちつじょ》の系譜《けいふ》

2025（令和７）年２月20日発行

著　者　牧　知宏
発行者　田中　大
発行所　株式会社　思文閣出版
〒605-0089 京都市東山区元町355
電話 075-533-6860（代表）

装　幀　高岡健太郎
印　刷
製　本　株式会社 思文閣出版 印刷事業部

ISBN978-4-7842-2109-7　C3021

◎既刊図書案内◎

北垣国道の幕末と近代京都

高久嶺之介　著

近代京都の琵琶湖疏水事業などで知られる第三代京都府知事、北垣国道（1836～1916）。本書はその波乱に満ちた幕末から晩年にかけての生涯を浮かび上がらせる。幕末の「生野の変」や「天狗」騒動を経て、京都府知事として京都宮津間車道および琵琶湖疏水事業にたずさわり、晩年の北海道庁長官へといたる経緯、そのなかでつちかわれた人脈や行動の考察によって、従来とは異なる人間・北垣国道像を描き出す。

▶A5判上製・274頁／定価7,700 円　ISBN978-4-7842-2102-8

近世後期の大名家格と儀礼の政治史　【30s】

篠﨑佑太　著

近世後期から幕末期にかけて、「内憂外患」の政治状況下で幕藩関係はいかなる変容を遂げたのか。本書では、大名家格のひとつである殿席と、御目見などの殿中儀礼との関係を分析することで、その実態を追究する。とくに将軍家ゆかりの諸大名が控える大廊下下之部屋に着目し、同席をめぐって行われる幕府と大名たちとの政治的駆け引き、およびその影響を検討した。またペリー来航後、大廊下席の諸大名が政治的に急浮上していく過程や、幕府が諸大名をどのように遇したのかを、幕末期に将軍の拠点となる二条城・大坂城での殿中儀礼の具体的な様相とともに明らかにし、「衰微する御威光」の真相を探る。

▶A5判上製・368頁／定価11,550 円　ISBN978-4-7842-2073-1

近世大名家の婚姻と妻妾制　【30s】

清水翔太郎　著

二六〇余年にわたって泰平の世が続いたとされる江戸時代において、藩祖以来直系で家を継承できた大名家の事例は皆無に等しい。大名の子の短命化により安定した継承が極めて難しくなるなか、婚姻の実現と世嗣の確保は表向と奥向双方にとって重要課題となった。本書は、これまで大名・藩研究が明らかにしてきた表向の政治構造と、ジェンダー史研究が明らかにしてきた奥向の実態とを統合し、一七世紀から一九世紀までの史料を元に、大名家における婚姻と家族構成員の実態を明らかにする。

▶A5判上製・314頁／定価9,900 円　ISBN978-4-7842-2070-0

輿をかつぐ人びと　駕輿丁・力者・輿舁の社会史

西山剛　著

輿を舁くという行為そのものの社会的な意義とは何か。

本書は、前近代社会における職能集団のなかでも、天皇や将軍、公家や武家、有力な寺院や神社など、各権門の有力者の移動に際して輿を舁き、その移動を直接的に担った人々を対象とし、その存在形態および実態を、中近世を通じた長期的なスパンで考察し明らかにすることを目的とする。行幸や北野祭礼に輿舁として勤める禁裏駕輿丁、祇園会の神輿駕輿丁や山道での職能をもつ八瀬童子、天皇の葬送儀礼に関わる大雲寺力者など、異なる社会層の中で活動する「輿舁」の実態に光をあて、諸側面を比較することで、「輿舁」がいかなる身分であり、社会の全体構成のうち、いかなる位相に定置されるのか、さらにはその職能の実態や社会的機能について探る。

▶A5判上製・416頁／定価9,900 円　ISBN978-4-7842-2108-0

藩領社会と武士意識

高野信治　著

本書は、近年の藩研究では後景に退きがちな近世武士論の必要性を強く認識し、藩研究の活況に触発されつつも、あらためて武家領主支配という観点から、大名とその家臣や、彼らによる〝家〟の伝記を取り上げ、著者が提唱する「藩領社会」における武士の意識をあぶり出す。

▶A5判上製・296頁／定価8,800 円　ISBN978-4-7842-2055-7

思文閣出版　（表示価格は税10％込）